四库存目

青囊匯刊 ⑬

一貫堪輿（上）

[明] 唐世友 ◎ 輯

郑同 ◎ 校

華齡出版社

责任编辑：薛　治
责任印制：李未圻

图书在版编目（CIP）数据

四库存目青囊汇刊.13／（明）唐世友辑；郑同点校.——北京：华龄出版社，2021.3
　ISBN 978－7－5169－1834－0

Ⅰ.①四… Ⅱ.①唐…②郑… Ⅲ.①《四库全书》－图书目录 Ⅳ.①Z833

中国版本图书馆CIP数据核字（2021）第001057号

声明：依据《中华人民共和国著作权法》及《中华人民共和国著作权法实施条例》，本书整理者依法享有本书的著作权。未经许可，不得以任何方式翻印本书。

书　　名：	四库存目青囊汇刊（十三）：一贯堪舆
作　　者：	（明）唐世友辑　郑同点校

出版发行：	华龄出版社		
地　　址：	北京市东城区安定门外大街甲57号	邮　编：	100011
电　　话：	（010）58122246	传　真：	（010）84049572
网　　址：	http://www.hualingpress.com		

印　　刷：	九洲财鑫印刷有限公司		
版　　次：	2021年6月第1版　2021年6月第1次印刷		
开　　本：	710×1020　1/16	印　张：	38.25
字　　数：	580千字	印　数：	1～6000
定　　价：	108.00元（全二册）		

版权所有　翻印必究
本书如有破损、缺页、装订错误，请与本社联系调换

一贯堪舆序

自古豪杰之士，无不托于一焉，以善藏其用。及有所建相，炳乾坤，光日月。或以为乘机遘会固然，不知蕴蓄于平日者，盖托于一焉，古有征矣。伊尹托于耕也，太公托于渔也，孰不曰"薄业尔，小技尔"？试问二圣，果耕也渔也乎哉？

堪舆之术，儒者未尝过而问之。楚有诸生唐君完庚者，犹究心于是。细阅其著书，考究阔博，评断公明，析理最精，授诀最秘。如义已确，即仍旧而不嫌于沿；如理之未备，即增新而不嫌于刱。积思三十余年，而书始成，其用心亦甚勤矣。余则谓唐君所托，而未易以窥其藏也。

尝与唐君登山，四顾而望，则指以示曰："龙所包者远，是千尺之外势也。穴所聚者近，是百尺之内形也。夫合内外为一体，可不谓规模闳远乎？"则又指以示曰："方位所列，是地德下载也。星辰所布，是天光上临也。夫合上下为一局，可不谓精神应贯乎？最切者，莫如穴中乘生气，故曰'若还差一指，如隔万重山'，则生气之操权重矣，是君正而国定之义也。最捷者，莫如向故曰'宁与人立千坟，不与人改一向'，则转移之妙用玄矣。"是大人格君心之义也，而犹未也。龙穴如舟，年月如楫，则于选择三致意焉。以正五行为主，余五行为辅，而斟酌变化，无不钩玄抉微，而犹未也。

辛酉春，与余父母迁窆，则启攒之预料若神，约许之后验君符。至于倒杖理气、挨加收送，莫非曾传心秘？夫龙穴坐向，以形用也；收放消纳，则以神用矣。用形则法度森然，用神则变化渊然，自非宇宙在手，何以议论若是，作用亦若是耶！乃今而知耕亦一相业，渔亦一相业，二圣所藏者深也；则唐君藏相业于堪舆，可得而推矣。

然唐君更有深心焉。世之业是术者，一有异闻，辄自藏秘，惟唐君不然。其言曰："吾不忍盲术祸人。"倾其师授，悉著之书，合天下万世得有所据以造福，以是心而著书，果"堪舆一贯"而已哉！夫既精于一，则亦

一贯堪舆

无贯；第其贯也，而托以堪舆，是唐君善于藏用也。余读唐君之书，而知其经纶天下之蕴，借是以发。余闻唐君之言，而知其贻谋万世之泽，借是以传。所谓"宇宙在手"，此非有征而可信耶？遂喜而叙之，愿与得君书者其参其太焉。

       时天启丙寅朱明午日
       赐进士第征仕郎翰林院简讨纂修国史
       西粤友人心乾甫王启元顿首拜撰

唐完庚序

地而曰理，非术数也。泄太极玄微，阐阴阳秘奥。五星呈象，祸福露其机缄；九曜成形，吉凶显其朕兆。即欲直透玄明，甕天难剖。余自弱冠穷经，补弟子员未暇。越壮年，丁内难，痛感先圣卜兆之言，欲觅一抔以图报。遂尔释经停披，旁蒐今古形书。上自秦汉晋唐，下迄宋元时锲，书难名举，积仅盈车，理多雷同；间或矛盾，靡不渔猎；咀精穷图，索理若已，竭其神矣。讵缃帙糟粕，终属亡羊，徒博寡约也。

越三期，室之祖，太学雷讳申复，别号心斋，自黑头究竟，苦及皓首，终不得指归，年近古稀，奇遇曾公文辿二十八代孙，讳汉号绍濂者，倾其家传书，不满十数叶，皆杨曾拨砂，口授捷诀也。辨峦头有五吉四凶，而内劫更妙；审龙脉有前胎后伏，而外劫如神。察生死之砂，砂无遗理；究明暗之水，水尽神机。至于倒杖一诀，乘胎息，定放送，扶生弃死，舍后收先，迎官就禄，趋吉避凶，法尽无法矣。言约旨远，括尽汗牛充栋之义。余三肃恳求，竭诚立雪，方上吉焚香，誓告于先圣先贤，而拜受之。盥，捧记室中，反复玩索，几绝韦编；一旦恍然，似有以得其要领者。

于是烂游方外，历试名公先迹，而祸福吉凶，验若筮蔡。然后乃敢纂集编次，据理折衷，类聚分条，别为八卷。一、二卷采诸术，正变龙法，而删讹订证；第三卷摘天机峦而九变，而袭旧焕新。第四卷酌徐氏四象穴情，而开关启秘。惟第五卷，本杨曾授受心法，而加以修饰润色，所以濬地理神机、察祸福之玄窍者也。六、七、八卷摭砂水六吉之精，剖天星盘针之用，可因则因，不嫌徇迹；可革则革，一理定衡，甚至句释节解，字不厌俚，辞不厌赘，惟期脉络贯通，贤愚共觉，间有一二推衍辩郢，不过体先师口授，以证帝虎之讹；因一隅未尽，而广三隅义耳。敢管见自任，辄变旧章，而妄袭鱼鲁，误哉！

帙诚质之心斋，师祖喟然叹曰："是集也，有纲有目，括而无遗；至要至捷，一以贯万；回视今古诸集，种种盈车，皆隐而不发，泛而无归，不啻梦觉悬矣，合弁其首曰"一贯堪舆"。夫一贯之旨者，自无极而太极，而两仪以至四象，八卦者生于一也。故龙穴砂水气脉说虽千头万绪，各争喙于旁门；究其一脉真宗，不越乎两仪而一以贯之者也。此《一贯》之著也，不揣康栗而擅编集，极知僭皋；第与其杨曾私于家，为云仍①衣钵计；孰若公之天下万世，令同受诸五福，而消六极之凶乎？庶几太和在宇宙间，而长登慈孝之风也。或未必无小补云。

天启甲子孟冬月哉生明
楚东安后学唐世友自序

---

① 校注：云仍，即云礽。子孙也。

朱海若序

　　地理尽获报乎？曰：不必也。尽无报乎？曰：不必也。然则兹集奚以授梓人也？曰：葬者藏也。人子所以藏亲骸，不可苟且汶暗，付之水乡也。奚以明之？松柏之操，委于粪壤，周岁而腐；冰雪之脆，秘于幽壑，盛夏而坚。非松柏腐、冰雪坚也，所藏殊也，而况气之所藏？升井为炎，降斗为寒；入箕则风，涉军则雨，理有确然，莫可易者，则藏亲骸亦何？可不郑重也。自世之务利达者，视堪舆，若奇货，觊祸福，争趋避，逞聪炫明，握机张思，以巧力济其贪心，是北适而南辕，械不终日之计也。庸讵知乾道变化，各正性命；神尊有能事焉？只卑位乎下，无敢或越者；聪明机械，奚所用之哉？

　　岁在壬子，昊天弗吊，夺我先严；罔极之思，痛刺于骨。思葛氏求地之训，遍访艮师，数奇希遘，抢恨终天弗获。已取形书，朝夕摘捽，乞哀山灵；穿芒鞋，暴霜露；陇巅支簏，棘径壁崖，迹无不到。历数年所，始获一局。兢兢捧玉，弗敢即安。越丙寅，力竭望塞，奉先君窀穸焉。

　　丁卯秋，遇唐氏完庚，静聆麈谈，矫矫不俗，本素学，济方术，非龌龊技者流。因与辨疑，出笥中手集八卷，题曰"一贯堪舆"。自源及委，由粗入精，率皆苦心博采，据理折衷。其第五卷，字字入玄，言言泄隐。龙剖雌雄交媾之精，穴阐太极二五之秘；砂穷生死之奥，水澈明暗之神。脉法劫煞，发从来未发之缄；别白鲁鱼，悉千古薰莸之辨。而且拨砂变化，触众明心，洵哉以一贯，万无岐径也。虽经太史王公品题半纪，犹未删释订证，以广锡类。《汉史》云："吾翁若翁，胞与中人，孰无父母？"倘苟且汶暗，付之水蚁，不获衽席，罔极之思，犹有歉也。予敢爱一臂而不为之助？

　　遂尔洗心删订，备注狐疑，临写诸图，合以成帙。虽然大川人尽涉也，穷山人尽登也，不幸而遇蛟龙之灾、虎咒之变者矣。惠吉逆凶，有作之者，有偶之者，各以数至，岂徒然哉！昔师旷为平公奏清征之音，玄鹤

一贯堪舆

来庭，成列鸣舞；强以滑角，则怒雨疾风，裂帷破俎，平公以病，赤地三年，德不足也。若夫不务修德而恃聪明机械，以来堪舆，吾恐乾道变化，且怒雨疾风，若晋平公之于瑟也，非予意也，亦非唐氏完庚意也。

时崇祯庚午仲冬望日

桂林海若甫朱弘撰

朱士远序

朱季子九岭失矩，性槎枒不肯下人，赖有伯仲氏，得无遗笔；研乌私①未罄，旁究堪舆。然方穉，年弗克，越险跻阻，每以术士之已获，而殿最之。术士至桂者，率皆庸流，苍素莫辨，反从季子心目之巧而破其障，于是季子槎枒不肯下人之性，益坚不可破矣。

岁辛酉，唐君完庚抵吾桂，季子遇之，盖犹然目以庸流也。乃吾桂重堪舆术者，莫不于唐君为把臂交，曰"唐君识峦头"已，曰"唐君识理气"已，则曰"唐君识吉凶"。然季子未尝之登眺审视，终不敢以耳为目。居无何，仲氏自燕归，而唐君返里，盖两不相值焉。季子复从仲氏，后度层峦，披荆棘，天与之幸，丙寅之春，乃妥先君。越明年，唐君来，观其赏心，不啻贫儿获拱璧也。为题数语，语载第五卷中。斯时，季子虽不敢以庸流目唐君也，而槎枒不有下人之性未之或杀。

居无何，仲氏出唐君《一贯堪舆》示季子，为卷有八，论龙也，论俯仰，别福杀，拨砂案头，曲尽山川情态，若马伏波之聚米。论穴也，乘动静，定疾徐，进退饶减，有造化在手之妙，若蒲永升之写生。至砂分生死，水究明暗，接迎放送，一理咸宜。若易牙之调五味。而辨气脉以知贵贱，分宫位以定祸福，验往开来，捷如影响，又若季主君平之前知。季子憬然悟平昔所究心，犹暮夜晦冥，无烛自瞽者也。

仲氏苴藉之暇，复为搜讨，深者释之，疑者证之，混者条之，纷者贯之，繁者删之，简者增之，手绘诸图，以寿梨枣，欲广其传。季子曰："昔神禹开宛委，得赤埌碧珪，以导山水，画为九州，夫固堪舆之祖；乃金简玉字，藏之石匮，未有灼然知者。盖神而明之，默而成之，斯造物秘惜至意。是书泄玄黄之精，剖鬼神之隅，神而喧，非明而默矣。宜藏深山灵谷，秘宝天轸，辄以杀青，不无太泄？"仲氏曰："季子过失，有盗以富

---

① 校注：乌私，汉语成语，意为孝养父母之典实。出自晋·李密《陈情事表》。

者，富者未必盗；有廉以贫者，贫者未必廉。有得地富寿、失地贫夭者，富寿贫夭未必尽得地失地也。择吉葬亲，非以求福。盲者得镜，弗能照也；躄者得履，弗能著也。越人得章甫，无所用也，何泄焉？"季子曰："善因于参阅之际，间出狂瞽，附为木灾；乃若作者之立其纲，成者之合其绪，则唐君及仲氏皆已悉言，无俟季子舌赘。今而后季子遇卖菜佣，当折节下之，弗敢纵我槎枒之性。"是则唐君有益于季子者，不犹堪舆一种之为教矣。

时崇祯辛未月在蓐收之吉
桂林士远朱毅撰

较阅姓氏

雷中复　汝阳甫　东安
王启元　心乾甫　龙城
常　任　蓬台甫　临甫
雷起四　玄同甫　东安
施守讷　玉曹甫　横槎
吕嗣著　公申甫　兴国
张钦明　伯存甫　建陵
吕嗣哲　公荣甫　兴国
赵一鹇　　　甫　龙城
吕嗣颐　公贞甫　兴国
杨体道　君明甫　临桂
朱邦随　肩月甫　靖藩王孙
唐立贤　翊卿甫　东安
唐守心　但存甫　东安

博采书目

天机会元	统宗大全	真机玄机	人子须知
琼林照胆	穴法心镜	钩玄直说	摘奇纂要
兰台至宝	碎金四括	金函赋	玄微赋
雪心赋	造微赋	玄机赋	金玉赋
捉脉赋	点穴赋	直指赋	消砂赋
拨砂赋	煎水赋	审水赋	琼林赋
审投龙赋	家宝经	至宝经	七星经
胎伏经	龙骨经	土牛经	撼龙经
扁担经	玉髓经	鬼灵经	覆坟经
鼓角经	疑龙经	拨砂经	青黑囊经
入式歌	乐道歌	诸贤歌	明山宝鉴
搜山记	空龙记	寻龙记	走马扬鞭
四字金	指南诀	指掌说	玉匣藏珠
锦囊经	四神诀	琢玉斧	阴阳捷诀
一粒粟	青囊经	李小卷	地理新书
葬法一十六诀		倒杖三十六诗	
郭葬书	蔡发微	杨曾问答	赖氏天星
平砂玉尺	八宅周书		

则　例

一、堪舆之书，百家纷出，泛滥无宗，隐而不发。是书类聚条分，本末不淆，轻重有等，一览了然。间或古昔法语及新编歌词未易觧者，予家仲氏海若，悉已注释篇中，每行细书，咸海若手笔也。

一、完庚本杨曾心传，搜讨群书，历三十余载始成。是集虽原本，间或详而叠出、略而未备者。戊辰，海若司成横槎冷署，余间删繁释晦，复经三载，纲领条目，洪纤毕具，完庚、海若可并杨曾功臣。

一、第五卷乃前贤秘授，诸家所未发明，断验如神，丝毫不爽，今悉以付梓八，独有外十二劫，完庚未传，故不载，尚觉缺陷，俟求续之，斯称全璧。

一、地理幽玄，是集可谓昭著悬到。然完庚尚有案头拨砂，乃堪舆入门捷径，指迷玄关，剖似是之非，定真伪之准，文字之所难载。得其诀，乃觉是集之奇，否犹隔一重矣。

一、集中删订精义，业无不到；间歌章有不合韵者，盖本曾师从来口传，原非诗律，未敢辄加改窜，恐失本来面目，故仍之。

一、名墓及格式诸图，他本未精甚，有窝而图乳、土而图金，形象异于所说，观者莫辨，转相诬惑，兹刻悉海若手绘，宛若山川。如穴则绘一○，众所同也；○上有■者，乃生气，即出杀水。又谓之上分有此，方为真结，绘伪结者无此。举此一端，他本即无矣。余可类推。

一、唐序岁在甲子，王序岁在丙寅，皆本删释前所作也。原本虽各有真草，兹刻悉用宋字，盖原以传久，非以美观，故仍照半幅十行、每行二十二字也。

一、集成皆毅参阅，间窃附鄙意，皆无当阴阳玄髓，只关时据，管蠡偶及耳，故冠以"士远"二字。余凡手书，皆海若也。

一、兹刻原欲广传，不禁翻刻；第图格为海若手绘，凡龙身行度、星辰传变备差等，至穴之阴阳缓急、高卑左右，分有吉凶，他本讹舛者，兹改正之；坊间鉴当，欲行翻刻，请即以此作稿，毋辄纷更。

桂林季子士远毅谨识

详述名家祖地目录

一卷 计六格

荆州张相公祖地 三台鬼　　承天曾尚书祖地 垂头紫气
乐平洪忠宣公祖地 马头带剑　　乐平马丞相祖地 余气山长
铅山费状元祖地 玉秘三台　　婺源朱文公祖地 五星归垣

二卷 计九格

建宁陈宪副祖地 玉星尊贵　　浮阳载尚书祖地 三台杢头
长塘视都谏祖地 真穿珠　　丰城袁氏祖地 据水局
永康施氏祖地 顺骑龙　　德兴张忠公祖地 倒骑龙
广昌何敏肃公祖地 横骑龙　　建阳蔡氏九贤祖地 闪龙入首
乐平沐国公祖地 十里大会

三卷 无古格

九星传变图式

四卷 计二十格

德兴傅学士祖地 边窝　　德兴张氏祖地 边窝
余姚周都宪祖地 并窝　　徽州汪侍郎祖地 分针
德兴张参政祖地 合钳　　婺源倪御史祖地 闪乳
贵溪夏阁老祖地 侧乳　　丰城杨文恪公祖地 鹊突
浮梁九瘦夫人 地鹊突　　德兴董进士祖地 并突又横骑龙
南昌刘氏祖地 有窝不葬窝　　石首王翰林祖地 有钳不葬钳空在叶容县
德兴余氏祖地 有乳不葬乳　　华容刘忠宣祖地 曲乳
新安王邑宰祖地 天地人穴　　莆田方氏世家祖地 一石记穴
莆田黄氏世家祖地 石巧穴　　泉州鲁丞相祖地 天巧穴

一贯堪舆

杭州茅状元祖地_{石穴二台}　　莆田陈氏父子会魁祖地_{石穴}

五卷_{计四格}

靖藩遐龄宗葬地_{双脑直龙}　　丰城湖茫李氏祖地_{折角蜈蚣}
临桂朱弘自卜葬父地_{不拘官位}　全州舒尚书祖地_{太阳峦头左脉水劫}

六卷_{计八格}

广信丁知府祖地_{逆水张朝}　　尝山樊尚书祖地_{穴有太极圆晕}
建安杨文敏公祖地_{三台顺水}　乐平许学士祖地_{右符尽障外阳}
德兴陈九万父地_{临田醮水}　　建阳朱文公葬母地_{注脉水}
永康徐侍郎祖地_{田源暗朝}　　乐平汪氏祖地_{田源特朝}

七卷_{计十四格}

徽州汪经历父地_{现两官星}　　浮梁李侍郎祖地_{顺水砂离乡贵}
德兴董尚书祖地_{离乡砂贵}　　湖州严尚书祖地_{左砂顺水而长}
丰城黄氏祖地_{九脑芙蓉帐又九胀砂}　安福彭状元祖地_{仰天湖穴}
莆田陈丞相祖地_{双峰双贵}　　乐平徐驸马祖地_{误作山向}
徽州刘氏祖地_{误作山向}　　　莆田黄编修祖地_{穴向俱误}
南京徐中山王地_{双峰双贵}　　兰溪范氏祖地_{九峰呈秀}
建阳蔡西山自卜地_{尽障外阳}　杭州胡尚书祖地_{乾龙作戊辰向}

八卷_{计二格}

德兴余氏祖地_{深窝微乳}　　　台州王进士祖地_{阳龙向}

目　　录

一贯堪舆序 …………………………………… 1
唐完庚序 ……………………………………… 3
朱海若序 ……………………………………… 5
朱士远序 ……………………………………… 7
较阅姓氏 ……………………………………… 9
博采书目 ……………………………………… 10
则例 …………………………………………… 11
详述名家祖地目录 …………………………… 13

新编杨曾地理家传心法捷诀一贯堪舆卷之一 …… 1

堪舆一贯大旨 ………………………………… 1
阴阳明证辨 …………………………………… 2
分辨阴阳形象始于杨曾问答 ………………… 5
《发微论》中阴阳升降图 …………………… 8
一贯总旨 ……………………………………… 8
定文武官职高卑贵贱大小龙法玄微赋 ……… 10
论平阳龙法总要捷诀并峡脉真机总括 ……… 21
平阳五星并九星图 …………………………… 22
寻龙总要捷快 ………………………………… 25
五星九星聚讲说 ……………………………… 29
枝干总论 ……………………………………… 30
论干龙 ………………………………………… 30
论小干龙 ……………………………………… 32

论枝龙 …… 33
荆州张相公状元祖地图 …… 35
承天曾尚书祖地图 …… 37
论龙旁正 …… 49
论龙老嫩 …… 50
论龙真假 …… 50
论龙贵贱 …… 51
论龙分擘吉凶辨 …… 52
论宾主朝对 …… 53
论龙余气 …… 54
龙论形势十三格以辨吉凶 …… 59

新编杨曾地理家传心法捷诀一贯堪舆卷之二 …… 83

论少祖山下龙穴生克诀 …… 83
论少祖山 …… 83
穴坐少祖当代即贵式 建宁陈副宪祖图 …… 86
论无少祖山 …… 87
审龙当重入首一二节以切近灵验 …… 87
戴尚书祖地 …… 88
论龙祖宗父母胎息孕育辨 …… 89
论开帐龙法 …… 91
论龙博换解 即脱杀成穴 …… 94
论龙枝脚桡棹 …… 95
论龙入首紧要关捷 …… 97
论龙结穴雌雄交度失度解要诀 …… 98
论龙过峡真诀 …… 99
图峡数格启蒙便览 …… 104
辨脉错误解 …… 110
迎送逆龙解 …… 112
扛夹龙 …… 112

崩洪辞 …………………………………… 113
　　论龙出脉三格分轻重 ………………… 115
　　论龙分三势 …………………………… 121
　　论龙分三落 …………………………… 125
　　论龙受穴三等 ………………………… 126
　　论龙入首正变九格 …………………… 127
　　论龙结穴五局 ………………………… 143

新编杨曾地理家传心法捷诀一贯堪舆卷之三 …… 149
　　峦头一贯通论 ………………………… 149
　　杨公九星五吉四凶诗 ………………… 150
　　《泄天机》九星五吉四凶诗 ………… 150
　　杨公九星真体歌诀 …………………… 150
　　《泄天机》九星真体诀 ……………… 153
　　峦头九变星体论 ……………………… 156
　　九星九变总诀 ………………………… 157
　　太阳九变 ……………………………… 158
　　太阴九变 ……………………………… 168
　　金水九变 ……………………………… 174
　　紫气九变 ……………………………… 180
　　天财九变 ……………………………… 187
　　天罡九变 ……………………………… 206
　　孤曜九变 ……………………………… 211
　　燥火九变 ……………………………… 217
　　扫荡九变 ……………………………… 222

新编杨曾地理家传心法捷诀一贯堪舆卷之四 …… 227
　　穴法总论 ……………………………… 227
　　论穴形四大象 参以八卦证穴 ………… 229
　　窝钳乳穴穴形总目 …………………… 230
　　窝穴论 ………………………………… 230

· 3 ·

小口论 ·················· 234

钳穴论 ·················· 236

乳穴论 ·················· 241

三垂乳变格论 ············ 244

怪乳三格 ················ 244

突穴论 ·················· 246

计怪穴图实例 ············ 251

天人地三穴论 ············ 267

石穴十二落头论 ·········· 268

一石证穴 ················ 271

阴阳龙穴解 ·············· 277

火星峦头论 ·············· 278

五星结穴不结穴辩 ········ 279

相穴法 ·················· 279

真砂真水论 ·············· 285

乘金相水穴土印木解 ······ 297

附土色冲和解 ············ 298

论天心十道外应证穴解 ···· 301

以枕龙耳角定穴 ·········· 303

新编杨曾地理家传心法捷诀一贯堪舆卷之五 ········ 305

五吉星成穴神断要诀 ······ 306

八凶峦头神断捷诀 ········ 313

峦头杂凶 ················ 320

诸凶星体图式以便启蒙 ···· 325

续杨曾口传杂断妙诀 ······ 327

太阴峦头带杀带淫四凶格神断口诀 ···· 328

内十二劫审峦头以断祸福诀 ···· 329

十二劫图具左以便启蒙 ···· 333

二胎受劫 ················ 334

论脉形吉凶贵贱秘诀	335
论脉中交媾阴结阳结神诀	340
脉分劫杀论	341
脉形诸吉图式	341
杨曾家传龙穴砂水精微神诀	344
论龙胎伏解	344
论穴胎息解	347
论砂生死解	349
论水明暗解	350
外砂不及内砂力解	352
外水不及内水亲解	352
论饶减分内外秘诀	354
论饶减分数例	355
论内接生气外接堂气解	356
迎官就禄趋吉避凶解	356
论到杖深浅法	357
论倒杖以定坐向偏正无移诀	358
论离撞伤冲脱五字	359
离字穴宫位祸福神断秘诀	360
撞字穴宫位祸福神断秘诀	361
伤字穴宫位祸福神断秘诀	362
冲字穴宫位祸福神断秘诀	363
脱字穴宫位祸福神断秘诀	363
论水先蚁后水后蚁先烂盖烂底神诀	366
论凹风劫脑神断秘诀	366
论凹风洞风番棺倒槨神断秘诀	367
论棺内精微妙诀	370
临杜朱弘自卜凤岐先君地图	372
论外城宫位分属陈说	373
论代数分属定局以断吉凶神诀	374

新编杨曾地理家传心法捷诀一贯堪舆卷之六

论流年管事吉凶诀 ………………………………………… 376
条目总说 …………………………………………………… 377
砂法总论 …………………………………………………… 377
青龙白虎总论 ……………………………………………… 378
新补缠送迎托四论 ………………………………………… 379
论阴锁阳关阳锁阴关诀 …………………………………… 382
论下手砂 …………………………………………………… 382
论内外砂两收真气诀 ……………………………………… 383
论砂水暗拱 ………………………………………………… 387
论穴前小堆分方位配断 …………………………………… 387
砂法何知歌 ………………………………………………… 388
龙虎交互断 ………………………………………………… 388
青龙断 ……………………………………………………… 392
白虎断 ……………………………………………………… 394
前朝横案堂砂断 …………………………………………… 397
贵砂杂断删集 ……………………………………………… 400
凶砂贱砂杂断 ……………………………………………… 403
水法总论 …………………………………………………… 427
论水城法 …………………………………………………… 443
水城吉凶各自总诗 ………………………………………… 444
五城总断诀 ………………………………………………… 444
五星背城论 ………………………………………………… 447
水城详辨 …………………………………………………… 448

新编杨曾地理家传心法捷诀一贯堪舆卷之七 …………… 457

论官鬼禽曜兽螺北辰星总说 ……………………………… 457
论官星 ……………………………………………………… 459
鬼星论 ……………………………………………………… 461
鬼星图式 …………………………………………………… 462

曜星总论	464
再述先师所下古格数穴以为印证	466
论禽兽螺北辰四星辩	471
禽罗辨疑	472
罗星辩	472
论明堂	474
凶明堂十格	478
论水口砂	481
杨公禁星论	483
论朝案二山	484
论案山吉凶	485
论朝山吉凶	485
论朝山乱杂不可贪秀有误立向真诀	490
论孤峰独秀辩惑	497
论平原无朝案	497
论山谷不见外阳	497

新编杨曾地理家传心法捷诀一贯堪舆卷之八 501

开茔法	501
定玉尺	502
度圆晕	503
穿圹法	503
辨土色	503
作堆法	503
定形体审高低	504
金堆三体	504
论裁补之法	506
放水法 居葬通用	506
量后山	507
放沟水	507

开门取路法 ················ 508
　　论吉凶路宜忌诀 ············ 509
　　黄泉煞例 ·················· 509
　　黄泉曜气 ·················· 509
　　反覆黄泉煞 ················ 510
　　地支黄泉 ·················· 510
　　白虎黄泉 ·················· 510

新编杨曾地理家传心法捷诀一贯堪舆卷之九 ········ 515

　　删正杨公筠松七十二龙水法口诀 ···· 515
　　湾钩兜转冲射解照八字诀 ·········· 515
　　看水口诀 ·················· 516
　　筠松七十二龙水法神诀 ········ 517
　　七十二龙分金水 ············ 518
　　论生蚁水 ·················· 520
　　雷惊水 ···················· 520
　　天机木星局例 ·············· 521
　　天机木星活局图 ············ 521
　　玄空五行例 ················ 522
　　论阴阳二山 ················ 522
　　十个退神 ·················· 524
　　十四进神 ·················· 524
　　论小神中神大神御街水 ······ 525
　　论禄马连珠水 ·············· 528
　　正连珠格 ·················· 528
　　反连珠格 ·················· 528
　　八马格 ···················· 528
　　双山五行起例 专论山 ········ 529
　　双山五行定局 ·············· 529
　　玄空五行定局 论向 ·········· 530

玄空五行定局论向	530
大神中神小神定局	532
收山出杀立向定局	533
论向上宫位	534
《玉尺经》收放消纳水法	534
论雌雄交媾水水口	538
倒水经捷例	539
朝水去水捷例	540
峦头天星合一论	540
论天星龙脉贵贱上下相映定局	543
释三吉	543
释六秀	544
理气解	544
论催官穴亥龙壬向诀	544
亥龙丁向诀	545
亥龙巽向诀	545
详释左右挨加放棺乘气秘诀 曾传	545
论辰戌丑未四金杀龙穴取用秘诀	546
论收放趋避立向法秘诀	549
论审龙取气诀	549
论审龙脉真伪法	549
论气中补泄之法并挂线趋避之机	550
论审龙配向释义	551
针盘入用要诀	555
论地盘天盘作用三七二八分金秘诀	556
针盘取用要诀	558
论六十透地龙取用要诀	558
论一百二十分金取用要诀	559
论浑天星度五行取用要诀	559
论孤虚旺相金卦解	559

穿山透地解并起例掌诀 …… 560
三局起例 …… 561
透地取用秘诀 …… 568
怪穴论 …… 568
怪穴歌 …… 569
剪水裁局 删述旧文 …… 571
偏执天星解 …… 573
论方位阴阳审龙配向辨疑 …… 574
一辟卦例之谬 …… 574
论谶纬术数之断不可不辟龙穴砂水之断不可不精 …… 576
论风水要逆 …… 577
论颠倒即逆 …… 577
论风水无全美 …… 578
论风水有夙缘 …… 578
人不可不知地理 …… 579
论求地感应之理 …… 579

新编杨曾地理家传心法捷诀 一贯堪舆卷之一

堪舆一贯大旨

　　自太极初分，两仪一判；立天之道，曰阴与阳；立地之道，曰柔与刚。两仪判而四象生，气行乎天，有太阴、太阳、少阴、少阳之象；质具于地，有太刚、太柔、少刚、少柔之形。四象化生，天列星辰，变为七政四余；地列川岳，变为五星九曜。孰主宰是？莫非阴阳二气，妙运于其间也。但二气行于地中，每与大道相反，何也？天理宜顺，地理宜逆。如统言其纲，天道主动，太极动而生阳，乃阳气上浮；地道主静，太极静而生阴，乃阴气下凝。地只一阴尽之矣，而又分为阴分为阳者何？地有刚柔即有雌雄，有雌雄即有阴阳，惟此地道各具一太极也。

　　朱子曰："阴阳升降，本自天然。自下而上谓之升，自上而下谓之降。升者长也，降者随也。在天则阳动而阴静，在地则阴动而阳静；在天阳刚而阴柔，在地阴刚而阳柔。是故阳一嘘而万物生，阴一吸而万物成。"顽儿问朱子，谓："阴阳在地之说不同，何也？"曰："天地人皆有阴阳。天之阴阳日月也，地之阴阳雌雄也，人之阴阳夫妇也。天无日月不明，地无雌雄不成，人无夫妇不生，故天文每与地理相反。盖天文谓阳刚而阴柔，地理谓阴强而阳弱，是天地各有一个阴阳也。惟人之阴阳合于人道，男为阳，女为阴，乃有阳嘘阴吸之理。"此分三才而言，不可概论。

　　再考刘敦素，曰："牝属阴为雌，地理反以为雄；牡属阳为雄，地理反以为雌。牝牡之在地理，不可照常论也。"至蔡牧堂阐《发微论》，见彻于此，著《浮沉篇》云："脉有阴阳，故有浮沉。阴脉常见于表，所谓浮也。阳脉常收乎里，所谓沉也。推而广之，凸者脉沉，凹者脉浮。"又著《浅深篇》云："浅深者，言乎其准的也。先观来脉之阴阳，次看四山之从佐。且如来脉入首强作穴凹者，皆脉浮而穴阳也。又如来脉入首弱作穴凸者，皆脉沉而穴阴也。"不特阐发其理，且画有阳仰阴覆之图，令人触目易醒。

余故参考诸儒通论，则知阴阳相反之说实万古不磨之议，凡龙之仰覆者从此而辨，盖仰主静属阳、覆主动属阴也；穴之凸凹者从此而定，盖凹主静属阳、凸主动属阴也；脉之隐露者从此而分，盖隐主静属阳、灵主动属阴也。动静之势，即阴阳流布于其间，动中含静，静中含动，斯为阴阳交媾；得少阴少阳之体，方有生生化化之妙。如纯静无动，名为独阳，而无阴交，得乾之体也；如纯动无静，名为孤阴，而无阳媾，得坤之体也。乾为老阳，坤为老阴，不能生化，即为败绝之地。故惟二气交合，方成地道，即如夫妇媾合，方成人道也。

余印证此理，自杨、曾、刘、谢、竹、蔡等数十家，种种英论，虽诗歌词赋不同轨，莫非一理提衡，心心相印，皆与朱子阴动阳静之说悉符。内惟假廖公之名著《泄天机》者，独以窟为老阴，得太极静体；以突为老阳，得太极动体。彼本太极，理为阐发，是亦见理格言，不知地理宜逆，各具一太极。不有朱子大议论在，反令杨曾道晦，诸儒说穷，欲从事者，难免泣路悲丝之苦。余故赘词首辨，以定地理大关键，令万世从一，而趁此《一贯》所由作也。

阴阳明证辨

阴阳之理，肇于图书；奇偶之数，以卦位分。阳出于奇，阴出于偶，确然已定，无容置喙。惟以形象之仰覆，分别阴阳三代，以前未悉其旨，后至于秦朱仙桃作《搜山记》，汉青乌著《葬经》，黄石公著《青囊正经》，赤松子增传，再至东晋郭景纯著《葬书》，陶公著《捉脉赋》。五书虽成于三代，皆概论阴阳，竟未明剖阴阳仰覆之理。传盛于唐，杨曾叠出，问答昭明，始阐发阳仰阴覆之隐。嗣后衣钵继而著述兴，不啻数拾家，虽诗歌词赋不同轨，莫非一理相印，先后同揆，何独至于廖而疑之？

第自《泄天机》出，镌为廖金精所著，遂议阴阳，廖岐乎杨，至今令人莫知适从。余按卷太息，熟思卜氏之言，曰："天开地辟，二气妙运于两间；山峙川流，一理并行而不悖。"果如《泄天机》所云，是阴阳颠倒，廖独反乎杨曾。余博搜旁证，岂其然乎？遂详考《廖公行实录》，年登四十，尚为处州通守张明叔之隶卒，因修州衙，一言偶中，张夫人闻之大喜，询怜不遇，以伊父宋国师吴景鸾所遗传秘文悉授之，以成其术。得术后，因贫所迫，自作金精山，隐福地，一二年可致骤富，但满一纪，立见绝灭，自后术日益著，家日益富，人信如神，日不暇给。时熙宁元年戊申，张氏礼以上宾，公亦乐于自效。凡山川胜地，悉为张谋。十八年间，作地七十有四，悉皆尽善。至壬子八月，立辞求归，图改先茔，切恐过期，噬脐何及。奈张氏苦留，又复四载。归时变作，二子俱亡，一女亦逝。独老妻弱孙，依外孙谢氏而已。公抚膺大恸曰："此辈误我！"愤疾而卒，寿六十有二。

噫嘻！公自四十得术，游艺二十二年，芳行懿词，行述悉载，著书大事，反遗而不录乎？再索其术所从来，廖得之吴景鸾女，景鸾得之陈希夷，希夷得之曾文迪，文迪得之杨筠松，杨与赣水曾求己共任唐僖宗，末，巢寇犯京阙，杨曾因军乱，窃发琼林库，内有金函篆文，名曰"国内天机书"，开卷视之，乃丘公延翰进呈书也。丘乃唐高宗永徽中河东闻喜县人，因神人授以正经，遂晓阴阳，依法扦择，罔有不吉。丘遂以师受《天机书》，并自撰《理气心印经》三卷进呈，玄宗善之，以玉函金柜，藏之内库，永为国宝。故杨曾窃之，术始显于世。由是观之，廖术出自曾杨，宁有一脉相反之理？一证也。

就考《泄天机》书，自序著作之由于卷末，原非廖公亲著，乃云《泄天机》术出自杨筠松，杨传曾文廸，曾传小曾公，廖属其弟子也，皆是拨砂认形，口授面命，不立文字。公惧久而失真，传于图说，公甥谢永锡得图，藏于家。二仆陈七辅，胡五元像，俱不识字，以随公久，心领意会，遂以术鸣，皆有应验。临川丁应孙受术于陈，后求书于谢，始会其全，挟书游湖南，因家焉。陈后有孙元锡，能世其业，然无廖公书，竟失其传。唯湖南一派，丁传谭公，失其名；谭传谷必友，谷传吴舜举，吴传刘师文，刘传余芝孙。余因谷说，著《入式歌》，分龙穴砂水，堂气卦例，作法为类有八，发泄殆无余蕴。余传黄仲理，黄传程义刚，程传吴文，余从吴得之。洊经兵火，家藏书悉煨烬矣，惟此本独存，岂非天之未丧斯文也欤？当时匆匆抄录，字每差错，文多残缺，常疾病之。岁在乙巳，始逐一誊过，差错者正之，残缺者补之，但两目昏眩，或作或辍。至丁未六月，始识本末于卷后云。

复考卷首《天机传派歌》云："杨公演派曾公继，流传黄与厉。惟有廖公学得精，世代自传名。老天不欲丧斯文，清士得其真。"盖先儒深味此歌寓意，已烛其伪，遂批此歌尾，注云："此《泄天机》意清士所作，不然廖公岂自称其精乎？"再观"清士得其真"一句，其理可知矣。又考《立盟仪》结句云："海岱清士余芝孙谨跋。"故余不必别觅考证，即此书文自序，著作本末，反覆玩索，自不能掩其真；况卷内有《入式歌》，分龙穴砂水堂气之证。既云《入式歌》余因谷说所作，的知《泄天机》系余芝孙所著，参以正差补缺之手，合成一书，即余从吴也无疑矣。试想补残郢正之日始于乙巳，终于丁未，几经拟议，几经斲削，倘千虑一失之讹，遂成万世莫须有之惑。彼亦自虑生今愚贱，难令后世信从，故以金精当之，以塞贤智之口，用意微矣，二证也。

至徐氏昆玉著《须知》篇，图释两仪，因见廖公名，不敢擅易旧章，仅袭《天机》陈说。自两仪外，释窝钳乳穴，仍宗阳仰阴覆之杨论。夫何徐试可著《琢玉斧》，不深考覈，独宗阳动阴静之廖，遂非阳仰阴覆之杨，并刘江东《至宝经》，谢觉斋《倒杖诗》，蔡牧堂《发微论》，刘敦素《金函赋》，杨茂叔《胎伏论》，刘青田、赖布衣释《玉尺经》注，种种格言，一概置之不顾；且又著《顶门针》，更有"辟杨崇廖"阴阳之极辨。不知杨之论出自丘公，却是真杨；廖之说出自假借，非真廖公矣。愚又面质之廖公十五六代孙，一号良峰，一号继梅者，个中家传阴阳大旨，皆与杨公之说相符，与世《天机》书相左，天下又宁有孙孙反祖之传？无是理也。况廖公家传内有禄存文曲，分生死内劫外劫，辨吉凶，质之曾传，若合符节，何独《泄天机》一字不载？愚故引三证四，而辨其为伪也；啄啄争鸣，岂求角胜？深为此虑，一误永误，遗祸不浅，故赘词琐辨，再历摘杨、曾、刘、谢、竹、蔡等十数家分辨阴阳之格言，开录于左，以明为证，庶免异说混淆，真旨反晦也。

分辨阴阳形象始于杨曾问答

曾问："何者为阴，何者为阳？"杨公曰："阴阳两字，乃地理之权衡，形气之造化。形以聚气，气以成形；形气既分，造化可考。阳气形凹，阴气形凸；阴变阳是窝腌悭钳，阳变阴是肥突满乳。阳龙来则阴受穴，阴龙来则阳受穴。来者是上覆来，受者是下仰受。阴阳形气，造化之理如此。"曾又问："何者谓之阴来阳受？"杨曰："脉来有脊，入穴处有窝，谓之阴来阳受。""何者谓之阳来阴受？"杨曰："脉来微平，入穴处有突，谓之阳来阴受也。"刘江东《天宝经》云："顺逆分别，要知强弱。如强脉者，全阴之势，来如剑脊，形势勇猛，露而不隐，来而不受，小人之义，所谓强也。弱脉者，全阳之势，来如偃仰，软弱困倦，隐而不露，受而不来，君子之义，所谓弱也。"又云："来如仰掌为阳，覆掌为阴也。"

《至宝经》云："大凡看穴，须要分别到穴阴阳与来脉阴阳。剑脊为阴，仰为阳。阴者为强，脉来雄急，从上生下，谓之天气下降；阳者为弱，形如仰掌，珠乳沉细，从下生上，谓之地气上腾。"

谢觉斋《倒杖诗》云："阴从天降脉浮寻，饶减之中造化深。交气穴中如露脊，节苞梗块并为阴。独阴剑脊如葱尾，两股虾须抱在心。开井放棺谁晓得？能明升降值千金。"

"阳气原从地下生，下头生上是真形。或窝或仰分消息，前细迎棺有重轻。若是纯阳气脉隐，当寻元气上升腾。纵生珠乳应沉细，迎接工夫要讲明。"

其三："阴阳二字最难明，谁识其中造化精。阴乳恰如男子样，阳窝偏合女人形。似男阴乳休伤首，似女阳窝莫破唇。土宿罗纹来证穴，天机到此活乾坤。"

其四："穴中问我孰为强，强者为阴脉必刚。强字与阴同一路，一差饶减动瘟瘟。脉弱元来气属阳，见阳休向弱中藏。弱中就弱为脱气，要知迎接始为良。"

杨茂叔《胎伏论》云："胎伏者，雌雄龙也。胎生于前，配阳为雌，其星仰照；伏生于后，配阴为雄，其星覆俯。前后照应，神气交融，金水环秀，孕育而成。仰高为阳，覆低为阴，胎伏星辰，价值千金。"

刘敦素《金函赋》云："阴强阳弱，弱就强而成物；阳柔阴刚，刚就柔而济生。"又云："阳以阴为性，阴以阳为体。动者性，静者体。在天则阳动而阴静，在地则阳静而阴动。性得体而静，体随性而动。是以阳舒而阴疾，阳性柔而缓，阴性刚而强也。"

《发微论》中录竹氏述云："凡受穴之形，如窝，如钳，如坡，其气发于外，为阳；如乳，如脯，如突，其气畜于内，为阴。然窝之内必有凸者，为阳来阴受也；乳之首必有凹者，为阴来阳受也。"

司马陀头曰："阴阳二气，近以花果辟之。抽条发叶者，气之行也，辟之行龙；开花垂实者，气之止也，辟之结穴。萼之开花者，岂非气发于外乎？窝钳阳可知矣。果之垂实者，岂非气藏于内乎？乳突阴又可知矣。"

达僧曰："何谓开窝？钳是也。何谓合乳？突是也。形开则阳发于外，其气浮，故属阳。形合则阴蓄于内，其气沉，故属阴。阳则浅以乘之，合以固之；阴则深以取之，辟以通之。此支龙分阴阳、定浅深之确论者也。"

考前《发微》所论，浮沉以浮属阴、沉属阳，今达僧所论，浮沉以浮属阳、沉属阴，粗玩之，似乎相反。不知《发微》所论，以脉之隐著分阴阳，阴脉有脊而形浮，阳脉微平而形沉也。今达僧所论，以气之升降分阴阳，阴乳形覆，气自上坠下，故形浮而气沉也；阳窝形仰，气自下升上，故形沉而气浮也。与《发微》之论，无歧见也。

叶上仙俗喻云："阴叶如男子，一身属阳，独玉茎属阴，显而有形迹，生气发育在外，故凡乳突有毡簷者如之，不可凑伤。阳叶似妇人，一身属阴，独生门属阳，隐而无形迹，生气包藏在内，故窝钳如之，宜缩入放棺，方得冲和之气。"

《四字金》云："仰掌为阳，上聚而下散。覆掌为阴，上散而下凝。"

尝观山川，融结穴情，窝腌①多作天穴，乳突多作地穴。此说多验。

《一粒粟》云："阳之来者，有如仰掌。阴之落者，有如剑脊。刚来柔制，柔来刚克。饶不可失，就不可迫。分寸之间，不缓不急。"

《玉海藏珠·点定秘诀》云："尽阴者，来如剑脊，为强，不可斗脉，

---

① 校注：腌，通簷。

气从耳入之义。尽阳者，来如仰掌，为弱，不可饶减，气从顶入之义。"

《龙骨经》云："葬法更要得缓急，后脉来者，势如剑脊，不动，此是孤阴不成地也。或动处有平，此是阴中有阳，可凑入毬簷之下。其法要出三尺，方成生气。如有阳脉来者，其势略仰，此是缓脉，亦要分水，要凑入分水之下，切不可饶出。"

参分水二字，乃脉法真诠。阳中有阴媾，不死而生也。

郑谧先生释《葬书》"地贵平夷"注云："阳者为弱，本合凑入，如或性急，要缩下一二尺，以缓其急性。"释"山者势险"注云："阴者为强，固当缩下，如或性慢，要插上七八寸，以急其缓性。刘氏所谓'摆缓则入簷而凑毬'是也。"

参此，阳急须缩下一二尺，阴缓略插上七八寸。可见阴乳要避杀脉，甚不可斗也。明矣。

谢氏释《雪心赋》"一不能生，生物必两"注云："凡龙脉体，势来如剑脊，名曰孤阴；来如仰掌，名曰独阳。惟阴阳不交，如男子无妇，女子无夫，安有生育？故曰'一不能生，生物必两'。须要阴中求阳，阳中求阴，阴阳配合，则生育之机不息，大地成矣。"

赖氏释《玉尺经》云："山为体，水为用，一气而成；用属阳，体属阴，动静乃见。"注云："地理家以高为阴，低为阳；峻逼为阴，平坦为阳；覆为阴，仰为阳；有尖为阴，有窝为阳。此以静为阴、动为阳者，以山水体质情性言也。"

刘青田释《玉尺经》"脉辨阴阳"注云："地理之说，高为阴而低为阳，覆为阴而仰为阳；直逼为阴，平坦为阳。惟平原之地，独阳无阴，而妙在水合处，始见阴阳之会也。"

蔡牧堂《发微论》云："三阳从天降，以其阴根于阳也，故阴脉必上小而下大；三阳从地升，以其阳根于阴也，故阳脉必上大而下小。是故阳一嘘而万物生，阴一吸而万物成。"图其于左。

· 7 ·

《发微论》中阴阳升降图

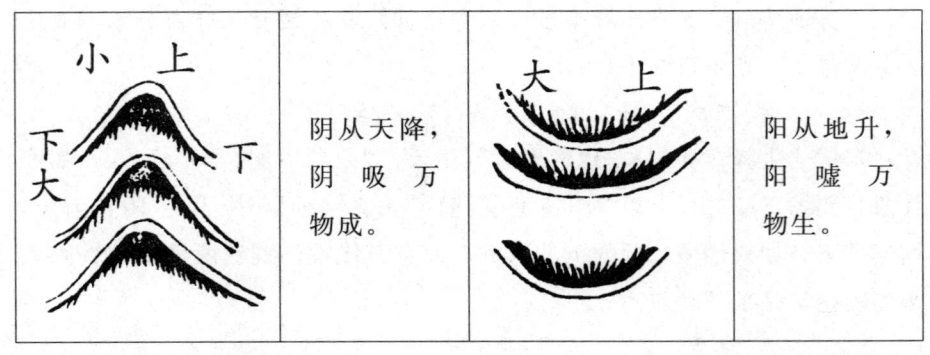

一贯总旨

夫地理者，散之万殊，合之一贯。一贯云何？阴阳二字而已。天开地辟，二气流行，虽运于天，实由于地。独阴不生，孤阳不成，如龙无阴阳，何以神孕育之体；穴无阴阳，何以成交媾之真？砂有阴阳，雌雄交媾也；水有阴阳，雌雄相食也。曰气有阳升而阴降，曰上有阳冲而阴和。至于脉内一诀，阴中媾阳，阳中媾阴，阴阳交媾，化化生生。如阴无阳交，犹鳏夫无妇；阳无阴媾，犹旷女无夫。阴阳不交，精血不媾，何由胎孕而生男女？故卜氏云："二气妙运于两间，言阴阳也；一理并行而不悖，言一贯也。"知一贯，则地理之能事毕矣。

龙之阴阳有三：凡行度传变，一起而覆者为阴，一伏而仰者为阳，一也。凡开静展翅分两片而行者为阴，孤星独行不开肩翼者为阳，二也。金木火三星专属阳，水土二星专属阴。凡龙行度，须要阴阳龙，前后配合，方有生生化化之妙。如出身行度，或纯是阴龙，或纯是阳龙，必无融结之理。《经》云"三金四金不生水，阳龙不结地"是也。《金函赋注》云："木火二星行龙，虽云相生，但纯阳无化气，必主为官不禄之兆；木土行龙，虽曰相克，然阴阳相配，发解登科，子息绵远。"三也。三者咸备，龙之阴阳尽矣。

穴有阴阳者，乃太极圆晕中之玄微也。凡圆晕肥起者为阴，瘦陷者为阳；或上阴而下阳，或下阴而上阳；或左阴而右阳，或右阴而左阳；或阴多阳少，或老阳嫩阴；皆是也。

砂有阴阳者，龙虎两砂，其法以左右取，左为雄，右为雌；以从顺取，健为雄，顺为雌；以奇偶取，奇雄而偶雌；以高低取，高雄而低雌；以大小取，大雄而小雌。以至有石为雄，无石为雌；先强为雄，后钝为雌；精俊为雄，妥伏为雌。雄者为阴，雌者为阳；或雄顾雌，或雌顾雄；须弯抱交顾，一前一后，饶让有情，不可有相斗相竞之执。若水顺流，两砂逆抱，谓之雌雄交度。若左右砂交，水亦交，谓之雌雄交会，皆吉也。反此，或顺关，或送水，或擎拳，或斗竞，或昂头，或妒主，或衔尸，或直硬，皆非吉也。

水有阴阳者，凡两边界穴，收气之微茫水，凡深而大者为阴，浅而微者为阳。《四字金》云："吸气为阴，其水隐于土皮之下，必暗而深；嘘气为阳，其水现于土皮之上，必明而浅。"阴者为雄，阳者为雌。凡小水入大水而交合，谓之雌雄相食，皆吉；若雌雄水不交，是下无合，名曰气散，非真结也。

气有阴阳者，凡阳气自下而上谓之升，《易》所谓"三阳从地升"。即卦名地雷复，一阳从初爻生；地泽临，二阳从二爻生；地天泰三阳从三爻生，皆自下生上，从地卦三爻而生也，故曰"阳气上升"。凡阴气自上而下谓之降，三阴从天降，即卦名天风姤一阴降，天山遁二阴降，天地否三阴降，此三阴，皆从天卦而下降也，故曰"阴气下降"。而玩谢觉斋《倒仗诀》云："阴从天降脉浮寻，阳气元从地下光"，二首诗可识也。

土有阴阳者，按《葬书》注云："五气行于地中，金气凝则白，木青，火赤，土黄，四者皆吉，黑者属水为凶。"然木火属阳而金属阴，土为阴阳之冲气，故五行中以黄为正气，亦以纯黄为吉。又红黄相间鲜明者尤美，间白者亦佳，青则不宜，多近于黑也。此皆取阴冲阳和之义。又云："石山土穴，欲得似石非石之土，细腻丰腴，坚实滋润为吉。土山石穴，必得似土非土之石，脆嫩鲜明，光泽晶莹为妙。"亦取阴刚阳柔相济，冲和之义。故凡穴土，要五土四备，刚柔相济，名曰冲和，皆吉。反此，则非真结矣。

至于脉内阴阳，最是玄微，须在分寸间辨别。凡覆脊为阴脉，平坦为阳脉，须要坦中有覆，覆中有坦，方为阴阳配合，精血交媾，自有生化之妙，能融结真穴。如独阴无阳配，孤阳无阴媾，精血不媾，何由孕育而生？男女必无融结之理。此阴阳交媾之诀，实地理家一贯之玄妙也。

定文武官职高卑贵贱大小龙法玄微赋

醇龙要诀，先觅太祖少宗；
下手真传，妙在有龙有穴。
有龙无穴，且看拙底巧裁；
有穴无龙，纵是妙交何用。
宾强主不对，终须作事虚花；
主贱是花假穴，凶。
身贵朝有情，定是为官秀实。
贵星不足，十分只好五分；
龙虽贵而枝脚护送不全，故曰不足。
贵龙有针，重论则为轻论。
即金克木之类。
左生右死，定知在任无终；
或有一边或无一边，或边吉边凶，皆为生死。
前畅后空，决主为官不禄。
或横龙无鬼，或侧脑无乐，皆是后空。
星多传变，不如尖圆方三者为奇。
尖为木，圆为金，方为土，名曰三吉星。
龙有断续，尤贵孟仲季牵连为上。
一连三峰，直来一样。星体高卑有序，断续牵连，名曰孟仲季三星也。
火楼并耸，出烈士以封侯。
火楼即廉贞起祖，名为龙楼。
坐屏独高，断登坛而拜将。

即土星为坐屏，比众独高。

阳星品列，产八位公卿。

阳星者太阳星，如品字耕列，名品字三台。

禄位双尖，出王候宰相。

禄位者，如甲山禄到寅之类。双尖，二火星连耸，论砂也。

御帘下贵人高耸，身近龙颜。

金水屏幄为御帘，贵人高耸，即水星居帐中也。

绣帘下伸手坦平，名登雁塔。

水星帘幕为绣帘，伸手坦平，帘下有一土星为台。

贵龙叠叠，为刺史高官。

贵龙，木星也。

宝塔巍巍，作皇朝贵职。

宝塔巍巍者，即火星高秀。

布军阵起，断生将帅雄才。

布军阵即屯军雄甲阵。

七星龙列，定出公卿巨贵。

七星龙如北斗，在七星耕列，堆泡结穴。

帜星龙起，男为海上提刑。

帜即旗也，起者展旗监旗之类。

霞帔星呈，女作皇宫后嫔。

霞帔星即太阴高大多脚是也，名为金冠霞帔星。

风帘微动，还他一代文星。

即水星帘幕。

月带宽横，亦主富资簿尉。

即蛾眉金为横带案。

龙生蟠势，定知一举荣华。

即蟠龙格也。

对峙剑旗，必主三军行阵。

剑旗相对重也。

讲书星现，儿孙紫绶满朱门。

一贯堪舆

讲书星，两水星来一土星。
顿笏龙行，世代为官居县令。
顿笏龙，小木星顿跌。
顿枪独火，断为大将官军。
顿枪即是火星高秀。
覆釜三金，定出府官贵职。
太阳金星如覆釜，三金孟仲季。
败旗左右见拖枪，终为劫贼。
皂纛两边如插剑，定出将军。
败旗见拖枪，左右拖火脚也。皂纛，亦旗者也。惟插剑为贵。
走马开方，掌千里之智略。
走马开方，即天弧龙格。
宣威布阵，破东鲁之寒心。
战旗竖起，武无敌而文亦全。
战旗看砂法类。
将坛独高，战必胜而攻必取。
土星台为将坛也，众山低坛独高也。
铜钉撼断，为官万里标名。
木火三星为铜钉。
衣带飘飘，作事虚花不实。
水星文曲，为衣带飘飘也。
乱地势落，定知镇压乡间。
五六条金水星乱落为乱地，势必为市镇。
伏虎雄威，必播声名州县。
土金星落头，势来雄伟。
卷旗龙起，定为巡简之官。
御带星呈，断出卿相之职。
横水星开帐，环抱为御带。
展起红旗，世代为官不绝。
火星高摆水脚，自展起红旗。

低呈黄帖，制买官诰归来。

低小土星为黄帖，诰辅低小，故云买。

顿厨起库，出巨富而久长。

土金星为仓库。

走马穿珠，作大官而绵远。

走马者，即走马文星；穿珠者，即串珠龙格。详后。

火木并秀，出翰院文宗清贵。

木上带金，为乌台刺史宪官。

水木星并行，定出吏礼之贵。

土木火传变，必为吏部之官。

龙身带剑，解元榜眼高登。

石笋冲天，宰相神童并孕。

土诰带石笋，乃侍郎尚书之职。

金水联叠帏，为知府参政之官。

倒地见贪狼，必是土官居省郡。

即倒地木星，长为贵。

三金过火土，断为兵刑之权官。

御屏三台连插汉，状元榜眼探花郎。

御屏三台，即冠盖三台，三土星是也。连插汉者，高耸极于半天。

三台笔架耸楼台，断出两京都御史。

三台笔架，耸于楼台之上。

覆釜三金似月，定毓科道之官。

即孟仲季三金也。

龙身带石清奇，号为风宪之职。

石龙成星体清秀，不犯嵯峨更贵。

木火叠叠，必出宰相三公。

木星重重，定产知州知县。

五七火星高耸，决生宰相擎天。

即廉贞星。

三尖笔架无欹，定出儿孙刺史。

无缺抖也。

华盖三台兼玉蕊，职任朝官。

华盖三台，三木星也。玉蕊者，二重小金，水星为玉蕊。

擎天四柱及文星，名登宰辅。

四木星高耸，为擎天四柱。文星，火星是也。

帘幙下贵人连插，定为六部太子太保之官。

帘幙，即水星幛也。帐下贵人连插，即木星叠一水星之帐生木，极贵格也。

金土重重无木火，乃出巨富陶朱阿顿之辈。

陶朱阿顿，古富豪姓名也。

蛮土蛮金，定见愚顽之富。

蛮者，乃蛮人粗蠢之形。

头金头火，必生瞎跛之人。

头金头火者，即天罡星也。

龙身带劫，为鬼坛之所。

分枝擘脉者，为鬼劫龙也。

枝脚幡花，出师巫之流。

肢脚反扯，如幡花样。

过脉若遇有劫星，出僧道邪术之辈。

枝脚反扯为劫星。

龙身缠护或东西，乃下贱带劫之龙。

缠护之星，东扯西拽，即鬼劫也。

一土又一土，富贵荣华之抄估。

一水又一水，孤独鳏寡临门速。

一金又一金，孤寡此中寻。

诀云：一土又一土，带木生火为抄估。详注内劫。一木又一木，无水救之出孤独。一金又一金，不生水救是孤金。故有此数者之相。若金木二星，俱有水救，则化为吉。

堆垛龙来，为积玉堆金。

覆金龙来，而盈仓满库。

堆垛龙即覆釜，金星三五堆垛而行，其中略有断续，相牵相连，如金堆垛也。覆釜龙亦是覆釜，金不相牵连，右名为仓库山故也，止出巨富。

玉带两边开凤翼，敌国富豪。

玉带者，即与地横木星，如玉带两边挣开展翅，如凤翼也。

雀屏山下似龙盘，彻天声价。

雀屏，土星也，脚如龙盘。

卷帘形起，出小库而典钱。

覆釜低模，有大仓而积粟。

覆釜金低小为仓库。

仙人耸起过仙桥，白日升天于紫府。

仙桥者，乃一字水星在中，两头木星高耸如桥柱，名曰仙桥。仙人者，乃木星高耸，在桥中过也。

玉杖高停过玉钵，紫衣封赠于天王。

玉杖，即廋小水星高竖也。玉针顿起高，土星两边垂角是也。

玉钵斜起，须知庙食以千年。

玉钵斜起，即土星攲斜是。

仙幢孤峰，能炼灵丹之九转。

仙幢幢幡，宝盖孤露无遮是也。

步罡龙起，一家同上天宫。

凡龙行度，如步罡法。

撼锡星呈，只履西归佛国。

木星高竖而摆动，名为撼锡，若不摆动为贵。

龟头鹅颈，必然神庙之场。

蛇尾鱼胞，必作蛟潭之所。

金拖火嘴为龟头星，软长细小为鹅头脉，皆为凶也。蛇星水星，拖大尾鱼胞，乃臃肿也。

龙蟠凤落，必为更鼓之镇场。

凡金上天财委蛇而下穴，为龙蟠。凡金水星开翅垂乳，为凤落，必作州县场。

挂幕垂帘，必作州官之美职。

有帘幕之龙，必为贵格。

如龟有荫，出人医卜妙如神。

死鳝无情，定主贼兵刀下死。

即水星拖火，尾为死鳝。

天罡孤曜，断主孤男寡女。

扫火披帘，出人淫荡牵牛。

详见后条。

金头木脚，无救星儿孙受雇。

金头木脚，即孤曜无水来救，则相战不宁，为凶。

木脚金头，遇水宿世代公侯。

详见后注。

旗头枪脚，先为军贼后为官。

即火头火脚，斜旗是也。

土畔火星似马，定出提刑典郡。

土星之旁，出一火星似马。

龙有貂蝉秀丽，御封八座高官。

貂蝉秀丽，形一秀金两肩开水翼是也。

身上一座三台，位迁五县荣职。

兄第联登，乃见贪狼叠幛。

即木星关重叠帐也。

儿孙执笏，盖缘三木奇尊。

一连三木星，为孟仲季也。

腾腾宝盖势侵云，代代尚书清政职。

宝盖即宝盖三台，侵云高耸。

插汉三峰似笔，全家白日升天。

肥圆四金覆钟，满门儿孙中楠。

台星三座，为官久镇朝廷。

即宝盖华盖冠盖三座也。

华盖两重，职任永居相府。

两重木星三台详后。

小富则三眉三月，大魁乃四土五金。

三眉者，三个蛾眉金星；三月者，两个太阴金星。

欲知府职何来，月前三釜。

太阴之前，三个覆釜金也。

若问县官根底，阳下一阴。

太阳之下一太阴也。

巨富无官，贵人牵脚。

乃木星拖斜一脚，不端正尊贵。

得道为仙星不正，

乃火星尖秀，但身不端正。

为官至老顶无欹。

尖圆方，端正也。

屯军踏节有诰印，定出官班。

详后。

垂笏幞头有文星，状元及第。

详后。

巨富乃连仓带库，清闲则孤笔奇峰。

扫荡覆箕，愚顽慵懒。

嵯峨破碎，被贼动瘟。

石山。

来龙孤露缠护低，有始无终。

过峡孤单护送无，儿孙贫穷。

座下若无真气脉，朝迎空有万重山。

座下十分龙特起，纵少朝山也尊贵。

龙法赋尽，诀要心传。

如得真机，匪人勿泄。

右龙法遂句鲜明，或后条详释之，有疑惑者，图形便览。

一贯堪舆

尖圆方三吉星	孟仲季三吉星
木 金 土	或三金三木三土相连而来，皆谓之孟仲季也。要先高后卑，有次序。
帜星	金冠霞帔俱是
败旗 败旗者，揭地破碎，其左右俱拖火脚，名曰拖枪，主出盗。	帘
幕	帘幕下贵人

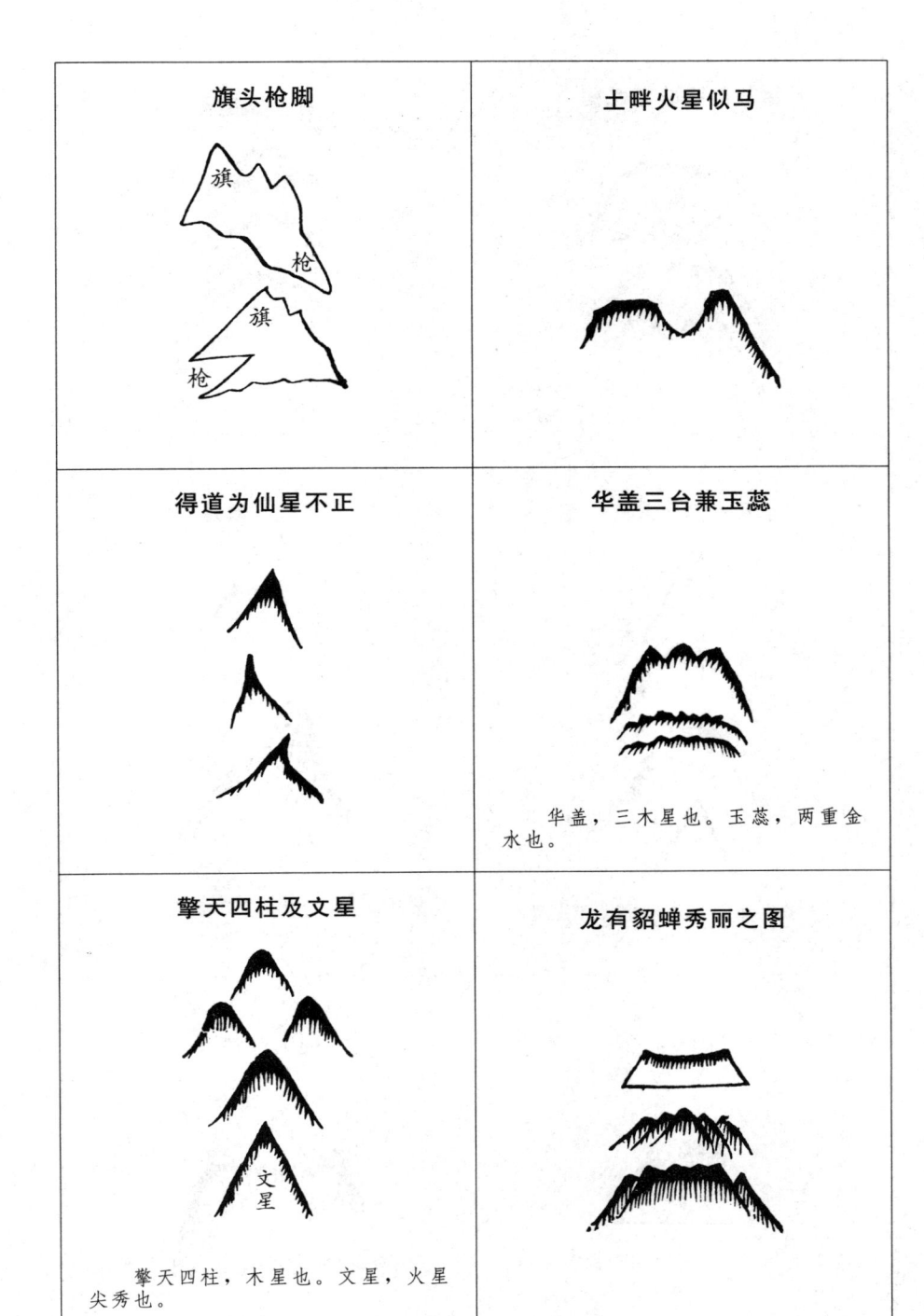

旗头枪脚	土畔火星似马
得道为仙星不正	华盖三台兼玉蕊 华盖，三木星也。玉蕊，两重金水也。
擎天四柱及文星 擎天四柱，木星也。文星，火星尖秀也。	龙有貂蝉秀丽之图

一贯堪舆

踏节屯军诰印之图	三眉两月
大秀木星，五峰以上，即为踏节。屯军，细金星叠叠堆济是也。诰即土星，印即小金星。	三眉，三蛾眉，金星也。二月，两太阴星也。故主富。
玉笏幞头文星	贵人牵脚
玉笏即冲天木星，幞头即土星变也。文星即火星秀也。	贵人牵脚，不端不正，所以不贵。
玉钵图	仙人仙桥
玉钵斜起，乃不正之星，故为庙坛。	仙人耸起遇仙桥，主白日升仙紫府。

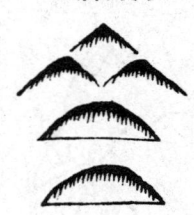

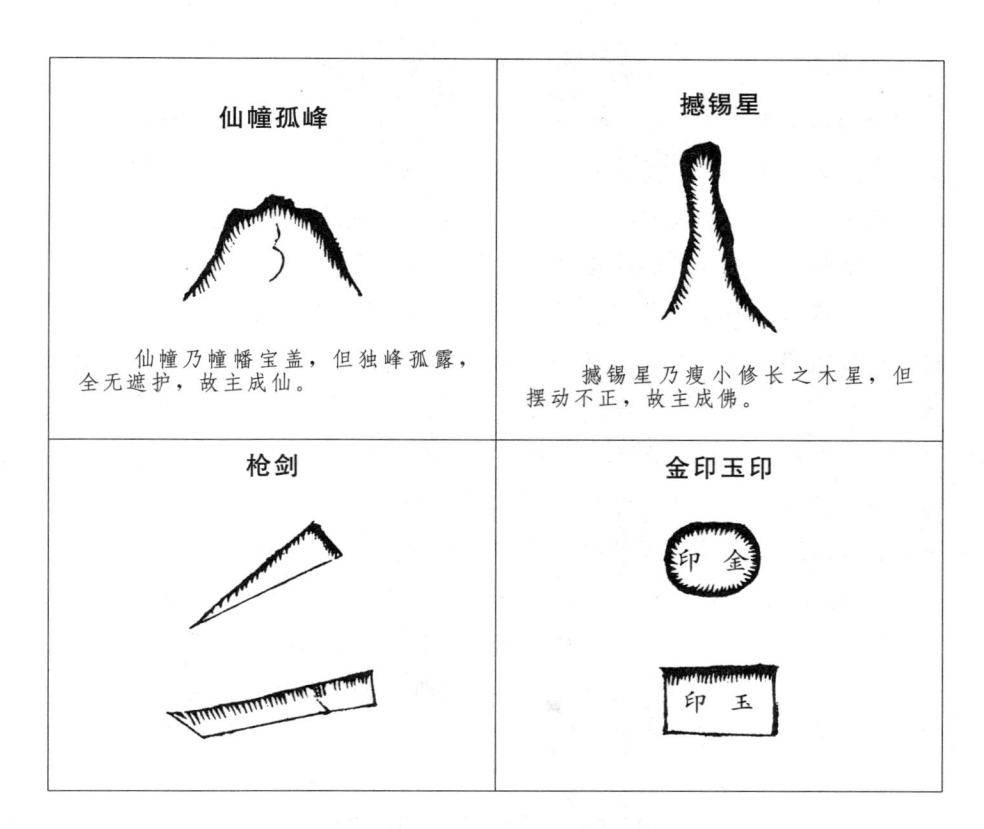

仙幢孤峰	撼锡星
仙幢乃幢幡宝盖，但独峰孤露，全无遮护，故主成仙。	撼锡星乃瘦小修长之木星，但摆动不正，故主成佛。
枪剑	金印玉印

论平阳龙法总要捷诀并峡脉真机总括

凡看平阳龙，仍以五星九星、眠倒星体与高山一样分辨，诀云："眠倒星辰竖起看，高山平地一律参。五星九曜皆同格，开帐穿心一样传。过送护缠无二致，平阳得水是真诠。"又《玄机歌》云："平阳地，认五星，木星横剑便为尊。若得水星连照应，水星聚处出公卿。土星火角真豪富，金水聪明便出魁。"如一坦平洋，并无眠倒星体，亦有分寸高低，波痕水路，仍要开幛穿心，过峡扛送，开睁展翅，左闪右穿，迎送缠护，分合雌雄，结咽束气，件件合法，方成平阳龙格。但胎伏星体，却与高山少异。《玄机歌》云："平阳龙，认胎伏，峡内蜂腰银锭是。开睁缠护雌雄会，此处出三公。结成墩泡同山看，马迹蛛丝脉不同。藕断丝连为正格，草蛇灰线是真宗。"又歌："平阳峡，如何审，跌断束气方为准。或如珠，或如印，马迹螺旋皆贵证。蜂腰银锭是真机，过送护缠皆要紧。若还无送又无缠，此是孤龙何必问。高低山水尺寸分，劫杀莫逢为上品。"故凡平阳龙气多散漫，贵于收敛，既无墩阜，可为少祖，必以跌断束气为准。然其断处，又须分水明白，束气入穴，方为真切。或两头俱断，中有小圆堆如珠者，或中有小方正之堆如印者，或两头大、中间小成银锭之脉，或中腰细个字全成蜂腰之象，或如藕断丝连之形，或如旋螺引路之状，或如草里蛇之微茫，或如灰中线之仿佛，或如马迹之扁阜连续，或如蜘蛛之游丝牵过，或如龟脊之微露潜形，或如牛背之分水明白。若此行度过峡，度脉夹送，则气束得聚穴场，乘得此气之聚处，方为真融结。或出坪中窟突，或开微茫小口，皆为富贵真穴。若无窟突，又无小口，则气属散漫，必无着落之处。诀云："平阳不开口，神仙难下手。"既散漫无证，纵有坪中窟突，亦认脉不真，不可下矣。至于平中砂水，高一寸为山，低一寸为水，须要个字连插缠护，界夹上分下合明白，必要两砂送到穴前，两水夹到穴前，收拾紧固，不旷不散，方为合格。虽然平阳龙脉辨在分寸之间，然亦有犯十二劫脉形状，须仔细审辨，脉不犯劫，水不散乱，方为上格。图具于后。劫脉之法，详载五卷。

平阳五星并九星图

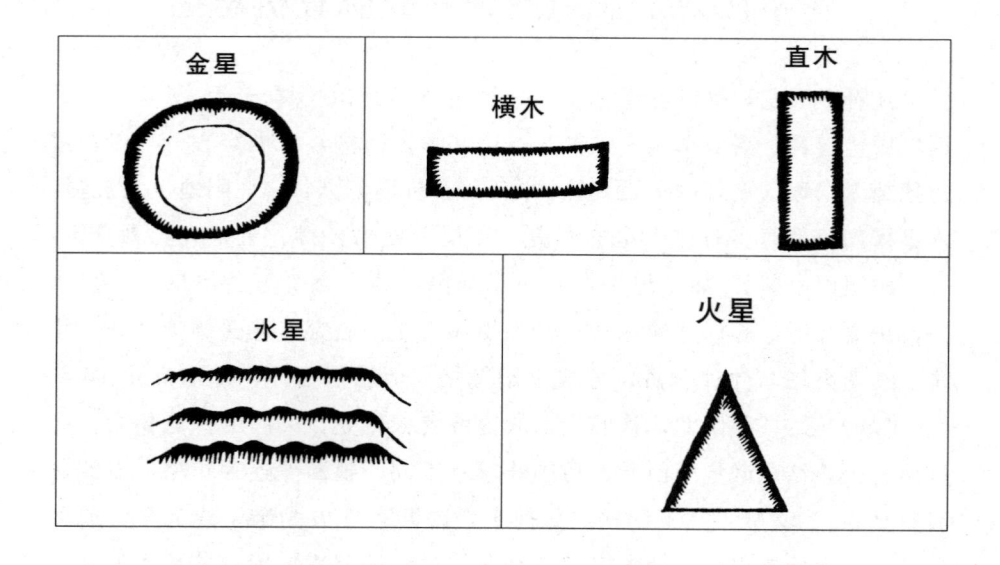

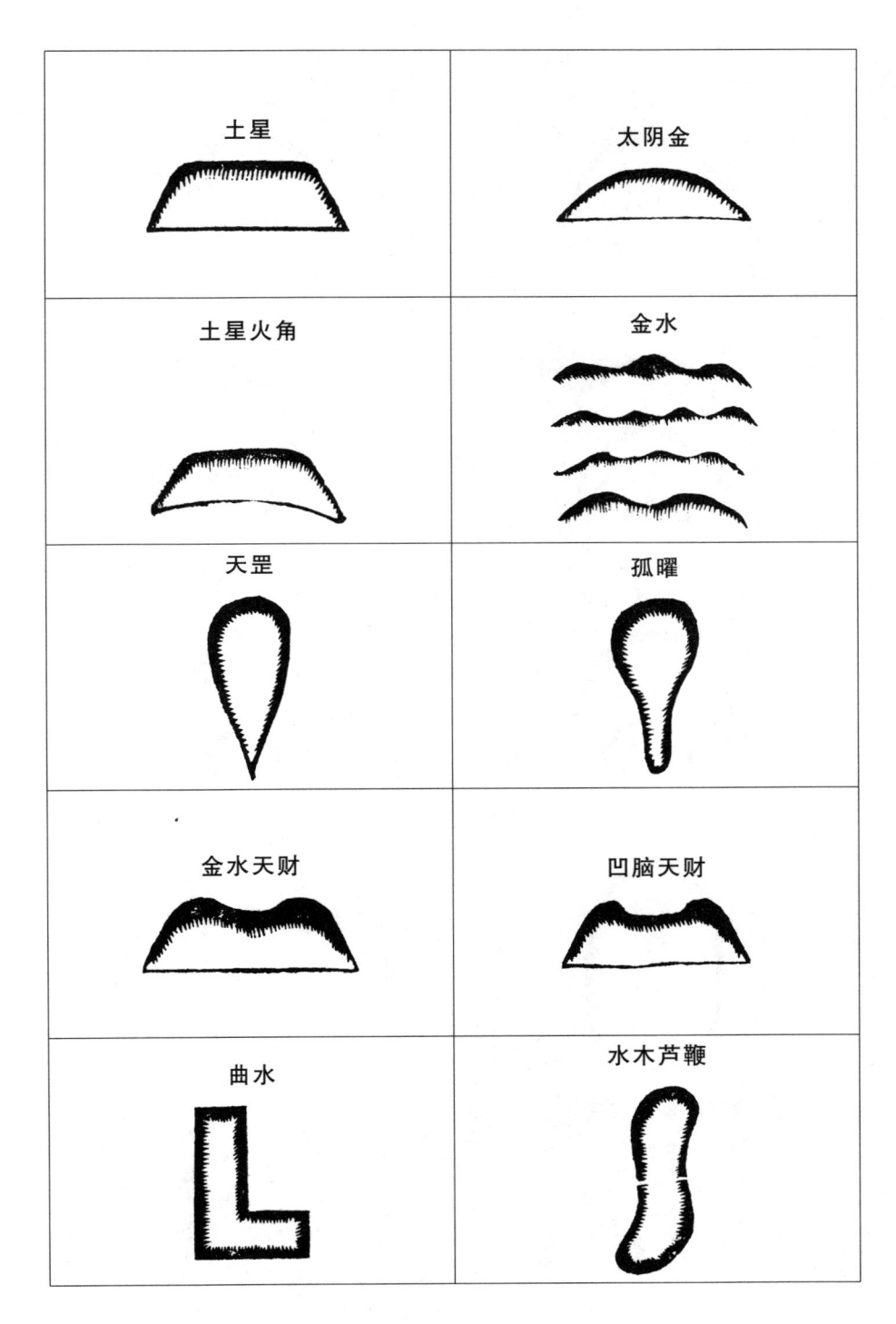

土星	太阴金
土星火角	金水
天罡	孤曜
金水天财	凹脑天财
曲水	水木芦鞭

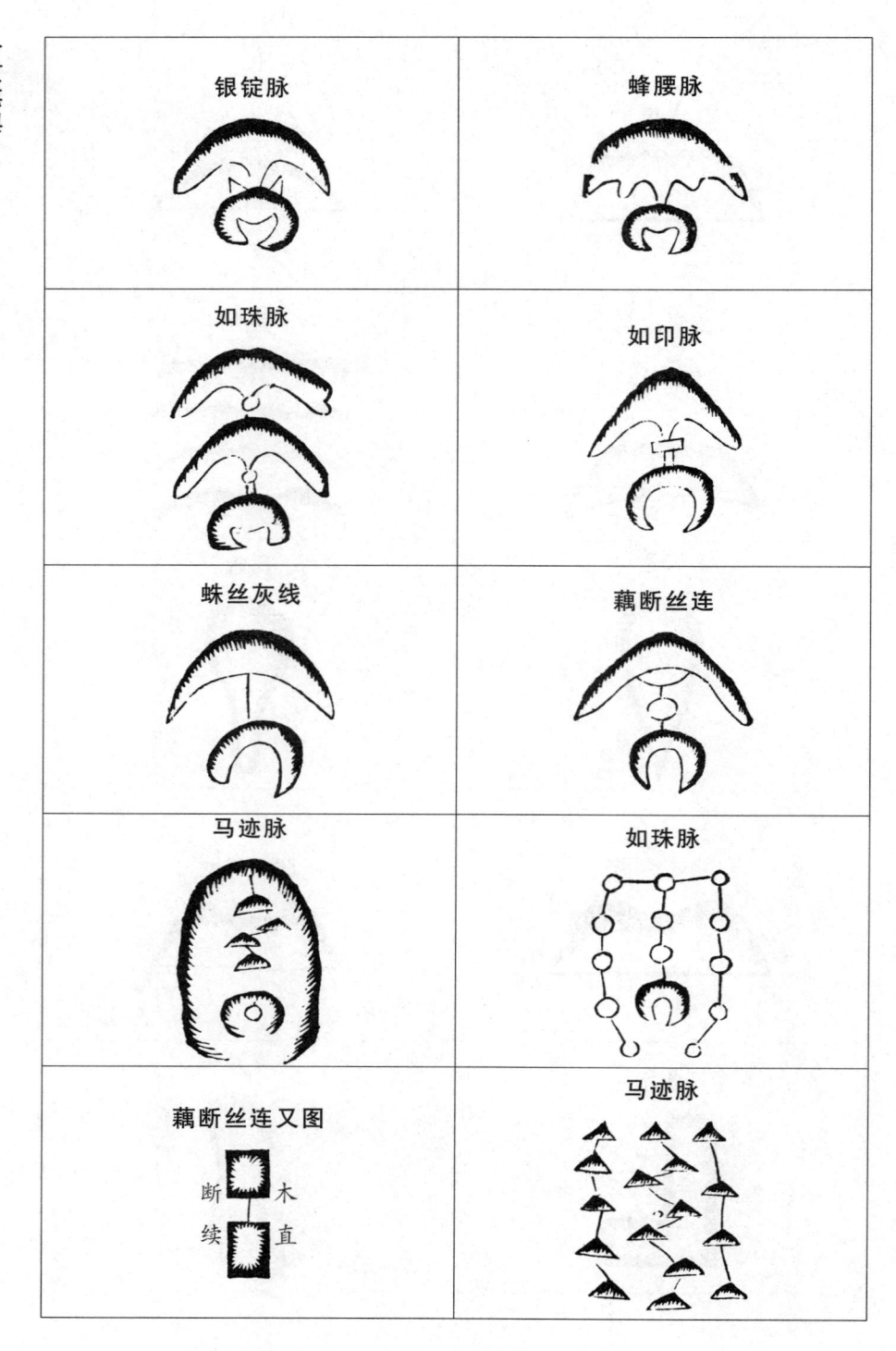

银锭脉	蜂腰脉
如珠脉	如印脉
蛛丝灰线	藕断丝连
马迹脉	如珠脉
藕断丝连又图 断 木 续 直	马迹脉

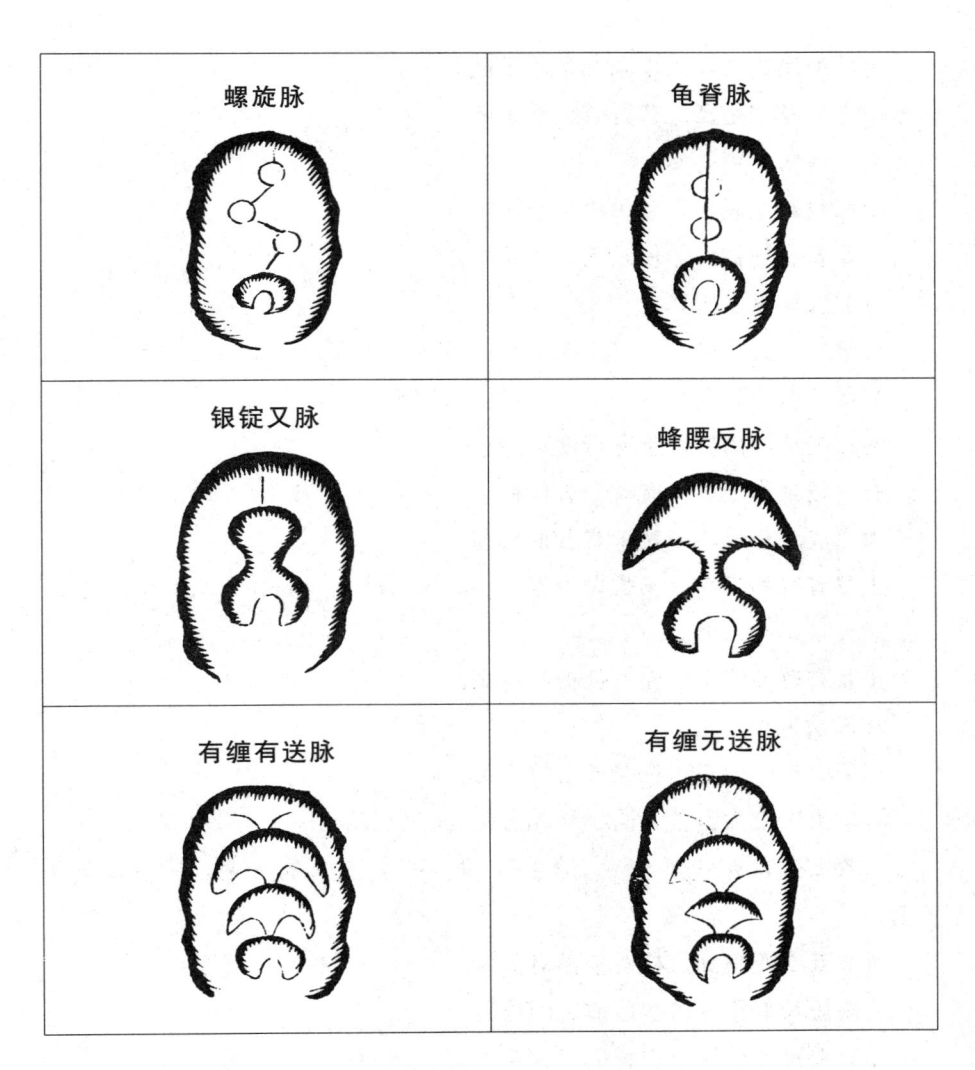

螺旋脉	龟脊脉
银锭又脉	蜂腰反脉
有缠有送脉	有缠无送脉

寻龙总要捷快

龙楼起祖喜廉贞，聚讲山围五九星。
五星聚讲，九星聚讲。
下殿辞楼中出帐，天乙太乙两边迎。
木火二星为天乙太乙。

退卸博换成几片，十条九条乱了乱。
中有一条却是真，若是真兮断了断。
顿起跌断，方是真龙。
断而复断龙脱杀，穿田渡水龙过峡。
过峡若有扛护星，便是真龙驻关衙。
三关五峡纵横来，
大地有三关五峡，龙或直来曰纵，横来曰横也。
起伏顿跌翅胪开。
两江夹从两山送，干龙行度莫疑猜。
有时枝来作干护，有时干去作枝朝。
大以成大小成小，枝干难分低与高。
正龙有时如闺女，不肯抛头露面瞧。
众大以小为正龙。
正龙有时如将军，左右低护听行操。
众低以高为正龙。
三条五条中为正，三龙齐出短为尊。
石多土少土为吉，大同小异异为精。
三条五条，取中为正龙。众长取短，石多土少取土龙，同中取异为正龙。
博成五吉龙格真，枝看梧桐对节生。
芍药短长兼拾取，蒹葭前后配均匀。
尤有卷帘殿试格，边长边短脉穿心。
杨柳枝偏何足取，一边有脚一边行。
进龙行度次第高，退龙头脚渐消条。
生龙活跃强龙猛，死龙硬直弱龙漂。
如水漂荡无起伏也。
病龙伤残空洞蛀，福龙多护没风摇。
顺龙桡掉随身抱，送龙反扯带符飘。
小扯为鬼大为劫，幡花龙共一根苗。
游龙不断无缠送，杀龙身带瘦枪刀。

皆有立坐眠三格，消详一理没卑高。
顿起者为立，半起半伏者为坐，倒地为眠。
寻地先寻少祖星，祖星端耸是真形。
少祖之下四五节，便是高曾祖父身。
脱离少祖行龙远，无星便作弱龙评。
少祖横列贵开帐，龙要穿心胎伏成。
帐幕多贵贵无敌，一重只出富豪英。
帐里贵人无价格，二三重帐典专城。
天弧天角龙欲渡，蜂腰鹤膝龙已成。
入首一断落头结，个中玄妙贵无伦。
即个字也要紧。
断在二三为次格，富贵荣华断内生。
尤有外劫和内劫，败绝奸盗此中寻。
劫杀不明详五卷，参明透彻值千金。

凡龙先起太祖，为龙楼宝殿，尖者为楼，平者为殿，最喜廉贞，次则聚讲行度，或五星聚讲，或九星聚讲，然后辞楼下殿，退卸博换，或三五条，或七八九十条内推。条有多断者为正龙，不断者为护龙，凡大断处即为过峡。大地有三关五峡，须审两旁有扛护星为真龙，正峡无扛护星为伪龙。孤峡又须审辨枝干，有两江夹从、两山斋送者为干龙，水溪、川圳、田水夹送者为枝龙。或干大而枝小，或枝大而干小，惟以水为分别，难分高低。又须要分辨正旁，亦难以高低分也。有时众山俱大，以小为尊，则小为正龙，如闺女不露头面；有时众山俱低，以高为尊，则高为正龙，如将军行阵兵随。旁正既分，当论星体吉凶。凡传变穿落，博成五吉星，方为富贵龙格；如抟成四凶星，必为贫贱龙格，不可用也。惟成五吉龙，然后辨枝脚，或是梧桐枝为上格，或芍药枝为次格，兼葭枝再次格，即杞梓枝也。如杨柳枝偏枯，必不可用。尤有卷帘殿试格，枝脚边长边头，虽不均匀，然祖山出一枝，补凑其短，脉从峦头中过，个字俱全，亦为贵格。又当于局外观之，再看进退强弱，生死顺逆，福病劫杀，十二格吉凶何如，然后审立坐眠三势，虽有高低平洋之分，而吉凶贵贱之理，无高低平洋，俱一样推辨。至于寻龙捷法，先寻少祖星，为一方之镇，如圆净端正、耸拔特异者，为真少祖。少祖之下三四五节，即结穴场，乃为高曾祖父，身大贵格也。如一节即断，而束气起顶结穴，力大福厚，更吉。若离少祖星太远，必须再起少祖为主星，然后结作，方为有力。如不再起少祖，便作弱龙格论。少祖之星，贵开帐幕，帐幕多时贵亦多，一重只出富豪而已。若两重三重，亦为贵格，可典专城为府主也。若帐里贵人，真无价之格。少祖之下，须要起伏起跌，开睁展翅，八字俱全，方为上格。至于入首，必要一断，以结咽束气，方成过脉之体，脉中须要个字分明。尚藏有富贵脉并劫杀，俱列在五卷。《经》云"蜂腰鹤膝龙已成"是也。如断在一节内成脉体即起顶结穴者，为上格；断在二节成脉者次之，断在三节成脉者又次之，的以近入一断为贵。凡富贵荣华，俱从此断内之脉发生也。尤有外十二劫辨脉法，内有十二劫辨峦头，俱系败绝奸盗贫贱之格，备载五卷中。此特举其大纲，为寻龙要领。但天弧天丹，形状难认，尤宜详释。《金函赋》注云：天弧天丹乃弓箭，凡州城县镇及结大地穴，或从龙楼发起天弧天丹二星，名为扛过龙。天弧在后，配阴为雄；天角在前，配阳为雌。天弧崔嵬如勒马，发足如飞旗；天角俯伏如犀牛，发足如竞渡。使二星桡棹，两相照应，号曰"正崩洪龙"。《仙经》云："北斗七星"，歌曰："藏牙缩爪龙欲在，伸牙布爪龙欲行。天弧尖角龙欲渡，蜂腰鹤膝龙已成"，正谓此也。"余格俱详后条。

天弧天角图具后

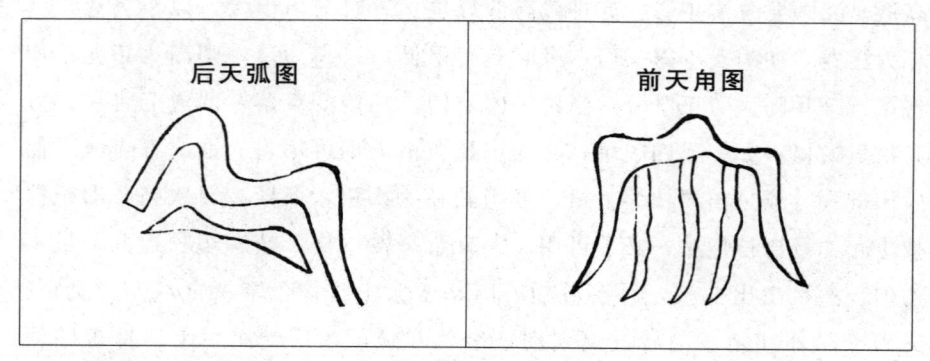

| 后天弧图 | 前天角图 |

弧者胡，水弓也。角音六，兽名也。

五星九星聚讲说

　　五星聚讲者，金、木、水、火、土五星，团聚而起是也。九星聚讲者，太阳、太阴、金水、紫炁、天财、天罡、孤曜、燥火、扫荡，团聚而起是也。多作龙祖，主出至贵，或在少祖山，福力尤紧。然五星九星相聚，不论生克，但一团聚，并立秀丽，便为贵格，图其于左。《经》云："高尖是楼平是殿，请君来此细推辨。乱峰顶上乱石间，此处名为聚讲山。"聚讲一成却分去，分别嫡庶迢迢路。

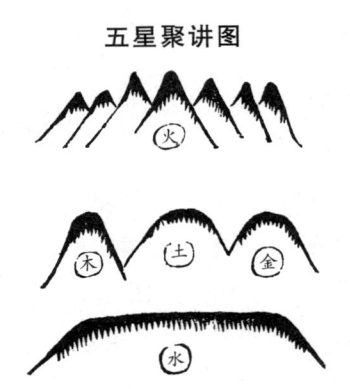

五星聚讲图

九星聚讲图

枝干总论

　　枝龙干龙者，乃龙之有大有小，犹木之有干有枝。干枝之中，又各有大小之别，故有大干龙、小干龙、大枝龙、小枝龙。所谓干中有干、干中有枝、枝中有干、枝中有枝者是也。吴公云："枝干明而嫡庶分，嫡庶分而力量见"，故龙分枝干者，以审其力量之轻重。然审龙之法，以水源为定。凡大干龙则以大江大河夹送，小干龙以大溪大涧夹送，大枝龙则以小溪小涧夹送，小枝龙惟田源沟洫夹送而已。观水源之长短，而枝干之大小见焉。

论干龙

　　干龙有二大干者，即干中之干也。其祖皆出名山，跨州连郡，延袤几千百里，乃正气钟灵，夐然高广，每有云雾发现。《经》云："先寻雾气识正龙"，此察识干龙祖宗之大法也。既知其祖，又当于离祖审其出身，耸拔雄伟，禀气浑厚，多牵连而行，不起星峰，惟两旁枝脚，护卫关峡等山，星峰耸拔，如王者驾出，而百辟咸随。俗眼不识干龙形体，惟以星峰秀丽为爱，纵有所得，不过枝叶小穴而已。《经》云："干龙身上不生峰，有峰皆是枝龙送。"故凡干龙，惟崇山大龙，牵连而行，或百余里，或七八十里，或二三十里，只一断。然断处必是驿络疆界通衢，人迹不绝之处。古人以人迹往来多寡验峡之大小，以峡之大小定龙之大小，诚为有理。故干龙一断，即是一伏。或十余里，或数十余里，平地了，踪迹诡异，不知其去。或穿田度坂而有藕断丝连，或石梁渡水而为崩洪过脉；或地踪闪迹，为马迹蛛丝；或撒落平田，为藏踪隐迹。前去忽起高山，又复牵连而行，行而又断，断而复起，横直连绵，极其长远，或千余里，或数百里。廖氏云："干龙住处分远近"。千里为大郡，二三百里可为州，过此即封侯；百里只堪为县治，下此为镇市。其分去之龙，亦各随正干大小而有差别。如正干龙去作京都，则其龙身分去，小干为省城；而省城龙身分去为郡邑，郡邑龙身分去为乡村市井之类。《龙髓经》云："大龙行度自非常，离祖生来手脚长。横直铺舒千百里，至微三百里中藏。细叶犹为府州县，巨枝畿甸植君王。"且其干龙从山及枝脚桡棹，皆有融结。子微云："手脚桡棹皆有穴，此是大龙多余气。"然此等大龙，亦有将至结作处无手脚桡棹，撒落平洋，单行独出，一委一曲，动数十里，隔州隔水之山，远来迎接，数十里外自相照应。《经》云："干龙缠护隔江河"，卜氏云："求吾所大欲，无非逆水龙。"此特枝龙而已，干龙两河夹送，安有逆水？惟将及入首翻身，逆水数里，或逆水数节，结穴为妙，所谓"顺势翻成逆势"是也。至结穴之际，必然山水大会，或山大曲，水大转，而水口交固，明堂平广，内局团聚，外阳宽畅，水朝山拱，有此形势，即可寻穴。然干龙正脉，将及结穴，必然连断数断，脱卸杀气，方有融结，不然撒落平洋，结聚为佳，皆须依近大河耳。虽然依近大河，却不暴头露面，必居拥从之中。《龙髓经》云："千官罗列是朝廷"。亦有翻身朝祖结穴者，《经》云："宛转回龙似挂钩，未作穴时先作朝。朝山皆是宗与祖，不拘千里远迢迢。"亦有不同转而直受结穴者，《经》云："也有干龙来两水，更不回身直结地。只是两护必不同，定有缠交交结秘。"亦有横落入首借鬼安穴者，《经》云："干龙若是有鬼山，横转一边宽处安。"虽是数等结穴不同，要皆必以两河交剑处为尽。而其正受之穴，又不可于大穷尽处求索。范越凤云："大富大贵之地，必不在大穷尽处。大穷尽处，必是风吹水劫。"《经》云："寻龙寻到干龙穷，二水交流穴受风。风吹水劫不成地，请君此处是疑龙。"故干龙气势雄大，结穴之外，必有余气之山，或去数十里，或去数百里，皆缠护暗拱，为正穴用神。或作下手，或作托乐，或反绕于身为关峡，或奔走于水口为门户之类。其间又各有小穴，随其力量，皆有发越，然不得与正结比耳。但此干龙正结之穴，天珍地秘，多是丑拙隐怪。或在高山而结，仰高天巧；或落平地而结，藏龟没泥；或为骑龙，或为石巧，奇踪异迹，隐晦殊常。或有砂水飞走，或有煞气错杂，或有曜气奔窜，或有毡褥铺展，或有元辰直长，多不利初代，及宫位不均、离乡远去等事。此乃造化无全功，不必以小嫌而弃大地。大抵干龙真穴虽是隐怪，却自颖异非常，自然秀气透露，门户迥别。或为禽兽交锁，或有日月捍门，或为华表北辰镇居地户，或楼台鼓角列于罗城，或金箱玉印居于左右，自有许多贵秀证佐，异于寻常。识者见之，不可妄指，乃天珍地秘，以俟有德，不可强求。杨公云："图大不得，且思其次。"又当加意于小干龙焉。

论小干龙

小干龙者，即干中之枝也，亦自大干分来。分龙之际，必有大星辰，崇山高垄为祖宗，张子微云"分龙定起大星辰"是也。自此离祖下楼殿，迢递奔走，亦与大干行度相类，特水原长短不同。大干龙极长，动踰千里，或数百里；小干龙只二三五百里，或百余里；又其次者，或七八十里，所分枝脚，亦多结乡村市井。《经》云："水源亦自有长短，长作府州短作县。枝上节节是乡村，干上贵时断复断。分枝擘脉散乱去，干中有枝枝中有干"是也。其龙禀气亦浑厚，亦不以星体拘之，必多横直牵连，行五六十里，或二三十里，次者或十里许，始一断，而断处亦是大关峡、大道路。枝叶之山，甚藩衍拥从，护应峡场，此处龙气甚旺，枝叶间必有融结小穴，诀云"峡前峡后去寻地"是也。

其龙至尽处，必以两河交剑大会处为尽，《经》云："百里各有小干龙，两水夹来寻曲岸。曲圻有水抱龙头，抱处好寻气无散"是也。亦是两水夹送，不可必其逆水，唯结作之际，翻身曲转，逆势作穴，故有曲圻之水抱其龙头耳。其穴亦不在大穷尽处，亦多隐怪，将结作间，亦必连有脱卸，闪跌度峡，或连起峰峦，开嶂穿心，脚手桡掉间，亦皆有融结小穴。迎送护托之山，亦是隔水相卫，远来聚会。水口山亦有数十里远，门户亦有捍门华表，禽兽北辰等砂。入局之际，亦有山水大会，朝案特达，左右明堂，罗列拱秀，内局紧固，外阳宽阔，官曜并秀，多结郡邑市镇，及王侯极贵基址。若结阴地，主分茆胙土，出将入相，血食百世。

如中国三大干龙，只论长江、黄河、鸭绿江三水以为夹送。大龙论大关拦，小龙论小关拦。大关拦数千里，愈大愈远，如冀州关拦乃在碣石，长安关拦乃在荆山，洛邑关拦乃在太华山之类是也。举此为论，则知中国大干不多，规模远大，又非昔师俗眼所识，此天珍地秘、鬼神呵护之地，寻地不可妄言干龙，论局者不可以此为法。总之，以紧夹为贵，以眼见缠护为上也。

朱士远曰：天下地脉，发自昆仑。中国地土，僻在东南一隅，故百川归东，言中国也。龙以水为界，长江、鸭绿、黄河，三大界水也。龙势由陕、云、四川而向东，或水皆东流；天下之水，尚有向北流、向西流者，人足不能到，目不及睹，只云"水皆东流"，胶执甚矣。即以中国言之，两京十三省，辟之一小小穴场，河南其中乳也，山东、北直左砂也，吴越、闽广右砂也，东海明堂也，吕宋、琉球、琼州、日本印星也，长江、黄河穴旁虾须水也，登、莱插入海中，左砂曜气也。过脉束气，尚在陕云之外，惟智者会通达观之矣。

论枝龙

杨筠松《龙经》言言皆归重于干龙，以其力量大耳。然干龙最少，枝龙极多，故凡论地，只可以真伪辨，不可以大小拘。《经》云："大地难求小易求，积累不已成山坵。众能合力小成大，小地亦能生王侯。"乌可谓枝龙局小而忽之？

然枝龙亦有大小，不可不辨。所谓大枝龙者，即枝中干也，亦当先观祖山，不必究其高远之峰，惟是小干龙驻跸处，即枝龙祖矣。于此审其离祖分脉，要起大星辰，合五星正体，或献天金、冲天木，或涨天水、焰天火、奏天土之类。离祖以后，审其穿落、传变等格，若真是结地之龙，自然合格，有起有伏，有传有变，大顿小跌，左栖右闪，或横开阔幛而穿心中出，或之玄屈曲而摆折行度，① 断而复续，伏而再起，两边枝脚桡棹，随身拥护，或龙小而护大，不露头面；或龙高而护卑，左右随伏。过峡之际，或穿曲度脉，抛踪闪迹，藕断丝连；脱卸之后，复起星辰，磊磊落落，或飞蛾降势，或三台中抽，本身杖脚，摆列均匀，或带仓库，带旗鼓，带印笏，带剑戟，或成天乙太乙，成文武官将，左侍右卫，前迎后拥。及结作之际，顿起高大星辰，以为少祖；或大开帐龙穿心，一重两重，左右护送，或二三节，或四五节，即作穴场。穴后一节之山，或束气结咽，或跌断为峡，俱要合富贵之脉，不犯劫杀为上。然后顿起穴星，结

---

① 原注：言龙行之势之玄屈曲，若脉形反凶。

天然之穴，乃为最贵。两边缠送迎托之山，重叠拥从，或住于穴后，或侍立左右，或朝迎穴前；下手之山，逆水数重，抱转有力，乃为真结。凡枝龙结穴，多在将尽未尽处，多是下手山有力，故曰"看地有何难，先观下手山"是也。若龙之贵者，则有贵应，或即浮水面，或龟蛇交结，或车马阗骈，或楼台镇塞，或兽星关锁，或旗鼓罗列，或华表高耸。若此贵应，虽不及干龙悠久，有此规模，亦非中下地矣。安扦合法，主翰林尚书，状元宰辅，富冠乡邑，朱紫盈门。

其次又有小枝龙，小枝龙者，即枝中枝也。大龙行去尚远，于行龙身上，或大龙峡边，分落一枝，顿起星辰，峰峦磊落，远者三五里，近者十数节，张子微云："却有枝龙但数节，不作穿心人易识，（谓龙不穿中行，非言脉不穿心。）譬如丞参簿尉衙，岂似正衙门户密。三节四节交即分，分得英华为子孙"是也。须要识星体，合龙格，结咽束气，不受风吹，不犯劫杀，有起伏，有夹送，而龙虎应案，堂气水城，下关门户，皆合法度，穴情十分明白，始为真结，亦主富贵。此等龙气结作，力量轻小，发越极快，故多在龙大尽处成穴，必得水，必近堂，或是临田蘸水之穴，故财禄易登。俱是龙短，而无大力量，虽富贵亦不久远矣。

又其次有小枝，枝中之尤小者，谓之旁枝。或三四节，或五六节，结为小小形穴。若星辰秀美，穴情明白，明堂平正，下手有力，束气合格，阴阳交媾，四山团聚，水口关拦，亦能发福，但不久远，亦无大富贵矣。此出于大龙，分漏秀气，随材取用，不可以龙短力轻而弃之。

已上干龙枝龙，论至详矣。却又有一等美地，只数节即结形穴，既非干龙，又非枝龙比，谓之随龙穴，依近省郡城市大干龙结作，山水大聚处结穴，龙气大旺，寸寸是玉，只要穴真，缠护证佐合格，不必拘其专龙，或只数节，亦结大地。以其与大干龙共祖同宗，来历固已贵秀，局面亦自繁华，犹之近帝贵人，故曰"随龙"，又不可以长短论，但要结穴处自立门户为真。若乃借正结之龙，得为我用神，或为下关，或为逆转朝案，或为水口关拦等山，则力量愈大。如福建建宁杨太师，休宁程氏父子尚书，浙江兰谿唐状元、赵相公，杭州高相公，湖广荆州张相公，诸祖地其格也，聊图一格备览。

荆州张相公状元祖地图

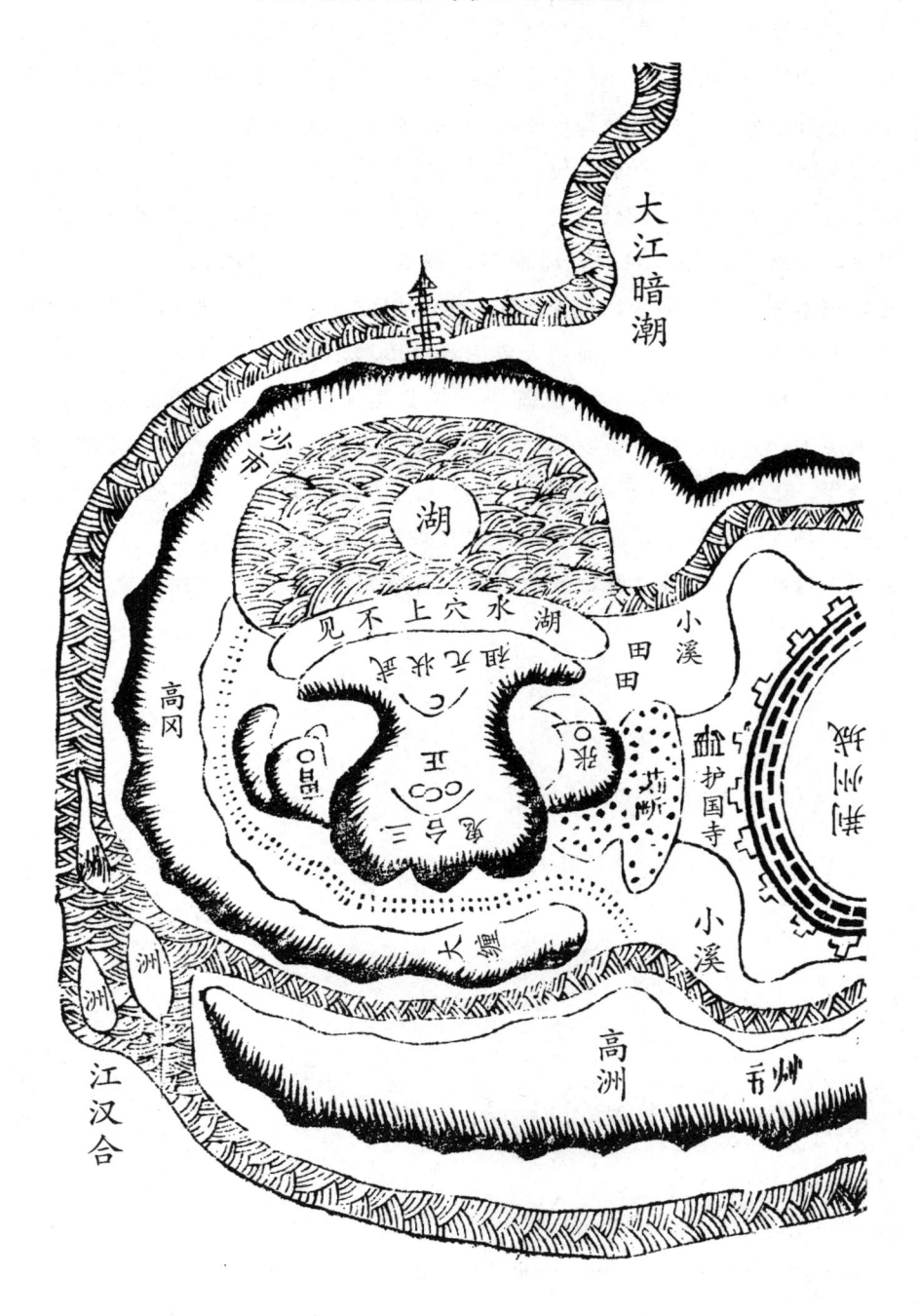

一贯堪舆

　　此地在荆州东门外二里护国寺左，龙与府共此其大尽处也。左右两小水夹送为内合会，大江与汉水关聚为大合会，府治其正结者。此乃余气之旺穴，入首为平面，太阳金生开两臂，左臂结曹都宪祖地，右臂为张氏新穴，中正穴即张相公祖地。结穴之前，又发出为毡为官为曜，据前湖为明堂，湖外一砂，缠绕过身如盘蛇，俗名龟蛇纽会形地势，平洋无朝。辽府起观音庙，造一塔，正在丁位，此穴当之，适为文笔。故相公居正登嘉靖丁未进士，入翰林，官至宰辅。子曰嗣修，万历丁丑榜眼；曰敬修，庚辰进士；曰懋修，庚辰状元；曰简修，锦衣挥使。弟曰居谦，乡荐；曰居易，都指挥。袍笏满床，福祉方新。惜乎相公不信风水，尝作《非地论》，终其身不事营造，及殁，而后人务为观美垣墉之作，势如长虹，伐巨石为崇台，为望柱，为碑亭。甬道既成，其龙又加以杀，工未竟而祸生矣。①崇祯庚午，圣明御极学士罗喻义疏白其事，上纳之，复其官诰，惜沉埋四十余年。朱子有言："祖茔之侧，妄兴土功，以致惊动，亦能延灾。"斯言诚然。凡人子欲显亲，以贲坵陇，或有兴作，须置之远道，以彰国宠。若迫而亭台碑坊，伤残气脉，反为祸胎。曾是为孝，后人宜知所慎重。

---

① 原注：辛巳九月兴工，明年七月相公卒，而诸郎罹削籍、抄产、从戎祸。

承天曾尚书祖地图

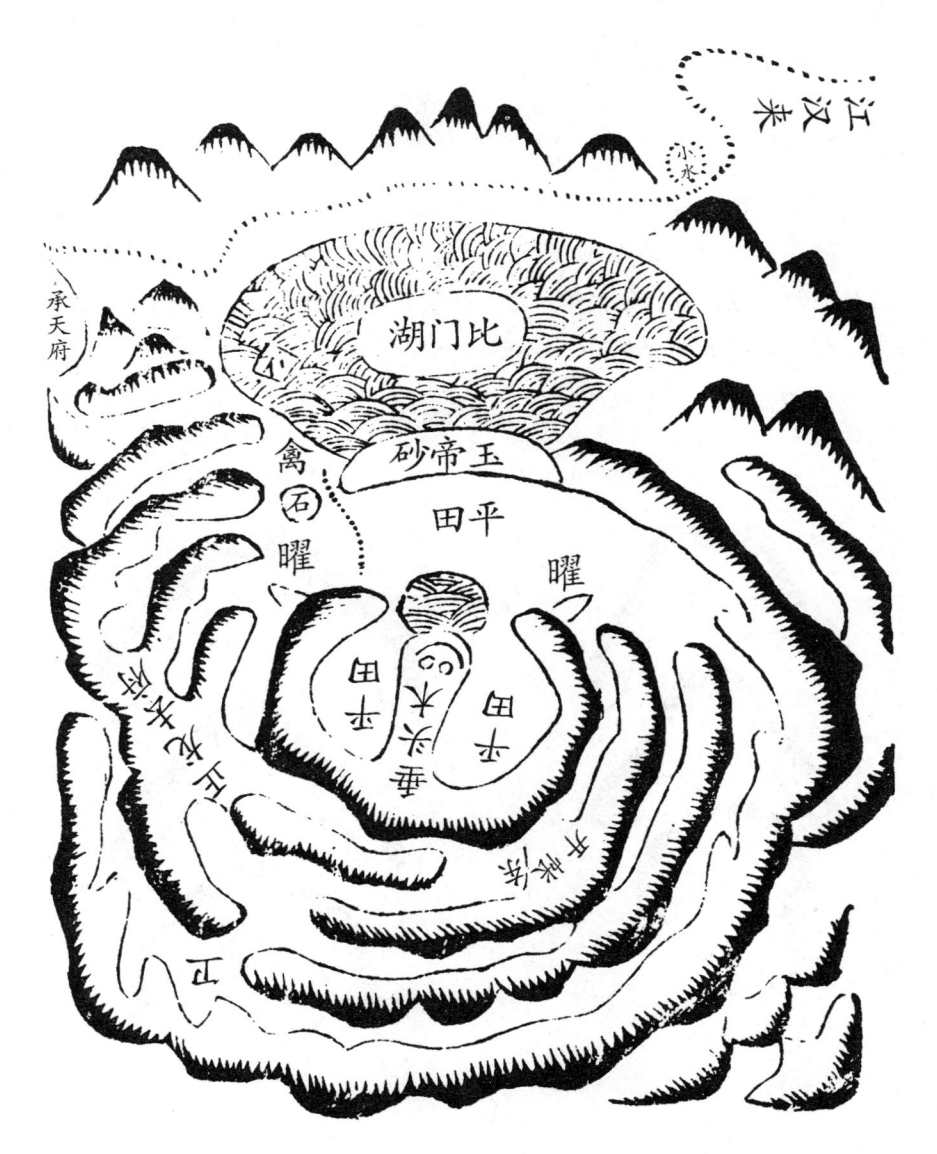

诀云：此地在承天府东北，其龙发于大洪山，旺气融结，为府龙内分注结穴。入首横列大帐，帐中抽出嫩条，廖氏谓之"垂头紫气"，清秀颖异。大凡木星不下当头，此地左右两穴虚中，正合饶减倚杖葬法，张子微谓之"天鼻穴",左右龙虎,回抱内外,明堂环聚,近有玉带砂收关内气,远有三台峰献秀外洋,北湖宽畅,汉水盘旋,龙旺穴奇,藏风得水,真美地也。曾氏曾祖指挥公始葬其地,继葬祖知县东庄公,后阳自公父子进士通显,嗣续之蕃,真催官美地也。

梧桐枝上格龙

此格龙身枝脚对节均匀而生,有无长短,大小相同,正脉中出,如梧桐枝之状,此皆受天地之正气,为上格。张子微云:"停均惟有梧桐枝,双送双迎两平势。对节分生作穿心,祖宗儿子都相类。"蔡西山云:"龙之枝脚,对生如梧桐枝,为龙中第一贵者也。"

小梧桐枝格

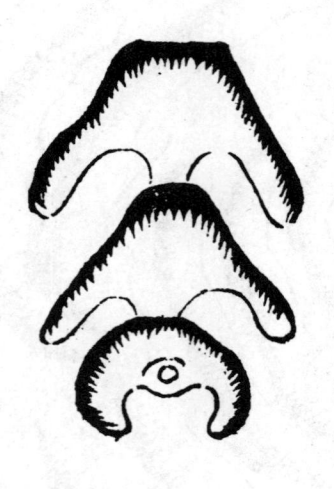

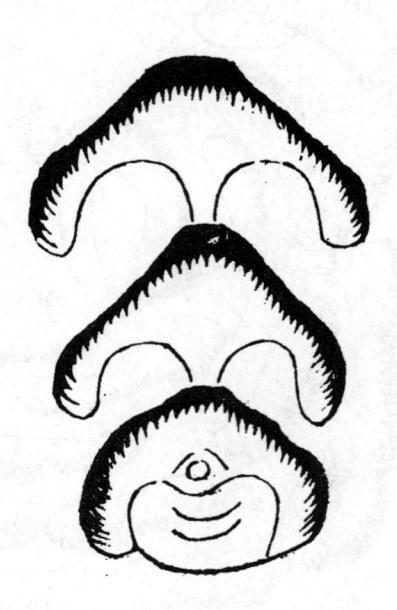

大梧桐枝格图

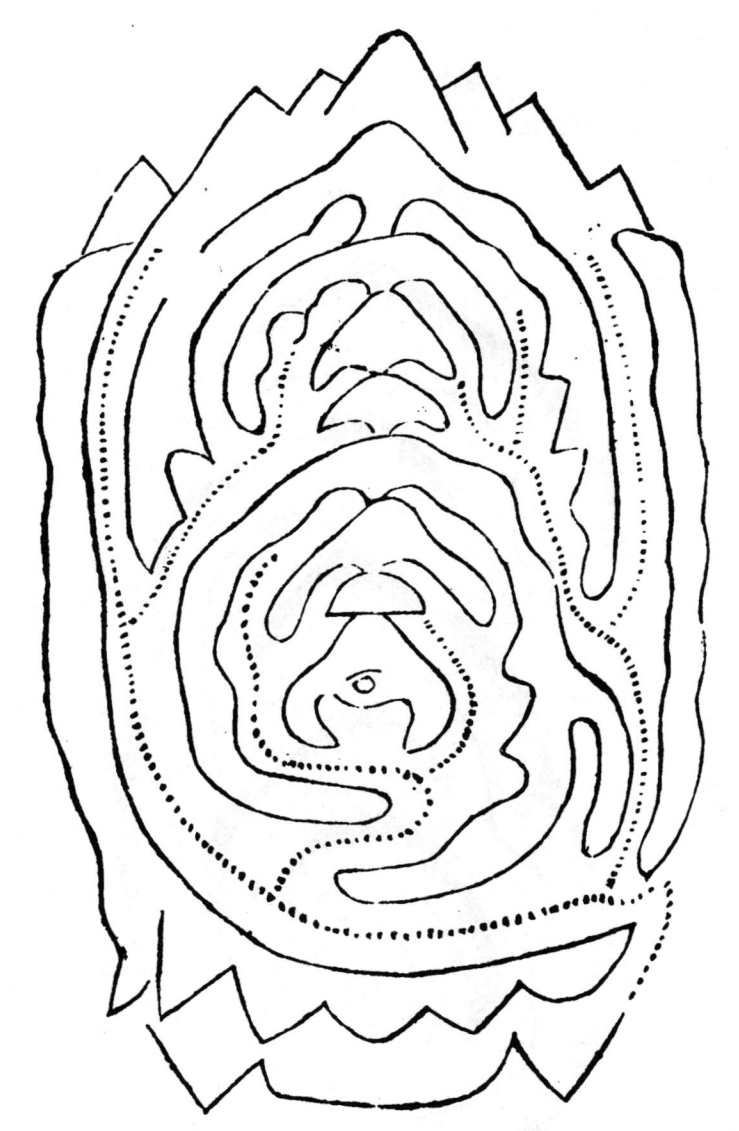

此大梧桐枝开脚护送，大有力量。前二图乃枝脚短小格，要少祖开长枝脚缠送到穴前包裹方妙。

芍药枝次格龙

　　此格，龙身枝脚虽长短不对股而生，却前后左右长短交互均匀，脉穿心出，如芍药枝之状，亦贵龙次格也。子微云：一等名为芍药枝，左右相生亦相似。分处光圆有枝叶，交互亦有停均理是也。

芍药枝脉穿心格

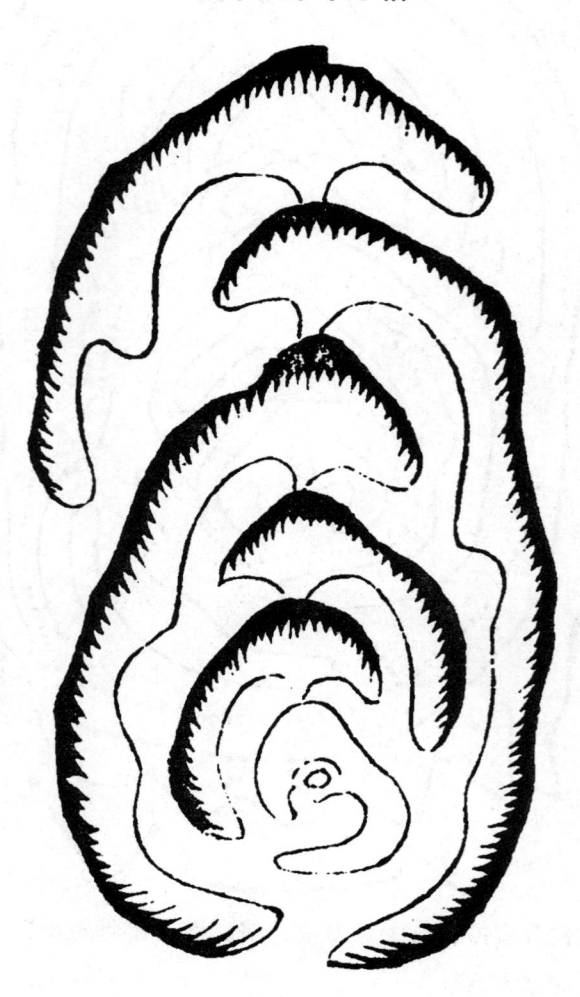

蒹葭枝又次格龙

此格，龙身枝脚虽不对节，却前后左右互停均，如蒹葭叶之状，即杞梓枝也。子微云："左有右无过一节，右有左无本非异。此龙元是蒹葭样，但要星成五吉是。"此与梧桐枝力量殊异，与芍药枝颇同，枝叶有长短有无之分耳。

蒹葭枝图

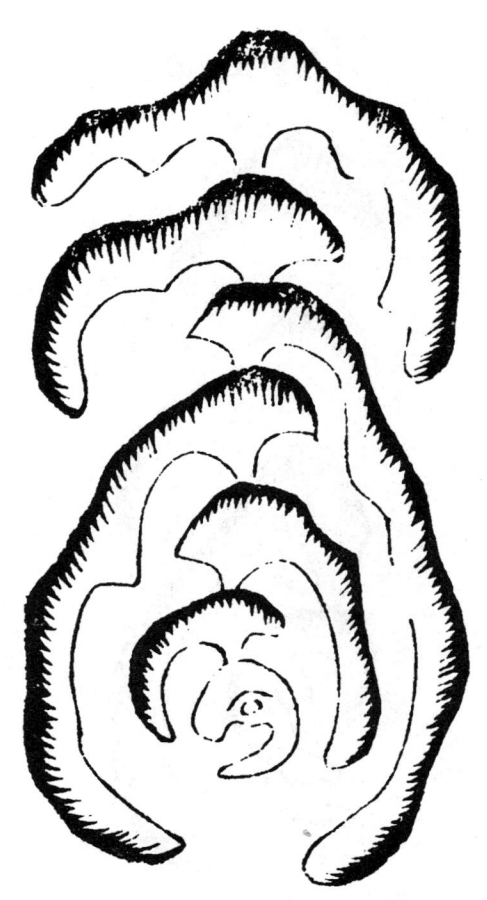

力量虽殊，融结于理，亦堪裁取。

杨柳枝全偏格

此龙身一边有枝脚而长，一边全无是也。子微云：又有偏生杨柳枝，边有边无极乖异。又谓若有形穴缠，近山周密亦堪扦。愚谓此等之龙，宫位不均，一位富足多子，一位贫寒败绝，纵有形穴，纵有外护，凑补本身，偏枯太甚，决不可下。何也？边有边无，势向一边而顾，乃是奴仆之山，决无融结道理。大抵龙之枝脚贵均匀为美，如人之手足，鸟兽之翼，脚缺一边，则不能飞走，理势之必然。龙惟水木芦鞭，则无枝脚，余皆不可少。

杨柳枝凶图

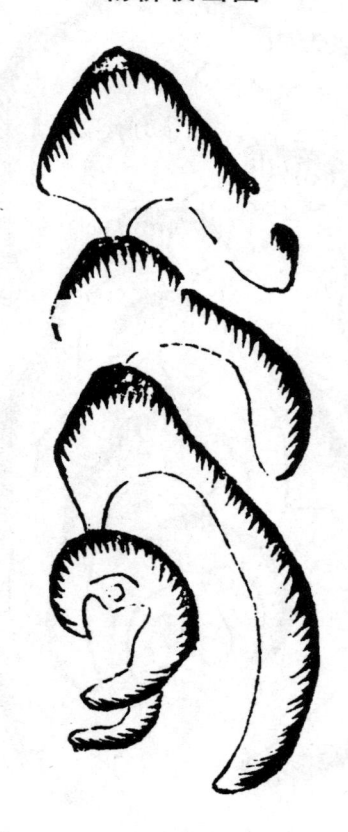

卷帘殿试格主大贵格

此格乃龙身枝脚一边长一边短，本自不均，却是节节吉星传变，脉从中出，其短边又有少祖发一枝，缠送到头补凑，亦为贵格。子微云："却有偏生极贵龙，名为卷帘殿试格，不问偏枯，黄甲及第"是也。

卷帘殿试格主大贵格

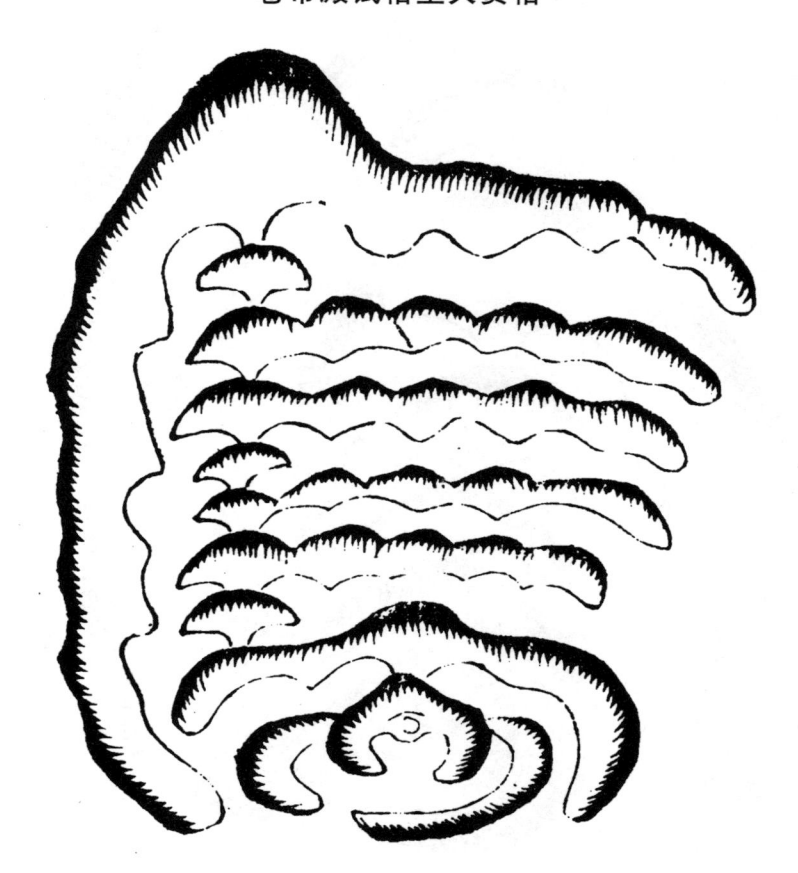

又格，乃龙身一边脚长，一边脚短，本自不均，然短边脚傍祖山，贴身幛护，又不可以枝脚长短不均论也。谚云："一祖当千山"，如人之奴仆护从虽多，不若祖宗之庇荫福泽所及为大也。

一贯堪舆

卷帘殿试又贵格

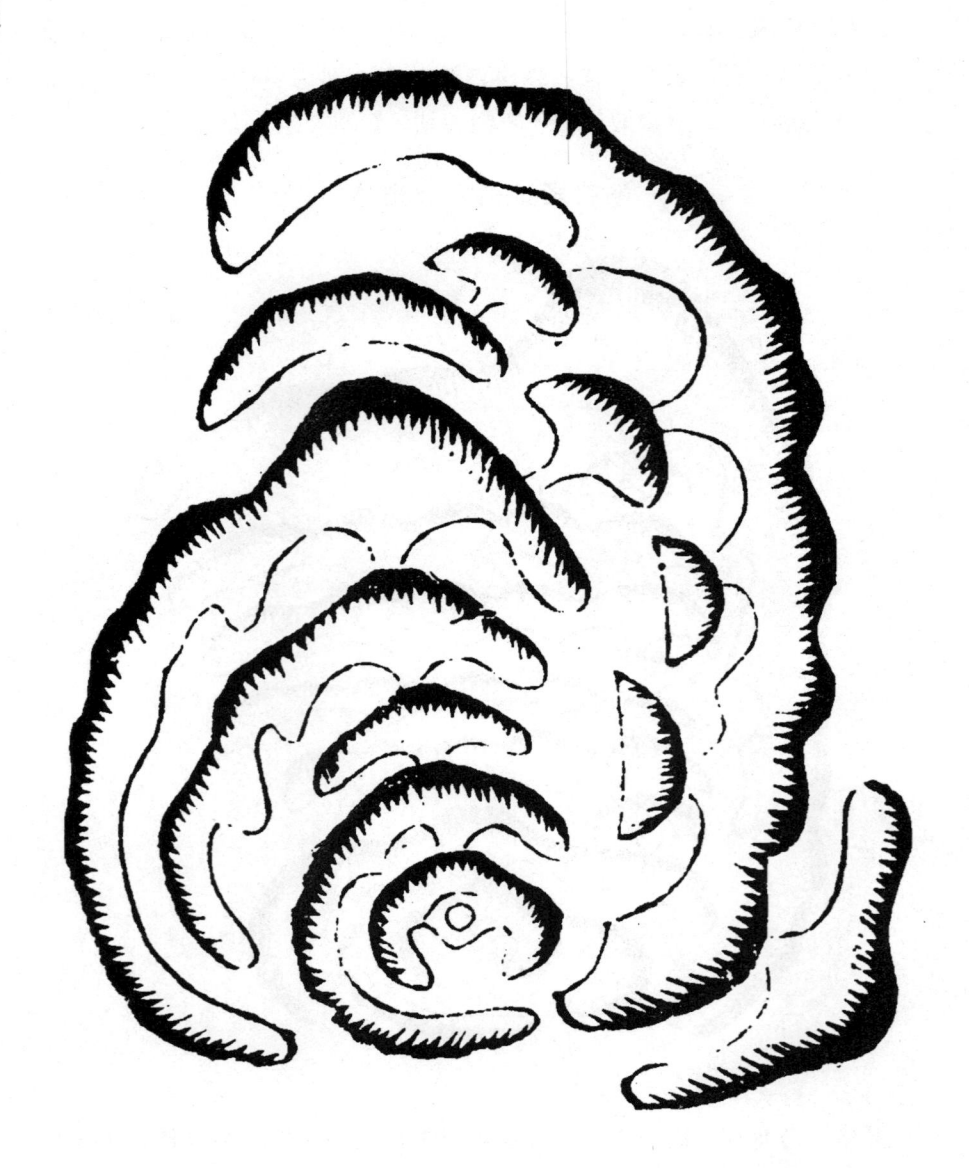

枝脚美恶龙格

凡龙枝脚，欲其两边均匀为美，若边好边恶，或边有边无，边长边短，边顺边逆，边多边少，皆为不吉，纵有形穴，亦不可下。

枝脚美恶不均凶格

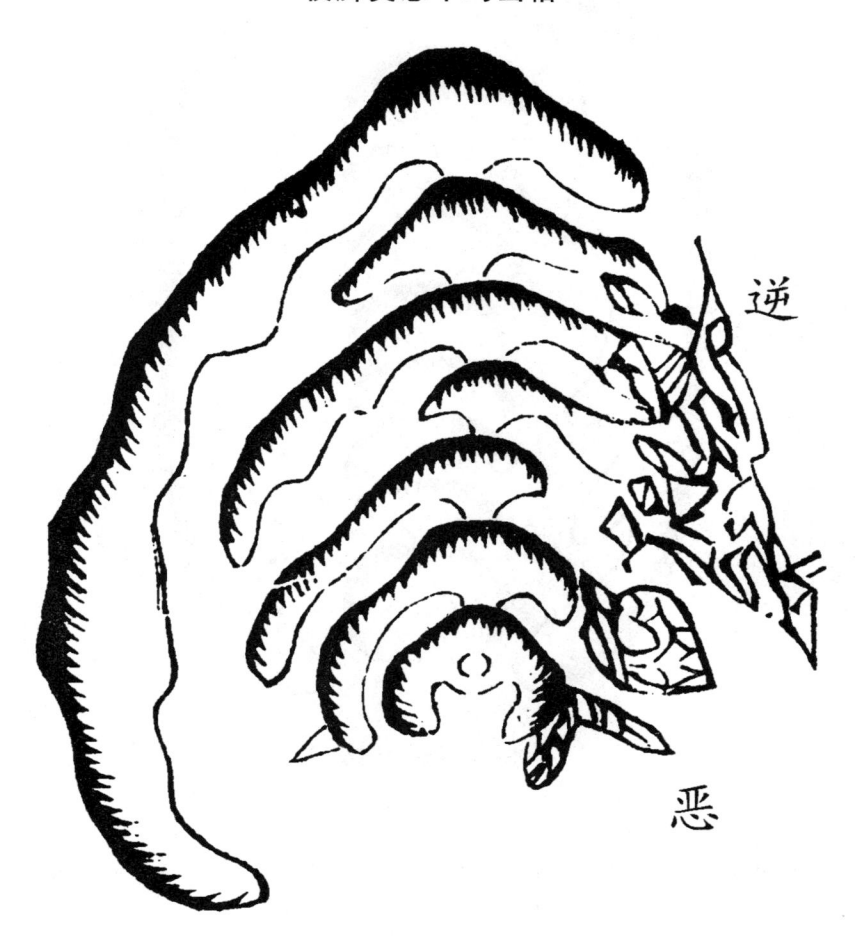

逆

恶

蜈蚣节龙格

此格龙身枝脚俱短，却节节均匀，脉从中出，两边护山，紧夹周密，全无空缺，虽脚短亦不为嫌，贵格也。子微云："两旁有护，极清极贵"是也。此等龙格，必要峦头自生龙虎，又要外山护卫紧夹，穴场煖燠，方可下之，不然恐结作不真也。

蜈蚣节枝膊短吉格

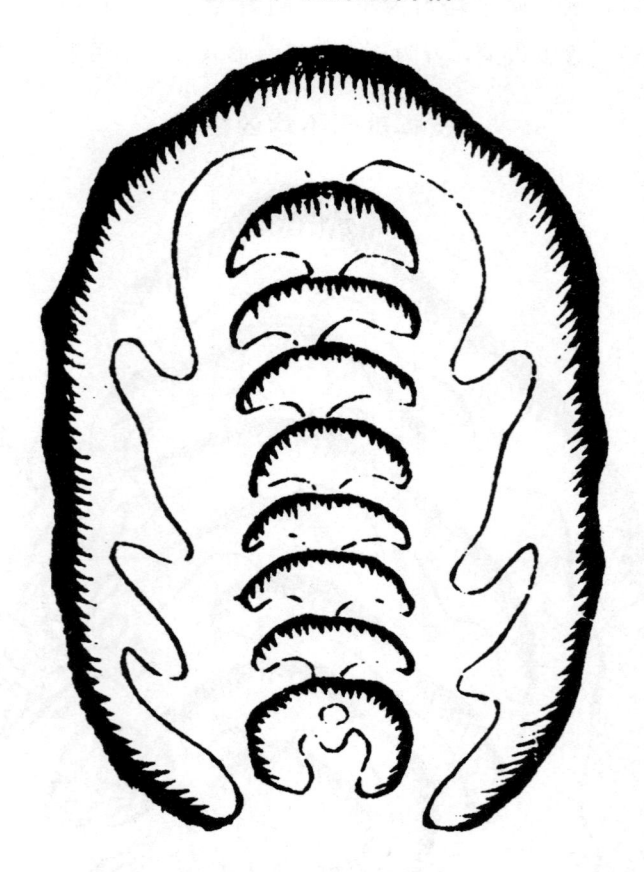

水木芦鞭龙格

水木芦鞭，乃倒地水木星，全无枝脚。以一节龙言，以长为贵，非言前后龙皆是也。但要缠护周密，过峡束气，起顶结穴，自有本身龙虎，不借外山，而穴自煨煖，乃为真结。此格最贵，但个中有似是而非，不可不辨。盖水木芦鞭，与文曲龙相似，但芦鞭者即倒地水星，曰水木者，真木中略带有微湾水气，乃木体多，而水体少，木借水生，故为贵格。若文曲龙，尽是寡水，如飞带飘折，有曲无直是也。如芦鞭龙，出自台屏、帐盖之下者，主神童状元，才名冠世。平冈之龙，多有此格，宜外护贴身，方合此式。若《资孝篇》谓此龙要"活动摆折，如仙带飘空，九天飞帛"，皆误认错拟，似文曲之类。若芦鞭袅者，曲折之间，有节泡属金，亦可救水，故为吉龙。之玄龙，乃行度若之玄，之玄之间，又有起伏金泡镇之，故亦为吉龙。若据以仙带飘空，与九天飞帛形容，尽是寡水，非文曲之类乎！愚故细为此格辨明，再图真伪二格，庶免蹈误。

有帐格无脚贵吉图格

水木芦鞭

有帐无脚凶图

（文曲龙）

此二图乃曾师新授辨误者。

此格乃水星帐，其龙系阴文曲，全是水星摆折，毫无金纹，故为凶龙。况峦头不起，顶虚圈死，窝又是阳文曲，无气之穴，主出男奸淫，退败绝嗣。纵峦头变为五吉，穴形合格，然龙属文曲，流荡忘返，性至凶也。不过暂福小康，博至龙上，淫败难免，不可下也。

已上所论龙身枝脚美恶及均匀长短有无等说，姑就冈龙言之。至于大干落平，又难拘执。蔡文节公云：迎送交互，手脚桡棹，看龙之常法也。

然大龙渐融结处，多是平阳单行，无手脚桡棹，逶迤折摺，平行低度，状如流水，或忽然断绝，无迹可寻，如小如引线，不诏攸往。其低平之处，或为平田旷野，横阔多至数十里，或隐隐隆隆，忽似平掌；或堆堆累累，忽如泡沤。前去则逢弥漫巨浸，江湖交会，然无山可依，无形可辨，此干龙大尽处也。巨眼见此，知为大地，或可为京畿，或可为藩镇。从头细审，来龙分明，缠护无缺，手脚摆布，之玄屈曲，无一不备，时人不识造化之广耳。

论龙旁正

龙有旁正之分者，一祖之下，必有数龙，须审其孰为正值结穴，孰为旁而卫护。个中品第，有旁正之分，《经》曰："重冈叠阜，群垅众支，当择其特。大则特小，小则特大。"此以大小特异者为正龙也。一行禅师云："类龙并出孰为先？长短高低是妙玄。众短要从长处觅，众长须向短中扦。高下亦当依此诀，石山元在土星边。君今但指朝山看，朝应无情总是偏。"此以长短高低土石及朝应之特异者为正龙也。吴公云："数龙随出孰为奇？贵贱尊卑总要知。三五七龙同发足，正龙必定是中枝。更看星体还特异，又审穿峡有护持。若是从龙俱不应，便于此处别玄机。"此以龙之居中星体特异、过峡周密者为正龙也。诸说各有攸当，惟吴说为密。故凡自离祖出身，行度过峡，脉不离中，乃为至美。或三台九脑、五脑、七脑而中抽，或华盖、个字、玉枕、御屏而中出，皆谓之中。此中字为地理家第一关键。若旁龙禀气之偏，出脉行度，自是偏斜，多为正龙从卫，但个中尤有一诀。凡行度多断者为正龙，不断者为旁龙。《赋》云："一起一伏断了断，到头定有奇踪。"盖断处即为峡，过峡多即融结，《经》云："蜂腰鹤膝龙已成"是也。故凡中正之龙，多孕育贤人君子，忠臣烈士，乃天地正气所钟。其或身列贵显而心术不正，为奸邪，为妒佞，多因偏出之脉、闪巧之穴所孕也。及有父子兄弟祖孙贤愚不一者，又系于龙之节数，吉凶不等，砂水方位不同，值其吉者生吉人，值其凶者产凶人，此亦造化无全功耳。至于旁龙，亦皆有穴，如大贵人所带，亦有部属卑职，但力量不得与正龙比，却多与正龙共祖宗，共门户，共堂局罗城案对，尤宜详辨偏正，但其中自有揖逊退让之状不可掩者。其旁龙内有融结，必须本身，亦有起伏顿跌，枝脚个送，传变过峡，束气结咽，峦头结穴，方为真切。虽不得与正龙较力量，亦可裁取，但发福特不尊贵极显耳。若旁龙不合行度过峡之法，纵有形穴不足取也。

论龙老嫩

龙有老嫩之殊，廖氏云："老是大山毛骨粗，嫩是换皮肤。"盖粗大者为老，巧小者为嫩；绵长者为老，退卸者为嫩。故凡老龙，山峦粗蠢，星体浑厚，枝脚短缩，无有脱卸，转换径直而不活变，粗饱而不发扬，崚嶒丑陋，而无娇媚之态，辟如老妇，形容枯槁，那有生育？故不可以求穴。若嫩龙，则有起有伏，有大有小，一高一下，一顿一跌，左栖右闪，走东走西，活变百端，奇巧万状，断而复起，起而又断，自粗变精，自凶换吉，有脱卸，有清巧，辟如春木，新发枝柯，自然条畅，必然开花结实，故可以索穴也。然嫩龙多自老龙变出，《经》云："老龙抽出嫩枝柯，跌断不嫌多。"故老龙未经脱卸，只可为祖。嫩龙有穿变之巧，可为受穴之山也。若老龙一向不变，细嫩则为老亢，必无生理，不必寻地。又有一等真龙，结穴已完，犹有余气之山延袤而去者，亦名曰"老"。此以脉尽气绝为老，李淳风谓"龙有归于老"者是也。

论龙真假

龙有真伪之辨，此地理中关键。凡龙之真者，离祖中行及穿落，多开帐穿心，星峰秀丽，枝脚个送，起伏顿跌，吉星传变，过峡胎伏，束气结咽，阴阳交媾，不犯劫杀，及其入首，穴情明白，下手有力，明堂平正，朝案特达，四兽有情，缠护迎送，水口罗城，件件合法，乃天造地设，生成自然之妙。奈何有真便有伪，真伪易辨，似是而非者难辨。故凡伪龙，亦有祖宗开帐，秀丽星峰，手脚桡棹，起伏顿跌，博换穿变，过峡束气；入穴之际，亦有下手明堂，龙虎朝对。俗眼登望，无不快目。苟中无卓见，不免为苗莠混矣。试揭其要而辨之。假龙虽有祖宗，出身离祖，或不从中，或强硬突露而无逶迤，或崚嶒带杀而无秀媚；虽有开帐，脉不穿心，或有穿心而无迎送；虽有秀丽星峰，或有头无面，无脚无护，或偏斜带石，无盖无从；虽有脚手，两臂不均，或反扯带杀而尖利，或臃肿粗恶而丑陋，或拖拽太重，不顾本身；虽有起伏顿跌，过脉束气，劫杀重逢；虽有过峡，而无遮护，水劫风吹，或长腰硬直，或斜出偏落；虽有博换，愈博愈粗，或先吉而博后反凶，或先强而博后反弱；虽有奔走委曲之势，却护从不周，及至融结，多是穴情模糊，或无穴可下，或有乳而直硬臃肿，或有钳而阔泻直长，或有窟而深旷空亡，或有突而孤露懒散；虽有星体，饱硬峻急，粗大雄顽，或欹头破面，虽有下手，直懒无情，或凶恶高压，或低远无力；虽有明堂，或倾侧破泻，或直牵卷帘；虽有水城，或牵鼻割脚，或反跳翻弓，或冲射穿箭；虽有龙虎，或反走无情，或凹腰折臂，或斗竞无情；虽有朝山，头或尖圆可爱，脚则走蹿可嫌。大本已失，件件不美，所谓"一假百假"者也。纵使龙虎案对，堂局砂水，一一合法，终为无益。卜氏云："坐下若无真气脉，朝迎空有万重山"，而况背戾者乎！此等伪龙，多为真龙作侍卫，朝案罗城，水口关拦，于数里内外之间，诸般用神而已。蔡西山云："假龙误人甚多，其摆布精神，起人眼目，与真龙无异，只是到头结果无取。"故世之人止贪其气象秀特，而时师又以真龙丑穴之说文之，鲜有不为所惑者。人子慎之！

论龙贵贱

凡观龙辨贵贱之法，先察其祖宗父母。卜氏云："祖宗耸拔者，子孙必贵龙。"《经》云："生子生孙巧相似，盖由种类生出来。"《玉髓经》云："贵龙胎息已非常，生出儿孙袭祖光。巧妙变传愈精细，愈远愈清贵可量。"凡贵龙其祖山，必起龙楼宝殿，御屏廉贞，侵云之高，延袤之广，及离祖行度，重重开帐。《经》云："贵龙重重出入帐，贱龙无帐空雄强。"其出入帐幙，又皆穿心正出，不偏不斜。《玉髓经》云："贵龙多是穿心出"，又云："帐中过脉中央行，不出中央不入相"，又云："穿心中出是真龙，龙不穿心力量细"。大抵贵龙虽起伏顿跌，之东闪西，过峡度脉，开帐穿落，千变万化，不可拘一，总之正大之气未尝离乎中也。故凡龙格有玉枕、御屏、飞蛾、个字、三台、帐幕、玉尺、芦鞭、芦花、三袅种种贵格，惟脉从中出，方是贵龙；或俱落旁出，纵有贵格，亦不足取。又须星辰秀媚，合五吉龙格，护送缠托，重叠相应。一行禅师云："青山一样并头行，贵贱虽分两等名。贵者星辰多秀丽，更看缠护别真情"，又云："贱龙亦自有中穿，脚似蜈蚣不尽偏。惟之送迎不开帐，纵然有穴不端然"。至于龙有天池者，有侍卫养荫池者，尤贵。《经》云："高山顶上有池水，此是真龙楼上气"，又云："池中两水夹又清，此处名为天汉星。天汉天潢入阁道，此星入相居中庭"。至入穴之际，前迎后拥，左侍右卫，或秀水朝入明堂，奇峰列于天表；或龟蛇禽曜之发露，印剑旗鼓之罗列，气象规模，自是不凡。此贵龙出身行度，结穴之大概矣。至于精微须审，束气融结之脉要合吉，则媾阴阳不犯劫杀，方成真贵之格。此诀载在五卷"过脉吉凶类"，须要口传心授，参求得之。至于贱龙，自出身以来，星峰不见，起伏不明，头面破碎而丑恶，过脉偏斜而受风，峦头带石而巉岩，枝脚尖利而反逆，或左空右旷，或边生，或边死。其起者或臃肿粗顽，或峻嶒瘦削；伏者或散漫无收，或长腰直硬；过峡之际，出脉偏斜，无迎无送，或长阔散撇而不明，或风吹水劫而多害。行度间，无穿落传变之吉体，无台屏盖帐之诸格，护从不随其身，送托不卫其主，或如死鳅死鳝之直长，铁马瘦牛之委靡，或粗雄而无脱卸，或分擘而成鬼劫；及至入首，懒坦无收，散乱无绪，四势无交，八风相射，纵有束气，皆犯劫杀，此皆不入相之龙，必不受穴。至登局间，砂飞水走，明堂倾泻，下手无收，水口空旷，决无融结，当明辨矣。

论龙分擘吉凶辨

龙以专来气聚为吉，其枝脚虽贵藩衍，自有旁正尊卑之殊。若分枝擘脉，拖拽太重，则分散精灵，力轻气弱，不能融结。谢子期云：龙脉摆劫散乱，或去或来，分夺不定，则生气为其所耗，吉穴不能成。如分擘反扯短而少者谓之鬼长，而多者谓之劫龙，《经》又谓之"漏胎泄气"。故凡鬼劫龙，不结吉穴，但能为寺庙血食而已。《坤鉴歌》云："擘脉分枝是鬼龙，直如鹅颈曲如弓。小名为鬼大为劫，只为神庙有灵通。"杨公又以龙之分擘为天劫，乃云："天劫便是龙分去，劫去不回无美利。天劫虽去若回来，回至堂前拦穴水。水若迂迴山若转，定知天劫不为定。"如反扯不回则凶矣。吴公《捷径》云："若后龙分擘已去，之山又复回转，或来前而作朝应，或随龙之左右作缠护，或去水口作捍门关锁，或住穴后作乐托屏幛，如此有情，则虽分去复来，作我用神，又不可以分擘鬼劫论也。"大抵枝龙最怕分擘，盖枝龙气薄，再有分擘，气愈耗散，是为鬼劫龙，安能融结吉穴？若干龙则气旺盛，其发一枝一叶，尚去数十里，安能拘其无分擘？其分去枝叶，皆有结作，但力量轻，不及正穴耳。至于融结，亦不在大穷尽处。杨公云："大地多从腰里落，余枝前去作城廓。"故凡大龙结穴，要大分枝脉，或前去数十里外作朝案，或作水口关拦，或作托乐缠护，方为一家眷属，然后成大地，故《经》曰："有劫方为贵"。又要小分枝前去堂前，作横案官星，方成贵格。若无小分之鬼，便不成官星，故《经》曰："无鬼不成官"。

论宾主朝对

穴山为主，朝山为宾，最要形势相称，情意相乎，不偏不斜，不反不背为上；切忌宾山陵主，情意皆驰，欹针破碎为凶。子微云："主要欺客客迎主，惟尖圆方为上，清秀端正为贵。火星尖文笔也，木星圆贵人也，土星方御屏也，种种圆砂，难以尽举，总不外尖圆方所传变。又须以近朝特朝为切，近朝特朝，专为一穴而作。一宾一主，情意相乎，若远朝高峰，乃众穴公共之宾，照应疏，发福迟，不如近，发福速也。然又不可拘论。凡龙大朝宜远，龙小朝宜近，远朝不怕插天，近案尤嫌过脑。然亦不可拘，亦有近案横遮，不见外洋，而发福尤速尤盛。但要龙真穴的，方可取裁。至于秀峰排列，亦有取法。若三峰并列，取中为奇；两峰并耸，对空为上。或众小取特大为尊，或众高取独低为贵，亦要尖圆方正为是。如或朝见母星，宾来生主，真气相联，为母子相顾之义，方成大地，如金见土、木见水之类，金为子，土为母也。"《捷径》又云："凡南北两山相对，皆可作穴场者，须当辨认主客。若是宾主龙势，穴情缠护，左右件件相疑，难以分辨，须把两边水来消详。若南山是主，水城必抱归南；北山是

53

主，水城必抱归北。"《经》云："问君主客皆端正，两岸尖圆巧相应。主是三山品字安，客亦三山形一般。客山上见主山好，主山上见客山端。此处如何辨宾主，只凭水抱便为真。水城反处便为客，多少时师误杀人。"又有两岸皆有真龙结作者，必不敌面相对，或前或后，参差互结。《件目》云："或有南北两岸，皆结穴形可葬者，亦必水城抱归南边，顾穴后又复抱归北边，方可两岸双取。若相对结堂前，其据一湖，方可并用。大抵寻地之法，到一乡村，先看水势归于何处，其水城弓抱，与明堂水聚之处，方可寻地；水城反背，与明堂倾跌之边，不须着眼。"此捷法也。

论龙余气

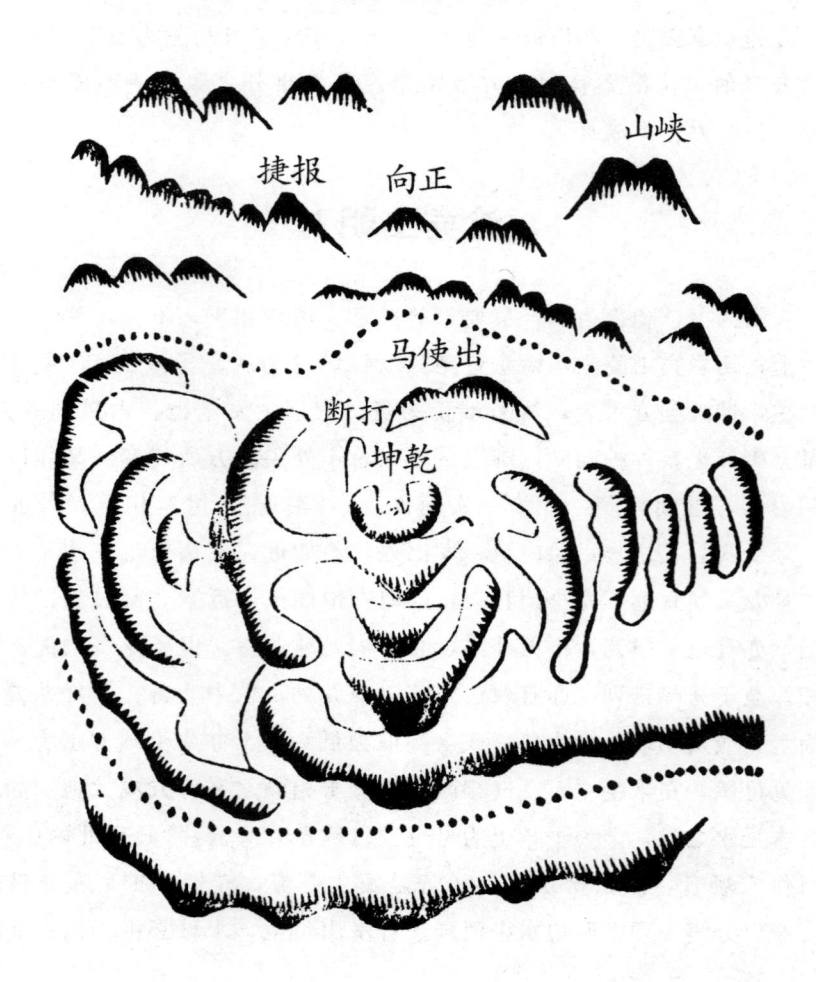

（图：捷报、向正、山峡、马使出、断打、坤乾）

凡干龙气盛，结穴已完，必有余气之山，或去数里，或数十里，其去又多融结小穴，随其力量，皆有发越，切不可于大尽处认为正结，以正结认为腰落。若误认之，反以大地指为小康，而以小穴指为大地。非他故也，往往被余气山所混，彼无真见，必于尽处寻穴方，谓"龙尽气钟"，不知大地结作，不在大穷尽处。《经》云："君如寻得干龙穷，二水相交穴受风。风吹水劫却非穴，君寻到处是疑龙。"子微云："龙将尽时难更去，分付从兹是余气。或为枝叶或余波，要识此般总无气。"故凡寻龙，须识大小受穴不同。小龙则须尽处求穴，龙气短浅，易以止歇，亦是大龙旺盛，透漏小结而已。大龙正穴，多在四山拥从之中，结穴之外，必有余气山。盖龙长力大，到结穴处，气最旺盛，一齐收敛不尽故耳。杨公谓："真龙势踊难顿住，结穴定了气还去。"然其去也，或回为下手，或转为托乐，反绕于身，为护缠奔走，放水口为门户，耸于前为案，发于旁为曜，拖于后为鬼，铺于前为毡，要之皆我用神。谓之"牵前扯后"，故力量大，虽去不畏，非分散龙气鬼劫比也。然又不可误认停驿龙歇穴作干龙正结，停驿穴乃斩关腰结，必不开大帐，展大局，立大门户关锁，《经》所谓"譬如人行适千里，岂无解鞍并顿宿。顿宿之所虽未住，亦有随行并部曲"是也。

右余气之说，俗眼难识，但仙迹名墓，俱有印证。如朱夫子祖地，在官坑岭图见后《五星归垣论》，洪忠宣祖地在乐平，马丞相祖地在雀儿垄，皆其格也。

洪忠宣出使归家祖地图

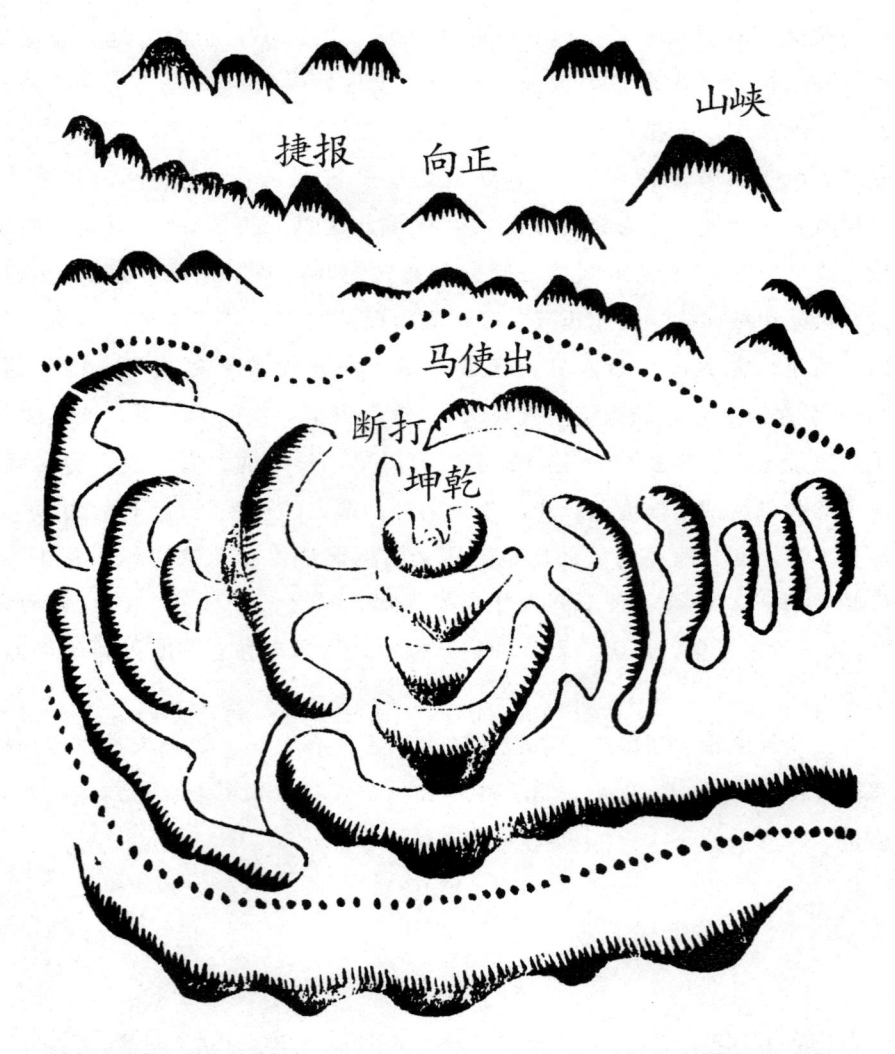

一贯堪舆

（图中标注：捷报　向正　山峡　马使出　断打　坤乾）

忠宣公洪皓曾祖妣之地，在乐平县，地名岩前。乃公曾祖士良，尝师吴景鸾，深得其旨，自扦此地，其图作课，用朱笔于出使马后拖之。《记》云："后世吾子孙有出使外国，久不还乡，可以拖处凿断，即还。"后果忠宣公使金，久未归家，阅此图，凿断之，公遂得返，迄今凿处迹存。忠宣公三子：文惠公适，官枢密使；文安公遵，官同知枢密；文敏公迈，官端明学士，世称"三洪"云。按：此地来龙极旺，入局为三台，飞蛾中抽一脉，穿田过峡，即结穴。穴甚清巧可爱，穴下铺毡平坦，前为乾坤，左起微埠，顿二小峰为案，拖脚顺水，为马头带剑，主使外国耳。但穴前逼迫，既无龙虎，又无明堂，穴后之山，又连起四峰，成星体，而去甚远，重重卫穴，俗眼观之，劫去太重。乌知此余气，适证力量之大，且拖去之曜，当时已知其为离乡砂矣。乃不凿于葬之日，而顾俟其出使也凿之，而果回也，是何料事之预哉！假令凿于未有忠宣之前，则曜气被伤，安知果得忠宣者起而应之？又不然凿于出使之初，恐出使者且不测。噫！应验不爽，故称明师哉！

乐平马丞相祖地图

不对来峰，系宰相笔案头出也。此龙去结方御史祖地。

丞相马廷鸾祖地，在乐平县，地名雀儿垄。金精课云："先师黄老善寻龙，五福源头两发踪。山东_{地名}来祖四十里，丙午丁未山为龙。迢迢宛转乾亥骨，乾亥五里穴居中。丑癸二山为出面，出面是穴为仙宫。坐癸向丁来正案，案前耸出贵人峰。贵人卓入云霄里，日月捍门山更隆。秀山在案前边出，排衙列阵山重重。男女子孙分位次，一十二座贪狼峰。庚寅生人遇年月，甲科当出状元公。午未生年为最妙，高荐及第荣祖宗。①惜乎木短居绝位，富夭贫强贵不终。"按：是地以廉贞作祖，迢递数十里入局，开幛顿跌，大小一十二峰，龙势旺处，转身结穴，极其藏聚，穴垂乳头，前吐毡褥，下臂抱裹，四势拥从有情，近案圆平，远朝秀异，虽穴居旁源，局甚逼窄，而山皆光润不粗，且水出口处两畔有卓立石墩，水从中出，乃日月捍门，至贵之证也。余气山去数里，又结方御史祖地，正见气盛不已。但坐后仰瓦，无乐山近照，喜格系凹脑，后虽仰瓦，气蹙于前，故不嫌忌。且横龙结穴，形势不正，又扦粘穴，非明师孰能知之！葬后出丞相，又出神童。马端临著《文献通考》，马子才，皆有文名。

---

① 原注：丁未命，庚寅官龙图。廷鸾命壬午，至丁未及第，位登台鼎。果符其课。

龙论形势十三格以辨吉凶

按《入式歌》"龙格"：曰生死，曰强弱，曰顺逆，曰进退。凡八格，以生、强、顺、进为四吉，死、弱、退、逆为四凶，固为攸当；而《明山宝鉴》又有生、死、枉、福、鬼、劫、应、游、杀、揖、病、绝，凡十二格。虽有异名，其形则一。如应、揖即顺、进之属，游、枉、绝即死、弱、逆之类，而福、病、劫、杀四格，犹出《入式》八格之外，亦不可拘。愚合取参酌其十三格，以为矜式。若《大全》中，复有毒龙、枉龙、伤龙、蛀龙等名，无非病龙，杀、逆之类；又有阖龙、衡龙、枢龙、机龙，种种异名，亦无理致，故不重收。

枉龙：局促不舒，全无收拾，即弱龙。

鬼龙：分枝擘脉，即劫龙。

绝龙：孤单无力，水劫风吹，即死龙。

游龙：悠然去，无断送，即弱龙。

毒龙：枝脚反序，尖利带杀，即逆龙。

枉龙：尊卑大小无伦，即退龙。

伤龙：伤损崩破，凿断来脉，即病龙。

孤龙：全无护从，即弱龙。

蛀龙：穿凿泄气，即病龙。

奴龙：枝脚偏枯，即从龙。

败龙：气脉枯竭，即弱龙。

踏碓龙：即退龙。

论生龙

《入式歌》云:"生是低昂多节目"。其龙自出身以来,一起一伏,有低有昂,分牙布爪,枝脚活动,左趋右闪,皆有生意。《宝鉴》云:"自祖山发足而来,大顿小伏,如生蛇渡水;左转右折,如啄木飞空。入穴端正,应案分明,生龙是也。"此龙结地,主人丁生旺,奕世富贵,最吉。

生龙格

论死龙

《入式歌》云："死是无起伏"。其龙自离祖以来，粗顽臃肿，无起伏，无摆折，如木无枝，如死鳅死鳝，皆无生意。此格最凶，不能融结，纵有形穴，必为花假。主贫贱败绝，虽作神庙，亦不显灵。

死龙格

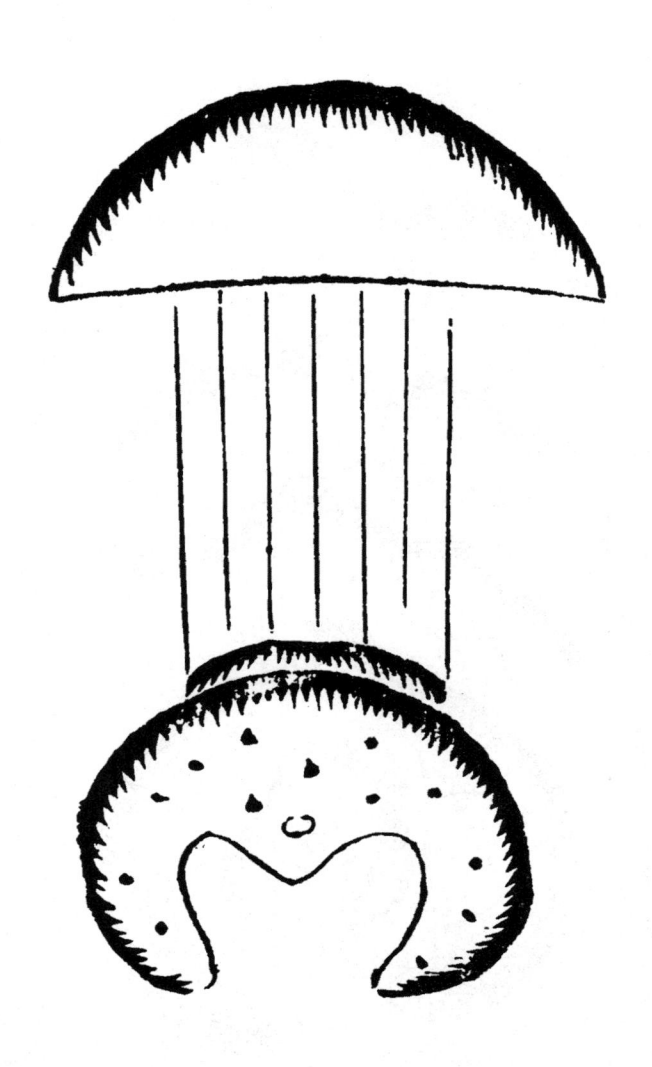

论强龙

《入式歌》云："强是奔走势力弘"。其龙自离祖以来，星峰迥异，形势轩昂，力量盛大，摆折横阔，体格雄健而强盛也。少断少过，径出径行，此格最吉。如融结成穴，主骤贵，威名掀轰，功业强盛，但不甚绵远。此格最吉，而发福不绵远者，何也？盖径出径行，则力量强旺，故富贵骤来；断过不多，则来龙短促，故发福不远。

强龙格

论弱龙

《入式歌》云："弱是瘦崚嶒"。其龙自离祖以来，飘飘散散，全无收拾，险峻嵯峨，浮筋露骨，软弱懒缓，不能起伏，必无融结，纵有形穴，亦是花假。主孤贫伶仃，疾苦困弱。

弱龙格

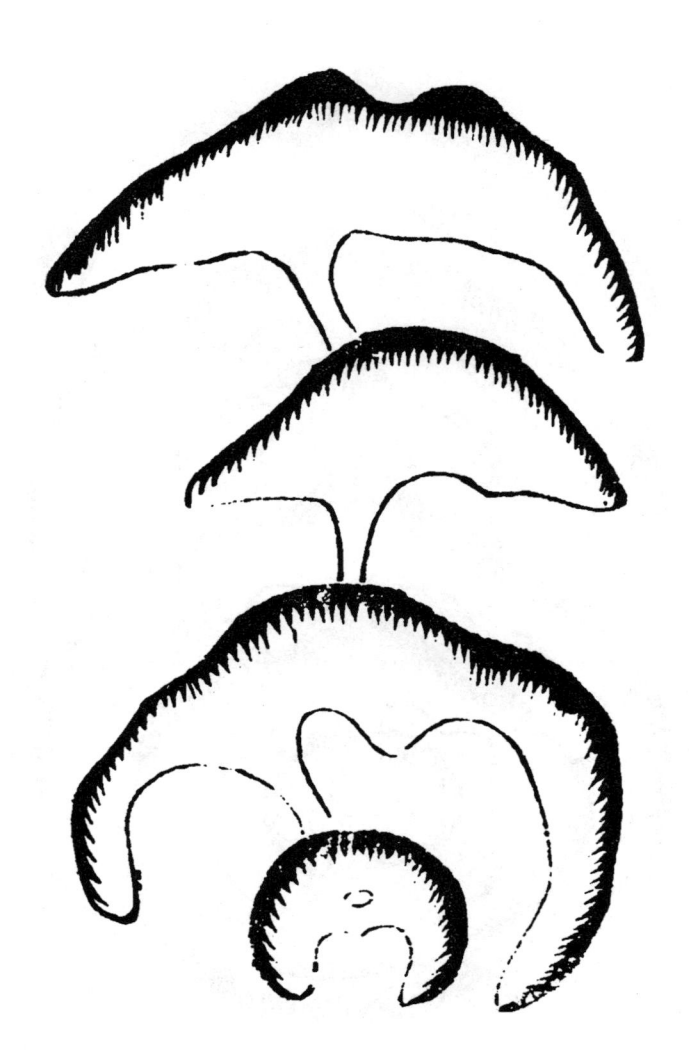

论顺龙

《入式歌》云："顺是开睁向前往"。其龙自离祖以来，星体顿跌，开睁展翅，俱向前面，包裹有情，如公抱孙之状。此格最吉，融结成地，主富贵绵远，百子千孙，孝慈和睦，多福多寿。

顺龙格

论逆龙

《入式歌》云："逆是枝脚望后去"，又名幡花龙。其龙自离祖以来，星峰不正，枝脚反扯，逆向后趁，入穴处龙虎皆向外筑。此格最凶，纵有形穴，主凶暴忤逆，寇盗军配。亦有边顺边逆者，左逆右顺，祸应长房；右逆左顺，祸应小房；左右皆逆，房房受祸；前逆后顺，先凶后吉；后逆前顺，先吉后凶。子微云："一种半顺半逆行，名为反戟祸非轻。长幼吉凶分左右，悖逆爷娘身受刑。"切不可下。

逆龙格

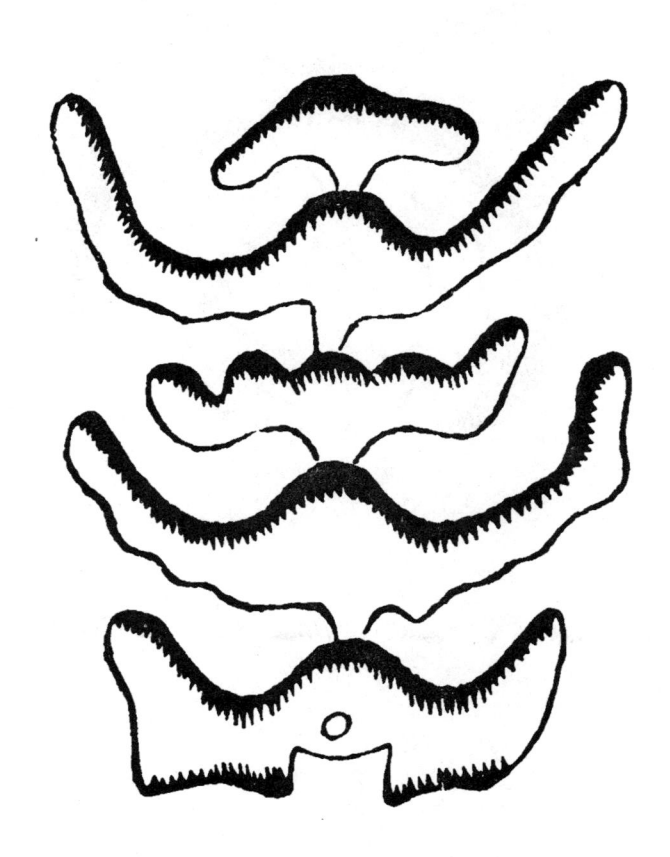

一贯堪舆

前顺后逆格

论进龙

《入式歌》云："进是龙身节节高"。真龙自离祖以来，起伏低昂，皆有次序，自高至低，由大至小，等级不差；自粗转细，从老出嫩，行度有渐也。此格极吉，融结成穴，主文章奕世，富贵双全，秩秩螽斯，满门朱紫，发福悠长，进益不替。

进龙格

论退龙

《入式歌》云："退是头脚渐消条"，俗名踏碓龙。其龙自离祖以来，祖弱孙强，龙低穴高，如人踏碓样，而枝脚又始短终长，高卑失等也。此格最凶，纵有形穴，一发即退，不可用也。

退龙格

论福龙

诀云："福龙多护没风摇"。其龙自离祖以来，护从周密，前后包裹，枝脚虽不大扬，而有仓有库；星峰虽不卓拔，而不恶不粗，但无大摆布耳。如有福之人，上得前人之荫，下得奴仆之供，而坐享安乐也。主发福悠远，富寿康宁，慈和孝义。

福龙格

论病龙

诀云："病龙伤残空洞蚀"。其龙自离祖以来，禀气偏驳，美中不纯，出身行度，起伏顿跌，虽皆可观，但枝脚边有边无，边生边死，边美边恶。或一畔周密，一畔缺陷；或一节活动，一节死硬；一边圆净，一边破碎；或星峰美恶不一，四山送从不周。凡此之类，皆谓之病，虽有结作，祸福相半，美中不足之象也。

病龙格

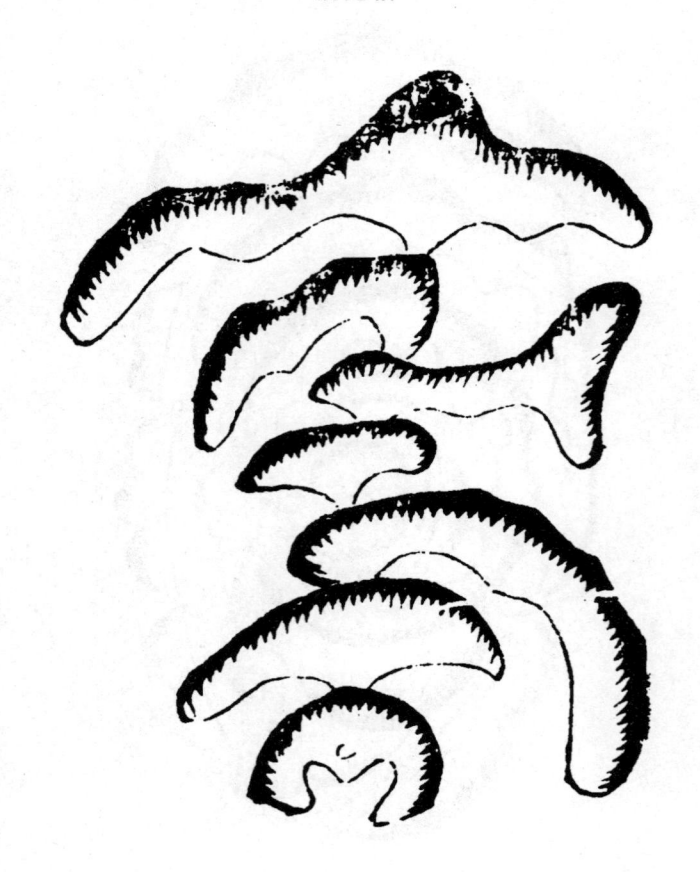

病龙又论

又有一等病龙，离祖以来，星峰秀丽，过峡周密，枝脚桡棹，盖送护缠，件件合法，只是过脉紧要处，或经凿断，或已崩颓，或蛟龙冲坏，或取土取石，或开窑开井；或踏路成坑，破损穴相；或穴顶开造寨庙，伤损星头；或前葬已多，而凿损真穴；或误开阳基，而掘坎破坏。凡此之类，皆伤气脉，亦曰"病龙"，又曰"伤龙"、"残龙"。如人断腰折颈，破面损头，无能再续之理，纵有诸般美处，皆为无益，若误下之，主凶败废疾，少亡孤寡。又或龙顶正身，与过峡束气之脉，最紧要处，倘有消水之窟，名曰"蛀龙"。虽龙穴合法，而真气泄漏消灭，即是受病处。虽有结作，有形无气，不可用也。

病龙又格

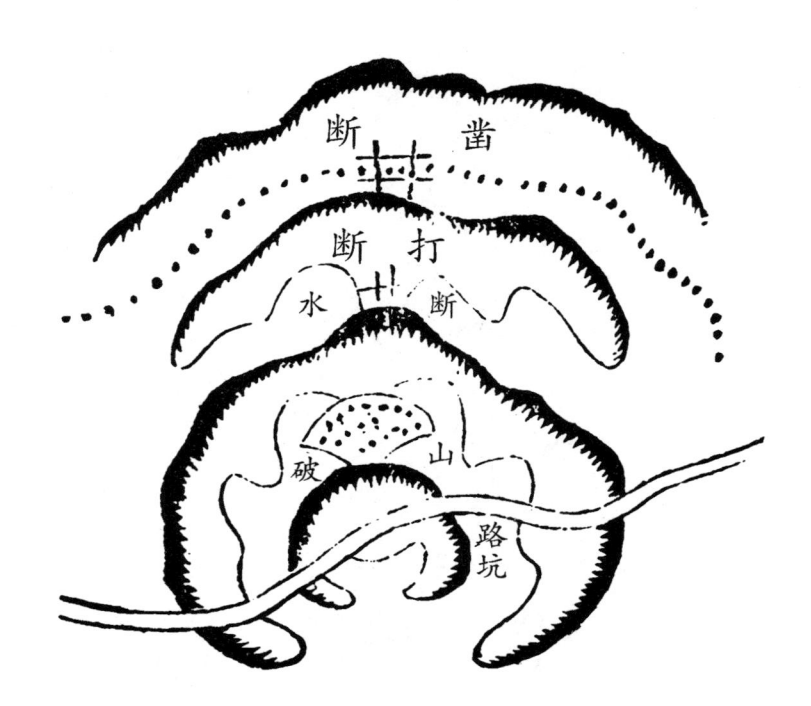

论鬼劫龙

诀云："分枝反扯为鬼劫"。自离祖来，龙无正条，东牵西拽，左分右擘，嫡庶不明，旁正莫辨。或如旛符飞带，飘前飘后；或如群羊见虎，左走右窜，真气分散，全无收拾。《宝鉴》云："分枝擘脉，或反或正，或离或析，或欹或侧，或尖或石，或高而枯槁，低而薄弱，皆名鬼劫。但以分擘，多者为劫，少者为鬼；大者为劫，小者为鬼；在前者主官事，在后者主疾患。"此格最凶，纵有形穴，主盗贼侵劫，疾病官灾。若劫去而复回，作我用神，不以此拘。《经》云："左扯右拽龙幡花，分枝擘脉龙鬼劫"是也，主结神庙之坛，最灵。

鬼龙劫龙图

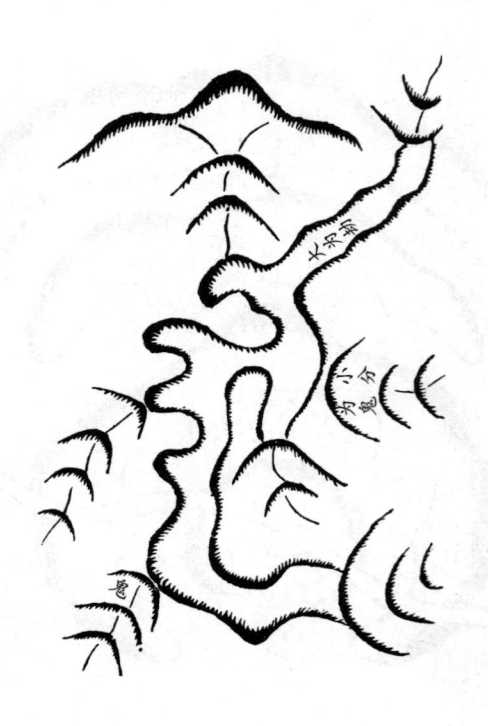

论杀龙

诀云："杀龙身带瘦枪刀"。自离祖来，巉岩险壁，丑恶粗雄，露瘦骨带，尖石枝脚，锋利破碎，欹斜臃肿直硬，或全无跌断过峡，或经脱卸而恶形不改，凡此之类，皆杀气凶露，名曰"杀龙"，最为凶恶。若误下之，主凶狠强梁嗜杀，诛夷惨灭之应。

杀龙格

三台龙第一贵格

"天上吉星号三台，品字连珠仔细裁。分得真龙安正穴，儿孙官位状元来。"赋曰："三台应金马玉堂之宿"，冠盖宝盖华盖是也。冠盖得土之正气，三土星横列；宝盖得金之秀气，三金星横列；华盖得木之清气，木星横列是也。若后龙有此三台，吉宿端耸，秀峰中高，左右稍低，均匀无欹，定出官贵极品。朱仙桃曰："三台紫气后生来，鼎鼐佐京台。"然三星面目不同，形状各异，或排品字，或插符头，上台一品，出科名之士；中台二品，决生卿相之才；要识下台，方为贵格。盖天机深远，非后学尽闻，宜自秘藏，轻传未可。注云：上台一品者，一个品字三台也。中台二品者，二重品字台星也。下台者，一连三峰，横列不断，如连三珠，如插符头之状。如三星中，有一星不匀者，名折角三台。如三星一样，次序高低直来，名孟仲季三台。费状元祖地可证。

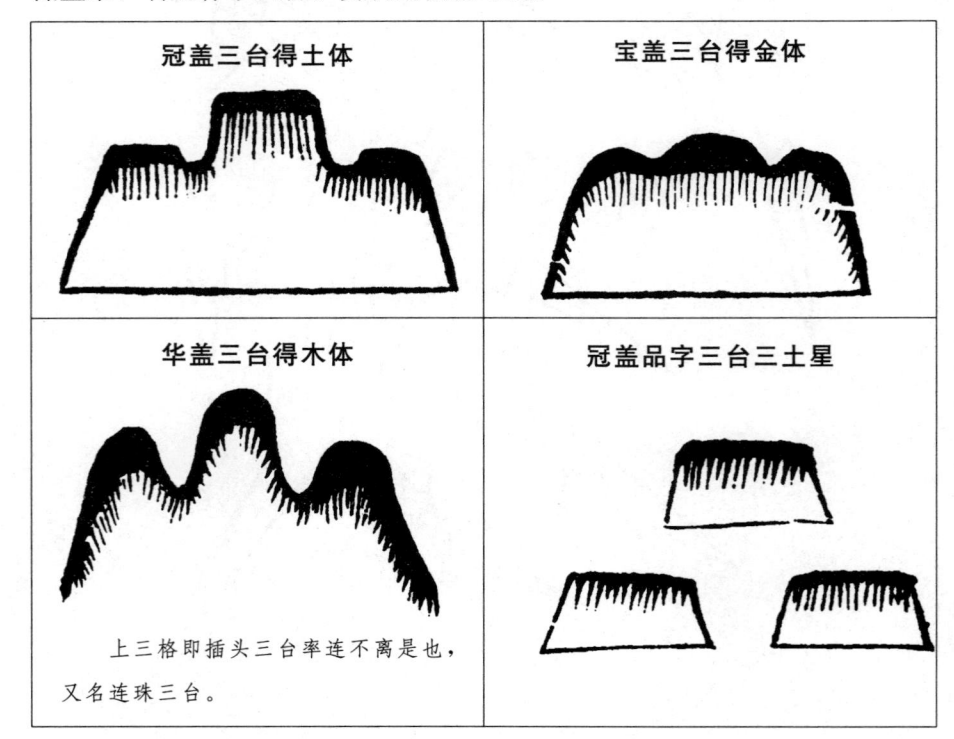

冠盖三台得土体	宝盖三台得金体
华盖三台得木体	冠盖品字三台三土星

上三格即插头三台牵连不离是也，又名连珠三台。

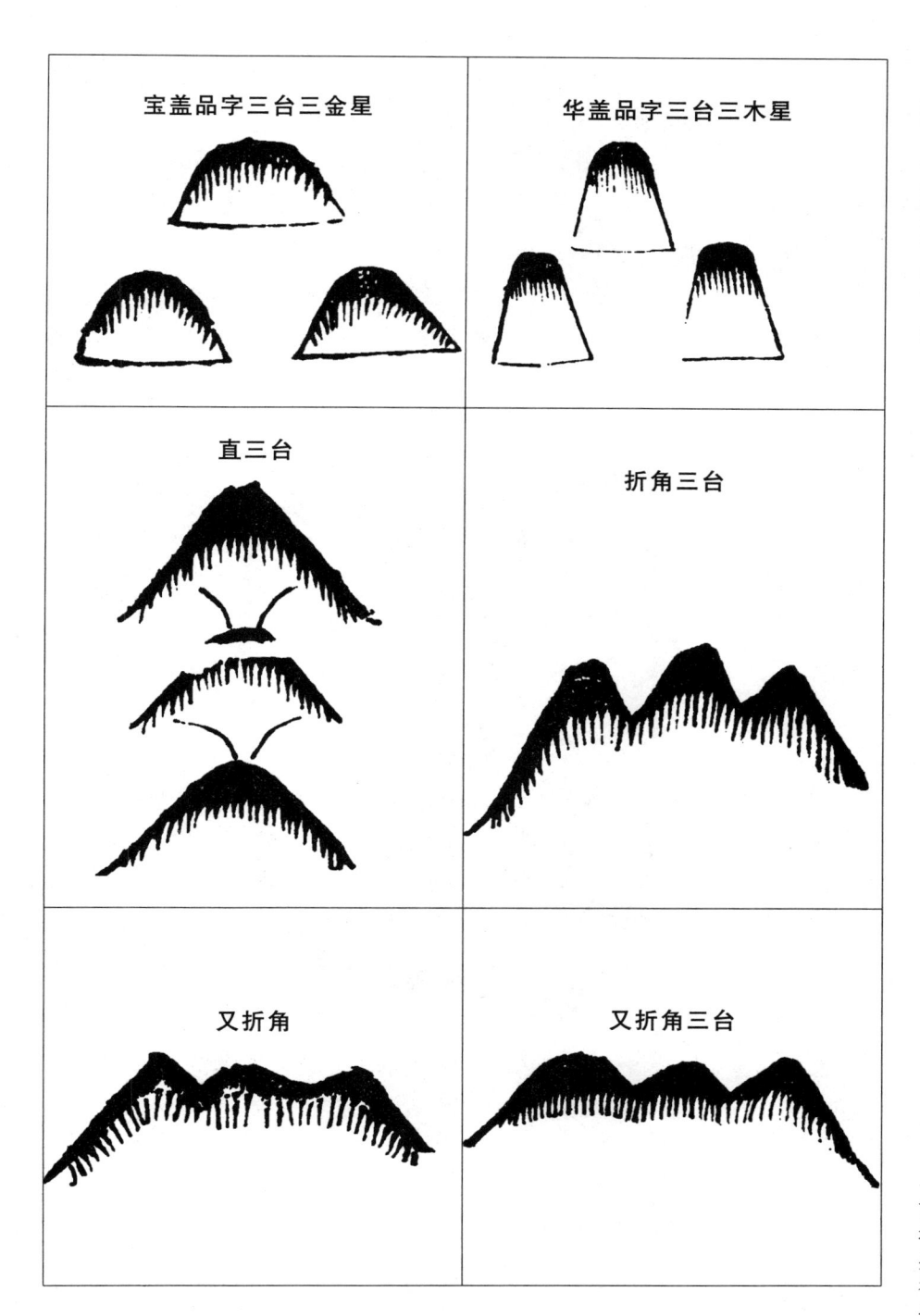

宝盖品字三台三金星	华盖品字三台三木星
直三台	折角三台
又折角	又折角三台

五贵龙格

水木芦鞭出状元,芦花三裊九峡穿。飞蛾宝盖皆名贵,玉尺连珠一样看。

水木芦鞭

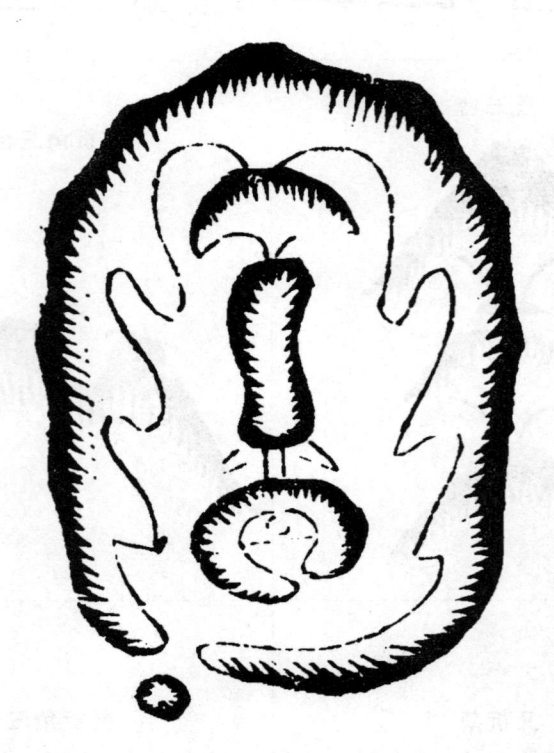

帐出水星,而龙身又木多水少,水木相生。缠护到穴,主状元宰辅之位。

芦花三袅

芦花三袅,十穿九峡。文武登科,功名显达。

飞蛾宝盖

宝盖飞蛾,金水相合。女秀男清,科名早掇。

玉尺龙

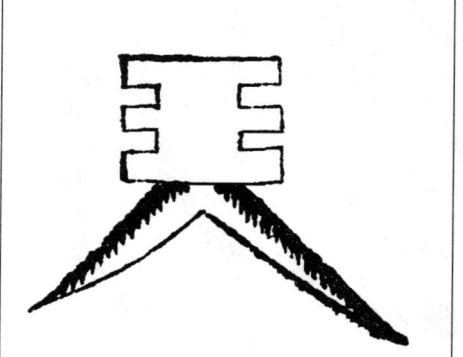

玉尺起伏,文章满足。不倚不偏,公侯福禄。

连珠龙

穿珠有个,不是禄存。重重帐护,贵压延禄。

一贯堪舆

玉枕三台龙贵格证

右地在铅山县乌在山，其龙自黄旗峰来百余里，不述，将入局穿田，起玉枕落脉，小小太阳太阴，夹照正脉穿心，成三台中落，束气结窝，穴出唇毡，龙格甚贵，但穴星独高似露，穴上聚似峻，护山低伏，穴上左右一望青天似寒，穴前二重顺砂似撑，阔坂明堂似旷，横降前群山似乱，下关大琛山甚远似宽，本身下手无情，诸山顺奔，似不团聚，不入俗眼。不知穴星独高，杨曰"众山低，高为尊"也；穴前虽峻，吴云"上聚星辰若开口，穴下不畏陡"；左右虽低，穴有微窝，范曰"藏车隐马不畏塞"也；虎砂虽顺，杨云"或如刀剑顺飞扬，不是离乡真龙占"，乃明曜而非撑也；外堂虽阔，内堂已聚，吴云"内外明堂分两般，内宜团聚外宜宽"，正合上格；前朝虽乱，如笔如笏如状元旗等形，皆合贵格；下关虽远，杨云"干龙缠护隔江河"，况信河之水，朝入明堂；河中大脚石，拦截大琛山，交锁有力。葬后四纪，长房三科第，连丧其二，议欲改葬，丰城何巡司曰："玉枕龙，日月峡，隐隐三峰向前挥。状元宰辅此中生，兄弟叔侄连科甲。状元出世矣，何可改也！"是时文宪公宏已十余岁，不数年大魁天下，官至太保。厥后二男登进士，弟与侄探花同科，九子皆贵，兄弟同榜者四五次。三台系丁未龙，故公成化丁未状元；前砂子峰独秀，应宏戊子生至贵格也。故观龙者的以入首为准。

五星连珠龙格

五星连珠者，金、木、水、火、土，五星串连，次第相生而行，不相间是也。此龙最贵。若五星聚讲，不论前后左右，相生相克，生来团聚，皆为聚讲。盖聚有大小不同，不论生克。若连珠无分大小，只论生克，以定吉凶耳。

连珠第一格	连珠第二格
顺连珠，上等格，至尊至贵，方量极大。	格与上同名道连珠，至贵，比后二格龙重。
顺连珠第三格	逆连珠第四格
此格五星顺生，接连生去，至贵之格，主王侯将相。	此格五星逆生，最吉。主子孙贵过父祖，重叠封赠，玉带蟒衣。
顺连珠第五格	逆连珠第六格
此格五星顺克之格，多为神庙场之应。	此格五星逆克之格，主弑君父。下犯上，杀身夷族。

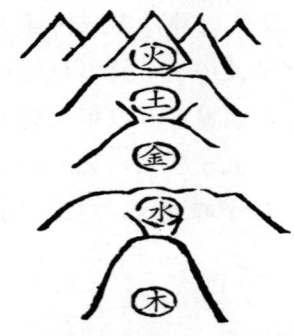

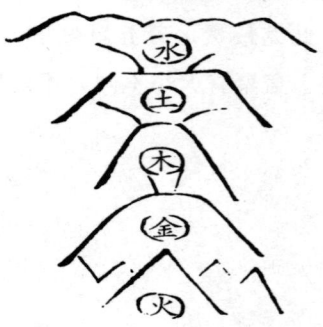

五星归垣龙格

五星归垣者，一名"五气朝元"，亦曰"五星升殿"，至贵之格也。水星帐于北，火星耸于南，木星列于东，金星峙于西，土星结穴正位乎中，乃天造地设，正气所钟。上应天星，下合方位，至尊至贵，万不逢一。但要星辰真正，不欹斜破碎，远近高低，各得其宜，方为合格。多结禁穴，主出圣贤。次者亦出王侯宰辅，贵极人臣，留芳百世，皇亲国戚，文武全材，出将入相，状元神童。朱文公祖地合此格，配享万世，图列于左。

朱文公祖地图

朱文公祖地在婺源县二十七都，地名官坑岭，乃夫子四世祖妣也。金斗形，梁上穴，庚申山，正坎，作丙向。嘉祐四年，吴景鸾下。课云："金斗穴居梁，朝案信鸦岗。溪山环九曲，道学世流芳。"

未下之前，有《记》云："官坑龙势异，穴高众山聚。坎离交媾精，笔峰天外起。富不及陶朱，贵不过五府。当出一贤人，聪明如孔子。"

按：此地正干甚远，不能悉述。至入首横列云锦帐，帐之巅微起双峰，峰下各出微脉，隐隐隆隆，数节走马蛾眉，文星贴在帐身，微茫合气，细察则有，粗看则无，非俗眼所识。结土星开窝格，窝中又吐微乳，穴粘乳头，坐下平坦，两旁拱卫，莫知为万仞山巅，元辰水虽当面流去十余里，然穴上不见，且迂迴曲折，亦不为害，但主离乡。文公迁居建阳，其验也。近有鸢子峰作案秀丽，远有笔峰耸入云汉，登穴视之，视如焰动，清奇可爱。盖水星帐北，火星南朝，东木西金夹耳，土星结穴居中，谓之五星归垣。俗眼视之，龙身奔去三十余里始尽，此间以横落微茫，数节之脉结穴，高在山巅，元辰水倾流甚远，孰识其为此等大地？虽然文公间气所钟，非一穴能孕，然一课一记，符应不爽，亦奇矣哉！

传疑：乐平洪士良，同师吴景鸾，至官坑岭下，士良偶渴，探泉饮之，走谓师曰："此泉甚异，当有贵地。"国师索泉尝之，曰："泉有翰墨香，岂但贵也，当产大贤。"因至山巅观之，见其穴，呀曰："秀钟于此，以报朱氏。"然其地自山下至穴约七里许，而送龙两水直流，穴高水远，不利初代。窀穸毕，用巨石压而封之。后果不利，欲迁焉，得石而止。又云："初献地者，谓有天子气象，未决，往邀其师，系一僧，来观，曰：'当出夫子。'"吴公晚年落发学禅，故传为僧耳。

新编杨曾地理家传心法捷诀
一贯堪舆卷之二

论少祖山下龙穴生克诀

凡龙星博换，五气成形，贵相生而顺，忌相克而逆，从上克下不为害，自下克上谓之子克父母，大凶。若护龙有救，反凶为吉矣。

论少祖山

寻龙之法，须究祖宗。盖太祖远宗，乃龙脉发源，峰接云汉，有此特异之祖龙，必结富贵美地。卜氏云："祖宗耸拔者，子孙必贵"。但辞楼殿而来，不知过几峡，经几博换，渺渺远隔，难为凭证；必于少祖山，察其来历，审其美恶，庶为亲切。故凡寻地，首当寻少祖，即穴之主山也。龙行既长，离祖已远，及至将结穴处，忽起高大峦峰，即为少祖。不过数节，即结穴场为贵。若分枝尚多，结穴尚远，亦未可谓之少祖山，乃是驻跸山。住脚星辰，谓之太宗。

诀云："自少祖下一节，至三四节结穴者，为上格。五节次之。六节至十节为下格。如过十节之外，力轻气弱，不结穴也。又须再起少祖，方可强结。"《天机》云："若是山家结穴龙，定起主星峰。"又云："二三节内穴星成，福力实非轻。节数远者福力少，再起主方妙。"言穴不宜去主山太远也，必须以近为贵。一节即入穴，力大福厚，更吉。又云："主星大小合龙格，造化便可测。"言少祖之山，须合得龙家诸格形体，方有融结。须凡美地，必起近穴。少祖山时达秀丽，或开帐幕，或起飞蛾宝盖，或作三台、玉枕、御屏，或成冲天木、献天金、涨天水、滔天火、凑天土，有此诸般贵格，必不虚生，定有融结美地。

若少祖山歆斜不正，孤露崚嶒，瘦削破碎，臃肿粗恶，巉岩带杀，种种凶形，不成星体龙格，则无融结；纵有穴场堂局，诸般可爱，亦为不吉。或误下之，行度至此，必主凶祸。

太祖少祖山图

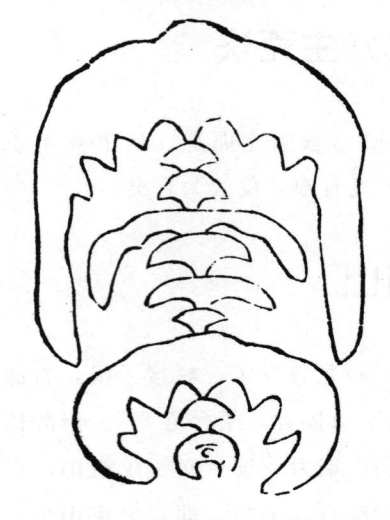

此将结穴形，起高天星辰，作少祖山。自少祖山下数节，即结穴场，极有力量，为吉地也。

无少祖山图

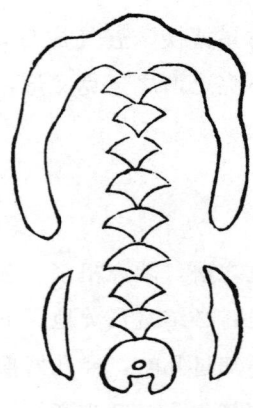

此离太祖山以下，迢迢而去，更无高大星辰作少祖，只委靡入穴，力轻气弱，乃凶地也。

重起少祖山图

此起少祖山以下，节数已多，力量稍弱。却再起高大山，又为少祖，一节即入穴，此地力大福厚，极吉。

穴近少祖山图

此自少祖山下，成水木芦鞭龙格。吴公云："入首节内有芦鞭，当代儿孙中状元。"此平冈格也，高山则无矣。

有少祖不吉山图

此虽有少祖山，而形势丑恶，不成星体，不合龙格，出脉又是偏落受风，纵穴场有形，定主败绝。

以上少祖山，不问后龙长短，只入局忽起少祖，高大挺秀，冠于群山，以作主星。自此山下，只一节，或二三节，即结穴，而穴场正座少祖山，近枕有力，力量大，发福速。如建宁陈副宪祖地，其格也。

穴坐少祖当代即贵式　建宁陈副宪祖图

主星尊贵。

主星尊贵

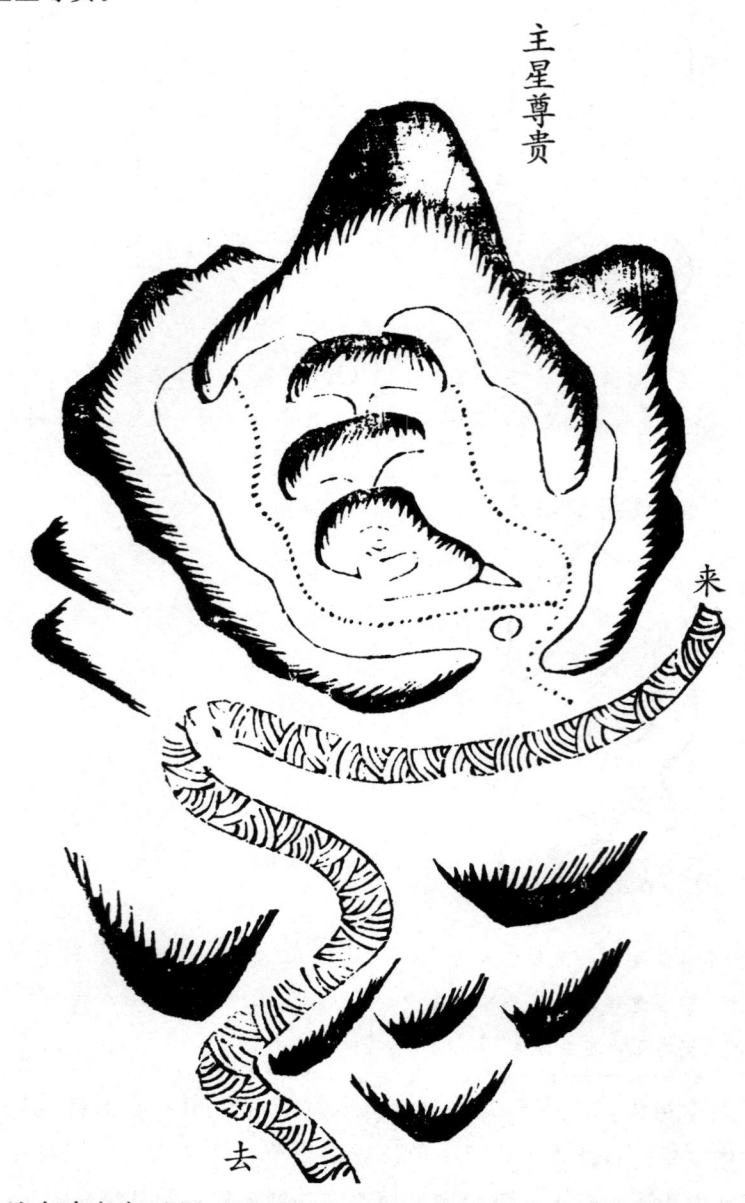

来

去

此地在建宁府西北，河西，其龙来远，不详述。入首顿起少祖，高大秀异，护从周密，正脉从中落平穿峡，起平坡结穴，穴场正座，少祖有力，开钳吐唇明白，前案低伏，近抱如眠弓有情，以关内气，逆收大溪之水，内堂水口石礅如印，左曜飞扬，前朝秀丽，内堂紧急，外洋宽畅，葬后即出羽皋公纪，[①] 登嘉靖丙辰进士，官副宪，其侄曰兆芳，继美登第。封君枞，遐寿，累膺诰封。葬母而即受福，真催官贵地也。

论无少祖山

凡平岗龙，多委蛇而来，若行度起伏屈曲，亦不必拘。其有少祖，方成大地。只要将入穴之际，二三节内，跌断束气，结咽过脉，短夹合格，不犯劫杀，不受风吹，即同有少祖山也。盖山之一起气固旺，而山之一伏气尤旺，故不必拘。其顿起高祖，但其断处，的以近穴为贵，一节节入穴尤妙。必须从山两相夹护为上，若无起伏，力轻气弱。《经》云："起不能伏伏不起，此龙谓之无力矣。"

平地之龙亦然，必于穴后有断为妙。断处须分水明白，束气入穴，方为真切。盖平洋气多散漫，贵于收敛，既无垫埠，可谓少祖，必当以断处束气为准，或成银锭之脉，或有蛛丝马迹、草蛇灰线、藕断丝连、龟脊牛背等形，则气束得聚也。穴场乘得气之聚处，乃是真融结，不然则散漫无证，纵有坪中突窟，亦认脉不真，不可下也。慎之！

审龙当重入首一二节以切近灵验

凡审龙者，当以入首一二节，或二三节，辨龙之美恶，以定吉凶。乃地理家紧关口诀，甚为简要。余尝观之名公墓，皆以入首龙吉而致福应。如浮梁戴尚书祖地，后龙甚弱，而入首成三台之格，亦出尚书。如费状元铅山祖地，来龙甚远，而入首三节特异，竟产状元宰辅。故寻龙虽当远究，而龙必以入首为准。图具印证。

[①] 原注：壬午年葬，甲申年生羽泉。

戴尚书祖地

寅甲龙坤申向

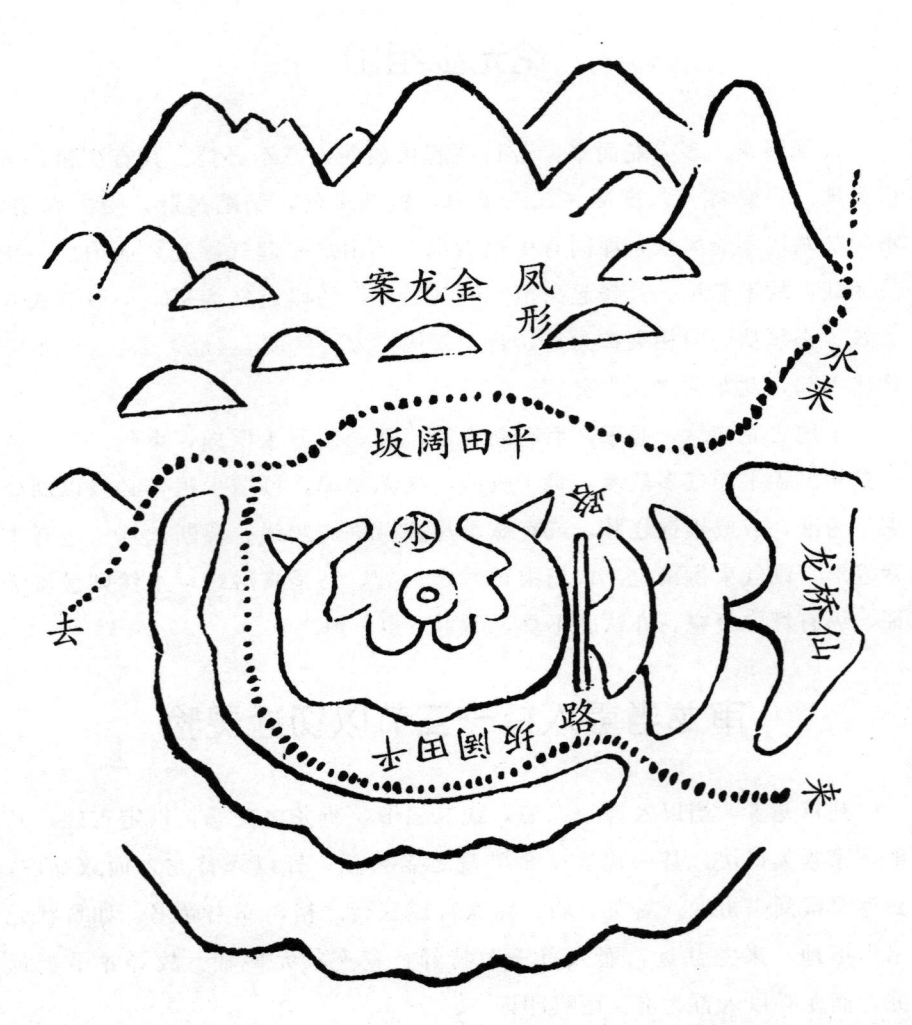

此地在浮梁东乡，后龙甚弱，惟到头起三台，一节结穴，左右抱卫，明堂平田，真应水注，穴外应证分明，葬后初代出恭简公珊，官尚书，又进士数人，科第不替。出一神仙，名铁仙，知预来过去。

论龙祖宗父母胎息孕育辨

卜氏云："胎息孕育，神变化以无穷"，是皆言龙之有祖宗，有父母，有胎息，有孕育，然后始成穴也。或云："先起高峰谓之祖，次起一峰谓之宗，再起左右双峰谓之父母"，诚如其说，则是父母置之无为之地，而其所生皆祖宗耳。子微已极辨其非，而淇斋又拘于节数，谓"自玄武顶一节为父母，二节为少祖，三节为曾祖，四节为高祖"，亦太泥耳。若用其说，四节已上之龙，又复何名？大抵龙有高山大峦，谓之"太祖"；自此辞楼下殿，迢递而行，又起高峰，异于众山者，即谓之"宗"；复行磊落小可星峰，则不必论。直至将及结作，必要再起高峰，耸拔异穴者，谓之"少祖"。自此而下，或起或伏，或大或小，或直或曲，但以玄武顶后一节之星名曰"父母"。父母之下落脉处为"胎"，如禀受父母之血脉为胎也；其下束气处为"息"，如母之怀胎养息也。再起玄武顶为"孕"，如胞之成男女，有头面形体也；融结穴处为"育"，如男女出胎而育也。自少祖山至穴，最关紧要，须是合诸吉格，束气清切，不犯劫杀，不受风吹，护卫周密则吉。诸家喋喋之论，总不必拘。无非欲其尊卑有序，大小有伦，自高落下，自粗变精，自老抽嫩，星辰之生克不逆，桡掉之长短合法，则得祖宗、父母、胎息、孕育之妙，自有生气融结，依法扦之，福应如响。其或祖宗当高而反低，当大而反小；胎息当细而反粗，当嫩而反老；尊卑失序，大小无伦，乃凶气所集，须当细审。图具于左也。

祖宗父母胎息孕育图式

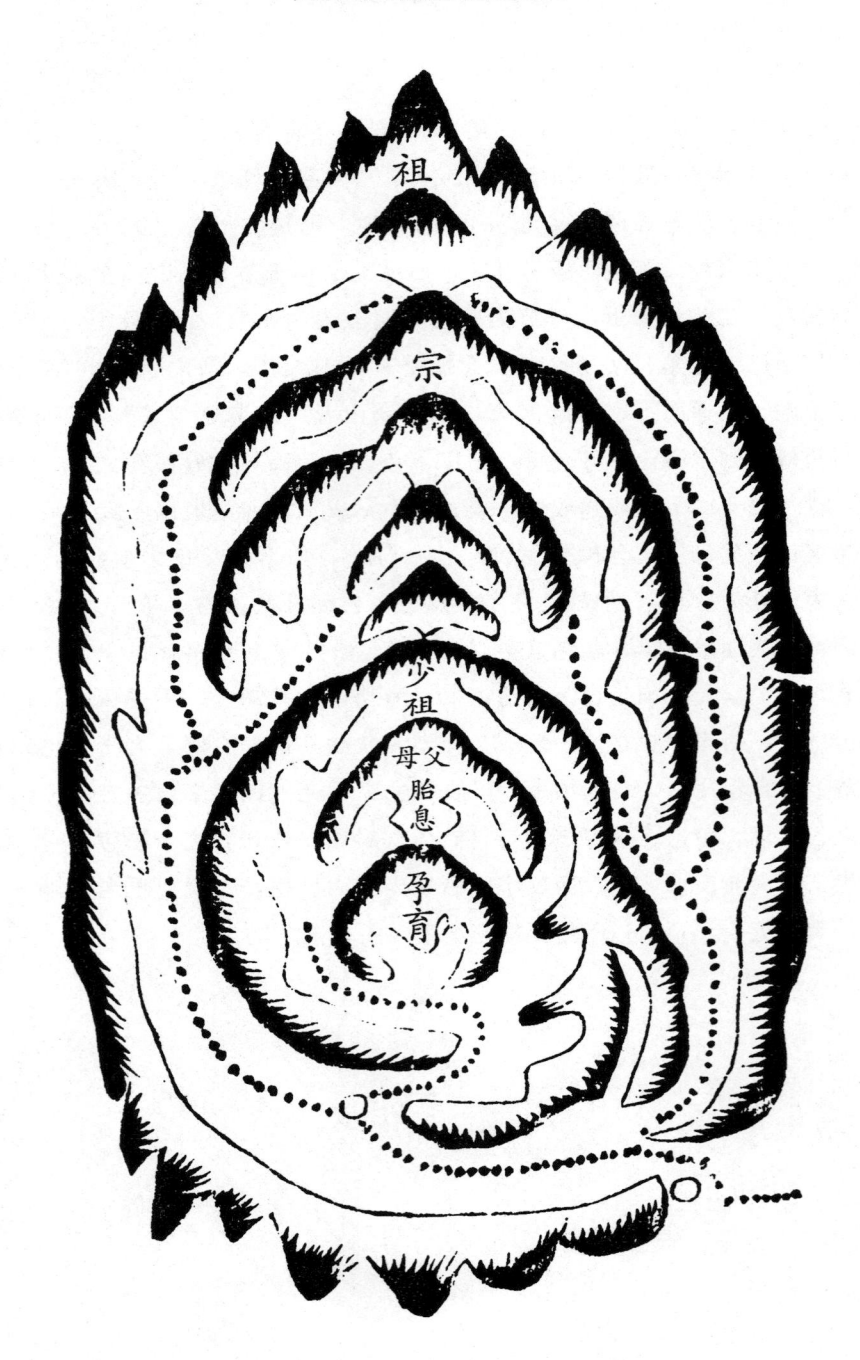

论开帐龙法

凡开帐之龙，中起一峰独高，两旁开肩展翅，木如弓梢，《天机》云："凡龙开帐而出者，最为有力，惟金水脑为上，水星次之，要形如帐幕，两角分明，有带下垂，方为合格。但帐形不一，或横列三峰而成三台帐，或横列五脑而成梅花莲花帐，梅圆而莲穴也。或列七脑而成云锦帐，或列九脑十一脑而成芙蓉帐，又或横列一字水星，两角皆耸秀，或木或火，如华表柱头，谓之仙桥大帐。有此等帐幕，若龙从帐中高峰下出身行度，谓之出帐穿心。若过脉又从顶中而出，谓之出脉穿心。出帐出脉俱合中正之体，无少偏倚，谓之"内外穿心"，名曰"人中龙"，乃禀乾坤正气，得造化一中而生，极贵之格也。若龙从帐中左右出身者次之，不谓之"穿心龙"，但脉又从中出，亦谓之"次中龙"。盖出身虽自偏官，而禀气不离正大，亦为贵格，但福力减也。如脉亦偏左偏右，成草"个"字而出者，又次之格。盖出身禀气，虽未中正，犹在帐幕手足包裹之中，亦主小富小贵，但不得正堂之权，不过佐贰而已。

《经》云："帐中有线穿心行，帐不穿心未入相。"如龙不穿中脉又角出，出身既已不端，禀气又入偏斜一边，行度护送无人，谓之缠护奴龙，决不可用。《入式歌》云："若还穿帐要中出，角落未为吉。"又有一种开帐，起脑开肩，如弓开布，至于梢头，又起圆峰高峻者，自带仓库随行也，[①] 主大富盛。又有一种帐下中穿，顿起木星秀丽者，乃帐下贵人，主出大贵。若贵人在帐上，只出吏人。《经》云："若有贵人居帐下，此格真无价。"又有一种开帐之下，两腋特起，圆峰夹照，此暗库星也，主富盛，自收典质之状。以上龙格，极为稀罕，即蜈蚣节，已为难遇，况开帐穿心者乎？至于贵人仓库，尤为少见，又必以帐之多寡分轻重。

《经》云："帐幕多贵贵亦多，一重只出富豪样。两重三重开府衙，帐里贵人最为上。帐中隐隐仙带飞，带舞轻重主兴旺。天关地轴两边迎，帐角或垂遮过往。"此言开帐须要帐角下垂，遮过中行之脉，如不下垂，必要天关

---

① 原注：与仙桥帐不同。仙桥帐中一字水星，而两梢头起木火星也。此帐中顶高两肩低，至角起圆峰如仓库也。

地轴左右遮护为妙。帐左为天关，帐右为地轴。有异石如龟形蛇尤妙。然帐幕虽贵，尤要帐中传变穿落，星体合格，脚枝均匀，束气短夹，不犯劫杀，缠护周密，融结明白，四应俱全，方为上格。又有一种开帐穿心，或一二节内气旺者，犹有可观，及至穿出去，或分枝散乱，或断绝空亡，终不融结，此为假龙，作假心也。何以辨之？龙从祖宗以来，已觉偏斜丑陋，一也；穿出之后，又复散乱，二也；入穴之际，臃肿粗硬，收拾不得，堂局破碎，朝应无情，三也。三者无取，虽有开帐，乃游龙远出，亦何用哉！

开帐穿心图

此开帐两重，乃山龙之格，若平阳格，高一寸为山，低一寸为水，止有横列微浪，全无星辰缠护分合，亦同此式，并无二理，不必赘首。

右格开帐穿心，乃九脑金水，名曰"芙蓉帐"，极为贵格。至于仙带，如帐带下垂，方成帐格。若三台帐，有三格：三金相连名曰"宝盖三台帐"，三木相连名曰"华盖三台帐"，三土相连名曰"冠盖三台帐"。凡五脑金水，名曰"梅花帐"。五脑金水高耸者，名曰"莲花帐"。七脑金水，名曰"云锦帐"。中间一字水星，两角二木星高耸，名曰"仙桥帐"。帐名虽异，因形取义耳。俱为贵格，图具于左。

宝台三盖图

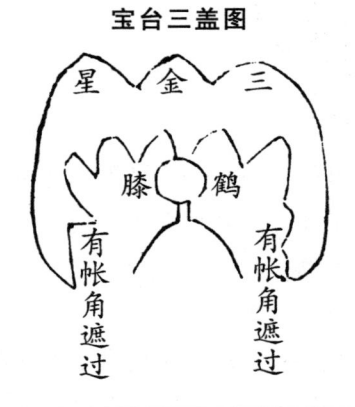

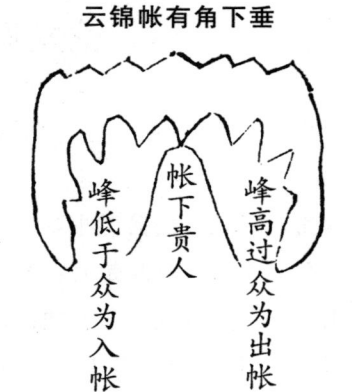

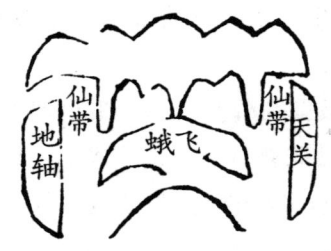

星　金　三
膝　鹤
有帐角遮过　　有帐角遮过

云锦帐有角下垂

峰高过众为出帐
帐下贵人
峰低于众为入帐

梅花帐无帐角垂

仙带　蛾飞　仙带
地轴　　　　天关

此无帐角下垂，要天关地轴遮映方合贵。

莲花帐图式

有帐角下垂，不要夫关地轴。

仙桥帐图式

贵人　木星　帐下

中间一字水星，两角起二木星，名曰"仙桥帐"，有角下垂，以遮其穿落之脉，不要天关地轴。

论龙博换解 即脱杀成穴

博换者，变化也。老自变嫩，自粗变细，自凶变吉，皆造化之妙。《经》云："一博一换大生细，从大博细真奇异。博换如人换好裳，如蝉脱壳蚕脱筐。或从大山落低小，或从高峰落平洋。退卸博换成几段，十条九条乱了乱。中有一条却是真，若是真兮断了断。"《天机》云："退卸博换粗者细，凶星变吉气。老龙抽出嫩枝柯，跌断不嫌多。"卜氏云："星以博换为贵。"是皆谓行龙贵于有博换也。且如金星发祖，博出水星，水星又博木星，木生火，火生土，土生金之类，迢迢生峰，节节合格，是为贵地。若遇相克，要有救星，如金星行龙，木星作穴，金克木本凶，左右得火星以制之，或得水星以化之，则金星贪生于水，忘克于木，亦为吉也。以类而推，万不失一。

曾师家传诀云："起祖星峰多囚凶，破廉高耸是真龙。聚讲博换分清浊，脱杀成穴方可捉。龙博五吉无四凶，见此教君用心掇。穴祖连续不脱杀，奸盗贫绝千祸发。"此言九星传变博换，以凶变吉为妙也。杨公九星只取贪、巨、武为三吉，辅、弼二星虽吉，原不行龙。左为辅，右为弼，七曜隐藏处是也。而文、廉、禄、破四者为凶。天机九星，取太阳、太阴、金水、紫气、天财五吉也，罡、燥、曜、荡四者为凶。大凡远祖高峰，多是四凶，廉贞为上，破军次之。

《经》云："世人只贪爱狼好，谁识廉贞作祖宗。大地若非廉非祖，为官也不到三公。"此凶星之祖，必跌断过峡，退皮换骨，变出五吉星作少祖而结穴，方为贵地。若后龙节节是吉星，近穴一二节吉凶不明，其杀未脱，主生凶祸，博龙到此，其祸自应，过此凶星又吉也。若远祖是吉星作穴，与主星博出凶星融结，乃吉反变凶，至毒也。若后龙节节是凶星，只博换入首一二节是吉星，结穴真切，主初、二、三、四代发福，博到凶龙，必主败祸。若后龙起祖，博至穴星，俱是四凶，千祸随发，必不可误下。大抵祖宗之山，凡过峡后，自然博换，若起祖迢迢，行至入穴，全无跌断过峡，则是无变化，必不融结。是谓"杀气未除，必为凶祸"。

《经》云："断而复断龙脱杀，穿田渡水龙过峡。"《发挥》云："龙无传变穿落，则无变化；不经退卸博换，则无秀气。虽有奔走之势，摆折之形，多是伪龙奴从之山，不必寻穴。虽有形穴，龙虎案对明堂，诸般合法，奈何龙无博换，无脱卸，气不清，脱不真，徒有杀气凶恶，乃花假之地。"故凡寻龙见无过峡博换跌断，决无融结，不必追寻。

论龙枝脚桡棹[①]

龙有贵贱美恶之不同，观其枝脚桡棹而可见。盖枝脚桡棹，龙之分气也，其形体各以类应。龙之长大者，枝脚桡棹亦长大；龙之短小者，棹脚桡棹亦短小。龙之吉者发为枝脚，亦起星辰，带贵气；龙之凶者见于枝脚，亦必观善恶，类凶形。一种生来，自无差谬。姑概论之。如枝脚之山，广囊起伏，蕃衍拥从，或如仓如库，如剑如印，如旗如鼓；或成天乙太乙而峙立两边，或成御屏展帐而盖乐于后，或带金箱玉印，或带简笏牙刀，或结天关地轴，或如武将文官，或类天马贵人，或类龟蛇狮象，或如玉带金章，或如玎珰珂佩，或尖如文笔，或连如串珠，或圆如覆釜顿钟，或方若列屏贮柜，侍卫森严，护定主君，不敢他往，此皆吉气之发见者也。

《宝鉴》云："天乙太乙，富贵之本。原天禄天马，富贵之任用；文官武库，富贵之应验。左辅右弼，富贵之维持；男仓女库，富贵之设施。"大凡好砂列于前者，皆是客山，众人所其共之；本身枝脚间所有者，乃自家之物，一己之受用亲切者也。其或龙无枝脚桡棹者谓之奴，虽有枝脚，不踊跃拔卓者，谓之弱；散漫委靡无收拾者，谓之虚；反背无情，不顾本原者，谓之逆；凶恶尖利，反射本身者，谓之杀；拖拽太重，奔走东西者，谓之劫；及有枝脚不均，或边有边无，边顺边逆，边美边恶者，谓之病。又或两旁垂落，如抛枪插竹，卧尸提罗，如绳如刀，如斩指断头，如茅叶之乱，死蛇之靡，灰囊投算，鹅头鸭颈，种种不吉之形，皆凶气之发现者也。以此龙身纵有形穴，皆为不吉，若误下诸凶，皆以类应。故桡棹枝脚为龙身发泄吉凶之验，其洵然乎！

① 原注：以分枝长远起星峰而言。前论梧桐枝等格，以随身短脚言也。

龙身枝脚带诸贵星图式

龙身枝脚带诸凶恶图式

论龙入首紧要关捷

未论千里来龙，且看到头融结。大凡审龙美恶，不必远求，只于入首二三节、四五节内，以至少祖山为准，审其龙势。若有起伏顿跌，星峰秀丽，枝脚随身，走闪活动，及有诸般龙格，如走马串珠、芦鞭芦花、三台玉尺、王字个字、宝盖飞蛾、开帐穿心、梧桐芍药、卷帘殿试、蜈蚣节、五星连珠、五星归垣，与生龙、顺龙、强龙、进龙、福龙，种种贵格，俱在少祖下数节审之。至于随从山及本身枝脚，又起峰峦，如仓库，如旗鼓,如天马、贵人、笏印、金箱、宝剑、文官、武库、天乙、太乙等形,夹送皆从近审,是我亲切用神,最为紧关。此等龙格,结作真,力量大,发福速也。若少祖至穴数节,并无吉星,或懒缓怯弱,死硬臃肿,粗恶直长,或无枝脚,或边有边无,或枝脚拖拽,散乱尖利,而成鬼迹,或成退龙、逆龙、死龙、病龙、杀龙,种种凶格,必无融结。纵龙虎、明堂、朝案、水城,件件皆美,奈坐下无龙,必不可用。

《经》云:"坐下若无真气脉,朝迎空有万重山。"又或穴星后一二节俱合贵格,三节独凶,四五节至少祖俱吉,乃吉多凶少,博龙至彼,不过一代退败,过此依然发福,亦可取裁。如穴星后一二节不吉,以后至少祖皆吉,亦不可用。盖一二节龙正胎息孕育,乃父母生生化化处也。生化之气既凶,安能得祖宗吉气远荫乎?如次星一二节俱合吉格,以后至少祖俱犯凶星,只要后龙不化鬼劫,缠护砂水俱到穴前,亦可取裁。盖穴星二节有胎息孕育,神变化以无穷,诀所谓"子孙贵,祖宗贱,亦有五代之福",先师所授受叮咛,的以近穴为至要。盖以造物无全功,不可执着也。戴尚书祖地后龙甚弱,一节即结穴,可证也。

论龙结穴雌雄交度失度解要诀

凡龙入首结穴,必要雌雄交度为上。雌雄者,阴阳发见之迹有配合也。大凡雌雄会者为真,不会者为假。何以辨之?山静属阴,水动属阳。若龙顺水而来,穴必逆水而结,此山水相对有雌雄也。即不然龙势顺水而来,到头横水而结,亦为"山水有雌雄"。若山水皆顺,则为夫妇并行而无配合之义。故论格局者,以翻身逆结者为上,以转身横结者为次。若顺来顺结,师诀所谓"骨血顺流,家业必退",必须要两砂交牙,逆水而抱,龙要近案截顺拦水而收,亦谓"砂水有雌雄",犹可取裁,终是顺局,不为佳美。若"龙、穴、砂、水"四字俱顺,则为雌雄失度,必无融结之理。甚至山水各有雌雄,凡山以左右分,则左为雄,右为雌;山无合,为雌雄不交。凡水以明暗取,则暗为雄,明为雌;水不交,为雌雄失度。是山交水会,各有雌雄也。

龙穴亦有雌雄。凡阳龙取阴穴，阴龙取阳穴，是"龙穴相配有雌雄"也。推而精之，受穴之形，尤有雌雄。突中有窟，窟中有突；或左阴右阳，上阴下阳；或阳多阴少，阴多阳少，是"穴之交媾有雌雄"也。至于倒杖，亦有雌雄。凡点穴妙诀，须要刚中取柔，柔中取刚，或凑软硬限中，阴交阳半，是"坐下有雌雄"也。若融结一地，必龙穴砂水俱配合雌雄，皆相登对为真。若单雌单雄，不相登对，虽有形局，亦非真结，《经》云："雌雄相喜，天地交通"是也。

论龙过峡真诀

曾授秘诀诗云："峡中至理要参明，方知穴落远近音。有无俱在峡中讨，精得峡脉无价宝。峡成阴阳穴前结，阴阳不成再起脉。脉偏脉正穴相因，砂短砂长机尽泄。高低融结此中知，男女阴阳胎内别。房分福祸妙通玄，秘诀还须详外劫。"

相地之法，固妙于审龙；审龙之要，犹切于辨峡。峡者乃龙之行度跌断处，回环如峡，而脉从中出是也。龙之真情，皆于此中发露；龙之贵贱，皆于此中胚胎；脉之吉凶，皆于此辨白；融结真伪，皆于此中照应，乃审释捷诀也。其格纷议最多，旧有阳星九峡、阴星八峡①及三十六峡，七十二峡。张子微《峡诀》有二十格，蔡西山《峡诀》除删正外有五十九峡，刘江东云有《六峡论》，《泄天机》有《四峡诀》，虽种种变换，理却一同。

考西山辨云："凡龙之跌断迴环如峡而脉从中出者，峡也。若迴环如峡而脉从峡之两旁角出，则是偏行之龙，不可谓之峡。夫峡者，谓关峡之类。峡以蔽龙，关以收局。若脉在旁，而俗犹谓之峡，但一旁有蔽，一畔孤露风寒，何以谓之峡欤？"张子微云："《峡诀》虽分二十格，皆以左右

---

① 原注：阳心阴心峡有两说：如一顿一伏则阳峡，乃俯也；低平欹懒、气脉伸长则阴峡，乃仰也。杨又云："阴心者，五星阴静者也；阳心者，九星阳动者也。"此说甚谬，岂有五星独静，九星独动者乎？不可从矣，注此破惑。

护峡之山，形状吉凶，以定格之美恶。"

又考刘江东《峡诀》，不问五星，只要阴阳形势为上；不论正过侧过，皆在品题中。再考《泄天机》诀云："龙行过峡脉有四，正出左右次。回头顾祖出尤奇，穴状可前知。向有峡中能预定，一峡一穴正。两边遮护喜成形，最怕贼风吹。"参此数说，据理折衷，如所谓八峡、九峡、三十六峡以至七十二峡，至为杂乱，不必言矣。惟蔡、张之论，俱属正大，但格太烦琐。若江东之论，格简而议亦确，但不宜取侧过之局，与西山相左。余将拔萃摘尤，不如《泄天机》四格之论，格简而理括，稍加增减，一贯无遗。然局一善则偏，兼众善则全，故过论峡之龙，取天机九星以辨吉凶耳。参江东阴阳体势，以配雌雄胎伏之理论，过峡之出脉；取廖氏中出、左右出三格以正出脉之体。至于迥顾出似类偏旁，恐人易误，姑且删除。至于峡脉形体，有富贵之格，有劫杀之格，本曾师授受，以定峡内之胚胎。若左右扛护之星，仍取九星砂形，以辨吉凶贵贱。

盖龙脉出护，四者咸备，峡之理尽括无遗，纵山形变态，千奇万状，难以预拟，总不外龙之跌断，脉之三出，左右过送，两旁扛护而已。试详说之。第一诀，论跌断。凡大龙行度长远，有三关五峡，难以数拘，但以多为贵，尤以近穴为上，一节即入穴尤妙，二三节次之，《经》云："一起一伏断了断，鹤膝蜂腰真吉地"，又云："退卸博换成几片，若是真龙断了断"，卜氏云："一起一伏断了断，到头定有奇踪"，皆谓真龙过峡，多脱卸方净，力量方全。第二诀，论出脉有吉凶。凡峡之脉，中出为上，左出次之，右出又次之。至于角出，乃偏行之龙，奴从之体，非峡之吉脉也，《经》云："峡中过脉中央行，不出中央不入相"，又云："穿心中出是真龙，龙不穿心力量细"，又云："龙行过峡脉有四，正出左右次。若还穿帐要中出，角落未为吉"。

第三诀，论脉之形体有吉凶。凡过峡之脉，秀丽清巧为上，粗大为次；脉微小者重，粗大者轻；小曰巧脉而气清，大曰蛮脉而气浊。然又不可拘执，若龙大脉宜大，龙小脉宜小，须要大小相称。《经》云："过脉之峡，如挍带丝，如针穿线，如蜘蛛过水，如跃鱼上滩，如马迹渡河，如藕断丝连，如草蛇灰线。"个中犹有典籍不存之秘，有富贵脉五格，有劫杀脉十二格，乃龙脉之精微处，此难尽言，载在第五卷《杨贫救授受诀》

内，云："要妙无过束气脉，吉凶祸福分黑白"是也。第四诀，论迎送个护有吉凶。凡过峡之脉，要有送有迎，有扛有夹，护卫周密，分水明白，不被风吹水劫为吉。凡两脚前抱为送脉，即个字也；脉过去顿起星辰，两脚复转抱脉，谓之前迎后，如此名曰"迎送峡"。若不出于本身枝脚，远来缠护夹送者，谓之"扛夹"。若无迎送扛夹护卫，被风吹水劫，或水横过者，皆凶。

《经》云："一博一换寻断处，断处两边生拥护"，又云："蜂腰鹤膝最为奇，大忌被风吹"，范起凤云："度峡跌断，切忌水劫"，① 《八段锦》云："龙过脉，要分流，高低脊脉莫糊涂。最喜两边生护转，却愁一水过横流"，② 杨公云："莫令凹缺被风吹，切忌溜牙遭水劫"。然护峡之星，又喜成形，凡左为辅，右为弼，《天机》云："两边遮护喜成形，或如日月旗鼓，天马贵人，金箱玉印，垂缨串珠，龟蛇狮象，剑笏戈矛等形者，贵格也，前去必结贵地。或如仓库厨柜，堆谷瓣钱，银瓶盏篸，倒叠金樽等形者，富格也，前去必结富地。有金冠霞帔扛峡，必出女贵。或势如抛枪刺竹、死蛇死鳝之象，必为贱役之地。然亦不必过泥形状，但以遮护周密，夹从有情为吉。当以九星砂形取之，须要尖圆方正、端巧秀丽为上。"

《经》云："每逢跌断过峡时，两边便有衣冠吏。衣冠之吏是圆峰，两边有脚卫真龙。若是独行无卫护，定作神祠佛道宫。"第五诀，论过峡之格，吉中有凶，凶中有救，以辨美恶。过峡之格不一，有阳过，有阴过，平地过，高山过，池湖过，平田过，高过，低过，正过，横过，断过，偷过，长过，短过，大过，小过，远过，阔过。又有双脉过，渡水石梁过。过虽不同，理皆一贯。凡阳过者要阴媾，阴过要阳媾，此阴阳交媾之理为紧切也。

平地过者，要分水明白，高山过者忌剑脊葱尾；池湖过者要中穿，切忌边行；平田过者，要分流，须嫌水劫；高过不受风吹，低过无伤气脉；正过而有个送，横过而有护缠；断过而分界水，偷过而有丝连；长过有节泡之引，短过无浮肿之脉；大过而有关篏，小过而有扛送；远过而有包

---

① 原注：若送水反扯去为劫。
② 原注：乃干流之水，两下时见水横过，即断脉便是。

藏，阔过而不懒散；双脉过而中有水注，渡水过而中有石梁，斯为美矣。若或奇巧异常，有美泉秀石，尤贵。如或阳过而无阴束，阴过而无阳接，此单雌单雄，无化化生生之妙。

或平地过而无蛛丝马迹，或高山过而无阴阳交媾，池湖过而脉不穿中，平田过而脉遭水界，高过而孤露受风，低过而纯阳死坂，正过如掷枪刺竹，横过如反手翻花，断过而遭水劫，偷过而无灰线，长过而无鹤膝，短过而无蜂腰，大过关箭太远，小过扛送无情，远过而无送无护，阔过而无分无脊，双脉过而中有穿漏，石梁过而水不分流，虽或有护而低不及脉，有夹而远不及峡，边长边短，边有边无，边吉边凶，皆是凶中无救，必无融结，多为伪穴。

何以知峡之轻重。《赋》云："凡过峡处，见池湖聚水为第一，见田垧为第二，见坦窝、草萍、草湖、草窝名曰干峡，则为第三，或有泉池而脉从中出，名曰"养阴双池"，最贵；单池则力减。或池塘崩顿，反生祸矣。"

何以知穴落远近？峡者乃龙家枢纽，造化胚胎，龙欲结穴，峡中露情，如人受胎，一同腹中，男女已定，但要生下，此中有至理存焉。术人能参峡中精微，便可预知穴落远近。凡峡短夹脉过而直，此去穴必近，其力必重，结穴即在一二节前也。若峡长而宽阔，过脉之形，或屈而摆动，此脉非吉，但不受风寒，去穴必远。或去数十里，或三五里，再起少祖，再过一峡，分配阴阳，博成吉脉，方结穴也。《赋》云："凡过脉，若来低小而去高大者，阳太盛，其气旺于顶，行度必远。如来高大而去低小者，谓之阴气低伏，脉渐渐息去，三五节即止。"参合二诀，应验无差。

何以辨峡之阴阳与脉之阴阳？曾诀云：过峡星体，出脉之处，形如覆掌阴也；星体接脉，形如仰掌，阳也，名曰"阴过阳接"，又名曰"阴阳峡"，即胎伏龙，雌雄交媾是也。如阳来阴接，虽有配合，雌雄不顺，与胎前伏后相左，必再过一峡，顺乎阴阳，方合龙格。

至于峡脉，要阴中有阳，阳中有阴，方为精血交媾，然后成胎息之体。若阴阳不交，必无生育；阴阳交媾，方有匹配。前面必有真融结，如孤阳不生，孤阴不成，过峡前去，必再过一峡，博一脉，分配阴阳，方结穴也。若一向峡星与脉俱不媾，阴阳全无扛送，名为单雌单雄，只作神庙寺观，如安扦绝嗣。

何以预知穴之偏正高低？凡峡短夹而脉正过者，穴结必正，过脉偏左穴亦结左，过脉偏右穴亦结右。亦有从龙左来穴居右，龙从右来穴居左，此以峦头后二三节论势相因也。又有脉正出而斜过者，穴亦正出而斜倒；脉侧出而正过者，穴亦侧身而正倒；透顶出脉者，穴居脚下；脚下出脉者，穴居顶上；脉低过者，气疑在上，穴结盖吞；脉高过者，气流在下，穴结粘级；脉不高不低过者，穴亦不高不低，融结在中。此以峦头后一节脉论理相因也。凡峡正过，主正法结穴，必作太阳、金星等穴；若峡侧过横过，主侧结穴、横结穴，必作转皮、仙宫、天财等穴。若过峡两星左右枝脚前后相交者，名曰"迎近峡"，又名"鸳鸯峡"，多结正穴，或作回龙顾祖穴。此专论峡之正过、侧过、横过而辨穴星之正侧横出也。

何以预知砂之长短有无？凡过峡处，两边有砂环抱俱长，到穴左右两砂亦长，或左长，或右短，左短右长，或左有右无，左无右有，或一股生，一股死，到穴之左右两砂亦如之。或孤单过者，到穴亦孤单，必受风吹，主绝。大抵过峡之形，与出穴之形无异。所谓"禽逐禽而作穴，兽逐兽而出身"，不离祖宗是也。

何以预知阴结阳结？凡穴星后断跌，束气之脉，或阳中有阴，谓之"血包精"，而乾道成前面，必结乳突之穴，似男子之象；或阴中有阳，谓之"精包血"，而坤道成前面，必结窝钳之穴，似女人之象。图具五卷。此专论星后一节之脉，精血相贯，应验无差；若二三节之脉，精血传变，驳杂混摇，难以预辨。

何以预知房分祸福？凡过峡星成成五吉，必为福胎；成四凶，必为祸胎。大忌贼风吹脉，则气散无力，必有祸应。如左边无砂遮护，脉受风吹，定损一四七房；右边无砂遮护，脉受风吹，定损三六九房；若脉形犯劫杀，定损二五八房；至于左右有凶砂凶水来劫此峡脉，房分祸福亦如之。前面纵有好穴，博龙传代到此，必有成败。《经》云："过峡与受胎一同"，胎中有病，子必瘦弱；胎中无病，子必清奇。峡土穴亦土，峡石穴亦石。一气相传，原无二致。

何以验方向？赖公云："天星龙穴，无少差谬。"如亥龙作巽丙丁三向之例，余皆依天星龙穴讨之，十得八九矣。《天机书》又云："假如子午卯酉，出脉必作子午卯酉向；乾坤艮巽出脉，必作乾坤艮巽向，不离四字中，余皆类推。"盖来脉为出，去脉为过也。今考近穴之脉，验天星无差；远穴之脉，验《天机书》无谬也。

何以知其住处？凡峡从池湖过者，逢池湖住；乾坤过者，逢乾坤住；田坵过者，逢田坵住；草坪过者，逢草坪住；草窝过者，逢草窝住；石脉过者，逢石脉住；旗鼓峡见旗鼓住，龟蛇峡见龟蛇住，《经》云："生子生孙巧相似"是也。又有一等凶龙，迢迢而来，全无跌断，过峡直至穴场，虽有屈曲奔走之势，然无峡则无脱卸，杀气未除，不知者贪其势雄星美，而误下之，必主凶祸。若脉落平地，脱尽杀气，变换而作穴者，不以此论。然平地亦有平地峡，与山峡无异，只看断处水分为准。若平阳无峡，亦非真龙也。余故曰："峡中妙诀少人知，真膺玄机总在兹。若肯心传峡里诀，汗牛克栋括无余。"

图峡数格启蒙便览

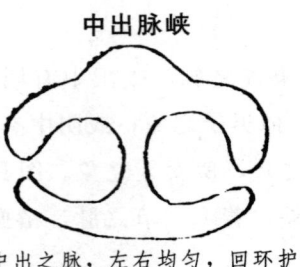

中出脉峡

中出之脉，左右均匀，回环护峡，力量极大，至贵之格。

左出脉峡

左出之脉，犹未甚离乎中也，枝脚均匀，迴环护峡，亦为贵格，次于中也。

右出脉峡

右出脉峡，未甚离中，亦作贵格，又其次也。

角出脉峡

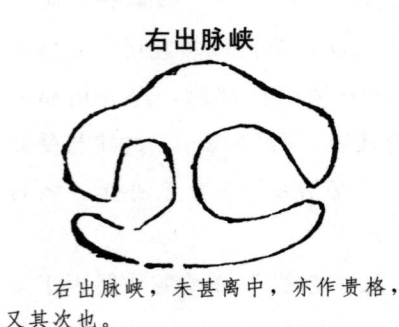

角出之脉，乃偏出奴从之龙，星辰虽吉，亦非融结之体，至凶格也。

阴过阳接峡

此即前胎后伏、雌雄相配之峡，若脉媾阴阳，极吉，乃富贵双全，人丁旺相。

阳过阴接峡

此虽有交媾，乃前伏后胎，阴阳不顺，不成吉峡。须再过一峡，阴过阳接，乃有融结，宜细辨。

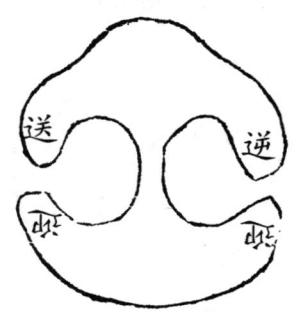

中山迎送峡

中山迎送峡，有送有迎，脉从中出，枝脚均匀，力量最大，极吉之格。

双迎双送峡

此双送双迎，脉从中出，峡体愈尊。凡龙过峡，有数十重迎送者，至贵。但此脉长，必要小泡引过方妙，不然则为死脉矣。

有送无迎送

有送无迎，要外边扛护周密，遮得峡过，不受风吹，亦贵格也。即个字之体。

有迎无送峡

此倒个字，不及顺个为贵，如扛护周密，不受风劫，亦吉。

一贯堪舆

双送双迎峡

此迎送全备，全不受风吹，节节穿中，行度最顺，至贵之格。

边送边迎峡

此乃半边个字，不成全体，有吉有凶，房分不均。

边双边单峡

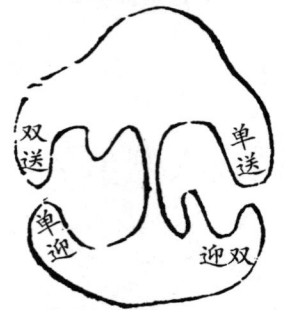

双送　单送
单迎　迎双

边双边单，脉从中出，迴环活动，至吉之格，富贵双全。

交互角出峡

偏行之龙，不吉之格，虽交互无益。

脉长弯曲峡

此虽有迎送，而脉体弯曲，并非吉格。但行度尚远，再过一峡，方能结穴。如弯曲中有金泡救之，反吉。

脉长伏起峡

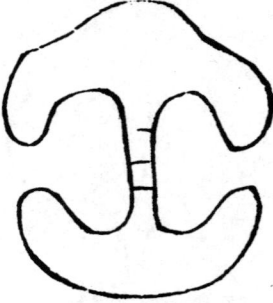

此中脉虽长，内有起伏活动，又无横摆之势，本身迎送，外护有遮，至富之脉。

106

脉长有泡峡

此有迎有送，中脉虽长，内有节泡引过，虽长不死，至吉之格。

脉长无泡有扛峡

此虽有外扛，而脉太长为死，但来低而去高大，结穴必远。必再过一峡，变凶为吉，方能结穴。

脉长有泡外扛峡

内虽无迎送，左右有扛夹，其脉虽长，中有泡动，亦吉脉。

脉长起伏自扛峡

此脉虽长，中有起伏，本身有扛，不受风吹，至吉之格。

短峡迎送全

此短峡，不受风，力量大，至贵格。亦要跌断明白，若模糊，非峡矣。

阔峡有脊脉

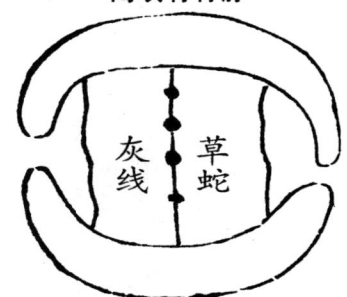

（灰线　草蛇）

阔峡气散不聚，要中有微高之脊，分水或太长，要起大小泡则吉，两边若有桥，又名霞帔峡，要有扛护全为吉，只可作远峡。

穿田峡有高低

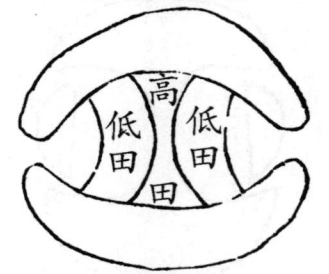

穿田峡要两边皆低，中央过脉之田独高，分外明白，昔人谓之"青苗中过骨"，吉格。

远峡无迹格

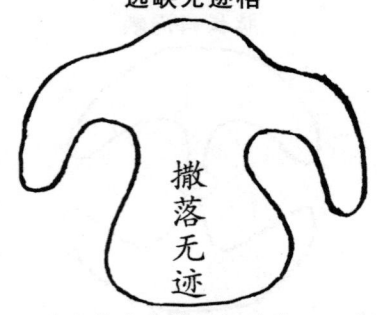

撒落无迹

大龙峡亦有数里坦过者，曰"远峡"，要两边迎送护应。此龙去甚长远，再过短峡方结穴，小龙无此峡。

渡水有石峡

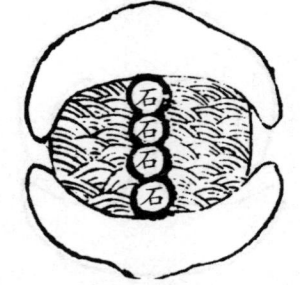

渡水峡要水中有石梁，名"崩洪脉"，亦要石梁中水分流，龙势真过方是。

玉池峡贵格

此池当取中脉，从两边双过，要四时水不干不漏者方是，漏则为虹龙矣。尤看两边护厚过，方合贵格。

偏池偏过格

池偏一边，脉又偏出偏过，不成龙体，不可云峡，至凶。

莲花至贵峡

莲花至贵峡，多迎多送，形似莲花，至贵之格。

垂珠吉峡

中脉垂珠，一珠至吉，二珠足矣，多则串龙为恶，护珠不论多少，此峡至吉。

垂珠凶峡

格与上同，但脉多珠，名串龙，至凶。若珠开面，生个字，为连珠龙，反为贵峡。

隔水扛护峡

外山隔水，远来扛夹，要水近，扛护近，本龙枝脚，亦有迎送，方为吉格。如远照，不吉。

养荫天池峡

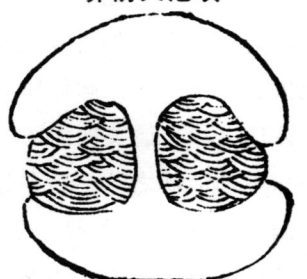

池在脉两边双注，四时不干，方成贵格。又要扛护周密，大富贵之峡。

正出斜过峡

此峡脉正出斜过，穴亦正出而斜倒，穴与峡自相应证。

斜出正过峡

此斜出正过，穴亦斜身而正倒。盖对顶脉为正，稍偏即为斜也。过脉亦同。

辨脉错误解

　　峡脉之体与龙脉传变、穿落束气之体，皆不外"中正"二字。盖天地以一中分造化，其正气称为忠臣孝子、义夫节妇、豪杰圣贤。"中正"二字，龙脉八格之关钥也，故《天机》论脉法，取正出为上，左右次之；西山论脉诀，取中出为贵，偏出为凶，皆不越"中正"二字。虽廖有左出右出之格，亦未尝甚离乎中也。何著《入式歌》者，出脉取正；至于过脉十二格，又取曲脉为吉，自与正字相反；但旁注释云："脉大而曲者，亦非宜"，竟未解明"非宜"之故。至著《须知》篇，因《入式歌》取曲脉，遂最爱曲脉活动，且标为至贵之格，更备图曲脉之形状。

　　余按图参考，证之古书，质之师授，敢有拨乱反正之辩。盖《泄天机》书，前已辨明，原非廖公亲著，乃假袭其名，误取曲脉，一误永误，中毒无极。试详辩之：脉形屈曲摆动，如生蛇行度之状，评以五星，系是寡水；评以九星，属文曲之凶。探彼二徐所取之意，以脉长直硬中取活动为贵，殊不知活动之妙，妙在起伏正行；若横斜曲摆，非中正之贵体，乃偏曲歪斜之贱形，与杨曾一脉授受，大相矛盾。且余自曾传后，屡验无差，故凡长脉取活动者，要在其中微有起伏正行为妙，或起一二节泡引过者亦为吉。若湾曲摆动，系文曲水星，犯了劫杀，定出奸淫路死之格，一字不诬，决不可用。又如著《须知》篇，图垂珠峡，以三珠四珠者，注为一品王侯贵格。彼徒幕串珠之粗迹，不知串珠之真体。试考《泄天机》书云："脉上起泡者不宜多，一二枚足矣。多则串龙为恶。虽鹤膝有泡，不过取一二泡为吉，多则反成凶，非真鹤膝也。"

　　或问曰："串珠龙不止一二泡，且与算盘珠相似，何以辨之？"师答曰："算盘珠四面俱圆，所串之脉直而硬，又无个字缠护，多属死硬孤寒，即禄存凶格。若串珠龙珠开阳面，有阳救阴，所串之脉细而软，且内有个字，外有护缠，虽有四五珠，六七珠，反成至贵之格，自是不同。故《天机书》云：'无脚者为泡，有脚者为星辰。脉上起泡，多而直者，即佗佔龙，最凶。'正此之谓也。毫厘之差，莠苗相混，故琐为极辨，免后人蹈似是之误。"楚东安白牙桥一地文曲脉，祝都谏祖地，真串珠，可为印证。

真串珠格图　祝都谏祖地

此地在县南，土名长塘，其龙来远，难以尽述，今以入首数节论之。自地名蛟池山发脉，五星聚讲，横开大帐，成五脑芙蓉之格，帐下中脉逶迤而行，两边护带重重，正龙磊落栖闪万状，忽大段过峡，两旁太阴太阳夹照，真龙复起，连耸四节，串珠金星到头，成太阴文星结穴，太极圆晕，龟蛇捧足，余气铺毡穴前，有灵泉之水，小如镜，不溢不涸，俗呼"骊龙戏珠"，形系亥龙，辛戌入首，扦卯向，卯水特朝，前面秀山罗列。

明师马山舒文冈所下课云："一代伶仃，二代平平。三代四代，颇有读书生。五代六代，科甲连登。七代八代，田陌愈增，应例奏名。九代十代，世沐荣恩。吾宗一女，亦配辰生。直言敢谏，朝野名闻。终出一子，俊伟聪明。能文能武，威振边廷。"葬后果初年不利，至二代即生祝公镇，年廿五，发高科；孙约斋公，丙辰登进士，官都给事，谏武庙南游被挞，直声振天下，果符直言敢谏之说。夫人舒氏，即马山先生之从侄女，果符"吾宗一女配辰生"之应。而介轩、静菴、鹿冈及今大宇诸公，联登科第显宦，人丁税粮，隆盛冠邑，课中预定，悉应验无违，至今富贵双全，福禄未艾。

迎送逆龙解

凡迎送之峡，与逆龙相似，其实自有分别。迎接之枝，虽是逆转不过；迎峡之脉，一二重短小之枝，回顾其峡而已。正身随行之枝脚，则自向前顺去，尤多且长也，切不可认为逆龙。若逆龙枝脚一向后龙，反扯多而且长，若翻花样而前去，正身挺然独出，胡真云："一种逆龙是迎接，反手双双关两胁。接取龙来好处传，此是龙生好枝叶。此等皆为富贵龙，左右均匀龙在中"是也。

扛夹龙

凡峡脉从中过，两旁客山或本山特起相应者，谓之扛；外山隔水远来，护从相应者，谓之夹。凡扛夹山最喜成形，如前所谓"日月旗鼓"之类。若左右俱有墼石，谓之比肩鼓，极吉。

崩洪辞

《天机书》云："朋山共水脉难寻，石上留踪迹。唤作崩洪有十名，富贵此中生。"杨公云："崩洪之脉几多偏，朋山共水实堪安。气逢水界谁能别，真龙偏向此中蟠。有人会得崩洪脉，腰悬金印入朝端。"

崩洪脉出自杨公，盖朋山为崩，两山对峙是也；共水为洪，二水分流是也。脉从水中而过，但有石梁可证，名曰"崩洪脉"，必要两边山势有断续之形。凡要水从石梁中两边分流，方为真的；如无真水即干流界断，仍两边分流，但有石可证，亦名"崩洪"。若水从一边流断，周围无水界脉，必有别处土脉接来，纵有石梁过水，乃山脚余气，或为关锁水口之石，非崩洪也。《书》曰："脉界水止"，此能渡水，何也？水不界石脉而界土脉，邵子曰："水即人血，石即人骨，土即人肉。血行于肉，不行于骨；血以资肉，肉以养骨，所以成身，惟气则无往而不通也。"

杨公有"十大洪崩"名，一曰"马迹"，如马迹行；二曰"螺蚌"，如螺蚌形；三曰"摸石"，如以手摸石，散在水面；四曰"节目"，谓石相牵相连如瓜瓠；五曰"交角"，谓生交牙石也；六曰"之字"，谓石梁屈曲如"之"字；七曰"也字"，谓石梁环抱如"也"字；八曰"川字"，谓石梁分三条如"川"字；九曰"十字"，谓石梁纵横如"十"字；十曰"断续"，谓石梁断而复续。此乃渡水脉法，十大崩洪形象，然亦不必泥形。石多怪异，亦不止此十样，当以清砂法取之。杨公云："凡遇崩洪之地，主卿相两府之位，富贵豪杰，荫注绵远，非小小福力。"余姚周都宪祖地可证，聊图形象便览。

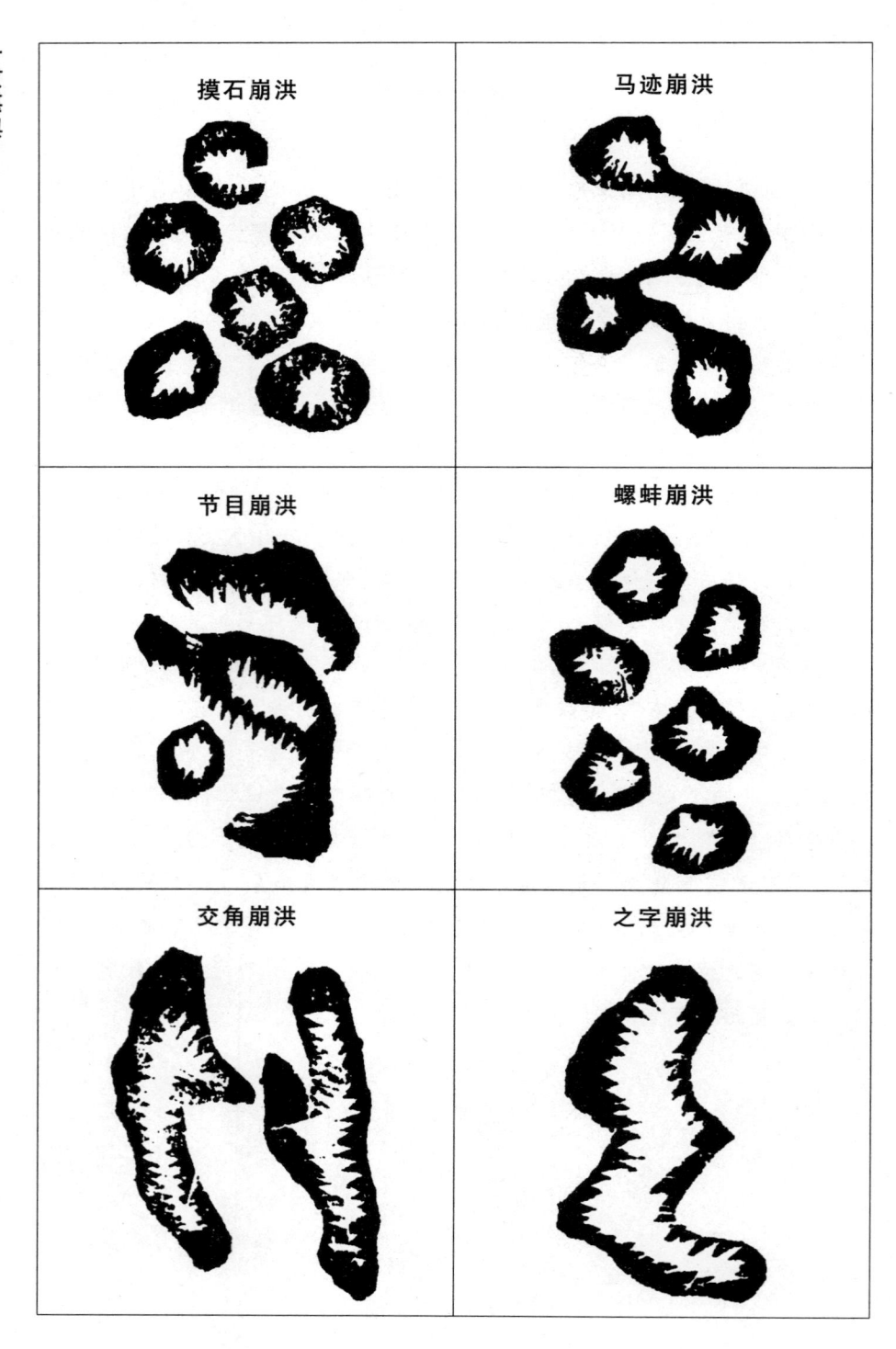

一贯堪舆

摸石崩洪	马迹崩洪
节目崩洪	螺蚌崩洪
交角崩洪	之字崩洪

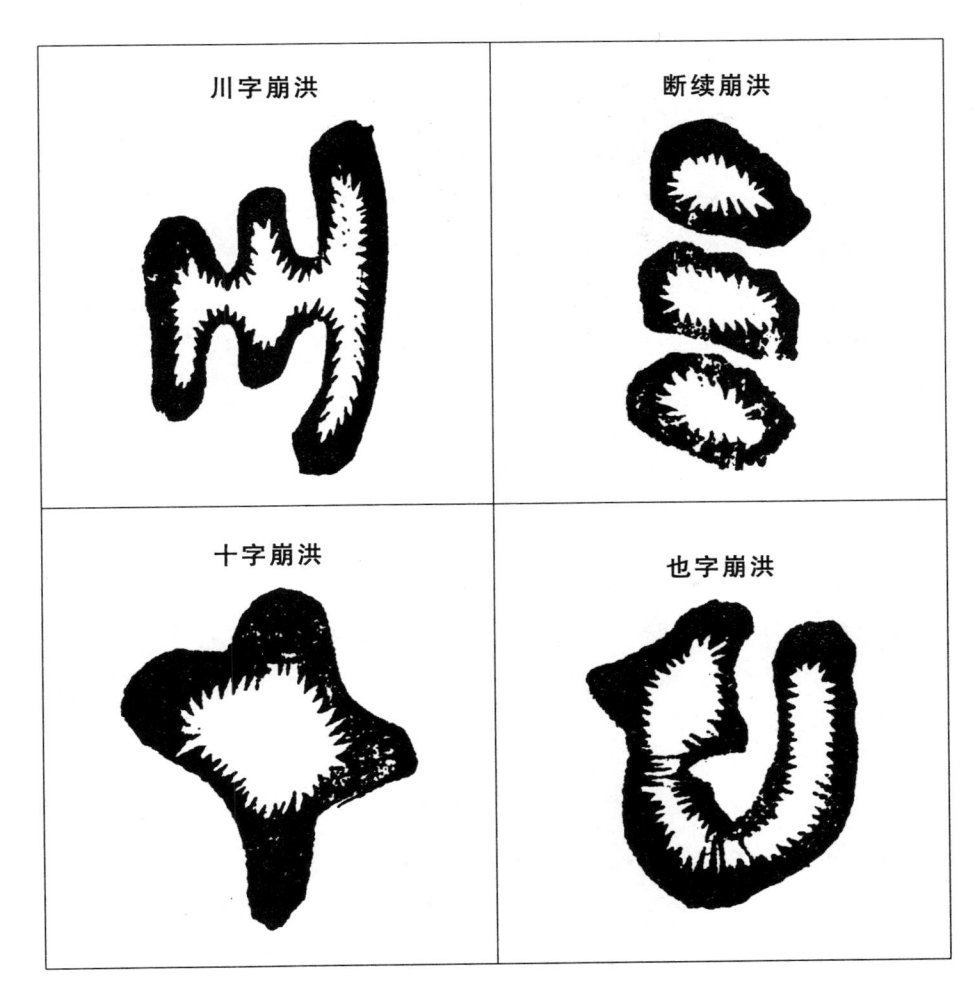

川字崩洪	断续崩洪
十字崩洪	也字崩洪

右十大崩洪，乃渡水脉格。既渡水后，即顿起土山，一节结穴者，或起二三节、四五节再过一土峡土脉而然后结穴者，似难拘定，必要石梁中分水两流，界断周围气脉，方为真的。如其无分水，非也。

论龙出脉三格分轻重

脉从中出号穿心，脉不穿心官不尊。脉或稍偏福力减，若还角出不须寻。

凡龙之穿落传变，开帐博换，结咽束气，皆有出脉。其格有三：凡对星体顶中出脉者，乃真个字，名曰"中出"；偏于顶左出脉者成草个字，名曰"左出"；偏于顶右出脉者成右草个字，名曰"右出"。若从两边枝脚旁出者，名曰"角出"。中出为上，左出次之，右出又次之。角出之脉，偏行奴龙，必无融结。但山龙变态不常，或有前中后偏、前偏后中者；又有交互中偏，似偏实中者，正变其九格。书云："穴后落脉要中出，中出方为吉。左出为轻右更轻，轻重此中分。"又云："贵龙多是穿心出，脉不穿心力量细。"杨公云："龙不穿心，官不入相。"千变万化，总未尝乎离中也。

中出脉论

凡龙之穿落传变，及开帐束气等处，固贵中行；其过续之脉，从星顶中正而出，且左右均匀，有蝉翼仙带，即真个字也；而更夹护双全，名曰"中出至贵格"，或龙中脉不中，脉中龙不中，其福减半。若龙中而脉角出，即为偏枯之贱龙，必无融结。大凡贤人君子、忠孝廉节之士，皆本中出脉所孕育也。

左右出脉论

龙之出身发脉，及行度过峡束气等处，脉从星顶左畔而出者，名"左出脉"；或从星顶右畔而出者，名"右出脉"。虽星体枝脚两畔不均，亦成草个字之格；且蝉翼仙带及外护夹从皆照应周密，前去亦有结作，但多出佐贰僚属，少正堂大贵。总之，龙大贵大，龙小贵小，似难拘泥；若脉全偏，至左右角出，而护从不周，则无融结，不必追寻。

偏中出脉变论

出脉之格，中出为上，左右次之，角出不取。但龙变不常，或有前中出而后偏者，亦有前偏出而后复中者，或有交互中偏者，又有似偏实中者，必须参透，庶得情真，具图于左。

中出脉格

大个小个俱全。

中出次格

有大个无小个。

中出又次格

有大个无小个。

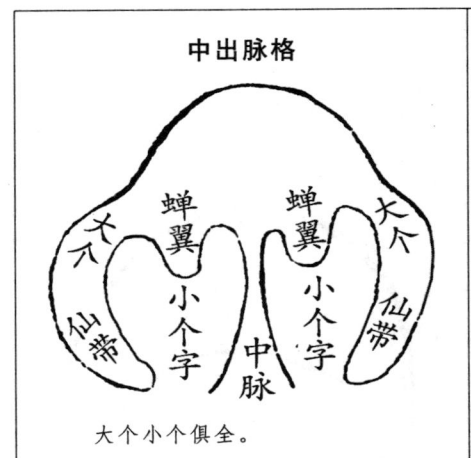

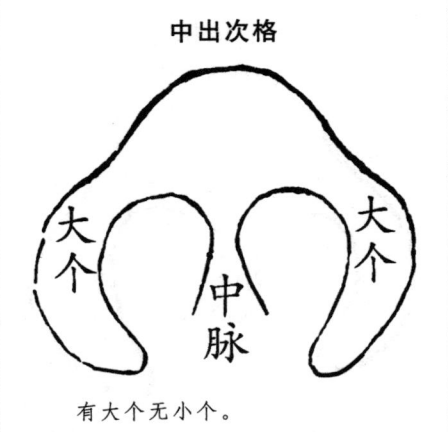

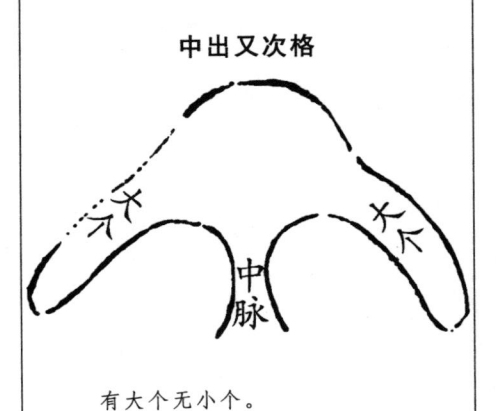

凡脉之左右微有小砂护脉出身者，名"小个字"，又名"蝉翼砂"。两有开翅之砂，高大而长者，名"大个字"，又名"仙带"，欲其两畔均匀，惟内个送、外个护俱全者为上格，有大个、无小个者为次格，只要脉出顶中、两畔砂匀便是。

左出脉

脉虽偏左，犹在顶下，外有个护，亦为吉脉。

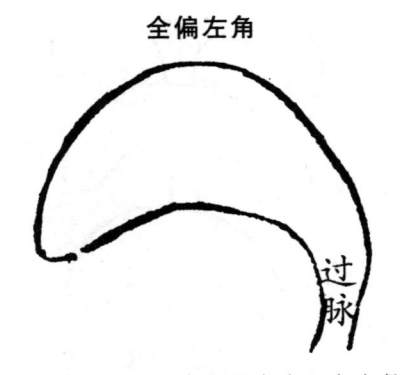

全偏左角

此二脉全偏在左右角出，左右俱无个护，乃侍从龙，前去不能融结。

一贯堪舆

右出脉

右出脉

脉虽偏右，犹顶峦头，外有个护，又为次吉。

全偏右图

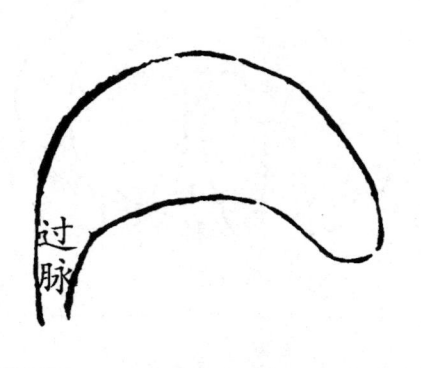

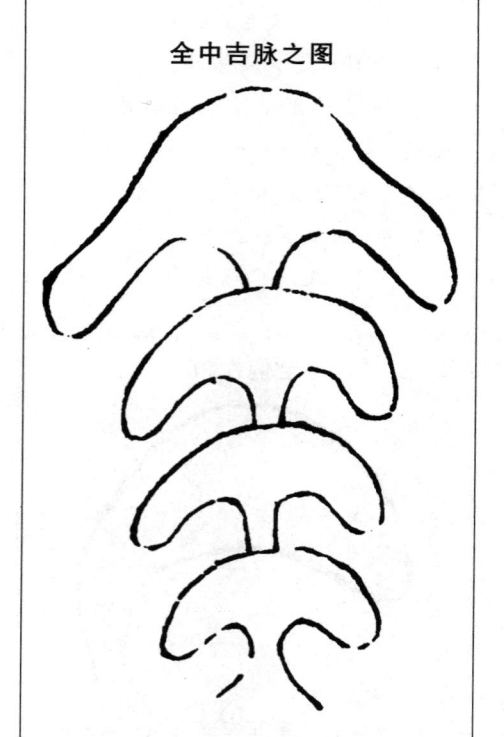

过脉

全中吉脉之图

此脉节节全是中出，左右个护均匀，乃贤人君子之象，必结至贵之地。如星体再合贵格，王侯极品。

先中后偏图

此先中出而后偏者,不吉。纵有形穴,小康而已。

先偏后中图

此先偏出而后中者,亦作次格,主小贵巨富。

交互中出图

交互中出脉,亦主富贵,但心术不甚正大耳。

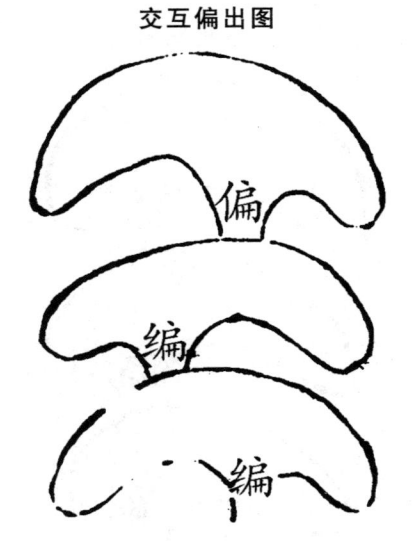

交互偏出图

此脉交互偏出,一左一右,虽相承应,然终不如中出为妙,亦可用也。若近穴又中,尽堪裁取。

人字中龙图

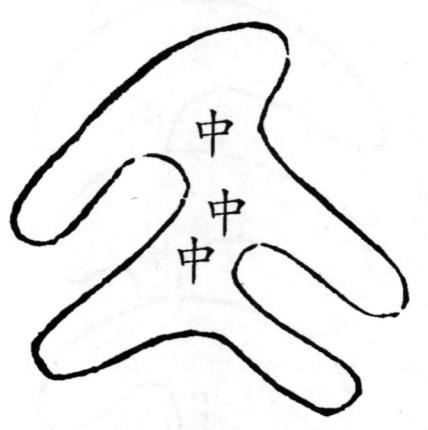

此龙似偏出而实中者，不可误作偏斜。外缠紧固，主文章贵显。

似中实偏图

此格似中出而实偏斜，且曲而不正，不吉之龙，不可误取。

个偏出脉图

此脉全偏，必不融结，非吉龙也。

闪巧中出图

此脉亦中出之脉，最为闪巧，但主贵，不至极品。

论龙分三势

《经》曰："五气行乎地中"，气以成形，而形分三势焉：一曰山陇之势，李淳风云："谓之起伏脉"；二曰平冈之势，吴公云："所谓如生蛇出洞"，李淳风云："谓之仙带脉"；三曰"平地之势"，吴公云："所谓如草蛇灰线"，李淳风云："谓之平受脉"。按：三格龙势，皆起于高山大垄，而分落平冈平地，故虽山谷亦有落平冈平地而结穴者，平地中亦有墩阜忽然迎起而结穴者，此则又为奇特。但山谷以起伏为常，而有落平田者则脱卸得清；平地以平受为常，而连起墩阜者则聚气得旺。

《经》云："高山大岭多尖峰，不似平原一锥草"，《赋》曰："穷源千仞，不如平地一锥"，是言平地以墩阜为贵也，《经》云："山来陇石尖如削，尽起贪狼更高卓。此地如何不出文，只为峰多反成浊"，又曰："或从高山落平地，或从大山落低小。不知山穷落坪处，穴在坪中贵无敌"，是言山谷以落平为贵也。但起伏格星峰磊落，然平冈平地亦有星辰，惟是倒地平面，未易审辨，吴公云："眠倒星辰竖起看，却与高峰同一样。高峰万仞受风吹，不似平坡龙气旺。"是故三势之龙，各自有妙，未可以星峰高下论优劣也。试以天下大形势论之，陇蜀两广多山，冀周齐鲁多平洋，吴越多冈阜，而人才在在有之。可见高山平地，势虽不同，融结造化则一也。

起伏格

其龙踊跃奔腾，一起一伏，大顿小跌；断而复起，起而又断；或高若巅，或下若阜；有低有昂，左闪右跌。卜氏云："一起一伏断了断，到头定有奇踪。"宜星峰磊落，耸拔俊秀，为得其本体。

平冈仙带脉格

平冈之势，委蛇活动，低小星峰，龙不外乎九星，脉有类乎仙带。[①]

---

① 原注：仙带细而清秀。

起伏走闪,势若之玄;水木芦鞭,恰如生蛇。卜氏:"云脉若带连,何必高昂之阜"是也。多宜起伏,亦有低小顿跌,为得其本体。

平冈龙,李淳风云:"谓之仙带脉"。味一"脉"字,则知平冈仍有五吉四凶之星,峰峦清白,但过脉如仙带之清秀耳。既有星辰,岂无起伏顿跌之势?理与高山一同推论。但星峰低小,谓之"平冈",若徐氏著《须知》篇,因"仙带"二字,遂衍之"如飘练,如飘带,如之玄,如九天飞帛,宜摆折屈曲之龙",又图其摆折屈曲之格。不知平冈之龙,仍有枝脚个送,远来束气,件件俱全;惟水木芦鞭,有节亦有芽,但无枝脚,首尾仍过峡,入首束气,但直木中微带有水,木多水少,借水生木,合成贵格。若徐氏所图,摆折屈曲,尽是水体,成文曲凶龙,此不用九星之误耳。《经》所谓"之玄龙"者,乃星辰走闪如之玄,即走马金星,非孤梗摆折屈曲之谓,吴公又谓"如生蛇出洞"者,生蛇摆折,亦有起伏节泡,有金救水,故吉,即串珠水星是也。若孤梗摆折屈曲,即文曲龙矣,故细明辨,免人蹈似是之误也。

平受格

脉落平洋,相牵相连,微有体势,所谓"隐隐隆隆,微妙玄通,吉在其中",又云:"地有吉气,随地而起,高一寸为山,低一寸为水,脉如珠丝马迹,藕断丝牵,草蛇灰线",卜氏云:"势如浪涌,仍须卓立之峰"是也。须以眠倒九星审辨,平中有一突,为得其本体。

平受图式

势如浪涌，平中一突，极吉。

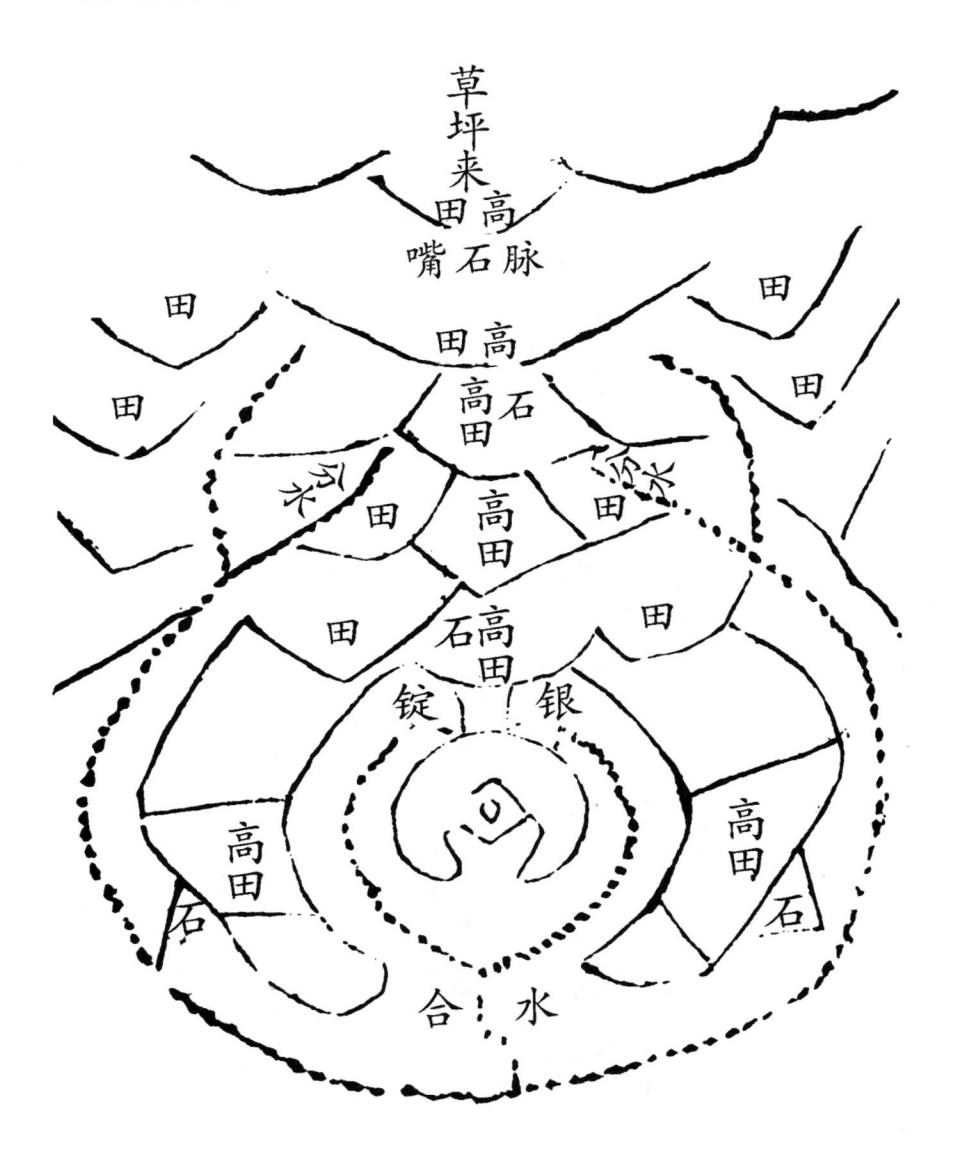

一贯堪舆

平受来龙图式

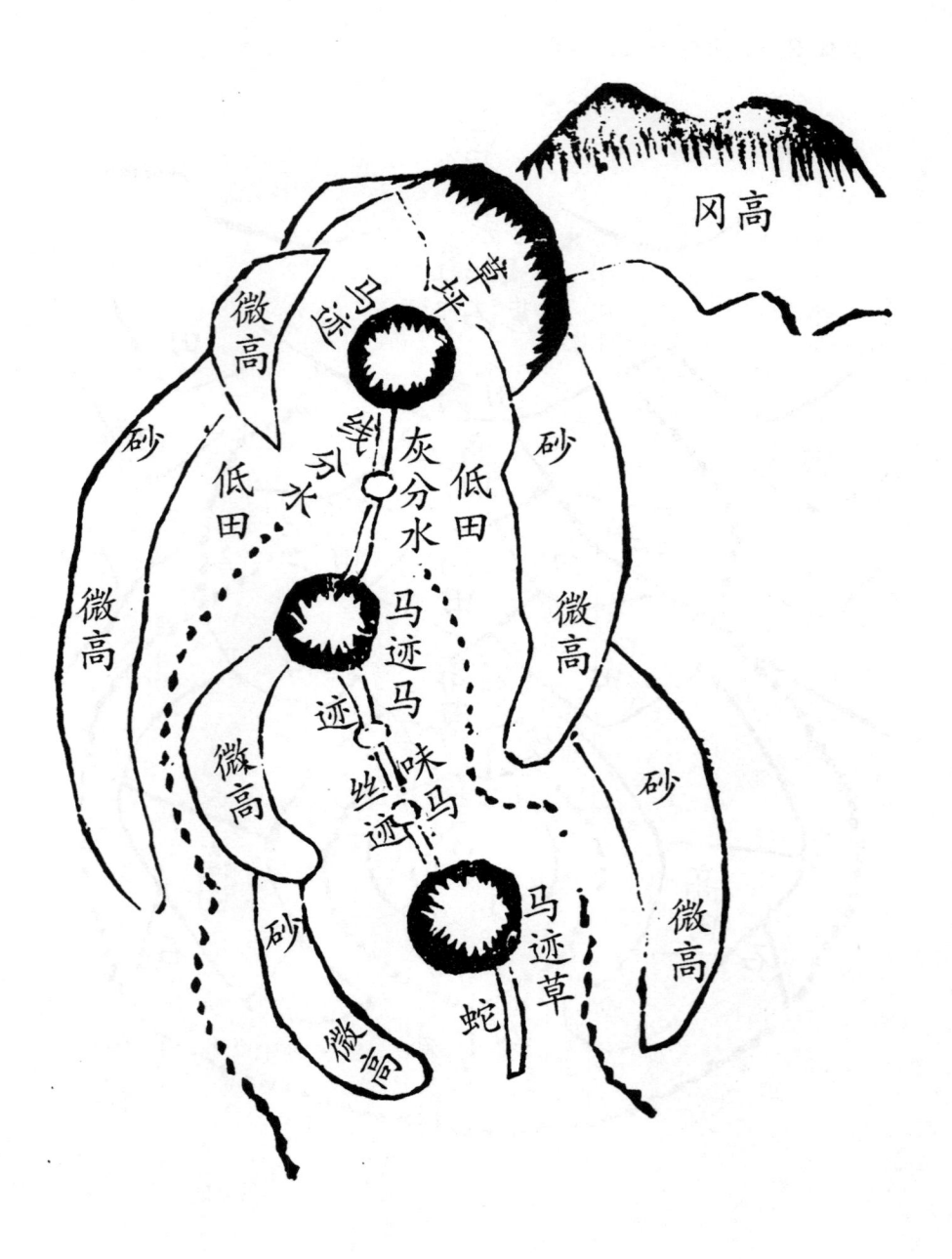

· 124 ·

论龙分三落

龙之落局，融结不一，有初落、中落、末落。李淳风云："龙有旺于初者，有盛于中者，有归于尽者。"宝鉴云："有少龙之穴，有中龙之穴，尽有龙之穴。"二说理无异致，此三落之势，特言融结力量之大者，其间分擘小康之穴尤多，勿以小康之穴冒为三落之正，亦勿拘三落之正而弃小康之地，贵在通变矣。

初落龙

其龙出身，离祖不远，即开帐横落，过峡束气，起星结穴开局。或祖山作乐作幛，而龙虎护卫，明堂融聚，下手重重，水口周密，四山围拥，骨肉一家，亦为真结。所谓"初落由来近祖山，局势必须完"，李氏云："龙有旺于初者"是也。

中落龙

其龙迢递，去祖已远，大顿小伏，中间忽分，一枝走闪，另起高山，为少祖。自少祖下，开帐过峡，或四五六七节，或十数节，又过峡束咽，开局融结，其大龙犹自作势远去，此结特一关局，未为大尽，故名"中落"。朝迎山拜于前，分从山帐于后，分去之山，回作我用，或为下手，为水口，为关拦，为托乐，为城廓，为关锁，所谓"中落余枝作城廓，吉气于斯泊"，李氏云："龙有盛于中者"是也。分落之格，仿此。

末落龙

自祖山发下，迢迢行度，山势将尽，送龙二水将交，而于将尽未尽之际，顿起高山，以为少祖。自少祖下或数节，即开帐降势，过峡束咽，起星结穴，前或据江湖溪涧，或临田圳，或下山一臂，横拦收锁，或翻身逆张大局，而有隔水外洋朝拱，或脱落平洋，藏踪隐迹，如蜘蛛坠楼，流星渡汉，抛毬失迹，铺毡仰掌，金盘金盒，而作平地之穴，隔水远山朝应，所谓"末落名为大尽龙，气势最豪雄"，李氏云："龙有归于尽者"是也。

然亦不必拘于据江临河极穷尽处寻穴，必结穴之外有余气，方是大龙末落之格。

论龙受穴三等

凡龙受穴，初落、中落、末落之外，又分三等：一曰"正受之穴"，力量极大，发福悠久；二曰"分受之穴"，三曰"旁受之穴"，为下。此以力量大小，品其优劣；但结作真实，三者皆吉，勿以旁受为力小，而专图正受之穴。卜氏云："大富大贵，大者受用；小福小吉，小者咸宜。"惟福德所自召耳。

正受穴

正受者，龙势迢迢，万岭千山，皆为我用；千里百里，尽钟于此。特结正受之穴，力量最大，发福最久。《至宝经》云："正龙专受，富贵长久。"

分受穴

分受者，正龙身上，分出一枝，另起少祖，开帐穿落，过峡传变，各有护卫，自立堂局，束气起顶，结融形穴，不为他人作用神，但非正枝，故曰"分受穴"，力量随龙大小长短，均能发福，但不如正受穴长远耳。《至宝经》云："挂龙分受，富贵难久。"

旁受穴

旁受者，正龙旺盛，或过峡处，或缠送护托；从龙之上，或龙虎余气；官鬼之间，或傍城借势，或别立门户，随其大小，皆有结作。必束气起顶，结为形穴，穴情明白，四势登对，亦能发越。但易成易败，力量轻微。《玉髓》云："也有一龙生数穴，或轻或重皆有诀"，杨公云："千里来龙只一穴，正者为优旁者劣"，西山云："大凡一龙，不专一穴；本身随带，必有小穴。如大官必有从宦，大府必有曹属，但轻重大小不同"，旁受穴之谓也。此等小穴，发福极速。但正穴下后，夺气必衰。诀云："正龙未下旁龙发，下了正龙旁龙歇"，《赋》云："真穴未葬，虽远旁而可发；正穴既下，尽气脉以兼收"，亦此类也。但诀以龙之旁正论，赋以穴之旁正论，余参赋说，尤精尤验。

论龙入首正变九格

龙之入首，其格有五：曰"直"、曰"横"、曰"回"、曰"飞"、曰"潜"是也。昔人云："直龙撞皆来，中出贵徘徊。横龙从侧落，逆转须磅礴。回龙曲翻身，顾祖要逡巡。飞龙结上聚，昂首真奇异。潜龙落平洋，撒脉自悠扬。"此特论入首一二节，龙若直龙，不必拘其后之屈曲；横龙，不必拘其后之不横，毋以辞害意可也。外有怪格四，曰"顺骑龙"、"倒骑龙"、"横骑龙"、"闪结龙"，诀云："骑龙不怕水分流，结穴要真求。闪龙须要龙格真，结穴自分明。"

直龙论

直龙者，撞背入首，正对来脉而结穴也。此等龙穴，发福极快，切忌元辰直长，紧要近案收气，不然恐不利初代。

大吉穴

直龙带杀证

汉寿亭侯关云长福地，武公伏剑形。金星行龙，开曜穿土，正气不杂，但脉贯项带杀，不全终之应矣。

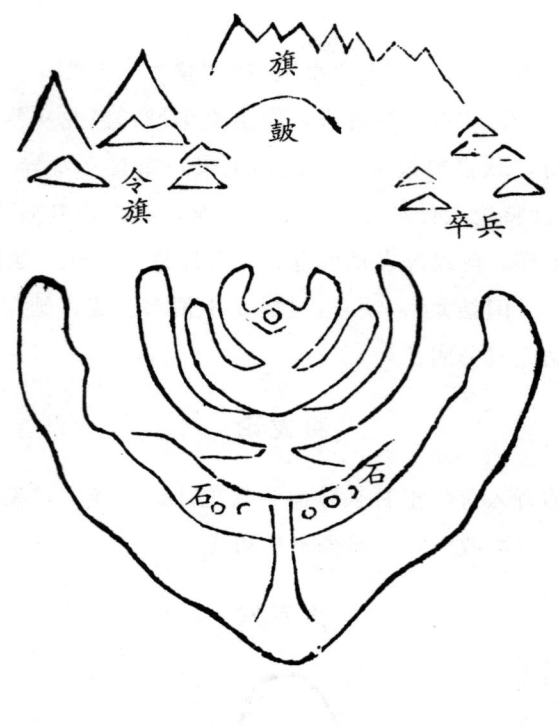

横龙论

龙从左来，或从右来，跌断束气，横转起顶，而结穴也。须要穴后有乐有鬼，有缠有托，方为真结。《书》云："横龙出穴必要鬼，逆跳翻身穴后环"，又云："芤脉天财借照安"，惟天财穴要乐，若有峦头结穴要鬼，各有分别。但此穴不宜元辰直长，紧要逆案收气。①

---

① 原注：芤脉者，医家七表之脉，名中空两头。

横龙入首有鬼之图　横龙入首有乐之图

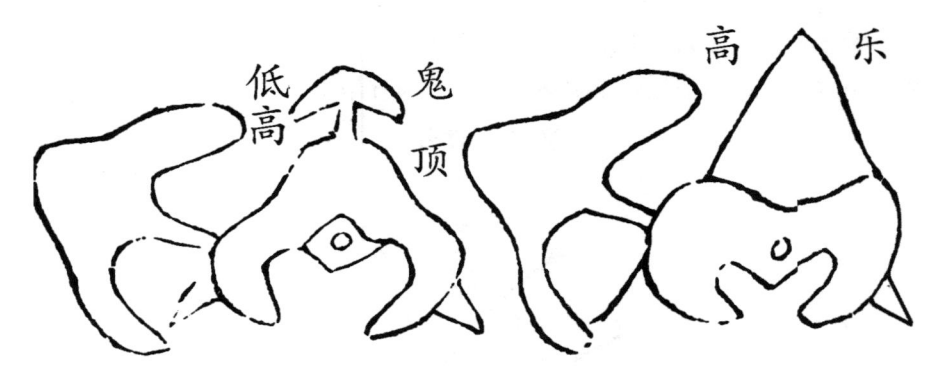

横龙有主星，须要后鬼低枕之，以障后空。
天财中凹无主星，必要高乐应照。

飞龙论

飞龙者，上聚仰高而结穴也。高而势昂，故曰"飞龙"。须四应皆高，耸立上聚，仰势受穴，方为真结。此穴力量极大，贵重富轻，水多不聚故也。必有交牙关锁为吉。

飞龙入首图式

一贯堪舆

潜龙论

潜者，龙气撒落平地而结穴，即平受脉。高一寸为山，低一寸为水，要平中有凸，或开窝口，水势环抱融聚，为真结也。

潜龙入首图式

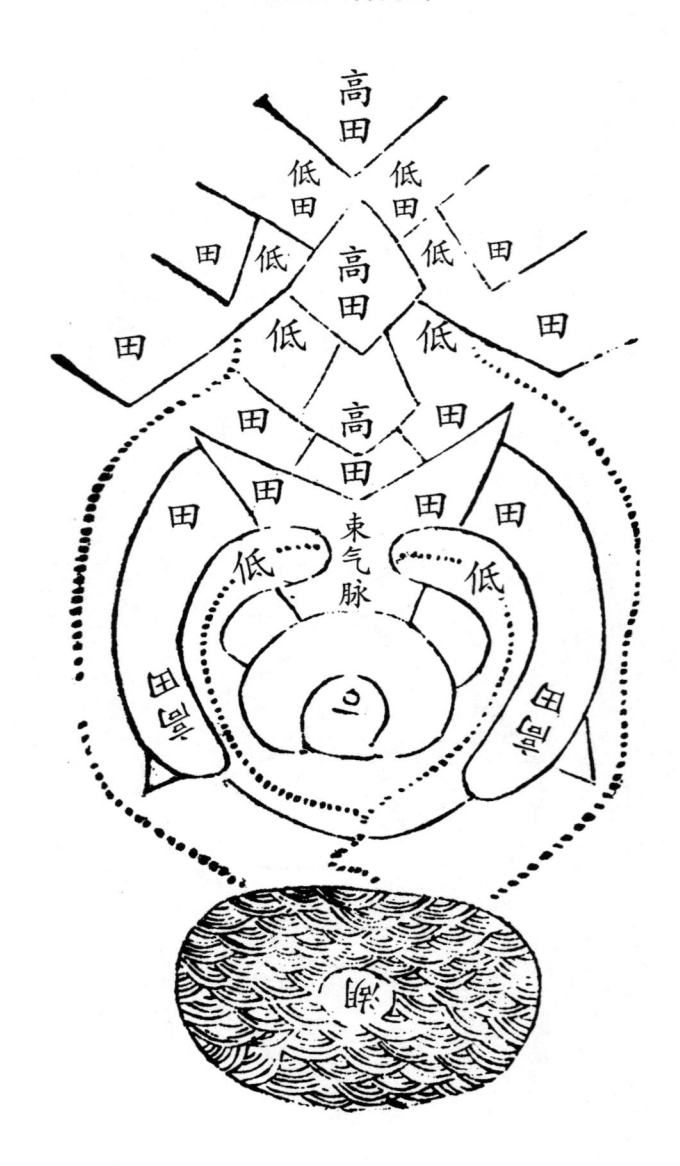

潜龙平受据水局

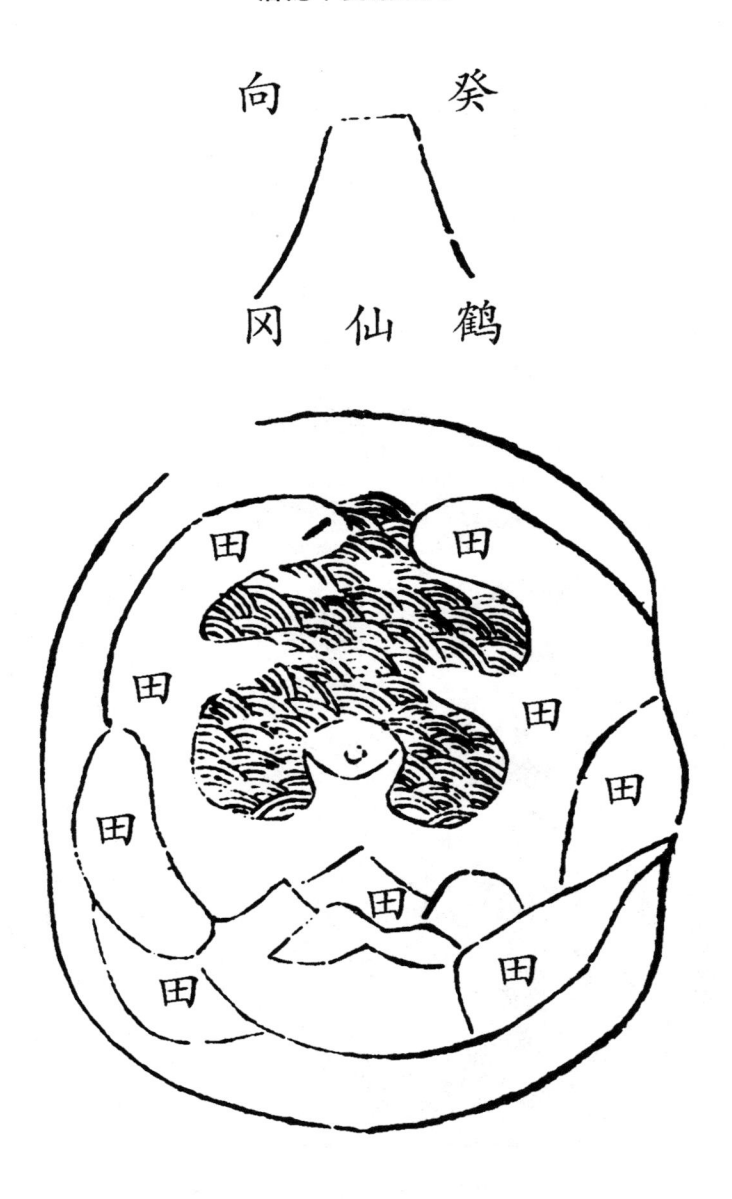

癸 向

鹤 仙 冈

俗呼浪泼虾蟇形。

丰城袁氏祖地,在袁坊,龙远不述。入局开平地帐,坦夷无际；入首水中一阜,突出圆净,下吐唇,四面巨浸,左右湖岸,绕抱远峰,一点特朝，离脉扦癸向，科甲联登，世宦未艾。

回龙顾祖图式

回龙者，翻身顾祖而结穴也。《经》云："宛转回龙似挂钩，未作穴时先作朝。朝山皆是宗与祖，不拘千里达迢迢。"

骑龙总论

《书》云："骑龙须要居龙脊，龙住应无敌。"盖骑龙之穴，龙气旺盛，故结穴后犹有余气，山大者或去数十里，次者十数里，或二三十节，又次者或数节，龙脉始尽。或顺骑龙尽处为官星，倒骑龙尽处为鬼星，横骑龙尽处为缠护，为水口关拦，皆是。又或迢迢远去，再结尽穴。总之皆谓骑龙穴，其格不一。聊述顺骑、倒骑、横骑三格为式，深虑怪格易误，不敢尽述。其余有正骑、转骑、反骑、侧骑、左骑、右骑、中骑、闪骑、借骑、上骑、下骑、高骑、低骑、联骑、节骑，又有三十六座骑龙穴，兹尽删去，不敢以险怪教天下。但骑龙穴力量大，发福弘，如幸得之，贵不可及；一或有误，祸不可言。故云："宁取平常，毋取险怪。"况怪穴非神仙不敢下，非有缘不肯信，古来如张子房自卜寿藏，在汪溪县子房山；绩昭惠公祖地，乃在丁源洞；浮梁李八公祖地，莆田林尚书祖地，德兴张定忠公祖地，皆骑龙格也。德兴董翰林祖地，左右骑龙格也。种种怪格，富贵异常，皆异人所下。余下笔兢兢，恐以怪诞为祸根。况古人论到骑龙，不敢轻忽，必归仙眼。且其说理，字字真诠，姑备述之，为后学儆惺。

《骑龙歌》云："三十六座骑龙穴，不是神仙难辨别。水分八字两边流，且是穴前倾又跌。无龙无虎无明堂，水去迢迢数里长。玄武虽端气还过，庸师安敢妄评章。真龙涌势难顿住，结穴定了气还去。龙身作起案端严，四正八方皆会聚。外阳休问有和无，只看藩垣与夹扶。左右护龙并护水，迴环交锁正龙居。或作龟脊或牛背，或作鹤嘴蜘蛛肚。凤凰衔印龙吐珠，天马昂头蛇作路。前案不拘尖与圆，或横或直正无偏。俱寻真气居何地，看取天心十道全。教君细认无怪奇，左右缠护不曾离。水虽前去三五里，之玄屈曲合天机。地法最贵是骑龙，前后妙在看形容。千变万化理归下，尽在高人心目中。要妙无过束气脉，吉凶祸福分黑白。君如下得骑龙穴，百子千孙非浪说。骑龙之穴福非轻，世代富贵无休歇。状元仙子总堪夸，将相公侯盈帝阙。"参此数语，画出骑龙真面目矣。有福之家，冥冥默受，不可强求。

顺骑龙论

顺骑龙者，或三龙五龙，开帐中穿，节节合格，缠护到头，至将尽未尽之际，要过峡束气为准。然后顿起穴星，融结穴场，开脚弯抱，穴内小砂，收拾紧夹，穴下亦有唇毡，小明堂兜起。小堂之下，偷过一线余气，前去作眠弓案，弯抱穴场。或案有一重、二三四重，俱要枝脚回抱；案之背要拖官星为前证，方合此格。穴前元辰，虽两边分流，亦不为害。乃其送龙大水，与穴前分流小水，俱至官星前合之，诀所谓"骑龙不怕水分流，结穴要直毡"。又或不作官星远去乃作朝者，又或偷过远去再结地者，皆不可拘。只要穴情内四印分明，前案弓抱，方为真结；稍有可疑，不可妄下。赵缘督翁云："十个骑龙九个假"，正恐人不识穴情而误下过龙耳，故明师全在识穴。永康施氏祖地合骑龙格，可证。

顺骑龙图式

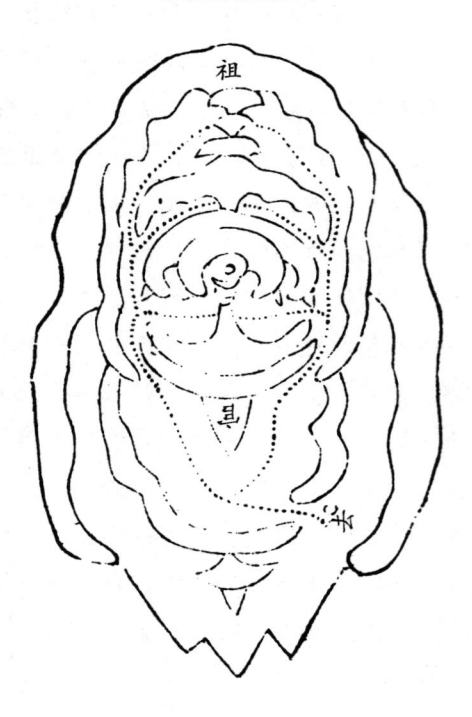

永康施氏骑龙祖地 刘承太扦

来脉

坐向

此永康施氏祖地，其龙甚远，枝节繁衍，过峡重叠，将作穴重叠二峰，抽一偏枝，闪出数节，结穴低平，开钳于前，又吐出一脉穿田，前去三十里，作有阳宅数处，乃骑龙穴也。

按：此乃明师刘永太所下。施氏子名孟达，与刘仙厚，一日拜刘仙，求吉地，安父母。刘问曰："汝要人丁千口乎？官贵极品乎？"施氏曰："人丁太旺足矣。"刘乃指此骑龙穴，葬后果生十子，各生十余孙，共百单三人，乡称十子百孙。其后人丁千口，为永康巨室。惟旺人丁，不出贵矣。

倒骑龙论

倒骑龙者，或三龙五龙，开帐中穿，起伏顿跌，缠护夹送，过峡束气，件件合格，及入首数节，开睁展翅，左右均匀，俱向前弓抱，自高而卑，循序而去，《经》所谓"龙欲将往向前撑"，至于将尽未尽之际，要跌断过脉，配合阳阴，不犯劫杀为准。《骑龙歌》云："地法最贵是骑龙，前后妙在看形容。要妙无过束气脉，吉凶祸福分黑白。"

其过脉束气之后，翻身转面，顿起独高之峰为峦头，肩开两脚均匀，复转向来龙，逆取弯抱，中生一穴，向来龙逆结，借来龙开睁弓抱者，为穴前眠弓，近案重叠弓抱为妙。穴内四印分明，穴下即将来脉束气者转作唇毡，与小明堂兜起穴前小水，虽两边分流，亦不为害。《骑龙歌》云："水分八字两边流，且是穴前倾又跌。"

结穴之后，其余气再拖高峰数节，俱要两脚湾抱向穴，为后托山；至于近处拖一鬼星，为后证。《骑龙歌》云："真龙涌势难顿住，结穴定了气还去。就身作起案端严，四正八方皆会聚。"两边缠护之砂，与远龙之水，与穴前分流小水，俱缠送至尽处，雌雄交度，为后合襟。《骑龙歌》云："左右护龙并护水，迴环交锁后头居。"此来龙与砂水俱顺，而结穴独逆，故谓之"倒骑龙"贵格。

或余气不亡，偷过远去，再结穴场者，似难拘定。只要穴后数节弯抱，穴场有情，顾托为真。若结穴后，一向背去，全无回抱顾托之情，必是花假，不可误下。的要前后照应，穴情分明，四印无差，方为真切。张忠定公祖地合此格，可为印证。

倒骑龙翻身连结图格

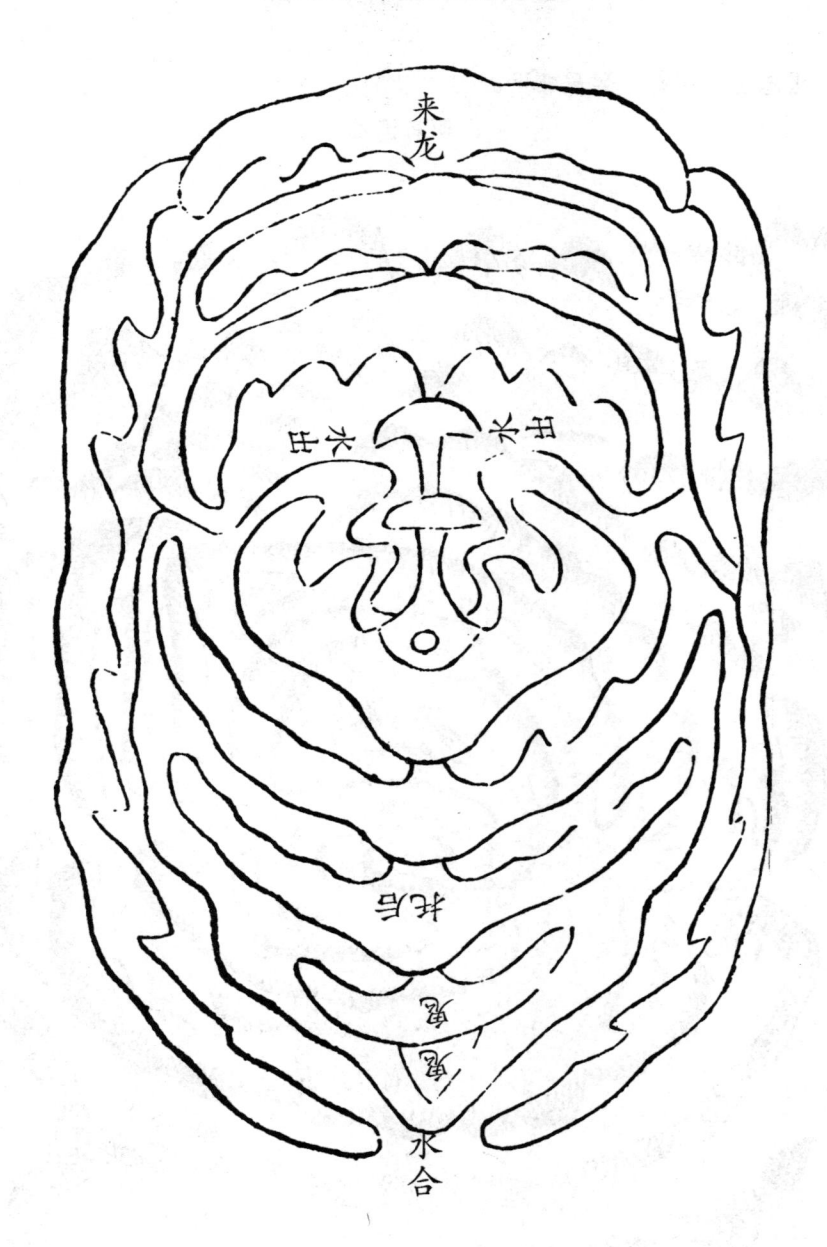

一贯堪舆

平冈倒骑龙穴凹脑土星之格

张忠定公祖地，吴景鸾下。

　　山顶有天池

宋张忠定公煮祖地，在德兴新营向南五里，土名乌石源，系吴景鸾下。课曰："前有三峰，后有七星。水分八字，官显无涯。"后出一宰执，二侯，进士五十余人，登仕籍者百余人，子孙甚蕃。自宋迄今，富贵隆盛。

按：是龙自高顶天地峰卸下，霞帔垂丝，落脉为岗阜，在平坡间，磊磊落落，如蜂屯蚁聚，相望数里，过峡重重，枝叶甚蕃，护从极稠。比入局，如抛梭，如撒珠，之玄走闪，不可捉摸。结穴后，又有许多余气，去结阳基阴地，更见正穴力大。但余气山虽去，为横帐列后，枝枝叶叶，抱裹穴之左右，水口俱有龟蛇等砂，却登穴不见有山；立于坟头，一望四面，皆是青天，似乎空旷，而结穴处最低平，又非高垄俯视群卑之比。仔细循察，始知群山皆顾定穴场，未敢离也。且近案不端，远朝不秀，又无龙虎，无明堂，又不见水；面前簇簇多山，似乎逼窄，而穴后者空，无一可入俗眼。不知穴场融结最真，其妙无穷。此等怪穴，苟非有天然之美，即过龙矣。《葬书》五凶，此其一也，赵云"十个骑龙九个假"，正恐人误识穴耳。

横骑龙论

横骑龙者，来龙传变合格，缠护夹送分明，过峡夹照不空，将尽未尽之际，跌断束气，阴阳配合，不犯劫杀，复起峦头，横来直结，或结天财短乳，或结贴脊鼠肉，俱要借后乐为主，照明堂砂水，朝对件件合法，余气前去，或传为下手缠护，水口关截，或再远去重结近穴，皆不可拘。此穴粘凹，下垂气横截其脉，名曰"横骑龙格"。德兴董翰林祖地，亦是横骑，又谓之左右骑。以朝案后托为证，图具于并突穴类。再广昌何公父子尚书祖地，皆为可证。图具于左。

横骑龙借乐为照式

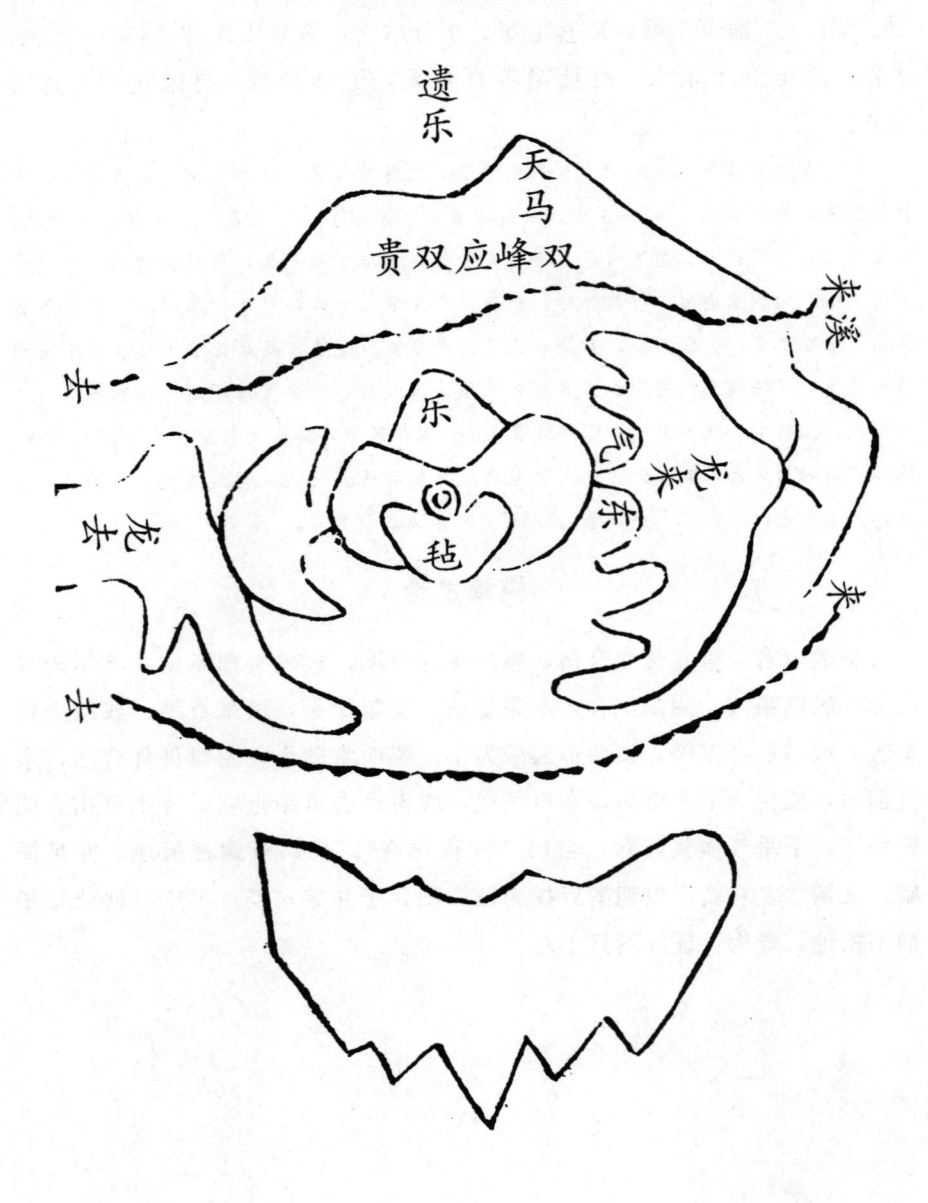

遗乐

天马

贵双应峰双

乐

毡

横骑龙格借乐为照图

广昌何敏肃公父子尚书祖地。父吏部，公文渊，子刑部。公乔新。俗呼罗带挂屏风形。

地名桃竹坑。

闪龙入首论

闪龙者，山势直去而胜，偷闪于侧以结穴，若泥其直步龙神撞脉取穴则误耳。吴公云："若捉穿心直串去，不识真龙转身处。直龙闪巧转身多，岂惟直串为可据。俗师不识玄微诀，只向直穿寻正穴。寻到山穷脉尽时，不论有穴并无穴。惟以撞脉顶来龙，下了误人为与绝。"盖顶龙求穴，固是正理，但真龙奇巧处，亦有闪脉而融结者。蔡西山祖地其格也。

建阳蔡氏九赞祖地图

此蔡西山祖地，在建阳麻沙，土名排山。其龙顿跌三十六峰，入首起木星，展翅中出，芦鞭正贯，尽处虽有明堂龙虎秀峰可观，而真气不到，故不结穴。其脉闪过右边，成文星，落平田结穴。右山横一字文星为案，外耸秀峰为应。左山列屏赦文，横截水口；但堂气倾斜，故发福迟。文星奔窜，故西山贬道州。不入俗眼。其先课云："螺蛳吐肉穴居肉，九世九贤出。"果九代出牧堂先生发，以曾孙杭贵赠少保；西山文节公元定，以孙贵赠太傅；九峰先生沈，以子杭贵赠太师。至国朝享祀文庙谥文正节斋公渊，复斋公沆，丞相文肃公杭，觉轩公模，素轩公恪，静轩公权，世称四世九贤，果应其课。

论龙结穴五局

龙之结穴成局有五格，皆以水为准，曰"朝水局"，水势当面洋朝也；曰"横水局"，水城横绕，不向左右去来也；曰"据水局"，穴前诸水融聚为湖也；曰"去水局"，水自穴前流去也；曰"无水局"，穴前全不见水也。局虽有五，结穴不同。龙真穴的，水城合法，皆主富贵。惟去水局要砂收紧固，不然不利初年。

朝水局论 又名逆水局

朝水之局，多是番身逆势结穴，以受当面洋朝，阴阳交会，至贵格也。要穴星高大有余气，或有低砂横拦，不使水冲割脚为吉。大抵穴结高处，洋朝势大，体用明称方可。如星体低小，穴结低处，洋朝势大，山不称水，反凶。必要案砂横拦方吉。又须要水势之玄，屈曲湾绕入怀为妙。九曲者为第一，或平田洋潮为善，若急流冲射为凶。惟仰高穴，不怕远水特朝，但此穴多结于水口，间或下关山短缩，亦不为害。只要穴场藏聚，水来缠绕，穴不受风吹为真。《书》云："翻身逆势去当朝，不怕八风摇"，言龙势气旺，非言穴也。又云："转冈侧面张朝水，不问下砂美不美"，卜氏又云："莫犯水为定格，但求穴里藏风"。参此数说，藏风之诀，不特穴内要紧，束气过峡，尤至为要。如全州舒尚书祖地，在深溪铺，逆水龙，张湘源大河之水，穴内下砂紧收，局亦至吉。至三代长出尚书讳应龙，四代出探花讳弘志，惜乎峦头后束气过峡之脉，左边缠送短不及峡；曜气反扯低伏，不能遮脉，止有大江近绕，被风吹劫左脉，长房探花正及四代夭折绝嗣。到今长虽发科，仅存如线之脉。可见逆龙之局，穴与局皆要藏风，方成朝水十全之格。

横水局论

　　横水局者，龙之结穴，或自左来而右去，或自右来而左去，要水城合格，又要下关有山，逆收去水，水口紧密为吉，此局极平稳。

据水局论 亦名聚水局

　　据水局者，龙之结穴，前临大湖，或深潭，或大池塘者，皆是此局，极吉。地以得水为上，水以凝静为佳。今穴据深水，则无动冲割之患，而有得水之宜。龙真穴的，主富贵远盛。

顺水局论 亦名去水局

　　去水局者，必要龙来长远，力量弘大，方结此格。吴公云："水虽去而山交回则善"，杨公云："也有干龙来两水，更不回身直结地。只是两护必不同，定有缠关交结秘"。盖言水虽去，要两砂交牙，或送案拦截，横锁紧固，不见其去，谓之不流泥；又要穴底藏聚，方合吉格，亦能发富贵。若水去而砂不交回，穴场见水，荡然而去，谓之流泥，纵有结作，不可轻下。大抵顺局多贵少富，古云"顺局地纵有融结，初年亦不发财"，即龙贵穴极贵，亦须卖尽田庐始出官；或离乡始贵。如龙穴稍不真，立主败绝。然亦不必太拘，如龙穴砂案合顺局法，亦能发财。就如寒家阳基来龙，两小江夹送五十里，及至将尽未尽，亦顺水结窝穴；去一里方有案拦，塘聚穴前；送龙水与元辰水，知其去不见其流；明堂平坦，穴又低藏，初年五代一发如雷；至今一十八代，三百余年，人丁千口，小富小贵，犹然不替。始知顺局合法，亦不必嫌。至于海滨之地，尤不疑忌。盖以海潮涌来，又若水朝，富贵之发，不可限量。

无水局论 亦名干龙局

　　无水局者，穴结干坡，山势盘聚，不见明堂之水也。大凡干龙穴，多是左右山横拦，遮却明堂，穴不见水，或穴高在半山，无水可见，俗人不识，咸谓"有山无水"，不知山谷以藏风为贵，穴前以聚气为要。只要穴场藏聚，乘得生气，穴前小明堂平坦，内堂融聚，发达极快，何必拘其有水无水。曾师秘诀云："凡结穴低藏，两砂收水紧固，是穴得局内真水，得水旺财，必然发福甚速。若穴结太高，内堂不聚，多富少贵。"此入局断验神诀，何论有水无水。若谓无水之局，多先贵后富，或多清贵不富，又谓"有砂无水不登科"，皆非也。董德彰又云："有人无财，须寻仓库之龙；有财无人，莫下孤寒之穴。"此董公以仓库求富，犹非上乘法也；还要以穴得局内真水，为朝贫暮富之术。故论局者不可以无水为嫌，柳州余尚书祖地，不见江水，止元辰水九曲出明堂，发父子翰林，官至八座，可证。

外有水口一局论

旧说"水口山不结地"，云："源头地，水口山，时师到此不须观"。然亦有大龙尽于水口处结地者，缘水口处多是山水大会，若百里之会，则有百里之龙；千里大会，则有千里之龙，来此尽处，山水团聚，未可谓全无结作，但仔细参求。若真是从山止来作关拦门户之砂者，则自巍峨壁立，巨石巉岩，峻急欹斜，粗顽丑恶，孤露单寒，似此形状，真是水口奴砂，不须寻地，只可作庙坛而已。若是真龙结于水口者，却是顺水龙，至此处翻身逆转，回顾大局，逆当众水洋朝，诸山献秀而结穴，所谓"龙顺局逆，多在水口间结穴"，又不可以寻常格局论也。若以干龙言，凡大郡大邑，多临山水大会处，水口门户，龙神结作甚多。盖以龙分郡邑之旺盛，局得大会之繁华，故为美耳。最其大者，如沐国公祖地，在乐平大汾潭，其结作乃千里大会，收两郡之水，俗眼观之，真有似于水口山。爱其局内，四邑之水，皆于此会，即自此出；两岸之山，来此禽集相向，故为水口。图说具后。又如临海县何尚书祖地，亦结于山水大会处。左边天台、仙居、临海三县水来此会，右边太平、黄岩二县水来此会，即台州府大水口也。其龙皆在千里外，来尽于此，为海门二山，以作门户。此地却近门户，所谓"大地多居水口间"是也。须要龙脉帐护合格，方为真切。

沐国公水口山祖地图

两虎相交形

右地在乐平山，地名大汾潭，又名鹅塘，其龙来历甚远。自南干正龙，分出一枝，逆盘历山作祖。又派二枝，左枝去官坑山，结朱文公祖地；右枝去大汾，迢递数百里，落平田过坂，失踪者三度焉。诸般贵格具备，未及详述。自王大山起，祖又分两龙，一枝逆水，结明溪许氏阳基；一枝顺水，及入局翻身，逆当大河洋朝，以结此穴。将入首大断，出帐度峡，连起贪狼，形势雄伟，复顿玉枕束气，起凹脑，垂闪乳，乳复开微窝，窝之左右两石钳甚巧，窝中平坦天然，仅可容棺；穴下余气，粗顽急硬，似不容穴，龙虎头昂脚伏，拱抱有情，大河水自辰巽转午，当面阳朝，绕流脚下，河中巨石粼粼，如禽如兽，朝山数百里外，耸入云霄，如搴旗展帐，带甲马，招军旗，兜鍪剑戟，金甲金鼓，御伞将台，屯兵列阵，贵应重叠；右畔隔河一山，千里大会，至此卓立，端拱如侍臣焉，真公侯地也。惟是武曜发露，巨石巉岩，青龙顺飞，白虎雄昂，穴前陡峻，元辰水倾，怪异惊人，莫能察识。吴廖二仙，诚赞李氏。葬后迁定远，生黔宁王英，童时，值元末，我太祖起义师，于田间得之，育之军中。甫长，知兵略，屡建大功，封西平侯，赠黔宁王，谥昭靖，配享太庙，赠二代，皆王爵。长曰春，嗣，镇守云南；次曰茂，仍袭侯，以平交趾功，进封黔国公，正统间，征麓川，死事，追封定远王；次曰昂，任都督，赠伯；季曰昕，授驸马都尉。至今世守云南，永享爵禄。

按：此地后龙虽美，至结穴处，山峻星粗，全身恶石；白虎雄昂，青龙顺撺；砂飞穴陡，横龙入首，落脉模糊；况穴星无顶，坐当凹处，后无乐山，元辰又倾，水口低远，无一可入俗眼，初见莫不惊骇。大干龙地，气厚力大，山峻星粗，与之称也；全身恶石，威武应也；白虎昂雄，杀代权也；穴陡水领，先凶兆也；后乐无山，水口低远，干龙缠护，隔江河不取近也；诸般丑拙，总为吉用。且未葬时，地师梁尧公有云："此地福在三十年后，祸在三十年前。"苟非李公见越，寻常岂肯信葬。积善之报，冥冥有主，笃生黔宁，岂偶然哉！

宋国师吴景鸾记云："王大山前两条龙，百里隐其踪。直奔万岁_{地名}过金充_{地名}，方始认雌雄。神后行来龙百里，三度失其踪。恰如龙虎乱纵横，真个得人惊。要知此龙为官位，一一为君指。胜光神后列其方，世代贵朝郎。贪狼文曲现，童子出双选。功曹传送水来雄，清秀出神童。寅申相对便封侯，官职在梁州。①三座禄存高拱照，才子文章妙。不以文章达御科，久远管山河。山连天乙并太乙，本出侍臣职。为逢驿马太雄高，所以管山河。雌雄欲遇要妍对，所以不行文。寅申巳亥有来踪，所以出神童。② 此

———
① 原注：今云南乃梁州分野。
② 原注：英童年掌兵之应。

地为官世代深，莫惜与千金。必须积德乃遭逢，王侯在此中。"出自《吴公记》，后人若知之，不能识穴。廖金精至此，无从下手，盘桓月余，始得其穴，乃作赞曰："二龙争顾势如何？恰似江豚拜浪波。四水俱朝龙足下，官居上将管山河。"

传疑：宋末，丞相马碧梧廷鸾慕此地，不能识穴，请张真人降神，神批曰："吾是鹅塘之土地，丞相问吾求大地。相地之师未降生，得地之人未了未。"丞相喜曰："吾夫人丁未生，未了未，乃吾夫人寿藏乎？"神复批曰："丞相好不安分！此李国公葬祖母地也。"丞相乃止。大汾有李公者，家世积德，生五子，好施舍，作小舟渡人。地师梁尧与交善，远回求渡。时岁暮，且雪。李公曰："天寒暂宿，待晴而行。"梁遂宿焉，款之甚恭。明日，又雪；又明日，雪且甚，路无行者，待之愈厚。元旦霁矣，梁求行，公固留之，款酒舟中，伺人欲渡，饮至酣，梁大呼曰："世上何人能识我，今日时师后代仙。"李公曰："愿公赐我善地！"梁叹曰："此间诚有大地，但恐公福薄耳！"李公曰："吾先世积德，吾亦好善，除却天子公侯将相，皆可当之。"梁壮其言，令画字拆。李用篙于土上书一"一"字，曰："当报我第一等地。"梁曰："土上加一，乃王字也！"知其福厚，遂报之，指索明师钳记赞词。公大喜。梁复谓曰："此地曜气发露，令人可畏，初葬有凶，人丁财产，皆须有损。祸后而福始应，其贵又当从武功中来。"公曰："果有厚福，先凶弗惜。但非己业，吾宗侄山，恐未易图。"越后数年，乐平明师彭大雅已报其侄。侄不之信，相易基地，以葬其妻。公寻卒，五子亡其四，余一子，因争水利伤人，戍定远，生黔宁王英。元末，太祖起兵，黎明，田野中，前军报虎睡当道。上命勿放箭，鸣鼓以进。及进，一童卧耳。上喜曰："此虎将也！"育之军中，赐以国姓。洪武初，始议复姓。上命姓木，刘伯温曰："英镇云南，火盛之地，木能生火，当济以水。"又赐点水，故今姓沐。神所批"未了未"者，其"木李"二字乎？吴廖之记，其应如响。风水之理，不爽如此。种德之报，验又如此。至今云南沐府岁遣官致祭焉。

朱士远曰：事在国朝，非远非幻。元勋世爵，与国同休。惜初年不利，四子之夭，为偏枯耳。自后上地，再宜慎之。

新编杨曾地理家传心法捷诀
一贯堪舆卷之三

峦头一贯通论

　　峦头之形象不一，变态甚多。如无星体以识其形，以穷其变，则吉凶莫辨矣。余素参考种种变态，虽难枚举，总不外二气五行，为之凝结，但五行正体恒少，变格恒多，须以《泄天机》"九星传变"作主，参合杨公九星同论，庶山川凝结，或正或变，穷尽无遗。近来二徐著《须知》篇，拘拘五星为定衡，力辟九星为异说，似胶一偏，非通论也。但五星正体，必不能曲尽山川变态，如必专执五星以论吉凶，至于金水合形与金土合形，并金木、金火与水火合而成形者，又将执何星以辨吉凶？不知五星即九星之祖，九星即五星之变，非二物也。

　　试详论之：五星之名，其来旧矣。惟九星创自杨公，本天星而立名号，故有贪、巨、禄、文、廉、武、破、辅、弼之星论。嗣后《泄天机》见五星不能穷其变，又各立名号，有太阳、太阴、金水、紫气、天财、天罡、孤曜、燥火、扫荡之星论。二公创论，星名虽异，星理实同。何先辈偏议者，以贪、巨等九星为审龙，以太阳等九星为辨穴，似乎分属，甚非通论，试以形象究之。一五星与两九星，莫非一理。如杨曰贪狼，即《泄天机》之紫气，在五星即木也；杨曰巨门，即《泄天机》之天财，在罡星即土也；杨曰武曲，即太阳即金也；曰文曲，即扫荡即水也；曰禄存，即金土之属；曰孤曜，即金木之属；曰破军，即天罡之属，乃金火之变也；曰廉贞，即燥火之属，乃火星之变也；曰左辅，即金星之属；曰右弼，即水星之属。何论行龙，何论作穴，理皆一贯也。

内惟辅弼二星，虽在九星五吉之列，不能行龙，亦不能作穴，随龙之左右，或峡之左右，为侍卫星，左为辅，右为弼也。凡峡之左，有圆峰夹照，如唐帽之状，即辅星；峡之右，有平地，如铺毡展席，即弼星。《经》云："辅弼二星，七曜隐藏处"是也。通乎一贯之理，不必拘其星之名，有一五两九之殊，总不越乎尖圆横直屈曲①之体，按其体，得其理，则五行正变之态，俱无遁情矣。

杨公九星五吉四凶诗

贪狼武曲巨门星，方正尖圆三吉名。文曲禄存廉并破，四凶名字此中寻。辅弼吉星列侍卫，七星隐处不须论。

《泄天机》九星五吉四凶诗

五吉太阳与太阴，紫气天财金水星。结穴峦头逢五吉，荣华富贵此中生。尤有天罡并孤曜，更兼扫荡燥星形。此是四凶作下手，误时百祸自相侵。

杨公九星真体歌诀

贪狼吉曜，如笋初生。武曲尊星，似月方满。巨门形如方柜，破军恰似展旗。生蛇曲摆阴，文曲之正体。狗蔽死窝阳，文曲之真形。顿鼓覆釜不开面，乃禄存之穴星。屎节算珠无脚枝，是禄存之龙格。要识廉贞，形如破伞。又如钩齿，亦是正形。唐帽须寻左辅，铺毡宜觅弼星。

---

① 原注：即火金土木水也。

贪狼星 即木星。	**武曲星** 即金星，中开平面。
巨门星 即土星，即天财。	**破军星** 金头带水拖火脚。
曲文曲 论龙格。	**阳文曲** 窝空死 论穴星。

顿鼓禄存 禄存不脱土体，故曰"二土"。不开平面，故曰"禄存"。	**覆釜禄存** 此二禄存浑身是阴如釜，不开平面，多作假穴星，误认为太阳。
猪屎节 论龙格。	**算盘珠** 论龙格。
廉贞星	**左辅星** 如唐帽样高出。

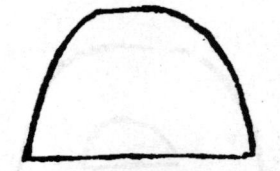

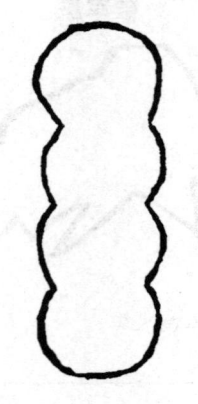

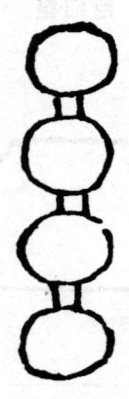

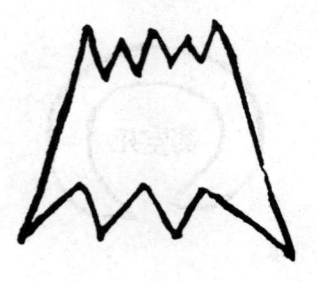

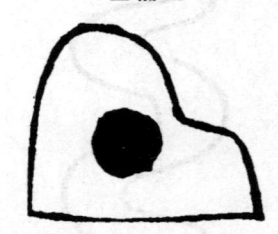

右辅星

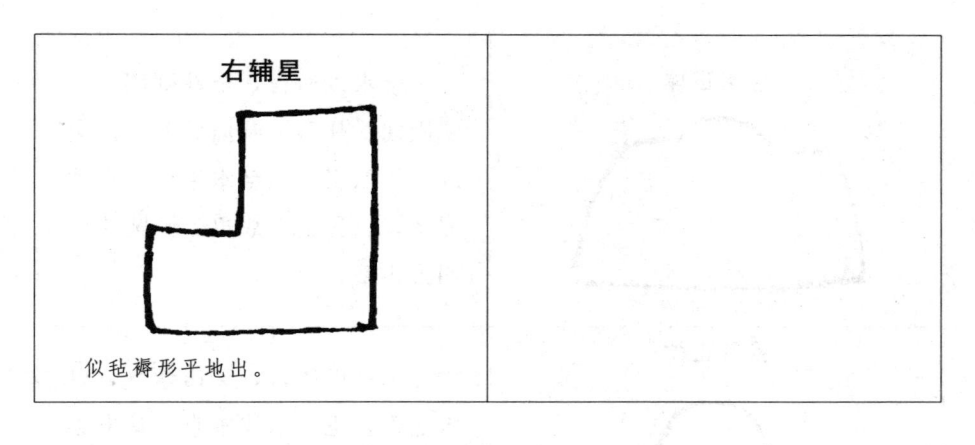

似毡褥形平地出。

《泄天机》九星真体诀

钟釜平面，名曰太阳。半月蛾眉，太阴本体。圆曲如唐帽样，金水合形。圆直似笋初生，木中紫气。天财平脑，即是土星。凹脑天财，两金夹土。若问天罡凶曜，高金架火为真。欲识双脑天财，两金中含一水。孤曜似覆杓之形，金头木脚。燥火如犁头之竖，即是火星。扫荡如波浪斜倾，体格即水星传变。九星原无二理，一贯万象皆明。

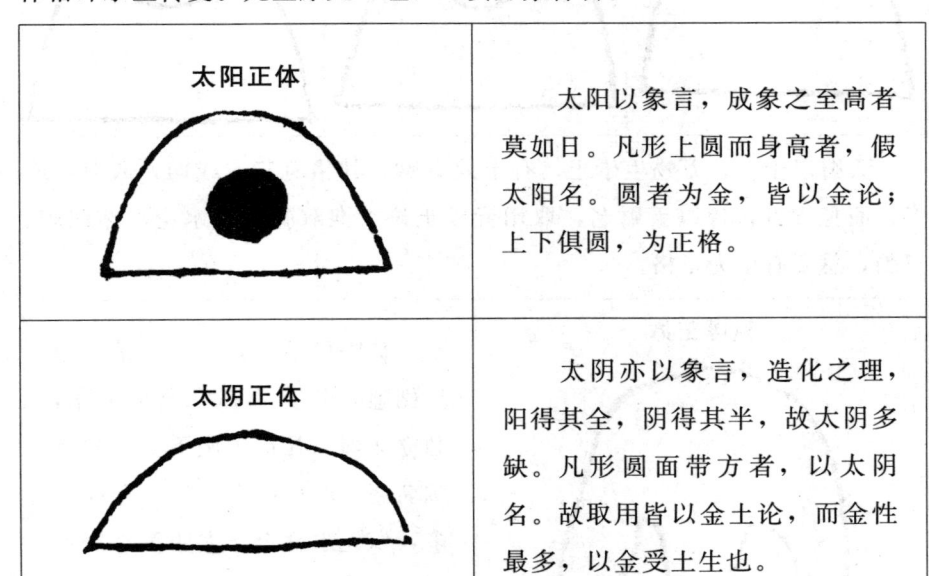

太阳正体

太阳以象言，成象之至高者莫如日。凡形上圆而身高者，假太阳名。圆者为金，皆以金论；上下俱圆，为正格。

太阴正体

太阴亦以象言，造化之理，阳得其全，阴得其半，故太阴多缺。凡形圆面带方者，以太阴名。故取用皆以金土论，而金性最多，以金受土生也。

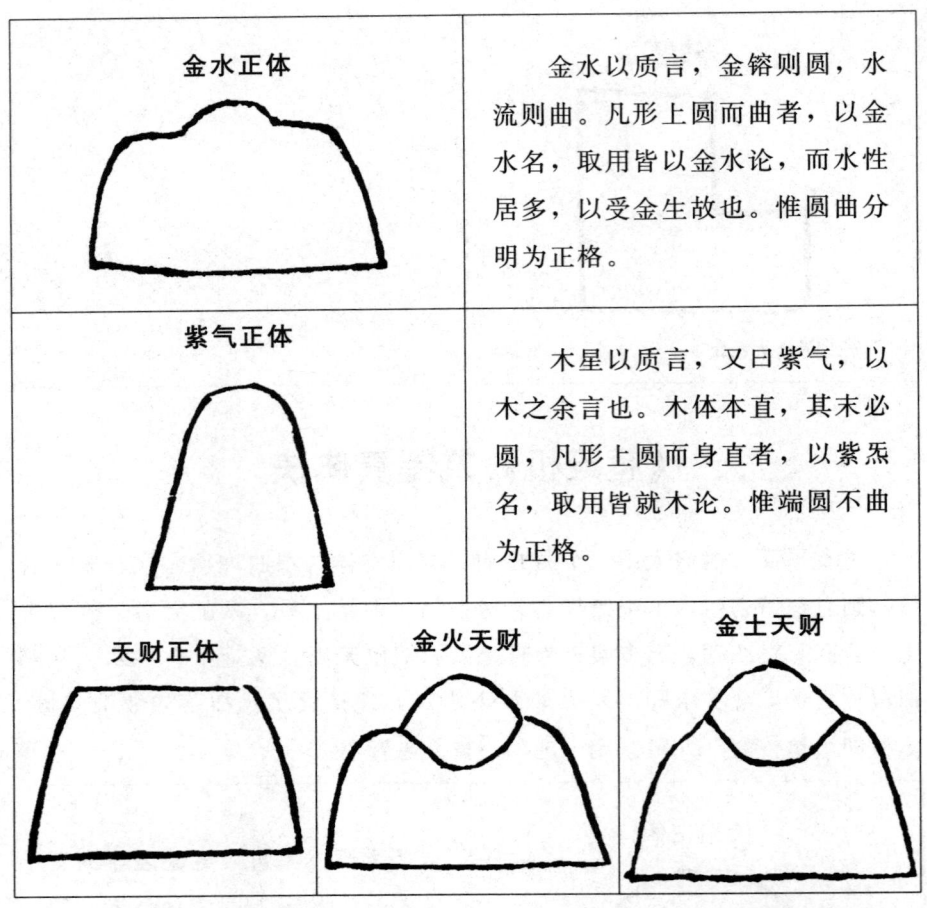

金水正体	金水以质言，金镕则圆，水流则曲。凡形上圆而曲者，以金水名，取用皆以金水论，而水性居多，以受金生故也。惟圆曲分明为正格。
紫气正体	木星以质言，又曰紫气，以木之余言也。木体本直，其末必圆，凡形上圆而身直者，以紫炁名，取用皆就木论。惟端圆不曲为正格。

天财正体	金火天财	金土天财

天财以土言，万物生于土，有土此有财，其格有三：或四，或双，或平，而身方者，皆以天财名，取用皆以土论。惟双脑以金水论，然四脑、双脑，总要有乐为正格。

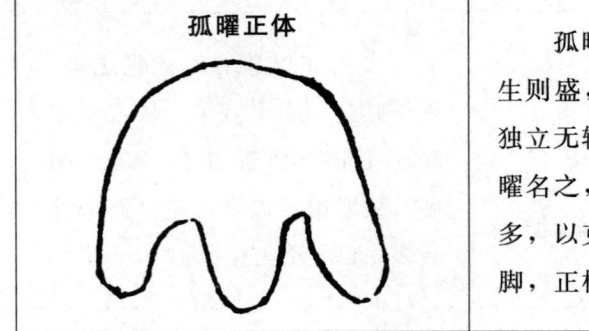

孤曜正体	孤曜以情言，五行之情，相生则盛，相克则孤，上金下木，独立无辅，凡形上圆下直，有孤曜名之，取用以金木论，金性为多，以克木胜也。太阴头，出木脚，正格。

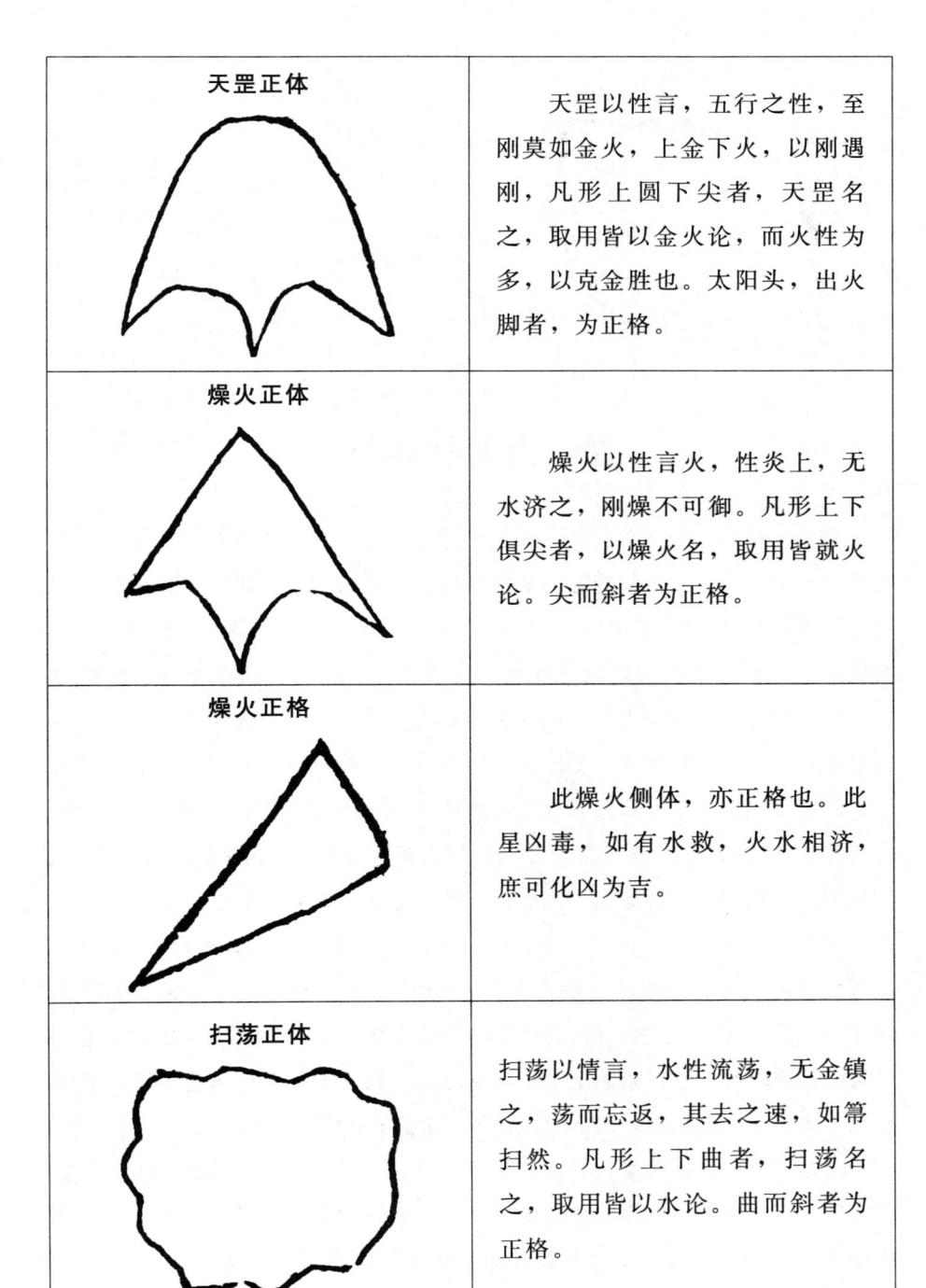

天罡正体	天罡以性言，五行之性，至刚莫如金火，上金下火，以刚遇刚，凡形上圆下尖者，天罡名之，取用皆以金火论，而火性为多，以克金胜也。太阳头，出火脚者，为正格。
燥火正体	燥火以性言火，性炎上，无水济之，刚燥不可御。凡形上下俱尖者，以燥火名，取用皆就火论。尖而斜者为正格。
燥火正格	此燥火侧体，亦正格也。此星凶毒，如有水救，火水相济，庶可化凶为吉。
扫荡正体	扫荡以情言，水性流荡，无金镇之，荡而忘返，其去之速，如箒扫然。凡形上下曲者，扫荡名之，取用皆以水论。曲而斜者为正格。

扫荡侧格

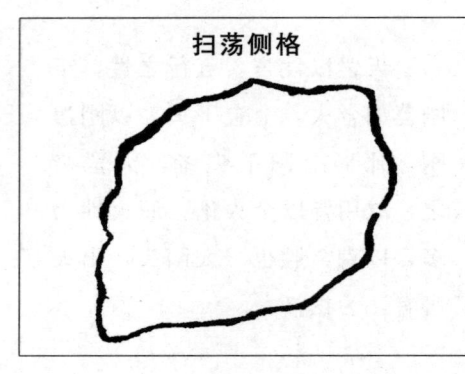

此扫荡侧体，此星浑身是水，全无金救，故凶。如有金救水，反凶为吉。

峦头九变星体论[①]

峦头之正变格至多矣，非《天机》之九星十一体，相传变换，以至五百九十有五形，不足以穷其变态。试按其图说，若已画尽山川形状，说尽山川情态，可谓备矣。但细究其中，峦头吉凶，取舍间不无错误；穴法四象，图写处尚似模糊。如不为之拨乱反正，定万世不易之衡，遗祸不浅。余试辨之：如正体一格，假廖氏者，止取星辰合吉，不问穴之有无；融结高低，即按星体正变，遂以意揣摩高低偏正，用以压杀、藏杀、闪杀之法，是凭峦头之形势缓急倒杖，不寻窝钳乳突之穴倒杖也。《赋》云："有来龙不结穴，谓之有若无"，余故参以腌口微突之穴，加于正体之内，凭融结之高低，审脉理之缓急，而用饶减进退之法托之，庶乎有龙无穴之病可免矣。

又如土星天财一格，宜土下生金，合结乳突之穴，方翕五行相生之妙，又符阴龙阳穴之理。若开口则为水穴，《经》云："土来克水，必出黄肿败绝。"又犯阴龙阴穴之祸，何假廖氏者，用天财土星，亦取门口之穴，岂二气五行相乘之妙用乎！余故于土星门口之上，加一微茫金泡为化生脑，取峦头之土生金，取金生水，穴则挨次相生，谓之有救，化凶为吉矣。

又如没骨一格，假廖氏者，取软凹下结开口穴，大低软处皆属水，又属阳，凹下开口之穴，亦为阳窝，又为水穴，是谓"阳来阳受，突中取柔，饥中取饥"，又犯阴龙阴穴，岂阴阳相乘之理乎！不惟于理不合，且凡软凹下，

---

① 原注：袭《天机》之旧套，取舍玄微。祖曾氏之新传，独行心得。

若无阴气凸起，微分界水，两边流下，则凹下之水，直流至口内，浸入金井，安可乘水流下处，以藏父母之骸，于心何安？此不待明辩而自觉其误矣。余故于软凹开口之内加以鼠肉凸起，分水两边，界归口下，合之口内。有鼠肉，方为生气。① 又为"阳来阴受，瘦中取肥，饥中取饱，柔中取刚"，按形索理，不相悖戾，且与旧图之注所云"夹坚夹软"者相合符矣。

不特穴法有误，四凶之格，亦有差讹。天罡、孤曜，假廖氏者取其六，余酌取其四，亦信化杀为权；燥火凶星，假廖氏者取其七，余强取其四，聊为军家备用。扫荡恶曜，假廖氏者取其七，余仅取其三，不过随才器使，然要其制凶家法，尚有剪裁培补、斟酌咸宜之妙，决不敢妄用，以误天下。盖可因则因，可革则革，务期合理，非敢妄作聪明者也。总之，地理真诀，有龙无穴难于手，乘凶化吉险中扦。余不欲天下人行险，故以假廖氏之传变星体，细按曾师口授，与筠松文迪之心法，俱不相符；更质之先儒群书，阴龙阳穴、阳龙阴穴之理，亦相矛盾，然后敢以平易险，以全补缺，合天下孝子慈孙，从平中以取福，不行险以侥幸也。一或险中有误，不免指鹿为马，遗祸万世不浅，是谁开其端，作之孽也！故从新订证《九变图说》，备列于后，以指觉路观者，毋以陈说略之。

九星九变总诀

九个星辰十一体，妙用真无比。九十九变古今传，应验是天然。五百九十有五形，吉凶最要明。

按九星者，太阳、太阴、金水、紫气、天财，五吉也；孤曜、天罡、燥火、扫荡，四凶也，共成九星。惟天财有三体，有平脑者，即土星为正体；天财双脑者，两金夹一水，为金水天财；均脑者，两金夹一土，为金土天财。总合八星，共十一体；每一体各有九变，共九十九变。至于所变形象，总计五百九十有五。然变态虽多，不过变其枝脚，身体与峦头皆是本相，未常变也。诀云："九星变脚不变身"。惟识得九星真形，参得一星九变，凡九十九变，皆了然于目，何虑变态之多乎？所谓以一贯万者，亦在兹也。

---

① 原注：鼠肉者，肥而厚是也。

太阳九变

正体太阳

第一太阳名正体,好把覆钟比。妙在平面口中详,外砂紧抱堂。

朱士远曰:"凡正体星辰,俱要小口,方可扦穴,不则禄存矣。"《琢玉斧》图见未及此。

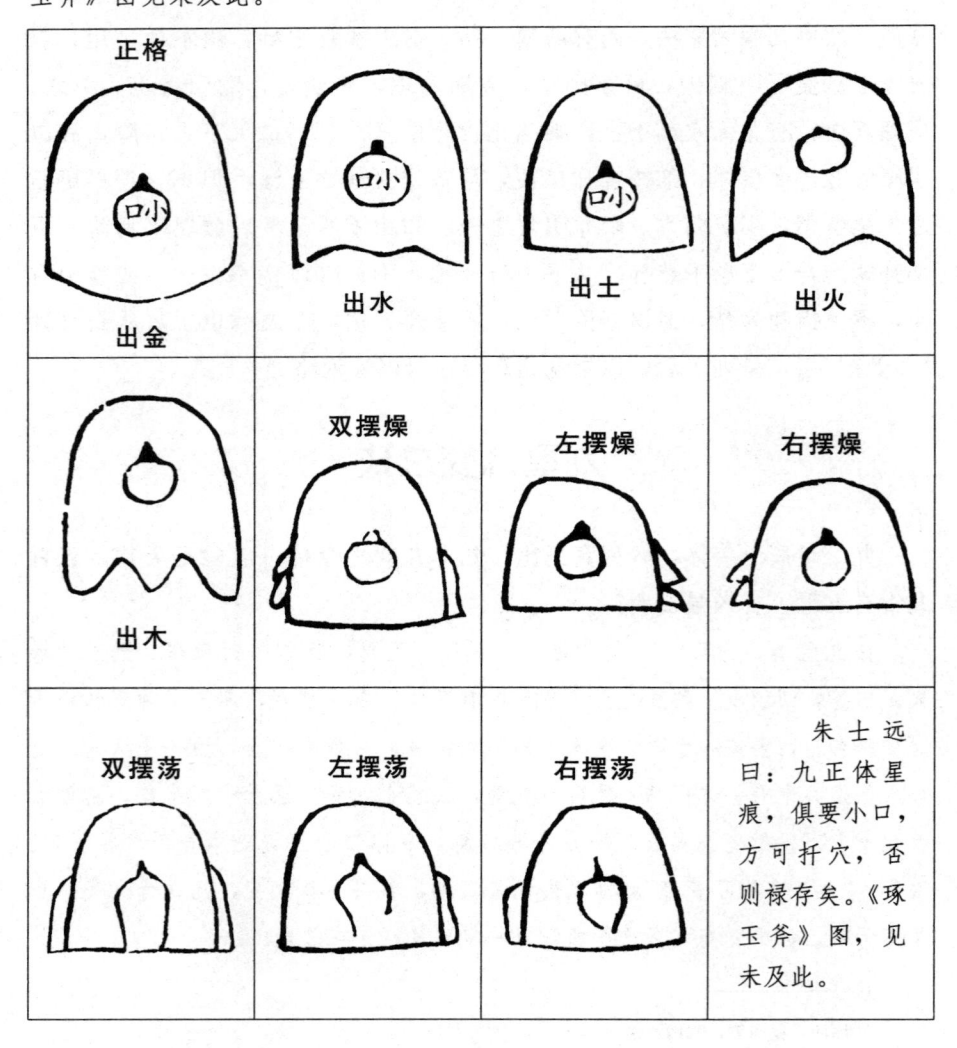

正格			
口小 出金	口小 出水	口小 出土	口 出火
口 出木	双摆煞 口	左摆煞 口	右摆煞 口
双摆荡	左摆荡	右摆荡	朱士远曰:九正体星痕,俱要小口,方可扦穴,否则禄存矣。《琢玉斧》图,见未及此。

此星脑圆，身高，面平，不开脚，名曰"正体太阳"。其下圆者为出金，曲者为出水，方者为出土，此三者为正格也，宜结中心藏煞穴。尖者为出火，直者为出木，此二者为次格也，宜结天穴，名"压煞穴"，又名"骑刑穴"。图其分明，但尖者似天罡，直者似孤曜，惟太阳腰软面平，罡曜腰硬面饱，自是不同，不可不辨。亦有剪裁之法：若穴星低小，尖者锄之使圆，直者培之使曲，化杀为权也。外有双摆燥、左摆燥、右摆燥、双摆荡、左摆荡、右摆荡，此六者谓之带曜，亦宜结中心藏煞穴，盖曜气主贵，有威权，但荡摆水痕，不如燥摆尖火，为最秀。九变多有带曜者，皆依此论，后不重述。

夫太阳乃人君之象，所贵端重尊严，此体最正，故为第一。凡正体星辰，包含造化之妙，收敛精神之完，力大功宏，气溥用博，所以为吉。但旧本止取穴星，不取穴形，然无穴安可扦之？故太阳正体穴，宜结窝靥小口，阴阳相配，不宜结乳突，谓之纯阳无化气也。但要面无破碎，身不欹斜，惟嫌水直，最怕身孤。水直则牵动土牛，身孤则飘散生气，必要外砂紧固，收敛堂气为真。此星得金气成形，坐龙得申庚酉辛乾，皆为气旺而形应。安扦合法，生人相貌端庄，心性圆明，行事果决，金命人受荫，巳酉丑年发达，富贵双全，人丁大旺。至于轻重，又在龙格上分辨，不可执泥。余太阳八变，皆依此论，不必重赘。此体多为覆钟覆釜形，宜大开茔，作水堆。

开口太阳

第二太阳号开口，生气口中有。最忌漏槽倾泻形，下后出公卿。

朱士远曰："凡开口之穴，定要唇毡穴扦上弦，乃后得气。"若《琢王斧》图，毡唇既无，穴扦高处，非作法也。

正格			次格
转金（唇）	转水	转土	转火（唇）

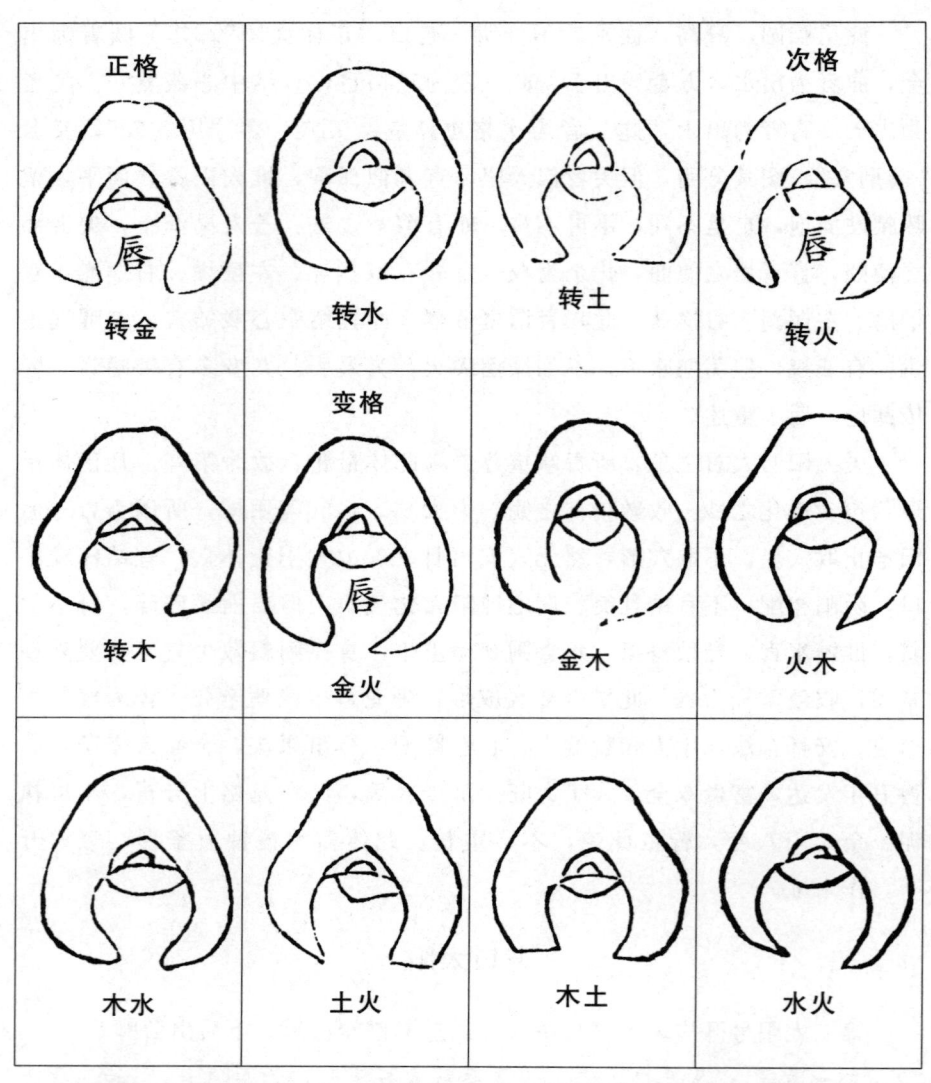

	变格		
转木	金火（唇）	金木	火木

| 木水 | 土火 | 木土 | 水火 |

此星脑圆，身高，面平，生两脚弯抱，开口吐唇，名曰"开口太阳"。有五体：其脚两圆者为转金，曲者为转水，方者为转土，正格也；尖者为转火，直者为转木，次格也。转火者与开口天罡相似，但天罡腰硬面饱，太阳腰软面平，自是不同。若穴星低小，尖处锄之使圆，直处培之使曲，方尽其妙。又有一脚转金，一脚转水、木、火、土者；一脚转水，一脚转金、木、火、土者；一脚转木，一脚转金、水、火、土者；一脚转火，一脚转木、金、水、土者；一脚转土，一脚转金、水、木、火者，共二十

体,为变格也。内惟木火脚为煞,宜剪圆培曲方妙,图具分明诸体,凡开口者统依此论,后不重述。外有带曜者,图说见《正体》篇。夫太阳本是高金,开口则为水穴,古人云:"金星开口,量金用斗",盖有龙虎以区卫穴情,故为福尤紧。凡开口星辰,灵光合聚于中,余气分行于下,雌雄相顾,血脉交通,故为吉穴。惟要口中圆净,窝内冲融,上要圆满,切忌漏槽;下要吐唇,最嫌倾泻。漏槽则生气不来,倾泻则生气不聚,不可不察。其余行龙受荫,俱同《正体》篇论。此体多为燕窠形,宜作金堆,诗云:"太阳开口穴难寻,案要齐眉与应心。高则犯罡低犯荡,开茎嫌阔更嫌深"。

悬乳太阳

第三太阳号悬乳,斜曲非真体。上要出杀水分明,端正格为真。

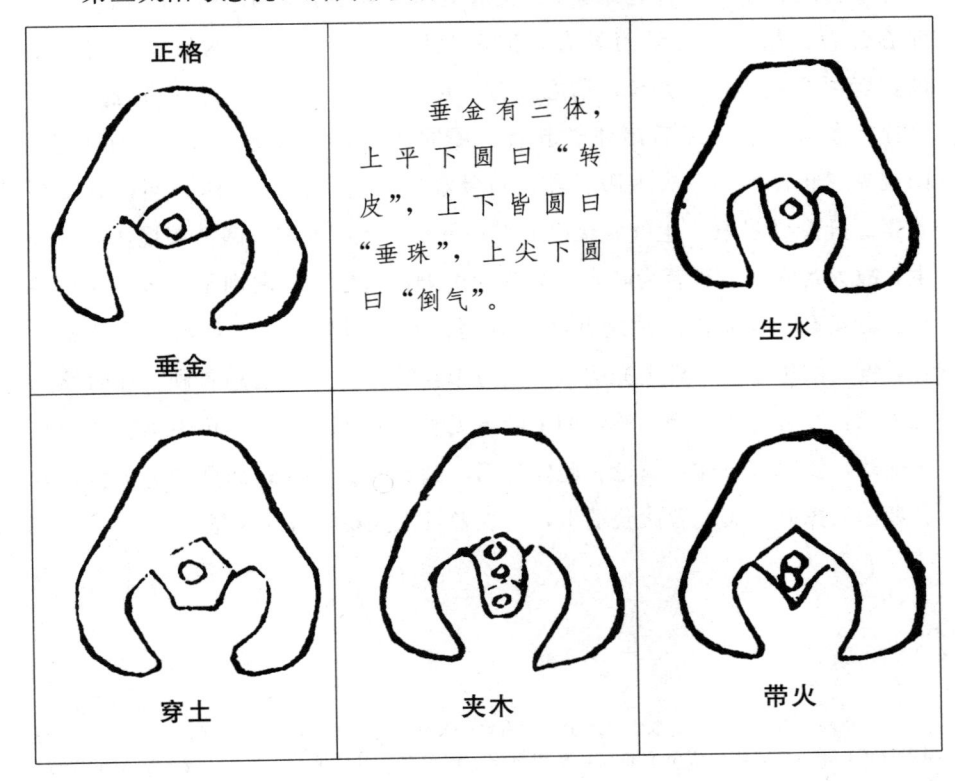

正格 垂金	垂金有三体,上平下圆曰"转皮",上下皆圆曰"垂珠",上尖下圆曰"倒气"。	生水
穿土	夹木	带火

一贯堪舆

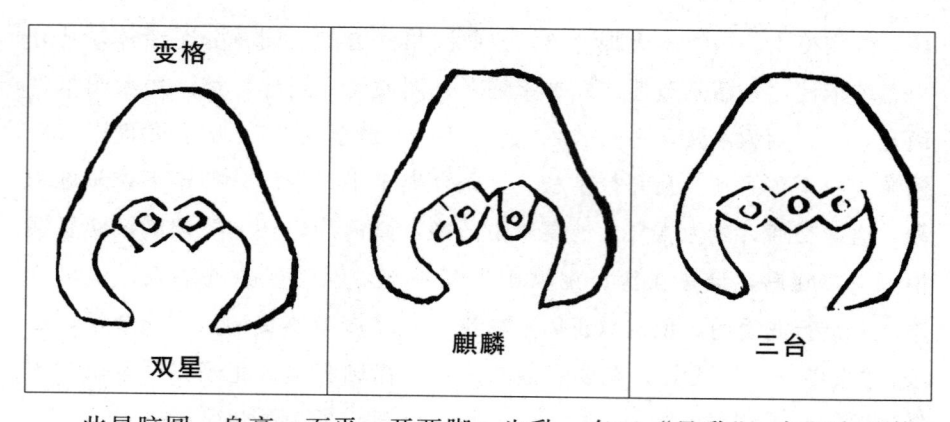

变格		
双星	麒麟	三台

　　此星脑圆，身高，面平，开两脚，生乳，名曰"悬乳"。太阳有八体，其乳圆者为垂金，当乘金向坠处立穴；曲者为生水，当开金取水寻平处立穴；方者为穿土，当乘金就土量中心立穴；直者为夹木，当取节泡分三停立穴，内有一节乘节下扦之，内生三节，三节皆可取穴，须审缓急。左右取一节扦之，余二节皆有碍矣。① 尖者为带火，当挨金剪火，穿两肩立穴。此五者为正格也。有悬两乳者，谓之双星；有两乳中生两岐者，谓之麒麟，皆可两穴。有三乳者，谓之三台，可下三穴。此三者为变格也。审穴真诠，备载后卷，以后诸体悬乳者，咸同此论，不必重述。外有带曜者，图说见《正体》篇。夫太阳悬乳，乃金水合形，力量与正体一同，故发福尤紧。凡悬乳星辰，生气凝聚而下垂，灵光发露而外现，两宫弯抱，一乳中生，故为吉穴。盖正者为吐乳，斜者为山脚，何也？斜曲则是包裹，非正结矣。然又有一样曲乳，必龙真脉的方是，不可拘泥，须宜细辨。故凡悬乳者，惟要圈中舒畅，乳上光圆，五气分形，三停立穴，最忌直硬。如竹篙上无出杀，小分之水尤嫌尖峻，如茅叶下无平坦立脚之处，不可不察。其余行龙受荫，俱同《正体》篇论。此体呼形，圆乳者为贵人，曲乳者为美女，方乳者仙人捧鼓，尖乳者武公端坐，直乳者贵人执笏，宜作水堆。

---

　　① 原注：节下扦之者，取水生木也。左右取一节扦之者，看来脉，看夹耳也。《经》云：秀嫩者寻牙，即人穴；峻急者下有杀气，法当拨根，即天穴，名压杀穴；粗大者接气，即地穴也。似亦太拘，总当乘节气为是。

弓脚太阳

第四太阳脚先弓，左右本雷同。弓须逆转格为真，官职佐朝廷。

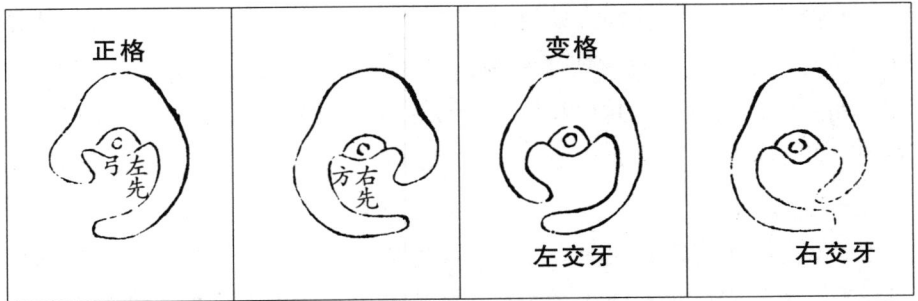

正格		变格	
弓左先	方右先	左交牙	右交牙

此星脑圆，面平，身高，开弯脚，抱微乳，名曰"弓脚太阳"，有二体。脚有一长一短正格也，穿长者立向下穴。两脚交牙者变格也，穿中心下穴。图具分明。带曜者图说，见《正体》篇。夫太阳弓脚，资水为多，关锁周密，发越极快，但产人胸襟窄狭耳。俱要弓脚逆水为真，不可以虎过明堂为疑。凡弓脚星辰，灵光向内潜藏，余气梲先回抱，明堂聚面，应案连枝，故为吉穴。惟要长脚逆转，何妨水口无关，最忌脚高过目，尤嫌虎远擎拳。过眼则人品凡愚，擎拳则子孙凶恶，不可不察。其余行龙受荫，俱同《正体》篇论。此体多为仙人蹻足形，交牙者为美女抱儿形，宜作水堆。

双臂太阳

第五太阳，号双臂三体，真真可异，凤凰展翅，喝形真端，可救人贫。

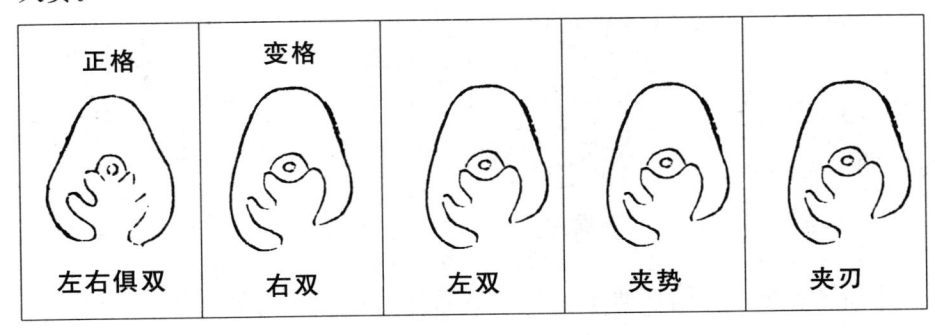

正格	变格			
左右俱双	右双	左双	夹势	夹刃

此星脑圆，身高，面平，边开双臂，抱微乳，名曰"双臂太阳"。有三体：其臂左右俱双者，须要臂皆弯抱，或作交牙尤佳；若内两臂甚短，名夹势，主贵，须要抱乳收气；两臂太尖名夹刃，主杀人，至毒，须用人力锄去其尖，令其圆净，变凶为吉，自可安穴。此正格也。有左双右单者，有右双左单者，须穴上见其均匀，不偏不倚方妙，此变格也。图具分明，外有带曜者，说见《正体》篇。夫太阳双臂，金旺于上，水旺于下，相生相养，发福绵远。其右双左单者为叠指，为赌博砂，但龙真穴正，水聚山朝，决不破家，若穴上不见者不忌。凡双臂星辰，灵光自足而舒徐，真气有余而磅礴，东西双到，内外重回，故为吉穴。惟宜应案临近，明堂融聚，大吉；最忌内臂尖射，尤嫌元辰直长；尖射则吉穴亦凶，直长则善星反恶。制水者以折水法折之使屈，制尖者以人工锄之使圆。此体多为凤凰展翅形，凡诸禽星，俱宜金堆。

单股太阳

　　第六太阳号单股，莫问无龙虎。股须逆转外凑成，官职此中生。

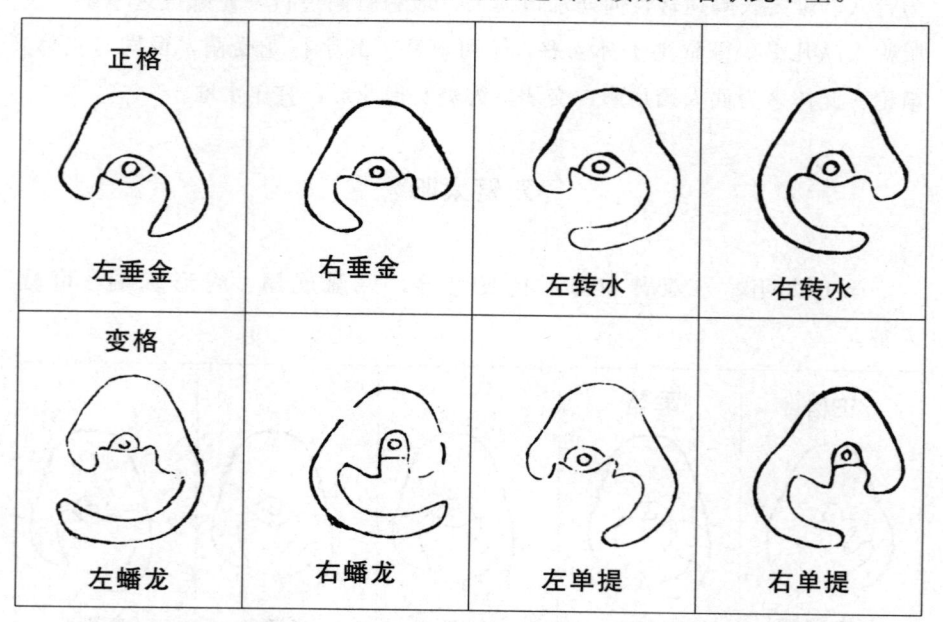

正格			
左垂金	右垂金	左转水	右转水
变格			
左蟠龙	右蟠龙	左单提	右单提

　　此星脑圆，身高，面平，开一脚抱穴，名曰"单股太阳"。有四体：

其脚微弓者为垂金，弓过者为转水，皆正格也，宜中结微乳穴。又有脑下尽处，结微乳、开微口之穴，一边生脚，微弓弯抱者，谓之"单提"；亦有弓过弯抱者，谓之"蟠龙"，皆变格也。俱要缺边，出短砂，收穴气为真。外有带曜者说，见《正体》篇。

夫太阳单股，金清水秀，最为奇妙，不可以折服为疑。凡单股星辰，灵光本盛而中聚，余气不足，而独垂左右。虽有一亏，上下初无二用，亦为吉穴。然单股必须逆转，两宫仍要凑成，穴贵隈藏，局宜周密，最忌风吹穴畔，尤嫌水去堂前。风吹则飘散生气，水去则牵动土牛，胡矮仙云："单股一穴，何妨水去砂飞"，不过谓此星乳短脚直之故，乳短则元辰水走，脚直则本体砂飞，若大势如此，则非地矣。必要外砂紧抱，水不直牵，方为合格。若开口小者，亦如之。

诀又云："蟠龙一穴，左蟠者不利长房，右蟠者不利小房，惟中子发福。若一子下此星者，子孙均匀。"须要明堂宽平方正方吉，其余行龙受荫，俱同《正体》篇论。此体多为行山象形，宜作水堆，诀云："有龙无虎未为非，有虎无龙亦莫疑。但要两宫当面会，凑成依旧合天机。"

士远曰："左右之蟠有不利者，只就水倒过去而言，只不发财，亦无大害。若龙真穴的，外砂收紧，即可藏父母之骸，岂宜区区计较，以误大事。"

侧脑太阳

第七太阳名侧脑，唇下垂乳好。格宜堂聚后乐明，富贵此中生。

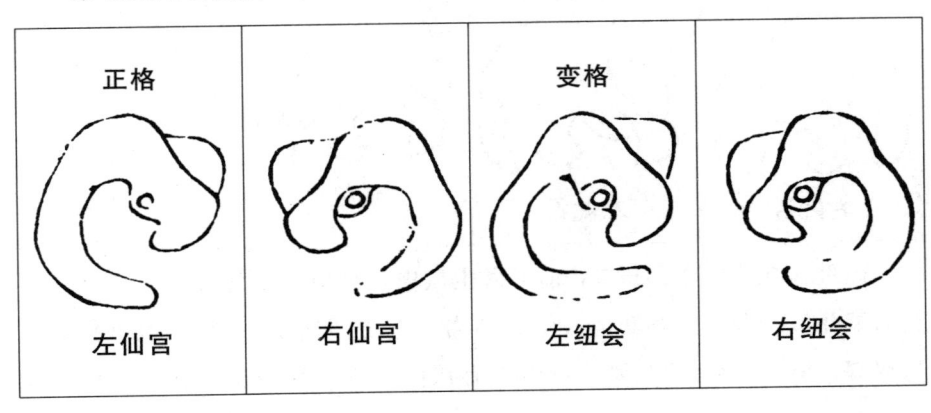

正格		变格	
左仙宫	右仙宫	左纽会	右纽会

此星脑圆，身高，开脚，乳生肩下，名曰"侧脑太阳"。有二体：其脚两均匀者，名曰"仙宫"，正格也。有一脚短一脚长弓过者，谓之"纽会"，又名"仙人咬风"，变格也。皆要坐乐立穴，方合吉格。图具分明，带曜者说见《正体》篇。夫太阳侧脑，正脉斜趋而下，穴居金水会处，如太阳在天，无不照也。凡侧脑星辰，真气不凝于脑下，灵光自注于肩中，昔人名曰"左右仙宫"，今号为"偏侧怪穴"。然头颅虽别，力量本同，亦为吉穴。惟要堂气聚前，乐星耸后，穴宜踏逆，面喜张朝。最忌案前飞走，尤嫌穴皆空踈；飞走则是虚花，空疏则为腾漏，不可不察。其余行龙受荫，同《正体》篇论。此体多为下山虎形，宜金堆，诀云："太阳端正势来雄，急处安扦必定凶。但向肩开寻乳气，不宜高处恐伤龙。"

没骨太阳

第八太阳名没骨，肩下开口吉。口中鼠肉格为真，声价满都京。

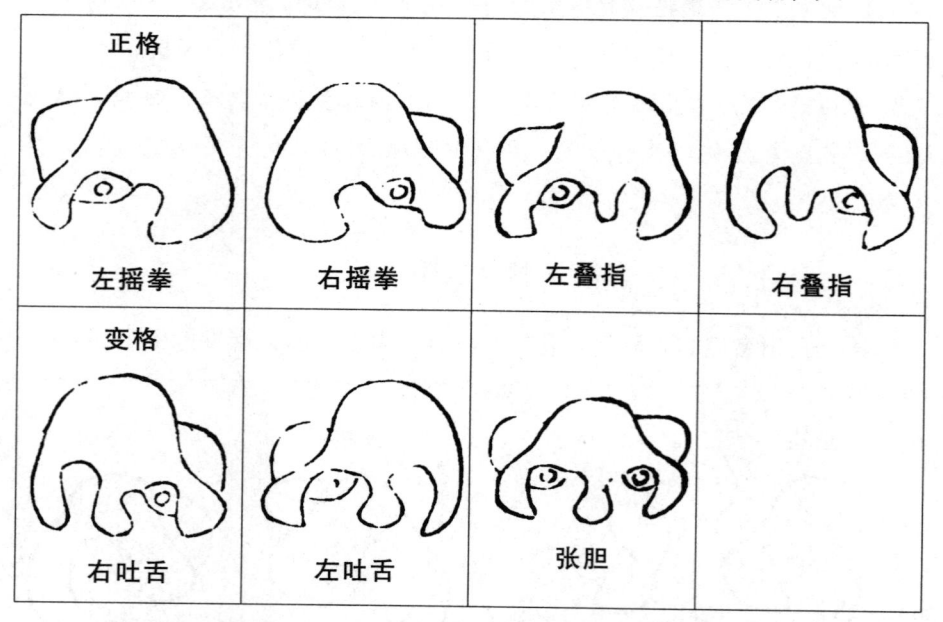

正格			
左摇拳	右摇拳	左叠指	右叠指
变格			
右吐舌	左吐舌	张胆	

此星脑圆，身高，开口，肩下微生鼠肉，名曰"没骨太阳"。有四体：其肩下开口，有一边弯巧，一边粗蛮者，谓之"摇拳"；有一边单脚，一边双脚，谓之"叠指"。须要口内微有鼠肉下垂，软硬相夹处，斩截气脉

立穴，此二者为正格也。又有脑下生乳，或长或曲，或峻或大，不可立穴也，名曰"吐舌"。至于两肩口内，看有鼠肉下垂，与后乐相应，或左或右，皆可立穴；又有脑下长乳似胆，形势湾曲，抱左抱右，不可立穴者，名曰"张胆"。又看肩下两口内，俱生鼠肉下垂，俱有后乐相照，皆可下穴。此二者为变格也。师曰："穿腔斜侧左右扦，知得是神仙。内有鼠肉水分夹，坚处方可下。"盖鼠肉者肥而厚是也。

何谓没骨？以肩凹下出脉，无骨而软，气本属阳，旧本取开口穴，是阳来阳受，本注所谓"莫嫌穿薄穿空，最喜夹坚夹软"，今徒曰"开口"，"坚"何在也？必要口中微生鼠肉，为阴气凸起，两边微茫水，分流界合，方是瘦中取肉，阳中取阴，无骨觅骨，无肉求肉，方为尽善。若口内无鼠肉，则无坚可夹，不可妄下。凡没骨星辰，形势既有偏斜，气脉必超左右，开口无据，鼠肉为凭，虽奇怪不同，与正体何异？亦为吉穴。必须前迎堂气，后对乐星，最嫌前案无情，尤忌后龙无格，无格必定非真，无情决然是假，不可不察。其余行龙受荫，同《正体》篇论。此体多为出栏牛形，宜高作金堆。

平面太阳

第九太阳是平面，只在平地见。内生窟突是真铨，穴向此中安。

平面太阳

此星身圆，面平，中有窟突，名曰"平面太阳"，惟有一体，或生高山，或出平地。然高山者似龙格，平地者似罗星，但是龙格却未住，若是罗星却孤寒，理自不同。高山者要突中有窝，平地者要窟中有突，中心安扦。高山有突，名"仰天禄"；高山有窝，名"仰天湖"，俱主富贵。夫太阳诸体，多有落平者，此星惟平处有之，真龙起伏多者，方结此穴，其力量与正体一同。凡平面星辰，灵光自出于顶中，生气聚浮于面上，精神收敛，造化完全，故为吉穴。必须形势端正，砂水周回，后龙缠护有情，两砂紧夹无缺，是为得之。最忌胎息孤寒，血脉反背，孤寒则人丁衰替，反背则生气不融，不可不察。行脉受荫，同《正体》篇论。此体多为仰面金盘形，宜作金堆，忌用砖砌。

太阴九变

正体太阴

第一太阴为正体，砂紧真可喜。内生腌口是真机，男贵女为妃。

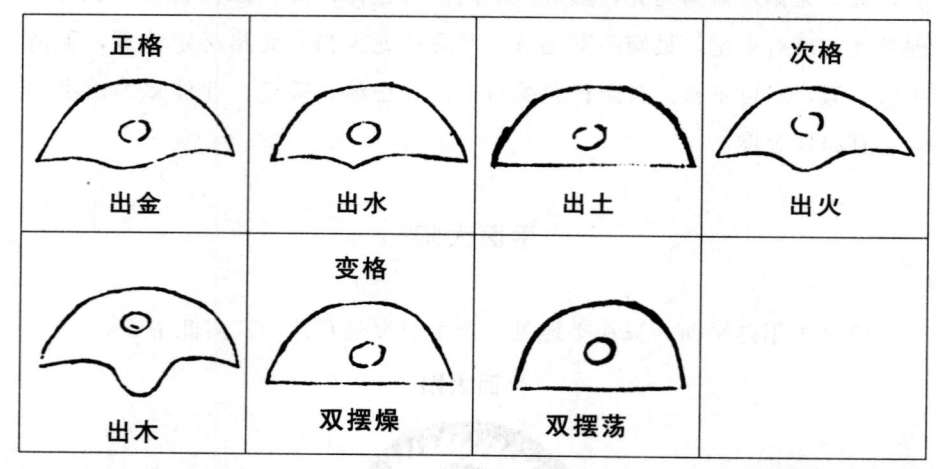

正格			次格
出金	出水	出土	出火

	变格		
出木	双摆燥	双摆荡	

此星脑圆而方，身低，面平，不开脚，名曰"正体太阴"。有五体：其下圆者为出金，曲者为出水，方者为出土，此三者正格也，穴宜中结。尖者为出火，直者为出木，此二者次格也，穴宜高结，名"压杀穴"。图具分明。但旧本只取穴星，不取穴，不知无穴即是虚花，必须正面上俱要微开小口，方为真结。外有带曜六格，俱与太阳正体带曜篇同论。夫太阴后妃之象，所贵端正圆净，此体最得其正，故号第一。

凡正体星辰，包含造化，收敛精神，力大功宏，气溥用博，故为吉穴。惟要面无破碎，身不崩倾，开腌口于微茫，分高低于尺寸，是为真结。最嫌上下巉岩，尤要外缠紧固；巉岩则成火体，旷荡则受风寒。此星得艮兑之气而成形，坐龙得庚申辛酉乾皆为气旺而形应，安扦合法，生人相貌端庄，心性慈祥，行事果决，金土命生人受荫，巳酉丑年发达，男女俱贵。至于轻重，又在龙格上辨之，不可拘泥。后太阴八变，皆依此论。此体多为半月形，宜水堆。

开口太阴

第二太阴号开口，真穴如何剖。上有生气下有唇，富贵此中生。

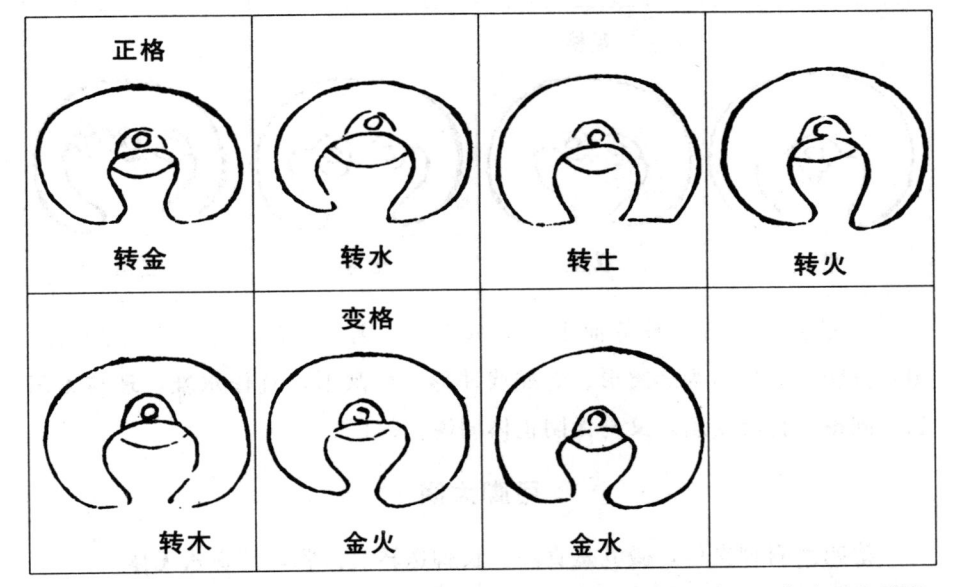

正格			
转金	转水	转土	转火
	变格		
转木	金火	金水	

此星脑圆而方，身低面平，生两脚，开口吐微唇，名曰"开口太阴"，要口不倾泻方吉。有五体，为正格也。图具分明。外有变格，共二十体。俱与太阳开口，变脚同形，图具在前。夫太阴本是金星，开口则为水穴，昔人云："金星开口，量金用斗"，其理俱与太阳开口同论；行脉受荫，又与正体太阴同说。此体多为伏兔形，宜土堆。

悬乳太阴

第三太阴号悬乳,从来分八体。上要出杀水为真,真假此中分。①

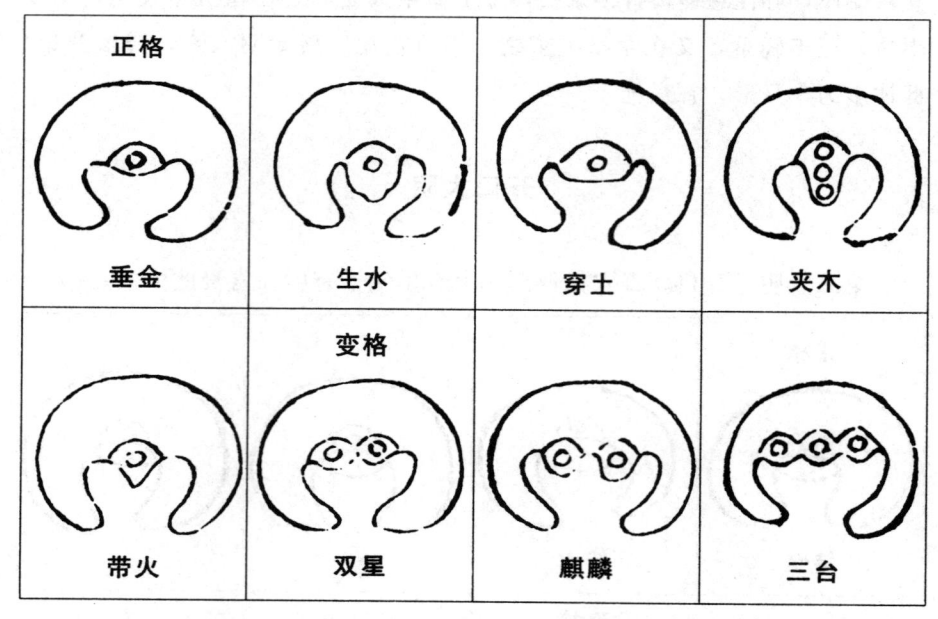

正格			
垂金	生水	穿土	夹木

	变格		
带火	双星	麒麟	三台

此星脑圆而方,身低面平,开脚垂乳,名曰"悬乳太阴",有八体,图具分明。此星多为螃蟹形、老蛇戏珠形、牛眠形,宜作水堆,理与太阳悬乳同论。行脉受荫,又与太阴正体同说。

弓脚太阴

第四太阴脚先弓,微乳是真踪。长脚送转气方收,富贵永无休。

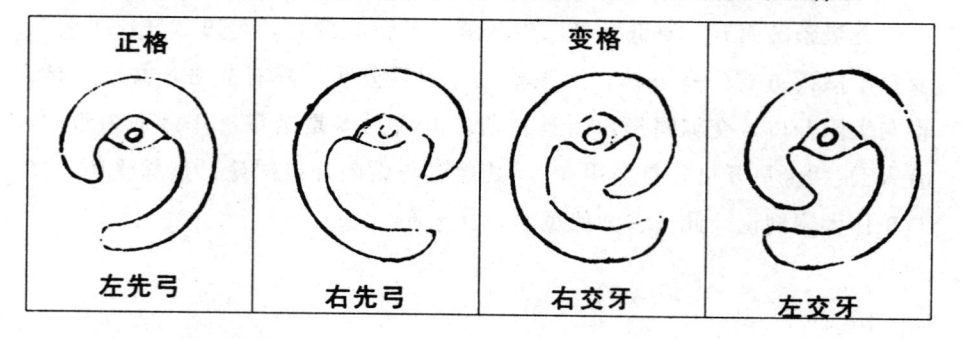

正格		变格	
左先弓	右先弓	右交牙	左交牙

---

① 原注:垂金三体,与太阳同。

此星脑圆而方，身低面平，开脚抱微乳，名曰"弓脚太阴"。有二体，其脚一长一短者，正格也，穿长者下穴，名"撚竹穴"。两脚交牙，变格也，穿中心下穴。此体多为苍龙卷尾形，宜水堆，其理与弓脚太阳同论。行脉受荫，又与正体太阴同说。

双臂太阴

第五太阴是双臂，生人多诡秘。去尖折水法为良，造福实非常。

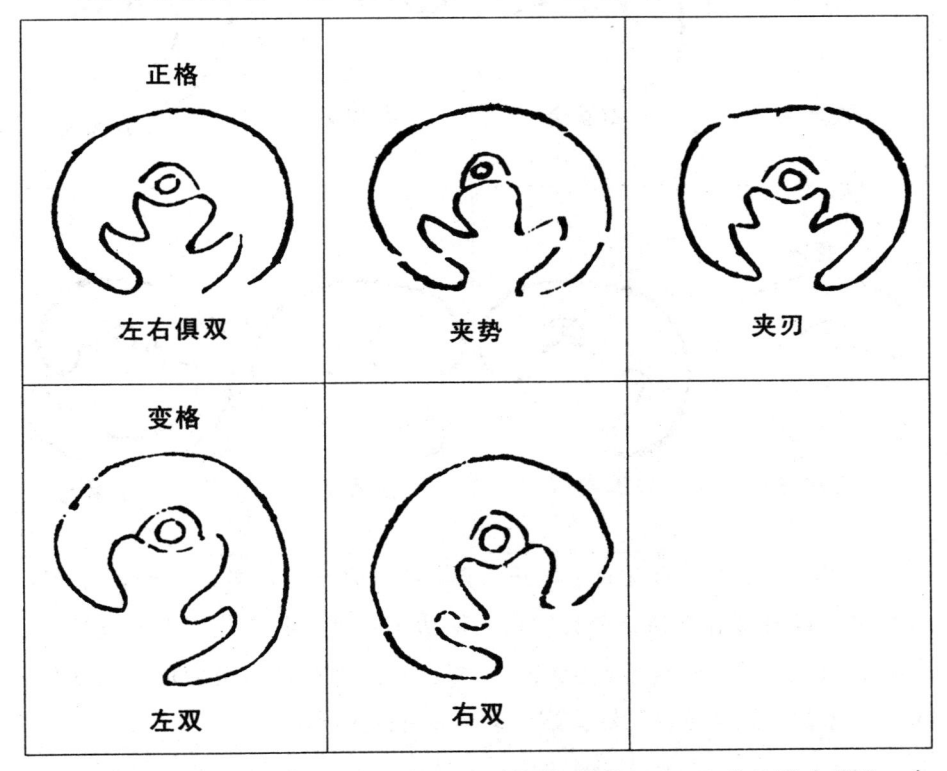

正格		
左右俱双	夹势	夹刃
变格		
左双	右双	

此星脑圆面方，身低面平，边开两脚抱微乳，名曰"双臂太阴"，内正变格共五体，多为金鸡鼓翼形。至于挟刃夹势之理，与双臂太阳同论。行脉受荫，与正体太阴同说。

单股太阴

第六太阴是单股，莫问全龙虎。但要单股逆水回，凑补避风吹。

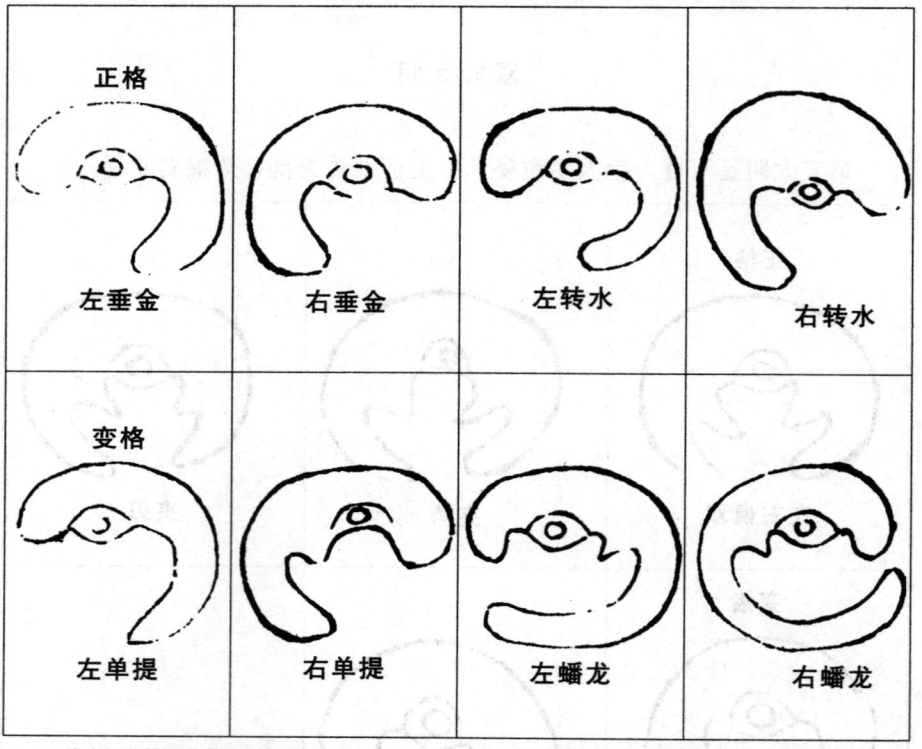

正格			
左垂金	右垂金	左转水	右转水

变格			
左单提	右单提	左蟠龙	右蟠龙

此星脑圆而方，身低面平，开一脚，抱微乳微口，名曰"单股太阴"。有四体，俱要微乳微口，分界明白，缺边出短砂，收穴气，方为真结也。但单股须要逆转，两宫仍要凑成，方为合格。此星多为金钩形，宜水堆，其理与太阳单股同论。行脉受荫，又与太阴正体同说。

侧脑太阴

第七太阴名侧脑,此穴正难讨。乳闪肩下借乐扦,富贵足田园。

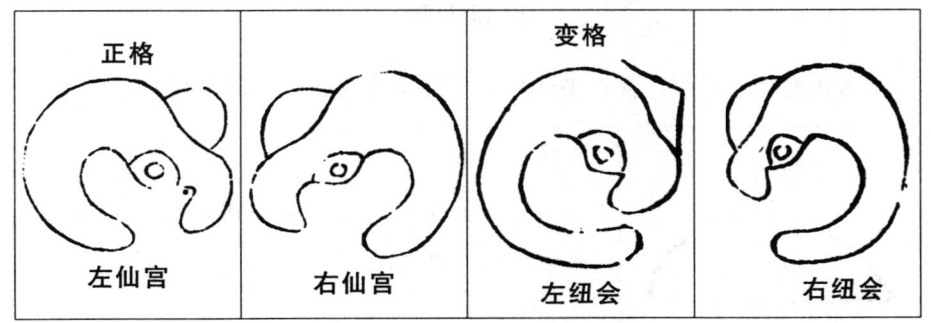

正格		变格	
左仙宫	右仙宫	左纽会	右纽会

此星脑圆而方身,边高边低,乳生低侧处,名曰"侧脑太阴"。有二体,多为螃蟹形,宜水堆,其理与太阳侧脑同论。行阳受荫,与正体太阴同说。

没骨太阴

第八太阴名没骨,动处堪扦骨。口中鼠肉是真形,代代有声名。

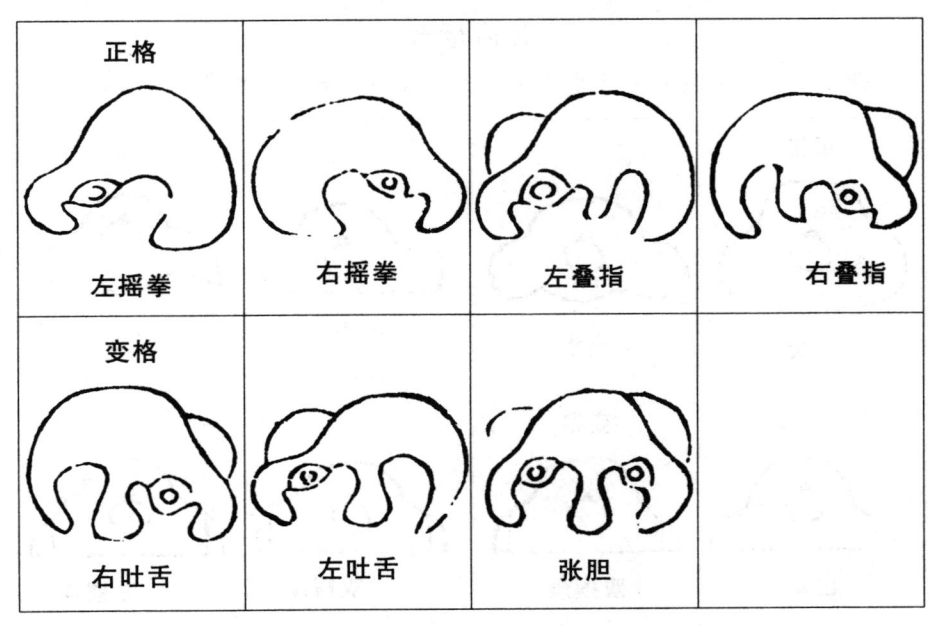

正格			
左摇拳	右摇拳	左叠指	右叠指
变格			
右吐舌	左吐舌	张胆	

此星脑圆而方身，边高边低，开口肩下，口中微有鼠肉下垂，名曰"没骨太阴"。有四体，多为眠犬形，宜作高大金堆，其理与太阳没骨同论。行脉受荫，与正体太阴同说。

平面太阴

第九太阴号平面，常在平洋见。形如半月内微窝，似水骤缠多。

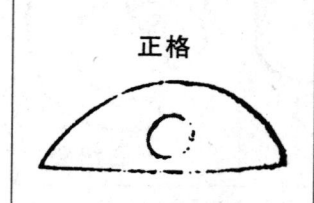

正格	
	此与正体太阴出土者不同，盖彼竖起而此倒地也。辨之。

此星上圆下方，面平身矮，中心有窝，名曰"平面太阴"，惟平洋有之。总一体，多为半月形，宜水堆，其理与平面太阳同论。行脉受荫，又与正体太阴同说。

金水九变

正体金水

第一金水名正体，席帽形可拟。内开腌口格为真，砂要紧缠身。

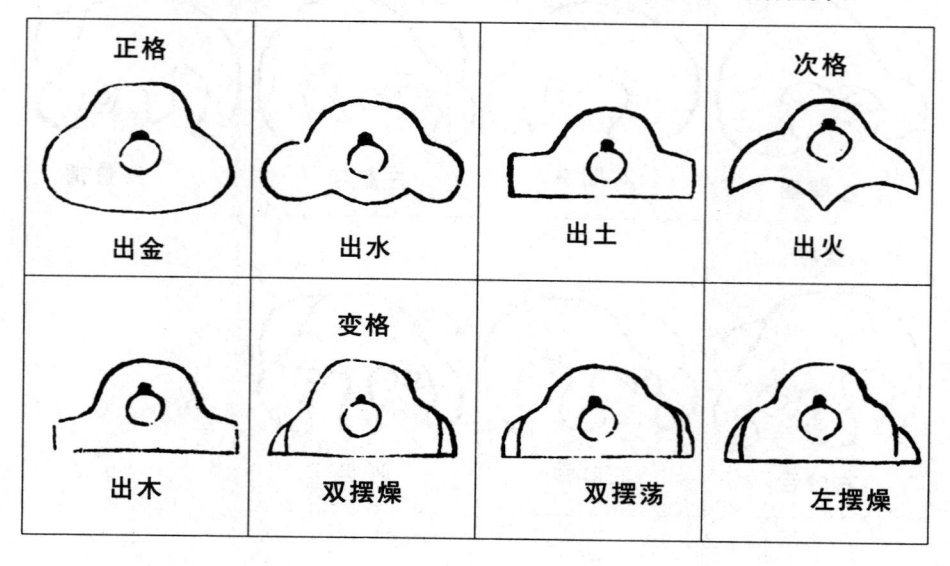

正格			次格
出金	出水	出土	出火
	变格		
出木	双摆燥	双摆荡	左摆燥

此星脑圆而曲，身阔面平，不开脚，名曰"正体金水"。有五体：圆者为出金，曲者为出水，方者为出土，正格也；宜结中心藏煞穴。尖者为出火，直者为出木，次格也，宜结骑刑压杀穴。若穴星低小，尖者锄之使圆，直者培之使曲。外有带曜六格，俱与太阳带曜同论。旧本金取穴星，不取穴形，不知无穴即是虚花，从何下手？必须正面上微开小口，方为真结。夫金水者，辅臣之家，所贵圆净清秀，此体最正，故号第一。凡正体星辰，造化完全，精神收敛，力大功宏，气溥用博，故为吉穴。惟要面无破碎，身不崩倾，开腌口于微茫，分高低于尺寸，是为得之。最嫌穿膊之水，尤忌射背之风。穴怕孤寒，砂宜紧夹。此星得坎兑之气而成形，坐龙得庚辛壬癸，皆为气旺而形应。安扦合法，生人相貌清奇，心性灵巧，行事委曲，金水命人受荫，巳酉丑、申子辰年发达，男清女秀，富贵两全。至于轻重，又在龙格上分辨。此体大为宝盖，形次为席帽，形小为凤凰、金鸡等形，宜大开茔，作水堆。

开口金水

第二金水名开口，口中忌倾促。并要生气到窝弦，漏槽不可扦。

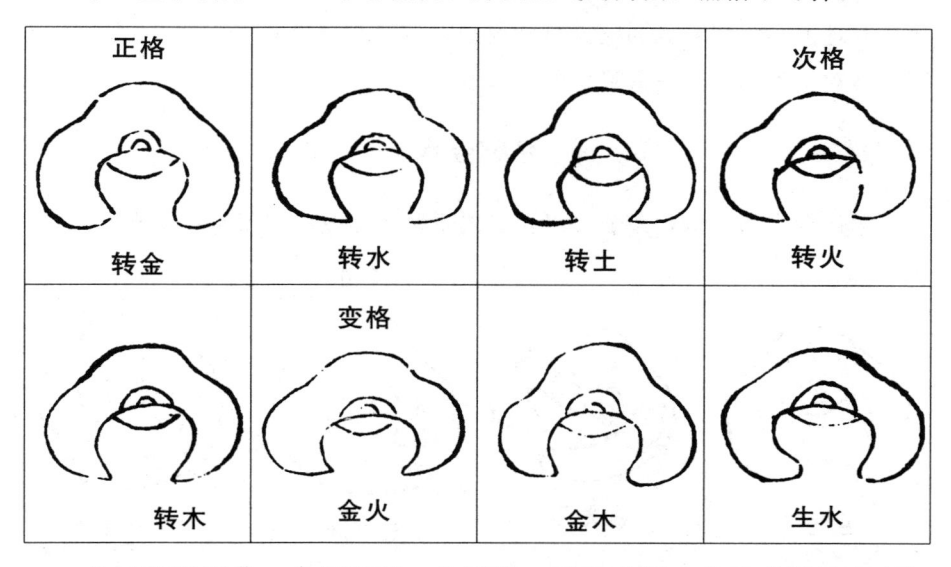

正格			次格
转金	转水	转土	转火
	变格		
转木	金火	金木	生水

此星脑圆而曲，身阔面平，生两脚，开口吐唇，名曰"开口金水"，有五体，正格也。外有变格其二十体，俱与太阳开口变脚同形，理亦同

论。行脉受荫，又与正体金水同说。此星多为金鹅鼓翼形，宜水堆。

悬乳金水

第三金水号悬乳，端正直堪取。乳分出杀水为真，偏侧不须针。

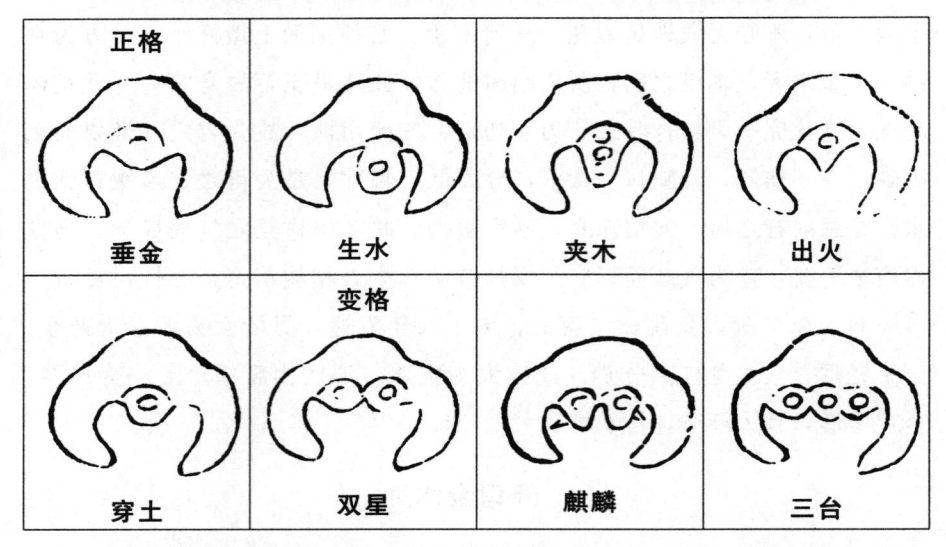

正格			
垂金	生水	夹木	出火
变格			
穿土	双星	麒麟	三台

此星脑圆而曲，身阔面平，开两脚，生乳，名曰"悬乳金水"。有八体，其理俱与太阳悬乳同论。行脉受荫，与正体金水同说。多为凤凰下田形、金鸡抱卵形。凡诸禽形，皆宜水堆。

弓脚金水

第四金水名弓脚，穿长穴可作。内垂微乳是真踪，发福更丰隆。

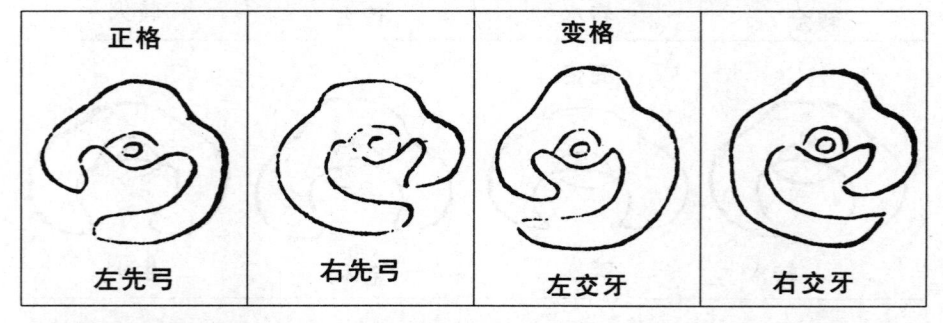

正格		变格	
左先弓	右先弓	左交牙	右交牙

此星脑圆而曲，身阔面平，开两脚，抱微乳，名曰"弓脚金水"。有正变二体，其理俱与弓脚太阳同论；行脉受荫，与正体金水同说。此体多

为猿猴抱子形，宜金堆。

双臂金水

第五金水名双臂，脚下多余气。微口微乳穴为宜，官职此中生。

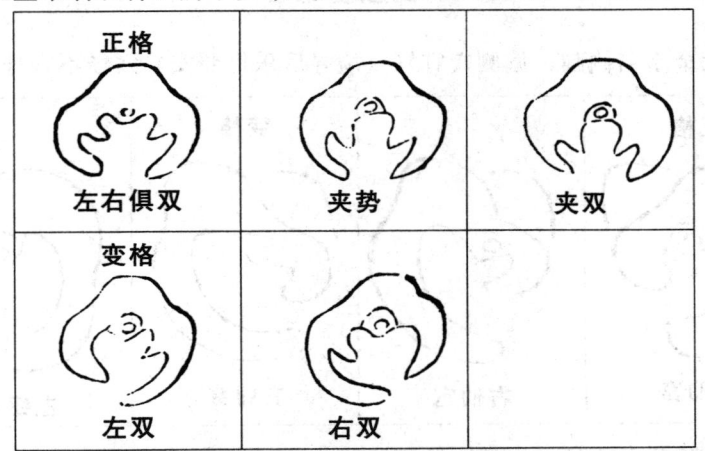

正格		
左右俱双	夹势	夹双
变格		
左双	右双	

此星脑圆而曲，身阔面平，边开双臂，抱微乳，名曰"双臂金水"。有三体，其理俱与双臂太阳同论；行脉受荫，又与正体金水同说。多为凤凰形，宜金堆。

单股金水

第六金水名单股，缺处宜外补。长脚逆转格为真，穴象要分明。

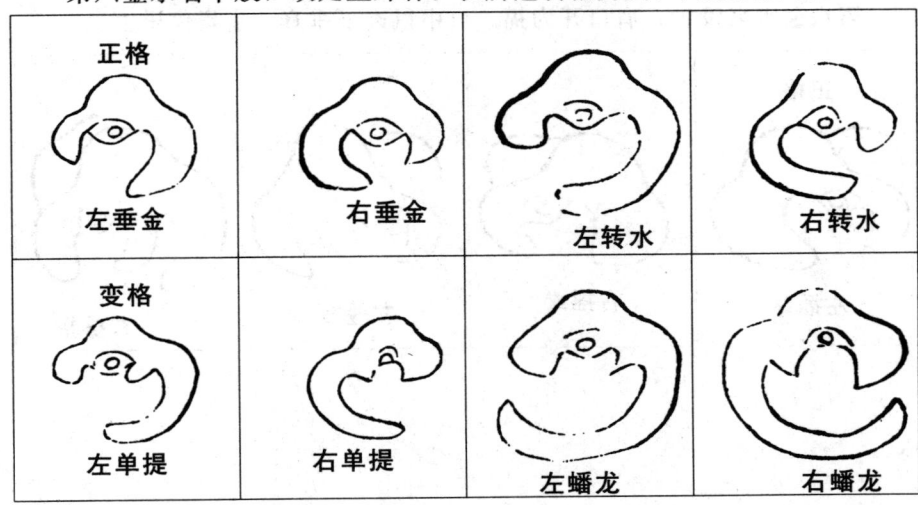

正格			
左垂金	右垂金	左转水	右转水
变格			
左单提	右单提	左蟠龙	右蟠龙

此星脑圆而曲，身阔面平，开一脚，或结微乳，或开小口，名曰"单股金水"。有四体，俱要缺边、出短砂、收穴气为真，其理俱与单股太阳同论；行脉受荫，与正体金水同说。多为白象卷湖形、苍龙卷尾形，宜金堆。

侧脑金水

第七金水名侧脑，偏侧穴宜好。须寻后乐借照安，穴怪不宜扦。

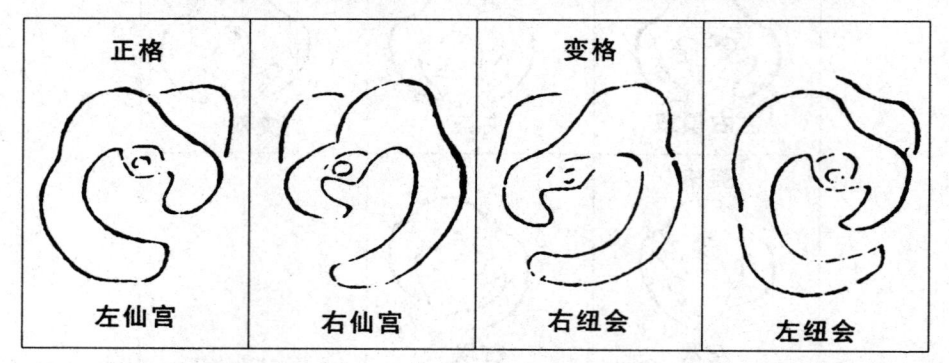

正格		变格	
左仙宫	右仙宫	右纽会	左纽会

此星脑圆而曲身，边高边低，开脚生乳，名曰"侧脑金水"。有二体。夫金水侧脑，正脉斜趋而下，穴居流注之处，如金在冶，如水在沟，必盈科而后进也。其理俱与太阳侧脑同论；行脉受荫，与正体金水同说。多为龙马饮泉形，宜金堆。

没骨金水

第八金水名没骨，肩口开为福。口中鼠肉下垂真，富贵借乐生。

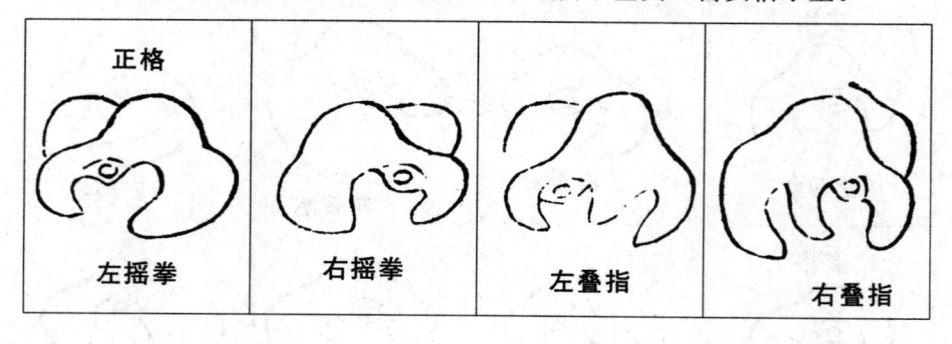

正格			
左摇拳	右摇拳	左叠指	右叠指

变格		
左吐舌	右吐舌	张胆

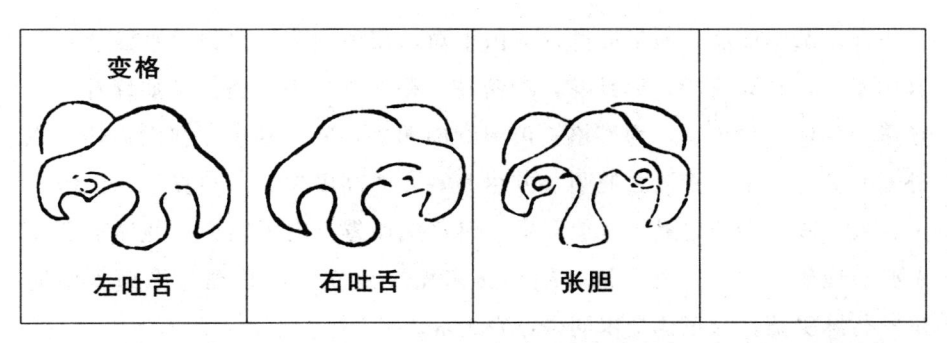

此星脑圆而曲，身阔面平，开口肩下，内有鼠肉下垂，借乐为照，名曰"没骨金水"。有四体，其理俱与没骨太阳同论；行脉受荫与正体金水同说。多为凤凰下田形，宜金堆。

平面金水

第九金水为平面，穴取窟突现。一身圆曲要分明，砂水紧缠身。

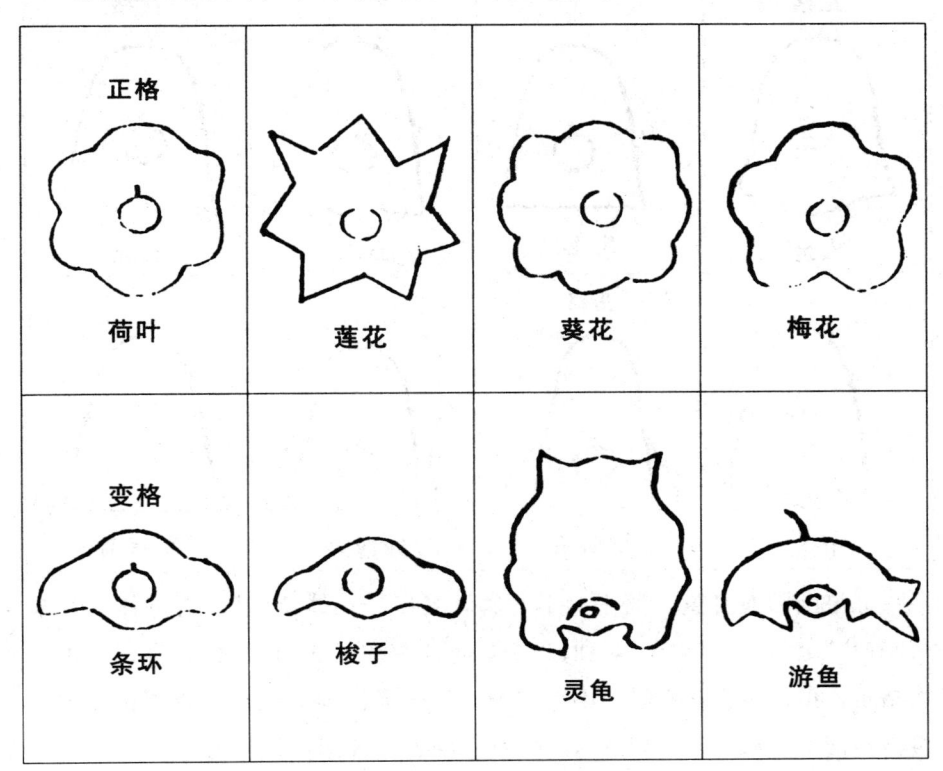

正格			
荷叶	莲花	葵花	梅花

变格			
条环	梭子	灵龟	游鱼

此星脑圆而曲，面平而低，突内生窟，窟内生突，名曰"平面金水"。其体不一，有如荷叶，如莲花，如葵花、梅花者，为正格。又如绦环，如梭子，如龟，如鱼者，为变格。俱要圆曲明现，随像喝形，初无定体，或外瓣有尖为火杀，宜锄之使圆，方尽其妙。然高山少见，多在平洋土墩之上，或居浅水砂洲之巅，有似罗星。但罗星孤露，内无窟突，此体前后左右必有应乐缠护，自是不同，须寻脉来窟突处立穴，其理与平面太阳同论；行脉受荫，与正体金水同说，宜金堆。

紫气九变

正体紫气 即木星别名

第一紫气名正体，面平腌口取。三才穴法应砂藏，贵出状元郎。

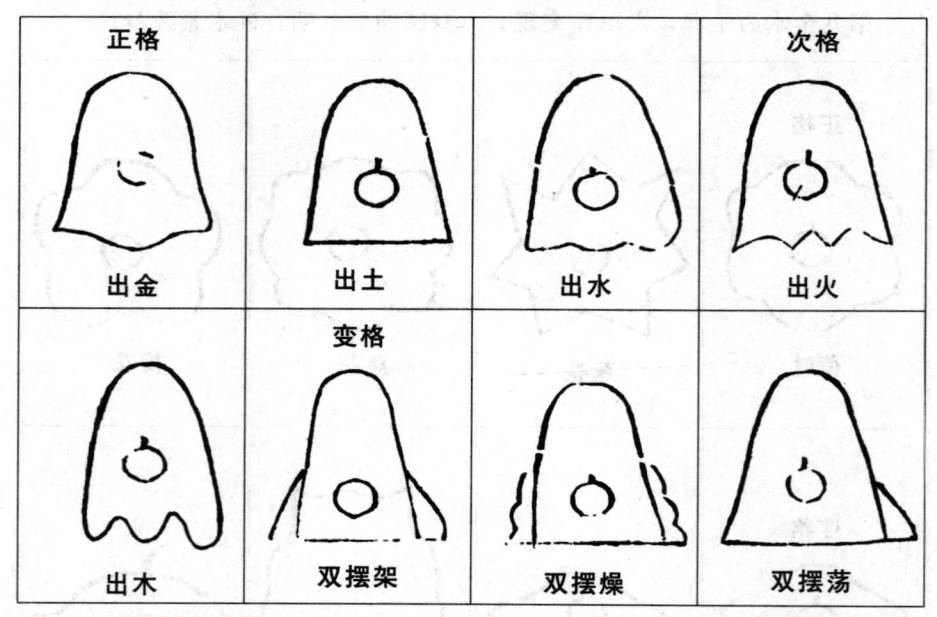

正格			次格
出金	出土	出水	出火

	变格		
出木	双摆架	双摆燥	双摆荡

此星脑圆而身直，面平，不开脚，名曰"正体紫气"。有五体，凡余气圆曰"金"，方曰"土"，曲曰"水"，正格也；尖曰"火"，直曰"木"，次格也。但旧本止取穴星，不审穴形，不知无穴即无融结，必须正面土生微泡，泡下开微口，方为真结；外有带曜者，皆同前论。夫紫气者贵人之

象，所贵清秀端正，喜居帐下，多不露身，名曰"帐下贵人"。高为出帐，低为入帐，九星中之最秀者，《经》曰："高山龙峰多秀丽，不如平源一卓锥"，故正体居第一。凡正体星辰，包含造化，收敛精神，力大功宏，气溥用博，故为第一。尤要面无破碎，身不欹斜，察腌口于微茫，辨节泡于尺寸，砂要紧固，穴宜坦平，最嫌带石，尤忌孤寒。带石尖变火星，孤寒风飘生气。此星得震宫之气而成形，坐龙得寅甲卯乙巽，皆为气旺而形应。安扦合法，生人相貌俊秀，心性温和，行事直率，木命人受荫，亥卯未年发达。若官辨尊贵，又审龙高低。此体多为顿笏形，宜火堆。

开口紫气

第二紫气号开口，口内藏金斗。上要生气下无倾，金榜早传名。

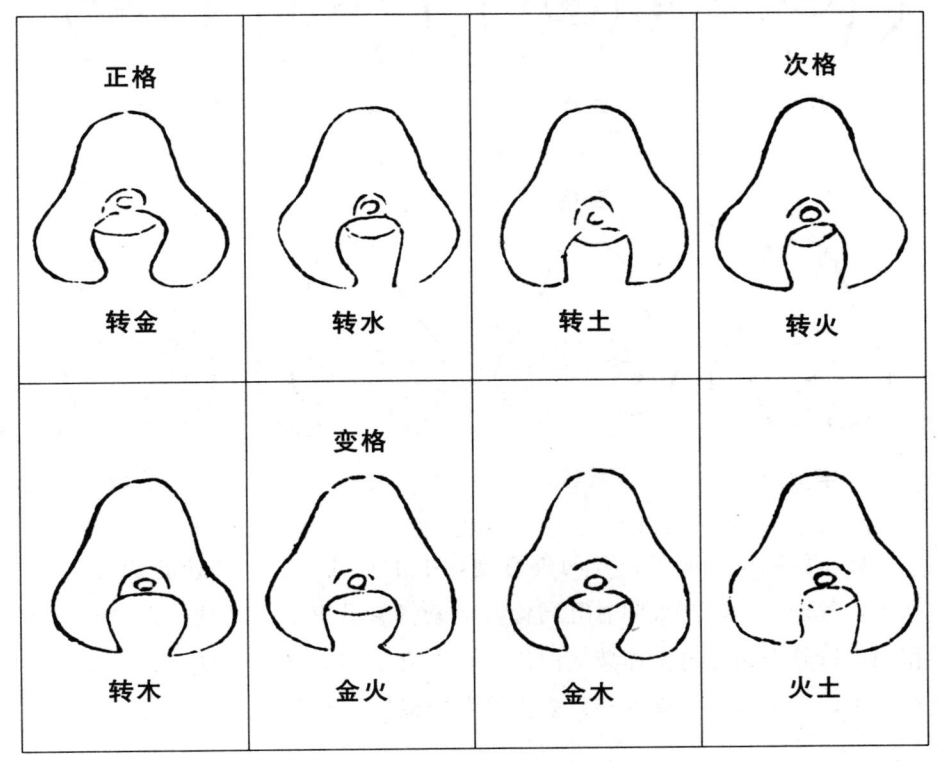

正格			次格
转金	转水	转土	转火

	变格		
转木	金火	金木	火土

此星脑长而圆，身曲面平，生两脚，开口吐唇，名曰"开口紫气"。

脚转金水土为正格也，转火转木次格也。外有变格二十体，图备太阳开口篇。夫紫气是木之余，开口则为水穴，子母相生相养，又有龙虎以区卫其穴，故为福尤紧。其理与开口太阳同论，行脉受荫与正体紫气同说。多为贵人端坐形，宜作火堆。开茔不可太广，恐水重不发，慎之慎之。

悬乳紫气

第三紫气号悬乳，清秀真无比。水要出杀乳为真，下后出公卿。

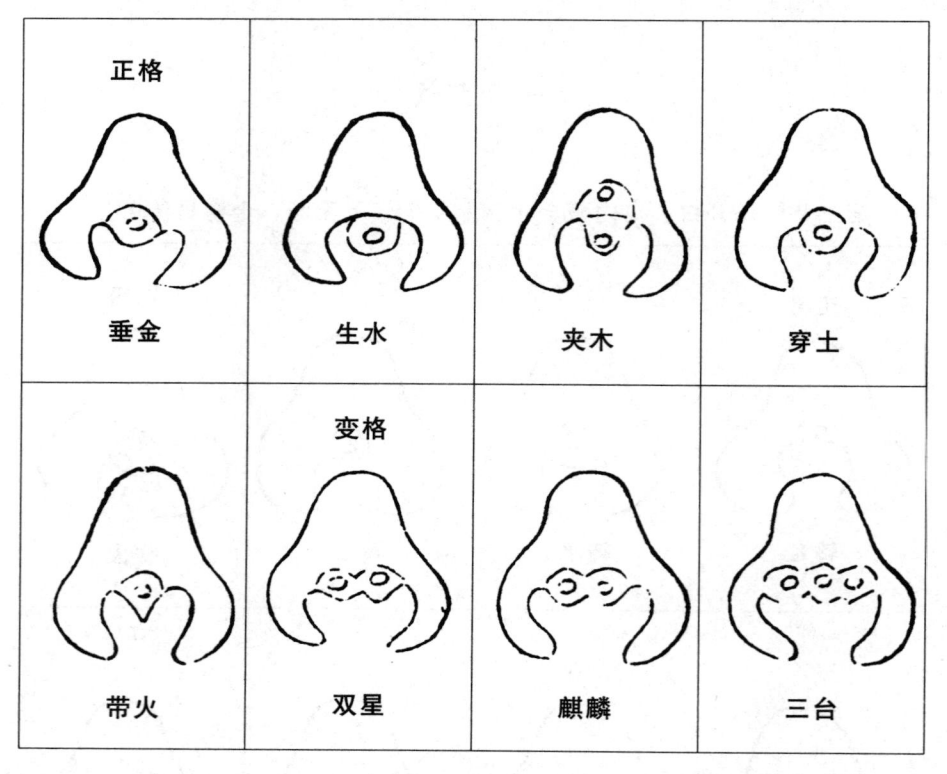

正格			
垂金	生水	夹木	穿土

变格			
带火	双星	麒麟	三台

此星脑圆身直面平，开两脚弯抱，中生有乳，名曰"悬乳紫气"。有八体，其理与形俱与太阳悬乳同论。但紫气悬乳有发生之性，力量与正体相同，行脉受荫亦与正体紫气同说。若龙合上格，拜相封侯；合中格，翰林风宪；合下格，一举登科。多为美女抱镜形，宜火堆。

弓脚紫气

第四紫气号弓脚，穿长穴可作。中有微乳格为真，清贵人朝廷。

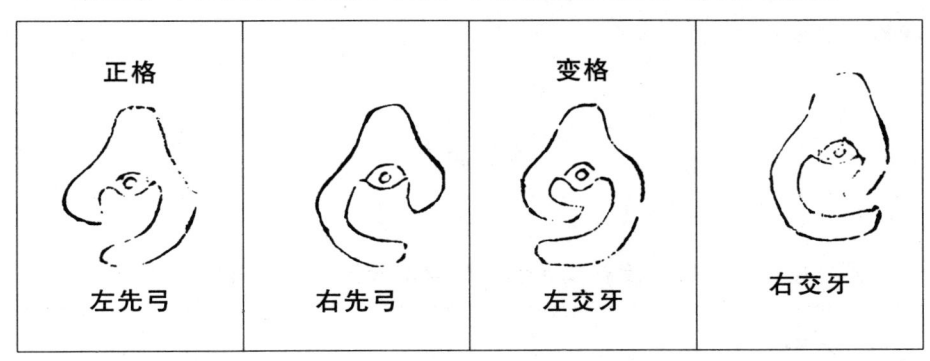

正格		变格	
左先弓	右先弓	左交牙	右交牙

此星脑长而圆，身直面平开脚，弓抱微乳，名曰"弓脚紫气"。有二体，其理与太阳弓脚同论；行脉受荫，与正体紫气同说。多为美女抱儿形，宜火堆。

双臂紫气

第五紫气号双臂，叠指不须忌。内惟挟刃剪截圆，下后出高官。

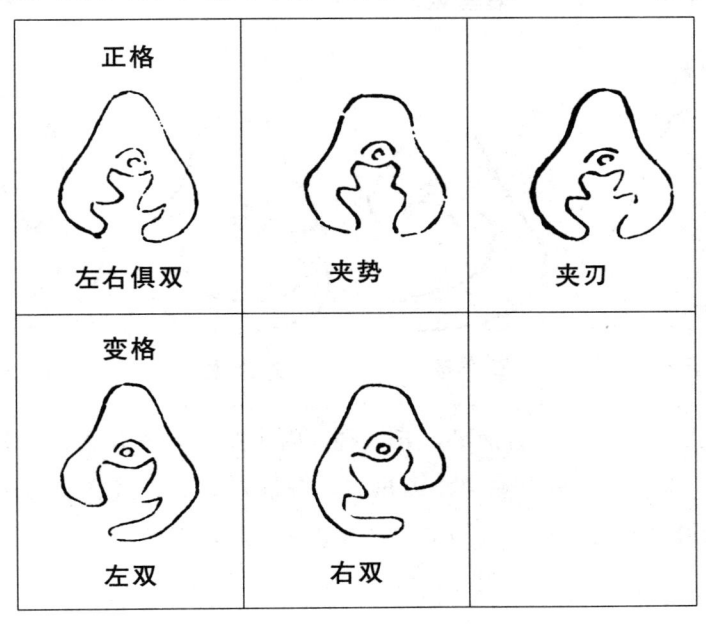

正格		
左右俱双	夹势	夹刃
变格		
左双	右双	

此星脑长而圆，身直面平，边开双臂，弯抱微乳，名曰"双臂紫气"。有三体。夫紫气双臂，水气为盛，木水资生，子母和养，故发福绵远，其理与双臂太阳同论；行脉受荫，与正体紫气同说。多为仙人舞袖形，宜火堆。

单股紫气

第六紫气名单股，凑补成龙虎。脚须逆转气方收，富贵重皇洲。

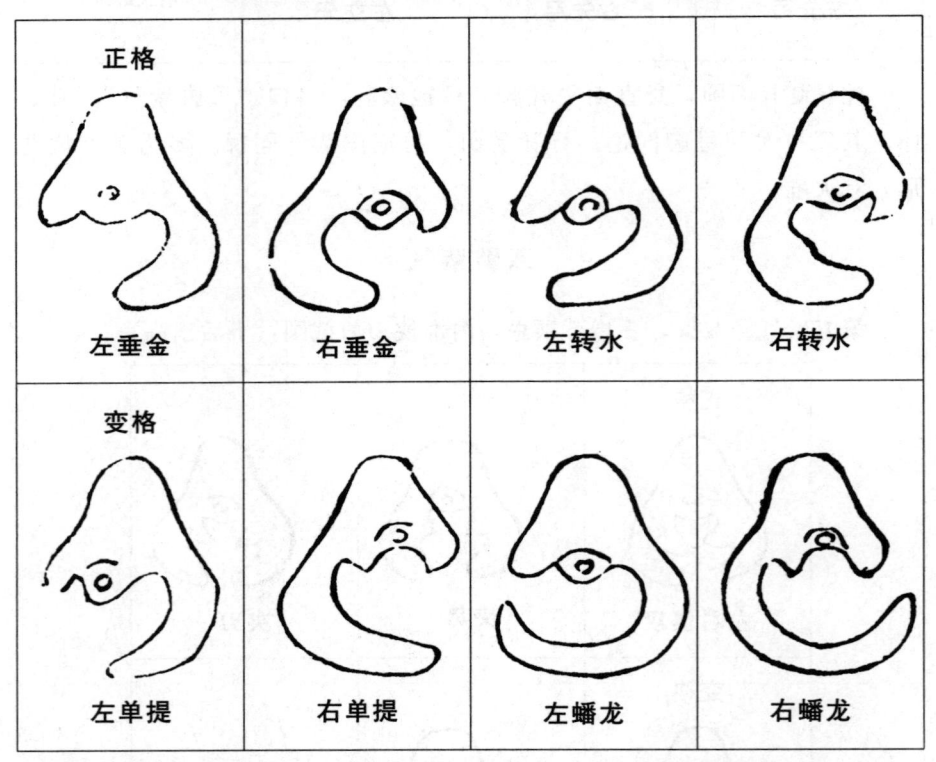

正格			
左垂金	右垂金	左转水	右转水
变格			
左单提	右单提	左蟠龙	右蟠龙

此星脑长而圆，身直面平，开一脚，内生微乳，或开微口，名曰"单股紫气"。有四体，俱要缺边，出短砂，夹气穴为真。其理俱与单股太阳同论，行脉受荫与正体紫气同说。多为象鼻形，宜火堆。

侧脑紫气

第七紫气名侧脑,坐乐穴方好。莫疑脑下似生窝,正乳结偏坡。

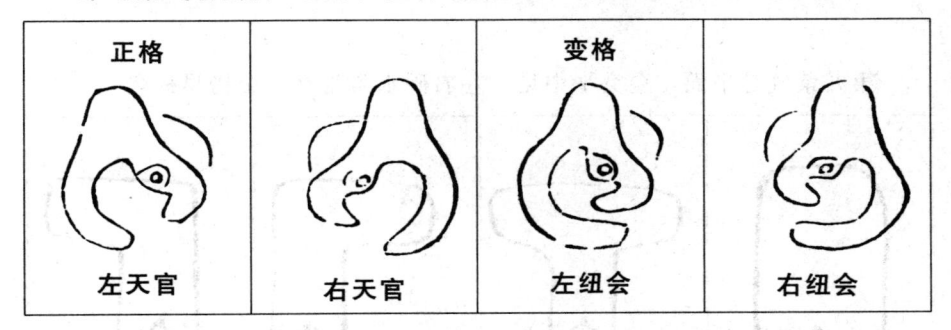

正格		变格	
左天官	右天官	左纽会	右纽会

此星脑长而圆,身直面平开脚,乳生肩下,名曰"侧脑紫气"。有二体。夫紫气侧脑,正脉斜趋而下,穴居前芽之处,如木之干,或曲或直,皆有发生之性,其理与侧脑太阳同论;行脉受荫,与正体紫气同说。多为骆驼卸宝形,又名转皮穴,宜火堆。

没骨紫气

第八紫气名没骨,肩下垂鼠肉。乐星近照格为真,无肉不堪亲。

正格			
左摇拳	右摇拳	左叠指	右叠指
变格			
左吐舌	右吐舌	张胆	

此星脑圆而身直,口开肩下,口中微有鼠肉下垂,名曰"没骨紫气"。

有四体，其形与侧脑相似，但侧脑有大乳，此特鼠肉，不同。其理与没骨太阳同说；行脉受荫，与正体紫气同论。多为仙人侧卧形，宜火堆。

平面紫气

第九紫气是平面，窟突平中见。左右砂水紧为真，金榜早标名。

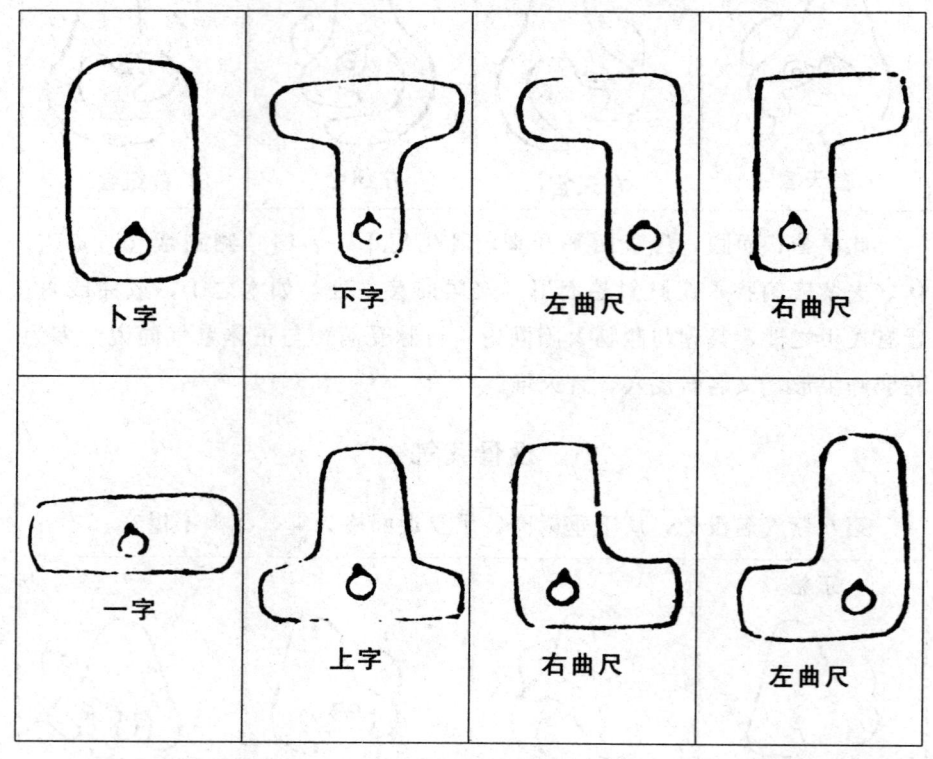

卜字	下字	左曲尺	右曲尺
一字	上字	右曲尺	左曲尺

此星身长而直，面平而低，中有微窝微突，名曰"平面紫气"，体各不一。其脉直来，有如十字者，如下字者，如曲尺者，皆当脑下结穴，恐犯土脉，煞须微开，出杀水分明，然后下之。如穴结萌蘖，取倚穴之偏，以避直煞。其横来有如一字者，如上字者，如曲尺者，宜结中心穴，用撞法，体亦难抱；但横直不乱，体不否邪者方是。皆要脊上平正，两弦起棱，一边起棱亦可。须窝中取微突，突中取微窝，方为直结。又要平砂收水，紧夹周密为妙。此星惟平处有之，其理与平面太阳同论；行脉受荫，与正体紫气同说。多为横笛、横琴等形，宜火堆。

天财九变

九个天财原不，一体分二十七。凹脑为首双脑从，平脑穴居中。位居转运户曹荣，富厚庄田丰。

正体凹脑天财 即金土天财

第一凹脑名正体，外砂紧方取。内生突泡土生金，金下好安坟。

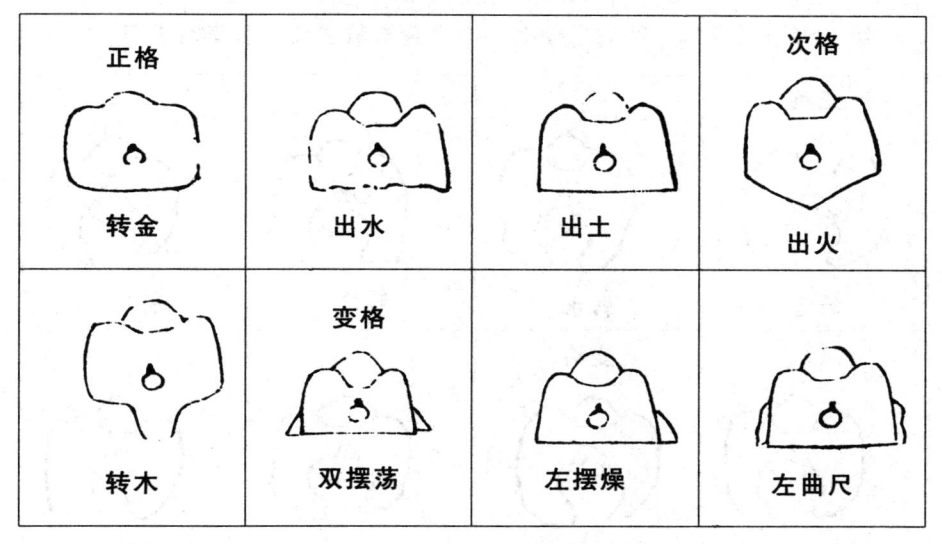

正格			次格
转金	出水	出土	出火
	变格		
转木	双摆荡	左摆燥	左曲尺

此星两头圆而中凹，身方面平，内生微突，名曰"正体凹脑天财"。有五体：下圆曰"金"，曲曰"水"，方曰"土"，正格也；尖曰"火"，直曰"木"，次格也。背后要如仰瓦，则气聚于前，方有融结。但旧本止取穴星，不取穴形，不知无穴即是虚花，必须正面上微生小突，突下开小口，为土生金、金生水，为真结也。若无金突，独开小口，为土克水，不可妄下。外有摆燥摆荡六格，俱与正体太阳篇同论。夫天财凹脑，金土合形，仓库之象也。所贵厚重端庄，故正体居第一。名天财者，言财从天而下，最旺蚕丝禾谷、金银宝货。然形如诰轴，亦能出贵，主双妻、双生、双举之兆。凡正体星辰，包含元化，敛聚精神，力大功宏，气溥用博，故为吉穴。须要面无破碎，身不欹斜，察突泡于微茫，分高低于尺寸，外缠紧夹，水聚明堂为真；最嫌无乐，尤忌腰长，无乐则穴受凹风，腰长则水

胜黄肿，不可不辨。① 此星得乾坤之势而成形，坐龙得乾兑艮坤，皆为气旺而形应。安扦合法，生人相貌厚重，心性诚实，行事朴直，金土命生人受荫，巳酉丑、申子辰年发达，贵多封诰，金宝富多，贯朽粟红。至于重轻，又辨龙格，多为展诰，形大者为官担，宜火堆。诀云："土星发用号天财，多是横龙出面来。凹脑原来金土合，天然突穴任君裁。"

开口凹脑天财

第二天财号开口，凹后乐须有。内生金泡救水窝，双喜富贵多。

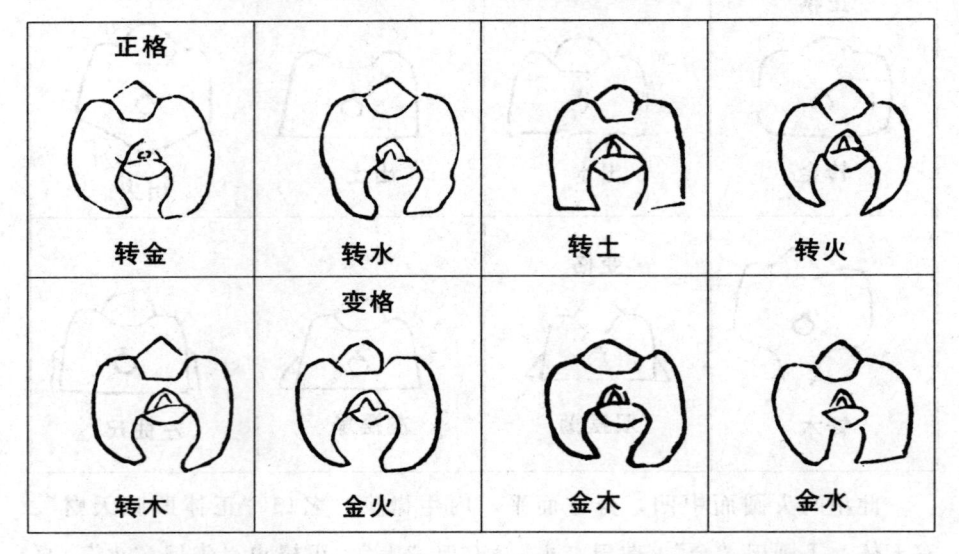

正格			
转金	转水	转土	转火
变格			
转木	金火	金木	金水

此星脑圆而凹，身方面平，两边开脚，弯抱微突，下有微唇，名曰"开口凹脑天财"。有五体，又有变格二十体，皆变脚不变头也。图备太阳开口篇，其理俱与开口太阳出脚同论。夫天财多是横山出面，凹脑乃金土合形，旧本止取开口，不知开口则为水穴，必须口之上要生微茫金泡，为土生金，金生水，乘金用水，方可下穴。若口土无金泡救之，则为寡水。口上正顶，既受土克，左右纵有双金，亦隔远而无用，定主黄肿败绝。后要乐星为主照以避凹风，若有乐背后包裹周密，与穴相映，亦吉。安扦合法，主双妻、双子、双举之应，其理与太阳开口同论；行脉受荫，与正体

---

① 原注：凹脑之乐，取近穴为妙，远则仍用不着矣。

凹脑同说。多为贵人凭几形，宜金堆。

悬乳凹脑天财

第三天财号悬乳，凹脑形堪取。乳上出杀水为真，无乐不须针。

正格			
垂金	生水	穿土	带火

	变格		
夹木	双星	麒麟	三台

此星脑圆而凹，身方面平，开脚生乳，名曰"悬乳凹脑天财"。有八体，其理与形俱与太阳悬乳同论。夫凹脑金土合形，垂乳则为玄武垂头。若乳长，内有小泡，身自有主，不须后乐亦可，要鬼星在后撑持方妙，但腰长水胜不宜耳。行脉受荫，与正体凹脑同说。多为踞虎形，宜火堆。

弓脚凹脑天财

第四凹脑名弓脚，借乐当中作。脚弓逆转格为奇，鄙吝足家资。

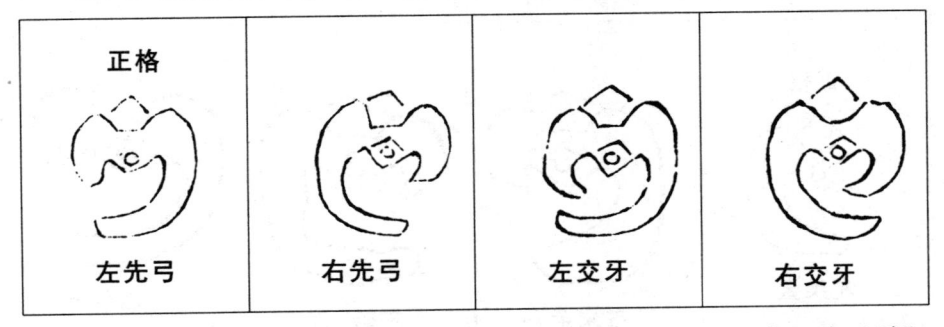

正格			
左先弓	右先弓	左交牙	右交牙

此星脑圆而凹，身方面平，开两脚，抱微乳，名曰"弓脚凹脑天财"。

有二体，但凹后要乐，凹中要短，方为吉体，其理与弓脚太阳同论；行脉受荫，与正体凹脑同说。多为蟠龙形，宜火堆。

双臂凹脑天财

第五凹脑名双臂，借乐穴奇异。内惟挟刃剪为圆，富贵足庄田。

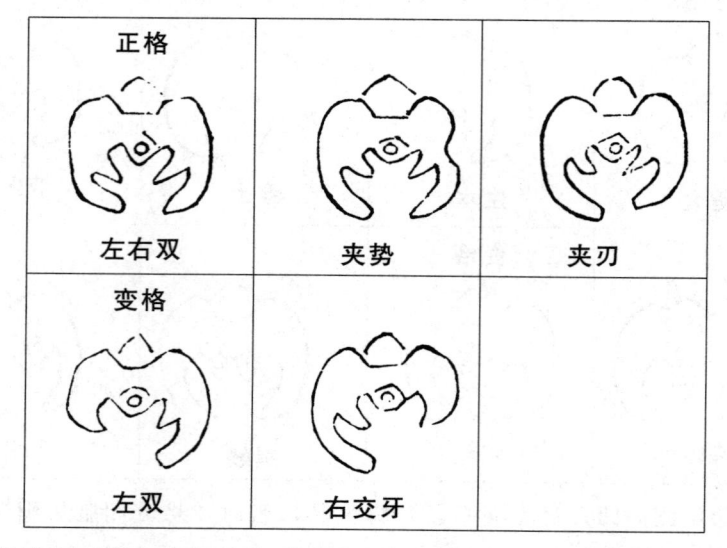

正格		
左右双	夹势	夹刃
变格		
左双	右交牙	

此星脑圆而凹，身方面平，双开两臂，抱微乳，名曰"双臂凹脑天财"。有三体，但凹后要乐、凹中要短方吉，主双妻、双子、双举之应，其理与双臂太阳同论；行脉受荫，与正体凹脑同说。多为龙马饮泉形，宜金堆。

单股凹脑天财

第六凹脑名单股，凑补全龙虎。脚须近转喜藏风，扦后更兴隆。

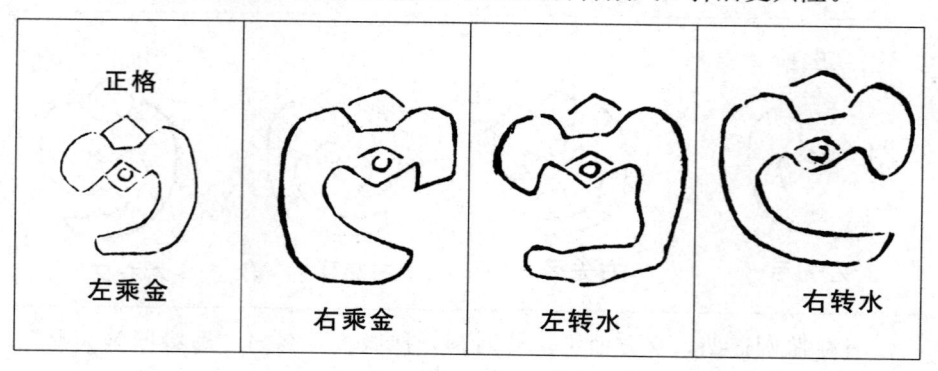

正格			
左乘金	右乘金	左转水	右转水

变格			
右单提	左单提	左蟠龙	右蟠龙

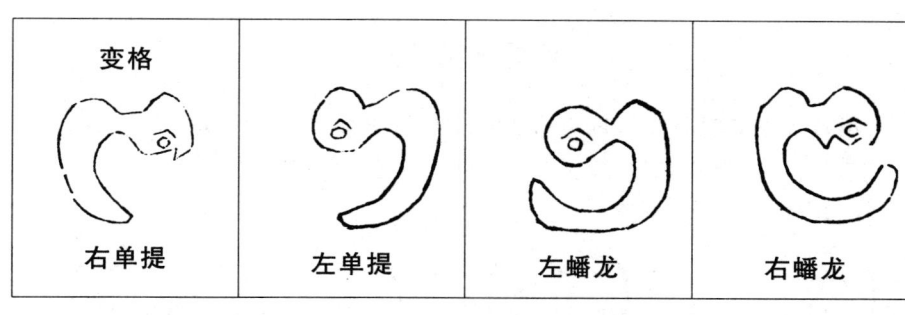

此星脑圆而凹，身方面平，开一长脚，内生微乳，名曰"单股凹脑天财"。有四体，内惟左右单提、左右蟠龙穴结金脑之下，已有主顶，不须后乐，只要后鬼，其余皆要乐星，又要凹短，尤要缺边，出短砂，收穴气，方为吉格，其理与单股太阳同论。行脉受荫，与正体凹脑同说，多为睡象形，宜金堆。

侧脑凹脑天财

第七天财名侧脑，借乐方为好。穴法多应是转皮，乳向侧边居。

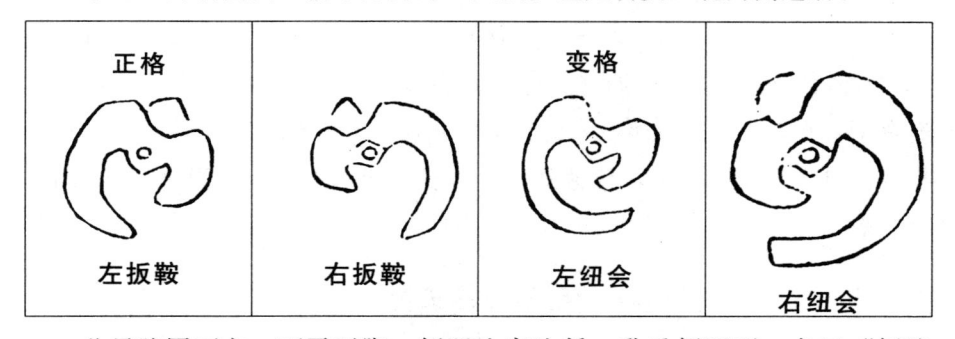

正格		变格	
左扳鞍	右扳鞍	左纽会	右纽会

此星脑圆而方，面平开脚，侧凹边高边低，乳垂侧凹下，名曰"侧脑凹脑天财"。有二体：其脚均匀者名曰"扳鞍"；如落平洋，出身低伏，形如龟背，名曰"章光"，① 此正格也。一脚长一脚短弓过穴者，名曰"纽会"，变格也。此格气聚一边，纵有乳气，亦要后乐分明，但乳长者穴居垂处，若乳短或似鼠肉者，穴居贴脊，名"贴脊穴"；又名"横骑龙"，皆是其理，与太阳侧脑同论。但此不宜腰长，行脉受荫，与正体凹脑同说。多为渴马饮泉形，宜金堆。

---

① 原注：章光，隐穴也。

没骨凹脑天财

第八天财名没骨，穴向口中出。中出鼠肉瘦取肥，富贵有钱余。

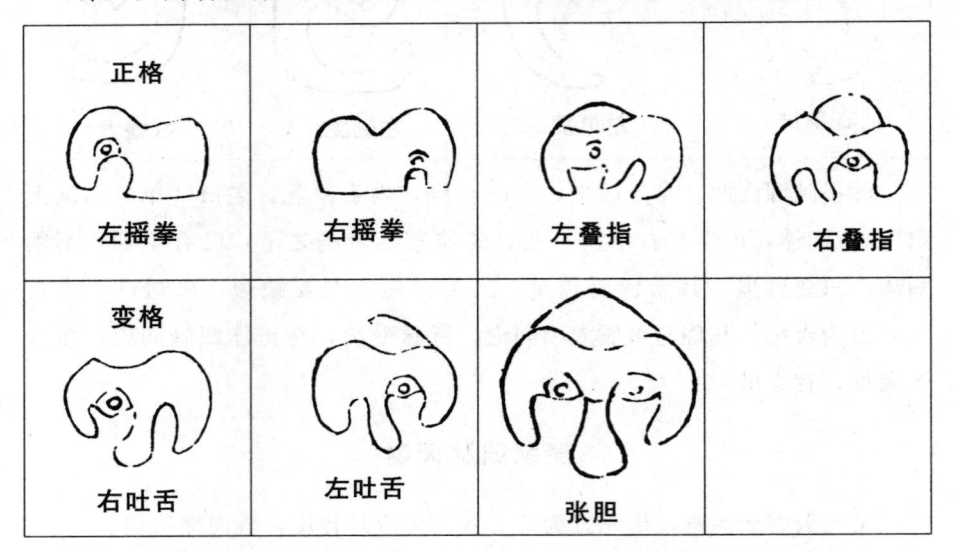

正格			
左摇拳	右摇拳	左叠指	右叠指
变格			
右吐舌	左吐舌	张胆	

此星脑圆而凹，身方面平，口开肩下，口内微生鼠肉，借乐为照，名曰"没骨凹脑天财"。有四体，内惟左右摇拳口开一边，边脑已起峦头，有金顶生水，不必要鼠肉，只要唇毡，此皆参合曾杨家法改讹归正也。其理势俱与没骨太阳同论，行脉受荫，与正体凹脑同说。多为将军立马形，宜金堆。

平面凹脑天财

第九凹脑是平面，平砂要紧现。内生突窟是真形，清贵播声名。

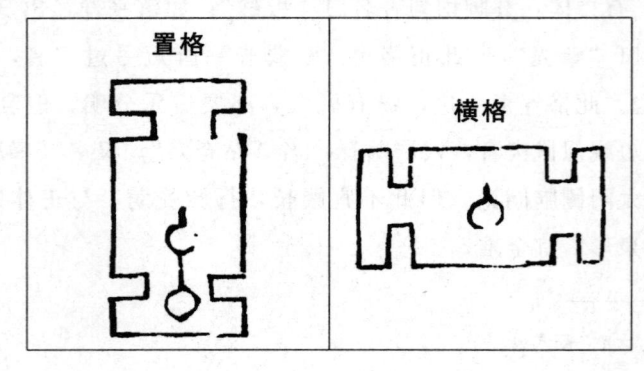

置格	横格

此星身方而凹，面平而长，名曰"凹脑平面天财"，有横直二体。旧本无穴可据，必要内生微突，突中有微口，方为真结。若无窟突可凭，又无贴身砂水可据，即属花假，其理与太阳平面同论。行脉受荫，与正体凹脑同说。多为玉琴形，宜金堆。

正体双脑天财 即金水天财

第一双脑名正体，穴突方可取。外砂收紧借乐扦，清贵福无边。

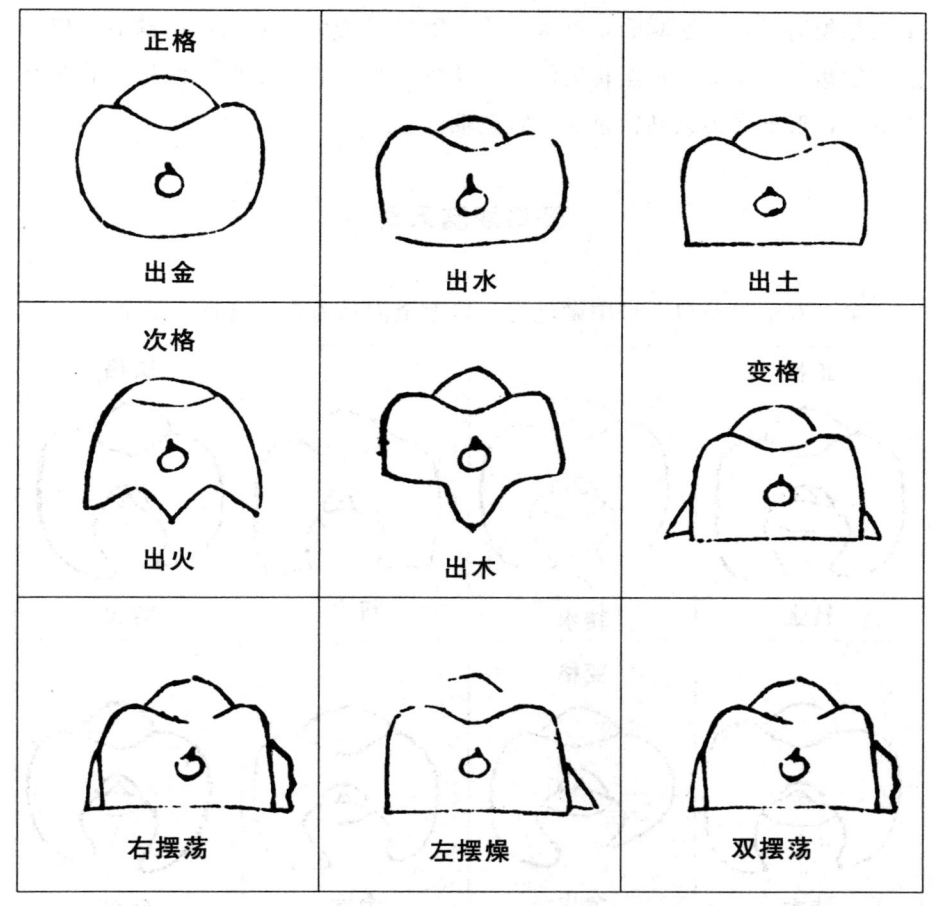

正格		
出金	出水	出土
次格		变格
出火	出木	
右摆荡	左摆燥	双摆荡

此星脑圆而曲，身方面平，不开脚，名曰"正体双脑天财"。有五体：下圆曰"金"，曲曰"水"，方曰"土"，正格也。尖曰"火"，直曰"木"，次格也。外有带曜六格，皆同前论，但旧本止取穴星，不取穴形，不知无

穴即无融结，必须正面上微生小突，左右有微砂收水，穴后要似仰瓦，则气趋于前为真。若仰瓦内又生乳，恐前面非真也。夫天财双脑金水合形，仓廪之象也。所贵厚重端正，故居第一，最旺蚕禾银货，亦主贵显及双妻、双生、双举，骑坐鞍马之验。凡正体星辰，包含造化，收敛精神，力大功宏，气溥用博，故为吉穴。须要面无破碎，身不崩倾，察突泡于微茫，分砂水于尺寸。最忌无乐，大嫌腰长。无乐则穴受凹风，腰长则身带荡体，须要穴生小突，尤宜左右微砂，乐星后拱，明堂前聚，方为真结。此星得金水之气而成形，坐龙得庚辛壬癸，皆为气旺而形应。安扦合法，生人相貌清秀，心性聪明，行事巧捷，庚辛壬癸生人受荫，巳酉丑、申子辰年发达。若龙贵，官至转运仙分；龙毕，亦发商贾富厚。此星高者为马上贵人，形低者为天马饮泉形，宜金堆。

开口双脑天财

第二双脑号开口，口中微乳有。口上金泡脉为真，富贵斗量金。

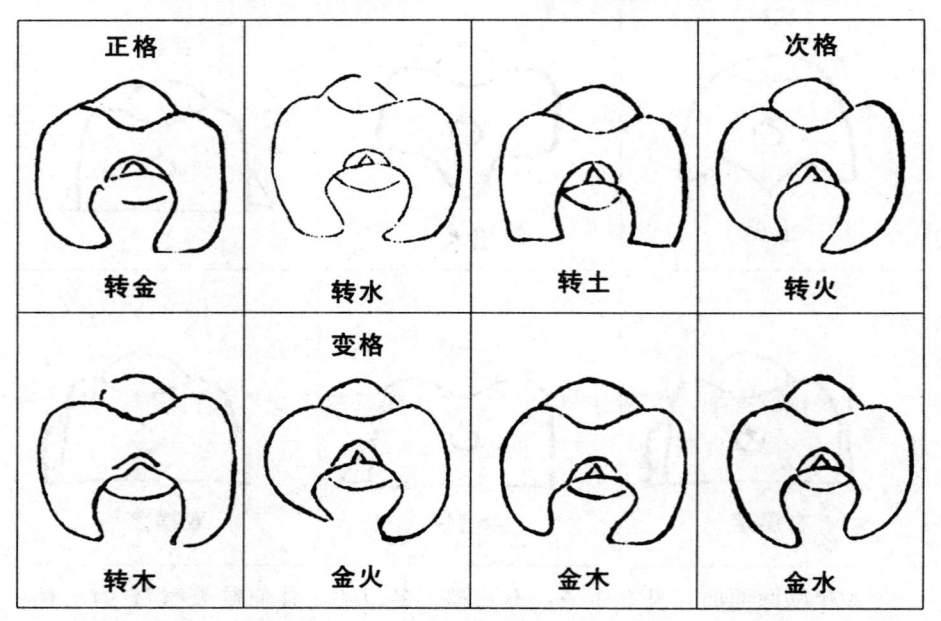

正格			次格
转金	转水	转土	转火
	变格		
转木	金火	金木	金水

此星脑圆而曲，身方面平，开两脚，抱突，名曰"开口双脑天财"。正格有三体，次格有二体，变格有二十体，总变脚不变身耳。图备太阳开

口篇，其理俱与太阳开口同论。夫双脑天财者，两金夹一水也。旧本徒取开口，是为水脉水穴，况四水流入口穴中，名曰"水破天心"，败绝难免。须要四下起一微茫泡乳，以分流界合，则微金来救水窝，上有小分，下有小合，是为生气，方为真结。若无微泡微乳，谓之冷窝无气，决不可扦。其行脉受荫，与正体双脑同说。多为天马蹑云，宜金堆。作茔忌深广，恐水太重，发福迟也。

悬乳双脑天财

第三双脑是悬乳，无乐也堪取。内寻出杀来为真，官职喜同登。

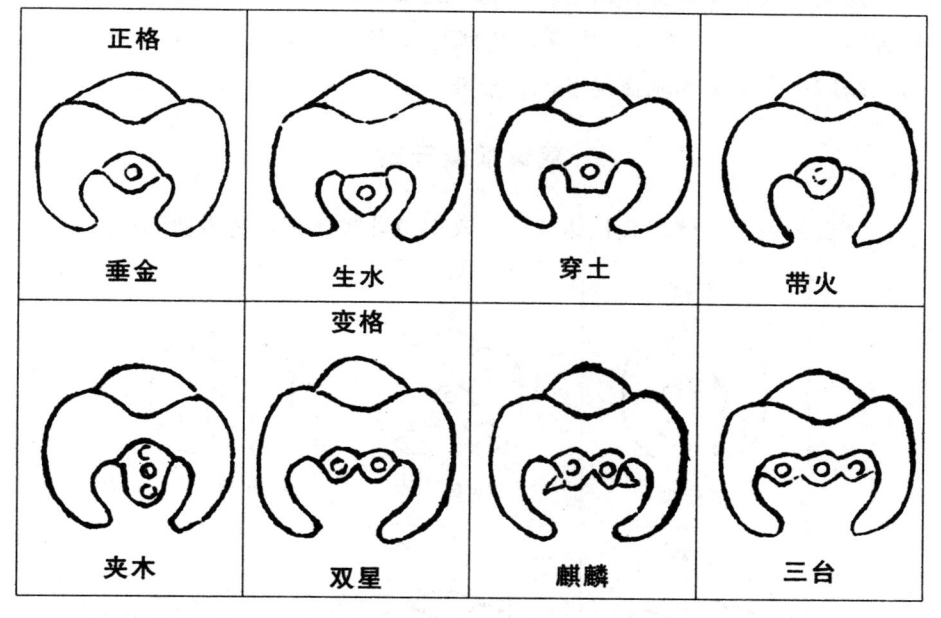

正格			
垂金	生水	穿土	带火

变格			
夹木	双星	麒麟	三台

此星脑圆而曲，开脚生乳，名曰"悬乳双脑天财"。有八体，其形与理，俱同太阳悬乳篇论。夫双脑乃金水合形，悬乳则为玄武垂头。若乳长内有微泡，则身有主顶，不拘后乐，然终不如有乐更妙。安扦合法，主父子兄弟同科之应。行脉受荫，与正体双脑同说。多为骅骝拑镫形，宜金堆。

弓脚双脑天财

第四双脑是弓脚，借乐堪斟酌。内垂微乳脚逆弓，玉带受皇封。

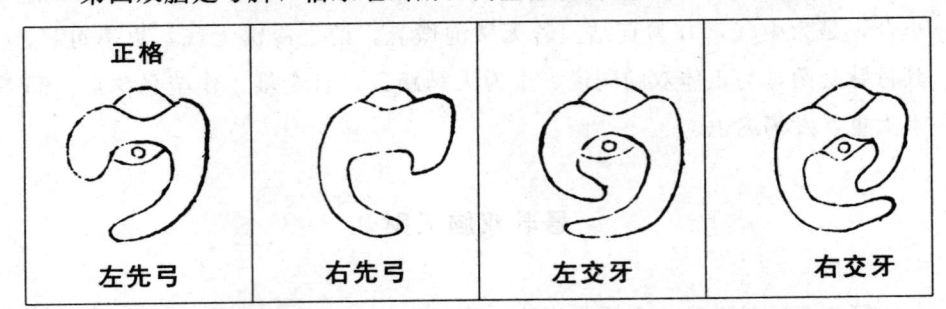

正格			
左先弓	右先弓	左交牙	右交牙

此星脑圆而曲，身方面平，开脚弯抱微乳，后借高乐，名曰"弓脚双脑天财"。有二体，要腰短为真，其理与弓脚太阳同论；行脉受荫，与正体双脑同说。多为神驹摇尾形，宜金堆。

双臂双脑天财

第五天财号双臂，叠指休嫌忌。穴中微乳腰体长，挟刃剪圆良。

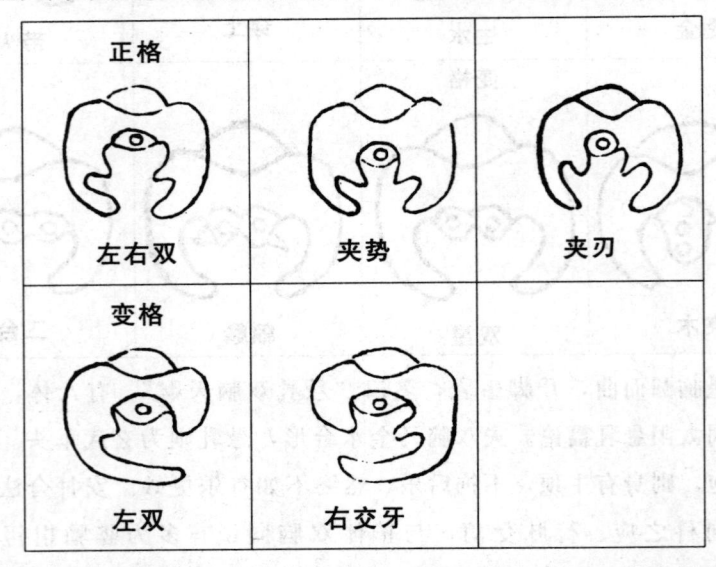

正格		
左右双	夹势	夹刃
变格		
左双	右交牙	

此星脑圆而曲，身方面平，每边开两臂，中垂微乳，名曰"双臂双脑天财"。有三体，其理俱与双臂太阳同论；行脉受荫，与正体双脑同说。多为凤凰展翅形，宜金堆。

单股双脑天财

第六双脑名单股，凑补全龙虎。内生微乳脚逆收，身价重皇洲。

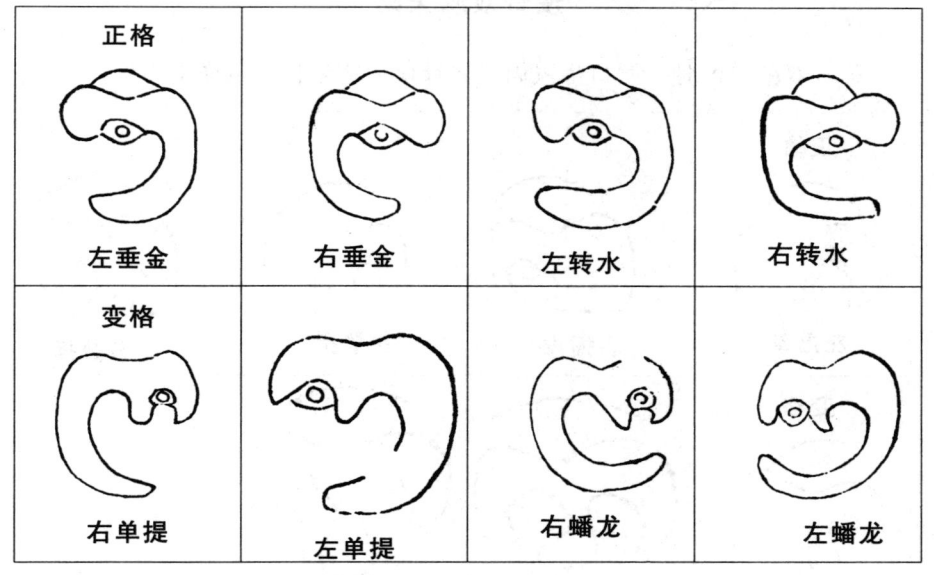

正格			
左垂金	右垂金	左转水	右转水
变格			
右单提	左单提	右蟠龙	左蟠龙

此星脑圆而曲，身方面平，开一脚抱穴，名曰"单股双脑天财"。有四体，其理俱与太阳单股同论。但此要后乐，腰要短狭，尤要缺边，出短砂，收穴气为真。若左右单提与蟠龙穴结边脑之下，或垂微乳，或开微窝，俱有金顶照应，不必后乐，只要后鬼，亦吉。其行脉受荫，与正体双脑同说。多为蟠龙形，宜金堆。

侧脑双脑天财

第七天财名侧脑，乳向腰间倒。后乐借照号扳鞍，章光平处看。

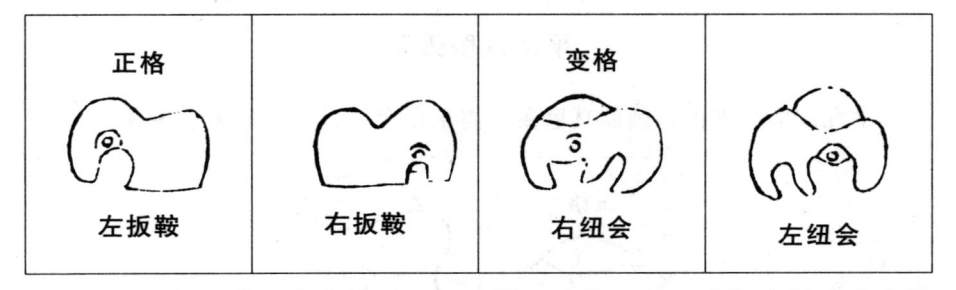

正格		变格	
左扳鞍	右扳鞍	右纽会	左纽会

此星脑圆而曲，身方面平，开两脚，一长一短，头高头低，乳生软处，名曰"侧脑天财"。有二体，其理俱与太阳侧脑同论，但此不宜腰长，却不嫌脑侧，乳气聚处，即是真穴；行脉受荫，与正体双脑同说。多为渴

马饮泉形，宜金堆。

没骨双脑天财

第八双脑名没骨，唇口生鼠肉。穴针鼠肉应乐扦，虽怪不嫌偏。

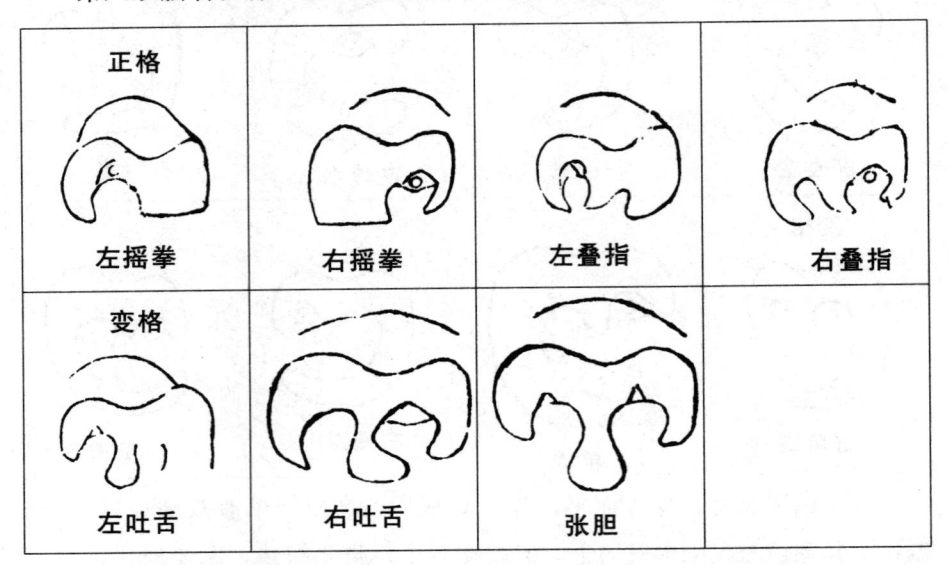

正格			
左摇拳	右摇拳	左叠指	右叠指
变格			
左吐舌	右吐舌	张胆	

此星脑圆而曲，身方面平，口开肩下，名曰"没骨双脑天财"。有四体，但旧本止取开口，是阳来阳受，须要口中有鼠肉，阳中取阴，瘦中取肉，方为真结。又要后乐为应，以避凹风。若口开边脑下者，上有金脑，来救水窝，不须后乐，亦吉。又要后鬼，其理俱与太阳没骨同论；行脉受荫，与正体双脑同说。多为寒牛出栏形，宜金堆。

平面双脑天财

第九双脑是平面，圆曲真堪羡。肉生窟突气为真，砂水紧缠身。

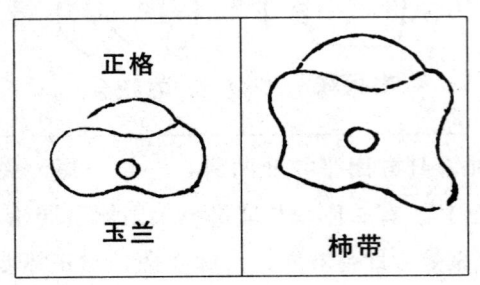

正格	
玉兰	柿带

此星身圆而曲，面平而低，名曰"平面双脑天财"，有如茧子者，如柿蒂者，与平面金水相似。但金水体圆，天财体方，高处少见，多在平洋，惟内生窟突，前后应乐，缠护紧夹，方为真结。不然即为罗星，孤露之物。其理俱与平面太阳同论，行脉受荫，与正体双脑同说。宜金堆。

正体平脑天财 即土星

第一平脑名正体，垂珠倒气中心取。两脚转金金口开，砂紧莫疑猜。

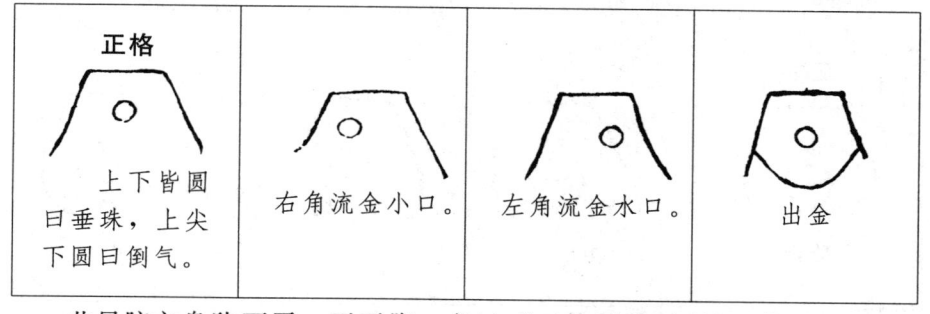

正格 上下皆圆曰垂珠，上尖下圆曰倒气。	右角流金小口。	左角流金水口。	出金

此星脑方身狭面平，不开脚，名曰"正体平脑天财"。盖平脑宜短，不宜太长，长则主死亡枉死。又与诸体不同，形势方平，本无起伏，其气不聚，不可立穴，《书》云："形如横几，孙灭子死。"若中心有垂珠倒气，如小太阴、小太阳则可，师曰："挂壁土星人道恶，穴向何处作。垂珠倒气妙安排，左右认龙来。"龙左穴右、龙右穴左之义，谓之转金者，土转金，方可作穴也。须要小金贴在方土上，近看则有，远观则无方妙。若出脉起顶脑方者为龙格，如过脉来起顶圆者为穴星，又不可以天财论矣。必要圆泡贴在土星上，是为金穴。若中心无垂珠倒气，当在两角认穴，亦要如小太阳、小太阴头面，方可安扦，师曰："主长应下当心穴，两角宜裁截。中心便是恶星辰，枉死少年人。"又云："土角只宜小金脑，微方要开口。小金口内好安坟，左右辨龙分。"若土身带火曜者最贵，《经》云"土星火角真豪富"是也。夫天财最旺田蚕货宝，然亦出贵。此等星辰，博换形势之妙，收敛气脉之全，气大力宏，性纯福厚，故为吉穴。必形势端正，起突分明，察砂水于微茫，分珠气于尺寸，是为得之。最嫌无托无护，尤忌有射有牵；无护托则穴受风吹，有射牵则栏中牛去。此星得坤宫

之气而成形，坐向得丑艮未坤，皆为气旺而形应。安扦合法，生人相貌厚重，心性诚实，行事直朴，土命生人受荫，未丑戌辰年发达，贵多金宝，当旺牛田。至于轻重，又辨龙格。此星若生在后龙上，名为玉枕，又为御屏，高大则重，低小则轻。此体小者为玉几形，大者为玉屏形，宜金堆。

开口平脑天财

第二平脑号开口，土来克水丑。中有微金救寡窝，转吉福生多。

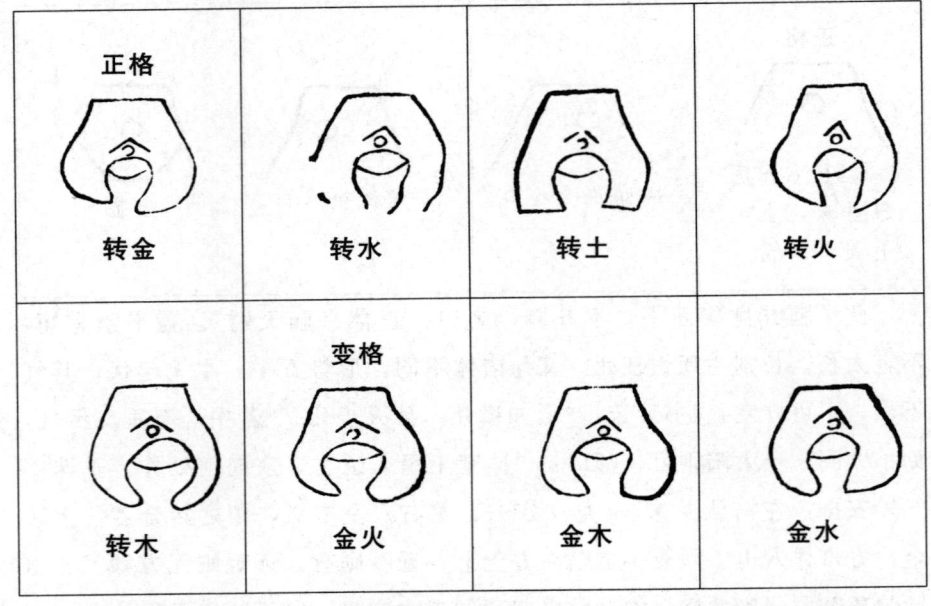

正格			
转金	转水	转土	转火

变格			
转木	金火	金木	金水

此星脑方身狭面平，开两脚弯抱，名曰"开口平脑天财"。正格五体，变格二十体，俱与太阳开口同论。但平脑宜短，不宜太长，长则主少年狂死。夫平脑属土，克金穴，生生之理包。旧本徒取开口，则为穿水，《经》云："土星克水，主黄肿败绝。"须要土星之下，口弦之上，起一微茫金泡，则土生金，金生水，化凶为吉。如无金泡，以救土口，必不可扦。其行脉受荫，与正体平脑同说。多为玉几形，宜金堆。

理取相生，则正格内，惟转金转火，足合土格。如转水，则体克用；转木，则用克体，两格不妙。如转水者有金泡，则三体相生，尤为可用。

悬乳平脑天财

第三平脑是悬乳，垂头穴可取。上要出杀水分明，融结始为真。

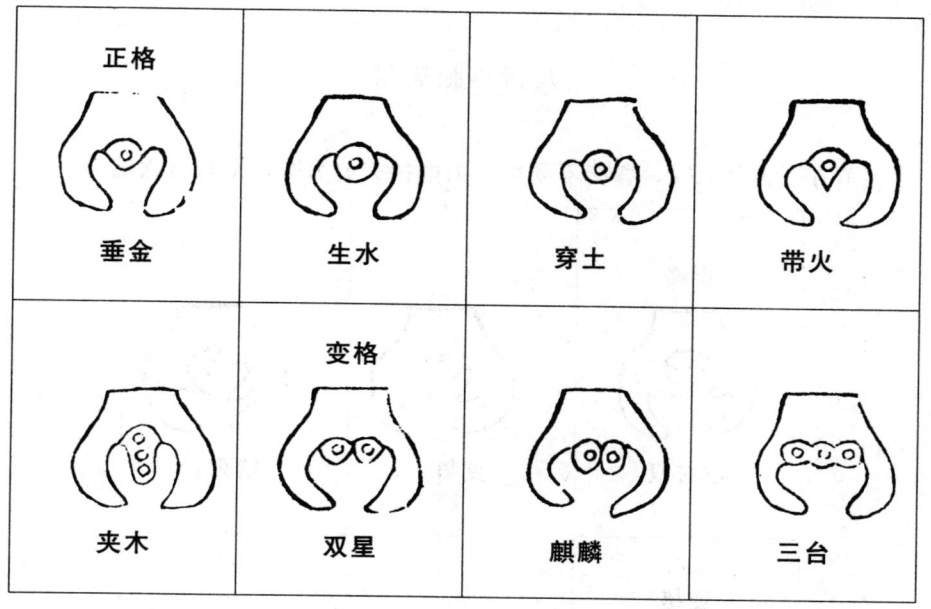

正格			
垂金	生水	穿土	带火
	变格		
夹木	双星	麒麟	三台

此星脑方身狭面平，开两脚弯抱，中垂乳气，名曰"悬乳平脑天财"。有八体，其形与理，俱与太阳悬乳同论。夫天财平脑，土星真形，悬乳则为金水，乃玄武垂头，故吉也。行脉受荫，与正体平脑同说。多为牛眠形，宜金堆。

弓脚平脑天财

第四平脑号弓脚，逆转方可作。穴生微乳格为真，家富有名声。

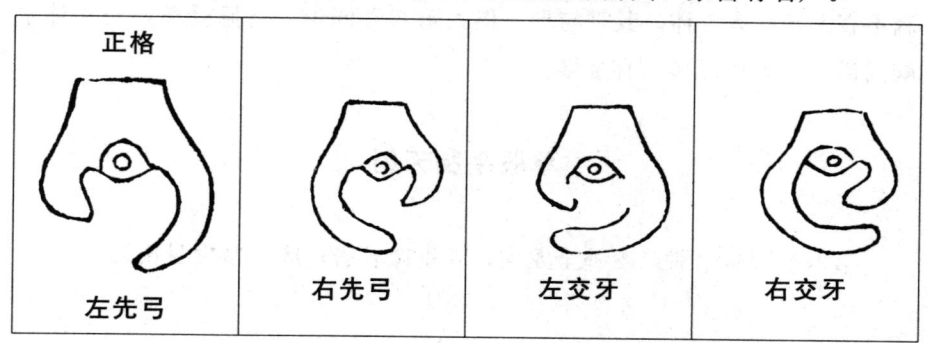

正格			
左先弓	右先弓	左交牙	右交牙

此星脑方身狭面平，开弯脚抱乳，名曰"弓脚平脑天财"。有二体。但平脑不宜太长，长则主少亡枉死，其理俱与太阳弓脚同论；行脉受荫，与正体平脑同说。多为苍龙卷尾形，宜金堆。

双臂平脑天财

第五平脑是双臂，叠指不须忌。内惟挟刃剪为圆，富贵自绵绵。

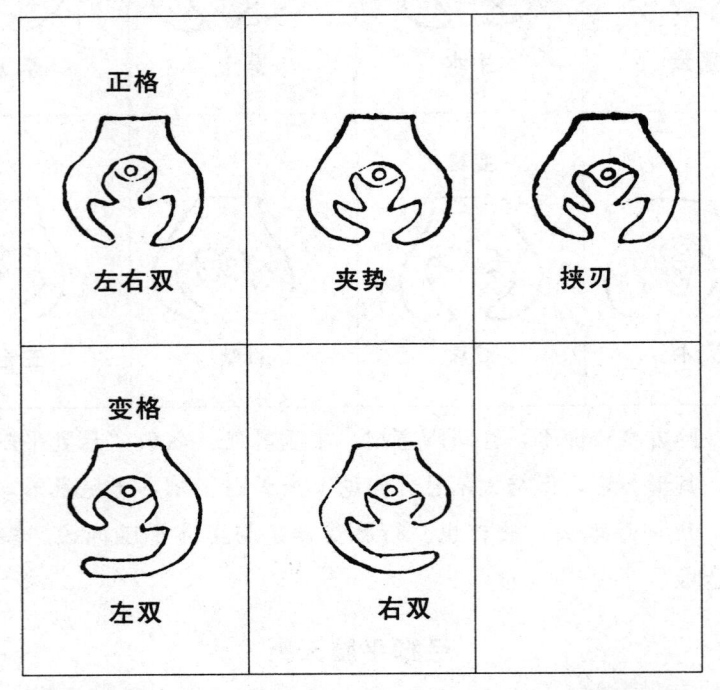

正格		
左右双	夹势	挟刃
变格		
左双	右双	

此星脑方身狭面平，边开双臂，抱微乳，名曰"双臂平脑天财"。但脑不宜太长，有二体。其理与形，俱太阳双臂同论；行脉受荫，与正体平脑同说。多为伏虎形，宜金堆。

单股平脑天财

第六平脑是单股，凑补全龙虎。穴垂微乳脚逆收，富贵足田垌。

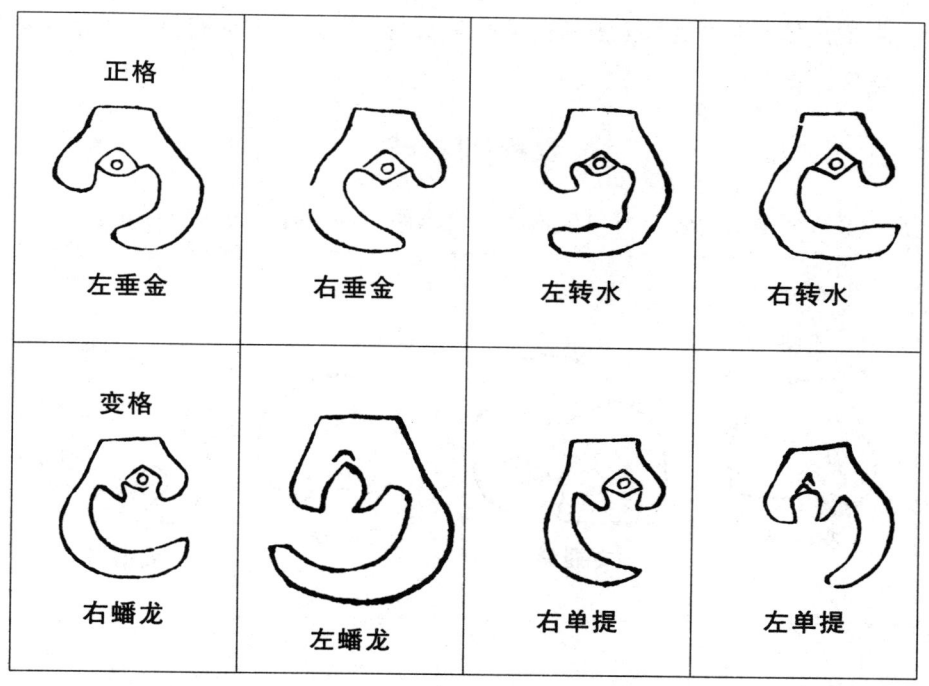

正格			
左垂金	右垂金	左转水	右转水
变格			
右蟠龙	左蟠龙	右单提	左单提

此星脑方身狭面平，开一脚抱穴，名曰"单股平脑天财"。有四体。但平脑不宜太长，单股必须逆转，尤要缺边，出短砂，收穴气为真。其理俱与单股太阳同论，行脉受荫，与正体平脑同说。多为睡象形，宜金堆。

侧脑平脑天财

第七土星名侧脑，乳在侧边好。脑平宜短不宜长，借乐应为良。

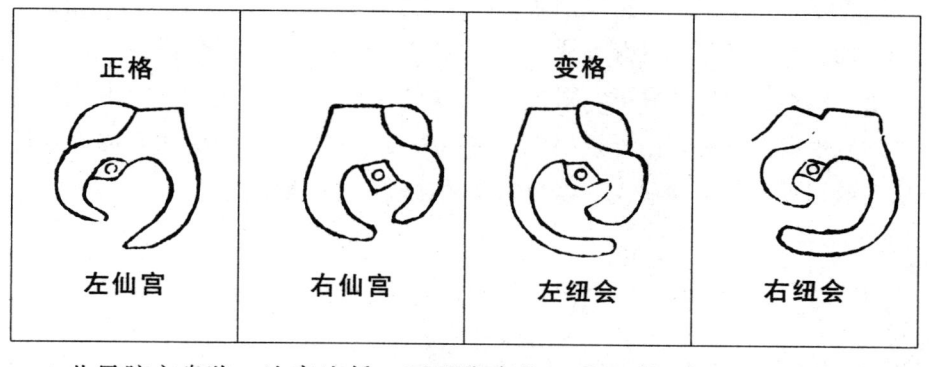

正格		变格	
左仙宫	右仙宫	左纽会	右纽会

此星脑方身狭，边高边低，开两脚弯抱，乳生低处，名曰"侧脑平脑天财"。有二体。夫侧脑气聚一边，虽有乳气，亦要后乐。不宜脑长，尤

宜堂正，其理俱与侧脑太阳同论；行脉受荫，与正体平脑同说。多为骆驼卸宝形，宜金堆。

没骨平脑天财

第八平脑名没骨，肩口生鼠肉。借乐照应肉上扦，发福有庄田。

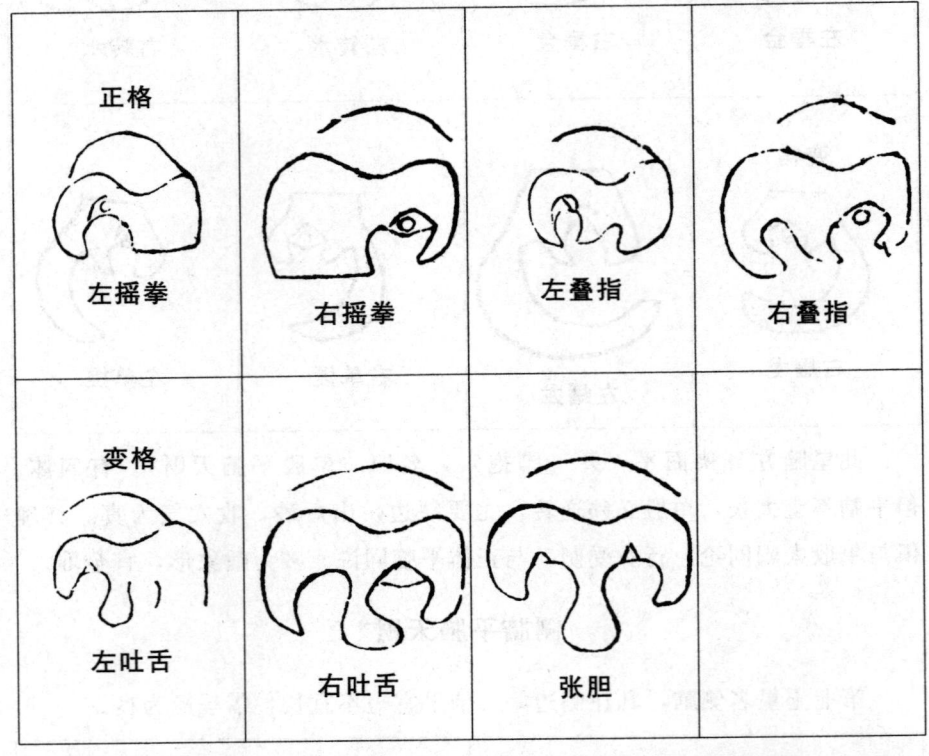

正格			
左摇拳	右摇拳	左叠指	右叠指
变格			
左吐舌	右吐舌	张胆	

此星脑方身狭，口开肩下，名曰"没骨平脑天财"，有四体。夫平脑属土，旧本徒取口开肩下，则为水穴，《经》云："土水相刑，败绝黄肿"。必须口中微生鼠肉，则土金相生，转凶为吉。其理俱与没骨太阳同论，行脉受荫，与正体平脑同说。多为猛虎出林形，宜金堆。

平面平脑天财

第九土星是平面，落在平洋见。内寻窟突格为真，富贵有名声。

直格 上字	下字	左曲尺	左曲尺
方盘	横格 一字	上字	左曲尺
右曲尺	金斗		

此星脑横而方，面平而低，名曰"平面平脑天财"。有七体，格与平面紫气相似。但紫气直而圆，天财方而平，形自不同。[①] 其脉直来，有如上字，如下字，如曲尺者，宜寻窟突处立倚穴，不可当头中扦穴，恐犯上脉煞。其脉横来，有如一字，如上字，如曲尺者，中寻窟突处立撞穴，不可当腰中扦穴，为犯斩脉杀。有如方盘，如金斗者，穴宜结居中心，四旁力轻，惟中可取。然体亦难拘，但横直不乱，方正不偏者便是。须要脉来断续，紧缠夹护为真。其理但与平面太阳同论；行脉受荫，与正体平脑同说。随状喝形，阔大开茔，作金堆。

---

① 原注：圆直方平，辨其弦棱处也。

天罡九变

九个天罡人道恶，四个吉神落。若穿水宿制凶星，截剪救人贫。

正体天罡

第一天罡为正体，金火合形拟。火脚相战毒难当，因死阵中亡。

此星脑圆脚尖面饱，不开股，名曰"正体天罡"，惟一体。天罡者，乃甲胄之象，金顶火脚，相战不宁，故不受穴，只宜居龙虎外，守御门户。然与正体太阳出火摆燥相似，但太阳腰软面平，天罡腰硬面饱，若误扦之，生人相貌粗恶，心性凶毒，主为刽手屠夫，凶暴作造。其为祸也，发瘟动火，枉死扛尸，形伤兵劫，徒配军亡。初败长位，次及中小，火命人受祸，寅午戌年事发，至为凶毒。

开口天罡

第二天罡号开口，转水休嫌丑。子来救母剪培弯，边间立功前。

用培法，令两脚弯抱方吉。

此星脑圆身硬，开两尖脚，名曰"开口天罡"。惟一体，与开口太阳带火脚相似，但太阳腰软，天罡腰硬，宜细辨认。夫天罡本四凶之一，金头火脚，上下交战，妄扦则触怒犯威，立见祸发。若开圆口，则为穿水，水来克火，是谓"母被鬼伤，子来救助"，鬼退则母安，故转为吉。必口上有生气，口下有唇毡，方可裁取。宜下压杀穴，谓之挨金剪火，先贤所谓"火脚金头。葬后封侯"者，正谓开口方可取也。"金顶火头，葬后销烁"，为不开口，不可取也。然口虽开，而脚尖且直，将何以收气？务令两脚内培之使弯，以收拾内堂之气，外留脚尖，似摆燥带曜然，方尽裁补辅相之妙。凡开口星辰，灵光合聚于中，余气分行于下，雌雄相顾，血脉交通，亦为吉穴。惟要口中圆净，窝内平坦，上要圆满，切忌漏槽；下要吐唇，尤嫌倾泻。漏槽则水破，天心倾泻则生气不聚。尤要外护关锁收气，来龙束气合格，方为可取。此星得离宫之气而成形，坐龙得巳丙午丁，皆为气旺而形应。安扦合法，生人相貌雄伟，心性疏通，行事果敢，火命人受荫，寅午戌年发达。龙合贵格，主师阃刑曹；合下格，亦主武断乡曲，大旺财丁。多为将军大坐形，开茔宜深阔，不忌水重，宜土堆。

悬乳天罡

第三天罡是悬乳，穴吉方可取。培成两脚分弯环，出杀水为先。

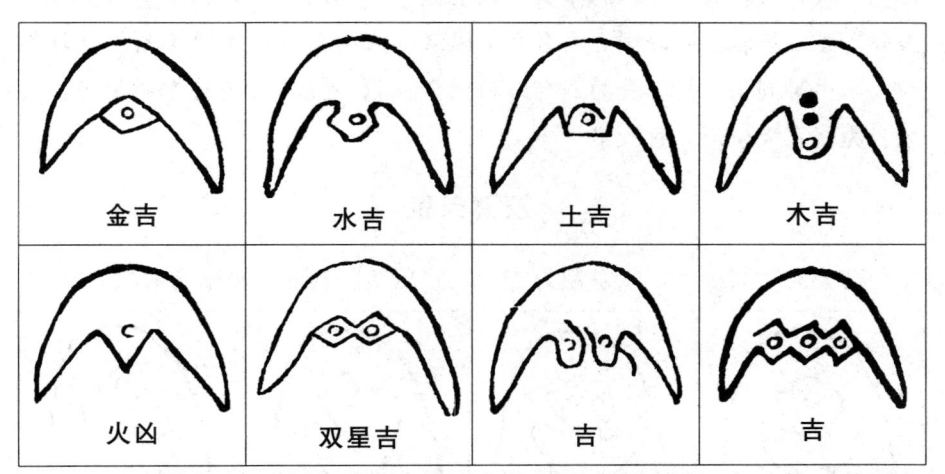

金吉	水吉	土吉	木吉
火凶	双星吉	吉	吉

此星脑圆有尖，面平开脚生乳，名曰"悬乳天罡"。有八体，其形与理，俱与太阳悬乳篇同论。内惟带火者，横身火重，不吉，用燃火法，必骑刑压杀。今破煞使圆，转凶为吉，须要乳上出杀水明白，方为真结。然两脚直尖，不吉，务令培成弯抱，以收内堂真气，外尖锄之使圆，方尽裁补之法。然与太阳悬乳摆燥者亦相似，但腰有软硬之别耳。夫天罡本凶，

上金下火，刚燥无穴，惟开脚生乳，是穿金水，母盛子衰，故转为吉。但火脚太尖利，是依法折水制之，方为全妙。行脉受荫，与开口同说。多为武公端坐形，宜金堆。

弓脚天罡

第四天罡号弓脚，挨金穴可作。剪锄尖脚使为圆，发福自安然。

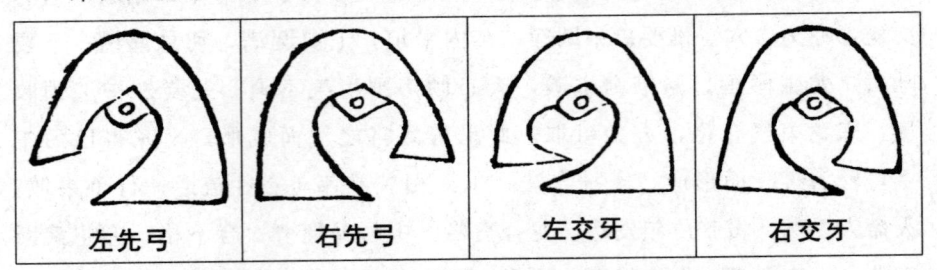

| 左先弓 | 右先弓 | 左交牙 | 右交牙 |

此星脑圆腰硬，面平开尖，脚抱微乳，名曰"弓脚天罡"，有二体。但犯罡穴法，皆宜压杀挨金，剪火作用为妙。然与弓脚太阳带火脚相似，但其腰有软硬之不同。夫天罡以火克金，至凶毒也。惟脚弓环则为转水，母伤子救，故转为吉。但脚太尖利，射穴，宜锄之使圆，方尽其妙。最忌破碎，尤嫌巉岩。破碎则金命有亏，巉岩则火神愈炽，不可不察。其理俱与太阳弓脚同论，行脉受荫，与开口天罡同说。先弓者为将军矫足形，交牙者为真武大坐形，宜火堆。

双臂天罡

第五天罡名双臂，水重制为吉。穴宜压煞剪裁圆，边塞有威权。

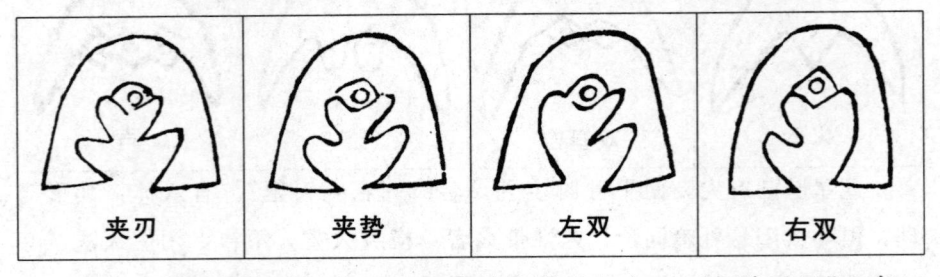

| 夹刃 | 夹势 | 左双 | 右双 |

此星脑圆腰软面平，每边开双尖臂抱微乳，名曰"双臂天罡"。有二体，俱宜压杀穴。夫天罡金火合形，相战相凌，最为凶毒。兹成双臂，得水气为多，水能制火，故转为吉。但脚太尖利者，宜锄之使圆，始为全

吉。其理俱与太阳双臂同论；行脉受荫，与开口天罡同说。多为金鸡鼓翼形，宜土堆。

单股天罡

第六天罡号单股，恶毒如狼虎。满身火胜似戈矛，凶祸不堪疗。

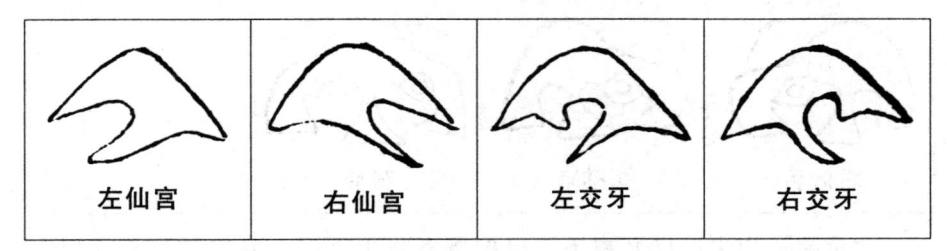

| 左仙宫 | 右仙宫 | 左交牙 | 右交牙 |

此星脑圆，身尖而瘦，开一脚太尖，名曰"单股天罡"。有四体，皆如戈矛，祸与正体天罡同发，多出跏跛之人。

侧脑天罡

第七天罡名侧脑，偏乳难言好。罡星本恶脚又斜，误扦祸重加。

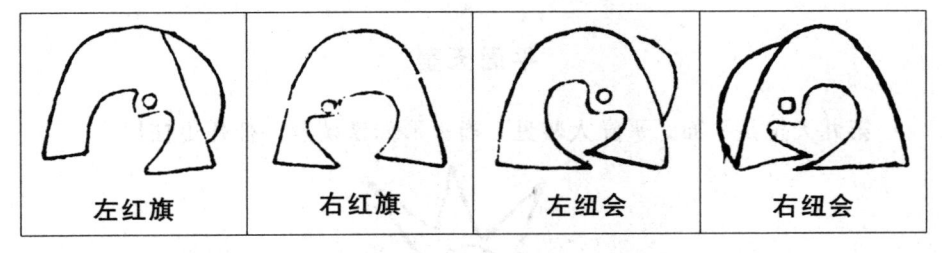

| 左红旗 | 右红旗 | 左纽会 | 右纽会 |

此星脑圆腰硬，开火脚，乳生肩下，名曰"侧脑天罡"。有二体，与太阳侧脑相似，但腰有软硬之殊。夫天罡金头火脚，金性沉下，火性炎上，上下交战，犯之者其祸甚惨。虽然开口转水，能制其火，旧本姑取之，不知罡性本恶，既属凶气，乳结偏硬，又无水救，所谓"恶气毓成斜气，终非吉穴"。若误下之，出人刚猛奸邪，行事险怪，其祸次于正体天罡者也。多为红旗出阵形，火命人受害，寅午戌年见祸。

没骨天罡

第八天罡名没骨，肩下生鼠肉。水来制火吉降凶，下后立边功。

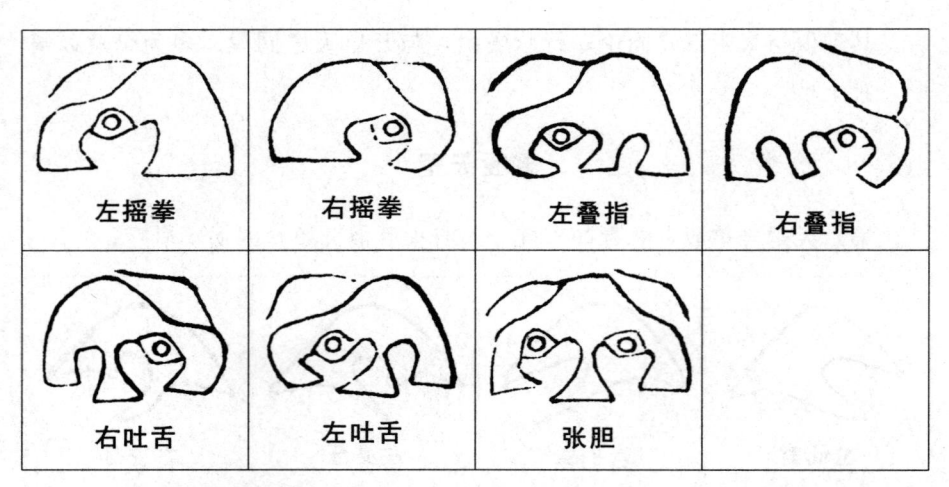

左摇拳	右摇拳	左叠指	右叠指
右吐舌	左吐舌	张胆	

此星脑圆脚尖，口开肩下，口中微有鼠肉下垂，名曰"没骨天罡"。有四体，与没骨太阳带火者相似，宜辨其腰，有硬软之别。夫天罡四凶之首，金受火克，生气销烁，金开口转水，为子救母；又开脚转土，为母救子，皆变凶为吉。须内要鼠肉，后要乐照，方为真结。若脚太尖利射穴，锄圆方妙，其理俱与太阳没骨同论；行脉受荫，与开口天罡同说。多为牛眠形，宜土堆。

平面天罡

第九天罡是平面，平洋人骇见。攒火形如铁蒺藜，柱死更扛尸。

此星中圆外尖，面突而低，名曰"平面天罡"。惟一体，多生平地，或是土洲，或在平田，或居水口，脚或带石，四旁无护，形如蒺藜，只可作罗星，与平面金水莲花形相似。但此尖太长硬，不同。误扦者，祸与正体天罡一同，但此稍轻耳。

孤曜九变

九个孤曜名不好,四个藏金宝。要识开水与生金,穴向此中寻。

正体孤曜

第一孤曜名正体,覆杓形堪拟。多出鳏寡与僧尼,枉死并绝嗣。

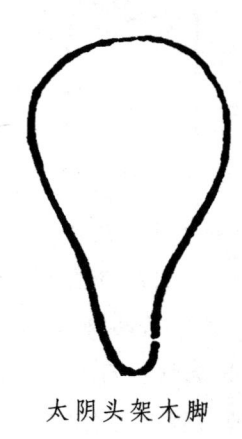

太阴头架木脚

此星脑圆而方,身高面饱,出人大愚,名曰"正体孤曜"。夫孤曜者,囹圄之象。太阴金头,下出木脚,金木相战,凶不受穴。只宜居明堂外,关锁门户。然与太阴出木者相似,但太阴身低面平,孤曜身高面饱,误扦之者,生人愚顽诳妄,僧道尼姑,乞养奴婢。其为祸也,罗赖牢狱,缢死鳏寡,覆宗绝嗣,初败小房,次及中长,金命人受害,巳酉丑年祸发,至凶。

开口孤曜

第二孤曜号开口,开孤法自有。锄开两脚使弯环,穴坦出高官。

正格		
双齐	左长	右长

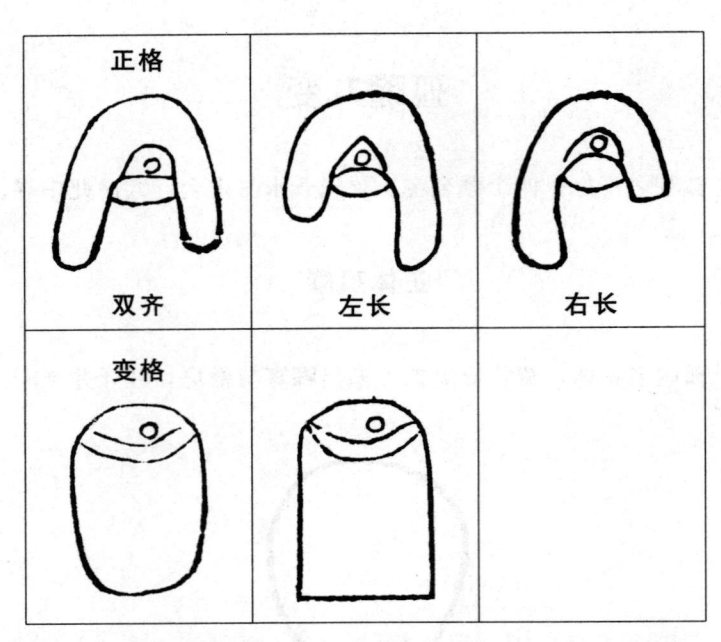

变格	

此星脑圆面方，身直面平，开两直脚，名曰"开口孤曜"。有四体，有两脚般齐者，名曰"夹水"，立穴在口弦上，须要外看似直，内略抱穴，口吐平唇，穴面甜软，方可下之。若两脚微开，口或窄狭，必须锄开穴前左右，使两脚弯环抱内，以收真气。若不锄开，则内气不聚，人财不旺。有两脚一长一短者，名"折股金钗"，立穴亦在口弦上，凭短臂高低下之。如口狭脚直，依前锄开弯抱，大开茔基，谓之"开孤神法"，诀云："四围平正水中寻，富贵斗量金"。此二体者，须要案近，或有山缠过穴，以拦截其气则可；如无山缠收气，初扦之后，有廿四年退败，以明堂内水直去急峻故也。若穴前峻急，须用人力开成内明堂样，作兜襟法收之；或水直去，用折水法收之。退过二十四年之后，进横财，生贵子，退去家业，渐还富贵。或内堂兜起，水不倾流，或在平地，不见水去，却不退败。又有一样开窝在圆脑之上者，有似平面太阴，但太阴身低脚开，孤曜身高脚直之异。又有穴在脑上，开窝不开脚，名曰"天池穴"。在上须要四山遮护，在下又要有三四丈平地，不使元辰陡泻方可。窝内俱要有生气来顶，上要圆满，切忌漏槽；下要吐唇，最嫌倾泻。此星与开口太阴相似，但腰有软硬之别。夫孤曜金头木脚，上克乎下，生气憔悴，故不可犯。若开圆口，则为穿水，金生水，水生木，上下相生，因生而化，故变凶为吉。此星得

乾宫之气而成形，坐龙得庚申辛酉乾，皆为气旺而形应。安扦合法，金命人受荫，巳酉丑年发达。龙合贵格，富贵双全。若合贵格而孤露，主僧道为官。此体两脚齐者为金钗形，一长一短为折股金钗，上聚者为笑天狮子。若口中有微乳，两脚直狭，又为金槽银槽。总要开弯抱穴，宜金堆。

悬乳孤曜

第三孤曜名悬乳，金水开为喜。辟锄两脚令弯环，变吉做朝官。

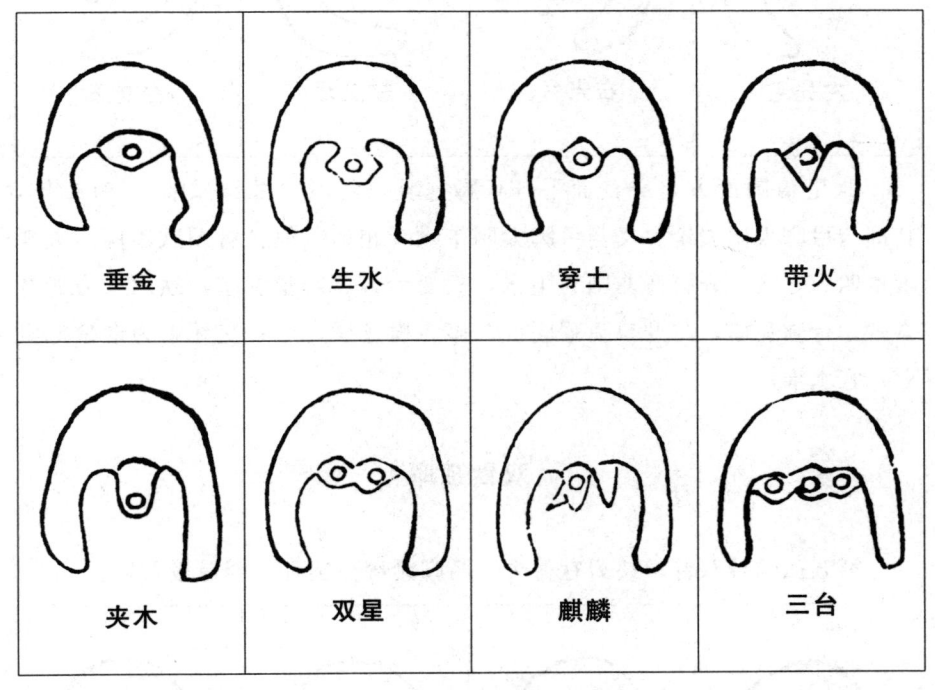

垂金	生水	穿土	带火
夹木	双星	麒麟	三台

此星脑圆而方，身直面平，开脚生乳，名曰"悬乳孤曜"。有八体，其理与形，俱与太阳悬乳篇同论。又与悬乳太阴带木脚者相似，但腰有软硬不同。夫孤曜金木相战，金悴木枯，全无生气。若开脚生乳，是为子助父威，故变为吉。行脉受荫，与开口孤曜同说。但两脚太直，须用人工锄开，令弯抱收气，方尽剪裁之妙。多为胡僧礼拜形，宜水堆。

弓脚孤曜

第四孤曜脚先弓，生水不为凶。弓须逆转气方收，富贵重皇洲。

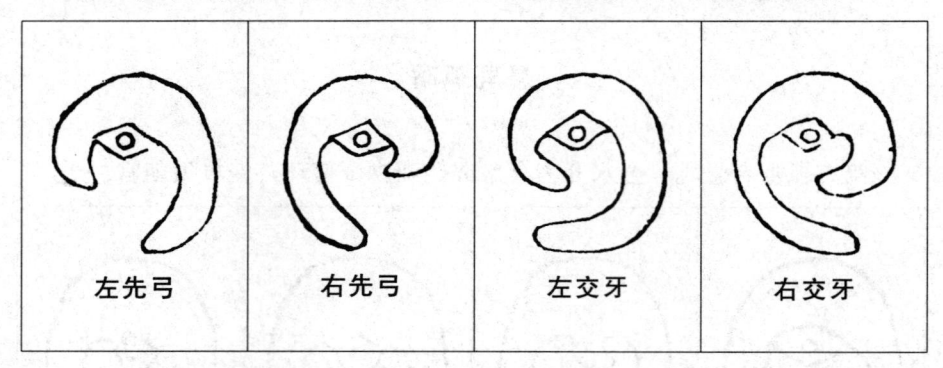

| 左先弓 | 右先弓 | 左交牙 | 右交牙 |

此星脑圆而方，身直面平，开脚抱乳，名曰"弓脚孤曜"。有二体，其理与弓脚太阳同论。又与弓脚太阴带木者相似，但腰有硬软不同。夫孤曜本四凶之穴，开脚弯曲则为生水，故变为吉。若堂窒塞，须用人力锄开方妙。行脉受荫，与开口孤曜同说，多为横龙缴尾形，交牙者为老猿抱子形，宜水堆。

双臂孤曜

第五孤曜号双臂，挟刃宜剪去。两脚锄弯葬法真，会得救人贫。

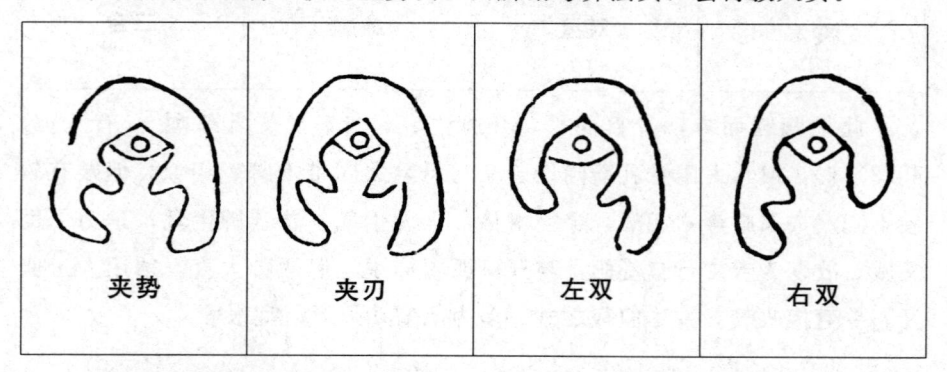

| 夹势 | 夹刃 | 左双 | 右双 |

此星脑圆而方，身直面平，每边开两臂，抱微乳穴，名曰"双臂孤曜"。有三体，其理与双臂太阳同论。夫孤曜金木合形，相战相克为凶，

惟成双臂，得水气为多，金生水，水生木，相生相养，故转为吉。必须直脚锄弯，方尽其妙。行脉受荫，与开口孤曜同说。俱双者名五叶莲花，边双者为眠犬形，宜大大开茔，作水堆，亦出富贵。

单股孤曜

第六孤曜号单股，此形不足数。腰跎足跛并孤单，痨病与风瘫。

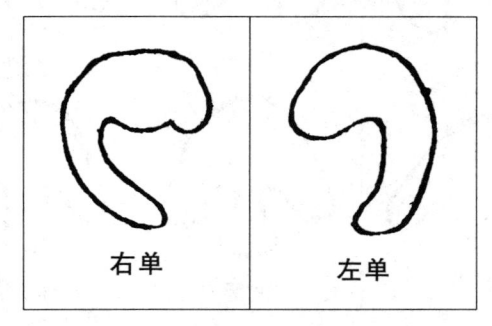

右单　　左单

此星脑圆而方，身直而瘦，开一脚，名曰"单股孤曜"。形如曲尺，不可作穴。误扦之者，祸与正体孤曜同，多出拐跛之人。

侧脑孤曜

第七孤曜名侧脑，此穴不为好。茶槽竹枧水斜流，生离徙外州。

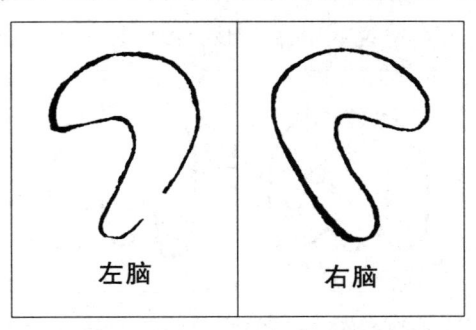

左脑　　右脑

此星脑圆而偏，身直而瘦，名曰"侧脑孤曜"。形如稃叉，却与太阴侧脑相似。但太阴有乳气，孤曜无节目。误扦之者，祸与正体孤曜同，多出歪头之人。

没骨孤曜

第八孤曜名没骨,误扦生丐乞。号为雷脚尽成凶,祸害见重重。

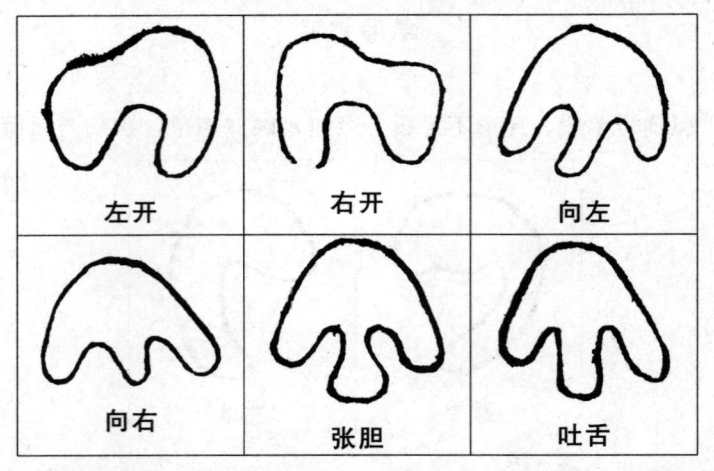

左开	右开	向左
向右	张胆	吐舌

此星脑圆而方,身直而瘦,开口肩下,名曰"没骨孤曜"。有四体,皆如戈矛剑戟。却与太阴没骨相似,但太阴脚弯,孤曜脚直。误扦之者,祸与正体孤曜同发,多出跎背之人。

平面孤曜

第九孤曜为平面,空说灰中线。形如覆磬面突低,扦后绝宗枝。

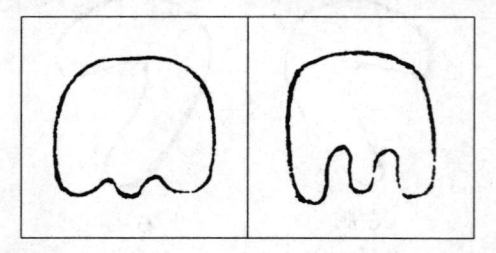

此星身圆而直,面突而低,名曰"平面孤曜",惟一体。多生平地,或是土洲,或在田中,或居水口,脚或带石,四旁无护,形如覆磬,只可作罗星。误扦之者,祸与正体孤曜同。

燥火九变

九个燥火最凶毒，奉劝莫差误。四个穿水更截尖，扦葬利军官。

正体燥火

第一燥火为正体，尖刀形可拟。名为劫煞最难当，路死并军亡。

此星身尖而斜，面饱不开脚，名曰"正体燥火"，惟一体。夫燥火者，戈矛之象，浑身是火，炎燥不受穴，只宜居水口外，关锁门户。若误扦之，主人燥急凶猛，军贼劫房，生离忤逆。其为祸也，火灾瘟癀，军亡囚死，初败中子，次及长小，火命人受害，寅午戌年祸发，最为凶毒。

开口燥火

第二开口为燥火，水制火方可。窝中平坦水合分，武职有威名。

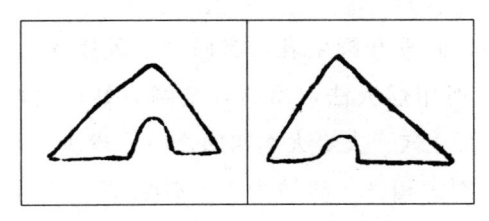

此星身尖而斜，面平开脚，为圆口，名曰"开口燥火"。夫燥火者，有炎上之性，焚林燎原之功，金入则溶，木入则化，水入则干，土入则熏，百物不生，不可扦穴。若开大圆口，则为转水，水火既济，故转为暂吉。最要口中圆净，窝内冲融，上有生气，下有毡唇；更嫌石脑巉岩，则火神愈炽；切忌水城散漫，则水气休囚。此星得离宫之气而成形，坐龙得巳午丙丁，皆为气旺而形应。安扦合法，生人相貌猛烈，心性刚强，行事勇敢，火命人受荫，寅午戌年发达。龙合贵格，官至阃帅兵权；合下格者，卫官京总；全无贵格，亦主武断乡曲。多为令旗形，宜就小穴，大开茔基，谓之剪火法，宜土堆。大都此星龙真穴的，正穴利军职，有刀兵戈戟之应；如民家士夫，决不可扦，恐有刀兵斩杀之应。况火星本凶，止可行龙作祖。历观天下名墓，并无火星结作。止锦德镇，火星平面入首，诸水制伏，至金炉火焰大，昼夜不绝，火星不可扦穴之明验也。慎之慎之！

悬乳燥火

第三燥火是悬乳，穴吉勘酌取。穿出金水土真形，军士可安坟。

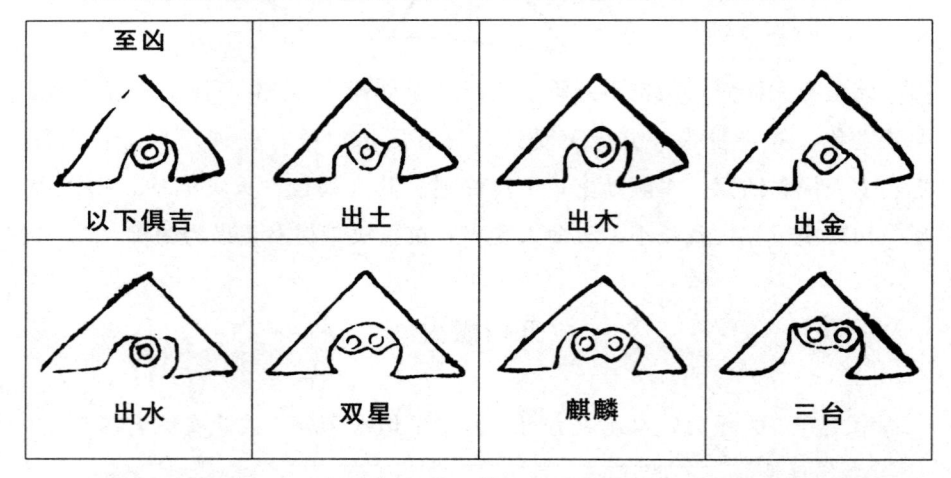

至凶 以下俱吉	出土	出木	出金
出水	双星	麒麟	三台

此星脑尖而斜，面平开脚生乳，名曰"悬乳燥火"。有八体，其理与太阳悬乳篇同论。但用燃火法，须高穴茔阔方妙；内堆带火，则内外俱是，火气太重，不可立穴。夫燥火本四凶之一，燥炎不可犯，此体开脚生乳，乃穿金就水，刚柔相济，故转为吉，亦惟军士可用，则有戈矛之应。若士夫民人，决不可葬。行脉受荫，与开口燥火同说。多为红旗出阵形，宜土堆。

弓脚燥火

第四燥火名弓脚，转水方可作。剪锄尖脚变为圆，武贵振边蛮。

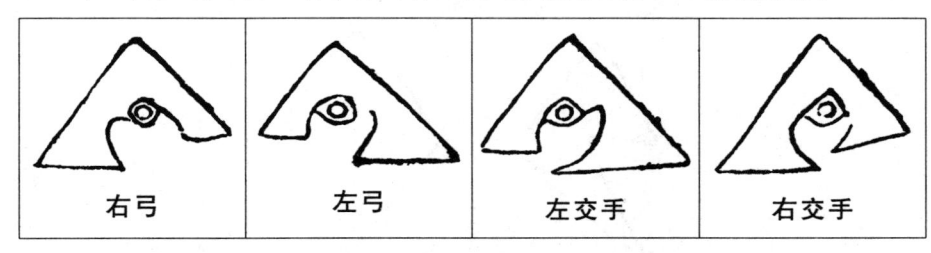

| 右弓 | 左弓 | 左交手 | 右交手 |

此星脑尖而斜，面平开脚，抱微乳，名曰"弓脚燥火"。有二体，其理与太阳弓脚篇同论。夫燥火浑身炎燥，必不可犯；若开脚弓曲，则为穿水，水火既济，故化为吉。其脚尖利，则必须锄圆方妙，亦惟军伍用之则吉。行脉受荫，与开口燥火同说。宜土堆。

双臂燥火

第五燥火曰双臂，水火名既济。剪除火觜令形圆，武职有威权。

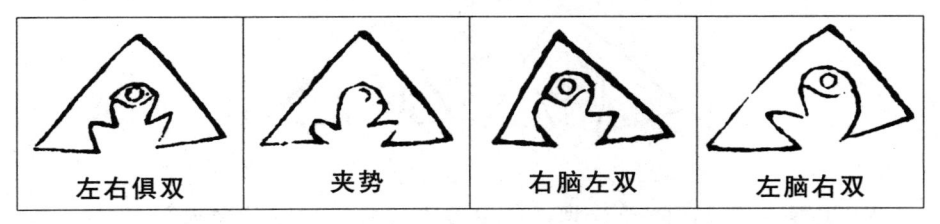

| 左右俱双 | 夹势 | 右脑左双 | 左脑右双 |

此星脑尖而斜，面平，边开双臂，名曰"双臂燥火"。有二体，其理与双臂太阳同论。俱宜下压煞穴，剪火作用，或脚尖射穴，宜锄圆方可。夫燥火形如刀尖，至为凶毒，惟开双臂，得水气为多，刚柔相济，故化为吉。行脉受荫，与开口燥火同说。此星只宜军士，余不可用，慎之慎之！多为猛虎出林形，宜土堆。

单股燥火

第六燥火名单股，恶毒如蛇虎。形如枪戟误安扦，灾祸日连绵。

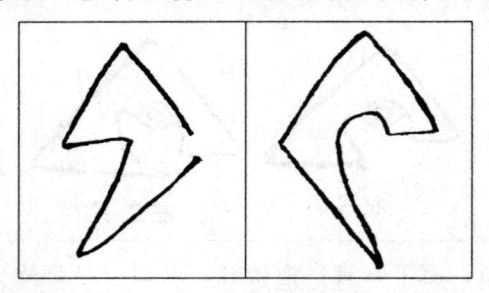

此星身尖而斜，开一脚，名曰"单股燥火"。皆如刀如剑，若误扦之，祸与正体燥火同发，多出踦跛折足之人，至毒。

侧脑燥火

第七燥火名侧脑，穴向肩中讨。星既尖斜穴又偏，误下祸连绵。

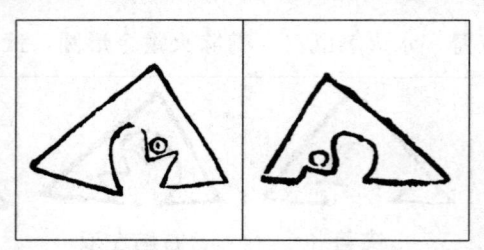

此星脑尖身斜，面平开脚，乳生肩下，名曰"侧脑燥火"。夫燥穴形如刀戟，虽云开口生乳，穿成金水，旧本姑取之，然不知体本凶毒，穴又歪斜，头脚皆火，毒气难消，一或稍差，为祸不浅。较之正体燥火，害少轻耳。慎之慎之！

没骨燥火

第八燥火名没骨,杀重难为福。口开肩下水火刑,枉死少年人。

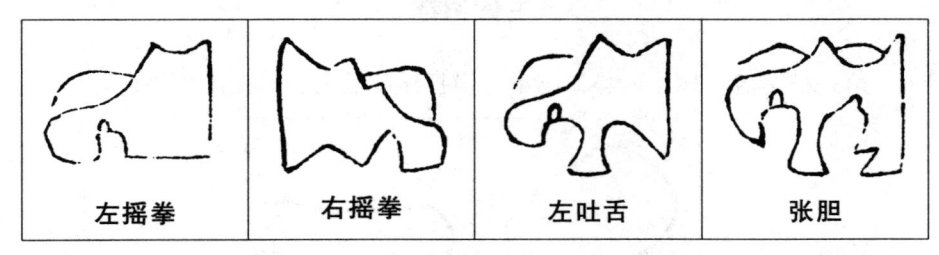

| 左摇拳 | 右摇拳 | 左吐舌 | 张胆 |

此星身尖而斜,面平,口开肩下,名曰"没骨燥火",有四体。但燥火本是凶毒,满身浑带杀气,虽开口穿水,旧本亦姑取之。然不知口非正结,上无生气可乘,内无鼠肉可觅,是为冷窝无气,正所谓"杀重身轻,横死夭折",祸比正体燥火稍减耳,决不可用。

平面燥火

第九燥火为平面,形在平洋见。平不开口穴难裁,凶祸自生来。

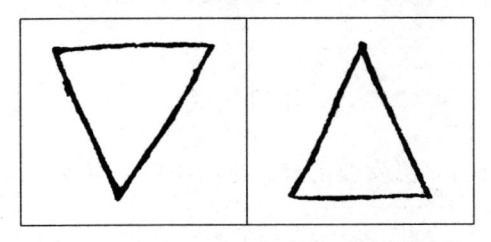

此星身长而尖,面平而低,名曰"平面燥火",惟一体。形如犁头尖,浑是杀气,旧本姑取之,不知《经》云:"平阳不开口,神仙难下手",况是燥火,凶毒内蓄,若误下之,祸与正体燥火一同。倘内生有窝,砂水龙脉俱吉,不忍弃置,锄尖为圆,变为吉象,诀云:"火星开口,名暗火开红,又名火向灰中自见红,故吉"。若尖嘴之火,谓之"死火带杀",最凶,慎之慎之!

扫荡九变

正体扫荡

第一扫荡名正体,形势如流水。误扦淫乱远离乡,更出少年亡。

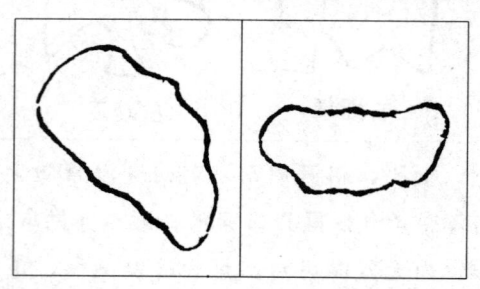

此星身曲而斜,面饱不开脚,名曰"正体扫荡",惟一体。夫扫荡者,旗帐之象也,浑身是水,流荡不受穴,只宜居水城之上,护卫门户,然与正体金水摆荡者相似。但金水圆曲分开,扫荡屈曲模糊,若误扦之,主人相貌靡媚,心行柔弱,男贪酒色,女为娼妓,退败浪游。其为祸也,投河路死,淫乱离乡,初败长子,次及中小,水命人受害,申子辰年祸发,至凶。

开口扫荡

第二扫荡名开口,男女淫乱丑。更出路死并离乡,无救祸难当。

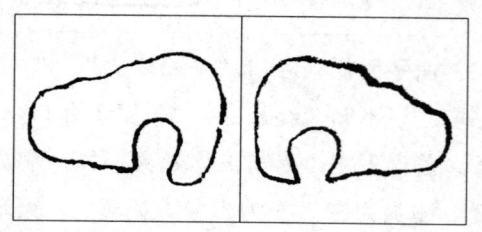

此星身曲而斜,面平开脚,名曰"开口扫荡",惟一体,与开口金水扫荡相似,但金水头脑圆曲分明,扫荡浪动模糊,旧本误取之。不知扫荡凶星,原属水体,又开口为水穴,是谓阴龙阴穴,且水要金救,扫荡浑身是水,无金救荡,流荡无归,若误下之,祸与正体扫荡同科。

悬乳扫荡

第三扫荡名悬乳，转金略可取。虽然发富女奸淫，截荡此中名。

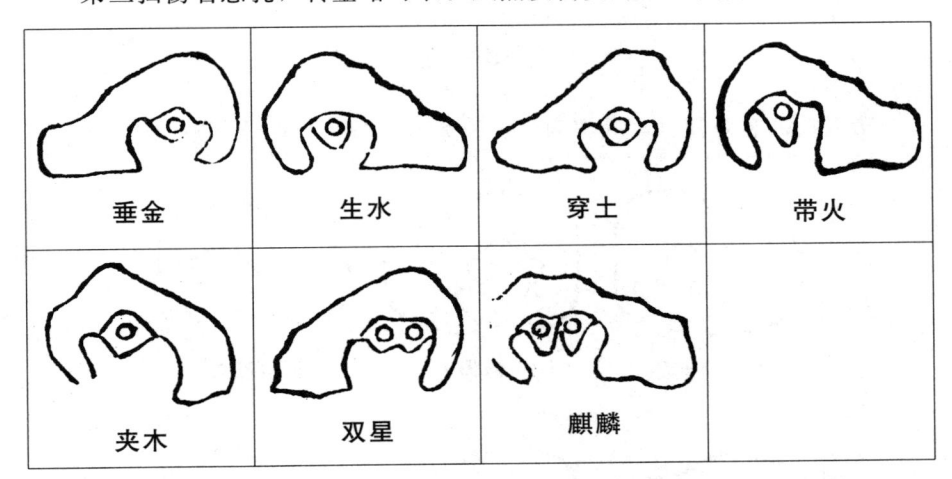

垂金	生水	穿土	带火
夹木	双星	麒麟	

　　此星身曲而斜，面平，开脚生乳，名曰"悬乳扫荡"，有八体。其形与理，俱与太阳悬乳同论。夫扫荡四凶之一，浑身是水，扫荡忘返，故不可犯。此体开脚生乳，是穿水转金，有金救水，故略转为吉。此星得坎兑宫之势而成形，坐龙得乾兑壬癸，皆为气旺而形应。安扦合法，生人相貌靡媚，心性活动，行事潇洒，水命人受荫，申子辰年发达。纵后龙合格，亦出妇女淫荡兴家，男子江湖发达，难以贵论。此名截荡，法惟悬乳一格可用，无乳者不可截也。多为伏兽形，宜金堆。

弓脚扫荡

第四扫荡名弓脚，有乳方可作。若无金乳为救星，淫荡不堪闻。

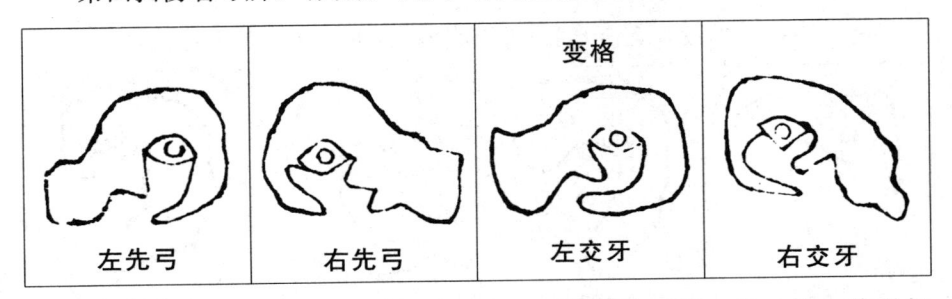

		变格	
左先弓	右先弓	左交牙	右交牙

　　此星身曲而斜，面平开脚抱乳，名曰"弓脚扫荡"。有二体，其形俱

与太阳弓脚同论。夫扫荡浑身无金,俱是寡水,此体双脚抱乳,则转为金以救水,亦可用之,但出人淫荡风流。有此大弊,其行脉受荫,与悬乳扫荡同说。多为狮子抱毯形,宜金堆。

双臂扫荡

第五扫荡名双臂,有乳方为吉。若无金乳救水星,淫荡败家声。

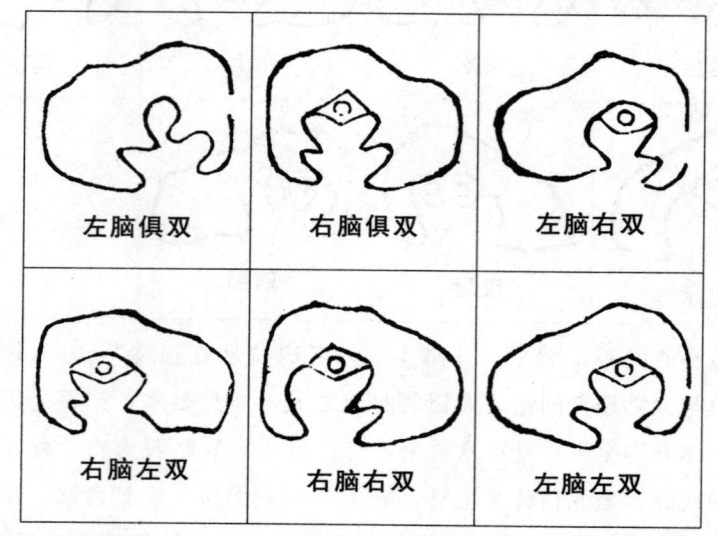

左脑俱双	右脑俱双	左脑右双
右脑左双	右脑右双	左脑左双

此星身曲面斜,面平,边开双臂,中悬微乳,名曰"双臂扫荡",有三体。夫扫荡形如笤帚,至为凶毒,惟成双臂垂乳,是转金救水,化凶为吉,亦可用之。虽主发富,多出淫荡风流;其行脉受荫,与悬乳扫荡同说。多为鳌鱼形,宜金堆。

单股扫荡

第六扫荡名单股,无金难救补。误扦淫乱败家囊,路死在他乡。

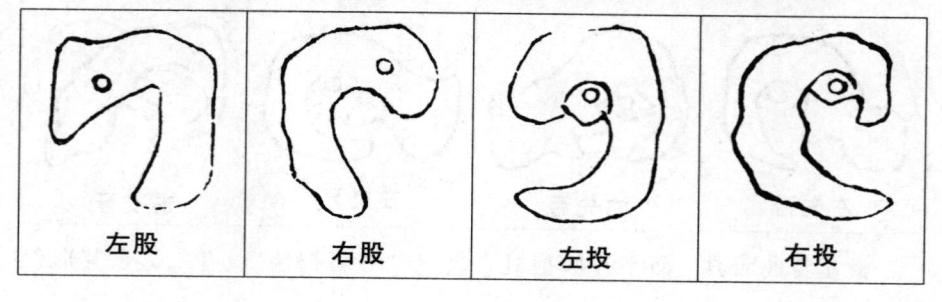

左股	右股	左投	右投

| 右勾 | 左单提 | 左蟠龙 | |

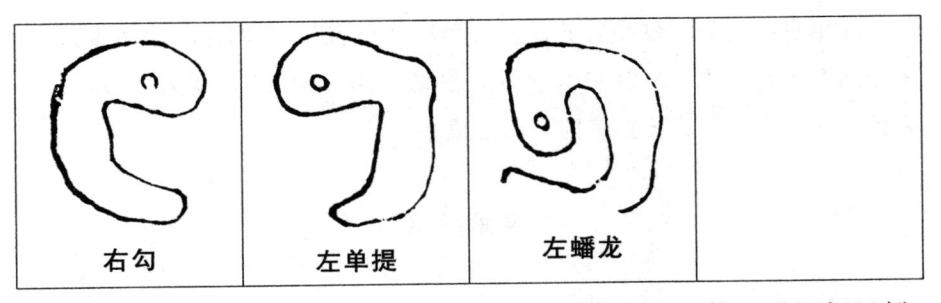

此星身曲而斜，开一脚，名曰"单股扫荡"，有四体。形细如蚯蚓，不可作穴，误扦之者，祸与正体扫荡同科，出跏跛之人。

侧脑扫荡

第七扫荡，名侧脑，身斜难道好穴生，肩下水中求淫乱，败无休。

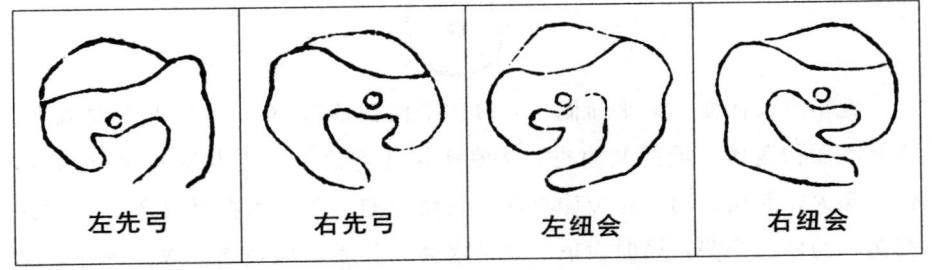

| 左先弓 | 右先弓 | 左纽会 | 右纽会 |

此星身曲而斜，面平，穴生肩下，名曰"侧脑扫荡"，有二体。旧本误取之。不知扫荡浑身是水，无金可救，本是凶星，况脉生肩下，凹中结穴，身斜，穴又斜；体水，穴亦水，凶以济凶，祸从何避！较正体扫荡之害，特稍轻耳，决不可下。

没骨扫荡

第八扫荡名没骨，肩口非为福。水星水穴路死埋，淫乱败家财。

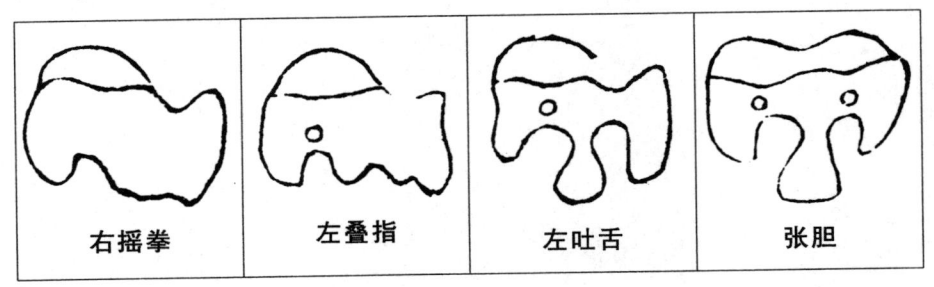

| 右摇拳 | 左叠指 | 左吐舌 | 张胆 |

此星身曲而斜，口开肩下，名曰"没骨扫荡"，有四体。旧本误取之。不知扫荡浑身是水，又开口为水穴，是谓"阴龙阴穴"，全无金救，凶以恣凶，误下者祸与正体扫荡同，慎之慎之。

平面扫荡

第九扫荡为平面，屈曲平中见。时师误认作蛇看，淫荡丑无边。

此星身长而曲，面平而低，名曰"平面扫荡"，有一体。旧本误取之。不知平面扫荡体，即阴文曲也，多在平阳土墩之上，形与穿珠水星相似，俱穿珠火，起伏转动，有金珠救水，穴结金泡，非寡水摆动之象。若平面扫荡，乃横斜摆荡，屈曲而来，全是水体，并无金珠救之，故为凶也。又与水木芦鞭相疑，但水木芦鞭如倒地之木，形直而长，其中略带微浪湾动，属水，木多水少，水木相生，故为至吉。又或有节泡属金，相配则金生水，水生木，亦为吉也。若平面扫荡，止有屈曲之水，全无直硬之木，又无节泡之金，浑身是水，流荡忘返，故为凶毒。若误扦之，祸与正体扫荡同。慎之慎之！

新编杨曾地理家传心法捷诀
一贯堪舆卷之四

穴法总论

　　龙穴相应，乃天造地设，自然化工。卜氏云："既有生成之龙，必有生成之穴。"龙穴既皆生成，砂水莫不应副，而龙虎明堂，水城案对，罗城水口，自然件件合法，如云从龙，风从虎，自各相应。龙苟不真，穴与砂水自皆背戾，故相地要法，先须审龙。《经》云："恐君疑穴难取裁，好向后龙身上别。龙上生峰是根核，前头分合是花开。根核若真穴不假，盖从种类生出来。"又云："龙若真兮穴便真，龙不真兮少真穴。"故凡辨穴，妙在审龙。若有龙无穴，法亦不葬。故杨公"三不葬"，首言"有龙无穴不葬"；厉伯韶"四不下"，首言"无穴不下"；龙之与穴，不可缺一。今之言地理者，往往以有龙无穴，指作龙真穴怪，勉强迁穴，或掘窝堆顶，胡做妄为，自谓"目力之巧，工力之具"，不知龙真穴怪，亦有穴可辨；特丑拙奇怪，非若假龙，全无结果，收拾而为，粗恶臃肿，急峻顽硬，散漫懒坦，荡阔软皮，巉岩瘦削，突露孤寒，陡泻崩陷，饱肚绷面，坠足贯顶，诸般凶恶之形，无穴可下也。

　　古歌云："望势寻龙易，登山点穴难。到头差一指，如隔万重山。"诚以千里来龙入首，惟融八尺之穴，乘生气，注死骨，造化全在于兹。余尝历览富贵祖坟，有前人已下数穴，而差失咫尺，皆不发福；后遇明师，迁点穴真，遂获福贵；亦有先辈已下真穴，发越既过，后人妄觊其福，侵榔附葬，福竟蔑闻。① 良由一穴之间，数尺之内，真气融聚，不可毫厘有差。一或少差，便失生气，纵是真龙正穴，亦为无益。《经》云："穴吉葬凶，与弃尸同。"《指南》云："立穴高低裁不正，纵是吉地也徒然"，言不可有高低之失也。董德彰云："下穴不容少偏颇，左右如差福成祸"，言不可有左右之失也。《宝鉴》云："天然穴正不须移，案正山齐乃合宜。午向忽然差作丙，即伤龙脉损根基"，言立向不可有失也。《葬经》云："浅深得乘，风水自成"，蔡牧堂云："下穴必以浅深为准的。当浅而深，气从上过；当深而浅，气从下过；虽得吉地，而效不应"，是言浅深不可有失也。合此观之，则知穴乃放棺藏骨之切实处，地理家第一关窍，毫厘有差，祸福千里。如点高一尺则犯罡斗杀伤龙，低一尺则犯荡脱脉伤穴；偏左一尺水蚁侵左，偏右一尺水蚁侵右；深一尺气从上过，水蚁自底生；浅一尺气从下过，水蚁自盖入；直来直下，气冲脑散；饶减太过，接气不着，谚云"阴地一线"是也。苟或少差，诸祸难免，其可忽乎？

然术家虽各有穴法诸说，全无情理可从。论百物象形取穴者失之诞，譬之虎形凶猛，可迁王字穴乎？论天星方位取穴者失之玄，假如无气之亥，可迁壬丙向乎？论精神动静取穴者失之异，论耳角脐颡取穴者失之凿，若《相山骨髓》及《四十字》《铜人》《空山》《赤图》《寸金》诸家之说，又皆失之汗漫隐僻，殊非至当归一之论。讹谬相传，人心愈惑，窃尝痛心疾之，是以不揣愚贱，叨领杨曾家传，博采群书芳润，鉴古证今，画为穴法峦头，定古今不易之衡。一取穴形，非百物形象之形，酌取杨公四象窝钳乳突之形，以定穴场之有无；二取穴星，非天星之星，酌取九星之星，以辨峦头之凶吉；三取穴证非，独取前宾后主、龙虎明堂之外应，酌取郭氏乘金相水、穴上印木之内证，以辨穴情之真伪；四取点穴，酌取太极圆晕，以立标准，即从曾公"离、撞、伤、冲、脱"五字，以定倒杖之是非；五取理气，即取赖公之挨加，以调变其真气。庶乎辨其峦头，审其穴象，验其印证，谙其扦点，则饶减挨加，自有定论；龙穴真赝，自不能逃，而仁人孝子，欲宁其亲者，不致眩惑云。

---

① 原注：穴如花蕊，差失者如花瓣怜香，侵附者如暮春恣采，俱为无益。

论穴形四大象 参以八卦证穴

穴之形体，变态万状，虽难枚举，总之不过"阴阳"两字，曰"阳来阴受，阴来阳受"而已；其为形，即凹凸是也。然阴中有阳，阳中有阴，故有太阳少阳、太阴少阴之别。其为形，即"窝钳乳突"是也，但各得生气，其形始真。一言以蔽之，曰"葬乘生气"，盖生气者太极也，凹凸者两仪也，窝钳乳突者四象也。但四象中，又各有分别，如少阴少阳皆有化生之妙，不容参议；内惟太阴太阳，皆属乾坤两卦，乾属老阳，坤属老阴，不能生化，俱为败绝之穴。

余体师授，而参以艮震巽兑四卦穴象，凡开窝钳大而深者属太阳，不能化生，须要大钳大窝中生出微茫乳突，虽阳多阴少，却成巽兑之象，即《易》所谓"老阳媾少阴"，"枯杨生稊"之义，《罗纹歌》云："窝窝燕子巢，伏卵处成凹"是也。穴乘伏卵处，安扦得少阴媾气，方有化生之妙。凡结乳突大而高者，属太阴，不能生化，须要大乳大突中微开阳窝，虽阴多阳少，却成艮震之象，即《易》所谓"老阴媾少阳"，"枯杨生华"之义。《罗纹歌》云："螺蛳开腌路，不怕金刚肚"是也。

穴乘开腌处，安扦得少阳媾气，方有化生之妙。盖四象未尽，而参以八卦之生机，括尽穴法之精微矣。夫何各立机轴，支离其说，而有三十六穴形、十二倒影、十二落头、三十六名字、八政八巧、八拙八绝与八般疑，及夫异穴名字，与铜人针灸穴法，种种多门，不胜繁衍。总之，不外九星传变之极，与两仪四象八卦之理，何故区区标名刜形，以求异于天下，令人眩惑靡定，使"易简"中正之理，反为分拆隐晦，不显于世，穷彼之情，皆欲以形尽山势，不知山龙变态不常，咫尺转移顿异，只可理会，不可形拘。《玄机论》云："识星则胸中有主，喝形使众人易知"，是形象不过为庸愚设耳。若曰"山必合某形，穴当安某处，以某物为应案"，乃刻舟求剑，非达理也。

余氏云："寻龙点穴，不过阴阳动静，足以尽其微妙。间有龙穴融结，偶合物形，因以名之可也，不名亦可也。若野俗之书，专以人物取像地形而较美恶，失之远矣。"诚为确论。且物类有古方而今圆，古长而今短，古贵而今贱，古有而今无，种种不同，岂可以物形拟一定之山形哉！范越凤及刘公谦，皆尝鄙诮之，谓如虎形扦王字穴，要堆肉案，既曰虎，则能伤人，又安可葬亲之骸，令灵魂惊骇不安乎？曰堆肉案，亦尝食之否乎？况物类形相似者，犹难分别，得毋指鹿为马，认鸟为鸾，呼蚓为蛇者乎？《葬书》谓"在天成象，在地成形"，亦指五星之形言之，非言山形与百物类也。杨公云："来龙降势自天然，何必将禽与兽看。但认到头钳乳突，何曾形上出高官"，亦言形不可拘也。今故屏去百物形像之说，删除三十六穴法、十二倒影、十二落头、三十六名字、八政八巧、八拙八绝与八般疑，及异穴名字与铜人针灸等说，不使眩惑心目，泛滥难宗，惟以杨公穴形四大格"窝、钳、乳、突"以论形，庶乎守约该博，而"易简"中正之理得矣；"葬乘生气"之真机，又岂有余蕴哉！

朱士远曰："先有天地，方生万物"，岂有大块立心，欲结一穴，必合一形见。天下之物多，人见之物少，故南不梦象，北不梦舟。如谓地必合形，则走兽飞禽，人所常见；海外之物，有古来所不闻见者。地果肖之，将何以命之乎？相地者惟论龙穴之有无，砂水之拱卫，固不必形象之哓哓也。

窝钳乳穴穴形总目

窝形四格：深窝，浅窝，阔窝，狭窝。小口。
钳形八格：直钳，曲钳，短钳，长钳，双钳，边双边直钳，边曲边直钳，边长边短钳。
乳形六格：长乳，短乳，大乳，小乳，双垂乳，三垂乳。
突形四格：大突，小突，双突，三突。
怪穴八格：边窝，分钳，闪乳，鹘突，并窝，合钳，侧乳，并突。

窝穴论

窝穴即开口穴也，凡曰"燕窠、鸡窠、锅底、掌心、旋螺、金盆、铜锣"等形，皆窝之异名，乃穴星开口，生两掬弯抱是也。平地高山皆有之，而高山为多。其格有四，曰"深窝、浅窝、狭窝、阔窝"，皆以两掬均匀为正格，左右不同为变格。各有二体，左右交会，名曰"藏口窝"，窝藏气已聚；左右不交会，名曰"张口窝"，急要近案收气。但四格之中，总有要诀。窝之上要脉来圆满如覆掌，微有生气入于窝中，名曰"入气"；窝之下要出唇毡兜起，成尖圆方之象，名曰"出气"，有此入气出气，虽无明证分合，亦似有分合之象，方为真结。须要弦棱伶俐，两掬弯环，口中圆净，窝内冲融，上忌漏槽贯顶，下嫌落槽倾泻；漏槽则生气不来，倾泻则生气不聚，若误下之，主淫乱，少亡，绝嗣，黄肿。须要入首开窝明白，星辰合格，配合相宜，证佐分明，此穴至贵。

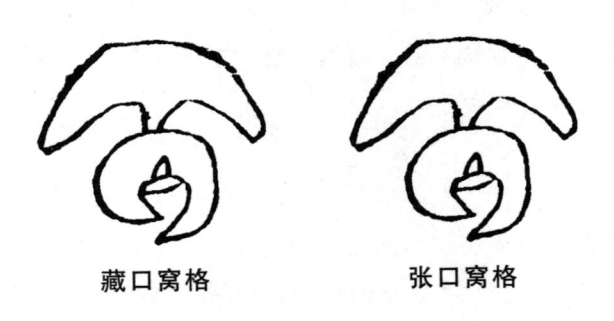

藏口窝格　　　张口窝格

深窝论

深窝者，开口中深藏也。然窝虽深藏，不宜坑陷，须深得其宜。但深窝之上要脉来圆满如覆掌，深窝中要微乳微突，谓之"老阳媾少阴"，虽深不忌。须窝中圆净，弦棱明白，两掬弓抱，生气下垂，虽无明证分合，亦似有分合之象，方为合格。若穴太深陷，内无微茫乳突，弦棱不圆，左右偏颇，上槽下泻，即是虚窝冷窝，全无生气，不可下也。误扦者主泥水侵棺，败绝之害。

浅窝论

浅窝者，开口中平浅也。不宜太浅，太浅则不成窝，须要浅得其宜，如金盘，如荷叶之类，是谓少阳，乃阴来阳受，自有化生。但窝之上要脉来圆满，生气微入窝中，窝之下要出唇毡兜起，见气之止处，虽无明证分合，亦似有微茫分合之象，须要窝中圆净，弦棱明白，两掬弓抱，阴阳龙穴相宜，方为合格。若窝中太浅，弦棱不明，懒坦不收，阴阳龙穴不合，即非真窝，不可下也。①

阔窝论

阔窝者，开口中宽阔也。不宜太阔，须左右交会为佳。但阔窝之上，要脉来圆满如覆掌，宽窝中要微乳微突，是谓"老阳媾少阴"，穴就乳头突顶安扦，方为得理，须看窝中圆净，弦棱明白，两掬弓抱，生气下垂，阴阳龙穴相宜，虽无明显分合，亦似有分合之象，乃为至吉。若窝形太阔，内无微茫乳突，弦棱不明，两掬不交，上无生气，下无唇毡，多是空冷死窝，气不凝聚，不可下也。

狭窝论

狭窝者，开口中狭小也。窝虽狭小，亦要相停，太狭恐开口不真，须狭适其中，如燕巢鸡窝之类。是谓少阳，乃阴来阳受，自有化生。但窝之上要脉来圆满，生气垂入窝中，窝之下要出唇毡兜起，见气之止处，虽无明显分合，亦似有微茫分合之象。须看窝中圆净，弦棱明白，两掬弯抱，阴阳龙穴相宜，方为合格。若窝太狭小，口内不圆，弦棱不明，左右不抱，生气不来，阴龙阳穴之理不合，则非真窝，不可妄下。外两脚有转金、转木、转火、水、土等格，前九变内已悉载之，不赘。

怪穴二格②

边窝者，窝之弦棱欠缺一边，故名边窝，乃窝体之变格也。盖星辰已止，而面峻阔露，不能融穴，却于其下吐出平坡，如铺毡吐唇，而一边微起弯抱，仅高数寸而已，是为边窝。窝中最宜浅狭平坦，弦棱明白，上有入气，下有止气，藏聚有情，缺边补凑，方为合格。切忌窝中太阔，口内

---

① 原注：生气者，来如覆掌，微露有脊是也。若一坦平，则无生气矣。
② 原注：一曰边窝，一曰并窝。

坑陷。太阔则生气不聚，坑陷则造化不融，不可妄下。此穴多在高山，作仰高之体，平地鲜有，惟傅学士祖地合此格，图其于后，可为印证。

并窝者，一星体而结数窝相并也，或有两窝，可下两穴；或有三窝，可三穴，皆出富贵。但三窝者，惟中穴力胜。来龙甚贵者，方结此等形穴。然并窝之格中，砂似乳形，若真是乳上结穴，中正下垂，乳头圆净，毬簷分明，而无抱左抱右之势；且乳之上毬分水，从两腋流下，成两条水槽，弯抱中乳，即为乳穴，中结无疑。若并窝之穴，中砂之势回顾两边，且两窝之上俱有来脉，圆满之生气垂入，窝弦下俱有唇毡为证，两圈圆净，弦棱明白，峦头横大，照应相等，方为合格。若上漏槽而无生气，下落槽而为界水，便非真结并窝矣。三窝之格中，有两砂似双乳形。若果是双乳，中正双垂，乳头圆净，大小相等，毬簷界合，各自分明，而无抱左抱右之势，两边水槽弯抱双乳，即为双星乳穴无疑矣。若三窝之穴，峦头成金水，三台照应三窝，三窝之上，俱有阴来之生气垂入窝弦；中窝之下，俱有唇毡为证，三窝圆净，弦棱明白，大小相等，方为合格。如上漏槽流破而生气不来，下落槽倾直而为界水，即非真结三窝矣，宜明辨之。浙江周都宪祖地，太阴开两窝，正合并窝格，图俱后证。

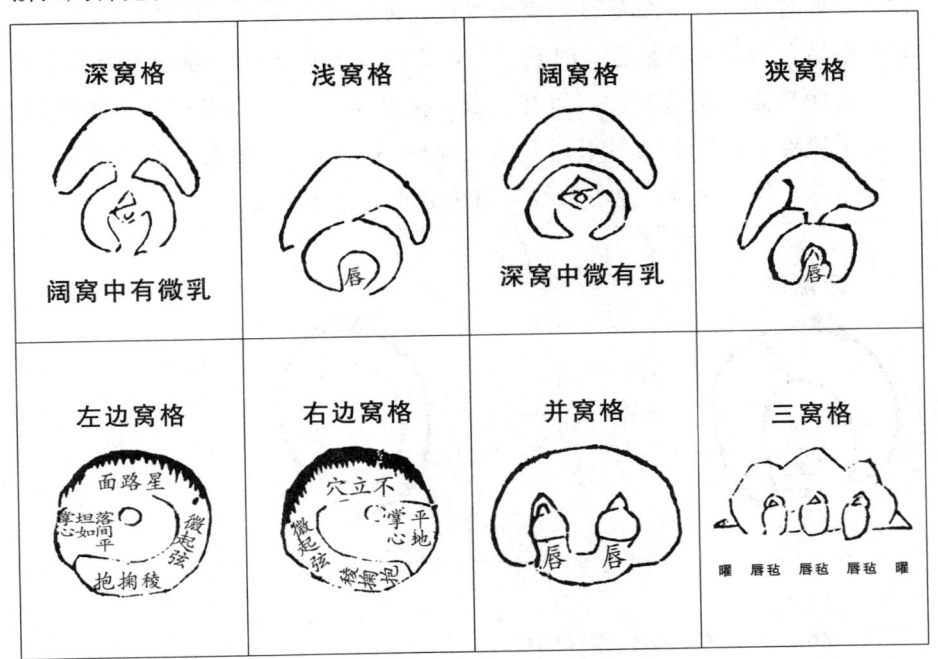

深窝格	浅窝格	阔窝格	狭窝格
阔窝中有微乳	唇	深窝中微有乳	唇
左边窝格	右边窝格	并窝格	三窝格
面路星 掌坦落 心如间平 抱掬棱	穴立不 掌平心地 微起弦	唇 唇	曜 唇毡 唇毡 唇毡 曜

小口论①

　　小口者，凡星体不开枝脚，内生微茫腌口，即微窝微钳之玄妙处也。有名禾锹口、鸦钳口、篾口、苎刀口、肚脐口、钱凿口、顿瓦口、猪腰口、马蹄口、田螺口、蚌蛤口、屈指口、蟹钳口、腌口等样。名虽不一，形状不同，总属少阳之类。远观则无，近看则有；斜视明显，正玩模糊，亦太极圈之类是也。凡正体与平面星辰未开枝脚，既无窝钳乳突之穴可凭，内惟生此小口，则生气凝聚，方可乘气安扦；如无此口，一概平坦，生气荡然弥漫，无下手处矣。大抵出口之穴，两砂微茫难认，高不过尺许，低不过数寸许，所谓"高一寸为山，低一寸为水"是也。然结口真水，亦不必论其水分合，但一开小口，即有两股微茫真砂夹气，自然雌雄会也。但口之上要脉来如覆掌，似上分之象；口之下要唇毡兜起，似尖圆之象，虽无明显分合，亦似有微茫分合之象，方为真结。然口砂不齐，有边长边短，边有边无，边曲边直，边懒边收，边大边小，边高边低，边明边暗，亦有两砂，双曲双直，双长双短，种种变态，难以尽举。总之，皆真气融结，有足有不足也。间或不足，亦造化无全之理，须以人力补完造化，直锄其曲，懒培其收，短补为长，无补为有，此裁成辅相之妙用也。上忌干流淋头，则生气不来；下忌穴前倾泻，则生气不聚。须口中平坦，不倾不陷，外砂紧抱，堂气凝聚，方为合格。仔细辨之。

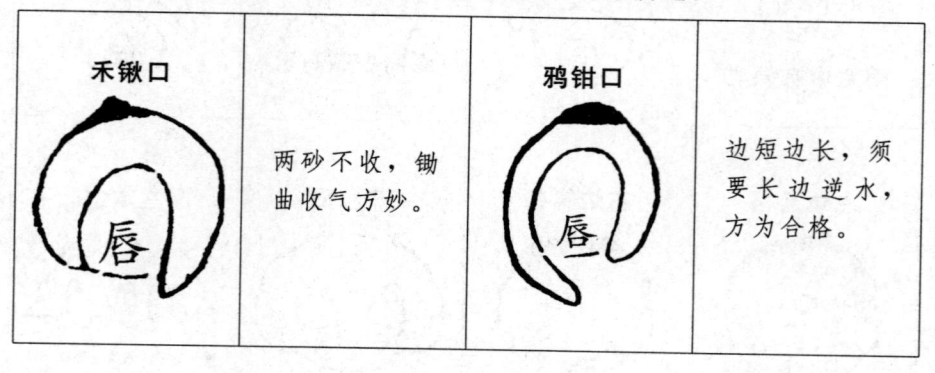

| 禾锹口 | 两砂不收，锄曲收气方妙。 | 鸦钳口 | 边短边长，须要长边逆水，方为合格。 |

---

① 原注：即微窝微钳之属。师授心诀。

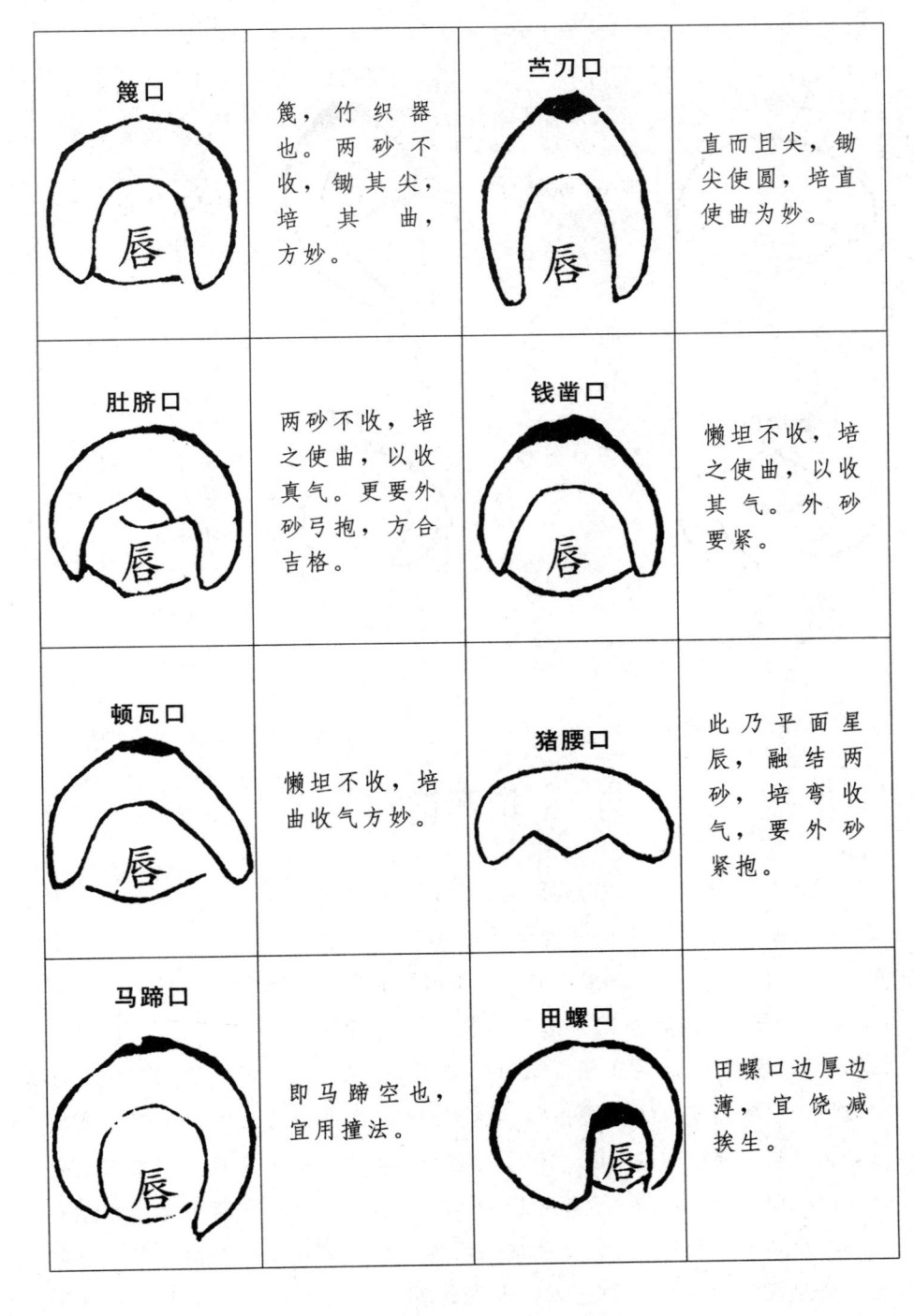

篾口	篾，竹织器也。两砂不收，锄其尖，培其曲，方妙。	苎刀口	直而且尖，锄尖使圆，培直使曲为妙。
肚脐口	两砂不收，培之使曲，以收真气。更要外砂弓抱，方合吉格。	钱凿口	懒坦不收，培之使曲，以收其气。外砂要紧。
顿瓦口	懒坦不收，培曲收气方妙。	猪腰口	此乃平面星辰，融结两砂，培弯收气，要外砂紧抱。
马蹄口	即马蹄空也，宜用撞法。	田螺口	田螺口边厚边薄，宜饶减挨生。

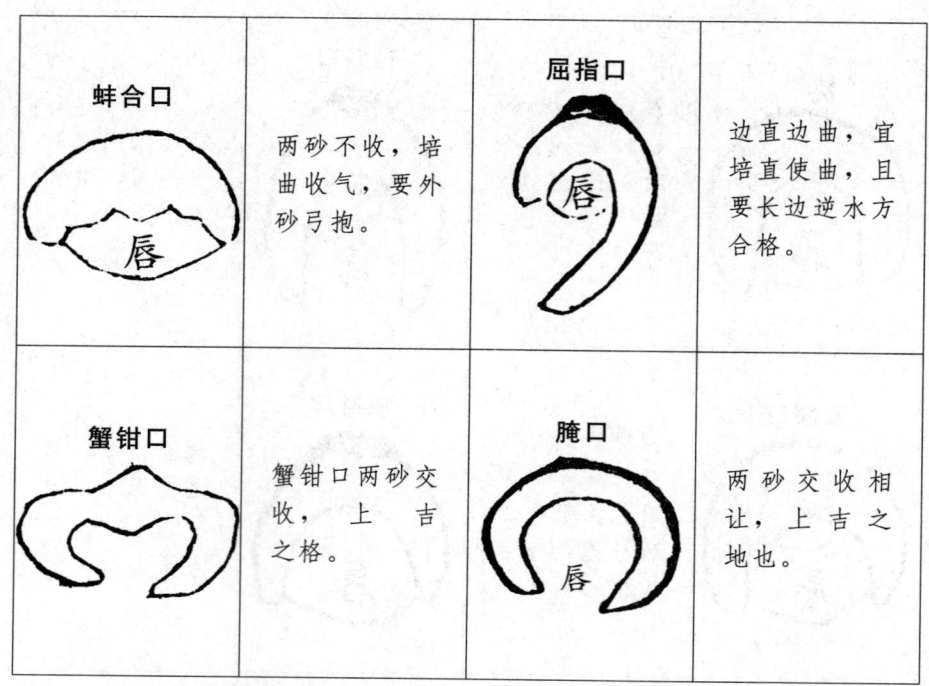

蚌合口	两砂不收,培曲收气,要外砂弓抱。	屈指口	边直边曲,宜培直使曲,且要长边逆水方合格。
蟹钳口	蟹钳口两砂交收,上吉之格。	腌口	两砂交收相让,上吉之地也。

以上共十四格,因形借物以名之,名之可,不名之亦可,不必拘泥太真。

钳穴论

　　钳穴者,乃穴星开两脚如钳也,窝口圆而脚弯,钳口长而脚微弯,形虽稍有分别,其理与窝穴一例而推,凡曰"虎口",曰"合谷",曰"夹穴",曰"仙宫",曰"单提双臂"、"单股弓脚"、"金枧银槽"等形,皆钳穴异名,平地高山皆有之。形有八格,曰"直钳",曰"曲钳",曰"长钳",曰"短钳",此为正格。又有边直边曲,曰"仙宫";边长边短,曰"单提";边单边双,曰"叠指",此为变格。八格中有二体,凡钳之宽而深者属老阳,要钳中微有乳,乃乳穴之变,来者宜就乳头扦穴。要穴上界合明白,顶头圆正,谓之金枧银槽为吉;切忌乳头陡峻,脚下落槽,左右折陷,元辰直长为凶。凡钳之狭而浅者属少阳,要钳中微有窝,乃窝形之变,来者宜就窝间审缓急扦穴。要弦棱明白,顶头圆正,钳上有生气下垂，钳下有唇毡兜起，虽无明显分合，亦似有微茫分合之象，方为吉穴。若界水淋头，元辰倾泻，谓之竹枧茶槽，不可不辨。至于弓脚必须逆水，单股切忌直长，最怕堂水卷帘，漏槽贯顶，《经》云："钳穴如钗挂壁隈，惟嫌顶上水槽来。钗头不圆多破碎，水倾塚内必生灾"。又有桡棹枝叶之间，界水之侧，多似钳象，谓之假钳虚钳，惟审生气之来不来，钳中之倾不倾，唇毡之兜不兜，明堂之斜不斜，宾主之应不应，后龙之劫不劫，于此分辨，真伪自明。的要后龙真正合格，入首束气，星辰合吉，证佐分明，方为真结。

直钳论

　　直钳者，穴星开两脚皆直也。两脚既直，切忌长硬，须是婉媚短小为佳，切要外护迫近弯抱为美，近前有案横拦为上。大要顶上端圆，钳中藏聚，上有生气入钳，下有唇毡兜起，虽钳格原无明显分合，亦似有微茫分合之象，方为真结。若两脚直长，拖拽太重，穴上水淋头，穴下复陡泻，内气既倾，外无拦截，谓之竹枧茶槽，决非融结。凡直钳、长钳，皆要紧来，贴身入穴，视之掬抱有情，不似龙虎推车，直长无情之比，方可下也。宜细辨之。

曲钳论

　　曲钳者，穴星开两脚弯曲抱内也。最喜弯如牛角，弓抱穴场，左右交牙尤妙。要顶上端圆，钳中藏聚，上有生气入钳，下有唇毡兜起，虽钳无明显分合，亦似有微茫分合之象。若两脚虽曲，顶不端圆，界水淋头，下复倾泻，生气不聚，非真结也。

长钳论

　　长钳者，乃穴星开两脚皆长也。两脚既长，切忌直硬，亦不可太长。太长则元辰直泻，牵动土牛，须长得其宜，而婉媚有情为佳。惟近有低案横抱,则不忌长,大约要顶上端圆,钳中藏聚,上有生气入钳,下有唇毡兜起,虽无明显分合,亦似有微茫分合之象,方为合格。若两脚长硬,元辰倾泻,内气不收,外复旷荡,必非融结。

短钳论

短钳者,乃穴星开两脚皆短也,不宜太短。护穴不过,开钳不真,须短得其中。紧宜外砂包裹,近案横拦,以收堂气为要;尤忌两脚粗大蠢浊,惟纤巧宛媚为佳。大抵短钳穴体,要峦头小巧相称,头面圆净无破,开钳明白,穴场平坦,上有生气入钳,下有唇毡兜起,两钳虽短,却护过唇,以收内气,虽钳无明显分合,亦似有微茫分合之象,方为真结。若钳不护唇,至于漏胎;外无包裹,穴上孤寒;或星辰峻急,顶不圆满;水淋穴头,堂气倾泻,皆为花假。

钳形变格论

凡钳有左右不均,边曲边直者,前九变中,名弓脚,名仙宫,必须曲股逆水,方为合格。若曲股顺水,加以尖利走撺,最为不吉。卜氏曰:"东宫撺过西宫,长房败绝;右砂尖射左臂,其子贫寒",不可下也。曰"撺"者,尖射随水走也。若逆水尖射,长房反主进财;右砂尖利随水走者,主幼房败绝,外者亦尖射臂者,祸尤速。若右砂逆水过穴,反主幼房进财,不可以虎过明堂为嫌。至于钳中真假宜忌之理,皆与前钳穴之理一例而推,兹不重赘。

凡钳左右不均、边长边短者,即九变中所谓"单股",又名"单提",必须长股逆水,外砂补短,方为合格。若长股顺水,非吉格矣。至于钳结真假宜忌之理,皆与前钳穴之理一例而推,兹不重赘。

凡钳左右不均,边单边双者,即九变中所谓"叠指",虽左右单双不均,却要穴上见其均匀为妙,又须双边逆水、外股长曲弓抱,方为合格。若长枝顺水,有飞走之势,不照穴场,不可下也。外有转金、转木等格,已载九变图内。至于钳结真假宜忌之理,皆与前钳穴之理一例而推。

双钳正格论

双钳者，左右两脚皆生双枝，或三或四，不可定拘。但钳多必须交牙为美，不然元辰直长，真气不聚矣。内有两臂短小者，名曰"夹势"，主贵，然又不可尖射，尖射则为夹刃，主凶。宜锄去尖利，作马蹄形则吉。大抵双钳宜左右一短一长，交牙相护，不相斗竞尖射为吉。若两宫对射，或开阔不交，对案无情，峦头不正，皆非吉也。至于钳结真假宜忌之理，皆与前钳穴之理同论。

怪钳论[①]

分钳者，即真钳之变格也。乃星辰开口结穴，而两钳向外不收，名曰"分钳"。要钳中藏聚，弦棱明白，登穴不见两边分飞之势，下有毡唇兜起，穴中平坦，外护抱裹，真气融聚，方为合格。最忌穴中见其左右分飞，下无唇毡，外护不抱，界水淋头，穴前顷泻，非真结也。至于钳结真假宜忌之理，与前钳穴之理同论。此穴多落平地，为开口之穴，徽州汪侍郎祖地合此格。外护二抱，面前毡唇，一穴兜之，具图在后。

合钳者，即钳格之变体也。气从两钳而合，故曰"合钳"。乃龙脉已尽，星辰已止，而总会处峻硬无穴，脉分两钳直硬，两钳中却带一槽微茫水，名曰"人中"。水至两钳收处，中间合聚成穴，微有突泡，如钳之钳物，若塞住槽中之水，似上分之状，俗呼为"玉筯夹馒头形"，须要突泡分明，唇毡圆整，曜气正应，穴场平坦，方为合格。最忌槽中太深，钳口不收，突泡唇毡不明，曜星不照，有一于此，便非真结。吴国师为张氏下一穴，合此格，图具于后。

---

① 原注：有分钳、合钳二格。

钳穴正变形图

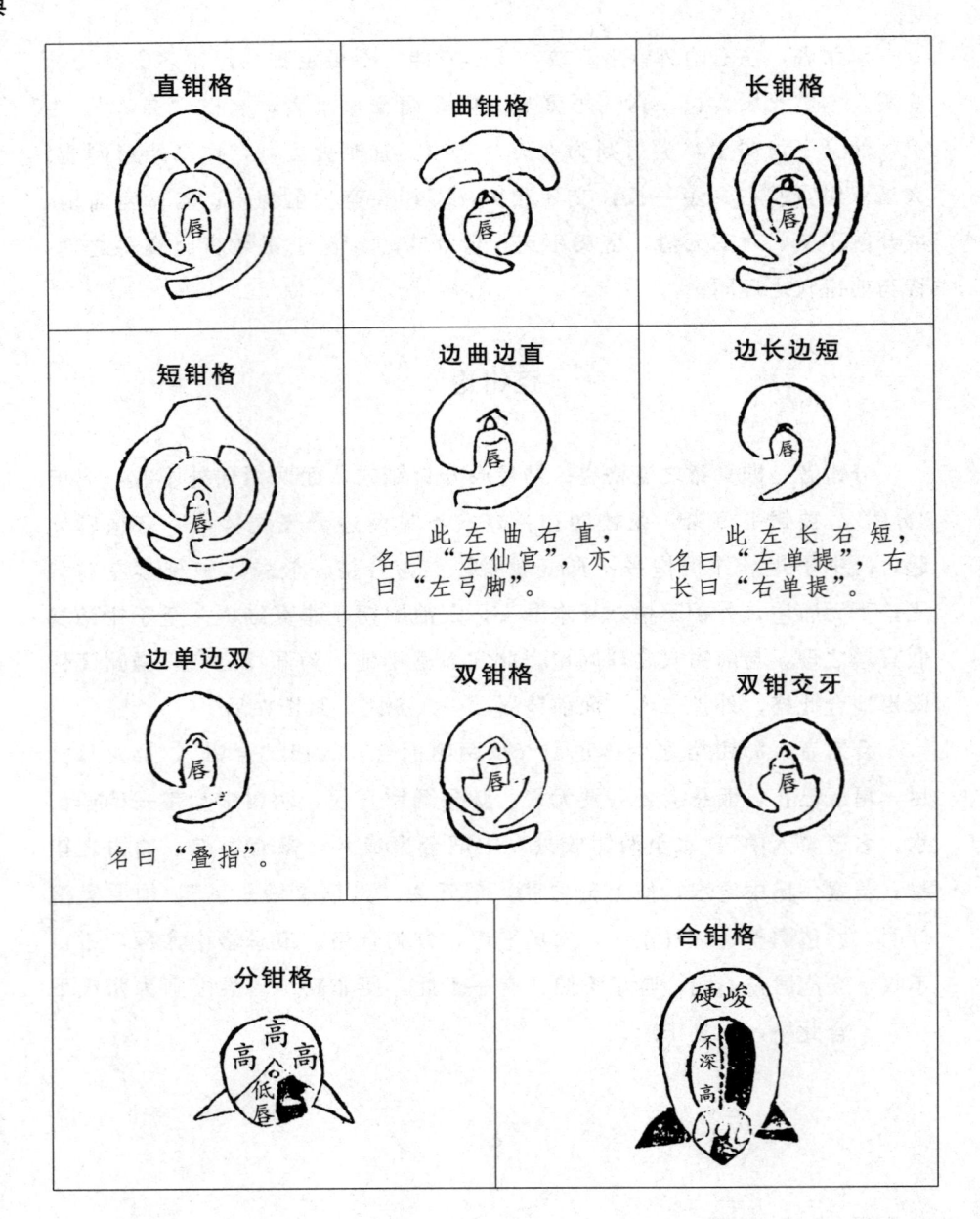

直钳格	曲钳格	长钳格
短钳格	边曲边直 此左曲右直，名曰"左仙官"，亦曰"左弓脚"。	边长边短 此左长右短，名曰"左单提"，右长曰"右单提"。
边单边双 名曰"叠指"。	双钳格	双钳交牙
分钳格	合钳格	

钳乳钳窝二格图形

钳乳图

此钳中微有乳，宜就乳头扦穴，忌乳头峻急，脚下落槽，须辨别。

钳窝图

此钳中微有窝，宜就窝上弦扦穴，上忌界水淋头，下忌落槽倾泻。

乳穴论

乳穴者，穴星开两砂，中间悬乳是也。一名垂乳，一名乳头，平地高山皆有之形。凡六格，曰"长乳"、"短乳"、"大乳"、"小乳"，四者为正格；曰"双垂乳"、"三垂乳"，二者为变格。六格各有二体，一是左右两臂，弓抱交过，曰"纽会"，则内气已收；一是两臂弓抱，不过，曰"不纽会"，尤要近案收气。又各有仰俯不同，身俯须脱杀就粘，面仰宜凑球接脉。① 若后龙合格，束气分明，星辰尊重，证佐分晓，此穴最贵。须要圈中舒畅，毬簷尖圆，出杀水明，穴场平坦为上。最忌两臂无情，左空右缺，乳如掷枪，脉似剑脊，折陷四虚，水穿风射。《经》云："乳头之穴怕风缺，风缺入来人绝灭。"又有垂乳而斜曲者，谓之"假乳"，《经》云："凡是乳穴曲即非，曲是包裹非正穴"。又有乘乳而粗顽臃肿，峻急崚嶒，突露硬恶，皆谓凶乳。《天机》云："饱肚粗如覆箕样，丑恶那堪相"，吴

---

① 原注：士远曰：乳俯则脉急，故宜脱杀就簷；乳仰则脉缓，故宜凑毬接气。

公云:"粗雄臃肿反峻急,急煞冲刑大不宜"。凡此之类,务须详辨,如误下之,主少亡凶败,孤寒绝嗣,不可不慎。

朱士远曰:图形者,惟悬乳可观;寻地者,惟悬乳入眼。然真乳百不得一,伪乳十可得九,出杀之水乳之验也。束气之脉,龙之真也,其明辨之。

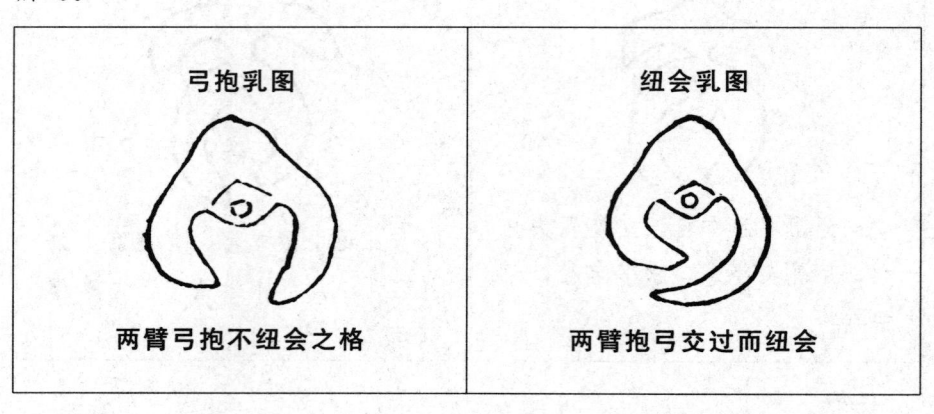

弓抱乳图	纽会乳图
两臂弓抱不纽会之格	两臂抱弓交过而纽会

长乳论

长乳者,穴星开两掬,中间垂乳长是也。不宜太长,水长则脉不活。前篇以长乳为夹木,分三停立穴,谓之"三才穴"。必须要中有节泡,节泡之下有宛然平坦处,方为真结。或有一泡二泡,分三停穴下之,须审前后缓急,左右高低,照四势情意扦点,不可于峻急直硬处,勉强凿穴。大约只要两掬弓抱,一乳中悬,不敧不侧,不峻不粗,出杀水明,脉无剑脊,方为合格。若长而硬,峻而粗,如饱肚肿脚,如竹篙,如掷枪,如犁头尖之类,则非真结。

短乳论

短乳者,穴星开两掬,中间垂乳短也。不可太短,太短则力微气弱,须短得其宜,要毡簷分合明白,左环右抱,一乳正中,出杀水分,不粗不峻，方为合格。若太短而急，硬粗峻，界水不明，或如覆箕，或如顿钟之类，皆非真结。

大乳论

大乳者，穴星开两掬，中间垂乳大也。不可太大，太大则必粗顽臃肿，须大得其中，不粗不饱为佳。如或太大，内要微窝小口，谓之"老阴媾少阳"，又名"螺蛳腌路"，虽大不忌。只要左右弯抱，环卫有情，一乳正中，不欹不峻，方为合格。若大而粗，硬而急，肚胞臃肿，阔大懒坦，则无融结。

小乳论

小乳者，穴星开两掬，中间生微乳也。不可太小，太小则力微气弱，又恐左右两掬，雄压欺穴，须是小得其中，要乳头光圆，左右相称，毯簷不混，出杀之水分明；又须两宫环抱，一乳正中，小而不弱，界水分明，不欹不峻，乃为合格。若太小而微，瘦弱尖细，左右欺穴，旁山高压，则非真结。

士远曰：凡小乳只可一棺，不宜双塚，以挨死气开茔。极宜狭小，不可阔大，以伤圆晕。慎之慎之！

双乳变格论

双垂乳者，穴星开两掬，中间垂下双乳也，即九变所谓"双星乳"之变格也。要大小长短均匀，可下双穴，福力相等。须星辰尊重，双乳齐垂，毯簷各明，左右抱卫有情，方为合格。一长一短，一大一小，一瘦一肥，一斜一正，不宜双取，乃审其特异者下之。若更不周不正，毯簷不明，势非自然，必无融结。又有两乳旁生两火如两曜者，即前篇所谓"麒麟"，亦乳穴之变格也。其大小长短，肥瘦斜正，俱与双乳同论，图俱于后。

朱士远曰：凡双乳、三乳之穴，要两宫弯抱，穴穴照应有情，不偏不欹，方是造化融结之奇妙处。若左偏右削者，掬抱歪斜，非吉格也。

三垂乳变格论

三垂乳者，穴星开两掬，中间垂下三乳也，即九变所谓"三台"，亦乳穴之变格者。要大小、长短、肥瘦相等，可下三穴。须是后龙旺盛，气力雄大，方结此穴。必要三乳同垂，左右回环，毬簷各明，内证各应，方为合格。若三乳不均，偏正美恶有异，宜审中乳合格者下之。如中乳又不合吉，则非融结，不可下也。

朱士远曰：凡一山垂乳多者，只看那个闪断有出杀水，左右挣开斗角，小水弯抱乳头，便是真结。

怪乳三格[①]

闪乳者，穴星开两砂，垂有乳，但乳从偏落，闪在一旁，乳体之变格也。假如龙力到此，边脉起顶合格，宜结真穴。但中出之乳，粗硬斜曲，不似穴象，细审正气，闪在一边，结乳怪穴，乃以中乳为龙虎护卫之砂。此穴极为难认，乃龙从左来，闪乳在右；龙从右来，闪乳在左；亦有龙脉中起均匀，两边皆结闪乳，而中乳粗硬，至中乳尽处宽大，似顾左顾右之力，为龙虎卫抱之砂，则两闪乳，可下两穴。只要两掬有情，各相照应，乳头光润，不峻不粗，毬簷各明，出杀不混，方为合格。若粗饱峻急，瘦弱尖削，内堂歪斜，毬簷不明，则非真结。董德彰为倪氏下一地，三扦而后得正穴，合此格。图具于后。

侧乳论

侧乳者，穴星圆起，一边开砂弯抱，一边垂乳，但乳从侧落，偏于一畔，不正之谓也。多作金钗、蟠龙及挂树蛇形，但边有边无，须要外山凑集，其融结乳头，要出杀小水，上分下合明白，毬簷应证，侧处照护不空方吉。或乳头上有微窝小口便真，不然即假。又如笋箕背、冬瓜样，皆非

---

① 原注：一曰闪乳，二曰侧乳，三曰合气乳。

真侧乳也。贵溪夏相公祖地合此格,图具于后。

合气乳论

乳曰"合气"者,如合气之合。凡大龙气旺,至入首化生脑下,或分双脉并垂,而合气结成一乳者;或分三脉、四脉并垂,而合气结成一乳者,其或皆夹有微槽小水,至结乳处凸起圆毯,以塞其槽,水似上分之状,谓之"人中水",则真气融结。须要脉不带杀,毯簷分合明白,元辰不倾,两砂弯抱为证,方为至贵。《怪穴歌》云:"也有巧穴名合气,结穴双龙至"是也,决不可以界水淋头为嫌。

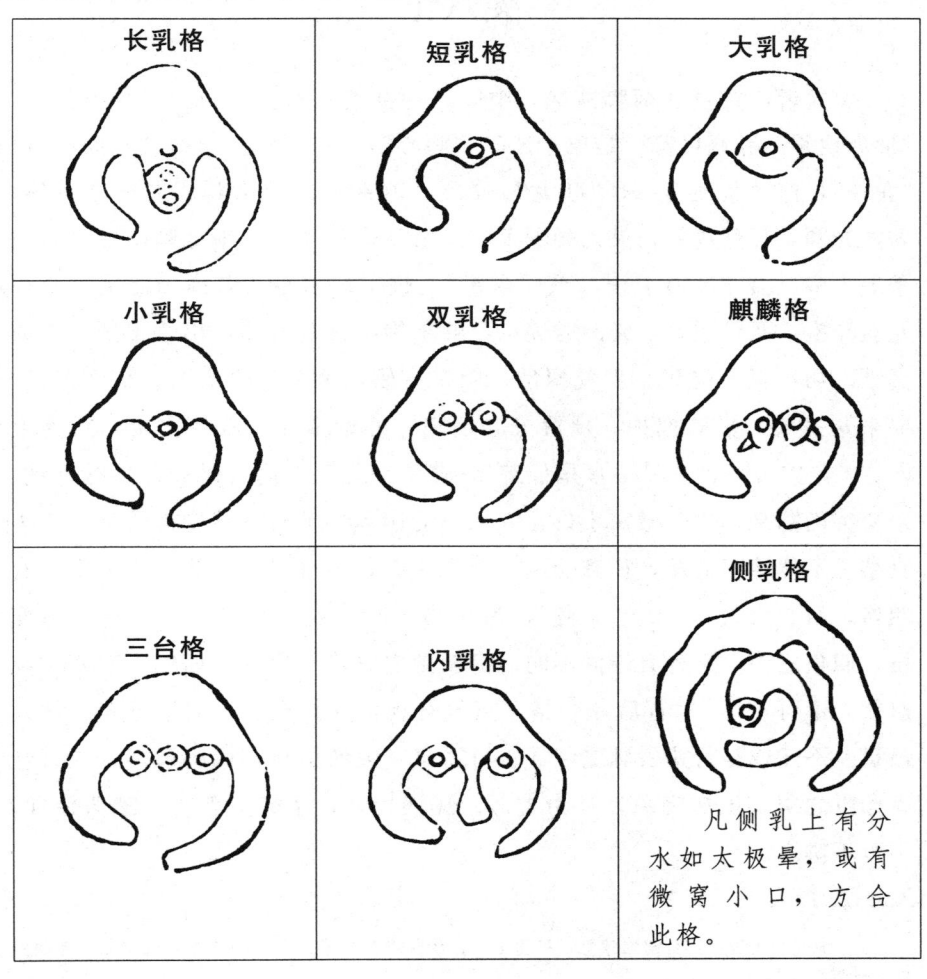

长乳格	短乳格	大乳格
小乳格	双乳格	麒麟格
三台格	闪乳格	侧乳格

凡侧乳上有分水如太极晕,或有微窝小口,方合此格。

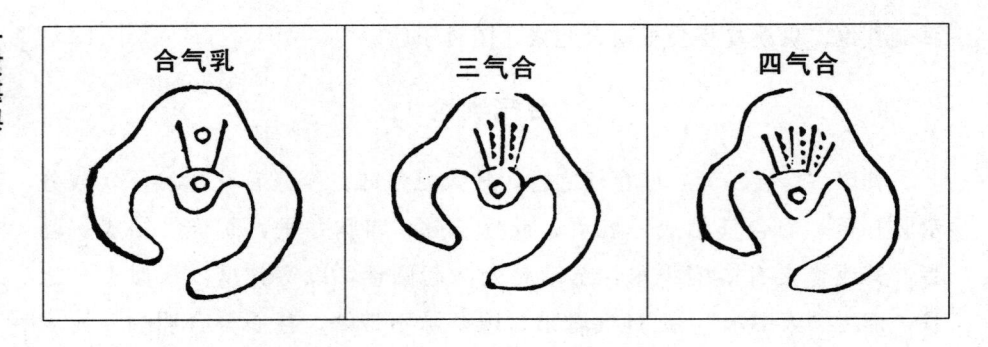

突穴论

突穴者，穴星开两脚湾抱，中间结一圆突，即抱穴也。《葬书》云："形如覆斧，其巅可富"是也。凡曰"鸡心"，曰"鱼泡"，曰"鹅卵"，曰"龙珠"，曰"紫微"，曰"旺龙"等形，皆突穴之异名耳。夫突之真体，秀嫩光圆，簷毬颖异，灵光凝聚于中，余气弥漫于外，平地高山皆有，而平地为多。盖"高山求窟，平洋求突"，故平洋多也。若高山之突，必须左右环抱，两臂周遮，光圆秀美，不峻不饱，毬簷分明，出杀水现，方为真结。切忌孤露受风，生气飘散，脉来直硬，杀气未除为凶。平洋突穴，要来龙束气，平砂抱护，毬簷分合明白，外砂紧顾，收住内水，乃为上吉。《经》云："平阳得水是仙踪"，若平阳之突，高大平砂，环抱低矮，须要突面圆平，内开微窝小口，穴内不受阴风，下有唇毬兜襟为证，方为真结。不然缠护低矮，孤高受风，顽硬死突，不可误取。凡突之为形，有四格，曰"大突"，曰"小突"，为正格；曰"双突"，曰"三突"，为变格。四格之中，又各有俯仰不同。身俯则穴宜凑簷避毬，面仰则宜穴凑毬避簷，不可不审。[①] 若后龙合格，束气合吉，缠护周密，应证分明，此穴最贵。不然或是行龙引脉之泡，水口罗星，关峡墩阜，山脚漏落，龙身仓库印匣之类，虽似突象，却为虚假。如误用之，主穷贫孤苦，漂荡伶仃，不可不辨之。

---

① 原注：士远曰：身俯则脉急，气注于下，故宜凑簷护毬；身仰则脉缓，气聚于中，故宜凑毬弃簷故也。

高山突穴

山谷之突，切要藏风，必须左回右抱方合。若龙虎外有风，谓之"门外风"，不忌。

平阳突穴

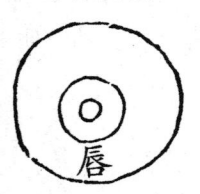

平阳之突要得水，切要阴砂收水，分合界气明白，或水势汪聚，或夹送绕抱更佳，卜氏云："平阳先须得水"是也。

大突论

大突者，穴星开两砂弯抱，中间结突高大也。不宜太高大，太高大则成星体不成。突格气属老阴，不能生化，须大而四应相停，不至粗肿顽懒为佳。若突太高大，必要内开微窝微口，是谓中"老阴媾少阳"，虽高大不忌。切要突面光圆，毯簷颖异，出杀水现，分合明白，左右抱缠，元辰融聚，乃为合格。若孤露高大，与上相反，则为水口罗星，及龙身仓库匣印之属矣。不可误取。

小突论

小突者，穴星开两脚弯抱，中间微起圆泡是也。不宜太小，太小则起突不真，须是小而合格，不至微弱为佳。大抵小突之真体，先要入手小个字之脉，分水真切，次看毯簷圆净，如太极晕样，尤要界合分明，方为真结。如或微小太甚，高低不明，界水旷阔，或水割四畔，懒怛无依，皆非真结。凡小突多为引脉气泡，或关峡珠玑印墩之属，须于穴星界合、龙脉形止处细辨之，真伪自明矣。

双突变格论

双突者，乃突星开两脚弯抱，中间并起双突是也。即名双星，亦有两突之畔各生牙歧者，名曰"麒麟"，皆谓两穴要大小高低肥瘦均匀，突面圆正，毯簷各异，方为合格。若大小不等，肥瘦不同，高下参差，须择其特异合格者下之，须大取小，瘦取肥，高取下，为正穴也。若彼此似可而不正，狐疑难辨，美恶不分者，非真结。其突格大小真假之理，皆与前穴突论同推。细玩前条。

三突变格论

三突者，穴星开两脚弯抱，中间并起三突是也，谓之三台，可下三穴。要大小高低肥瘦相等，毯簷各圆，水皆出杀，彼此有情，穴穴可观，方为合格。大小不均，先审中突；中突不合格，次审其特异合吉者下之。如彼此疑惑而美恶不辨，非真结矣。其突之真假宜忌，细玩前条。

凡突形不一，有突而圆者⊙，突而方者▢⬠，突而棱者▲⬠，突而直者⊙，突而横者⌬，突而曲者⌬⌬，不能悉述。惟审其穴星砂水，来龙合格，方可下之。其突穴余气，有出金、出水、出木火土者五格，俱与前九变内悬乳五格同论。图具于后，宜细详之。外有带曜八格，已载前篇，不赘。

怪突三格①

鹘突者，模糊不明之谓也。穴星开两掬弯抱，中间似乎平田，惟斩木烧草，令天光焕发，微露圆覆，如饼之样，四旁微有界水分合，粗看则无，细察则有，即太极晕之类也，名曰"鹘突"，最为贵穴。须要审龙脉砂水，四应各格，方为真结，不然即属花假，不可不辨。丰城杨文恪公祖地，与浮梁卢氏九瘿夫人祖地，皆合此式，图具于后。

并突者，穴星开两砂弯抱，中结两突相粘连而起是也，法当扦交界之间。盖以大龙旺气，势止而盛，两突合气，融聚于中，名曰"并突"。此穴钟天地之灵，得山川之秀，融结而成，多出文章英杰，理学名臣，惟大龙旺盛者，方有此穴。须审龙脉砂水，四应合格，方为真结，不然不可轻下。吴景鸾下董氏地合此格，图具于后。

突曰"合气"者，亦如合气之合。凡穴情阴结形，长者为乳，圆者为突。合气结突之理，与前合气结乳之理同论，不可以界水淋头为疑。

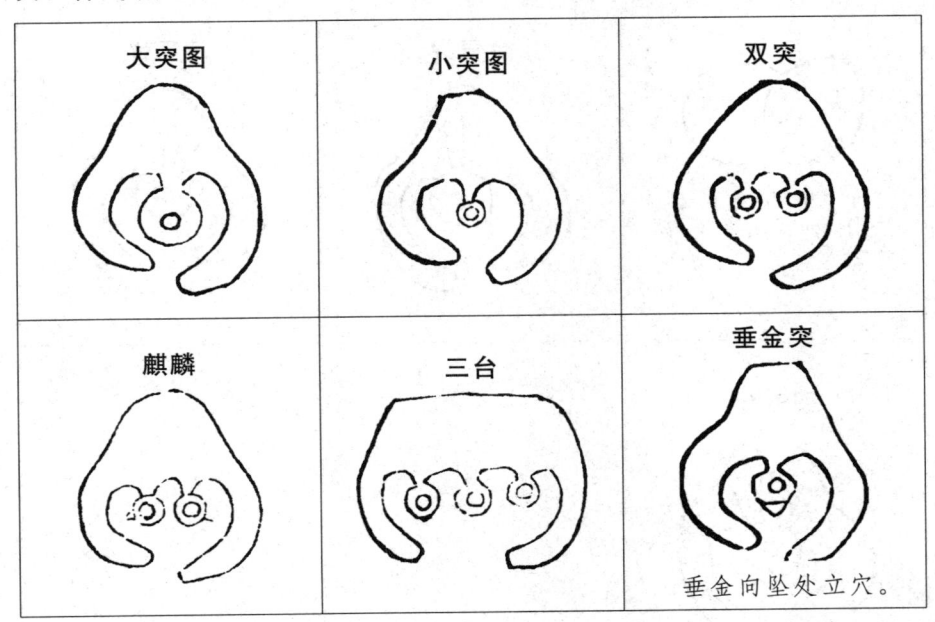

大突图	小突图	双突
麒麟	三台	垂金突

垂金向坠处立穴。

---

① 原注：一曰鹘突格，一曰并突格，一曰合气突。

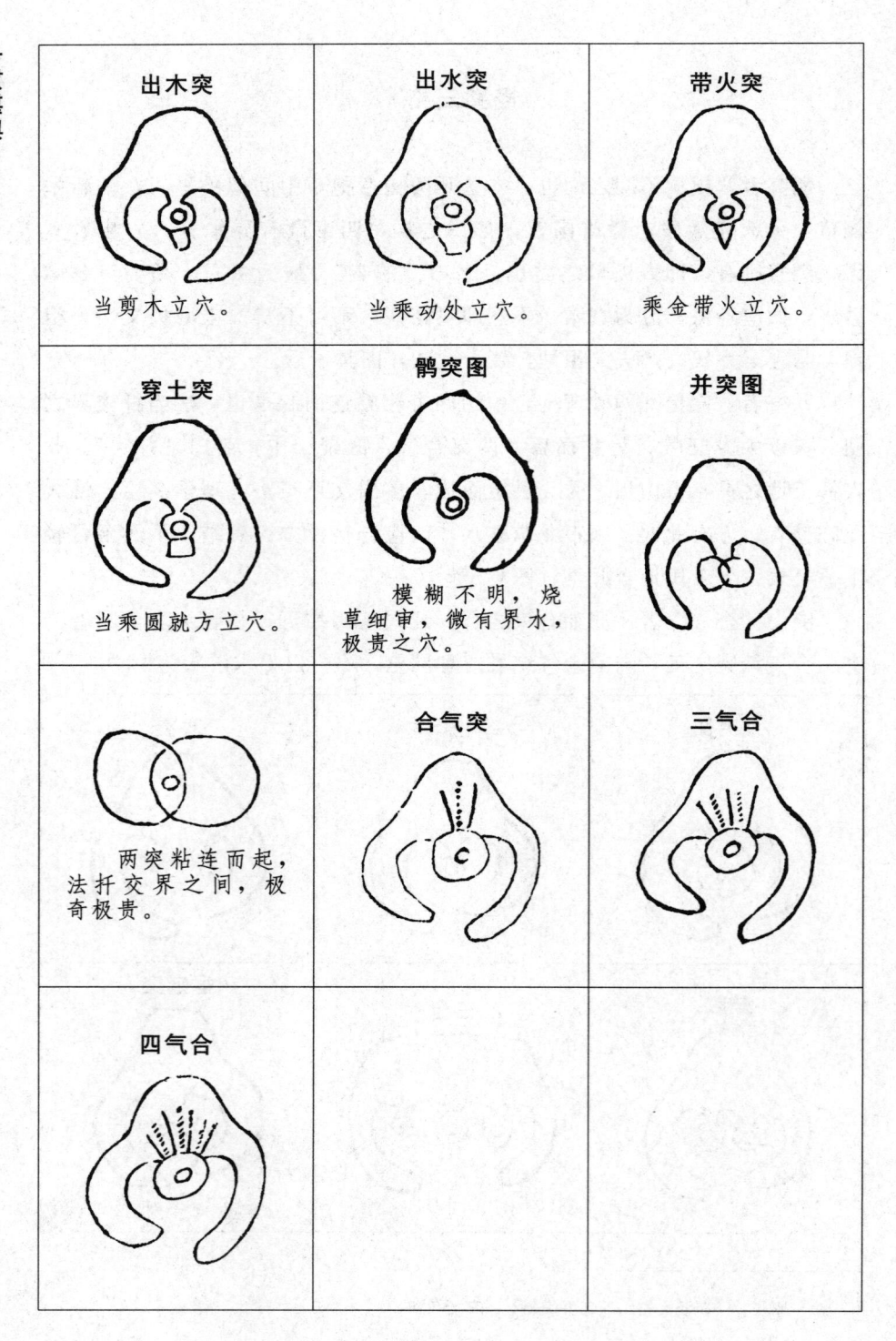

出木突	出水突	带火突
当剪木立穴。	当乘动处立穴。	乘金带火立穴。
穿土突	鹘突图	并突图
当乘圆就方立穴。	模糊不明,烧草细审,微有界水,极贵之穴。	
两突粘连而起,法扦交界之间,极奇极贵。	合气突	三气合
四气合		

以上窝钳乳突，穴形格理，总括无遗。但造化之机，隐显不一，显则为穴形正格，按图索理，人或易知；至于隐而为异形怪穴，曰"边窝并窝，分钳合钳，闪乳侧乳，鹘突并突，合气乳突"，数般怪体，隐微难辨，虽已图形阐理，但乍闻骤见，必骇而疑。所谓"任君聪慧过颜闵，不遇真师莫强猜；任君口舌如苏张，不得印证心疑忙"，此等异穴，形虽不同，却理无二至，至贵之龙，方有此穴。必得真师传授，先迹印证，始可识之。如未契肯綮，不得印证，自任聪明，不审来龙，不辨真伪，妄指平坡死块为边并之窝，欹斜出脚为闪侧之乳，界水漏槽为分合之钳，阔荡硬顽为鹘并之突，借口怪异，胡乱作为，是犹学步邯郸，为害甚矣。故备图先贤所下名公怪穴，以为证印释疑。

计怪穴图实例

边窝二穴：傅学士祖地，张氏白牛坦祖地。

并窝二穴：周都宪祖地。

分钳一穴：汪侍郎祖地。

合钳一穴：[①] 张参政祖地。

闪乳一穴：倪御史祖地。

侧乳一穴：夏相公祖地。

鹘突二穴：杨尚书祖地，九瓔夫人卢氏祖地。

并突一穴：董进士祖地,。

---

① 原注：即合气突。

边窝印证之图

傅学士祖地。天马嘶风形。国师传伯通自扦。

右地在德兴傅家村,自大龙分干,开帐出脉,磊磊落落,数节走马,文星开胯展翅,入首束气特起,金星正面峻急,铺下平坡,左畔微高六七寸,弯掬抱穴,合边窝格。外来右山高耸,势如凌压,俗眼但见穴离星体,接脉不着,且下抱短缩,右畔高昂,莫不弃之。不知本星峻急,气聚平坡,下砂虽缩,而贴穴一掬,仿佛高低,依稀绕抱。右山虽高,以本窝缺右，宜其补衬护穴，兼以前朝秀丽，水口关拦，下后出文懿公，立官学士；子严，官集贤学士。人丁大旺，富贵双全，此边窝印证之一验也。

合边窝格

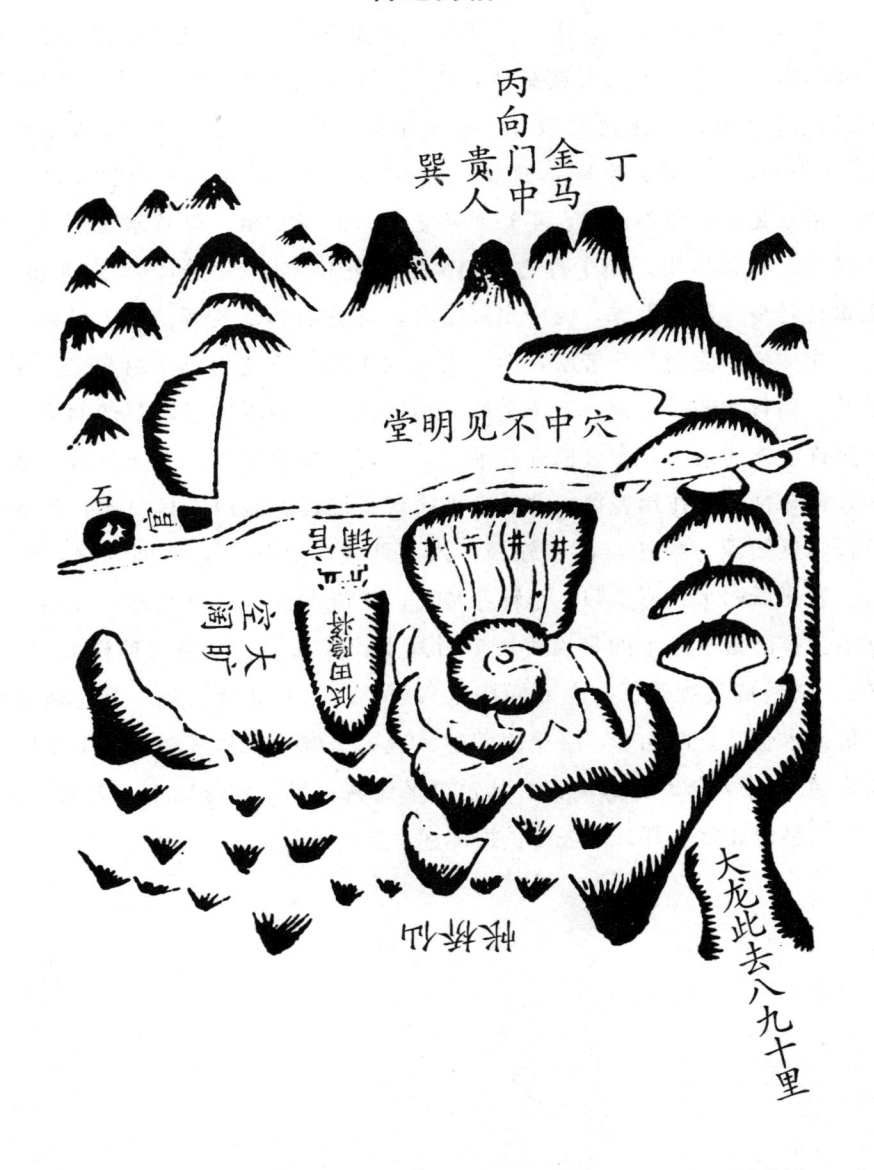

张氏白牛坦地图。取蟠龙玩月形，又取锦帐挂银钩形。

未葬时，常见白牛在穴处，登山不见，故名牛坦。

朱士远曰：此格曰"二掬"，仅高数寸，似乎太低。凡四望青天，宁无风寒？又曰：穴不受风，庶几得旨，后人不可轻以为义，惟藏风为以准。

右地廖金精为德兴张氏下。其地大龙前去，中腰一枝开仙桥大帐，帐中落脉数节，至山半间突起星体，卸下平坦，左畔微起，一掬弯抱如弓，兜转成边窝格。其掬仅高数寸，坟头上露，惟可护棺而已。此外山势低下，一望青天，甚为空旷，面前一重案山，近而且高，穴在源头高旷之所，俗眼见之，莫不惊骇。不知回龙之穴，翻身顾祖，自然水源不远；案头高近，乃系本祖，如子孙之见祖父，分外相亲，不为压穴。后龙虽去，而本枝转身，结成大帐，帐中出脉结穴，其去山乃余气耳。前山虽峻，本身一掬弯抱，面前高峡皆蔽，而不见登穴平坦，不觉为万仞山巅也。左边虽旷，而青龙兜转绕抱，穴不受风，结穴之下，山脚四五，飘然而去，约五里许，皆为余气，廖公凿五井断之，令真气凝聚正穴，而无扯拽分散之病，此金精巧于作用者也。葬后，张氏富贵绵远。课曰：其山远自乾亥高耸，转艮结顶，如蛇行，如旌旛，入丁酉兑，又转艮，屈曲入亥，作丙向，发元辰向水，五步归丁，转卯转巽，长流面前，旗鼓文笔，天马贵人朝拱。择己酉七月十四日戊寅庚申时开土，深五尺。龙格有仙桥帐，[①] 诗曰："腾云瑞气欲侵天，左右阴阳近穴前。山水命朝廉贞现，为官清正四方传。木金高耸两相看，一土阴阳位一般。杀气入云攒簇簇，凤书来聘去为官。"康宁八年八月廖禹记。其穴离平地高三里，攀援而上，其峻可知，但其穴平坦如掌心耳。门人傅伯通谨述，为后印证。

---

① 原注：后出一仙，曰"紫琼真人"，见《仙传》。

合并窝格

余姚周都宪祖地,都宪公讳如斗,号观所。

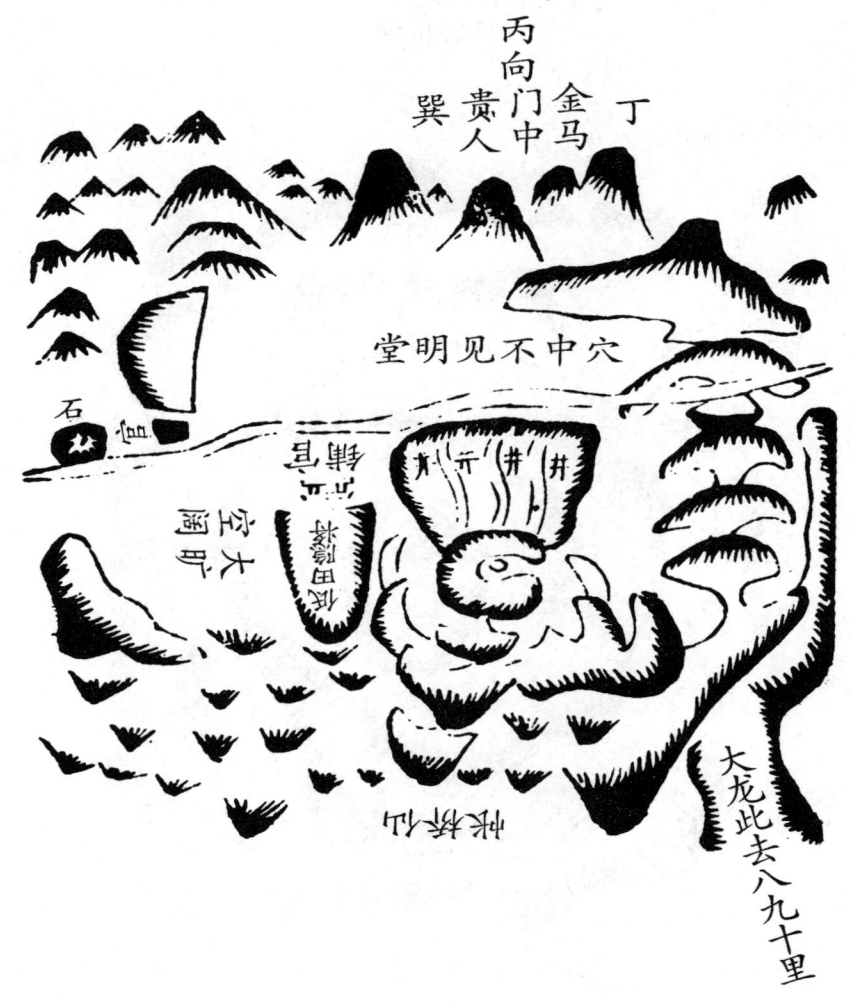

众星辰伴月形。亥龙入首,文氏扦丙向,周氏扦巽向,中穴数家甚败。

此地在浙江余姚道闻家堰,龙甚美,将入首起宝盖三台,撒落平地穿湖,湖中顿起太阴金星,结并窝格,四面湖水巨浸,穴右石印,浮水甚奇，诸峰罗列，拱揖齐整。宋时文姓者扦右穴，出状元进士数十人，发越已过；今周氏扦左窝，葬后五十年，出科第十余人，至今富贵未艾。此系泛水文星，周氏宜出鼎甲，可谓崩洪脉证。

分钳格证

徽州汪侍郎祖。

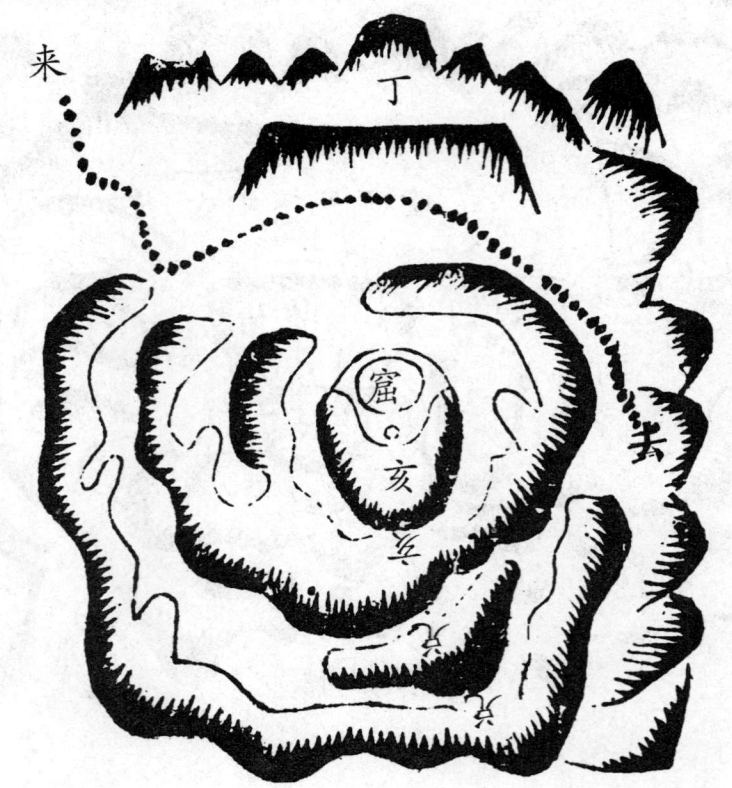

此地在徽州黟县黄坂垣，兑山发龙，转亥脱落平坡，成分钳格，粘突就窝放棺，外砂包裹，气注朝秀。葬后出侍郎，又州县官员不替，俗呼为汪婆墓。

合钳格证

德兴张参政祖地，穴上有槽，俗呼金枧银槽，又名玉筯夹馒头。地名金山上笪。

向丁山癸

低

上图吴景鸾为其婿张须公葬祖地，后须公遂发科第，官虔州。传第三代，官至参知政事，又出翰林曰"根"曰"朴"等数人，盖催官地也。俗眼观之，似于界水淋头，未易测识，却合人中水格，可为后证。

闪乳格证

婺源倪御史祖地。此处明堂甚旷,砂水秀丽,正穴上俱不见。

右地在婺源县太白巡司东一里,其龙迢迢而来,磊落奇特,将入首连穿峡,开帐龙尊,穴藏两畔,重重包裹,下关一山,逆大河缠绕,以收内堂,以蔽外阳宽旷,随龙田水,平坦融结,固佳,而穴甚奇怪。董德彰为倪氏初下中乳天穴,以贪外秀,不利;复改地穴就堂,又不利。倪氏议扦他所,董师乃自讼,曰:"直龙无虚生之理,必我误也。"再往其山,周匝详审，因知穴结闪乳前，所下者皆非。盖中乳山既直硬，而下复弯曲顾左，故正脉钟于闪乳，中脉乃其护砂。但闪乳之穴甚怪，一臂左砂，尽障外秀，如坐井面墙，不见明堂朝对，非俗眼所知，乃呼为"美女掷梭形"，穴扦动乳。倪果信之，遂改扦焉，系亥艮行龙，转折酉辛，戌乾入首，作乙向，扦动乳，小用离杖下之。下后，倪氏一人名进贤，登进士，为御史。又二人，曰以孚、以鼎，登乡科，一时骤发。

按：是地先扦中乳总会，次扦中乳尽头，皆是贪明堂秀丽，砂水龙虎整齐，为误。复扦闪乳，始得其真。以董公之明，尚至三扦而得正穴，况其他乎？可见砂水之诱人，虽明师不免。得真龙者，须当参酌其情势，审得真切，而后下之，毋徒以见一不利而遂弃真龙也。

侧乳格证

贵溪夏阁老祖地。

右地在贵溪流口，作蟠龙形，乃侧乳穴也。龙穴皆贵，但堂气逼窄，前山近而且高，不见外朝，桂翁晚年无子，自疑堪舆家有"一重案外见青天，后代少人烟"之说，乃迁之。开圹时，棺木如新，茜藤交结，气起如蒸。未几，公即遭祸。但此地葬时，公已贵矣，祸福未必尽系于此。常观其一祖垅在上清宫，土名桂树洲者，甚美，果堪拜。相公时显达，大兴造筑，伤戕龙脉，填塞界水。又新葬一地在上饶郑坊，穴前正见石人山，俨然一断头之象，皆能召祸。虽然公端人也，以身殉国，乃其素志，遭时被戮，未必尽系于此，但揆之术家，祸福之验，似亦不诬。并录于此，以为轻举者之戒。

朱士远曰：祖地固能发贵，发后须在其自然。如兴造召祸者，一见于江陵张，再见于贵溪夏，可为殷鉴，慎之！

鹘突格证

杨尚书祖地。

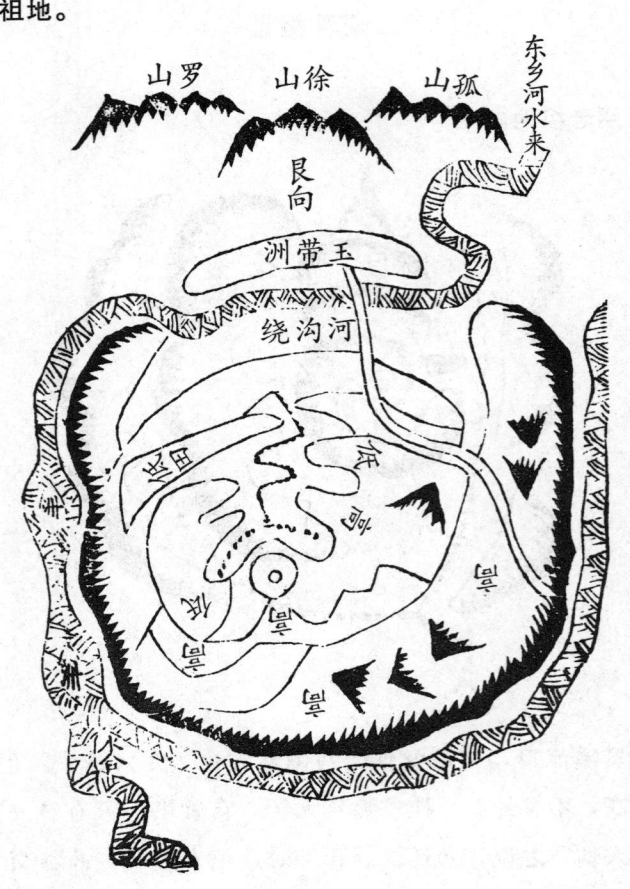

右地在丰城东南，名石滩，俗呼笑天龙形。其龙起自耸峰山作祖，散落平洋，顺行二十余里，隐隐隆隆，铺毡展席结局，翻身逆水，张潮大展，平向飞蛾，偏左出脉，穴临水畔。登穴视之，似乎散乱无情；细察其穴，略起微突，左右依稀远抱，当面石滩，高田横拦，以为近案；案外徐山，宝盖远朝；案右东乡水朝穴，下手铜钉口，外有游鱼，镇塞水口，山水大会，真贵地也。杨氏扦后出月湖公帘，官至礼部尚书，子孙鼎盛。

又鹤突格证

九瘿夫人祖地。辛向。将军伏剑形。

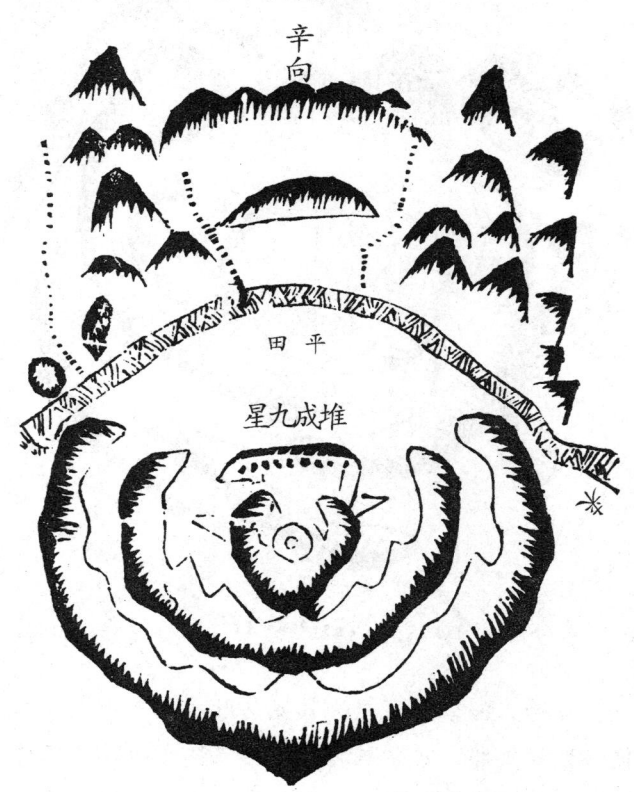

右地在浮梁东乡，吴景鸾下也。初，国师与李德鸿善，凡吉地多指示，独此地为卢氏下。既下，谓李曰："昨为卢氏下一国后地。"李曰："曷指我乎？"师曰："子美地已多，何贪耶！"李曰："公侯将相，安敌国后之尊乎!"师曰:"吾为子谋,令彼贵气归子家耳。但勿泄。"乃诒卢曰:"前所下地,将军伏剑形。剑上宜堆九星,其应神速。"卢果堆之。师嘱李曰:"戒尔子孙,卢氏有女选妃,临行而发瘿,乃贵女也。娶之,产子必贵。"李如其言,戒子孙须娶卢女之训。后卢氏果生一女,应朝选,至期忽发九瘿,遂不入选。李氏如训娶之,后生九子,皆贵显腰金。至今浮梁相传为"九瘿夫人祖地"云。

并突格证

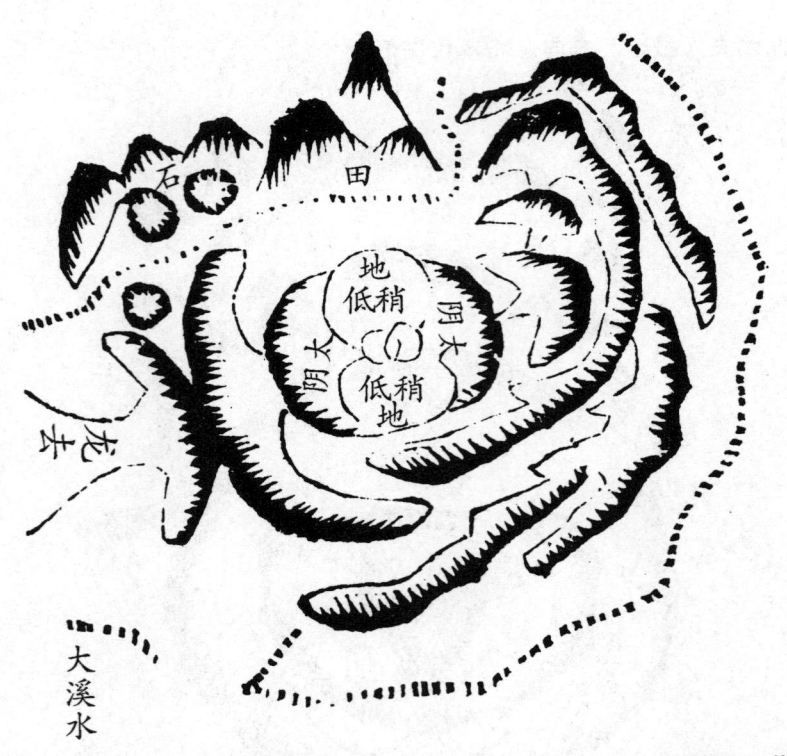

董进士地,在德兴海口南五里。其龙甚旺,将入首,起太阴,落为平坡,复起太阴,两星夹照,穴立平坡,中结二突,相并处扦葬。前朝贵人立马案,出进士数人,及入翰林;理学崇儒数人,董铢、董鼎,昔朱子门人,贵显不替。

此是骑龙穴格而向一边者,谓之"左右骑",取朝案为证也。

有窝不葬窝格

南昌刘氏祖地。葬窝者皆败。丑山未向。坤申去。

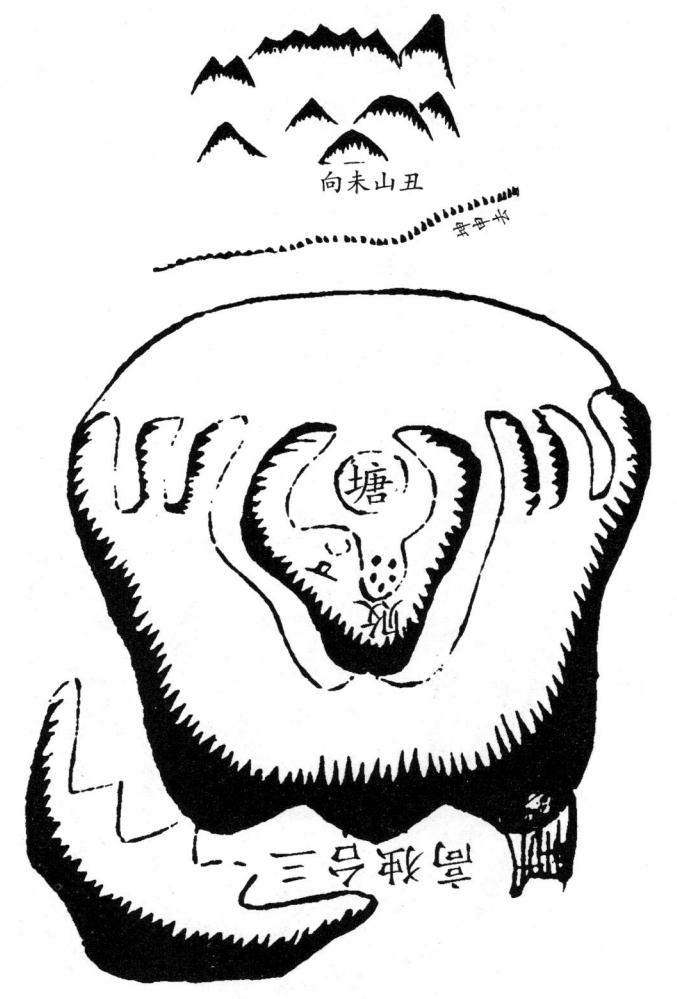

丑山未向

右地在南昌白湖岭南，其龙自鹤仙冈开帐穿峡，迢迢而来，正脉去结省城。此省龙旺龙，透漏一枝，至白湖岭南，成正体三台；中峰一线小脉抽下，复起太阴金星，老龙抽出嫩枝结穴。昧者病其龙短，不知乃大干旺处，寸寸是玉，剡三台一节结穴，为至贵格。只是穴星正面，似窝非窝，空巢无气。其正气闪于左畔，且落低坪，结为下聚，略成微突，如老蚌吐珠，颖异非常。左右弯抱有情，面前河水缠绕，奇峰朝揖，真美地也。宣德九年，刘氏扞后，人财大旺，科甲蝉联云。

宣德十年，丰城何贾云道经南昌刘氏地，观此地，因留记曰："湖峰美地穴难扞，左畔仙宫汝占先。二十四神皆拱揖，三十八将尽朝元。捣药杵声犹未息，此龙枕住老龙眠。丑山未到坤申水，子息金阶玉殿宣。先出文材并奉议，南乡北堡置庄田。税银三万七千贯，金玉盈厢不记年。三代神童如及第，生成铁树也生烟。若问人丁数多少，芝麻二石数当全。兄弟四房俱发福，烧些钱纸玉炉边。"

有钳不葬钳格

石首王翰林祖地。丁山癸向。楚江水来。果老峰。

右地在叶容县东八十里七峰山，其龙来远不述。此大局开帐，顿跌数峰，龙势雄昂，却入首一节，抽出平缓，为芦鞭贵格结穴。穴开钳口，钳中陡峻，不能聚气，因龙脉平缓，弃钳就脉而点。盖穴砂水亦皆应副，此缓来急气，故不葬钳；挈高取穴，以避钳中陡峻故耳，与铅山费状元乌石出祖地穴颇相似。乃江右雷氏所卜，嘉靖己丑年葬，癸巳年生乔桂，登戊辰进士，入翰林，兄弟皆贵。

按：是地不下钳者，以钳中陡峻，又无微窝微乳，故不受穴。而盖穴之上，天然融结，照应有情，故宜高取。

朱士远曰：融结云天然，则出杀小水，分合明白矣。细详之。

有乳不葬乳格

余氏眠犬形。

此地在德兴南五里长塘，其龙远来不述。将入首王字龙格，霞披渡脉，脉从左来，穴以右受，有垂珠倒气，成太阳头脑，出硬乳于中，结窝格于右。但中乳直硬，未曾出杀，不堪裁取；惟右窝受气藏风，左来右结，上有生气，前有毡褥，后有兜星，左右夹照，弦棱明白，证得穴真，俗呼"眠犬形"，怀中气，扦动穴，扦后出旨山易钩，登嘉靖丙戌进士，官御史，人丁大旺，税粮千石。

曲乳穴格证

华容刘尚书祖地。

右地在华容东山，龙远势雄，星峰耸秀，到头大飞蛾展翅，中抽一脉，水木垂头，摆转作穴。穴扦曲动处，坐倚一边，似偏实正，乃曲乳穴也。登穴观之，内水交结，左右二砂纽会，内外明堂融聚，真气冲和，《经》云："凡是乳穴曲即非，曲是包裹非正穴。"若执以定穴，即弃此大地。殊不知正脉中出，而水木曲动，正是生气所钟；且两肩包护皆长，中乳独短，两臂皆粗，中乳细嫩为奇，又不可执经文而定穴也。乃司马头陀所下，取飞凤形，坤顶，落脉向癸，大江东去，内水西流。下后出东山公，官兵部尚书；忠宣公大夏，为国朝名臣，子孙衣冠不替。

天人地三穴论

天穴乘风而下，要有窝，藏聚平坦，可藏车马，方是真穴。人穴避风而下，要腰不急，穴不陡，内要生成窝泡，方可下穴。地穴就水而下，要四山相等，不致欺压，内要生成天然之穴方妙。若止凭外砂高低，勉强凿穴，则非也。《玉髓经》云："劝君不必论三才，但要天然穴自在。"如有一星连结二穴三穴，皆要穴象生成，天然合法，然后皆可下之，亦止一穴为正，余皆副耳。如新安王知县祖地，可下三穴，终归重于一穴。图具于左。

天地人三穴图

新安王知县祖地。

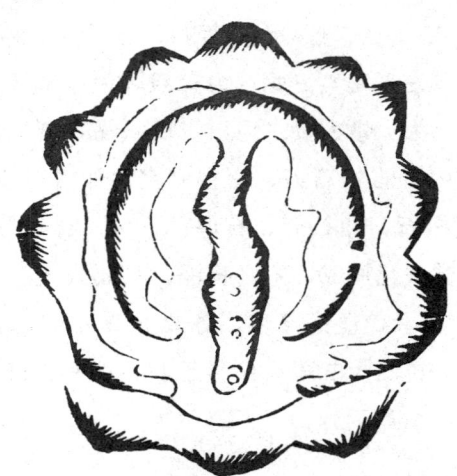

此地在新安赤，而系蛇形。初葬下穴，出莆田主薄，败。又一家葬中穴，出莆田县丞，又败。王氏得之，扦上穴，出贵，亦莆田知县。天人地三穴，皆官莆田，是分野之应也。然有轻重之殊者，因上穴内砂包裹，而且气旺。至二穴，在内砂嘴中；至三穴，出砂之外，全借外砂包裹，轻重自分。凡结三停之穴，必要穴紧真结，方可并下。

石穴十二落头论

石者山之骨，欲其藏，不欲其露。至于屹露，世俗见之，疑而忌用，不知石者势虽可嫌，形有可贵。并所嫌者，巉岩粗恶，变成凶体，谓之杀气，吴公云："石欲其藏，切忌粗硬与恶昂。"所贵者，尖圆方正，格合星体，谓之"秀气"，甚不易得。卜氏云："石骨入相，不怕崎峻。"故凡行龙起祖，过峡开帐，传变穿落，结咽束气，起顶结穴，作件合法。至于龙虎朝案，迎送缠护，全无亏欠；结穴精微，毬簷分合，乘龙相水，穴土印木，四应无差。如此龙真穴的，多有气盛发泄，而为秀石磷磷，清奇可爱，非杀气之可比。或有一石，立于穴上，为盖照者；有三四石立于穴前后左右，为四印者；或七八石露于穴前后左右，为盖照，为四印，为曜气者；俱要毓成星体为吉，不成星体犯嵯峨者为凶。格有十二样，名曰"十二落头"，曰"五果奇厨"，曰"蹋马火，木冠金，花冠金，龙爪金，覆釜金，冲天火，未足火，三连土，太阳开口，云片金，水花金"，以上十二星体，乃大龙气旺，发露秀气，此石为盖照，为印证，而穴又得土，情势奇异，乃刚柔相济，为大富大贵之地，贵极一品，富压陶朱。至于穴中印证，如五果奇厨，内有石榻石刀；窝中有突，如木冠金，内有紫泥膏脂。又如他星，内有枕棺石，并石床、石龟、石鱼、石旗等物，各为内印者，未必一一尽符，随其气化所成，不必拘泥。只要穴土坚实，颜色鲜明，五土四备，非有根之石者，便是佳城。务要龙真穴的，石合星体，即为贵格，不必以石为嫌。再图十二落头象形于右，以便合符取用；更述古格石穴五塚，以释俗疑，图具于后。

石穴落头十二形象名字[1]

五果奇厨 	此石即土星方正如厨柜，故名奇厨。穴要大窝，中结突象，取土生金之妙。内有石榻石刀印证。
踢马火 	此石即土星拖火脚，故名踢马火。要在穴之上为盖照穴，宜乳突，不宜窝钳，恐上来克水则凶。
木冠金 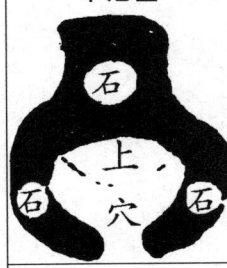	此石即木星开石砂，故名木冠金。乃穴后一石主照，落头穴在左右内，须要此穴内有紫泥脂膏为证，乃为至妙。
花冠金 	此石即金水星如花冠，故名之。穴在两石锥之内，要异土坚实，内有石龟石鱼为内证。

---

[1] 原注：俱要在穴上为盖照，故曰"落头"。

龙爪金 		此石即覆钟太阳，肩开石钳也。穴在两石钳内，要土穴色异，内有石马石剑为内证，亦不必太拘。
覆釜金即火漂金 		此石即覆釜金星，肩开两石钳也。穴在两钳之内，要土穴冲和，内有枕棺石为证，不必拘泥。如两钳带火嘴，又名火漂金也。
赤足金 		此石即火星尖秀，肩开石钳也。穴在两钳之内为窝穴，要穴上生此星方妙，穴要异土。 士远曰：石现于外，五尺之下必有石，乃见石而止，理宜然也。时师借似谁人，故神其说。且穴虽有石，四印俱佳，曷于龙格辨之。
三连土 		此一连三石，俱在穴之上，穴宜结乳突，三土生之，方为合格。窝钳格有此石，乃三石克水，主凶。
开口太阳 		此石乃太阳开石钳口，穴在钳内，要土穴冲和，土色鲜明为佳，内有红黄石为证。

云片金 即螺纹金 	此石乃圆而有纹路旋转也，即螺纹金。或眠或立，在穴之上。凡窝钳乳突，皆宜下结，有土穴坚异方佳。
水花金	此石即金水星如花，穴在钳内，要土坚异鲜明。
冲天金	此石即火星立穴之上，穴宜窝钳，水火有相济之妙，要土穴坚异鲜明。

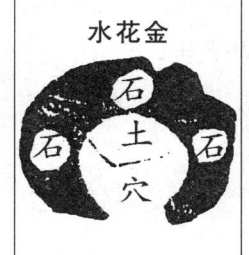

一石证穴

蒲田方尚书祖地。大溪来。天马乐山。双贵联芳，双贵联芳。

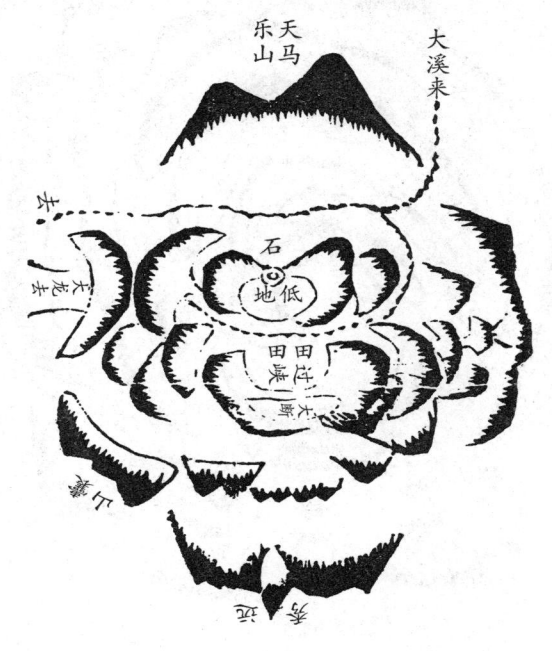

一贯堪舆

右地在蒲城北,名洋西碧濑。龙自九华顿伏入局,大断过峡,一枝转身,盘回顾峡,结双金夹水担凹扳鞍穴。凹有微突,突上有一秀石,本身两掬,弯抱后乐,天马双峰主照,内堂紧固,近案低平,外朝秀列,左右拱夹,丙龙作艮向,扦后玄孙良永,进士,官尚书;弟良节,同登进士,官方伯。曰重恩,封布政;重杰、重熙、重耿,俱乡荐;攸绩,进士,布政;攸跻,进士,员外;攸箴、攸宾、攸跻、叔猷,皆乡荐;曰沈,进士,提学;曰瀚,曰浯,曰涞,曰演,曰承郁,俱联登科甲,人文济济。重杰旌表孝子,又其殊恩塘、鳌塘、濑溪诸地皆吉,此其尤也。

石巧穴证

蒲田黄进士祖地。紫帽山。

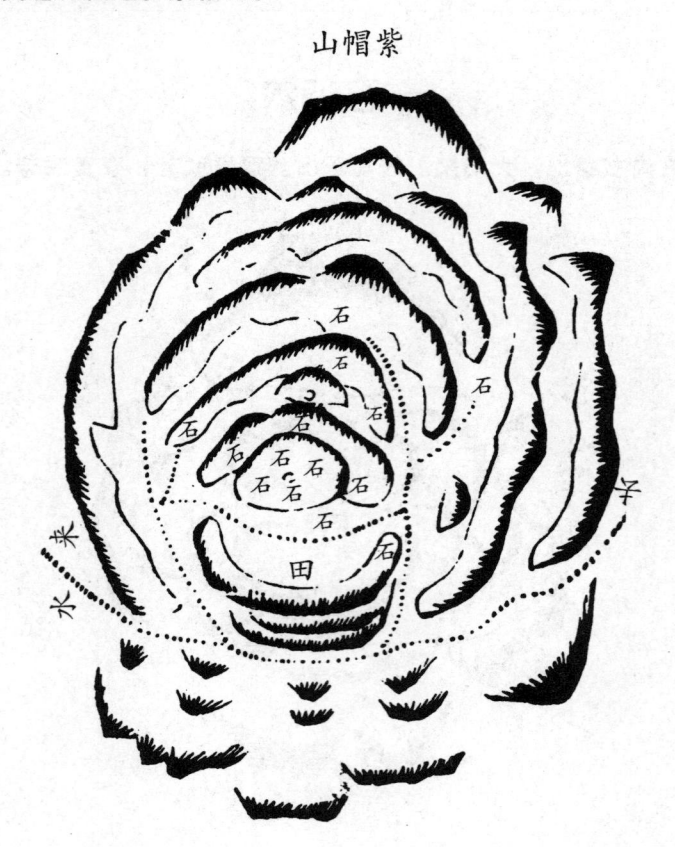

紫帽山

右地在蒲田县南二十里，名云峰。其龙紫帽作祖，分落一脉磊落，送护数节即结穴，右臂抱前作案，下关拦截有力，远朝帐幪贵人，皆吉。但行龙入穴，山多巨石；穴之前后，左右皆卓，然林立雄昂可畏，穴间土仅容棺，祭台亦巨石平盘。俗见惊畏，葬金宪未轩公仲昭；其子曰乾刚，赠侍郎；孙希英，进士，运使；希龙、希护、希白，皆乡举；曾孙懋，进士，官侍郎；玄孙鸣春、鸣澜、鸣廷，联登科第；鸣坊，官生，秀士。衣冠十余人，一门鼎盛。

石巧穴无朝对证

泉州雷丞相祖地。又名天巧穴。黄仙下。

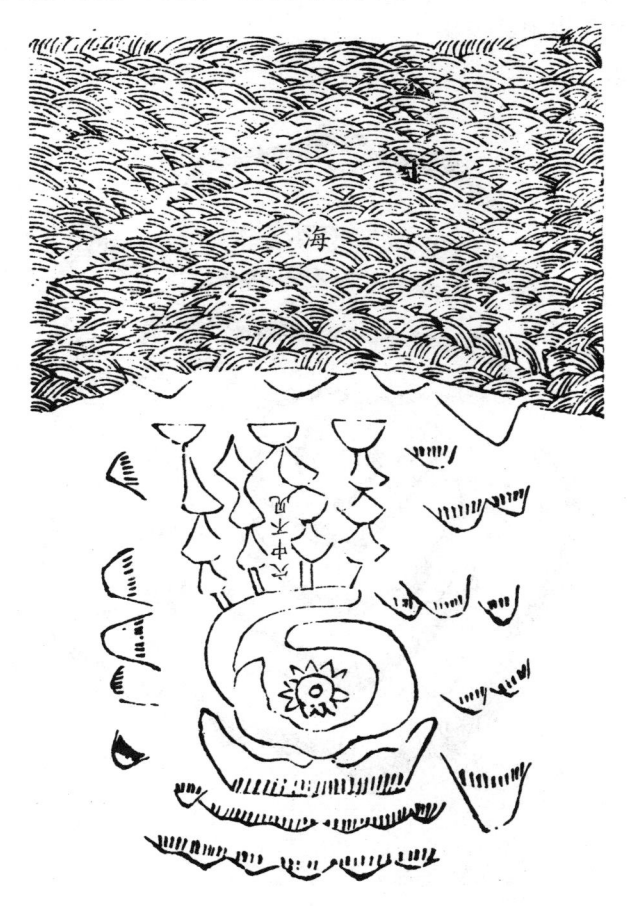

一贯堪舆

右地在泉州府西北八十里,龙发自安溪,盘旋数百里,众山从拥。将近局,高起撑天大帐,帐中一脉,委蛇顿跌,生曜生官,两边帐角,众山一齐,左回右抱。至入首,结仰天金水星,闪左出脉,中生一窝,四围石骨,名"天巧穴",而左右边抱之砂,交互过前,成一字文星,以收尽内气。此外俯视万山矗矗,穴中皆不见,但数十里外,海水洋洋,远接天际,缥缈极目,取"日出扶桑一点红"特奇之应,俗呼"番天马蹄形",以穴状名也。出太保宜靖,鲁国公;公亮,端明殿学士;孝宽,户部尚书;孝广,状元及第,从龙诸贵之应。[①]

石穴证

杭州岑状元祖地。
此峰甚远。

---

① 原注:穴旁四围石骨,非竖起石也。

此地在杭州西湖边，正龙去结省，腰落一枝，入首顿起三台，穿心数节，结穴处四畔皆巨石，磷磷清秀，以为穴中四应，故发状元之贵。

又石穴证

蒲田陈尚书父子会魁祖地。

此地乃陈氏高曾二代扦此。结穴处，上盖左右皆秀石发露，乃造化灵毓之妙，故能发贵。辛龙入首，扦酉山卯向，以丁酉丁卯分金，二贵命应。

已上论九星传变之格，述《天机》星体，谓之峦头。兹论窝钳乳突之格，述徐氏图说，谓之穴形。有此峦头合格，又能融结穴形，则下手有据，饶减不出范围，有星无穴之弊，庶乎可免。若无穴形，遽于正体、单股、双臂、平面等星之上，糊涂扦葬，则饶减进退，弥漫无下手处矣。虽然峦头穴法勤袭二氏陈言,但其中亦有矫其偏而折衷者。盖峦头合格者,惟太阳、太阴、金水、紫气、天财,名曰"五吉穴"。形合格者,惟窝钳乳突,名曰"四象"。若《天机》峦头之理,透彻穴法,四象尚似模糊;徐氏四象之理甚明,而以穴配峦头,不无有戾。假如《天机》言正体星辰,峦头之说备矣;但内无四象之穴,彼遂以意揣摩高低,概用藏杀压杀之法扦之,是据峦头之穴急扦葬,不辨穴形之胎息扦葬也。此则峦头之一偏,当矫,而四象之穴当谱也。又如徐言四象之穴,正变奇怪,说亦备矣;但峦头之星,间或与穴象不宜配合,彼即据一星体,遂贯以窝钳乳突之穴,全不问阴阳龙穴与生制克化之理。此胶穴象之一偏,当矫,而星与穴之当否,又当辨也。弘虽不敏,请亦以《金函赋》言阴阳龙穴之理。细剖之,金木火三星,刚而且燥,体原属阳;水土二星,柔而且温,体源属阴。《经》云:"阳龙切莫下阳穴,路死生离别。若扦阴穴正相当,子息作官郎。阴龙切莫下阴穴,女人公事发。若扦阳穴定为官,子息入长安。"此天地交泰之理,生生化化之妙用。如金木二星峦头为阳龙,个中宜生窝生钳,为水为阴,乃阳龙阴穴,配合变化,理之宜也。如或金木星大开窝钳,则转为水胜,乃阳龙生出老阴,但老阴无生气,不宜扦葬;又宜大窝大钳,中生乳突,乃老阴转生少阳之穴,阴阳相媾,亦理之宜也。如水木二星峦头为阴龙,止宜生乳生突为阳穴,阴阳配合为妙,不宜开窝钳,为水为阴,谓之阴龙阴穴。"孤阴无化气,下后人丁绝"是也。彼徐氏不谙阴阳龙穴之理,水土二星,俱以窝钳加之;不知窝钳为水,属阴,土星生窝钳,乃土来克水,主黄肿败绝。又为阴龙阴穴,人丁绝减。此生克之理未明也。又如水星峦头,在五星属二凶之一;在九星为文曲,为扫荡,属四凶之一,性又流荡。星体之辨,原系凶辰,本不可用,全要穴生乳突,转为金体,为阳穴,借金以镇其动,借阳以媾其阴,庶几配合,化凶为吉,亦可穴上暂福耳。彼徐氏亦以窝钳之穴加之,不惟阴阳龙穴之经有乖,即质之《金函赋》云"水星水穴人路死"之理,大相刺谬。且水中加水,则流荡忘返,全无救制,岂阴阳相乘之理乎!唐氏完庚,体认曾传,博采广证,据理折衷,其取峦头也。虽循九变之廖,寔参酌阴阳龙穴之宜,更矫有星无穴之格。其取穴法也,虽循四象之徐,亦参配阴阳龙穴之理,更参阴龙阴穴之非格。虽法二氏之图,而折衷时措之权,更出二氏图外。理虽借诸儒之证，而裁改变化之妙，寔会诸儒大成，总执一阴阳之理以贯之者。

阴阳龙穴解①

诀云：阳龙下了阳穴绝，阴龙下了阴穴灭。阳穴阴顶好安葬，阴龙阳穴堪裁折。

金木火三星，刚而且燥，阳也。水土二星，柔而且温，阴也。凡金星峦头，阳龙也，如出正体，不宜生乳生突，重见金穴，谓之纯阳无化气，主孤寡败绝。宜开口生水为阴穴，或微窝微钳小口皆吉，主富贵绵延，聪明俊秀。诀云："金星开口，量金用斗"是也。如或金星大开窝钳，为阳龙，生出老阴，但老阴无生气，多属虚冷，主败绝。又宜大窝大钳，中生出乳突，为老阴转生少阳之穴为吉。若纯是顽金，不开小口，龙虽好，穴不足，难免败绝。故《倒杖诀》云："顽金不破口中裁，葬在土皮去不来。打破毡簷寻活脉，若还硬块寔难埋。"盖言顽金中开有小口，方可打破，用开金取水之法；若无小口，又不开平面，纯是硬块，如钟如釜，系是禄存星，非太阳金也，最为凶毒；如或妄下，主败绝。诀云："金星只宜生小窟，大窟中宜突。忽然突穴不分明，硬面祸来侵。"

凡木星峦头，阳龙也，如出正体，不开枝脚，不宜重见木穴，谓之孤阳无化气，主败绝。宜开微窝微钳，或生微茫节泡，泡下生小口，皆为阴穴，大吉，名曰"水泛木星"，为官不绝。盖节泡微茫活动，即是水也。若开大窝大钳，为阳龙生出老阴，但老阴无生气，又宜大窝大钳中，生出乳突，又为老阴转生少阳之穴，阴阳相配，上吉。若不开小口，又无微茫节泡，一干直耸之木，全无生气凝聚，乃有星无穴，不可下也。若横木倒地作穴，只看节泡动处扦之，名曰"萌芽穴"，或开小口亦吉。如直木作穴，或倒地木直来者，长十余丈，到头微开小口，亦为阳龙阴穴，但要微弯带水，名曰"水木芦鞭"，属大贵龙，出状元，拜相。诀云："木星不宜扦阳穴，纯阳必主绝。直木开口便为奇，阴穴不须疑。"

---

① 原注：出《金函赋·五星落穴葬法》，参正。

凡土星峦头，阴龙也，不宜开口成水窝，为阴穴，谓之纯阴无化气，主黄肿败绝。如出正体，不开杖脚，土星正面，中宜生小突泡为金体，乃阴龙阳穴之相配，大吉。或小突之下，复开小口，是土能生金，金复生木，谓之阴生阳，阳复生阴，亦吉。如或土星大开窝钳，体用皆阴，阴之极矣，又宜大窝大钳，中生乳生突，又谓阴极而阳生，大吉也，主出肥矮富豪之人。若正面中全无突泡，是生气散荡，毫无聚处，不可误下。诀云："土星不宜扦水穴，黄肿人丁绝。若扦金突值千金，富贵旺儿孙。"

凡水星峦头，阴龙也，在五星属二凶之一；在九星为文曲，为扫荡，属四凶之一，峦头之辩，原系凶辰，本不可用，但中间生出乳突，转为金体，变为阳穴，则金之刚能济水之柔，穴之阳能配水之阴，庶几变凶为吉，亦可初代暂福。若博至水星龙上，即飘流退败，淫乱无休，主女人公事败家。不宜生窝生钳，水星重见水穴，谓之孤阴无化气，葬后主妇人淫乱，室女贪花，男子飘流路死，冷退孤绝。诀云："水星不宜于水穴，下了人丁绝。好寻阳顶配峦头，富贵永无休。"

火星峦头论

凡火星峦头，阳龙也，在五星属二凶之一，在九星为燥火，为廉贞，属四凶之一，峦头之辩云："至刚之体，至燥之性"，最为凶毒，本不可用。若更重见火穴，谓之元阳无化气，主瘟火连绵，军徒枉死，扛尸少亡，杀伤人命，恶败凶绝。若开口转水，则水火既济，刚柔相宜，庶几制凶为吉，化杀为权。亦为阳龙阴穴，配合变化，军伍家方可备用。要龙穴合法，砂水扦葬合吉，主出边塞阃帅之职，斩杀自由，威振蛮夷，节符干戈之应。若民家士大夫，决不可妄希武贵，贪求至燥之火，以至险中求福也。慎之慎之！

五星结穴不结穴辩[1]

金体圆而净，木体直而圆，水体曲而浪，火体尖而耸，土体方而正。内惟金木土为尖圆方，名曰"三吉"，多结富贵之穴。若水星为至柔之体，火星为至刚之体，刚柔不济，安有融结？惟水有金救，则金水相溶，转凶为吉。故九星中，以金水名之，亦结吉穴。若纯是水体，则荡流妄返，必不融结，不可犯也。若火星体刚性燥，金入而浴，木入而化，火入而涸，土入而枯，故不结穴。惟作穴之曜气，及行龙之祖，与前朝之峰则美耳。郭氏《葬经》言"乘金相水，穴土印木"，而不及火。吴草庐、蔡牧堂、洪天与诸公释之，皆谓"火不结穴"，故不言火出。且历观四方名墓，金穴最多，木土次之，穿珠水则有之，火星之穴，未见其一。惟浮梁县绵德镇基，是落地火星入首，落脉穿田，发五枝，为五火落地，四面皆水，水以济火，故亦融结，然为陶冶之场，此亦火星之应，而人多刚燥，俗尚繁华，易于兴替，且不免回禄时发之灾，此火星之病也。夫以火得水济结作，且不全美，有害如此，况纯火之穴，可妄用乎？戒之戒之！

相穴法[2]

穴者藏骨之所，乃地理紧关玄窍，甚不可毫发差谬。《经》云："望势寻龙易，登山点穴难。若还差一指，如隔万重山。"故凡点穴，必须于峦头上下，斩木烧草令净，使星体明现，天光发露，然后于明堂中，或案山上对面相之，审定峦头，属何星体，或阴龙，或阳龙，或五吉，或四凶，《经》云："南山有地北山观"是也。峦详审既定，然后于峦头之上，当正面之中，从上审下，看融结穴情，属何形象，或窝钳，或乳突，或小口，或鹘突；与峦头阴阳，相配不相配；再看或高或低，或正或闪，但认得真切；然后据形倒杖，或秉胎，或秉息，或放或送，全在认穴一着工夫。认

---

[1] 原注：名三吉二凶。
[2] 原注：师授，参正。

穴的确，下手自无差谬。穴场既定，然后看龙虎高低吉凶。《经》云："左右高时在高处，左右低时低处酙。"再看案山高低偏正，高则齐眉，低则应心，《经》云："朝若高时高处取，朝若低时低处求。"若无案而有水汇聚，即为朱雀当朝，不拘高案；远水同高山看，近水同低山看。虽然看龙虎与案山高低扦葬，惟三停之穴，可以上下移之。若天地融结，天然一穴，毫不可移尺步，惟有进退之法，不过在凑毬簷之间耳。虽龙虎与案高低亦不为紧，须审来脉缓急，乘胎就息法扦之，乃"棺木相接，葬乘生气"之要诀，葬法之本也。至于龙虎与案山高低，不过为之照应，因照应以定高低，葬法之末务也。重本轻末为达理，福自内生；崇末弃本为俗谈，祸自内发。试观傅学士祖地，白虎高压；倪御史闪乳，案高面墙，可为印证，达者悟之。

认太极

太极者，阴阳之本体，诀曰："隐隐微微，仿仿佛佛；细看有形，粗看无物。"《经》云："外气横形，内气止生。"盖水流土外，谓之外气；气藏土内，谓之内气。必得外气形横，则内之生气自然止也。故知外气者水道也，内气者圆晕也。穴场既定，然后回顾，见有圆晕在隐微之间，是谓"太极"。晕之上要水分，晕之下要水合，然水非可见之水，高一寸为山，低一寸为水是也。两水合处，名曰"小明堂"。[①] 穴有圆晕，则生气内聚，故谓"真穴"，或谓之"毬簷"、"罗纹"，一点灵光，仰覆梅花，皆异名耳，总之为太极圆晕也。杨公以圆晕为金，若无此晕，便非真结。[②] 见晕分明，便于晕心倒杖，要坐正脑，或串来脉，[③] 或枕乐山，[④] 前要对案山，下要就明堂，左右要分龙虎，十道无偏，方是真诀。然后于晕心立一标准，上下弦各立一标准，凡饶减进退，皆以此定分数。若于晕顶再见一二半晕，如初三夜月样，名曰"天轮"。影有三轮，乃大贵之地也。

---

① 容人侧卧便是。
② 原注：此晕阳宅阴宅皆有，但阴宅晕宜紧狭，生气合聚；阳宅晕宜宽阔，生气宏开。
③ 原注：分落宜串来脉。
④ 原注：凹蹈双脑，侧脑没骨，皆枕乐山。

圆晕之理，古书皆未切实发明，不知圆晕非一体，圆为阴，晕为阳，乃阴阳之玄微处也。如穴结阴象，圆在内，晕在外，是阳包乎阴，即突泡之穴，中顶为圆，圆之边弦即晕也。如穴结阳象，晕在内，圆在外，是阴包乎阳，即窝靥之穴，窝心为晕，窝之边弦即圆也。有此阴阳交媾，方成吉穴，不则花假。试观日月带晕者，日月为圆，外晕为晕，理可推也。

太极分阴分阳之图

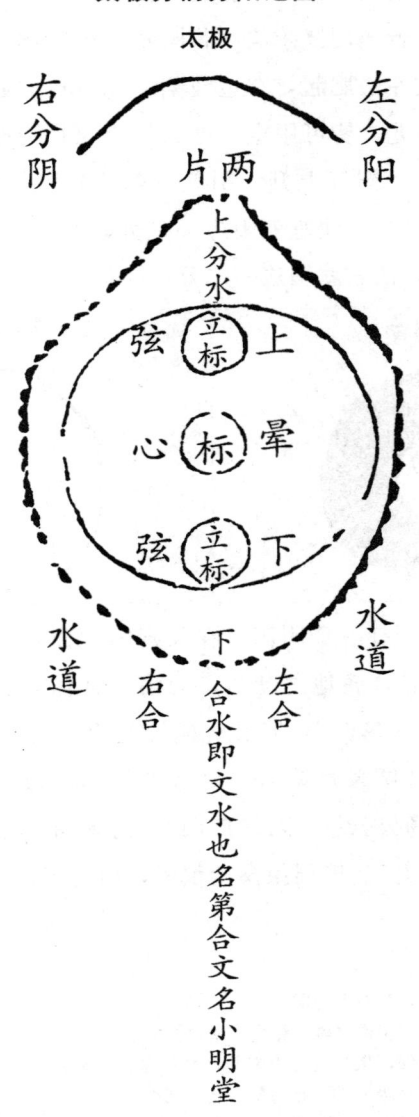

太极

右分阴　　两片　　左分阳

上分水

弦　立标　上

心　标　晕

弦　立标　下

水道　　　　　　　水道

右合　下合　左合

合水即文水也名第合文名小明堂

杨公云："龙分两片阴阳取，① 水对三叉细认踪"，② 又云："阳从左边转，阴从右路通。"③

分两仪

太极既定，便分阴阳。凡圆晕肥起者为阴穴，圆晕瘦陷者为阳穴，是为两仪。两仪之穴，皆当用饶减法。若圆晕上截肥起，下截瘦陷；或下截肥起，上截瘦陷；或左边肥起，右边瘦陷；或右边肥起，左边瘦陷，皆为二气交感，不问阴阳龙，皆可用也。惟二气交感，则取阴阳之中，乃升降聚会之所，不用饶减。阳气上升，阴气下降，故曰"升降"。又或阴多阳少，谓之"老阴而嫩阳"，法宜就阳边一二分，亦是挨生。又或阳多阴少，谓之"老阳而嫩阴"，法宜就阴边一二分，亦是挨生。皆当用饶减法。

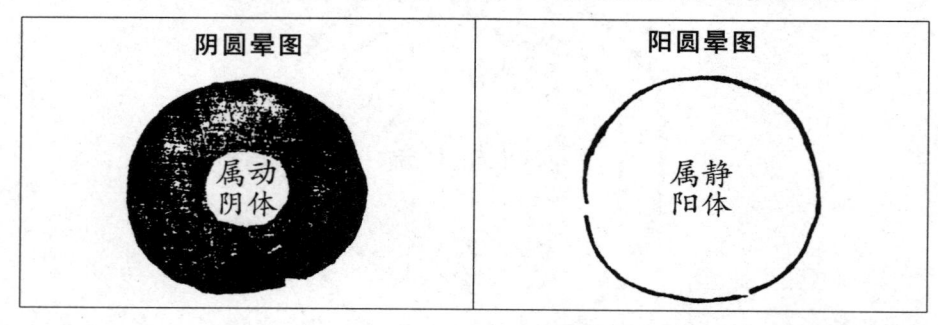

阴圆晕图	阳圆晕图
属动 阴体	属静 阳体

朱子曰："天地各有一个阴阳，在天则阳动而阴静，在地则阴动而阳静。"故凡圆晕肥起者，属地之动体，为阴，有乳突之象，昔人谓之"覆梅花"。杨公云："阴气形凸"，肥突乳满皆是也。其气则从上降下，《易》曰"三阴从天降"。凡圆晕瘦陷者，属地之静体，为阳，有窝钳之象，昔人谓之"仰梅花"，杨公云："阳气形凹"，窝腌钳口是也。其气则从下降上，易曰"三阳从地升"。即周濂溪两仪图，白为阳仪，黑为阴仪是也。④

---

① 原注：转左者为阳，转右者为阴。
② 原注：言三合水也，所谓"雌雄相食"是也。
③ 原注：自亥向子至戌，从左顺行为阳龙；自午向未至未，从右逆行为阴龙。非以形体言阴阳也，本太极之理言，左行为阳，右行为阴，自一而生二也。
④ 原注：白者虚，故属阳；黑者实，故属阴也。

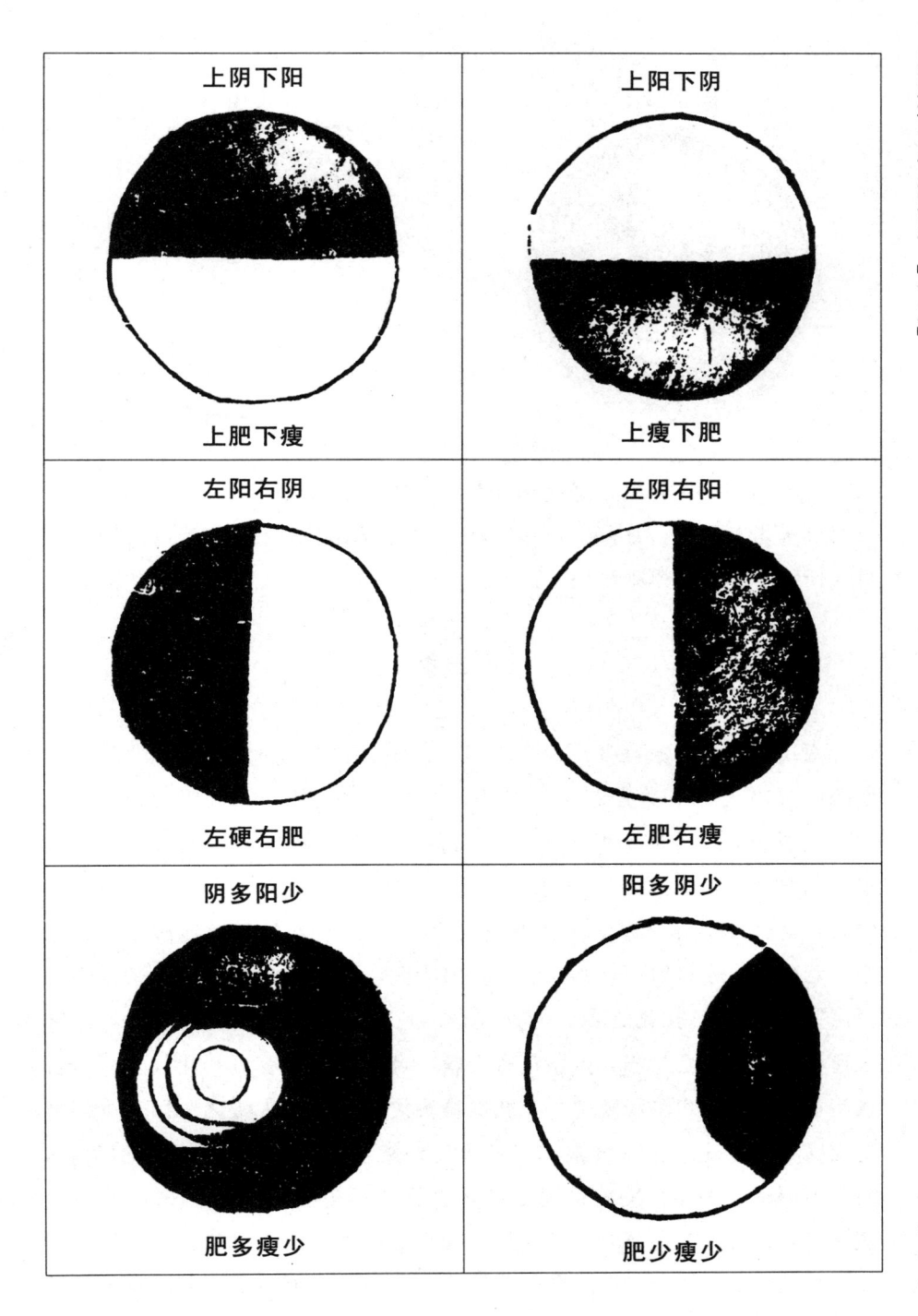

上阴下阳	上阳下阴
上肥下瘦	上瘦下肥
左阳右阴	左阴右阳
左硬右肥	左肥右瘦
阴多阳少	阳多阴少
肥多瘦少	肥少瘦少

阴多阳少　　　　　　　　阳多阴少

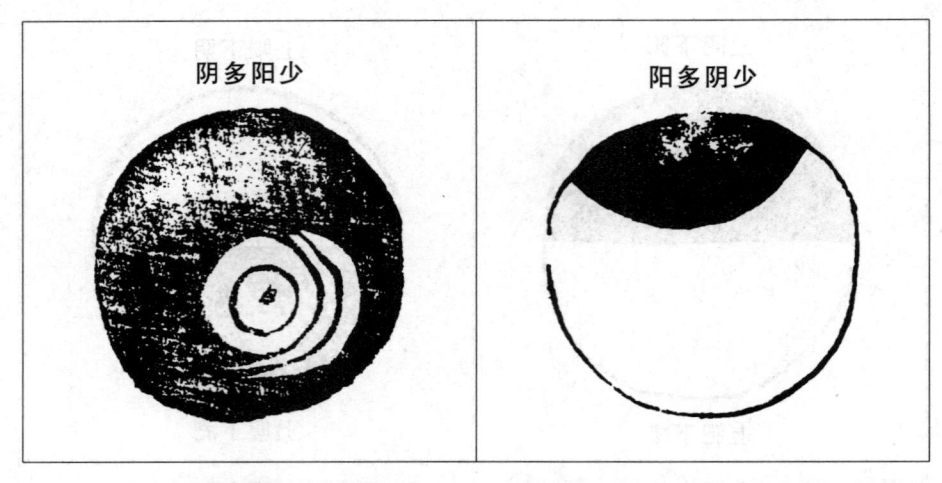

凡阴多阳少，名曰"老阴嫩阳"，理宜就过阳边一二分，所谓"阴多以薄处为生"是也。凡阳多阴少，名曰"老阳嫩阴"，理宜就过阴边一二分，所谓"阳多以厚处为生"是也。

辨四象

两仪既定，四象自分。四象者何？太阴、太阳、少阴、少阳是也。凡圆晕肥起高大者，类大乳大突形状，属太极之太阴。然太阴坤象，为纯阴，又谓老阴，老阴无化气，不可取裁，必太阴中生出少阳，有微窝之象，谓之"老阴媾少阳"，方有生生化化之妙，为吉穴也。凡圆晕瘦肥深阔者，类大窝大钳形状，属太极之太阳。然太阳乾象，为纯阳，又谓老阳，无化气，不可取用，必太阳中生出少阴，有微凸之象，谓之"老阳媾少阴"，方有生生化化之妙，为吉穴也。凡圆晕微起低小者，类微窝微突之形状，属太极之少阳，少阳自有交媾，自有化气，就可乘化气安扦，自然生福。凡圆晕瘦陷浅狭者，类微窝微突之形状，属太极之少阳，少阳自有交媾，自有化气，就可乘化气扦葬，自然发祥。四象之形，分别明悉，而个中倒杖，又各有饶减进退之法，方得挨生弃死之真气。余参四象之理，属之太极甚微，属之形状甚显，以至显而阐至微，执象符理，触目印心，地理之太极四象自得之矣。若徐氏以《易》之太极，与河图洛书，画其卦象，是以深晦之理，教天下以玄虚，人将奚从？余故分配四象，以俟仁孝贤哲再订云。

定八卦

四象既定，当分八卦。先于峦头后分水脊上，定一盘针，审龙从何方来；次于晕心定一盘针，审脉从何方入何方止；又于小明堂中流水处，定一盘针，审水从何方来何方出。八卦配方，乾统甲，坤统乙，离统壬寅午戌，坎统癸申子辰，此十二位属阳；艮统丙，巽统辛，兑统丁巳酉丑，震统庚亥卯未，此十二位属阴。此净阴净阳之属。凡阳龙得阳向，水又流阳方，要阴穴相配，名曰"净阳"；凡阴龙得阴向，水又流阴方，要阳穴相配，名曰"净阴"。即谓之"阴阳纯粹"，又谓之"收得山起"，大吉也。若阴龙阴穴得阳向阳水，若阳龙阳穴得阴向阴水，谓之"阴阳驳杂"，又谓之"收山不起"，大凶也。此虽八卦分配，然亦卦例之属。余尝看大富贵之地，多有向与水驳杂，终不为害，所以先辈亦不深忌。如必以净阴净阳论龙穴水向为准的，则二十四位中，惟甲寅丙壬乙辛丁癸乾巽艮坤十二位，穴与向合；子午卯酉寅申巳亥辰戌丑未十二位，穴与向背，又一定不易者也，安所论阴阳而取舍哉！故《地理肯綮》惟以"龙穴砂水气脉"六字为本。若阴阳相合固可取，即不合，亦不可遽弃。刘公云："下穴不装诸卦例，登山何用使罗经"，又云："内外明堂皆上吉，休寻卦例费推详"，又云："山如笔筬休装卦，水到之玄莫问方"，又云："认得雌雄交度处，何劳八卦定乾坤"，又云："用卦不用卦，卦向穴中作；时师若用卦，用卦还是错"。参合数说，皆重有形之实理，鄙无形之卦例也。智者审之。

真砂真水论[①]

穴分四象，穴形定矣。然非真砂以夹辅，真水以界合，则生气散漫，融结不真。何也？土乃气之体，气乃水之母；有土斯有气，有气则有水；水行则气行，水止则气止；水散则气散，水聚则气聚，子随母之义也。故

---

① 原注：曾授心法。

《葬经》云："外气形横，内气止生"，《经》又云："凡认气脉观住绝，水若行时脉未息。歇时须有小明堂，气止水交方是穴"。盖有一股水，必有一眼砂，是言夹穴之真砂水也。其象有五，曰：金鱼水，虾须水，蟹眼水，人中水，出杀水。总之，皆干流之水，非可见之水也。① 然水虽分别有五，凡穴场有一样水似之，则生气内聚，结融真矣。真砂有二，一名蝉翼砂，一名牛角砂。有此真砂，即有此真水，原不相离。若无此小砂，或有两股大砂，夹穴收气，自峦头两肩分下，紧夹弯抱，俱不从外面借来，亦为真砂；则真水自然界合，融结亦真，生气亦聚矣。图形释义在左，然虽有五样真水名字，总之"分合"二字尽之。

释金鱼水

荫腮水曰"金鱼"者，盖凡鱼食水，自口进，从两腮出；独金鱼食水，从两腮分入，而合从口出，故穴场两边界脉收气之微茫小水，取以为名；亦以小水自上分之，从两旁流下，合在小明堂而后出，恰似金鱼水也。凡结乳突之穴，余气短者，形似金鱼嘴短；水外有两砂，恰如金鱼两腮，因物相象，故以"金鱼水"名之。若余气长者，更内有暗翼，又谓之"虾须水"矣。虽然有金鱼、虾须之名，总之"小分小合"尽之。因象取义，强名之可也，不名之亦可也，智者勿泥。

释虾须水

诸物亦有须，独取虾须者，盖凡物之须，皆出自唇，惟虾须出自颈项，向前抱顾其首，一长一短，行则其须直，住则其须抱，食物则长须先取，递过短须，方送入口。故凡穴之悬乳结突，余气长者，形似虾头，有此二股小水，即有二股小砂抱穴，一长一短，互相食水，则砂得力而水得食矣。若两砂相斗，反为不吉，非真虾须也。故《倒杖诗》云："独阴剑脊如葱尾，两股虾须抱在心"。据此而推，则知此砂此水，独乳突为然，

---

① 原注：士远曰：此等真水，雨下则流，雨生则止，故曰"高一寸为山，低一寸为水"。

若窝钳则无矣。曾授诀云："古取蝉翼砂配虾须水者何？盖以虾头两旁有两小须，贴近在内，其形多直；外有两股大须，出自颈项，抱顾其首，一长一短，互相食水，并两小须，俱包在内。有一股小砂，即有一股小水。故凡穴结乳突，有余气长者，似虾头内有两股微茫暗翼，近穴夹水，名'蝉翼砂'，其形亦直；外有两股大砂从峦头两肩分出抱穴，名龙虎砂，以收夹穴真水，恰似虾须；砂水之状，故借以为名。"《雪心赋》注云："有三叉脉，出两片蝉翼砂，夹两股虾须水，乳突是也。"

释蟹眼水

《玄机》书释"蟹眼"云：诸物皆有眼，独曰"蟹眼"者，盖凡物眼多促露，而蟹眼宽阔深藏，两脚弯抱，其行又横，左行则左眼明，右行则右眼明，此以平洋横铺，直展星面为言，既无乳突节泡，则无虾须金鱼水，将奚证穴？故凡穴出微窝，窝中微吐圆唇如蟹脐，脐旁有小水，如蟹眼之流于外，有微窝之砂如蟹钳，而其水之左明右明，则穴见矣。《碎金四括》曰："明月半轮为蟹眼"，亦以其生气下垂，弦棱如半轮月，即微高是也。《真机》书说"蟹眼"，又云："真龙结真穴，必自顶至面，隐隐隆隆，微露壅凸，见出名字情状，上必有夹头真水，自两边而发，至其绝处，见出蟹眼，为气之止聚，乃为真穴。蟹眼者，圆而似金也。"观此说，不曰"水而止"，曰"蟹眼"，又曰"圆而似金"，或以蟹眼中圆珠而言，非以蟹眼水而言也。曾授诀云："古取两片牛角砂夹一滴蟹眼水者，非以左右两眼为言。乃蟹之两眼中间，有微茫小槽，槽可注水，故借以为名。若以两眼为言非一滴也，至于左右两眼双珠凸露为证，穴之牛角夹耳之应，证左右两钳弯抱如水牛角样，故以牛角砂配蟹眼水。"《雪心赋》注云："无三叉脉，出两片牛角砂，夹一滴蟹眼水，窝靥是也。"细参此数说，各执一理，因象命名，总是窝靥小口之类，即不名亦可也，不必过泥。

释人中水

曾授诀云:"人中水者,即人之唇上,有一条微槽,槽可注水,故借以为名。槽之下唇皮微起,以塞其水,此人中之本体也。故凡龙气旺盛,有分两脉合气而结乳突之穴者。乳突之上,两脉并来融结,中夹一槽微茫,水槽之下,或乳或突,微茫凸起为上毬,以塞其槽,水似上分之状;乳突之下,要有口唇为下证,似人中之状,故曰"人中水"。《怪穴歌》云:"也有巧穴名合气,结穴双龙至",《倒杖诗》又云:"能明腌口人中水,朝是凡夫暮是仙",皆是也。但此水在穴之后,名"合气脉",玉箸夹馒头可证。在峦头之后,或来龙上,名"合气龙",朱文公二地可证。

士远曰:人中者,泰卦☷☰也。耳目鼻皆双数,是为坤卦☷。口以下共三窍,皆单数,是为乾卦☰。地天交泰,故能发生。人身一小天地,犹泰卦然,故唇之上名人中。今曰"人中水"者,盖取其象有槽而言也。

释出杀水

凡脉到小八字下,看他阴阳配与不配,不配者却无十字水,分归两边,其脉硬来带杀,是杀未出也。① 配者小八字下,隐隐然有毬簷突起,却有十字水分流两边,送归毬簷下小明堂,合之名为"出杀水"也。余参此水,惟乳、突二穴上有三叉脉,须要出杀水为上分,方为无杀之穴。故《雪心赋》注云:"纯阴无分合不葬"是也。若窝钳之穴,上无三叉脉,不必要水出杀,但口一开而杀自无矣。

释蝉翼砂

蝉翼砂,短而直,微而低是也。独以蝉翼名者,以翼虽小,能藏其

---

① 原注:脉硬为纯阴,有十字水一软,为微阳以媾阴,名曰"阴阳相配"。若无十字水形,如剑脊,如覆箕,名曰"阴阳不配",纯阴不生,为杀脉。

体。且蝉以翼鸣，阳日左鸣，阴日右鸣，故凡立穴处，有贴身轻薄小砂，远观则无，近看则有，因取蝉翼为名。言砂虽薄小，亦要遮蔽过穴，又名为暗翼。若龙自右来趋左，要左砂明，收左水；龙自左来趋右，要右砂明，收右水。如蝉之翼分阴阳而鸣，蔽藏其体而不露也。然亦有龙来结穴，不问左趋右趋，两胁俱有小砂夹穴，如蝉翼两胁，俱有般大般齐之状，又或有边长边短，边大边小，边曲边直，边进边出，种种变态，似难拘定，皆以蝉翼名之，故曰："有三叉脉，出两片蝉翼砂，夹两股虾须水，乳突是也。"

释牛角砂

砂以牛角名者，凡角直而向外，惟水牛角弯环抱内，故凡穴之左右，有两股微茫小砂，弯环抱穴，借以为名，大抵穴结窝腌者有之。穴之内冲融平坦，穴之上有生气微起，名曰"土宿"，恰似牛头样，诀云"步行骑土牛"是也。头之两边，各出微茫小砂，弯环抱穴，如水牛角样，故曰"牛角砂"，雪心赋注云："无三叉脉，出两片牛角砂，夹一滴蟹眼水，窝靥是也。"

释极晕水定真假诀

极晕水，即穴之上分下合，微茫水也。凡真穴必有太极晕，亦必有极晕水，所谓"外气形横，内气止生"，融结真矣。然非粗迹入穴回顾，见有圆晕在微茫隐显之间，是谓"太极圆晕"，有此晕即有此晕水，无此水即无此晕，原不相离。穴无此水，生气不聚，即为花假。[①]

---

① 原注：极晕水，即出杀水也。此但烦言，以辨穴之真伪耳。

突金鱼水

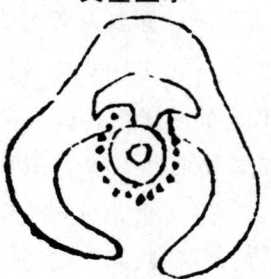

此名金鱼水。两大肩，名大八字；内小个字，名小八字。此为十全。

突金鱼水

此亦名金鱼水。有两肩大八字，又名大个字，内无小八字，亦吉。

突虾须水

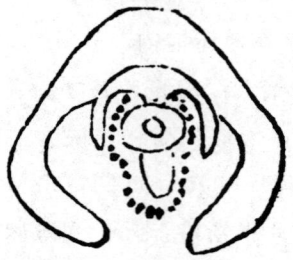

此突穴虾须水。两边小砂，名蝉翼砂，又名暗翼，大肩为明肩，上吉。

突虾须水

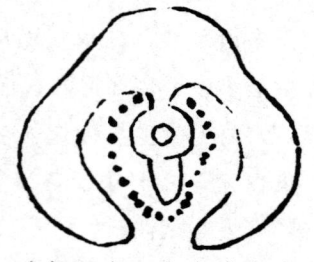

此虾须水，出突带木余气之图。无蝉翼小砂，只有大个字，亦吉。

乳虾须水

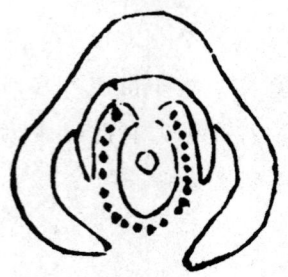

此乳穴虾须水，又生蝉翼，全吉。如无蝉翼，有大砂紧夹，亦吉。

窝蟹眼水

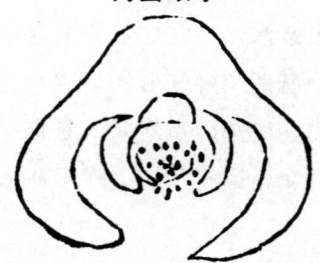

此两片牛角砂，夹一滴蟹眼水，下有微唇，两砂弯抱，雌雄自会，吉。

窝蟹眼水有唇

此蟹眼水，内有微唇，两旁微茫水流出，如蟹眼两水流下，全吉。

突穴人中水

此突穴人中水。入首结穴，双脉合气，而结毬簷突泡，穴之后双脉并垂，中间夹一槽微茫水，似人中之状。

合钳人中水

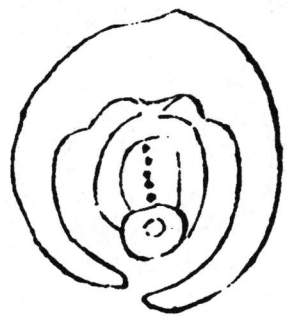

此合钳人中水，凡龙星已止，总会处峻硬无穴，脉分两钳，直硬而下，两钳中夹着一槽微茫水，似人中之状。至两钳收处，中间合气成穴，微起突泡，若塞槽，水似上分之状，下要圆唇，左右要曜气为证，故借水中水为名也。

乳穴人中水

圆者为突，长者为乳，此乳穴人中水也。其双脉合气，结乳之理，俱与上突穴同论。

出杀水

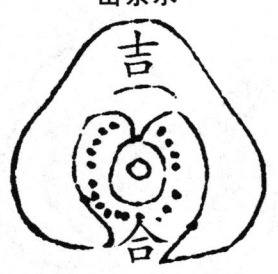

此出杀水，脉来微软，现出水路，分流两旁，其杀自出。又名十字水，上吉。

无出杀水

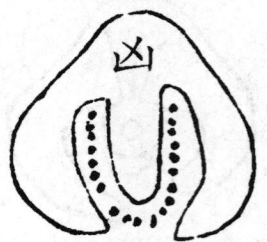

脉来直硬,如剑脊,如竹篙,如枪竿,全是杀气,脉不软,即无水,故杀不出,凶穴。

有极晕水

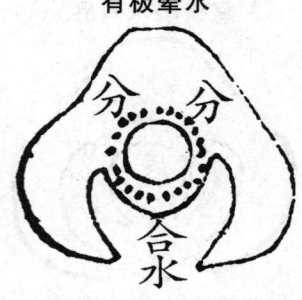

此有极晕水,其气内聚,是谓上分下合,乃微茫界合,是为真穴,大吉。

无极晕水

此无极晕水,其气散,上面平坦不来,下面空窝无气,定为假穴,凶。

无晕水

此脉来平坦,其气尽散,是无极晕水,假穴。

有极晕水

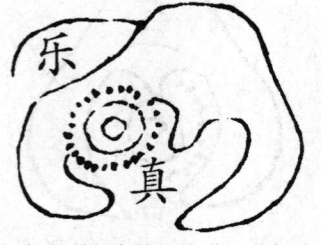

此侧倒有极晕水,真气内聚,真穴。

无极晕水

此侧倒无极晕水,其气散。无外气,何以聚内气?假穴。

右图穴之吉凶真假,皆以贴身砂水为证,图形便览,明且悉矣。至于砂之分别，凡胁下小砂，短而直者为蝉翼，弯而曲者为牛角，总要抱穴有情为妙。

释分合毬簷明肩暗翼龙虎缠护三龙水

凡真气融结，穴情有太极圆晕，晕之上弦有分水，弦棱突起如毬之圆，借名曰"毬"。下弦有合水，如簷水滴断，借名曰"簷"。如脉来阳而缓，当避簷而凑毬；脉来阴而急，当避毬而凑簷。葬法进退，皆以此定分数。然其名不一，有名上分，名界玉，名上圆，名曰毬，名孩儿头，名淋头，名罗纹，名上阴。下合水处，亦有异名，有名下合，名交金，名下尖，名割脚，名小明堂，名思腮，名合襟，名下阳，名葬口，犹难尽述。总之，分合出毬簷尽之矣。此分合之水，即所谓股明股暗雌雄水也，亦为金鱼、虾须之谓。惟上有分，下有合，则阴阳交济，雌雄相配，又谓之雌雄相食。① 若上有分，下无合；上无分，下有合，阴阳离析，雌雄不配，谓之失经。② 穴之界合，理尽于此。

三分三合，又有分别。穴之毬上分水，为第一分，又为一龙分水。簷下水合，为第一合，又为一龙水。合此一分一合，气脉之聚散，融结真假，皆系于此，最关利害，地理之玄窍也。至峦头后过脉分水，为第二分，又为二龙水分，界送气脉，前至龙虎嘴内交会者，为第二合，又谓二龙水合，亦谓之雌雄相配相食。第二节龙星后过脉分水，为第三分，又为三龙水分，界送龙脉，至穴前缠龙内交会者，为第三合，又为三龙水合。但此三龙之水，交合不常，前后难定。或合于中堂前缠龙内，为正格，此系顺水局，为又次格。或合于青龙之左，名为左合襟；或合于白虎之右，为右合襟，此左右合襟，系横水局，为次格。或合于峦头一二三节后，为后合襟，此系逆水局，反为上格，地理宜逆故也。《葬法》云："后倚三龙山，前亲三龙水"，正谓此也。

《经》云："三合三分，见穴上乘金之义；两片两翼，察相水印木之

---

① 原注：小水入大水，合之曰食。
② 原注：经，常也。雌雄不配，则失其常矣。

情。"有此三分三合，方为大地；两分两合，为中地；一分一合，小康暂福而已。至于两边之砂，亦有分别名字。凡贴穴两股微茫小砂，短而直者，名蝉翼砂；长抱过穴弯曲者，名虾须砂，又名牛角砂。总之，皆暗翼别名也。凡峦头两肩分下，弯环抱穴者，为明肩，又为龙虎砂。至于二节三节，或四节五节，龙身分出，大砂缠护，送至堂前，作门户者，谓之缠龙，《经》云："缠龙缠过龙虎前，三重五重福绵绵"是也。图说于左。

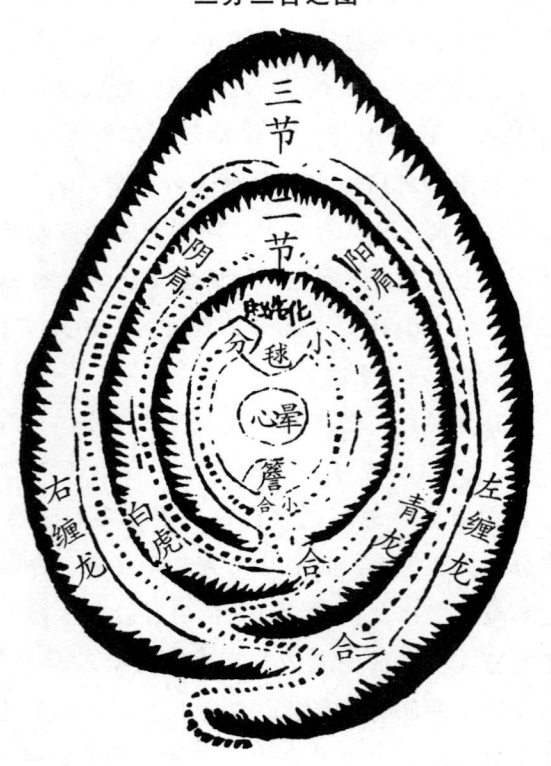

三分三合之图

释罗纹土宿

罗纹者一作螺，谓受穴下锥之，所微露脉络，隐若旋螺，或若泡沤，[①]细看则有，漫看则无，故曰"罗纹"，最忌延蔓不明。土宿者，紫微太乙

---

① 原注：水面泡也。

本星旺龙之精微也。界合之土，别出此旨，然亦隐微难认，要于穴前回首望之而定，看其依稀仿佛，似有似无，不必泥其刻画太真者。又有横看壁面，真指斜肤之法，仿佛有无，为得之矣。又云："土为镇星，端处中停。四兽尊拱，号曰土宿。"最忌委靡不勇穴。余参此土宿者，即穴上之生气微起，"尖、圆、横、扁"四象是也。紫微者，形如蛾眉，即太阴星，得生气之扁体；太乙者，形如鸡距，中脉径来，即小个字，名燥火星，得生气之尖体；木星者，形如玉尺，方正横直，得生气之横体；旺龙者，形如覆釜，圆顶微起，即太阳星，得生气之圆体。虽有紫太木旺之形，总之皆生气之融结也。有此土宿，即有生气入穴，则穴真；无此土宿，脉来不真，则穴假。生气有无，全在土宿辨之。亦不止此四样，有十二格，备载后歌详之。罗纹即窝钳乳突圆晕内络脉微露之玄微处也。凡阳结之穴，隐若螺旋；阴结之穴，隐若泡沤，仰覆之形各别。《碧玉图》谓此星似有似无，为得之矣。凡穴有罗纹，即有太极晕，融结便真；如无此罗纹，即无太极晕，穴便花假。亦有十二格，备详于歌。

刘江东天宝经罗纹土宿歌

《罗纹歌》云：第一纹星覆金碗，隐隐堂气煖。_{微突也。}第二纹星仰掌窝，隐隐好基窝。_{微窝也。}第三周迥螺壳旋，坡坦微茫见。_{坦窝也。}第四鄰鄰生铁壁，灯塔藏踪迹。_{穴在石间，高峻之象，即挂灯窝穴。}第六窝窝燕子巢，伏卵处成凹。_{圆窝中有微突。}第七螺蛳开腌路，不怕金刚肚。_{大突中有微窝。}第八先虽无界水，忽地浮沤起。_{平洋中一突也。}第九依稀界送讹，门侧有盘窝。_{有下开口穴也。}第十痈包_{突泡也。}疹块生，不怕面前绷。_{疹，唇疡也。疹块，即起穴出唇块之穴象。}十一横斜金斗口，衔柴串前后。_{金斗口，即穴四方横斜，上下两角，左右两角，《经》云：横斜直撞金斗口，天心十道鹊衔柴。天心中正也，十道十字也。鹊衔柴者，灵鹊衔枝，偏左不可，偏右不可，逢柴之中衔之，亦取中正不偏之意。}十二宽平口阔开，十字要衔柴。_{即宽窝十字也，衔柴乃葬法也。}罗纹须要土宿登，后乐登前应。穴穴要此二星明，方可表真情。

《土宿歌》云：第一土宿梳云月，_{即紫微太阴星。}入首真奇特。_{日入首在穴之上明证。}第二品字耸成山，富贵又何难。_{即金水星，有图。}□第三到头横玉尺，_{即横木}

星。一品文章格。**第四出面覆金钟**，即旺龙星。**富贵结钱龙。第五巍巍天冠样，入受临头上。**即土星脑也。**第六明堂尊贵人，压穴贵难名。**土宿为明堂尊贵之人，入穴高耸，故曰"压穴"。**第七明暗寒蝉翼，两肩左右出。**即大小八字也。**第八长短耀鱼鬐，夹脊两边随。**即个字，太乙星中长，两边短，中如鱼鬐，两边如夹脊。**第九靠穴拖长舌，中出穴拖舌。**舌中出，两边有砂，即小个字，中舌长也。**第十贴脊蟹腤形，依俯自然成。**即少金土星，结蟹眼水穴也。**十一随身如断杵，断处堪裁取。**平洋倒地木星，取断后立穴。**十二抵脊来撞头，掘凿一场休。**硬脉直来撞头，宜掘凿出杀作穴吉。**罗纹土宿来证穴，富贵无休歇。二星秘诀可通仙，玄秘莫轻传。**

凡龙星既住，界合已完，穴场分明，入受端的，切须仔细审辨。穴穴要此二星，内外证佐，明白分晓，始为真的。《倒杖诀》云："土宿罗纹来证穴，天机到此活乾坤。"倘或内外无此二星证佐，即为花假，图具于左。

紫微扁体

此土宿之扁体，昔人名曰"紫微星"，即太阴，形如娥眉，圆上微平，先主贵后富，出美女王妃。

木星横体

此土宿之横体，曰"木星"，形如玉尺，平方正横直皆是，主发富，代代为官，穴出旋螺纹。

太乙突体

此土宿之尖体，曰"太乙星"，即燥火，形如鸡距，中脉径来，即小个字，主当代为官职。

旺龙圆体

此土宿之圆体，曰"旺龙星"，即太阳，形如覆釜，圆顶高起主，先富后贵，穴出泡沤罗纹。

乘金相水穴土印木解①

上乘乎金金融结，下相乎水水交合。左右是木木印证，中央穴土土冲和。左不乘金先败长，右沾余气渐消磨。右不乘金先败少，左沾余气暂安乐。上下不乘皆损二，挨生弃死细裁度。金木水土无偏倚，四印分明二发科。

金者，生气之异名，即尖圆所止也。乘者，骑也，乘其生气而扦也。又云：金性虚而动，取其活动虚受处立穴。盖平洋乘凸，高山乘凹，出唇乘唇，出口乘口，出乳乘乳，转皮乘圆，鼠肉乘动，皆乘金之类也。余参此说，以生气之融结为金，于理恰顺，以虚动之性言金，似属强合，的以生气为是。上乘者，乘其生气之来也。融结者，水融山结，即生气之凝聚也。相水者，两边界穴，微茫之水，相辅于左右，交会穴前，界水即止是也。印木者，两边蝉翼之砂，其形直，为木星，乃穴前左右印证；如无蝉翼小砂，但有两股大砂，弯抱紧夹为龙虎者，虽形弯曲，亦印木之义也。穴土者，土即中之义，谓穴居至中，取冲和之气。《经》云："五土四备，土能冲和。"盖物无阴阳，违天背原，孤阳不生，独阴不成，二五感合，乃能冲和。阴冲阳和之处，必有五色异土以应之。言四备者，不取于星也。又曰：凡冲和之处，阴气寒至此而温，阳气热至此而凉，温凉之气，是为冲和，故开井而有征验。大凡审穴，必先看其水融山结，然后看其印证，四证分明，方为真结。独不取火者，何也？火主于气，得水乃生，火炎于上，不入于地，故不言火。曾师曰："穴即穴中之真气，有生气即谓之火可也，智者勿泥。"无此四证，即为花假，不可误下。《经》云："五星寻龙，四金作穴"，亦此意也。② 然金木水土之四印，可辨融结真假，亦可审葬法成败。如葬棺偏过于生气之左，谓之左不乘金，先应长房一四七败绝；若三六九房属棺之右，犹沾生脉之余气；气至于余，初年乘之，亦稍稍发福，但不如专气，而能旺久；传至二三代，仍渐渐退败，未至于

---

① 原注：曾授心诀。
② 原注：四金者，上有盖金，下有合金，左右有金鱼水也。

绝。如葬棺偏过于生气之右，谓之右不乘金，先应少房三六九败绝；若一四七房属棺之左，犹沾生脉之余气，初年乘之，亦稍稍发福，但不能久，不过暂得安然而已；传至二三代，仍渐渐退败，犹未尽绝也。至于中房，属穴之正中处，若脉急而葬缓，脉缓而葬急，皆乘得生气，大吉。如或脉急而葬亦急，脉缓而葬亦缓，皆谓之上下不乘金，先败二五八房，以及长少。然犹不可拘执穴象论偏正，要细审生死二路，如阴结以薄处为生，如阳结以厚处为生，便是挨生弃死，得乘生气，又不嫌左右之偏枯。细详后五卷《乘胎乘息论》明白。如棺葬乘生气，下接堂气，无少偏倚，是谓得正穴。至于左右夹穴小砂，为葬法进退之印证，又无少差错，是谓得收气。①《经》所谓"横斜直撞金斗口，天心十道鹊衔柴。"②即大中至正，不前不后，不倚不偏之义也。又谓十道齐全，中子田园。先应二房发福，次及长小，房房均匀，四印得力故耳。

附土色冲和解

五气行于地中，而土色各异。金气凝则白，木气凝则青，火赤，土黄，皆吉；惟水气凝则黑。言四备者，特不取黑，以属水为凶也。盖五行以黄为正气，亦以纯黄为吉，红黄相间鲜明者尤美，间白者亦佳。青则不宜多，以近黑也。支龙融结，千变万化；高低深浅，结作各异，唯穴中生气融结，孕育奇秀，而为五色者，则无不同。《葬经》云："好地方有五色土"，故土山石穴，亦有如金如玉者。或如象牙龙齿，珊瑚琥珀，玛瑙朱砂，紫粉花钿，石膏水晶，云母禹余，粮石中黄，紫石英之类；及石中有锁子纹，槟榔纹，或点点杂出，而具五色者，皆脆嫩温润如切玉，然似石而非石也。此刚柔兼济，阴冲阳和，故有冲和之气。或石山土穴，亦有所谓龙肝凤髓，猩血蟹膏，散玉滴金，丝红缕翠，柳金黄，秋茶褐之类，及有异纹如花糕者，或异色鲜明如锦绣者，皆坚实光润，细腻丰腴如裁肪，③

---

① 原注：砂长宜退扦之，砂短宜进扦之，以左右小砂为葬法进退之度。
② 原注：凡穴上有圆，下有尖，左右有牛角，谓之斗口。不论横来斜受与直来者，俱宜撞斗口之中。天心者，一中之谓；十道者，十字也。鹊衔柴者，逢中衔之，无使偏倚。
③ 原注：音芳，脂也。

然似土而非土也。此亦二五感合，阴冲阳和，故亦有冲和之气。若石穴顽硬，不堪锥凿，纯阳无阴，太刚无柔，如土穴松散湿滥，水泉砂砾，干如穴粟，湿如刲肉，此俱不得冲和之气，皆谓凶宅。又或有虾蟹龟鱼之类，在穴底及穴后者，《玉髓经》又言"龙形有火焰，石凤形有红黄，石虎形有虎威，石狮形有毬子，石象形有金星石"之类，诸般证应，须龙真穴的而后有此，然亦不必拘泥某形某石为应。程菊坡曰："世俗骤见其说，必至惊骇，而反成执泥，然不可谓此无理。若执为常法，则又不然。但开井得红黄光润坚实之土，或具鲜明五花之色，或莹润脆嫩之石，纹理鲜细，冲然可爱，即为得生气矣。"若活物神异，固尝闻之，亦尝见之，纵有，亦不可泄漏，如泄漏则龙力减矣。土石之验，必欲见之，方为的确。

乘金相水穴土即木之图	此全备纯土之象也。如或造化融结不齐，内无微茫小砂，有大股贴身大砂从峦头分下，紧夹抱穴者，亦为印木之砂，不可拘泥。如上乘下相，左右无偏，谓之十道衔柴之法，应中房二五八先发福，次及长小，宫位均匀，全吉。
左不乘金之图	乘金者，接夹脉生气融结之中，骑而葬之之谓。此葬偏于生气之左，是左不乘金，应一四七房先败后绝，棺之口犹占生气之旁，故三六九房亦可稍稍暂福。传至二三代，余气不能久旺，亦至退败，不至于绝也。

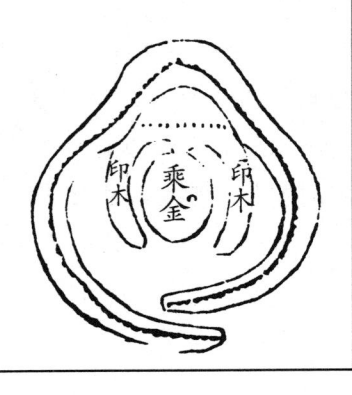

右不乘金之图	此葬偏于生气之右，是右不乘金，应三六九房先败后绝，棺之左犹沾生气之旁，故一四七房亦可稍稍暂福。传至二三代，亦至退败，不至于绝。所谓"毫厘之差，祸福千里"。
十道无边内四印图	十道者，十字也，前后左右，四正无偏，俱相印证，又谓之"鹊衔柴"，中正无偏之义。
金斗口图	金斗口，即穴也。上分有圆，下合有尖，左右有角，如斗口之状，诀云："横斜直撞金斗口，天心十道鹊衔柴"，盖不论横来、直来、斜受，皆要撞斗口天心中也。十道衔柴，中正不偏之义。

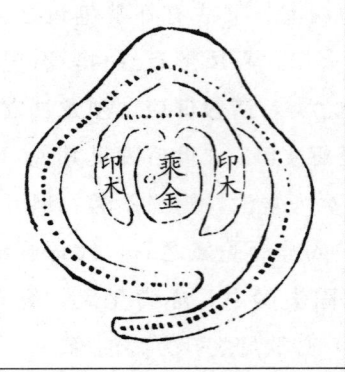

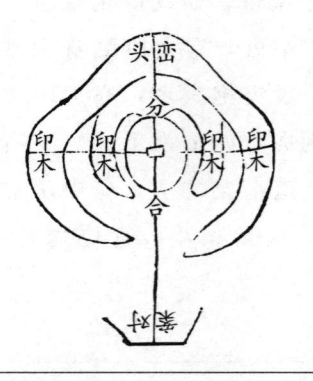

真穴孩子头

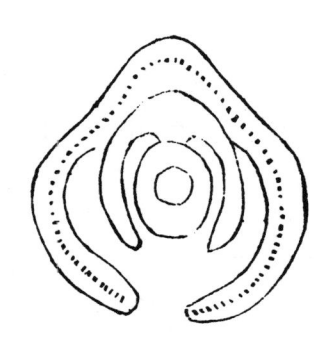

右论穴法，不曰"和尚头"、"童子头"，而必曰"孩儿头"者，何也？盖孩儿头顶门未合，其气尚动，与呼吸相应，呼则有隐隐之形，吸则有隆隆之象，上有顶骨，乘金之义也；四畔微微有高底，相水之义也；中有动处，穴土之义也；两边有骨相对，印木之义也，形容穴法，莫善于此。若和尚头、童子头，皆一片顽硬，岂足以真拟真穴耶！

论天心十道外应证穴解

天心中也，即穴之太极圆晕中心是也。十道十字也，即穴之前后左右四证之山，皆相应对，无偏无空是也。穴法得后有盖山，前有照山，左右两畔有夹耳山，谓之"四应登对"，以此证穴，不可一位空缺，凡真穴融结者必有之。点穴倒杖，坐山立向，须宜详审，勿令偏脱。才有偏脱，即为失穴，吉地变为凶地。故夹耳之山，不可脱前，不可脱后；盖照之山，不可偏左，不可偏右，如十字登对为善。《琢玉集》云："发露天机真脉处，十字路为据。"此言局外四证也。虽为点穴之法，然必十全之地，内外无亏，而后有此，四应全备。酌而论之，盖照之山，穴穴不可缺；若夹耳之山，惟要穴内贴身，四应明白，局外夹耳。尝见有左无右，有右无左，亦成富贵之地，不可一一拘执。故相穴秘法，须以内四应为凭，以缓急生死为要诀，若局外夹耳应之，称为全吉；不应，亦为小疵。《赋》云："山川有小节之疵，不减真龙之厚福"，亦此意也。得真授者，不必拘泥。再看费状元、傅学士祖地，俱无夹耳外应可证。

一贯堪舆

十道全吉图

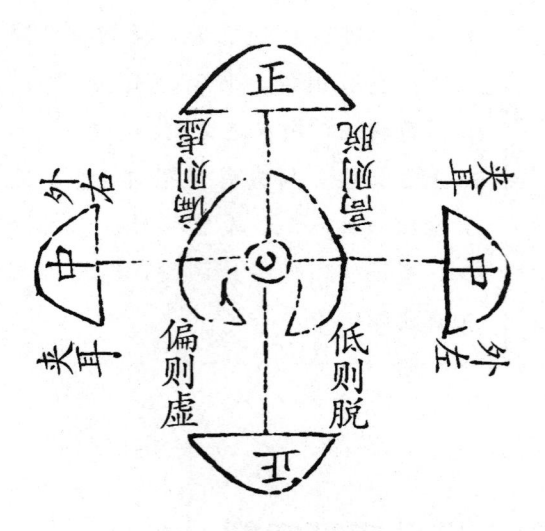

（图：正、玉、夹耳中外、偏则虚、低则脱等标注）

此天心十道俱全，只要立穴立向勿偏勿脱则吉。此外应也，真假不系于此。

十道不吉图

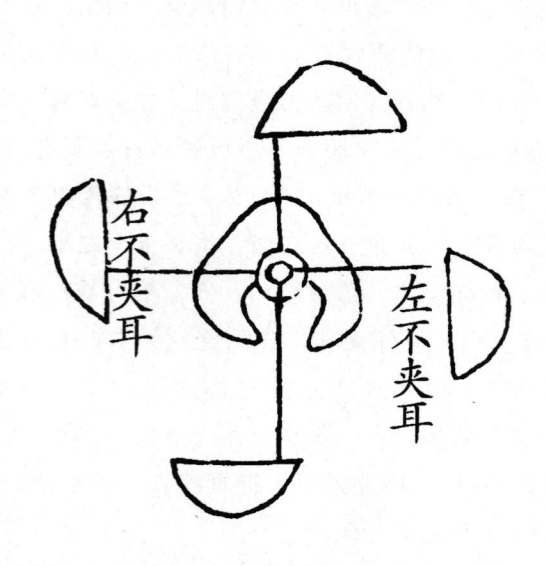

（图：右不夹耳、左不夹耳）

此天心十道不应穴情，四应俱参差，的系假穴。若盖照相对，但夹耳不足，内印真切，犹重本体取裁，不必以外应为拘。

以枕龙耳角定穴

枕龙耳角定穴之法，即坐后穿乐夹耳之意也。盖凡穴要与左右夹耳山相登对，谓之穴有应乐，但耳与穴相停，角与穴相脱，故曰："安龙头，枕龙耳，不三年，生贵子。安龙头，枕龙角，不三年，家消索。"所谓"牝牡相应，以蔽地中之风"者也。若穴在耳后，为应乐不相登对，是穴无乐而有风摇，不吉。故凡取穴量度，与耳平称相登为吉，不可妄移上下。《大全》云："安龙头兮枕龙耳，隐而不露真可取。两边乐山在耳旁，下后人财富贵起。安龙头兮枕龙角，露而不隐两畔脱。左右乐山不照穴，扦之定主家消索。"此皆以耳角枕乐定穴之高下也。又有以耳角定浅深之法。诗云："龙脉多从耳角讨，浅深穴里定分毫。四平妙应藏珍处，不怕回风生怒号。"参此二说，以耳角定浅深，是以外照而讨内气，决不可凭；以耳角定高下，尤属近理，然亦不可拘执。但穴中有胎息一定之理，缓急互乘之妙，可枕则枕，不可枕亦不可强也。盖耳乐照穴，亦要活看。凡两臂上有山峰照耳，则为第一，如无外峰，本身肩翼厚处，即是夹耳。故云："外山千仞，不如内砂一寸。"故外山夹耳，虽为耳乐，不及贴身近夹之为贵。图具于左。

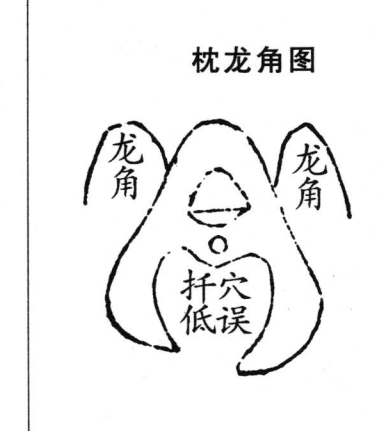

枕龙角图

角乐不照穴，非的穴也，角在穴后，故云"脱耳"。若再扦上正穴，又云"枕耳"，不为枕角。须活看方妙。

枕龙耳图

龙耳　头龙　龙耳

耳乐照穴，两臂生峰，或两肩翼肥厚处皆是也。

四库存目

青囊匯刊 ⑬

一貫堪輿（下）

［明］唐世友◎輯

鄭同◎校

華齡出版社

新编杨曾地理家传心法捷诀
一贯堪舆卷之五

以上四卷，摘群书之粹，参以杨曾心法，间或窃附己意。不过因师口授，推二五之理；有未顺者，又借先儒名言，以合其符。然后乃敢赘言订正，集为四卷，以俟大方再考。

此第五卷，自始至终，俱系杨曾家传，与曾师口授，悉地理窍言，切实要旨；谈形及髓，说理入神。凡二五凝结之情势理，皆不能遁口传心受之要诀也。图形画象，虽与诸书大同，而即形参理，独为透彻；断吉断凶，虽为群书泛载，而断中有验，独阐精微。甚至以禄存文曲分生死，过脉劫杀辨吉凶，及龙名火夹与阴风洞风，并前官不见后官星等说，历考古今文籍，俱未及载，从来名儒俱未及谈。此独泄天机而发挥殆尽，余何缘契慕，幸获曾传。

曩初受时，止求信理信心，尚未信目；乃执此理遨游遍览，历试先贤往迹，其间房分祸福，富贵贫贱，百试百验。信若四时天地机缄，往来祸福，尽载此一卷中矣。余不忍私秘，以隘大公，故标此一卷，以濬其源；并集前后七卷，以道其流。源洁流清，理无混派，列为八卷，合以成帙。庶善悟者从源及委，按粗觅精，触目印心，执象明理，阴阳之旨不惑，下手之诀始定矣。

五吉星成穴神断要诀[1]

太阳星峦头第一吉[2]

　　太阳头圆高耸脑，此星立穴旺人丁。形如覆钟千口发，带杀刑伤不久成。穴生窝靥名开口，富贵荣昌斗打金。正体穴金无化气，纯阳无救主孤贫。大开钳口垂突乳，阴阳相配妙生生。

　　太阳属金，吉星也。此星头圆身高面平，圆如太阳之体，故以"太阳"名之。有二体，或如覆钟，为老阳金；或如覆釜，为少阳金，俱是太阳吉体。如结穴合格，大旺人丁；形如覆钟，千丁济济，富贵绵绵。但或下垂余气，拖出火嘴木嘴，名为带杀；又或龙虎两砂生火嘴，出木脚，亦为带杀。盖五行相生为妙，今火克金体，金克木用，俱主刑伤少亡孤寡之祸；纵然发福，亦不长久，必至退败，但有救星无妨。盖救星水也，火去克金，水来制火，谓之"母被鬼伤，子来立救"，反凶为吉；金去克木，有水救之，则金生水，水生木，谓之"贪生忘克，名之曰化"，亦转凶为吉。曰水救者，非江河池湖之谓，或开水窝，或左右砂曲动弯抱，皆是水也。但杀不见者为上，如穴结高而杀低伏，为压杀穴，反吉。若龙虎皆外摆，出火嘴向外者，谓之曜星反出，大贵，有威权，左曜贵先长房，右曜贵先少房。不为带杀之格，但结穴形象，要分配阴阳为上。如正体太阳穴，宜生微口微窝为水，谓之"阳龙阴穴"，大吉，《经》云："金星开口，量金用斗"是也。若正体太阳，正面中又结突泡，名曰"金穴"，谓之阳龙阳穴，则纯阳无化气，主败绝。若大开两脚弯抱，则转而为水；中垂乳突，又为金穴，阳金生阴水，阴水又生阳金之穴，亦为二气相配，自有生生化化之妙，为吉穴也。富贵之应，宁有尽乎！此天地一定之理，造化自

---

[1] 原注：俱系下手定穴真诠。
[2] 原注：此以下五吉四凶，止论峦头，其脚皆有九变，俱玩前篇。

然之用，原非勉强，惟顺其自然扦之则吉，勉强刚凶。以下九星并杂形穴法，莫非自然之理，此特发挥之备耳。

太阴星峦头第二吉

太阴圆阔又微低，梭子蛾眉号紫微。穴好女人多发福，带杀刑伤败绝齐。有救依然多子发，个中生水乃为宜。穴与太阳同一理，参详配合是天机。

太阳乃金土合而成形，而金之性为多，以金受土生也。此星脑圆而微方，身低而横阔，面平而扁小，形如半月，有后妃之象，故以"太阴"名之。其体不一，形或高大如半月者，名太阴；或低小如梭子样，名梭子金；如蛾眉样，名蛾眉金，又号为紫微星。穴好合格，阴阳相配，多主女人发福。如龙合上格，必出女贵，亦阴金之属，类相应也。若下唇拖出火嘴、木嘴，两砂生木脚、出火嘴，俱为带杀。杀克其体，伤其穴，纵然发福，亦不久长，终主少亡孤寡、刑伤败绝之祸。如带杀刑伤，内有好穴，犹可化解为吉；若内无好穴，则杀旺，主衰，必然败绝。如有好穴，又有救星，谓之制化得宜，反生吉福救星。云何？穴生水窝，或两砂曲动转水，皆可救也，依然发福，昌盛不绝。若结穴形象与前太阳一同，须要阴阳相配为上。假如正体，宜窝靥穴；如大开钳口，两脚弯抱，宜生乳突穴，俱为阴阳相配，富贵之吉地也。理详太阳星内，不赘。

紫气峦头第三吉[①]

木星贪狼紫气生，出人长瘦旺家门。竖起倒地一样看，钳阔旺财人不兴。穴宜节泡开微口，贵产英豪腰玉金。更有二停穴上下，须凭龙虎要相登。大开钳口生乳突，不尽水胜贵无伦。

紫气以木之余而言，即木星，又名贪狼，形同而名异，吉星也。此星脑圆而身直，面平而体长，形如顿笏，如笋初生，但脑微圆不同耳。须要

---

① 原注：即木星，又名贪狼。

秀嫩为上，体有立坐眠不同，究理原无二致。凡竖起之木，与倒立之木，俱一样参详；但结穴形象，亦要阴阳相配，方有化气。假如正体木星，不开枝脚穴，宜微生节泡；节泡之下，或开微口，为上吉。盖木星属阳龙，节泡动处为水，开口亦为水，是为阳龙配阴穴，若安扦合法，龙合上格，定产长瘦英毫，状元及第，贵极一品，腰玉腰金，永不替也。若开钳口太宽阔，或取堃扩，更伤肩角，是为水胜，而水漂流，所以旺财不旺人也。然木星穴法，尤有上中下三停之穴。如三停皆有节泡，微开小口，三停皆可取裁，但凭龙虎高低为取用之度，砂高取上停，砂不高不低取中停，砂低取下停，一停取用为的，余两停皆无用矣。惟下停最可取裁，以气止水交，穴就堂气，故发福尤速。若大开两脚弯抱，内口宽阔，又转为水胜，必须口中生出乳突，结为阳穴，是阳龙转阴水，阴水又生阳穴，亦为阴阳相配，富贵绵远之地也。

金水星峦头第四吉

金水落头真罕稀，头圆肩曲格相宜。男聪女秀应金水，发见人财分外奇。或出水脉生钳口，金水行龙亦若斯。立宅安坟得此地，荣华福贵自然齐。大开钳抱生乳突，阴阳相配贵无疑。

金水星乃金水合而成形，金镕则圆，水流则曲，凡头圆肩曲者，金水相生格相宜也。此等落头似飞蛾，似宝盖，皆为贵格，世所罕有。合法扦之，主出贵，男聪明，女秀丽。盖金属阳应男，水属阴应女，金白水清，合以成形，故孕毓之奇，乃化工自然之应。至于男女发福，正大光明，迥异寻常，气感而通，有非常之福祉也。峦头既吉，融结穴情，必要阴阳配合为上。假如正体星辰，或出水脉结穴，或开微钳口穴，皆为金水相生，阴阳相配，富贵之格也。① 或又金水行龙，亦为上格之龙。此龙若结合格之穴，亦出男女聪明，富贵绵远，故曰"亦若斯"。如大开两脚弯抱，内口宽阔，又宜中生乳突为阳穴，俱为阴阳相配，立宅安坟，悉皆协吉；富

---

① 原注：水脉者，乃峦头下出穴之脉，有起伏直来活动带水，名穿珠水之格，吉脉也。若横摆弯曲，乃文曲脉，非吉脉也。惟正体金水，宜开微口，为吉穴。

贵荣华，不求自集也。

土星峦头第五吉①

土横方正巨门星，穴吉兴财又发丁。肥矮之人家大富，开窝无救肿绝侵。穴宜乳突生火角，发福人财大贵兴。火角如无一浊土，当出愚顽短胖人。

土星者，脑方而横，面平而正，名曰"平脑天财"，以土能生财取义。又名曰"巨门"，因天星命名，名虽不同，实皆土星。形如屏风，如橱柜，五吉之一也。若结穴合格，阴阳相配，主生肥胖之人，兴家发富，大旺人丁。如出正体土星，穴宜微泡微突，要贴穴微砂收气，谓之"阴龙阳穴"，大吉。若开微口为水穴，土来克水，本不相宜，即要口之上，土星之下，生出微茫金突泡以救之，则土生金，金生水，又为阴生阳，阳又生阴，亦为阴阳相配，庶几转凶为吉。若无金泡救之，空开钳口，则土星克水穴，变为阴龙阴穴，主女人先肿，男子后肿，败绝。② 若大开钳口弯抱，口内宽阔，又宜口中生乳突，为阳穴，又为阴阳相配，大吉。穴形既吉，多出富豪。惟两臂外又生火角，则火土相生，刚柔相济，则为贵曜之格，主人财发福，大贵兴起，《赋》云："土星火角真豪富"是也。如无火角，独出一浊土之峦头，全无清秀方正之气，虽主出富，不过愚顽村俗之夫而已，《赋》云："蛮土蛮金，定出愚顽之富"是也。

双脑天财③

金水天财后乐明，穴乘乳突早科名。只因腰短乐清秀，富贵绵绵无替凌。前官不见后官星，止为峰峦火又生。一代为官官必绝，后来又见一官兴。腰长水胜出黄肿，龙气无分结始真。犹有扳鞍同一诀，吉凶贵贱此中

---

① 原注：即平脑天财。
② 原注：先肿女人，以阴龙阴穴故也。
③ 原注：又名金水天财，五吉之一。

论。更主双妻双中举，弟兄叔伯并登瀛。

金水天财者，两金夹一水，合以成形，乃两头皆圆，金而中凹水也。此星出面，成一峦头吉象，而真气从凹中垂下，宜结乳突之穴，谓之"阴阳相配"，吉穴也。或短垂鼠肉，谓之"贴脊穴"，又谓之"横骑龙"，亦可扦之，须要两宫弯掬抱穴，乳突从凹之中端正下垂，无偏无曲，毯簷圆净为上；最喜乐星高耸，清秀端庄，《倒杖诀》云："芤脉天财借照安"是也。① 又宜中腰短狭，分合明白，龙气不散，堂气凝聚，方为合格。若安扦合法，应二房先贵，次及长少，富贵绵远，无凌夷衰替之患。如乐星低矮，或无乐遮蔽，至穴上凹中回顾，止见凹外青天，谓之前官不见后官星，初一二代应在穴上，与小明堂管事；如穴结全美无疵，应二房早发一贵，传至三代，博在软凹之上，无乐遮照，被风吹劫，真气尽散，谓之"峰峦死"矣，二房虽贵，必致败绝，所谓"一代为官官必绝"也。如乳长，败绝犹缓，诀又云："乳长不须后乐"。余细参详，后倚空虚，谁为主星？还以后乐照应为真；既云"无乐败绝"矣，何以云"又见一官兴"？盖过了凹去，两峰夹接真气，又在峰内，不怕风吹，又谓"峰峦生"矣。或龙从左来，应长房又发一贵；从右来，三房又发一贵，故云"后来又见一官兴"。但天财之腰，宜短不宜长，长则水胜，必出黄肿，尤要大水夹龙，界合交会合，龙气不分，则真气内聚，方为真结。如龙横扯远去，飘飘不止，堂气散乱不收，或乳多偏斜不正，堂局旷荡不密，即为个送分插之桡棹，不可误下。然金水天财之格，两头圆金，大小高低一样；若头高顶低，又名为"扳鞍天财"之格，穴法断法，同此一理推之，《穴法赋》云："天财两头一样，担凹中扦；扳鞍一崖较高，垂镫下取"是也。双脑一样主双妻双举双喜之应，弟兄叔姪一榜同登。若扳鞍头高头低，主父子叔姪同科之应，盖扳鞍脑有高低故也。但穴后须似仰瓦，则气趋于前，犹为真结之证。

---

① 原注：芤脉者，中空两头实也。

天财峦头撞背直乐龙格

　　双脑凹脑天财之格，多系横龙结穴，亦有撞背直来乐星即系龙身者。如吾乡退龄宗室所葬之地，在临桂南三十里，土名白竹铺，两水夹送，界合分明，双脑重乳，圆净光华，回顾乐星，亭亭主照，小砂夹脉，大砂收堂，案外数峰，青奇罗列，但未知深浅得乘何如耳。

凹脑天财[①]

凹脑天财夹土金，乳突六应后乐真。名为诰辅多封荫，龙贵为官无替陵。内有吉凶宫位数，合前双脑一同论。腰长发肿皆宜忌，双举双生双喜成。

凹脑者，两金夹一土，合以成形，乃两头皆圆金而中凹土也，名为"诰辅星"。穴吉合格，照应合局，安扦合法，多主为官，封诰恩荣之应。若龙合上格，世代为官，其余穴法与后乐，龙脉堂气，吉凶祸福，代数房分，俱与双脑注一同参详。

三台星峦头大吉格[②]

峦头台宿格非常，三乳三突皆吉昌。中结单穴专气盛，定生祥瑞状元郎。弟兄叔侄同科甲，八座三台翰苑香。台在后龙同此断，代分迟早亦连芳。星成三格冠叶宝，品字符头两样粧。上下中台轻重别，据形索理好消详。

三台峦头者，乃三星如一字相连，左右两星一样，而中星较高，左右开睁，出两脚弯抱，而中结穴象是也。凡三台两掬内，或生三乳，或生三突，或开三窝、三钳，形象相同，无高低大小之别，又皆洁净端正，毬簷分合咸备，彼此互证无疑，则三穴皆吉，皆出贵应，但气分三穴，福稍轻耳。如或三穴大小不等，高低不同，曲直歪正不一，审其中结特异者下之，左右两穴为蝉翼夹辅之砂矣。又或三台中出脉独结单穴，左右双砂夹抱，此为大贵峦头，收敛专结，凡一切磅礴之气，凝注于一毫无分析，定生祥瑞宁馨之儿，应三元鼎甲之兆，官至三台八座，翰林学士之贵。《金函赋》云："三台应金马玉堂之宿"，朱仙桃云："三台紫气后生来，鼎甫佐京台"是也。又主兄弟叔侄，父子同科，以三台相连故也。此星或在后龙二三节内开帐合格者，亦同此断，但代分迟早，二节应三四代见，三节应五六代见，亦主兄弟叔侄连芳。费状元祖地，三台在二节龙上；戴尚书

[①] 原注：又名金土天财，亦属五吉之一。
[②] 原注：天财亦属五吉，为异常之格。

祖地，三台为峦头，迟早合符，可为印证。但形状有三格不同，有三金相连者，名曰"宝盖"，得金之秀气；三土相连者，名曰"冠盖"，得土之正气；三木相连者，名曰"华盖"，得木之清气。然又有一字、品字之不同，朱仙桃云："三台面目不同，或排品字，① 或插符头。② 又有上中下之不等，上台一品，③ 定出科名之士；中台二品，④ 决生卿相之才；要识下台，方为贵格。⑤ 盖三台之格不常有，气化孕育，俱发大贵，但其中有小大轻重之分，据形参理，自有合符，天机深远，自宜藏秘，轻传未可。"此朱仙桃戒慎珍重意也。⑥

八凶峦头神断捷诀

杨公云：九星有四凶。廖公云：九星有四凶。共八凶，知往推来。

天罡峦头第一凶

高金架火号天罡，徒配扛尸瞎跛疯。奸盗贼军痨瘵应，独鳏孤寡败绝伤。穴砂俱火刑伤重，砂火穴窝是救方。火脚金头窝靥制，封侯又在此中详。

天罡者，金火合而成形，凡金头出火嘴，或左右砂带火脚皆是。盖上金下火，相战不宁，至燥至刚，最为凶毒。若乘凶扦之，主刑伤凶死，徒配他州，扛尸人命，瞎跛痨疾，奸盗军贼，孤独鳏寡，凶败绝嗣。如葬乘火嘴扦之，更加两砂俱是火杀交攻，内外刚燥，全无救制，则刑伤必重，

---

① 原注：言三台如品字，排列言龙。
② 原注：言三台如插符头相连，即一字三台。
③ 原注：一个品字三台龙也。
④ 原注：二重品字三台龙也。
⑤ 原注：一连三星，乃一字三台也。
⑥ 原注：三台之龙，只是论星峰形象，凡行龙与峦头有此，俱皆发贵。其中轻重大小，又在开帐穿心、脉从中出，阴阳交媾，个送皆全，护缠无缺，此等结穴，定出极贵。如脉从左出，或从右抽，枝非梧桐，龙不伏气，星峦虽吉，脉力减矣。又看星体端庄、清秀可爱者为上，势稍欹斜，体失其正，线有破碎，形得其偏，轻重之殊，俱宜细辨。

招前凶祸尤速。又看杀在左，长房祸先发；杀在右，三房祸先发。如左右无杀，独乘火嘴安扦，二房祸先发，次及长少。如两砂俱是火嘴，而中动有水，或砂上起伏带水，或穴开窝靥为水穴，乘此水穴扦之，则水去克火，金始得安，所谓"母被鬼伤，子来力救"，犹可救得人丁，但主单传过代，而祸亦解去十九。又有"火脚金头，世代封侯"之说，盖火脚金头，正是天罡，但金头上大开窝钳，转为水穴，且结在上停，两砂之火脚低伏，乘高扦之，名为"压杀穴"，又名为"挨金剪火法"。盖杀既压之，水穴又制之，则水火既济，化杀为权，反凶为吉，必出权势兵刑之官，封侯可待，故诀云："金头火脚，葬火消铄；火脚金头，葬水封侯"是也。师曰："砂水有救者，是正体天罡，金头上微开窝腌，故云'有救'，止可免祸而已，以水少火胜故也。窝制封侯者，是开口天罡，转为水胜，以水制火，有既济之功，体能制用，有转吉之妙，故云'封侯'，在此也。"师又曰："禄存、天罡、孤曜，俱要水救金，木火俱要水济"，旨哉言乎！

孤曜凶星峦头

金头木脚孤曜形，鳏寡孤独渐渐零。贫贱儿孙多受雇，为僧为道仅营生。脉来伏起砂含水，穴结窝钳皆救星。金水相生木自救，水能阔泽受荣恩。木穴葬木三代绝，两砂现曜祸迟临。

孤曜者，顽金头架一木嘴，如覆杓之状，或左右砂带木脚皆是。盖孤曜上金下木，相战不受穴，亦为凶象。若乘凶星扦之，金无水来救解，必出孤独鳏寡，人稀财散，渐渐凋零；纵有稀少儿孙，亦主贫贱，困苦无聊，多为他人佣工受雇，又或为僧为道，赖佛逃生而已。延至三代，皆应绝嗣。此等之祸，必求水救，方可解免。或出脉结作，微有起伏，为生水之脉；① 或两砂转动弯曲，成转水之砂；又或穴结窝钳，为开水之穴，此三者为孤曜之救星。三者虽皆可救，惟穴开窝钳为最紧。盖金得水相生，

---

① 原注：起伏者，谓脉直来，有一起一伏，活动生水，非横摆斜弯，成文曲之凶脉比也。

贪生忌克；木又得水资生，相从而化，转凶为吉矣。① 乘此水穴，安扦合法，必应子孙荣贵，世代受恩，繁衍不替。若木穴扦木者，乃正体孤曜，金头上不开微窝水救之，木穴葬于木嘴之上，谓之"乘凶葬杀"，见前诸祸最速，绝灭最急，不过二三代而已。如扦于金头上，虽为压杀，祸亦难免，特少缓耳。② 若两砂现曜者，乃龙虎真砂，带出木脚，为孤曜，穴乘金体上扦之，见祸亦缓。盖两砂既开，中自有水，亦有微救。但无水窝之穴，养骨资生，故缓见诸祸耳。若开两砂，内有微窝微口，结乎金头之上，自合开孤之法，令人工开直为弯，转为水砂，又变为富贵之格，绵延不绝，不可混断。

破军燥火二凶星峦头③

破燥尖斜石焰猖，颠邪怪疾更瘟瘟。贼军瞎跛扛尸赖，宅被回禄败绝殃。一个嵯峨山耸顶，再一嵯峨下穴场。杀未脱时千祸发，刑伤血刃少年亡。左右石杀断左右，前山石焰粪门当。石山圆净成星吉，穴配阴阳见土祥。

破军、燥火二星，惟土山有分别。凡正火星与斜火星，俱为燥火，金头斜摆，带水拖火脚，与旗头带水拖枪脚，俱为破军。若尖斜石山，火焰猖盛，破碎嵯峨，乱尖高耸者，皆是破军与燥火相连，难以分辨，合宜同断。立宅安坟，在此二星之下，主出颠邪风废之人，残伤怪异之疾，或瞎眼，或跛足，更遭瘟瘟时病，或出军徒远配，或被扛尸图赖，凶败凶绝，种种叠见。立宅居住，多招回禄之灾。此嵯峨石山，杀气独盛，所以发祸重大。故凡行龙结穴，若一个尖斜嵯峨石山高耸起顶，再一尖斜嵯峨石山下穴结作，此谓"杀气未脱"，以上诸祸丛发，或遭刑伤；夫妻父子，或被官灾，囚禁枷锁；或自行劫，白刃伤人；或被人劫，血刃杀害；又主少

---

① 原注：譬如三人恩仇相遇情，其恋恩弃仇，不愿为我仇者，又遇恩人，定是无祸。若无恩人化解，两仇并立，鲜有能忘情者矣。
② 原注：金头上祸缓者，金头为主，木脚为从，主能制从，从不克主，故祸少缓。难免祸者，穴扦金头，顽金陡顿，穴无微有，杀气未消，故祸难免。
③ 原注：交合同断神诀。

亡柱死，投河自缢，药毒之怪。此言峦头带杀，其祸自速，先应中房，次及长少。若砂土带嵯峨之石，火焰乱尖，断随左右房应之，祸比峦头稍减耳，但在白虎尤甚，又要以宽紧多少轻重断之。① 若前面案山见此尖石峰焰，名为"火焰山"。如道士冠上花尖之样，逼近案前，全无水制，主生人无粪门。师曰："此破燥二星，纯是火杀刚燥。若四围有水救制，河缠江绕，溪回涧注，犹可解半，祸亦缓发。无水救制，诸祸立生，军盗刑伤，败绝难免。若石山圆净，全无嵯峨，成二吉星体，或成五吉星体，而星体中融结土穴，配合阴阳之理，分界收气明白，又为美地，不可拘泥。"《赋》云："石骨入相，不怕崎岖"，《葬经》谓"石山不可葬"，亦嫌嵯峨，非谓圆净也。

扫荡凶星峦头神断

扫荡摆出寡水星，浪然无起不生金。男奸女淫无厌足，路败家倾更惨情。多育阴女无见绝，寡母时闻有丑声。山若摆斜即文曲，风流洛浦浪飘零。脑头若起肥圆救，金水龙行百福臻。

扫荡者，即水星也。凡行龙与落头，如水浪飘流，动荡散漫，全无起伏，全无圆金救水，其象淫荡，主应飘男伤色，荡女淫迷，无有厌足，更遭女人公事败家，男多路死，流落他乡，多生阴女，② 少生阳男，久则绝嗣。又出寡妇招郎，淫乱家声，皆水星流荡之害也。或行龙如生蛇斜摆，或山枝落脉亦如生蛇斜摆，名为山欹文曲，主出风流洛浦之人，或作梨园游荡，或为赶唱游街，或为风月而迷花恋酒，或为酒色而荡产废家，皆文曲动荡之应。如脑上有肥圆之金，起伏救水，又为上格，号为金水行龙。若出峦头，又为金水星落头，金镕水注而成形，金白水清而生化，主男子聪俊，女人清秀，富贵双全之地也。

---

① 原注：杀少而宥，祸缓而轻，祸重而紧，祸速而大。
② 原注：水星属水，女人亦属阴，故类应。

禄存凶星峦头神断

孤金无水号禄存，惟有砂水救孤金。拳样馒头少钳水，阳无阴盛不能生。乘金扦埋尸不坏，死绝生兴二代贫。尤恐算盘猪屎节，淫奔孤寡乱家声。鹅颈脉来风劫脑，纵有微钳三灭门。[1]

禄存形似金星，杨公九星属四凶之一，匹围无遮，被风吹劫，名曰"孤金"。无水者，形如覆钟覆釜，全无平面，不开钳砂，即无钳水；不开窝靥，即无窝水；惟孤而无水，外又无遮，成一顽金孤独，名曰"禄存"，《经》云："第一禄存如顿鼓，第二禄存如覆釜"是也。惟外有遮护之砂，内有微钳之水，可救孤金，金得水以相生，反凶为吉。尤有生死之别，不可不辨。若形如撚拳，或如馒头，全不开微钳生水，纯是孤阴独盛，毫无微阳来救。谓之"纯阴不生"，名曰"死禄存"；如孤金内或略开微槽，或略出微钳，则有微阳来救死阴，名曰"生禄存"。此生禄存，若乘金扦之，不脱生气，千万年不坏尸骸。但乘死禄存扦之，外又无砂遮护，一代即尽绝无疑；外有紧砂遮护，一二代尽，方至绝嗣；若并生禄存，合法葬后，初代一发如雷霆，至二代必贫，三四代亦绝。若有紧砂救护，不至绝灭。盖以有微阳救阴，故亦"兴发顽金，打破口中裁"之诀也。但阳少阴多，终救不久，亦必退败，不特峦头为然，又恐来龙结穴，形如算盘子，或如猪屎节之状，全无枝脚开抱，生水来救孤金，所谓"一金又二金，便成禄存星，孤寡此中出，定生淫乱人"是也。又或生禄存入首结穴，若束气过脉，软长细小，个送反扯，如鹅颈样，[2]及至左右缠护，无砂遮送，却被凹风劫穴星之脑，纵有微钳小口，安能救孤金？不过一代明堂，二代穴上，仅发人财；至于三代四代，博至脑上与过脉处，被风吹劫，必至绝灭无救矣。若来龙合格，过脉合吉，峦头又有微钳小口，四围砂水遮护紧夹，又作富贵穴断，不以生禄存论。师曰："峦头是金星，左右有砂，拥护紧夹，不被风吹，亦为生禄存。若尽无左右砂救护，四风吹劫，一代尽

---

[1] 原注：三灭者，传至三代也。
[2] 原注：鹅颈无遮，两翅反垂，不抱其颈，且软长而细小也。

绝，无疑是为死禄存也。"

文曲凶星峦头神断

　　文曲空窝寡水星，纯阳无顶不生金。多生鬼孕招怪异，贫绝冷退犯奸淫。地神作祸妖魔胜，发肿成痨白蚁生。造楼激发初年旺，一代贫绝盗奴凌。欲知救祚延三四，回首峦头一点金。若是空窝身带火，绝灭瞎跛产沉沦。曲砂收水包奸发，水走砂飞妇贴人。阴曲男奸阳曲女，阴阳男女不同评。起顶微窝金水救，百祸消除福自臻。

　　文曲者，属杨九公星四凶之一。凡穴结空窝，不起金顶，乃寡水独胜，纯阳无阴，名曰"文曲"。有三十六名字，曰"狗蔽文曲"等名，难以尽述，但出空窝无金顶者，不论深浅阔狭，皆是文曲。但深窝祸重，浅窝祸轻。又有生死二格，若空窝深阔，全无金顶者，死文曲也；深窝之上，有一点金顶，来救寡水，水借金生，则水不死，乃生文曲也。若出窝微浅，虽无金顶，亦以生文曲论之。生死文曲，辨别分明无混矣。但死文曲决不可下，若误作穴场居住，多生灾异之事，或蛇入屋，蛇上梁，狐狸入家，鬼来打砖，地神起祸，妖魔独胜；或妇怀鬼孕，生猪形狗面之儿，种种异事叠见，立宅安坟，俱主贫乏冷退，孤寡绝嗣，多招男奸女淫，贪花无厌，不顾人伦。师曰："空窝寡水胜，是阳文曲，主女人淫乱无忌；如生蛇摆动湾曲，是阴文曲，主男子奸淫无忌。更多发黄肿之疾，以应水胜。死文曲，先肿女人，后肿男人，间出痨瘵之病，诀云：'纯阳无气出痨瘵'是也。常有白蚁丛生，水胜故也。若造楼居住，楼属火，空窝属水，水胜克火，名曰'激发'，初纪十二年一发资财，传至一代，终主贫绝，诀云：'水冲火发一场兴，发后绝人丁'是也。且间出盗贼之人，又出强奴欺主，不正之辈。死文曲之祸，至于如此。若乘生文曲扦之，峦头上有一点金星微小，来救寡水，便可延至三四代宗祚，不至绝灭消散。至五代后方招灾，退绝亦难免。如或空窝深阔，全无金顶；至于左右两砂，遍身正面，多带尖石火焰，则水火相刑，主应少亡绝灭，瞎跛残疾，家产财业，必至沉沦，尽败无存矣。"① 若起高大金顶，内开微窝小口，又谓之"开口金星"，金水相生，是吉体，又不可以生文曲论之。

廉贞凶星峦头②

相连高火是廉贞，只好行龙作祖星。砂穴见廉军贼败，颠邪怪疾乱伦侵。更遭瘟火杀伤事，泼雪人财无点存。顿起须嫌尖脑侧，倒地尤嫌尖过横。逆水尖回名进笔，锋芒捍卫产财兴。破燥罡廉交互看，临机通变妙如神。

廉贞者，属杨公九星四凶之一，又名红旗星，与破军不同。盖破军属金，峦头不失金体之圆，而脚多斜飞，带水拖火脚，如枪脚旗脚之走，或带破碎石，皆是破军；或金星点乱不嵯峨者，亦是破军。又有倒地破军，若廉贞属火，峦头不脱火体之尖，形最高大，尖耸排列，焰石棱嶒磊落，或三五火星相连，或七八火星相连，形如钩齿，如梳齿，如破军，如展旗之类皆是。或作龙祖，起龙楼宝殿，《赋》云："火楼并耸，出烈士以封侯"；或开帐行龙，《赋》云："五七火星高耸，决生宰相擎天"，《经》又云："世人只说贪狼好，谁识廉贞作祖宗。大地若非廉作祖，为官也不到三公"，此言廉贞星，只好作祖山为奇。若结穴峦头是廉贞作主，或两砂抱护，是廉贞为佐，主出军贼败家之人，颠邪怪异之疾，③乱伦杀伤瘟火之事。④ 人丁财产，俱遭伤败凶死，消灭无存，犹如滚汤泼雪，一点不留，廉贞火燥之毒，至于如此！若顿起廉贞，宜正不宜斜，须嫌尖脑之侧；若倒地廉贞，尤嫌尖射过穴，窜明堂而顺水，名"退田笔"，主退财败产。左砂窜水，应长房退败，右应三房退败。若尖砂逆水，转上收气，名为"进田笔"，兴发财产之砂，故曰"锋芒捍卫力千钧"。若逆尖收水，贴近

---

① 原注：至于文曲窝作阳宅，又有因奸兴败之异。若文曲两砂组会，或逆砂收水，内气融聚，主奸夫包奸妇，因奸发财；如砂飞水走，内气不收，堂气倾泻，主奸妇反贴奸夫。若有离乡砂现，主随奸夫他乡逃走，皆系聚散之应。若阴文曲似男子形象，主男子奸淫无忌；阳文曲似女人之象，主妇人奸淫无厌。

② 原注：行龙砂穴并断。

③ 原注：如颠疯，聋哑，瞎跛，痨瘵，残废，皆是。

④ 原注：乱伦，如弟杀兄，侄杀叔，妻鸩夫，子弑父，奴反主之类是也。

穴前，紧夹交固，关锁不漏，不见堂水出去，名曰"半夜敲门送契来"，发财兴产，如有神助，空手兴家，应验如神。此廉贞之星，只好倒地收水为奇，外此则与破军燥火天罡，四凶星交互通断，临机应变，智者得之。

峦头杂凶[①]

覆背筲箕第一凶

覆背筲箕尽属阴，头圆背拱尾齐形。孤阴无救儿当绝，中有微窝三代倾。前面若还拖火带，多遭刑宪祸来侵。

覆筲箕者，头圆背拱尾齐，状似筲箕之覆。头似金而身却直，长似金，不是金，故以筲箕名之。形与鳖背相似，但鳖背圆而覆箕长也。此乃孤阴不生，金无阳救，安扦一代后绝嗣。若覆背中开有微窝小口，便是微阳来救孤阴，略有生化之道，方可延至三代后方绝。阴盛阳微，亦难又保无虞。其前面之痕，宜圆不宜尖，若更拖尖利火嘴，名为杀气，必遭官讼刑宪之灾，多招凶祸横事，败家绝灭尤速。

仰起筲箕第二凶[②]

仰起筲箕窝尽阳，少顶无脉口直长。多生鬼怪招非祸，奸淫败绝蚁虫伤。外护遮拦三代灭，内砂有救暂安康。

仰箕者，开窝深阔，口且直长，全无金顶，又无脉下，尽是死窝，为纯阳，毫无化生之理。形与阳文曲相似，但文曲口圆而筲箕口直长也。若误扦之，多招异怪，鬼作人言，或怀鬼胎，或鬼打石，或地神作祸，皆为水星胜，属阴故也。更主男奸女淫，冷退败家，覆绝宗祀，或抚异姓继后，或主寡母招郎，又遭白蚁丛生，皆为水窝胜，纯阳故也。若有外护遮

---

① 原注：共十格，列后，俱神断捷诀。有图。
② 原注：亦属文曲星之象。

拦，不受风劫，葬有微阴来救，不在纯阳之处，延至三代后方绝。若无金顶，却有贴身内砂，来救纯阳，初代仅仅安康，终主女人公事败家，寡母绝后。① 若上有金顶，内有脉下，只出直长，又为金星结钳穴，为富贵之地矣，不在此论。

鳖背峦头第三凶

鳖背孤阴少贴砂，四风一扫不成形。不开窝钳二代绝，略有蹄有三代差。右左无砂绝更速，有砂救护漫兴嗟。宫分左右宜详断，缺在何边祸应他。

鳖背者，圆拱低伏，似金不是金，形如死鳖之状，俗呼"龟形"，皆是鳖背。此星四围圆拱，内无贴身小砂，即无钳窝，纯是孤阴，全无阳救，本体融结，已无生生之气，更加左右无砂遮护，凹风一扫，内外无救，应一代后即败绝无疑。若鳖背中略略开窝，如马蹄下微有之状，则微阳救阴，略有生气，扦至二三代后方败绝，《赋》云："点龟肩者，恐伤于壳"。亦取肩有微窝，就阳处扦之，亦此意也。又看左右两砂，有发祸迟早不一，如两边无砂救护，败绝更速；纵有蹄有，不出二代之外。如两边俱有紧夹之砂救护，无风射穴，败绝犹缓，再稍有蹄有，或可延二三四代后方见祸应，初年一发，仅有润泽。又或左边空缺，无砂遮风，应长房败绝；右边空缺，应三房败绝。按此断验，毫不差讹。

鳖裙第四凶

鳖裙上阴下孤阳，裙阳一葬绝儿郎。众欲裙边粘脱杀，阴阳不姤祸非常。水先浸骨干生蚁，冷退绝嗣二代当。砂紧救时灾可缓，无砂风劫祸来忙。

鳖裙者，鳖背前唇余气是也。上背是独阴，下裙是孤阳。扦于上无阳救，又畏风，且当杀；扦于下虽避杀，却脱气，皆不可下。众人俗见，与

---

① 原注：有贴身砂，砂边则坡，即为阴气来救纯阳。

其受风当杀，不如向裙边下粘穴，却避杀藏风，又得堂气，殊不知下裙乃纯阳脱气，全无阴来交媾调之，纯阳不生，一纪十二年前后，阴水在棺内自生，浸骸成泥水，干后即生白蚁入棺，吃衣肉；二代后，主冷退绝嗣。如两砂紧夹，救护遮风，败绝犹缓。如无两砂，四风射穴，败绝自速，不出二代之外。

金刚肚第五凶

金刚肚肿脐又平，可看金刚无二形。空圆虚肿假生有，无遮风入绝人丁。五吉开钳刚肚乳，内生螺腌是佳城。

金刚肚者，乃空圆虚肿，恰似金刚肚一般，全无钳砂，全无水浪，如肚中有小脐。假有乘此，假有安扦，更有外砂遮护紧夹，败绝犹缓。若无紧砂遮护，凹风一扫，内气尽散，一二代败绝无疑。若峦头成五吉星体，两脚开大钳弯抱，中垂高大圆乳，恰似金刚肚样，谓之"纯阴不生"，但中有微有微坦，名曰"老阴生少阳"，又谓之"螺狮开腌路，不怕金刚肚"，反为吉地，须宜细辨。

判官脸第六凶

判面坑堆虚结作，乱横纹扯水难合。不分不合气全无，蒲地开窝穴不落。误下一代绝儿孙，田财退败家暗削。有砂救得目前安，纪后终须见灾祸。

判官脸者，乃结穴处虚坑虚堆，甚多水纹乱扯，东流西流，不归一路，上又无分，下又无合，外气散漫，全无收拾之处，则内气亦散，必无融结。又且虚坑甚多，如满地开窝，穴无着落，乘此安扦，无两砂救护，一代必绝，退败田财，家业暗中消削。有砂紧救，败绝犹缓，盖砂以遮风，亦不可少耳。山管人丁水管财，水既乱扯，各自分流，又无砂收，飘然散漫，此虽穴上干流小水，不见其去，而为害甚大，家财暗消，自然之理。砂以蔽风，亦以收水，宁可少乎！

荡体荡面第七凶

荡体龙散不成金,恰似江湖浪不宁。荡面到穴水散漫,中无气聚少合分。只宜神坛并寺观,坟宅奸贫绝后人。

荡体论龙,言龙来懒散,如江湖水浪,飘流四散无归,不成金体,此龙之凶者,即扫荡星是也。荡面论穴,言到穴处无收聚,无分合,无阴流水收界内气,四面无遮拦,放荡无归,号为荡面,此穴之凶者。乘此立宅安坟,主出男奸女淫,子孙贫贱,飘荡闲游,应女人公事败家,一代后必主绝嗣。

棕榈叶峦头第八凶

棕榈叶出撒子形,有分无合穴不成。一脑多枝直向外,真水不归败绝临。山脚两开无收拾,女人淫乱不堪闻。

即棕树叶也,上生一脑,下出多枝,皆直硬向外,不抱不收,上虽有分,下却无合,真水四散,不归一路,外气既散,必无融结,不成穴场。乘此误扦,必主退败,一代后即绝。如或山脚两开,名为流泥两全,① 又为献花掀裙,必主女人淫乱之应。

夜叉头峦头第九凶

夜叉头似茨菇叶,两脚不收各分别。中现一水去直牵,纪余人财皆败绝。又为流泥山脚开,淫乱逃亡不堪说。

夜叉头形类茨菇叶,上生一脑,如牛头突起;下出两砂翘外,不抱不收,各分两边而去,如黄牛两角直硬翘外之状,中现一元辰水直牵而去,全无湾曲回顾之情,诀所谓"牵动土牛"是也。土牛火也,乘此误扦,一纪之后,主二房先退家业,次及长小,一二代后,人丁必绝无疑。不特此

① 原注:流者水直去无回顾,泥者砂直去无收拾。故主败绝。

也，元辰水直去为流，两砂直出不收为泥，名为"流泥两全"，不止败绝，且出逃亡，《赋》云："或龙回虎去，或龙去虎回，回者不宜逼穴，去者须要回头。荡然直去无关拦，必主逃亡并败绝"是也。况山脚两开，是献花掀裙之格，淫乱无疑矣。

披廉杀峦头第十凶

披廉即火贴身砂，坟宅安扦定破家。奸盗师巫招邪鬼，地天空尽败绝家。案皆官星讼师出，虎龙肘曜盗生涯。搬缯背手牵牛去，外死徒留杀命嗟。

披廉者，即廉贞火星披垂向下之义也。凡龙结正穴，至左右贴身两砂皆圆，高拱披下，火嘴尖利，名曰"披廉"。乘此火嘴上立宅安坟，定主破家荡产，贼盗瘟癀，男奸女淫，邪降师巫，更招邪鬼作怪，地神作祸，败绝难免。但有紧砂救护，犹可延至二三代后，渐渐败绝。若左右无大砂遮护，谓之天空，左右无贴身阴砂，不能拦水上堂，谓之"地空"。诀云："天空扫人贫，地空扫人绝"，天地俱空，败绝必矣。又或原有阴砂，主人不知利害，朦胧劈去殆尽，不能收水，亦至败绝。又或前案背外，倒地逆拖火嘴，名曰"官星"。乘此官星上造屋安坟，出人善造讼词，好健官讼，主囚死败绝，全无救止。又或龙虎肘外，摆出尖利火嘴，名曰"曜星"，恰如搬缯背手，肘曲外尖之状，乘此曜气，安居扦葬，出人牵牛上盗，徒配远离，外死凶亡，杀伤人命等祸。一二代后诸祸丛发，嗟叹无已。总之，尖火皆是杀也，慎之慎之。

诸凶星体图式以便启蒙

孤金禄存	禄存如馒头样	禄存龙如算盘珠
禄存龙如猪屎节	文曲窝即阳文曲	阴文曲即水星
廉贞星	破军星	此是火焰石山破军焰火廉贞三星共形
覆背筲箕	仰起筲箕	鳌背筲箕

一贯堪舆

金刚肚脐	判官脸	荡体荡面
棕榈叶	夜叉头	披廉杀
案背官星 误扦官星	龙虎肘曜图式 误下曜星	又披廉杀

续杨曾口传杂断妙诀

八盗星 峦头兼砂同断。有图。

　　侧面天罡劫盗星，旗头枪脚一同论。探头侧面皆窥窃，石碎尖斜盗亦生。鹅颈龟头成劫杀，破军星出夜行人。更有披廉号贼杀，茅叶两畔暮偷金。

　　侧面天罡者，乃金头出火脚横斜是也。位在前后左右，皆主出劫盗。旗头枪脚者，乃火头带水拖火脚，左斜右飞是也。《赋》云："水火军贼起"，即此意也，探头者，乃案山外，略出一点头脑微露是也；侧面者，或案山左右，或龙虎砂外，出头侧面斜窥是也；石碎尖斜者，即石山破碎嵯峨，尖斜乱耸是也；鹅颈者，论脉相似，解在禄存注内。龟头者，论峦头乃圆头出火嘴是也，皆为劫盗之杀。破军者，乃金头带水，拖火脚斜飞是也。披廉杀解在前。茅叶砂者，独论两边之砂，细小直硬，而嘴尖利如枪是也。以上八星，皆主出盗。若此八星生在峦头，其应更验；若在前案与左右之砂，以龙之贵贱，穴之真假，分本末轻重断之。《赋》云："本主微贱，文笔反为画笔；坐宫尊贵，杀刀化作衙刀"，此之谓也。

　　形图于左。

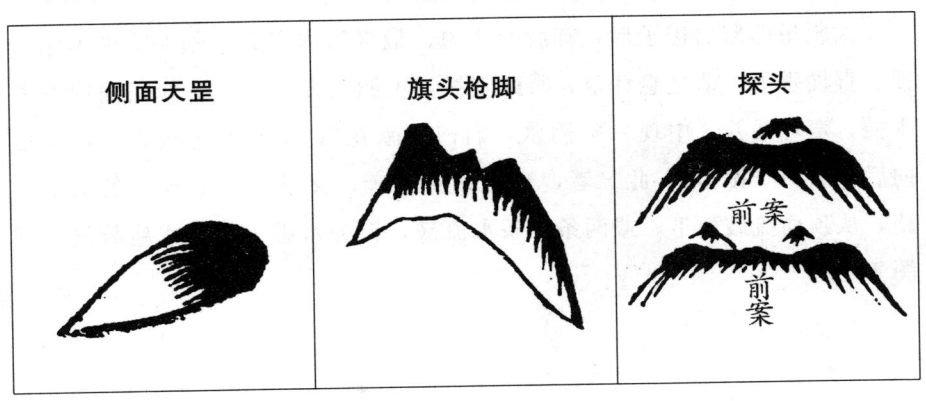

侧面天罡	旗头枪脚	探头

327

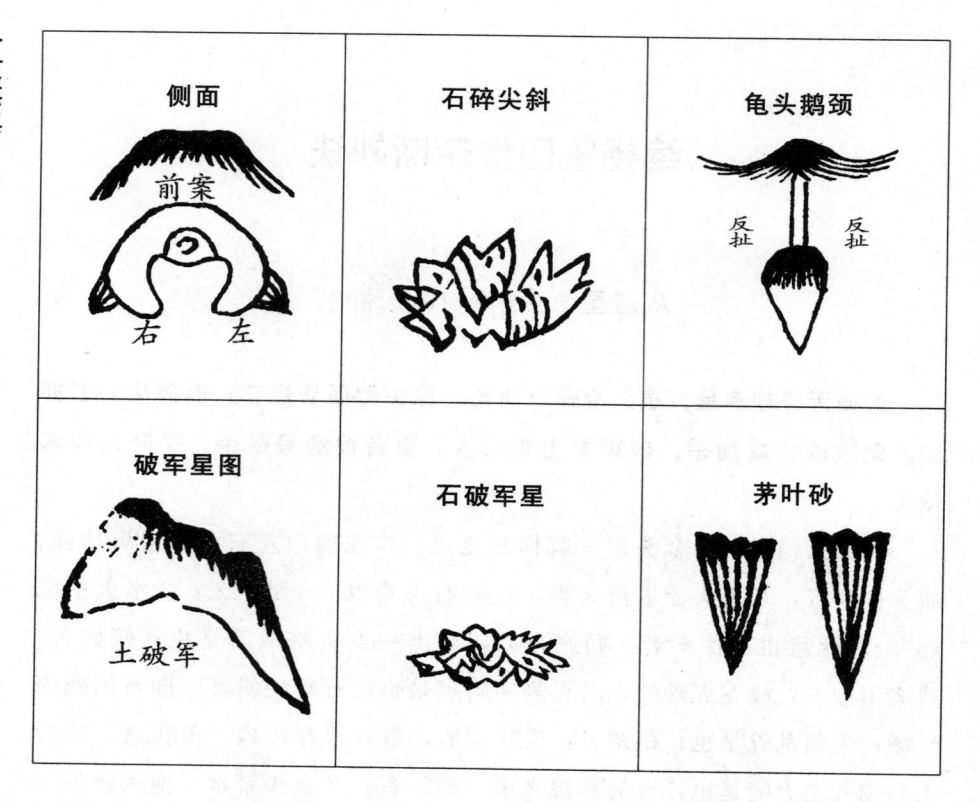

侧面	石碎尖斜	龟头鹅颈
前案 右 左		反扯 反扯
破军星图 土破军	石破军星	茅叶砂

太阴峦头带杀带淫四凶格神断口诀

　　太阴单梗是悬针，杀主残疾暗病人。梗若双开献花是，掀裙开脚定淫奔。水破太阴坑破顶，花前月下会偷人。

　　太阴星即蛾眉梭子形，有后妃之象，最喜清秀圆净。若太阴中单起木梗、直梗垂下，谓之悬针杀，乘此安扦，主妇女残疾少亡。如正面中双垂木梗，弯环两开，中现一空阴水，名曰"献花"；又或两边枝脚开，反扯向后，名曰"掀裙"，此二者，皆主妇女淫奔。又或正面中有一条阴水坑路，从顶面流破而下，或两条三条水流破，皆为水破太阴，水盛故淫。形图于左。

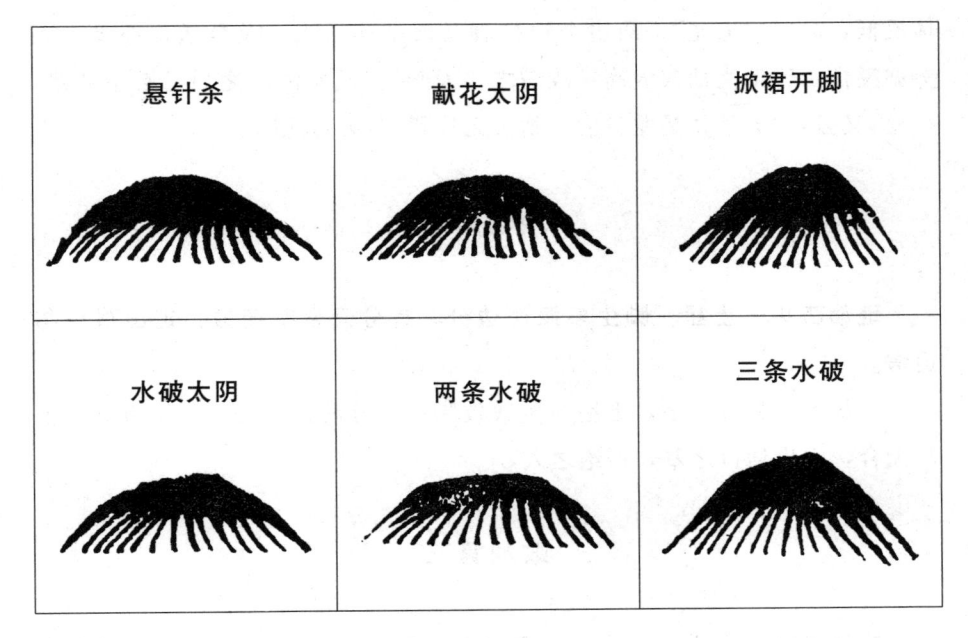

悬针杀	献花太阴	掀裙开脚
水破太阴	两条水破	三条水破

内十二劫审峦头以断祸福诀①

《赋》云："劫煞分十二路，居后坐而应前宫，接图索理消详，断如神而应如响。"

十二劫杀者，是龙家杀星与前砂相应，若龙凶砂，吉者有阻，其凶则祸轻而且缓；若龙凶砂又凶者，则为引鬼入室，其祸立见，应验如响，毫无差谬。

天劫第一

天劫孤高脉尽通，四围有顾穴耸崇。送山后脉低反扯，巨武初具绝后宗。

天劫者，峦头孤高独耸，星体内出脉尽美，而四护亦有顾，但穴大高，上聚而下散，所以初代发巨武之职，传至二三代，传到后脉来龙上星

---

① 原注：图具在后。

体反低，名曰"退龙"。两边个送枝脚又反扯向后去，及至送山亦低，而势亦反扯，皆谓之劫穴太高，故谓之"天劫"。既发武职之后，必主败绝，《经》又云："天劫便是龙身去，劫去无美利。"不与此同。

地劫第二

地劫峦头一土星，脚生多派两边分。有分无合飘流散，定出孤绝与道僧。

地劫者，脑成一字，土星内生数枝脚，各分两边而去，是上有分，下却无合，主出僧道之辈，孤绝之人。

败劫第三

败劫周围石火生，中含一水是窝形。四山散漫无收拾，水火相刑损少丁。[①]

败劫者，四围尖石竖起，名曰"火焰"，石中生一水窝是也。乘此水窝安扦，则水火相刑，且四出散漫，全无收拾，主出枉死少年。师曰：大凡石山有火焰，中结窝靥，亦为败劫。若石山圆净，成五吉星体，无破碎火焰之石，又非败劫可比；再加龙脉合格，又成富贵之地，不可不辨。

鬼劫第四

鬼劫峦头与脚砂，风吹罗带浑如他。幡符反扯东西去，四水无归神庙佳。

鬼劫者，峦头生砂，与风吹罗带相似。或如幡带乱飘，或似画符乱搅，反来复去，东扯西拽，四水不归，必作庙坛寺观，能显威灵。若误扦葬，诸祸难免。

---

① 原注：败劫即破军也。

扫火第五劫

金头扫火即披廉，左右弯尖顺水间。尾矮头高中有水，邪巫奸盗败绝颠。

扫火者，即披廉杀也。凡金头出火嘴，或左右砂头圆，出火脚，弯尖顺水，头高尾低，中有水克，主出邪巫圣师之辈，淫乱败绝之人，盗贼颠疯之子。

扫荡第六劫

扫荡空窝镰口形，尖斜石焰乱头生。相刑水火瘟癀见，逃外流离灾不轻。

扫荡名，穴开空窝，深阔如镰口之状，脑上生尖石，层层火焰斜飞，盖空窝属水，尖石属火，水火相刑，诸祸岂能免乎！

六害第七劫

六害星连水上金，峦头蠢大更麤形。四围山水皆无顾，横祸阴人入浪沉。①

六害者，五杂之星也。凡水土金相连，共一峦头，名曰"六害"。且峦头粗蠢蛮大，四山四水，尽去不顾，所以属阴。主女人横祸，落水之害。

勾陈第八劫

顶连金土号勾陈，尖尾圆峰灰袋名。砂似人形倒睡势，奸淫无忌产邪人。

勾陈者，金土顶连二重，或一重，生出火脚，砂在左右，似人形倒垂

---

① 原注：麤音粗，同意。

之势，又名为"灰袋山"，诀云："圆峰拖尾为灰袋，应出人淫欲无忌。"

天罡第九劫

金头火脚号天罡，砂各东西飞似枪。中出数枝皆火嘴，孤孀军贼败绝伤。 天罡者，顶起金星，头脚出数枝火嘴，砂各东西而去，形似旗头枪脚之类，金火相战，最为凶毒，主出军贼，伤残，瞎跛，孤寡，绝嗣之祸。

天刑第十劫

太阳高耸号天刑，四面无遮孤一星。中出空窝更深阔，纯阳无救女胎生。 天刑者，高耸太阳，孤出一星，四围全无遮护，左右开两脚，弯抱中成一大，水窝为水泡，水泡仰观，尽是空窝，此乃纯阳无救，应出室女怀胎。《经》云：空金带泡，寡母有孕，小金生石，室女怀胎，亦此意也。师曰："空窝无护救，刑也；孤高太阳天也"，故曰"天刑"。

土蓐第十一劫[①]

土蓐之象何处观，土星峦头如猪肚。带木生火是真形，杀戮绝灭为抄估。峦头重见更招凶，生在后龙初华臕。《赋》云一土又一土，荣华富贵之抄估。抄若水去败无回，来水一抄犹可复。

土蓐者，乃土星峦头开两脚，各出一木一火带杀是也。形如猪肚之状，又为抄估龙，盖抄家估价之意。若峦头与后节龙，俱同一样，土蓐星体，其祸最紧。初主一发，后出人遭凶，罹大辟不赦之刑，受抄家绝烟法场之难。若土蓐星生在后龙三四五节之内，初一二代主荣华富贵，兴发不已；转至土蓐龙，大祸乃见。《玄微》云："一土又一土，荣华富贵之抄估。"若堂局水去，一抄家后，永败无回；若朝水明堂，抄家之后，遇了土蓐凶星，转在吉龙星上，犹可复还旧日家业，富贵荣华，间或可待，诀

---

① 原注：即抄估龙。

云:"抄去又抄回"是也。

螣蛇第十二劫

螣蛇脑如仰瓦形,两头火角凹中存。枝多水火各飞去,四顾无刑徒配情。螣蛇者,脑如仰瓦之状,两角俱是,火尖高耸,而斜开中凹,是水前生水。火脚数枝,两边分飞,四山不龙,四水漂流,主遭刑徒配之重祸。

十二劫图具左以便启蒙

天劫图	地劫图	败劫图
初出武戎,后代衰败。	出僧道孤绝。	即破军,主柱死少丁。
鬼劫图	扫火图	扫荡图
神坛寺观。	即披廉,出邪淫圣师之辈。	主外死瘟癀。

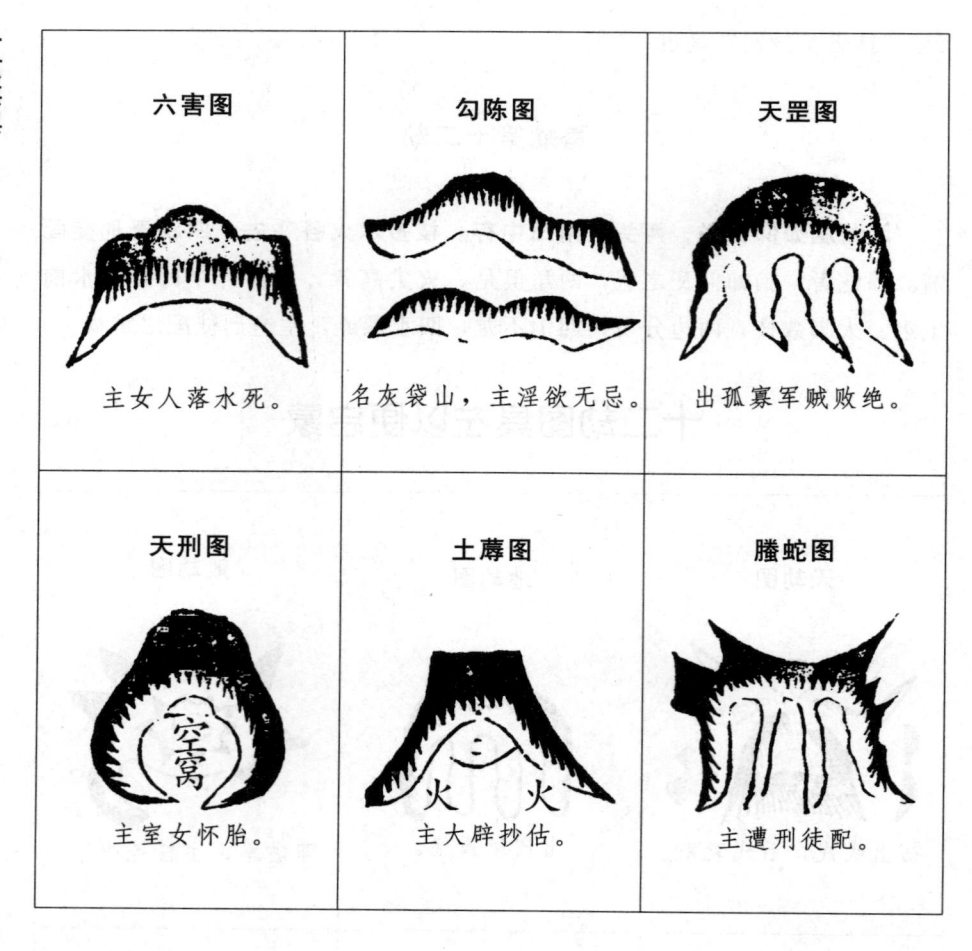

六害图	勾陈图	天罡图
主女人落水死。	名灰袋山，主淫欲无忌。	出孤寡军贼败绝。
天刑图	土蓐图	螣蛇图
主室女怀胎。	主大辟抄估。	主遭刑徒配。

二胎受劫①

逆胎高脑后龙低，父弱儿强出忤逆。龙号孤胎无缠护，纵生钳乳道僧集。

逆胎只看峦头，与后一节龙。盖峦头子也，后一节龙父也。龙有高曾祖父儿之说，但父宜高，子宜低，谓之顺；若峦头独高，后节反低，名曰"逆胎"，主出忤逆之辈。孤胎者，龙无缠护枝脚不送是也。至入首处，虽

---

① 原注：名逆胎孤胎。

开两钳，中生微乳，不过暂福小康而已。博至后脉，难免僧道孤寡之辈。

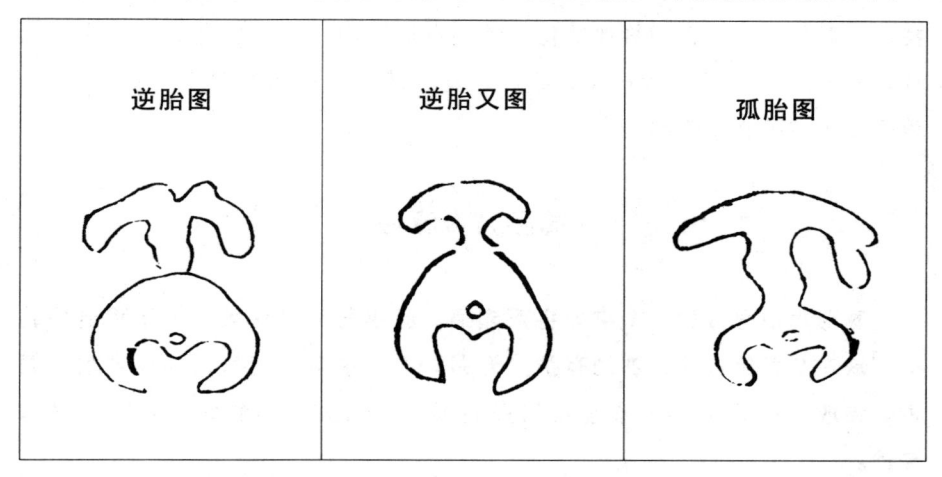

| 逆胎图 | 逆胎又图 | 孤胎图 |

论脉形吉凶贵贱秘诀①

前卷所论峡脉、崩洪脉并出脉三格，不过就偏正以论吉凶。至于脉之本体，何如为吉，何如为凶，何如为富贵脉，何如为贫贱脉，尚隐而未发；如无真传，则贵贱难分，吉凶莫辨，何以定取舍之衡？余不得不剖心条析之。盖龙欲结穴，必先跌断过脉，结咽束气，以立融结之根，然后顿起星体，融结穴场。是脉也，乃龙家枢纽，造化胚胎，为地理家第一关捷。盖胚胎者，如人怀胎一同，腹中男女已定，自然生子各异。但胎为人体，有贵有贱；脉为龙体，有吉有凶。凡体之吉者，有富贵脉九格；体之凶者，有外劫十二格。判真伪于毫厘之间，定贵贱于微茫之内，玄之又玄也。凡辨脉者，先于峦头后，跌断过脉处审之，或一节不断，至二三节内方跌断；过脉亦审之，惟一节跌断，即起峦头结穴为上格，二节次之，三节又次之。过脉既审得亲切无疑，再于峦头之下，穴场之后，又有一条融结生气，谓之"出脉"，须斩水烧草细审之，《经》云："蜂腰鹤膝峡之脉也，草蛇灰线穴之脉也"。审此二处之脉，祸福机缄尽露，龙穴贵贱难逃，辨真伪之要诀也。此诀古今典籍竟未发明，先贤英论俱未点破，独杨曾二

---

① 原注：独得曾传心秘。兼画图式于后。

仙家，藏之为至宝，授受之为心诀。余幸觌面心受，不啻获隋珠然。忆当授时，对神告戒，誓勿轻泄造化机缄，自招罪戾，至今思之，独善为一家计，何如兼善为千万世？计其施广，其心溥也，故不避罪戾，备录于左，以为孝子慈孙直指觉路云。

蜂腰富贵脉诀

脉形短小号蜂腰，个字如将两翅插。脉小气清风易散，个无紧要护缠交。缺左长房绝败应，右边有护少无凋。尤虑中房难度气，半存半败过颠桥。腰成交媾无风劫，朱紫盈门贵满朝。只怕假腰如剑脊，阴阳不媾祸难逃。

凡脉形短而小者，名曰"蜂腰"，内要个字分明，如将黄蜂两翅，遮护其腰之状，似描画然，方为合格。又名曰"巧脉"，其气最清，若风一入，气易飘散，故要个字之砂，遮脉为紧。如内无个字，外要缠护，紧夹交固，不漏贼风为急。如或左边内缺了个字一ㄟ，外缺了缠护一砂，被风劫了左边，应长房一四七，主败绝之祸。若右边内有个字一丿，外有紧护一砂，右脉未伤，应少房三六九，庶免败绝，必无凋零之祸。如右缺个护，左有个护，仍依左长右少之宫位断之。但中房属脉之中脉既小巧，被吹风了一边，亦伤了中间之气，难免无恙。故中房三六九人口财业，应主半存半败，如遇颠危之桥也。大抵蜂腰脉小，恐属孤阴，须内要阴中有阳，精血交媾；外要个护双全，不受风劫，方成蜂腰全吉格，必主贵富。只恐独阴如剑脊，谓之假蜂腰，纵个护双全，奈独阴无媾，必不化生，多出鳏夫，败绝代传，至此应验不爽。毫厘之差，祸福千里，机神矣哉！

鹤膝富贵脉

脉长中节小清奇，鹤膝形从此内知。个护两全真富贵，两般缺一福轻微。节偏脉左先荣长，节右须知发少儿。节在中间中位贵，如珠圆小应无疑。节若臃肿全无地，奸盗扛尸祸不移。顿跌过续成贵格，懒坦只出富豪儿。众脉过续同此诀，吉凶龙辨九星宜。

凡过脉之体，不宜太长，太长则为死，须长中有节泡引过，方为活动有生气。然脉中节泡不宜太大，亦不宜至斜，须要圆净小巧，端正清奇，方为合格。但其形象，有似鹤之膝，故先辈以此名之。但脉中生一节泡者为上格，两泡者次之，若三泡、四五六节泡者，则串龙为恶，反成凶脉，便非真鹤膝，不可用矣。此脉长而生泡，最怕风吹，须内要个字分明，外要缠护周密，两者俱全，必主大富大贵。如有护无力，福力遂减，犹主富贵。如有个无护，龙受孤单，富贵难成矣。若节泡偏于脉之左，应长房先发；偏于脉之右，应少房先发，如节在中间，不偏不倚，圆净小巧清奇，先发中房之贵，次及长少，应验无差。若节生臃肿歪斜，则前去不结美地，断主奸盗扛尸，祸应中房先见，必不差移。大抵过脉之形，固宜成富贵之格，然脉贵龙不贵，富贵难期，故必过脉前后两星，须要顿起跌断而过脉，断而复顿以续脉，方成贵龙之格。若懒坦过续，乃气弱无力之龙，纵然脉形合格，缠护无亏，不过出富豪而已。不特一鹤膝脉过续为然，即众脉过续，皆宜顿跌，不宜懒坦，俱同此一诀也。至于过续之龙星，有吉有凶，须以九星审辨，则真伪莫掩。诸龙皆以九星论。

十全大富贵脉①

蜂腰无个怕风穿，却宜外护紧来缠。断中个有一突续，腰膝合脉为十全。大长无护终无始，短跌丝牵断藕连。砂水反回逆抱祖，邪生异怪并绝烟。

蜂腰之脉，形既小巧，最怕风穿，有个则吉，如凶无个字，气随风散，却要外护紧来缠抱，遮却贼风为美。若断中小巧之脉，生一细微圆突，在中续之；两头过接之龙，俱合顿跌短夹之格；至于左右送脉，内有个字分明，外有护砂紧固，此乃蜂腰鹤膝，合成一脉，名为"十全大脉"也，福力完全，富贵必大。大抵凡脉俱宜短小，不宜长大；如脉太长，又无个护，始穴虽好，亦有兴发，博龙到此，终必败绝，故曰"终无始"也。曾诀云：脉中跌断宜短夹，如藕断续，有丝牵连，则气旺力重，方为

---

① 原注：蜂腰与鹤膝合成一脉，故曰十全。

上格。至于左右送脉之砂，有内个外护，俱要顺抱向前为吉。若外护缠至穴前交会，名曰"雌雄交度"，至吉也。如左右送脉砂水反扯，向后逆抱少祖者，是为劫龙，多生异怪颠疯之祸，主出阴师邪巫鬼娘等人；三代之后，必主绝嗣，谁奉香烟？但左砂反扯应长房，右砂反扯应三房，神验不爽。

金颈富贵脉

　　金颈过脉何所象？恰如金梭横脉上。两般过护要周全，媾合阴阳格入相。此体原是紫微胎，女妃男贵财兴旺。

　　凡龙与脉，俱是二气五行凝结，而成龙既有五星之形，脉之形独无五星乎？故亦有五颈，曰"颈"者，乃结咽束气之谓也。金颈者，形似金梭，横安于跌断脉上，乃蛾眉金星是也。须要小巧端正，不偏倚，不歪斜，圆净光华，方为合格，切忌臃肿，最嫌缺陷；左右个字，俱要分明；两砂缠护，俱要周密。至于脉体，尤要阴中有阳，或阳中有阴，方为二气交媾，乃入相之脉也。若金梭前后之脉，或孤阴，或独阳，必不能生化，不可用矣。此体原是紫微星之胎，博代到此，断主男为驸马，女作宫妃，多因女贵，且出妇人有德，操持兴家，男女兴旺，绵绵不绝。

木颈大富贵脉

　　木颈过脉横玉尺，文章一品贵无极。明缠短夹格为真，应在中房先发迹。左右无缺长少均，此为三台八座根。若逢贵龙合顿跌，宰辅鼎甲此中生。

　　木颈之脉，乃跌断过脉中微起一横木星，如横放玉尺之状。须要小巧端正，不歪不斜，光华清秀，方为合格。切忌头大头小，尤嫌边高边低，不成贵体。至于玉尺前后之脉，更宜短夹，方为气旺力重。内要个字双全，外要护缠紧固，乃成真格。格真无破，应中房先发贵显，次及长少，宫位无偏。此玉尺脉乃极贵之体，为三台八座之根基。若前后过续之龙，遇三台飞蛾御屏玉枕诸样贵格，又合顿跌气旺之局，断出状元宰相，贵压廷僚。

水颈富脉

　　脉生相连水略续，恰似蚯蚓颈白肉。名为堆垛覆釜金，富压陶朱千万粟。内虽无个外紧缠，不受风吹生福禄。左吹应长右应三，缠护皆全脉乃足。水颈之脉，峦头后不必跌断太深，亦不宜稍长，但要二三金星，如覆釜开面而来，其中束气短夹，如水在中，一软续过，恰如蚯蚓颈中白肉，前后虽是相连，却黑白分明，不相混沌是也。此格名为"堆垛龙"，又名为"覆釜金"，《赋》云："堆垛龙来，盈仓满库"是也，应出巨富，可比陶朱，不能出贵。凡脉俱要个字为上，但此脉不必要个字夹送，须要外护交缠，不受风寒，即为合格，多生福禄，千仓万箱。若受风寒孤露，左吹应长，右吹应三，博龙到此，必至败绝，宫位无差。

火颈吉凶脉

　　火颈似竖犁头样，土星落头相生旺。金星受克不相宜，寺观神坛兴佛像。木星落穴贵龙胎，水火相刑奸盗丧。个中生吉又生凶，阴阳交合为最上。两边个护要周全，凹缺仍依宫位相。

　　火颈者，乃跌断所过之脉，中间顿起小尖堆，似竖犁头之状，在五行属火，故名"火颈"。但结脉落头，顿起方正土星，以融结穴场，则火土相生，愈助旺气，人财两发，武贵巨富之格也。如金星接之，火来相克，原不相宜，多兴寺观而已；木星接之，木火相生，亦为贵龙之胎；水星接之，水火相刑，多生奸盗之辈。此火颈之脉，多属杀气，因峦头以为转移，或吉或凶，原无定体。但犁尖前后之脉，要阴阳交媾，方为合格；至于左右之砂，内要个字分明，外要护缠周密，不受风劫为妙，如有凹缺，贼风吹脉，劫左伤长，劫右伤二，仍依宫位断之。然五颈中，惟此一颈似戈矛之象，多利武贵，有威权，不可轻用。

土颈富贵脉

土颈脉堆方正台，外缠内个要遮来。台清龙贵成胎孕，断产公卿英俊才。顿跌过续同一理，阴阳交媾一般推。护空风劫水牵扯，真气飘零不可裁。

土颈者，乃跌断过脉之中，微起一方正小堆，似方台之状，故以"土颈"名之。须要内有个字送脉之砂，外有缠护之山，不受风吹，不至孤单，方为合格。然台贵小巧清奇，端正不欹，方成吉体，切忌坑陷，尤嫌斜歪，不成贵格。如遇过续之龙，亦成贵体，有三台玉枕、飞蛾御屏等形，脉与龙俱贵，则精血胎孕，断生奇才。至于过续之势，亦要顿跌，同前一理推之。土堆前后之脉，亦要阴阳交媾，与众脉一律审辨。若缠护空缺，凹风劫脉，左右界脉之水，无砂收救，飘飘牵扯散漫，则真气飘零，必无融结。

论脉中交媾阴结阳结神诀

阳中有突血包精，血若包精乾道成。穴若参差不应脉，血精不贯假交情。阴中有坦精包血，造化无差坤道成。众脉阴阳俱要媾，能明此理是仙人。

凡过脉前后两星，有名"胎伏龙"者，即雌龙雄龙是也。至于跌断过续之脉，乃雌雄交感，有阴精阳血，相为交媾，所以孕育，而生男生女，则成阴穴阳穴是也。大凡过脉之体，平坦者为阳，属血；覆脊者为阴，属精。如平多而覆少者，为阳中有阴，谓之"血包精"，则乾道成，前去融结，必成乳突之穴，似男子之象。如覆多而坦少，是为阴中有阳，谓之"精包血"，则坤道成，前去融结，必成窝钳之穴，似女人之象。此精血交媾之妙，乃造化玄微之理，验似灵丹，百无一谬。万一交媾之理，穴脉参差，不相照应，或宜阴结而反阳落，或宜阳结而反阴落，则是精血不相贯串，必为花假之穴。此二气交感之理，不特一脉为然。凡众脉之体，皆要交媾。如独阴不生，孤阳不成，必无生生化化之道。此诀说理入玄，谈形及髓，岂俗眼粗见所能审辨者乎！

脉分劫杀论

劫在后兮杀在前，两般清白说根源。劫为过脉分轻重，杀是出脉论紧宽。脉过无劫穴受杀，造葬先凶后福绵。脉劫穴清初代好，无救终须败绝烟。

凡峦头后束气之脉不合法者，谓之"劫"。劫有轻有重，在十二劫脉内辨之。凡峦头下出脉融结穴场不合法者，谓之"杀"。杀有紧有宽，须要仔细审辨，不可斗杀，却宜避杀脱杀、闪杀劈杀为妙。如或过脉无劫，俱合吉体，但出脉带杀而穴受之，造葬之初，穴上管事，必有凶灾；后来三四代，博至过脉处，脉吉气清，断然发福。又或过脉犯劫，不合脉理，至出脉融结，纯粹恬善，全无杀气，则穴管初一二代，亦能发福，后来博至过脉处，犯了外劫，必生凶祸，劫中有救庶几，可免败绝之祸也。

脉形诸吉图式

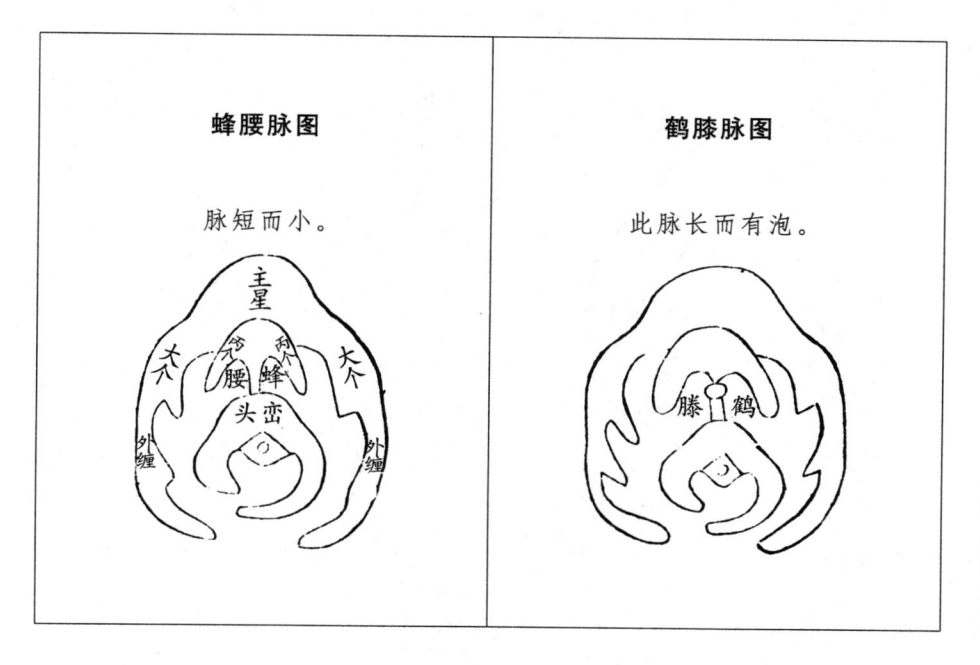

蜂腰脉图

脉短而小。

鹤膝脉图

此脉长而有泡。

蜂腰鹤膝十全脉

鹤膝脉长，十全脉短，有别。

金颈脉

大阴紫微，主出女贵。

木颈脉

形如玉尺，极贵。

水颈脉

堆垛金水略续，无个有缠，主富。

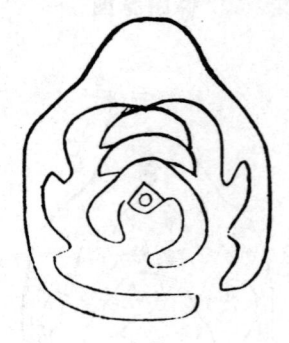

火颈脉

木星土星峦头但吉，金星峦头则凶。

土颈脉

形如方台，极贵。

血包精结乳脉

此脉阳多阴少。

精包血出窝脉

此脉阴多阳少。

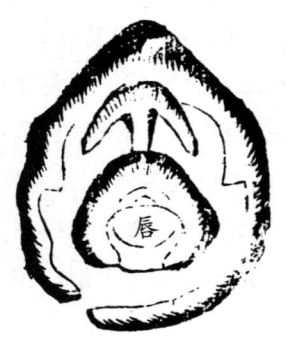

杨曾家传龙穴砂水精微神诀[1]

识龙胎伏识龙尽，识穴胎息识穴真。识砂生死识砂透，识水明暗识水精。外砂不及内砂力，外水不及内水亲。

论龙胎伏解

《赋》云：胎伏有三十六传，高齐云而低近水，内外各一十八宿，伏在后而胎在前。

曾曰：胎伏者，雌雄龙也。凡行龙若有胎伏，是为大富贵之格。须在峦头后二三四五节内审之，尤以近穴为最贵，盖"伏星生在后雄龙"也。乃出脉施精之体，形如覆掌，属阴，故为雄，杨茂叔云："伏生于后，配阴为雄，其星覆俯"是也。胎星生在前，雌龙也。伏星出脉过前，来胎星迎之，乃接脉受精之体，形如仰掌，属阳，故为雌，杨茂叔云："胎生于前，配阳为雌，其星仰照"是也。须要阳胎在前，阴伏在后，乃阴阳顺度为妙。若阴伏在前，阳胎在后，是阴阳反常为逆，非真胎伏也，歌云："切莫胎前伏后局"是也。其胎伏两边脚手，有包裹连环之状，如迎送峡枝脚一般，歌云："胎前行，伏后裹；凹骨气，连如锁；纵与横，常扛过"，筠松又云："情若连环结，胎升伏正宫"是也。其胎伏中间过续之脉，乃雌雄龙之交感，精与血相为媾合，如阴中有阳，为精包血；阳中有阴，为血包精，乃为至妙。若孤阴如剑脊，独阳如平坂，不成交媾，亦非真胎伏也。《顽儿问答》云："伏为父，胎为母，然后穴为子也。譬如夫妇交感，夫居上为阴覆，妇居下为阳仰，然后精血交媾，生男生女。至于山脚连环，亦如交感之手足，相为抱裹。盖夫妇一小天地，与雌雄龙无二义

---

[1] 原注：内藏葬法秘传捷要总旨。

也。"①《赋》云"高齐云"者，高山胎伏也。又云："伏山宜高低近小"者，平洋胎伏也。又云："胎山宜低，胎伏各传十八宿，内外通成三十六"，杨云："胎名十八宿，形如莲花谷。伏牛与伏龟，如珠或如玉。如蛇如虾蠢，螺蚱覆盆属。伏犀侧月生，梅实金钟覆。铜鱼宝盖奇，葛苞横槕轴。半月紫微金，名号胎纲目。伏星十八宿，飞云散雾踪。鸾翔凤舞下，莺翅象眠同。玉几金桥落，金幢玉带重。抛球连越杖，玄武共天虹。马跃骤趱势，龙盘虎踞雄。更有三横与三衺，便是三胎三伏龙。"参此三十六名，据形索理，总不外二气五行，九星传变之格，彼特别创一名目，画一形象，以见奇耳。试举一二证之。如鸾凤飞舞，即开睁展翅金水星也；金幢宝盖，即金水三台也；马跃骤趱，即扳鞍金水天财；侧月紫微，即太阴星；覆钟梅实，即太阳星也。如珠者即算盘珠禄存星也，故有患眼孤孕之断；如蛇者即文曲水星，故有颠邪黄肿之断。按此形象，与九星吉凶毫无背戾；推此断验，与九星吉凶全无差谬。故知九星者，胎伏出身之头面；胎伏者，九星交媾之精神。惟知一胎仰伏覆之理，则三十六胎伏之义，悉该括矣。彼十八胎、十八伏，别名象物，反见支离。况《金函赋》与《地理十书》，新旧之图不同，彼此之断不合，自相矛盾，惟执一阴阳交媾之理推之，形虽驳杂，理自相合。故凡审龙者，观星体，的以五吉四凶，分龙身之贵贱；察脉理，的以阴仰阳覆，详胎伏之玄微，则龙之相貌精神俱得之矣。故总画一高山一平洋二胎伏图，以为启蒙；再录杨茂叔与杨筠松《胎伏论》，以为印证。

杨茂叔曰：胎伏者，雌雄龙也。胎生于前，配阳为雌，其星仰照。伏生于后，配阴为雄，其星覆俯。前后照应，神气交融，金水环秀，孕育而成穴。仰高为阳，覆低为阴，胎伏星辰，价值千金。歌曰："胎前行，伏后裹，更饶骨气连如锁。纵与横，常扛过，胎息相生穴中坐。"②又歌曰：

---

① 原注：脉中交媾之妙，惟山龙与平冈龙，乃先天地融结而成形，全未亏损，庶可审辨。若穿田过峡，其血包精、精包血之玄微，已被农工锄平，乃后天地而伤损者，胎伏之形虽失，胎伏之神尚存，故审辨者只看前后之星峰合体，两边之夹照无缺，仿佛情形，来如覆阴，接如阳仰，即是真龙，不必过泥。

② 原注：此歌弘为改正，言胎伏之骨，与气俱已饶足。其后之覆裹，与前之仰顾，牵连不舍，如锁之相连不离也。至于或纵来，或横来，右左枝脚，皆扛护而过，为之辅佐于两边，则前去结胎穴息穴，俱从胎伏龙交感中生来，故云"相生穴中坐"也。

"胎前行，伏后裹，急缓相逐各定所。星分十八宿，内外通成三十六。只看前胎后伏奇，切莫伏前胎后局。"杨筠松曰："六甲龙楼起，先须问祖宗。未行先聚讲，起祖便离宫。五峡三关去，纵横胎伏同。崩洪防峭露，过度莫西东。①胎是龙根本，伏为胎息宗。同根连骨气，步步要相从。情若连环结，②胎升伏正宫。回头看盖坐，不离祖和宗。"玩此二说，胎伏之理自明，何必琐琐如十八胎伏论哉！

一说：我生他者为胎，假如金在后，水在前，则金能生水，遂以金为胎，水为伏者。非是。

胎伏图具于左。

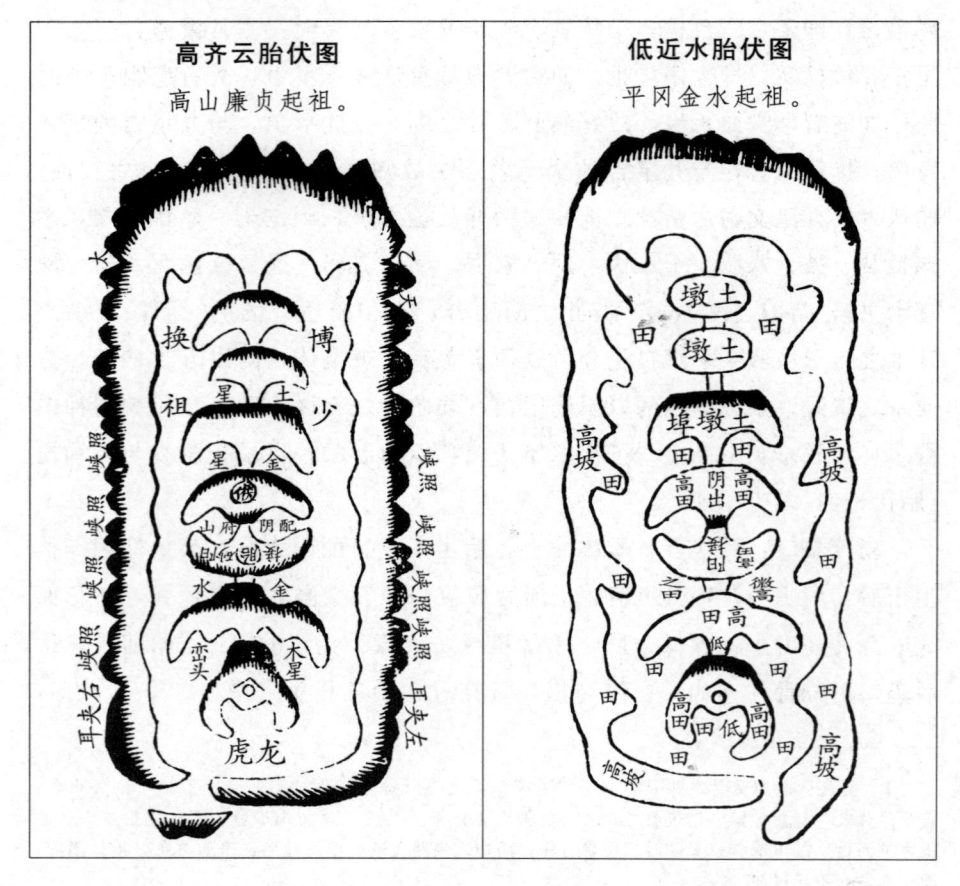

高齐云胎伏图　　　　　低近水胎伏图
高山廉贞起祖。　　　　平冈金水起祖。

---

① 原注：脉贵中穿。
② 原注：伏星阴，出脉，而脚向前；胎星阳，结脉，而脚顾后。势若连环。

论穴胎息解①

穴中胎息最难裁,胎在腹中毬上埋。离腹息名簷内点,急乘其息缓乘胎。挨生弃死尤玄妙,要借阳嘘阴吸回。若是纯阴纯阳取,空将葬法墓中培。

胎息者,识穴中阴阳尽处也。② 在腹曰"胎",如妇人怀胎在内之状;离腹曰"息",如生子不息之义,即上下片毬簷是也。穴上有分水,如毬之圆,曰"毬";穴下有合水,如簷之滴断,曰"簷"。故上片是胎,要受气肥满;下片是息,乃生气止聚。上片静是分娩之际,下片动是子离腹之时。其胎息有子有女,窝钳乳突似之,《倒杖诀》云:"阴乳恰如男子样,阳窝偏似女人形"是也。故凡出脉结穴之处,有三叉脉,即穴土微茫小个字,露两片蝉翼砂,则界两股虾须水,乳突是也。《孝慈补》云:"乳突是男子之象,主于施精,其气泄在外。"若扦乳突,当避杀脉,宜避毬而凑簷,须就乳突之下簷针之,乘息脉也。故《倒杖诀》云:"鼻尖就息宜安突",《至宝经》又云:"实乘其息",《经》又云:"似男阴乳休伤首",皆不外乘息之义也。无三叉脉,出两股牛角砂,夹一滴蟹眼水,窝靥是也。③《孝慈补》云:"窝钳似女人之状,主于受精,其气收在内。"若扦窝钳,莫下虚腐,宜入簷而斗毬,须凑窝钳之上毬针之,乘胎气也。故《倒杖诀》云:"腌口乘胎要凑圆",《至宝经》又云:"簷乘其胎",《经》又云:"似女阳窝莫破唇",皆不外乘胎之义也。此二者,经常之法也。然乘胎乘息中,又分有缓急之别,权变之妙诀。假如乳突来急,固当避杀脉,凑下簷,以乘其息;奈何性缓,脉来平夷,其气谓之"不来",又宜凑上毬,以急其缓性,亦有乘胎之理。又如不急不缓,脉来中和,其气不上不下,融结于穴之晕心,宜就乳突之圆晕中心下之,此"就息粘胎"之义也。假

---

① 原注:即乘胎乘息、阴吸阳嘘、挨生弃死心传秘诀。
② 原注:阴到借阳,阳到借阴,上下之间,分寸不爽,乃阴阳之尽头处也。
③ 原注:窝穴与钳穴之义同。

如窝钳来缓，固当避虚腐，凑上毬，以乘其胎，奈何性急，脉来陡顿，其气谓之曰"来"，融结全在窝钳晕中，又宜就窝钳晕心，以缓其急性，亦有乘息之理，所谓"阳亦走杀"是也。又如不急不缓，脉来中和，其气又在窝钳弦棱处，宜就窝钳上弦边扦之，此"就胎粘息"之义也。识此"缓急"二字以乘胎息，则"进退"之义尽矣。但个中玄妙，尤有挨生弃死之法，所谓"跳出死气，以俟生气，饶减二分真骨髓"者。假如乳突落穴，谓之"阴结"，则阴为死而阳为生，不宜十道衔柴扦葬，法当饶减，须枕过阳边二分放棺，借阳气一嘘而万物生，阴媾阳也，名曰"挨生"，所谓"阴到以薄处为生"是也。假如窝靥落穴，谓之"阳结"，则阳为死而阴为生，亦不宜十道衔柴扦葬，法当饶减，须枕过阴边二分放棺，借阴气一吸而万物成，阳媾阴也，亦名曰"挨生"，所谓"阳到以厚处为生"是也。故《倒杖诀》云："宁可脱脉而就气，不可脱气而就脉"，正"跳出死气，以挨生气"之谓也。若阴到就阴，阳到枕阳，则纯阴纯阳，毫死生化，名曰"乘死气"。又或当急而就缓，当缓反取急，当吸而用嘘，当嘘而用吸，谓之"舍生就死"，则生气变为杀气，正所谓"到头差一指，如隔万重山"。凡学之者，惟知此"挨生弃死"、"阳嘘阴吸"之法，则饶减之义尽矣。进退之义尽，则宜上宜下之标准不摇；饶减之义尽，则挨左挨右之分数不爽。虽葬法有"迎接吞吐盖粘倚撞"等十六诀，虽倒杖有"顺逆缩缀穿对犯离"等十二法，总括于此"胎息嘘吸"中矣。再观谢觉斋倒杖一诗，若合符节，诀云："露而不隐穴难安，① 乘息玄微别一般。② 好向阳中寻妙诀，③ 莫将饶字更拈宽，④ 隐而不露人难下，⑤ 又曰乘胎阴内观。⑥ 乘息乘胎如晓得，千金未可泄其端。"细味此一诗，胎息嘘吸之理，尽括无遗。若纷纷之葬法十六、倒杖十二、倒影十二，并铜火针灸等诀，皆驳杂支离，此是彼非之说，甚至可言而不可行，反增天下万世之惑，余为此

---

① 原注：阴结乳突穴也。
② 原注：乳突宜乘息。
③ 原注：阴到要借阳嘘，即挨生法。
④ 原注：宜饶过阳边二分，不可太饶宽了，离却来脉，脱了正气。
⑤ 原注：阳结窝钳穴也。
⑥ 原注：窝钳宜乘胎，又属阳穴，要借阴边二分一吸为挨生。

惧，故述此葬法捷诀，以为下手标准，愿此心与此法并垂不朽云。

论砂生死解①

真砂生死要消详，短者为生死者长。先后直湾兼大小，个中生死义同方。收先舍后明生死，棺脚收纳仔细量。更有下砂收觜妙，财头穿紧福无疆。

真砂者，乃本体贴身砂，非借外来之假砂也。凡阴落者，从峦头分两股真砂为龙虎是也；阳落者，即开口生脚出两钳砂是也。凡左右两砂，两砂先到者为生，后到者为死；先到者短，收水紧夹，此一边内气凝结；后到者长，收水宽阔，此一边内气不凝结，故以此分生死也。又有湾环者为生，直硬者为死；起伏活动者为生，粗蛮蠢硬者为死；小者为生，大者为死；低着为生，高者为死；圆净方正者为生，破碎尖斜者为死；纯土者为生，带石者为死；逆水收气者为生，顺水飞窜者为死。至于贴身蝉翼砂、生角砂，尤为至紧，最关利害，生死之义，同此一理推之。但倒杖放棺，收纳砂水，亦有妙诀。须要收先到之砂为向，取此边收水紧固、内气凝结之意。盖收者以棺脚拨转一二分，收纳先到之砂嘴，② 并收真水之财禄。《倒杖诀》云："舍后收先正好扦"③ 是也。再者，或先到之砂不便作向，更有下手穴砂，逆水收气之嘴，名为进财头，倒杖放棺，须将棺脚收着，下手逆水砂之嘴，④ 谓之"穿紧财头，关截水路"，主发财禄无边，左应左房先发，右应三房先发，此识砂收纳之妙诀也。至于外砂形象吉凶，远而且疏，不甚关系利害，众皆知之，何必赘言。若内收先到之砂，外又收逆水之嘴，内外合符，发福尤大且速，但难两全，不可备责。

---

① 原注：内括收纳捷诀秘传。
② 原注：以棺脚指向砂嘴也。
③ 原注：舍后到之砂，收先到之砂。
④ 原注：不可大过，但向着砂嘴一二分便是。

论水明暗解[①]

接脉串珠似博花，先详灰线草中蛇。浅明深暗来交会，相合雌雄水到叉。阴到却宜明处枕，阳来暗处好寻他。尤知先后分明暗，弃暗投明福自佳。两水俱明中正取，法神放送妙无加。送时须要关门好，如不关门送亦差。

凡出脉结穴，隐隐微微，似灰中线、草里蛇，微露其分水之脉脊，欲开井放棺，须接其来脉之脊，以受生气，如串珠孔，似转花接木之状，不闻不脱，方为乘气。至于两边上分下合之水，乃界脉收气之微茫真水也，即虾须、金鱼、蟹眼、人中、极晕水之类，最关利害，自有一股明、一股暗，此水之分雌雄也。但水浅者为明，即为雌；深者为暗，即为雄。《四字经》云："吸气为阴，其水隐于土皮之下，必深而暗；嘘气为阳，其水现于土皮之上，必浅而明。"明暗交会，即雌雄交度是也。水到叉者，即雌雄水相合也。《经》云："水到三叉细认踪"，即三合水也；《至宝经》云："若阴到结乳突之穴，以阳为生，须枕过水明浅边一分二分，借阳气一嘘，其气方生，此为阴来阳受之义。盖以水之明浅边穴必平坦，故为阳也，所谓'阴到以薄处为生'是也。如阳到结窝钳之穴，以阴为生，须枕过水深暗边一分二分，借阴气一吸，其气方成，此为阳来阴受之义，盖以水之深暗边穴必圆拱，故为阴也，所谓'阳到以厚处为生'是也。故曰：'阴到枕明，阳到枕暗'。"又有一诀，以水之先后分为明暗者。假如两水会合之处，一股水先到，一股水后到，先到即为明，后到即为暗。倒杖放棺，却对一股先到水明处一二分为向，弃了水后到一边。盖以先到水紧而气凝，后到水宽而气稍散故也。又有两股水齐到，两水俱明，却对二水合处中间为向，不用饶减。[②] 此收水精微之法，与放送之诀相通。收先到之水，将棺脚送过先到水边一二分，即合送法，所谓"饶减二分真骨髓"是也。两边水齐到，谓之"两水俱明"，将棺放向二水合处十字中间为向，

---

① 原注：内括挨生弃死、放送捷法、心秘参合、倒挨诗。
② 原注：出《真机玉匣藏珠口诀》。

不用饶减，即合放法，所谓"放棺入穴将棺对"是也。此依水为放送，犹为第二诀，然个中紧关玄窍，必分脉之强弱、穴之阴阳，以定放送，方为饶减无上之妙诀。并述谢觉斋《倒杖放送诗》，以启后学。诗曰："放送之时皆道会，放时入穴将棺对。惟有送字少人知，饶减一分真骨髓。井中垂线众皆知，如何饶一更饶二。学者学必要千金，不得千金休指示。"盖放送二法，由强弱二字生来。胡矮仙教子诀云："两片三叉穴自然，杖随斜正枕尖圆。接迎放送分强弱，个字之中玄又玄。"① 故凡脉来恬善，不急不缓，刚柔相济，则冲和之气，注从脑入，宜乘脉中，以接其气，故《一粒粟》云："送则知其来者顺"是也。至结穴之处，又阴阳交半，乃为二气交感，穴亦宜居中，不宜饶减法。至于二水合处，两边水俱一齐到穴，宜对二水合处中间为向，盖脉穴与水，审定合符，内外一理，然后宜用放法，上将棺头枕着来脉之中，谓之"上接生气"；下将棺脚指着合水之中，谓之"下接堂气"，故曰："放时入穴将棺对"。如脉来雄急，乃阴多阳少，为强脉，不宜当锋斗杀，宜用饶减法，取柔以济刚，则气从耳入，故《一粒粟》云："送则知其来者逆"是也。尤要看何边生，何边死，审别生死既定；又看何边砂水先到，何边砂水后到，审别内外分明；然后倒杖用送法，内将棺头送过生边，一分避子杀脉，以借阳嘘阴吸之气；再将棺脚送纳先到之砂水二分，指定为向。《经》云："到头赶取三龙水，三水便是富豪地"是也。诀所谓"饶一更饶二"者，正在此妙用也，曰"二分"者有三说：有以入首来脉之脊，凭两边分水为度，横宽作十分论，对中十字脉平分，每边占五分，内饶过一分，以四六分为中宫，避了当中之杀脉，以就生气，谓"脱脉以就气"是也。如饶二分，以三七分为中宫，便是又一说。以太极晕圈分作十分，数十字晕心，每边占五分，饶过一分，以四六分数为中宫；饶二分，以三七分为中宫。又有一说，以棺盖横宽为度，作三分论，如饶二分，以棺盖尺寸数作三分，分将二分，饶过生边。余参此三说，以棺为饶减分数，乃师口授，犹可疑也。假如脉来宽大，棺饶二

---

① 原注：两片者，即上分之义；三叉者，即下合之义。上有分，下有合，则穴自然在中。杖随斜正者，斜来斜下，正落正安，俱要枕乎尖圆。接者，接其来脉也。迎者，迎其前官也。放者，放棺于十字之上也。送者，送收先到之水，或收下手砂水是也。强者阴也，弱者阳也。

分，不过七八寸，犹不能避其正杀，就其生气，然个中紧关玄窍，只可被杀就气为妙，如可避可就，饶一分可也；不可避不可就，饶二分亦可也。须审杀与气，临机应用，方为上裁，不可拘拘分数为泥。饶减分数，以界水为度，失之宽。如饶减二分，以三七分为中宫，不偏过一边乎？以棺盖为度，失之窄。三停二停，亦仅七八寸，何曾扶得生？何曾避得杀？还宜以太极圈为准，方是中道。下手作用，全在心上经纶，临穴取裁，乃为活动。

外砂不及内砂力解

外砂远穴象疏臣，不及内砂辅佐亲。犹似一身真手足，内如缺一不能行。微高尺寸当千仞，夹气包坟造化成。

外砂者，堂外之拜伏摆列，朝案照应，与迎送缠送之砂，虽皆不可少，但效力也缓而微，如疏远之臣在外，不能效调元赞主之力，不如左右贴身如蝉翼砂、牛角砂、两钳龙虎砂，乃一身之亲手亲足，辅佐运动，何等亲切？此砂夹穴收气，全无渗漏，则真气自然凝聚，造化之功用成矣。如无此内砂，气自散漫，穴受孤寒，纵有外砂，难收内气。如人缺一手足，必不成人，故《经》云："外砂千重，不如内砂一抱；外砂千仞，不如内砂一寸"。傅学士祖地成边窝格，左边贴身一砂湾抱，微高五七寸，自此外尽低伏短缩；右边白虎外砂，壁立千仞，谁不嫌疑？不知内砂切近贴穴，外砂远照，依稀绕抱，仿佛高低。图具四卷，可为印证。

外水不及内水亲解[①]

外水千山共派流，何如内水界合毯？血精气脉相融贯，真假穴情在此收。内水一交真结实，千潮外水尽皆浮。气脉聚散从兹讨，秋杀春生第一筹。

外水者，江淮河汉川湖溪涧皆是，其发源也，皆缘于山。或远而数千里，近而数百里，再近而数十里，内有千峰万巅，派分而流合，实为众山

---

① 原注：内括气脉聚散神诀。

公共之水，原与一龙一穴不相关系。惟送龙之水，名曰"大会金鱼水"。其来也，为龙而来；其交会也，为龙而会。若无两水交会，则龙气散漫，纵过关行度，必无融结之理。有此两水交会，则龙气界住，自无劫去之病，可以成胎息孕育之体矣，此犹其粗者也。至于界穴收气之水，即金鱼、虾须、蟹眼、人中、出杀、极晕水之类，此乃龙身真血，原与气脉精神相为融会贯通者也。内有此等真水，分合明白，则真气内聚，穴为真结；若无此等真水分界交合，则真气散漫，穴属花假。《经》云："外水千潮，不如山水一交"是也。盖脉者气之体，气者水之母；有脉斯有气，有气则有水。但脉有形而微著，气无形而难知，惟水为外气，气为内气，外气行则内气亦行，外气住则内气亦住，外气散则内气亦散，外气聚内气亦聚，子随母之义也。《经》云："外气形横，内气正生"是也。是外气也，不特内气聚散因之，即脉之聚散，亦由此辨别。惟上有分水，则出脉入穴之处，两边有微茫界水以夹送之。其来脉不散，惟下有合水，则水界气止，而真气内聚，融结不散。《经》云："凡认气脉观住绝，水若行时脉未歇。歇时须有小明堂，气止水交方是穴。"假如上无分水，其来不真，谓之脉散，上无生气之可受也；下无合水，其正不明，谓之气散，下无堂气之可接也。"聚散"二字，惟观此内水，便彰明较著矣。此虽干流之水，属在微茫，然功用很大，能救人，亦能杀人。救人何验？诀云："水冲火发一场兴"，有转贫为富之能。赋又云："木脚金头遇水救，世代公侯"，亦有出贱入贵之力。譬如春令，主发生气，化默运中，自能使万彙皆欣然向荣意也。杀人何验？《赋》云："人家无嗣，皆因水破天心"，有覆宗绝祀之害；《经》又云："火脚金头无水救，枉死扛尸"，亦有杀身亡家之祸。譬如秋令主肃杀气，化默运中，自能使万彙皆凋零枯落意也。利害关系，其重如此。若或内水不交，分合不明，则穴无真气，必为水蚁之宅。纵有外水九曲之玄，千潮万注，必不能令水蚁之穴发福。所谓"共砂共水共明堂，一家贵富九家破"，总重在内意也。广西柳州府徐尚书祖地，两代翰林，全无外洋可见之水，止有两股真砂夹送，两股缠龙界穴之真水，九曲出明堂而已，可为印证。蔡牧堂《发微》又证："无脉无气者，水害之也。① 有脉无气者，风乘之也。"脉孤露受风，则生气散，余故云："以内水辨真假，以外水定轻重"，识穴寻龙，一言尽之矣！

论饶减分内外秘诀②

《宝鉴·金函赋》诀云：外无缓急，内有生死，名曰"淋头不割脚"；外有缓急，内无生死，此谓"割脚不淋头"。凡倒杖放棺，要定生死急缓明白，方用饶减法也。阴脉落穴，以阴处为死，阳处为生；阳脉落穴，以阳处为死，阴处为生。凡界穴，两股微茫水先到为急，后到为缓；凡放棺，要枕在生边，要食其急处，内外乘接无差。若外无缓急，内有生死者，乃穴前交腮水两边齐到，无有前后，是外无急缓也。至结穴圆晕处，或阴多阳少，或阳多阴少，是内有生死也。亦须正杖开井，至放棺时，将棺头于金井中，拨转一二分，枕在生边，以受其气脉，此谓"淋头不割脚"。又或内无生死，外有缓急者，乃结穴圆晕处，阴交阳半，阳交阴半，名为"二气交感"，是内无生死也。至穴前交腮水，一股先到，一股后到，先到为急，后到为缓，是外有缓急也。亦要中正，倒杖开井，至放棺时，将脚下拨转一二分，指食其急处，此谓"割脚不淋头"。惟此内外细分，饶减无混，方尽葬法之玄微矣。

附《天宝经》云：凡穴内生死急缓，一定之法，不可不明。或有生死顺逆，不分左右者，若穴内生是左边生，穴外急亦是左边急，却用左手倒杖放棺，③ 至下棺时，将棺脑于金井中，枕归右边，④ 又或穴内生是右边生，穴外急亦是右边急，却用左手倒杖放棺，⑤ 至下棺时，将棺脑于金井中，枕归左边，⑥ 此一定不可改移之法。参此诀法，就右手倒杖言之。先倒杖放棺，于右手已饶二分，今又拨转，脑归左边，脑只饶有一分；脚不

---

① 原注：水散漫曰"害"。
② 原注：名曰"饶头不饶脚"，或"饶脚不饶头"。
③ 原注：人对穴晕心中正处立之，用左手倒杖，已饶过左边之手矣。
④ 原注：先用左手倒杖开井，穴已饶过左，今拨棺脑枕右，以乘其正脉。
⑤ 原注：人立在穴之中正处，用右手倒杖，已饶过右手边二分，以接生气。
⑥ 原注：以乘来脉。

归左,是脚饶有二分。惟脑回左一分,脚方食其右水之急处,所谓"井中垂线众皆知,如何饶一更饶二"者,正在此也。送字骨髓,正出于此。

淋头割脚,犹有二说,并附录之,以释其疑。曾问杨曰:"何为淋头?何为割脚?"杨曰:"上面真水,自盖头分淋,作八字,两边下来,转聚在斗口内者,方为生气,凝聚不散。又有上面亦有真水,自盖头分淋,作八字,两边下来,只不肯割脚,为死无气,切不可葬。"所以"淋头不割脚为小人,割脚不淋头",为君子之法,玄玄之妙,正在于此。又云:"上无气脉曰'淋头',下无合襟曰'割脚'",皆通变之论也。《金函赋》云:"凡尽阴结者,则穴如剑脊,曰'强',喻背义小人之辈,放棺要饶二分,气从耳入之义,须放出五七寸而下棺,不可开脉,谓之'割脚不淋头'。如尽阳结者,则穴如仰掌,曰'弱',喻忠厚君子之流,放棺要直凑,以迎其气,不可饶减,此为气从棺入之义,谓之'淋头不割脚'。"参此四说,取喻淋割之义虽不同,而作用皆符一理耳。

论饶减分数例①

凡脉出尽阴如剑脊者曰"强",要饶减二分,取气从耳入之义。② 凡尽阳结者,穴脉如仰掌曰"弱",不用饶减,须直凑以迎其气,取气从顶入之义。或阴多阳少者,要饶半分,不可凑入,以待其气,谓之"弱就强";或阳多阴少者,饶一分;或片阴片阳作穴,为阴阳中半,可饶半分,过阳以接其气。或大八字下是阴,小八字下是阳,与阳字同,为弱,乃君子也,其气不来,直凑入毬上放棺,谓之"接气"。或大八字下是阳,小八字下是阴,与"阴"字同,为强,乃小人也,须在髯毬下放棺,拖出五七寸,要饶三分,谓之"来者不接"。注云二分,此言三分,在消息云耳。

---

① 原注:出《金函赋》注。
② 原注:气从耳入,即"贯耳"之义也。如贯左耳,则气直贯至右脚;贯右耳,则气直贯至左脚,全身总在气中,联贯不离也。此法从未说醒,弘故拈出明之。

论内接生气外接堂气解

内乘生气是挨生，堂气须寻合水真。先到亦名堂气是，棺前脚向妙相承。

向内接生气者，即前所云"挨生弃死"之谓，《经》云："葬乘生气"是也。外接堂气者，即小明堂水也，水为外气，故云"堂气"。两边水齐到，穴宜二水合处，中间向之。如左水先到，堂气在左，须宜以脚收左水一二分为向。如右水先到，则堂气在右，须宜以脚收右水一二分为向。《经》云："真气聚处看明堂"，内外相接，传花接木之妙诀也。

迎官就禄趋吉避凶解

官是尖圆方吉星，水潮融注是禄名。放棺迎就为真诀，趋避之中仔细针。

官者，尊贵之名，尖圆方三吉星也。迎官者，指秀案或尖或圆或方之贵，立向宜前迎而对之是也。禄者，财禄之名，凡水流眷恋者谓之"禄"，与九曲之玄、潮来融注、入堂远抱者，皆谓之"禄"。凡立向，皆当就而纳之，以收财禄者也。若不论其星峦美恶，水势向背，徒以卦例指某方为临官，某方为归禄，则谬甚矣。《经》云："山如笔笏休装卦，水到之玄莫问方"是也。趋吉避凶者，如朝山秀丽，堂局砂水合格，宜正向而趋之。如凶砂恶水正所避，亦须串前官、倚后鬼而向之。然砂水吉凶，犹为末务，可避则避，可趋则趋，如或有一二不可趋避者，只要龙真穴的，局内合格，堂外砂水虽不入法，亦小疵耳。《赋》云："山川有小节之疵，不减真龙之厚福"，又云："本主贱微，文笔反为画笔；坐官尊贵，杀刀化作衙刀"，《经》又云："砂似闺中美女，贵贱从夫；水如阵上精兵，出入由将"，岂可以小疵而弃大地！张氏白牛坦祖地，余砂扯去五枝，约四五里，不入俗眼；祝御史闪乳地格，左砂一掬弯抱，如坐井面墙，尽蔽外秀，可为印证。

论到杖深浅法

阳升阴降理无涯，外气平量自不差。深浅得乘从此讨，黄金登水墓登砂。

凡穴结乳突者为阴落，三阴从天降，气从上坠下，属之沉穴，宜深。此理原于易卦天风姤一阴降，天山遁二阴降，天地否三阴降，皆从三卦天字而降下也。凡穴结窝钳者为阳落，三阳从地升，气从下生上，属之浮穴，宜浅，地雷复一阳生初爻，地泽临二阳随升二爻，地天泰三阳连升三爻，皆从三卦地字而升上也。此阳生阴降之理，万古不易之的，但惜无升降深浅之尺寸，况穴情大小高低变换不一，又难以一则预定，将何为凭取度？盖气者水之母，水者气之子，子原不离母；气为内气，水为外气，外气所以夹内气，《葬经》云："外气横行，内气止生"，故凡取深浅者，以外气之深浅为度，即小明堂之气是也。凡穴出毡簷，上有微茫分水，下有微茫合水，微茫合处，即是小明堂，此穴下第一合水也。但平冈平洋之穴，二水合处分明，人皆易见无疑，至于高山高冈之穴，界水或深一二丈许，或深三四丈许，合水深沉，人将生疑，然不知结穴之处，有圆晕毡簷为真结；凡毡簷下略生些小坦窝，便是葬口；葬口之下，又有些坦平处，便是小明堂。小明堂一定，将标一根，直立于小明堂之内，挂线一条，直牵至穴上开井之处，要两头般平，如眼视难平，以曲尺吊线定平方妙。挂标线既平，然后将所立之标，自下量上，至挂线平处为度，以刀刺定痕迹更稳，如得几尺分数，便是内气凝结之浅深处，以此为凭，不可过深，不可过浅。诀云："界水止时气便止，浅深一穴在其中"，倘或过深一尺，则气从上过，白蚁从棺底而生；过浅一尺，则气从下过，白蚁从棺盖而生，盖蚁从无气处生也。《倒杖深浅诗》云："露而不隐天阴降，隐而不露地阳升。不浅不深依法葬，能教富贵有数名。合浅葬深气上过，断然白蚁底中生。合深葬浅气下过，断然白蚁盖中生。阳若葬深阴葬浅，纵然吉地也难成。"《经》又云："深浅得乘，风水自成。"但天下真穴常少，假穴常多，依法葬者少，混葬者多。故凡业此术者，或扦改旧坟，以神断验；或遇孝子无力，不能下买新地，迁就主人，以应一念拜求之诚；或依祖坟扦葬，或其彼善于此者安埋，不过取乘一点之生气耳。既非真穴，则无毬簷小明堂为凭，将何以定浅深而尽厥心耶？须以阳升阴降，定阴深阳浅之则；相左右砂水长短高低，以为应证。或半阴半阳之穴，宜不深不浅，以曲尺三尺八、四尺一，为不深不浅之中，则又或缓来宜凑，急来宜退，此凭心化裁之法也。如不依法，过深过浅，过凑过退，则白蚁丛生，水泥自入。余屡试属验，诀详于"离撞伤冲脱"五字之内，此相主迁就之权也。《杨曾葬法》有云："吞扦窝压砂生短，吐法乳长砂抱长。浮安砂高阳内取，沉葬砂低阴内藏。倚砂安坟无横祸，亦有吞吐缓急详。开口无脉塞漏桶，马蹄门有撞相当。窝中生突突安吐，突上开窝吞法藏。钳穴太进犯罡脑，扛尸横祸人财伤。若脱犯荡家筵退，人绝财散最为殃。"此亦乘胎乘息之理，分析而明之也，要不过"胎息"二字尽之矣。莫登砂者，两边蝉翼砂与牛角砂，可与为穴之印证。凡倒杖放棺，于可进可退间，亦借此砂之长短为左右应，长宜退而短宜进也。此亦外应末务，尤以内脉之缓急为进退，方得真窍。如外砂，可应则应，不可应不必强应也。或作坟堆高低，如无大砂贴身，只可与此内砂高低相登，不可太露，以受风寒，亦登砂之诀也。

论倒杖以定坐向偏正无移诀

杨公倒杖法难明，标准立从合与分。挂线牵之即正墨，减饶分数线为凭。挨生收纳为真向，何用罗经卦例寻。

敦素曰："倒杖之法，杨公始立也。其法不问入首星辰，只看到头大小八字分明，切要入手一个毬簷，与合襟真正，看定无移，真假了然无惑，然后以手中所执之杖，放在葬口之中，上要对毬簷，或串大小八字，或不串大小八字，正落串之，侧穴闪落不串，下要对合襟；或不加饶减，便是坐向；或加挨减，内挨生气，外收先到之砂水一分二分，亦是坐向。决不用罗经，随其得何坐向，便是真穴。切不可信诸般宗庙等卦例消水，有误大事。"刘公云："下穴不装诸卦例，登山何用使罗经。又不可贪爱前山有乘生气，谓之贪朝失主。依此脉路下之，万无一失。"此乃万金不传之秘，自古不立文书，但以口传心授。暨后刘江东恐后人眼力不精，有失倒杖之法，始教人立标准法，止以上分下合尖圆为定用。竹杖二根，先于毯上圆处，分水之中，立一根为准；次看二水交会小明堂中曰"合襟"当中正之处，再立一根为标；却以线牵定，系于上准下标之上，即是十字之正墨。再审何边生，何边死，须以棺头枕过生边，或一分，或二分；再看砂水，先到者宜收之，再以棺脚收一分，或收二分，其饶减分数，俱以此中线正墨为凭。如内外饶减，收纳分数一定，便是真坐向；如无饶减，线牵标准之正墨，亦是真坐向，任他高低斜侧，斜来斜下，正落正安，分毫不可偏倚，所谓"差之毫厘，失之千里"。又云："穴吉葬凶，与弃尸同"，此之谓也。若偏于左，蚁从左入，即伤长房；偏于右，蚁从右入，即伤三房，所谓"到头差一线，如隔万重山"。尤有急退缓进之法，前已注明，不必重述。决不可用罗经推信诸般卦例，消水消砂，有失生气，只宜依此立标准，定坐向，借罗经讨出山向，以便选择配用，则体用俱全无遗矣。智者不惑。

士远曰：此是一段真实作用，是一篇老实话头。彼庸师俗子，不得真传，胎息收纳，全然不着；深浅得乘，毫厘不识，只靠罗经，望后顾前，相左视右，胡言乱道，欺己瞒人，以取人钱，殊为可叹。

论离撞伤冲脱五字[1]

毯簷十字定中央，差了些儿五字伤。离在两边挨正脉，撞居毯上斗杀藏。伤开太极圈边是，冲在化生脑顶当。脱出簷前沾会水，能知五字妙非常。缓来宜撞急宜撞，离似挨生莫死详。[2]

凡定五字，先须斩木烧草，审定太极，圆晕毯簷，分合正脉，余气明白，定一十字为中宫。离字穴在十字中墨之左右，两穴以离了正脉，取义曰"离"。撞字穴在毯之上，近微茫分水间以凑杀，取义曰"撞"。"伤"字穴在太极左右圈弦边，即微茫界水中便是，《经》云："凿伤太极圈，水蚁便侵棺"，以伤坏晕圈，取义曰"伤"。"冲"字穴在出小八字之脑，即名化生脑是也，以破脑犯罡，取义曰"冲"。"脱"字穴在簷之下，小明堂

---

[1] 原注：名曰"五字真机"，又名"书画玉"、"点点金"。
[2] 原注：图具于后。

之上，上沾乎簷，下沾乎会水，穴居余气之中，脱了正气，故名曰"脱"。但"冲"、"伤"二穴，是死字无变化之义，不可用矣。若撞字，脉缓而阳宜用之；脱字，脉急而阴宜用之，此权变之法，反为至吉。离字穴，与二分饶减，脱脉就气者相似，须要明辨。饶减二分之穴，挨生弃死，不即不离，正乘生气；若离字穴，无故离了正脉，失了正气，不止二分也。《倒杖诗》云："二分饶减定毫厘，差了些儿气便衰。撞脉黄金生白烂，伤时黑骨入淤泥。饶与小人从耳入，接迎君子脑冲之。离脉肉烂生虫蚁，离撞伤冲会者稀。"自来止有"离撞伤冲"四字名目，尚未指点何处为离为撞，为冲为伤，又未发明四字之祸福；惟曾传却于四字外，又加一"脱"字，其宫位祸福，逐一指点，发挥殆尽。五字未尽之义，余又推衍而增益之，有撞左撞右，冲上冲下，冲左冲右，离近离远，离上离下，伤边伤中，脱左脱右，正脱再脱，共十六穴。其祸福与宫位，俱本五字推之，虽有上下左右之殊，实不外五字一贯之理。故敢为推衍，编成五字歌诀，画为图象，以为后学启蒙。

离字穴宫位祸福神断秘诀

离开正脉左右扦，白蚁边生尸不全。离左长伤三仅可，右离三损长犹安。三房皆主绝嗣败，败在初传绝在三。近脉稍离犹有救，远离无气派难延。急来离上犹沾气，离下弱来败绝兼。个里犹分生死诀，离挨生气福无边。

离字穴近圆晕左右扦之，离却晕心十字之正脉，故谓之"离"。离则无气，白蚁渐渐从无气边而先生，则尸难保全。若离在正脉之左，棺之左离脉太远，蚁从左入，先伤长房一四七，主先败后绝；至于棺右，犹近正脉，沾着余气，三六九房，仅可保守人财。离在正脉之右，棺之右离脉太远，蚁从右入，先伤三六九房，主先败后绝，棺左犹沾余气，一四七房可保暂安。至于二五八房，居棺之中，左右皆无救，"败绝"二字，延至久远难逃。但退败在一代后，而绝在三代之后也。葬后生人，盖以为一代，若已生之人，五行已定，难以转移。况败易而绝难，如有风水之家，根深蒂固，难以一塚坏尸，尽伐其根也。大凡断绝，不可轻言。若离却正脉尚近，沾得生气，犹有救机，则人财可保；如离却正脉太远，全无生气，则水蚁之害，祸死及生，而子孙枝派，难延久远。如脉来雄大，属阴，纵在上毬之旁，犹为躲杀就阳，强中就弱，又可保人财无虞。如脉来缓弱，属阳，离在下簷之旁，全无气到，败绝无疑。但穴中犹有生死之气，不可不辨。如离在生边，不上不下，谓之出死气，挨生气，正合二分饶减，所谓"当离而离"，反为登福之穴，先发二房，次及长，以不可一概作"离"字断之。

撞字穴宫位祸福神断秘诀

撞穴毬头斗杀扦，骨白如银肉不坚。脉缓阳窝中子发，急来阴到祸相攒。先从二五房兴祸，罗赖军徒官讼连。急甚掷抢三载见，急中带缓纪余年。通房无救皆凶败，救在何房得暂欢。撞左三房棺斗杀，长房有救暂平安。撞右三房犹躲杀，长房无救祸来缠。脉中急缓尤宜辨，缓弱休将撞字看。

撞字穴在毬之上，斗杀扦之，曰"撞"。但撞乘正脉正气，可保骸骨不黑，难保肉身不烂，《倒杖诀》云："撞脉黄金生白烂"是也。然撞法不可执一论，若脉来缓弱，穴出阳窝，法宜乘胎凑气，宜用撞法扦之，主中房先发，次及长少，反为吉葬，诀云："开口金星要撞脐"是也。如脉来雄急，穴结阴乳阴突，宜避杀乘息，若用撞法斗杀扦之，主二五八房先招大祸，或罗赖人命，斗军①徒配，或官灾牢狱，枉死杀伤，凶祸相攒，连绵不已。若脉形如剑脊，急下如掷枪，以上诸祸，三载内立见应验；如脉来纯阴中带有些微阳，陡顿中带了些平夷，是谓急中带缓，以上诸祸，十二年前后方见报应。如一棺全撞正杀，毫无饶减偏倚，通房无救，皆主凶祸凶败。若撞过左边，棺之右斗着正杀，应三房发祸；棺之左躲在正杀之左旁，犹有阳救，长房或可保得暂时平安，终难保其永远不败。若撞过右

---

① 原注：大斗军，唐戍边军名。该军初隶河西道。天宝后隶于河西节度使。宋代欧阳修等《新唐书·兵志》："唐初，后之戍边者，大曰军，小曰守捉，曰城，曰镇，而总之者曰道。"其军屯于凉州（今甘肃武威）西200余里甘、肃二州（今甘肃省张掖、酒泉）界。

边，棺之左斗乎正杀，应长房发祸；棺之右躲在正杀之左旁，犹有阳救，三房亦可保得暂时平安，终难保其永远不败。至二中房，亦近杀气，祸亦难免，但稍缓之而已。临机应变，须审有救无救断之，但脉中缓急，尤当细辨。若脉来缓弱，谓之阳到，其气不来，纵然阴结，亦宜用撞法，反主吉昌，名为正葬，不可以撞字凶福断之。《经》云："缓处何妨安绝顶"，甚言其当撞意也。

伤字穴宫位祸福神断秘诀

　　伤字偏伤左右圈，一年水蚁便盈棺。久成泥肉骸枯黑，初见微兴退败连。发肿成痨淫乱出，二房先见代余间。顶延长少皆遭祸，寡母绝嗣三代全。伤圈边内阴救绝，圈弦无救祸绵绵。边湿边干分房断，干湿难分一例看。

　　伤字穴在太极圈左右弦中扦之，开破晕圈，名之曰"伤"。盖晕圈之间，乃太极晕水分来两边夹穴之处，若乘此处扦之，一年后水自暗生，渐渐满棺，白蚁从棺外渐至，水干后，即入棺吃衣肉，《经》云："锄破太极圈，水蚁便侵棺"是也。久则肉腐衣化，俱成污泥，骸骨枯黑朽坏，《倒杖诗》云："伤时黑骨入污泥"是也。但初年半纪后，乘水一冲火发之诀，略见微微兴发资财；至二三十年，前后退败如洗，延至一二代后，儿孙发肿，多成痨痫，奸淫间出，先应中房早见，次及长少，皆不能免；延至三代，寡母招郎，肿死绝后，一时全见。若伤在圈之内晕边，尚未乘界水之杀，穴或阴结，有救，发肿淫乱之祸或可减半，而败绝孤寡，久不能逃。若伤在圈弦中，全乘夹穴之水，毫无阴救，诸祸尽发，绵绵不已。又或棺尸一边傍着晕边枕干，一边傍着晕水枕湿，须分左右房分、先后轻重断祸。如棺左旁在干处，有阴救，长祸减；棺右界在湿处顶着杀，三房受祸俱全，盖以水即为杀也。又若尸棺，或全在干处，或全在湿处，通房俱一例受祸，但中房先而长少护，干处轻而湿处重，以伤穴通房无救故也。

冲字穴宫位祸福神断秘诀

冲穴化生脑上栽，天罡打破祸重来。中房半纪先遭祸，诬赖扛尸凶讼开。凶败凶绝凶夭折，瘟癀军配实堪哀。冲过左边一四可，若冲过右少无灾。中在下边阳气救，骑刑压杀仅堪埋。峦头若吉灾犹减，头若凶时百祸胎。五字皆兼星脑看，峦头五字一同推。机通内外参合断，临变无拘妙圣才。

冲字穴在化生脑上扦之，乃山小八字，微茫脑也。若扦冲其脑，名曰"打破天罡"，至凶毒之名，应中房二五八，半纪内外，先招凶祸，次及长少。或诬赖人命，扛尸上门；或凶讼牢狱，瘟癀邪疫，军徒远配；或遭凶事败家，或遭凶死绝后，甚至柱死少亡，种种祸端，情实堪哀。葬法云："钳穴太进犯罡脑，扛尸横祸人财伤"，况阴结乳突者乎！若冲过脑之左边，则棺之左有阳气来救，避了正脑毒气，左应一四七房，仅保平安；棺之右，近着正脑，犹沾毒气，右应三六九房，祸不能免。若冲过脑之右边，则棺之右有阳气来救，避了正脑毒气，右应三六九房，仅免凶灾；棺之左边，近着正脑，犹沾毒气，左应一四七房，难免凶祸。若冲在脑之下边扦之，乃出脉之际，亦有阳气来救，正当骑脉之出处，谓之"骑刑压杀"，其杀不能为祸，亦可仅仅安埋，特免祸而已。大抵冲穴之诀，若峦头合五吉星体，则吉可消凶，灾祸犹可减半；如峦头带杀，气合凶曜，如火益热，断主凶灾，实为百祸之胎。不特此冲字要合峦头吉凶断之，即凶撞伤冲脱五字，皆要兼星体吉凶同看。若峦头吉，五字凶，亦能消其凶气，祸缓而轻；若峦头与五字俱凶，则凶加凶，祸急而重。盖祸福之机，通乎内外，必参合互断，乃得山水之情理。况机甚隐伏，变幻莫测，要在人自力之巧，心窍之聪，临机应变，不执不拘，方为出凡入圣之才也。

脱字穴宫位祸福神断秘诀

脱居簷下近明堂，近水初年兴发忙。久出寡鳏遭冷退，成痨发肿绝儿郎。中房先发先遭败，次及通房亦受殃。一代尽时诸祸发，绝及三代渐凋伤。六年水满皮肉腐，水若干时蚁即戕。阴到脱时人可救，阳窝脱处祸难当。脱左长房初暂发，败绝时应受孤孀。脱右三房初见润，人财消散雪逢汤。穴如再脱居合水，一载蚁侵水满装。砂紧水冲财火发，寡淫败绝肿痨亡。阴阳缓急尤先辨，急到穴阴脱亦昌。

　　脱字穴在正穴簷下余气中扦之，与下小明堂相近，脱了正穴，失了正气，故名曰"脱"。此处安坟，近着会水，初年兴发最快，诀曰："近水柳先绿"是也。至一代之久，应出鳏寡孤独，暗招冷退，甚至发肿成痨，延及久远，绝嗣难免，诀云："离饥出肿痨"是也。先应中房二五八受祸，次乃通房亦受灾殃。若肿痨鳏寡退败，一代尽时，陆续间出；若一绝字，直至三代后，渐渐凋零。但葬后年余，水自棺内暗生，至六年前后，水浸盈棺，肉如豆腐，白蚁渐渐外生。若棺水一干，即入棺内戕害衣肉，久则骨渐枯黑。然脱字虽同，要分阴到阳到，个中祸福不一。如遇阴穴结乳突，生气虽融聚在正穴，余气犹泄露在下，若扦脱穴，犹有阴救，应初发财后败，祸必迟而轻，纵脉来缓弱，至三四代，亦可保得单传，未至子绝。如急来阴到，气融在下，脱气反吉。若阳出窝钳，窝口一开，气收在内，一扦脱穴，全无气到，全无阴救，以上败绝诸祸，辐辏难当。若脱在余气之左，左边尸棺，近着会水，收来紧夹，合应长房得水，初年略发资财，至二三十年后，退败随至，延至一二代后，孤儿孀母一齐并见；至二三代后方绝，通房亦皆次第败绝，盖以时之远近而应祸也，故曰："败绝时应受孤孀"。若脱在余气之右，右边尸棺近着会水，收来紧夹，合应三房得水，初年略发资财，有润泽之意；至二三十年后，财物暗消，如汤泼雪；延至一二代后，孤孀并见，至二三代后方绝，通房次序，亦皆绝。又或再脱，居于会水中扦之，一年之后，白蚁自棺外侵凌，水自棺内暗生，渐浸满棺矣，如两砂近夹，紧收会水，诀云："水冲火发，一场兴发，后绝人丁"，初年一纪内外，发财焕新，至二三十年前后，一败如灰。不特此也，水胜必发肿，水胜必生淫，无气定成痨，纯阳断出寡，至二三代后，必出黄肿，绝嗣而亡，试验无差。然脱字之诀，尤先辨"阴阳缓急"四字，如急来阴到，法宜拖出簷下放棺，一扦脱穴，正合急处缓扦之法，反以脱为正穴，最为吉昌，发福无边，不可以脱字之祸断之。

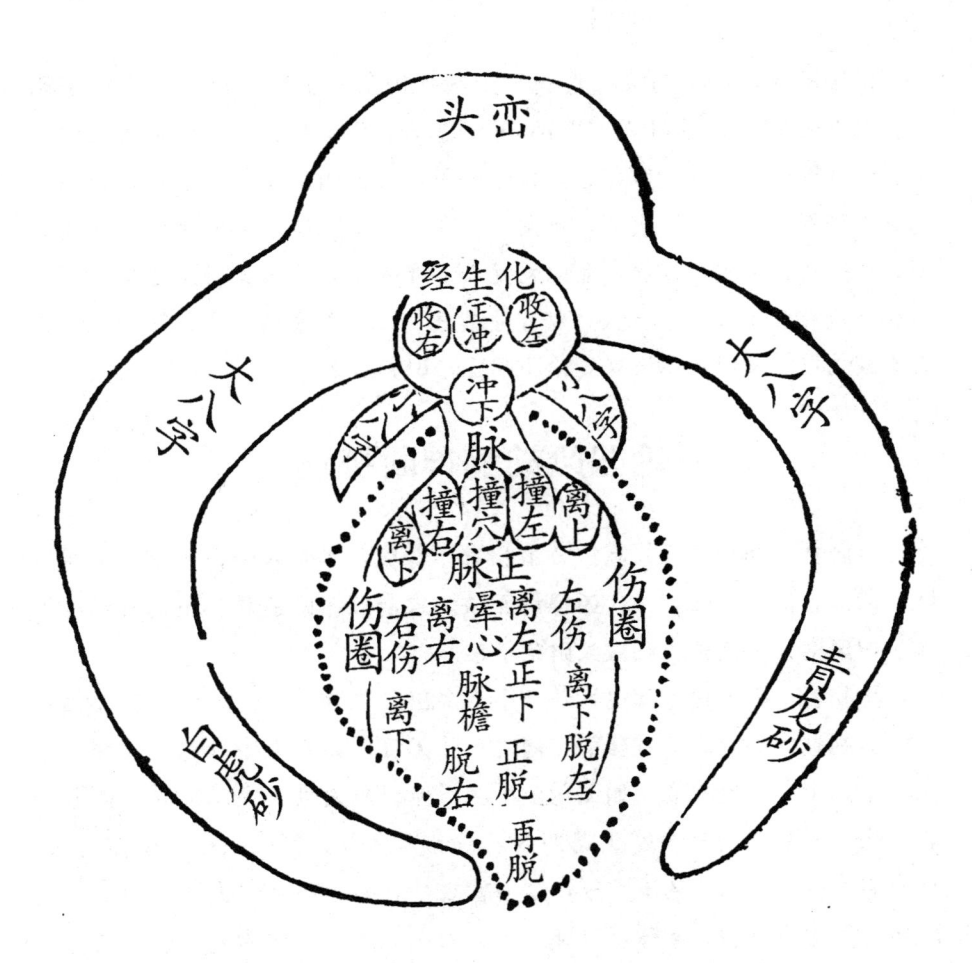

离撞伤冲脱五字穴法总图

论水先蚁后水后蚁先烂盖烂底神诀

欲知盖烂是纯阳，阴水先生蚁后伤。扞若纯阴先烂底，蚁先水后好消详。

阴阳不媾，水蚁为灾，其法只论阴落阳落，止凭扞葬一块土论阴阳也。若在纯阳平坦处扞穴，则纯阳无气，且阳多生水，故水先从棺内暗生，蚁从棺外后至，久则年远，先烂棺盖，盖因阳气不上升故也。若在纯阴高露处扞穴，则纯阴气死，且阴星高覆，多受风吹，应先生蚁，水后暗至，久则年远，先烂棺底，盖以阴气不下降故也。此论无融结之地，阴阳不交，故有此水蚁之患。若真穴有融结之气，倘深浅偏正，扞不如法，亦有水蚁之灾。又以下棺五尺土论阴阳也，识者慎之。

论凹风劫脑神断秘诀

生脑独高四护低，穴高护矮不相宜。却被八风吹穴脑，无钳一纪便消除。四凶若遇遭凶败，**一代凶侵绝派枝。穴若开钳虾鱼救，虽延三代绝无疑。凹风射穴分宫位，吹散人财定不移。**

生脑者，穴上化生脑也，乃开小八字出脉之脑，最怕风吹。若被凹风一吹，则真气尽散，纵有脉下，谓之有脉无气。如穴无钳砂遮护，聚气藏风，不过十二年便败矣。如无化生小脑，但出脉之处，尤忌风吹。如遇五吉峦头，或犹善退；若峦头遇四凶，或天罡孤曜、燥火扫荡、禄存文曲、廉贞破军等星，必招凶事败家，至一代之后，必绝枝派。如穴开钳窝，结乳突，两边有虾须、金鱼水界脉收气以救之，不过小明堂管一代，穴上管二代，延至三代，博至脑上，凹风一劫，定绝无疑。又或四围有护，但凹中缺处，风来射穴，名曰"凹风"，须分宫位断之。左属一四七，中间二五八，右属三六九，何房被凹风吹射，何房人财消散，定不差移。

论凹风洞风番棺倒槨神断秘诀

　　凹风八国看城门，缺了风来凹出名。射入穴中真气散，人财应位尽飘零。蚁随风进尸遭害，倒槨番棺凹内评。水扯风冲如扫脚，尸棺难保不斜横。尤有洞风人不识，夹来如箭射难禁。何边凹洞何房应，人财吹散暗遭侵。

　　以结穴处为中宫，其前后左右，属八卦方位者，谓之"八国"，俱要城门紧固，不可空缺。如空缺一国，风乘缺穴，名曰"凹风"。凹风射穴，则气随风散，人丁财产，各应方位房分，俱尽飘零消散矣。然风吹生蚁，左边凹风射穴，则蚁随风向棺左而入；右边凹射，则蚁随风从棺右而入，前后亦然。甚则凹缺到底，有番棺倒槨之患。如一边凹处尽缺，深陷内堂，水尽向穴凹处横扯，如绳牵直出之状。凹上风横冲，其棺腰如箭射入，且风从低来，尽冲其棺底，更加内水，扯出棺底，随水扯而侧去，凹风冲入棺盖，从风冲而斜转，则外棺内尸，难保其不倒不番也。惟内尸尤甚，必要凹水在左右对射对扯棺腰，方有效验。如之玄斜侧风来水扯，未必其然。此凹风之害，人皆识之，尤有洞风夹射如箭难禁，人皆不识，虽先贤典籍，皆未及载，其祸尤紧。凡龙来直长，两砂直送亦长，则两山直长相夹，中间自有风生，且夹住不散，其风从一路冲去，稍遇天风一起，如箭如枪，尤为利害，故名曰"洞口风"。如或到穴处转身横结，必有洞风之害。若结向左转，则受左边一冲夹射之风；如穴向右转，则受右边一冲夹射之风；如直来直接，砂去远而复转，亦有洞风之害。详具后图。此凹、洞二风，亦须分方位、应宫位断之。如左边见凹洞二风，伤一四七房；右边见凹洞二风，伤三六九房，各有坐定宫位，详在后条。其风来之祸，主人丁财产暗受侵凌，应宫位而分败绝，为害至大也。外有八国凹风陈说，亦推八卦之理，未必尽验，亦述之备览。"乾乘凹射主离乡，坎莫吹嘘水路亡。艮位虎狼兼鬼魅，① 震奴侵主刃飞扬。② 巽宫官讼颠狂疾，离

---

① 原注：阳宅有艮风，主鬼作怪作。
② 原注：应奴杀主。

一贯堪舆

凹风来回禄殃。坤过凉飚终绝嗣,既遭瘟疫又兵伤。"①《经》云:"堂里被风如被贼",赋又云:"若居山谷,最要藏风",盖因平阳之地,四面无遮,素性不畏风吹,且风从地面上过,故不甚畏此,惟一坦平阳为然。若有墩泡平面星辰,仍要平砂遮护,亦畏风寒。若山谷之中,忽有凹断引风,直射棺底,最为可畏。如人在广旷处受风,虽寒冬不能致病,若门隙窗孔,贼风射入,刺背吹头,必中其毒,可例观矣。然亦有似凹缺而实非凹缺者,本身龙虎,起伏活动,或低或陷,及至登穴,又藏聚而不受风,或外山补空障缺,亦无所忌,蔡西山所谓"穴缺不齐,天地之奇"是也。如丰城湖茫李氏祖地,本身缺了左边贴身砂,用土筑成,大发富贵,可为印证。

转左结左边受洞风之图

洞风财穴

士远曰:此二图乃无贴身砂,又受洞风,为祸最大。

洞风射左图

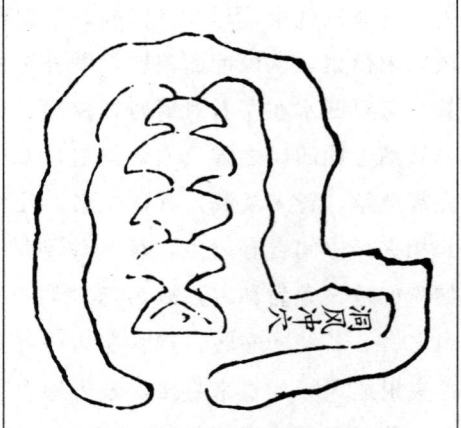

洞风水

直龙结穴,青龙去远,转回夹送,一冲箭风射穴,曰"洞"。右边有射者,以此图推之。

---

① 原注:此书上陈言,可作阳宅之断。

丰城湖范李氏祖墓及结局

折角蜈蚣形。芦鞭龙，带剑脊。衔柴葬法之式。

右地在丰城县东湖茫栖笼山，其龙自招云岭，焰天火星作祖，来三十余里，穿田渡峡，出帐入帐，不能悉述。将及结局，顿起星峰，踊跃奔腾，甚是雄伟，到头直硬剑脊，穴上绷面微开窝靥，横放其棺，名曰"衔

柴葬法"，登穴促迫，不入俗眼。外面虽山水聚会，又且结穴后，白虎星辰顿跌而去，结杨都宪祖地，左畔近穴稍空，外边青龙亦远，转作正案，当面三台，席帽重叠，又有鹤仙冈白湖滨帐幕山，如贵人天马锦帐，以作远朝，局势完固，山水盘旋。李氏葬后，中房篠塘先发科甲，次发大陂幼房，惟长房不发。遇明师教之，加土筑小青龙，以补左边之缺，俗传"折角蜈蚣添一角，此去湖茫大发作"。加筑之后，父子兄弟连发科甲，礼兵二尚书、一都宪、一御史，皆湖茫；一侍郎、一侍御等，皆篠塘；一太学等，皆大陂。自宋至今一十七世，三支发甲科二十余人，乡科三十余人，世称巨族云。

传疑：异僧有托者，少世家，居丰城龙门寺，世家名墓，多经品题。凡有遗穴，留有谶语。时游龙安寺，为李氏卜此地，龙势甚急，中有剑脊。当葬期，约曰：俟我返龙安寺鸣钟，汝方下葬。行至中途，龙鳞寺偶鸣钟，李氏莫知，遂下葬。时忽震雷巨鸣，僧失所在，乡人谓僧被雷所毙，理或然也，廖氏云："第一莫下剑脊龙，杀师在其中。"托固知之，竟不能逃。业是术者，可不慎欤！

论棺内精微妙诀

宫位精分在一棺，左边属长右属三。棺中穴穴房属二，毫发之间仔细看。四七左连三六右，中连五八复何言。外宫照应犹为缓，棺内真房血脉联。内外合符为第一，内凶外吉亦徒然。

宫位精微之分，莫切于一尸棺，乃子孙从出之胎元也。至于宫位分属，原于易卦。盖震为长男，属之左，从父母左体管之；坎为中男，属之中，从父母中体管之。艮为少男，属之右，从父母右体管之。至于一连四七，二连五八，三连六九，各有分属。至于十房又连一，十一房又连二，十二房又连三，循此数之序，相连分去，虽二三十房，皆一理也。如棺左得了生气，则父母之左体受荫，即先发长房一四七；如棺右得了生气，则父母之右体受荫，即先发少房三六九。如穴结合格，全无瑕疵杀气，安扦合法，不上不下，是棺中得了生气，则父母之中体受荫，即先发中房二五八。此棺内宫位，乃父母真体，与子孙血脉相联，一气所感，如铜山崩，灵钟应；根本培，枝叶茂，拟之必然者也。若外城宫位，如青龙白虎，前朝近案，不过效辅佐照应之力，犹为可缓；假如棺内宫位合吉，外城宫位又合护佐之法，内外协吉，发福最快，故为第一。如棺内宫位坏了，父母真体根本已枯，枝叶自然凋落，纵外城宫位高拱吉护，文武罗列，亦难救棺尸之坏，令转枯而回生也。此棺内宫位，为地理家救人第一关键，何世之人不知此宫位切于利害，往往以外城宫位相争为疑。余故明示内外宫位以释之。

择地葬亲，求心安耳；吉凶祸福，人子当知；倾覆栽培，冥冥默宰。地吉人凶，天实昭鉴。枯骸无知，岂能照管！然则地可不择？是不然。譬之玉杯，一酒具耳；器非连城，价不万镒；酕醄之后，童子掌之；诘朝酒醒，面含酒色；洗涤清洁，什袭笥中。区区酒具，爱惜至此，较之亲骸，孰轻孰重？故卜地者须远城市，盖沧桑变更，战场蹂躏，市井掘毁，俱宜远虑。若或山形不凶，土无恶石，高不露风，底不浸水，坐下心安，便是吉穴。今也不然，先求己福，房分相争；白虎青龙，前朝对案，稍不如心，便弃吉地；迁延岁月，此是彼非；间或拱冲无偏，可入俗眼，穴情未真，亦置不论。及至下葬，一味悲号；筑土放棺，全委匠作；虚遮虚覆，草率完工；天雨时行，水浸井内，甚有信冲伤本命之说，远避之而不视落井者。夫以人子，一身肢体毛发，莫非亲有，此何时也，而忍若是？纵有多子，将安用之？弘愿孝子卜兆，只求安父母之身，不可冀风水之福，损丧礼之虚费，作坟茔之实工；井内安棺，土必亲筑，精详填实，缓缓成堆；庶几子道，可尽万一。为人子者，其熟思之。

弘也不幸，万历壬子，先严见背，时子甫弱冠，季氏士远尚总角，余偕伯兄子隆氏，寝处不宁，卜兆者三载，龙穴砂水茫如也。乙卯乡试，予明列贤书。又三载，戊午场毕，伯兄寻亦游古，犹子昇如茕茕，仅七龄耳，吉地未获，复殒我兄，悼哉！，披荆涉险，安厝伯兄，尧山之麓。己未夏月，始获一穴，然终无定见，犹豫他图者又七载。丙寅之春，就秩归里，议妥先灵，术士以不利中房为言。予曰："中房不利，有凶否乎？"曰："凶煞俱无。"予曰："长少两房何如？"曰："吉，咸愈于中房。"予曰："合我心矣。"遂窆岁毕之。官横槎，秋月，署中获第三子昱如；丁卯春，获第四子晟如；秋，道经里中，复产次女。予语姻友曰："生子育女，

一贯堪舆

亦云足矣。"客为大噱。完庚先生在座,语余曰:"术士之说,未可尽信。未云尽无,予为观之。"到穴一视,曰:"局势宏畅。"及登峦头,曰:"另辟乾坤。只穴前元辰水陡,初年不利于财耳。为君培之。"遂接青龙,为一平砂,以收内气。庚午秋闱,季氏亚元。祸福利害,岂予之初心哉!图具于左。

临杜朱弘自卜凤岐先君地图

论宫位不拘宫位格

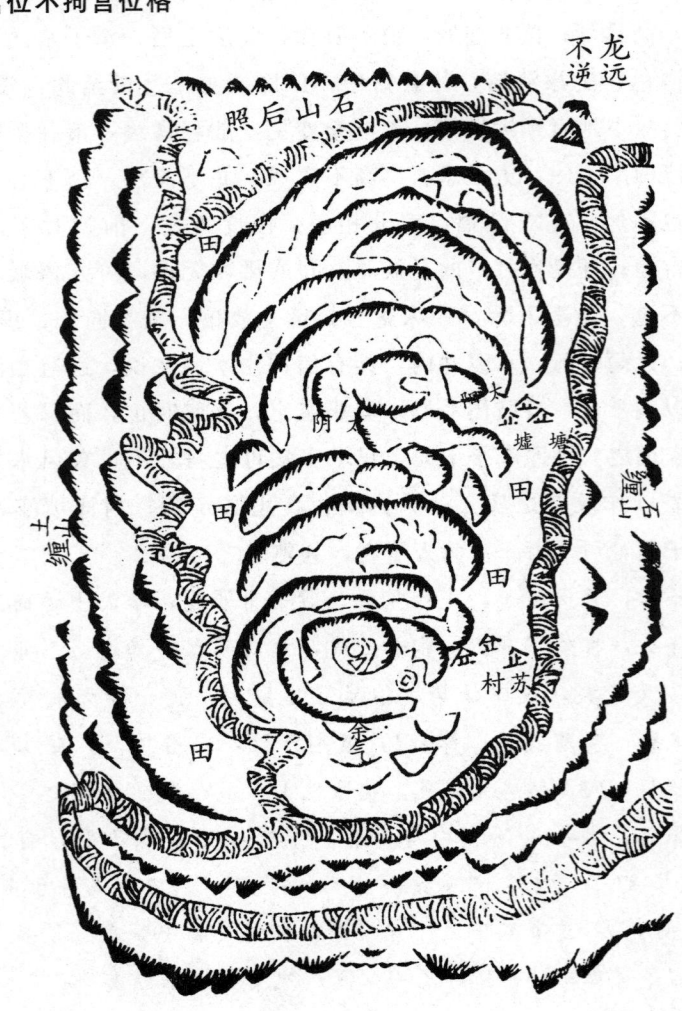

完庚记曰："飞蛾落局，两江辅行。双掬弓抱，一突中生。龙伟穴秀，另辟乾坤。前穴倾卸，造物忌盈。培砂收气，女娲功成。"

右地在灵川县大冈田，龙自七都，辞楼下殿，两大山、两大江夹送，远不及述。将近七里许，起高金为少宗开帐，跌断数节，成芍药枝。复起金水开帐，中出穿田过峡，峡有日月扛照，走弄三金，成芦花三袅。复横列凹脑天财，开帐中出，脉成银锭，穿田甚巧。再起一金，转换御屏土星，作少祖，跌断开过，起金水飞蛾为峦头，肩开两砂，弓抱穴场，穴结垂乳，出脉大小个字分明，乳上起一太极圆晕，元辰真水从左而出。青龙之外，左砂数耸，逆收一窝注之；右自白虎砂外出一枝，绕前为低案，以收内气。案外出余气三里许，为官星；外面两大江，送龙至穴前。明堂合襟，其余气左右随两江关锁江中，连起游鱼龟印等形。两江之外，左右石土，皆系大山，为罗城缠护，直缠至穴前拜伏，以收外气。远案数层，如银瓶盏筯、袍甲堆钱之状。水口紧固，漓江横绕，前列大幕，正对幕下，清小一金。登峦头后，顾则近枕御屏，远坐石照，宛如绘图。随龙带来仓库子女，莫可纪数。此系大枝龙，干龙在右，去结粤省。此其共祖分落，而大龙即作罗城。予家仲兄海若，究心此道，十换春秋，粤城四出，莫不周历，始获是局。倒杖放送，悉自主裁。但龙系顺水，穴前陡顿，财当不聚；而后脉阔，过为偏枯耳。丙寅仲春，奉安先君。岂敢妄觊福泽？抑或终天永恨，稍释一二云尔。不孝男毅泣血记。

论外城宫位分属陈说

青龙属长虎属三，夹耳前奇后偶看。五位峦头穴位二，朝边前案八房山。

外城宫位，要成三吉五吉星为上。如破碎嵯峨，斜侧硬射，合四凶者，皆不吉。盖吉凶不一，宫位攸分。凡青龙夹耳者属长房，白虎夹耳者属三房，其龙之前头属七房，虎之前头属九房，皆奇数也。龙之后尾属四房，虎之后尾属六房，皆偶数也。故曰"夹耳前奇后偶看"。至于穴上属二房，穴之好丑，二房祸福系之；峦头属五房，朝山与前案属八房。盖穴在中央，与龙虎夹耳相对，故以一二三房相对配属也。峦头在后，与龙虎之后尾亦相对，故以四五六房相配，在后分属也。朝案在前，与龙虎前头亦相对，故以七八九相配，在前分属也。宫位分明，吉凶各应，内外如一，方是全局。

论代数分属定局以断吉凶神诀

明堂一代分平侧，二代穴中定假真。三代峦头凶吉断脉，居四代定浊清。后龙二节传该五，三节脉龙六七分。八九十传依此例，个中福祸辨龙经。

一代在小明堂管事，如平坦兜起，初代发财，大吉。若倾侧陡泻，必主退败，不吉。二代在穴，如穴真平坦，安葬合法，二代发福；若陡峻花假，葬不合法，二代招凶。三代在峦头，以四凶五吉断之。四代在峦头后，束气之脉管事，以富贵脉法并十二劫杀分清浊吉凶，并左右夹从断之。五代在二节龙星上，六代在二节后脉，七代在三节龙，八代在三节后脉，九代在四节龙，十代在四节后脉，至十一十二，以至三十五十，皆依此龙脉节数，相传博换而去。凡代之吉凶，俱依龙星脉法，遇吉则代吉，遇凶则代凶，毫厘不差，验若蓍蔡。如全州舒尚书，公讳应龙，葬曾祖佳城，在深溪铺，大龙开帐降势，天乙太乙夹照，将入局低帐开抱，穿山过峡，复起平冈，转身逆水束气，顿起高金星开钳，结悬乳突，青龙下手，内外两砂弯抱，右边送龙小溪水，贴身绕抱穴前，入大江而去。右边缠送山，重重夹溪水，缠到穴前。奈何左边缠护短缩，不及护束气之脉，被风吹劫；左脉只大江缠护，之玄远来，从左畔青龙缠去，故一二代小明堂与穴，即发长房之贵应。水绕青龙，曜气左秀，至三代长房尚书，至四代脉上合贵格，长房出探花，讳弘志。惜乎左边缠护不到，被风劫了左边之脉，故探花无嗣。长房次子应凤，官太守；子弘惠，亦乡荐，但单传一线之脉。信乎代数之验，毫厘不差；脉上被劫，为害可畏。如此风水所系，不亦大乎！

一说：大龙一百二十年为一代，中龙六十年，小龙三十年，各分代数评断，不可拘泥。

全州锦尚书祖墓

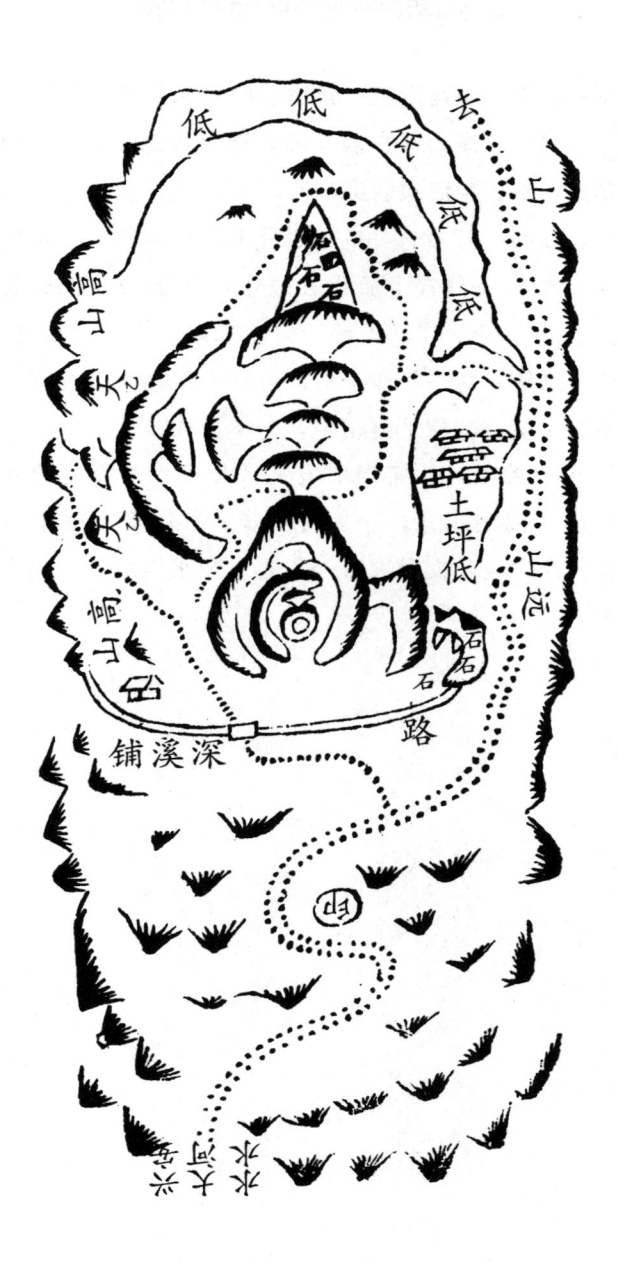

论流年管事吉凶诀

平地流年一步完，峻高三步一年看。险夷相半平冈脉，一载分属两步间。遇吉之年须得福，逢凶星岁祸连绵。量山用此分年代，步水尤当反数观。融聚之年财禄进，飘流峻急退难言。

量山步水，以四尺五寸为一步。如量山，自小明堂起步数量起，至穴从后龙退去。如步水，自穴上放出元辰水，从墓门放水量起，至前明堂中，渐进而去。《赋》云："三吉钟于何地？则用前进后退之步量"是也。如量山，平阳气脉缓，每一年行一步；若高山陡峻，气脉多急，一年行三步；平冈脉不急不缓，陡峻平夷相半，一年行两步。凡行年遇有吉星，此年发福添丁；遇有凶星，此年退财发祸。若步水当反此数观之，平阳水缓，三年行一步；高山水急，一年行三步；平冈水不缓不急，一年行两步。凡遇水聚水注之年，发财进禄；若遇水泻水走之年，退财败业。量山步水之法尽矣。

新编杨曾地理家传心法捷诀
一贯堪舆卷之六

条目总说

此以下三卷，讲论砂法水城。虽云说赘，惟摘五行正理，删除方位卦例。官鬼禽曜兽罗螺，虽云议博，立剖疑是；危言订证，二三异说。明堂内外，格拨其尤；水口案朝，机泄其隐。开茔堆五星之象，取用有标。放水用满堂玄空之神，转折有则。采赖氏天星理气，授口传捷法。阐挨加秘诀配合，钞一线真诠。透地龙，穿山虎，阴阳两例独详。罗经解，针盘用，隐秘狐疑尽释。甚至奇形怪穴，撼先儒歌章，证贪奇者之误。裁承家法，取先贤正格，发扦平者之蒙。辟卦例，崇实理，邪正不容并立。重理断，鄙术断，真赝安敢混淆？虽然蒐罗旧章，广拾群儒之粹；折衷管见，莫非一理之衡。所谓咀其一而万殊毕矣。

论砂法，论水城，论官鬼，禽曜论，兽螺罗北辰，论水口朝案，论开茔作堆，论开门放水，论天星理气，论穿山透地，论罗经晦解，论针盘入用，论怪穴决疑，论裁水定人，论风水要逆，论风水无全美，风水有夙缘，辟术断，重理断，人不可不知地理，论求地感应之理。

砂法总论

砂者，穴之前后左右山之总名。砂即山，山即砂也。《宝鉴》云："山厚人肥，山瘦人饥，山清人贵，山破人归，山归人聚，山走人离，山长人勇，山缩人低，山明人达，山暗人迷，山顺人孝，山逆人欺，此其概耳。"然山形变态匪定，亦有左视而方，右视而圆，高视而正，低视而偏，正视而丑，侧视而妍。其妙堪于点穴，穴得其真，则能使远山近，高山低，恶山秀，丑山妍，去山回，斜山端，虽砂形之情态万殊，咫尺之转移颇异，则其要旨，在于龙穴何如耳。吴公云："龙穴既真，前后左右之山，自然相应。龙穴不真，虽有好砂，亦为无益。"诀云："砂如美女，贵贱从夫"，《天机》云："龙贱若还遇砂贵，反变为凶具。砂贱若还遇贵龙，砂亦不为凶"，卜氏又有"文笔变画笔，杀刀化衙刀"之论，盖先龙穴而后砂也。然砂固随龙以为贵贱，其关祸福亦切，何默云云："但把前砂覆旧坟，祸福应如神"，《天机》云："龙如上格砂如下，虽贵无声价。后龙如弱好前砂，只应外甥家"，所系如此，讵可忽乎！但其要不出"尖圆方正者为吉，破碎斜侧者为凶；秀丽光华有情者为吉，走窜丑恶无情者为凶"，然必近穴者为准，远则不准。若以形象论，如贵人文笔诰轴金箱玉印等之类为吉，如投算掷枪烟包探头提罗等类为凶，《天机》以"富、贵、贱"三科定之，谓其形之圆肥方正者为富，清奇秀丽者为贵，欹斜破碎者为贱，参此数说，只言大概，未悉精微。余旁搜群书，谨承师授，逐一详述，俱谈理窍，虽未必一一尽验，亦砂法中之窍奥也，备录于后。

青龙白虎总论

《葬书》云：左为青龙，右为白虎，穴之左右两臂异名也。夫龙虎以卫穴得名，必不可无，然亦不可过泥。有无龙虎而吉者，亦有龙虎俱备而凶者，要在龙真穴的，不必拘也。苟龙穴花假，纵有吉美之龙虎，终属伪落。然又有说焉，《经》曰："噫气为能散生气，必有龙虎二山以卫之"，则穴场周密，生气融聚；但其山有自本身左右发出为龙虎者，亦有本身独出后山分来抱我为龙虎者，又有一边是本身发出一边是外山生来凑成龙虎者。本身发出者为上，外山凑合者次之，皆须裹抱穴场，勿令孤露受风为美。其形初无定规，俱要护穴有情，左右揖让，高低相称，名曰"雌雄交度"为吉。切忌两相斗竞，及尖射破碎，及逆走窜，斜飞直长，高压低陷，瘦弱露筋，断腰折臂，昂头破面，粗恶短缩，迫挟强硬，顺水飞走，如刀如枪，如退田笔；或生巉岩之石而成凶恶之状，或东西窜射而直硬无情；或白虎绕户，青龙嫉主；或两宫齐到，雄昂相忌；或左右凹空，风射穴场；或太近逼穴，或太高欺主，皆为不吉。又看水从左倒，龙山宜长；水从右倒，虎山宜长，大要下手一臂逆关，兜住上手，方为有力。大凡有真龙正穴，而龙虎两山，或有不足，未为全美，又须仔细审察。如果结作真，龙脉贵，龙虎有不足者，乃天地无全功造化，以此藏机而待福禄之遇也，又胡可以龙虎为拘哉！此亦大概论龙虎耳，吉凶祸福，尤有精微，具载于后。

新补缠送迎托四论

缠龙缠过龙虎前，三重五重福绵绵。十重缠护宰相地，二三亦典专城官。亦重只可出豪富，无缠无护不须观。岂有真龙无夹从，贱龙行度自孤卑。不但缠山又缠水，水缠山护要回环。水缠内外要山护，水缠力重胜山缠。

缠龙者，乃正龙之护从山也。或自太祖分来，或自少祖分来，但从夹龙水，外护着正龙，行度过峡，缠至龙虎之前，回抱穴场便是。须要情意相顾，随着正龙而行，或正龙转左，缠亦随左；正龙转右，缠亦随右，或逆跳而随为后托，或顺行而随为前案，皆吉。不可左扯右拽，背东反西，为凶，《经》云："过峡缠护莫东西"是也。至于缠到穴前，宜头转逆收向内，收拾上砂来水，为吉；不可头反向外，无情背去，顺水走窜，为凶。曾诀云："衙卫送托缠龙远，最喜逆案抱为关。游龙向内随龙向，头或向外不堪扦。"① 然尤妙于水缠，《经》云："水缠胜似山缠"，味此一"胜"字，必须内外有山遮蔽，正龙不受风寒，然后如一水缠，则力更重，故胜之，《经》云："一水当三山"是也。如无山缠蔽风，徒以水缠爽气，则风入而气亦散，故卜氏先云："无龙要水远左宫，无虎要水抱右畔"，后即续云："莫把水为定格，但求穴里藏风；到此着眼方高，定要外山包裹"。盖言山水俱不可缺，如徒用水不用山，覆辙可证。广西全州舒尚书，讳应

---

① 原注：凡缠龙四围关锁，如衙卫也，故名衙卫。凡缠龙起伏不断，故名游龙。

龙，曾祖佳城在深溪铺，太阳高金，开钳吐乳，逆水而结，左右龙虎俱全，至峦头后结咽束气之脉，右山夹水，缠护俱全，奈左边空缺，止有江缠，四代生探花，讳弘志，派属长房，虽十九岁以儒士连登鼎甲，至三十外竟绝嗣而卒。至今长房一派，科第虽发，丁口渐稀，有水无山之应，年代无差。按：此地初二三四代发大贵者，乃逆水龙，气脉旺，峦头秀，乳穴嫩，龙虎全也。贵在长房者，左砂外有石曜，且之玄江水特朝，绕归左畔而去，故秀气全归于左。至五代，长房绝嗣者，一代明堂二代穴，三代峦头四代脉，正属探花受应。奈左位空缺风吹，徒借水缠难救。图具五卷内证。

　　送龙不送到穴前，送到中途穴后边。随从贵星为贵佐，富龙仓库福连绵。贱龙无送亦无护，行度空雄孤且单。左边有送应荣长，右畔无从少房偏。也有徒缠内无送，龙真穴的不须嫌。

　　送龙者，正龙之夹从山也。或从太祖分来，或从少祖分来，但随夹龙水之外，或大缠护之内，送到穴后而止便是。凡送有贵从，如文武车马、日月旌旗、衙刀之类；亦有富从，如仓库厨柜、办钱质库之类，须成吉形则吉应，成凶形则凶应，皆要回顾有情为上。如贱龙行度孤单，安有夹送？但龙真穴的，亦有缠而无送者，亦有左送而右无、右送而左无者，皆不可拘。但左畔有送，应长位丰隆；右畔有送，应少位丰隆。只官位重轻不均，不可因无送而遽弃也。

　　迎龙先到穴前迎，拜揖排衙要有情。贵星迎贵富迎富，龙贱无迎何足寻。诀用主星分贵贱，文笔画笔总难名。

　　迎龙者，凡山之先到穴前，或拜伏，或唱喏，或排衙，面面相迎，顾盼有情是也。但有分别。如捧诰，如跪炉，如谢恩报职、顿旗堆甲之类，皆贵砂迎贵龙也；如仓库罗列，堆肉晒袍，堆钱厨柜之类，皆富砂迎富龙也。亦不可执论，诀云："砂如美女，贵贱从夫"，凡主贵砂亦贵应，主贱砂亦贱应；《赋》云："本主贱微，文笔变为画笔；坐山尊贵，杀刀化作衙刀"是也。形图于后。

　　托在横龙穴后环，翻身逆跳穴宜巅。后无高托空屏帐，纵是真龙亦受寒。离号托山连号鬼，两般有一穴堪安。

　　托龙者，横龙结穴与翻身逆跳之穴相托在后，如屏如帐如环是也。或从少祖，或从二三节内分来，随其横结逆结，相从在后，环抱高耸，如屏帐，如几帏，皆吉。如无此托山，横结逆结，后坐空虚，终受风寒。但托与鬼相似，内有分别。托是后龙分来缠，托在后峦峦头之脉，隔着界水，故曰"离号托山"；鬼是峦头余气，牵连拖出为鬼，故曰"连号鬼"。《经》云："横龙出穴必要鬼，逆跳翻身穴后环"，此托与鬼横结，皆不可缺，但难得双全，二者之中得一，环抱为后印，即可验其真结矣。但逆跳之穴，或有大江洋潮，穴宜结高，以当其潮水；若穴结低伏，尤宜近案，以挡其潮。不然恐体不能制用，反为不美，故曰"穴宜巅"。

缠送迎抵之式

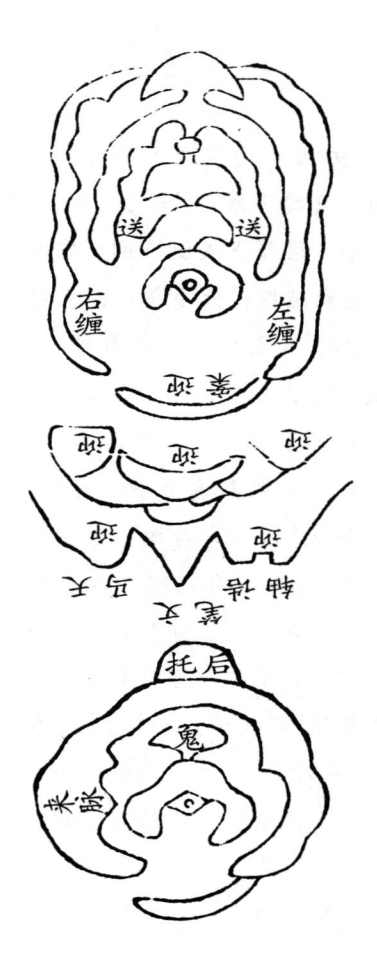

论阴锁阳关阳锁阴关诀[①]

山水关锁，必须交固，然后气全。如穴左，则取左山为关，须右边水过宫锁断，所谓阴锁阳关也。如穴右，则取右山为关，左边水过宫锁断，所谓阳锁阴关也。

水势倒左，山必右来，气脉必钟于左，点穴亦挨左边，则内乘气于左，外迎水于右，则取左边关锁交固，此"阴锁阳关"之谓也。水势倒右，山必左来，气脉必钟于右点，穴宜挨右边，则内乘气于右，外迎水于左，则取右边关锁紧固，此"阳锁阴关"之谓也。

论下手砂

不问东西南北，但去水一边，谓之下手，又曰"下臂"，亦曰"下关"。诀云："有地无地，先看下臂"，又云："看地有何难，先关下手山"，又云："未看后龙来不来，且看下关回不回；未看结穴稳不稳，且看下关紧不紧"，如有下关，则有结作；无下关，则无结作。下关重叠，结作愈大；下关空旷，不须寻地。吴公云："凡看砂不问左右，定要下手一山，堆乘得上手山过，方是吉地。"

假如穴前流水倒左，则左为下手，要左臂一山逆水，长于右山，兜住右边山水；若穴前水流归右，则右为下手，要右臂一山逆水，长于左山，兜住左边山水，谓之"逆关"，乃为吉地，主发财禄。若下手山短缩，兜上手山水不过，谓之"顺纵龙"，真穴前"内堂气已收不住，卖尽田园始发福"，且百无一真，不可误下。况逆水下关，谓之"财砂"，最能发财。若倒杖立向，纳着逆砂之嘴，谓之"穿紧财头"，关截水路，杨公云："惟有下砂救得人，世代不教贫"，天机云："问君如何富，下山来相凑；问君如何贫，下山顺水夺"，董德彰云："下山收尽源流水，儿孙买尽世间田"。大抵逆水砂不虚生，凡见一山迢迢，弯转过，兜上手水者，决有结作，便

[①] 原注：出《发微论》，与曾师口授合符。

可寻龙。

论内外砂两收真气诀

诀云：内砂收内气，水到要砂长。外砂收外气，逆水最为良。

水者气也，气之散聚由于水，气之收不收由于砂。凡论顺逆者，须凭水之去来。若论龙之大势，须以河水分顺逆。如论内堂收气真诀，必内外两收者为全吉。凡水顺砂逆者，谓之曰"收"。内堂水为内气，或内水倒右，要右边内砂长，逆水勾转，名曰"收内气"。外堂水为外气，或外水倒左，要左边外砂长，逆水勾转，名曰"收外气"。如内水倒左，外水倒右，亦仿此例收之。不问青龙白虎，只要逆水收气者为上吉也，与前阴阳关锁无二义。蔡牧堂云："顺逆二途，须分龙穴。若论龙，要识山川之大势，默察乎数里之外。若论穴，须辨顺逆于咫尺微茫之间，否则必至混淆。以逆为顺，以顺为逆者多矣。"

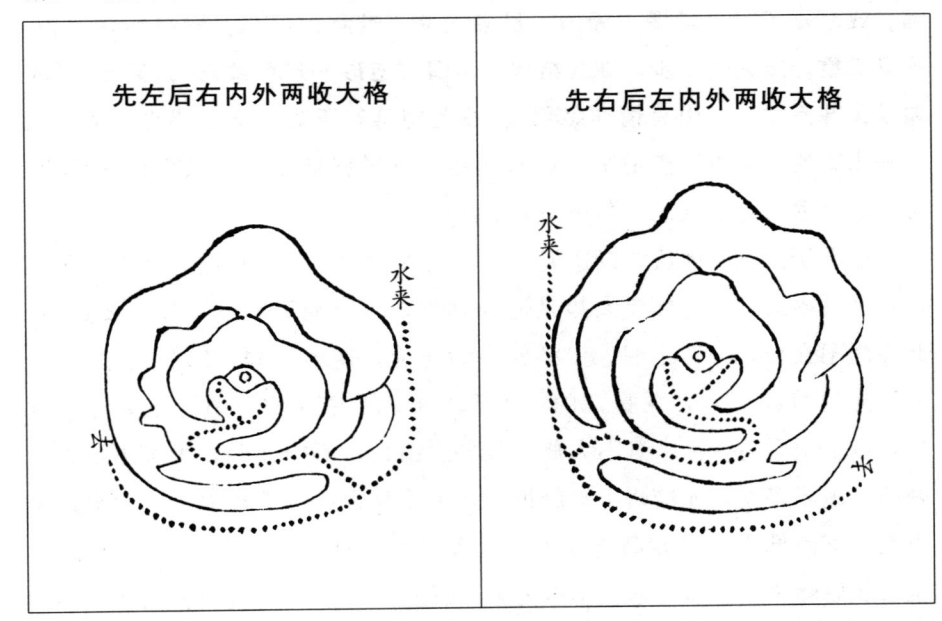

先左后右内外两收大格　　先右后左内外两收大格

内水倒归左，内龙山长，以收内水。外水倒归右，外虎山又长，以收外水。内外两收，真气凝聚，全吉之格。次图仿此。

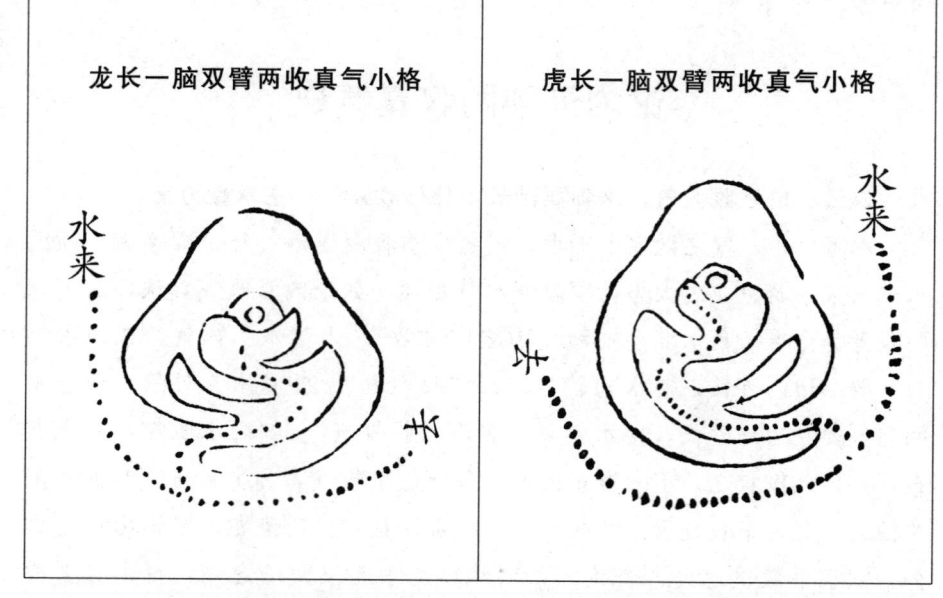

龙长一脑双臂两收真气小格　　虎长一脑双臂两收真气小格

　　凡下关砂，又须审其有力无力。若徒有下关而不近穴，或低小，或短缩，或顺水不回，皆谓之无力，虽多无益。若其山高障，遮护顾穴有力，虽只二重，或只数十步，亦能结作，所谓"逆砂一尺可致富"，又云："不要千山并万陇，一山有情亦足用"。然此特甚言下砂逆水之不虚生者，其实一山有情，与夫数步逆砂，纵有融结，不过裁剪小穴，张山食水而已；若大地，须合众山观之，非一山所能结也。

　　已上所论下手砂法，以逆关为吉，顺关为凶，乃常格也。又有一等大地，多是顺关顺缠，惟要大势是逆局则美。盖逆局要顺缠，顺局要逆缠，此亦阴阳交合，自然之理。然必要内砂龙虎，逆转长勾，以收内堂之水，又要逆局特朝涨水，龙真穴的，然后可下。若察龙穴不真，不如守其常格，以下山有力为主，必不大败。若妄意图大，不拘下砂，为害不浅。且顺缠之地不多见，如信州丁知府祖地，上手高出，下手短缩；常山樊尚书祖地，下砂低水，上砂高雄，皆发巨万，此非有外于理也。惟逆水涨潮，虽有顺砂顺关，上砂高迫，不以为害，《经》云："转冈侧面张潮水，不问下砂美不美"是也。若非逆水局顺关，决不可用。

广信丁知府祖地

　　士远曰：按此图，两砂直长，下手无方。喜元辰水全注于湖，故自吉也。

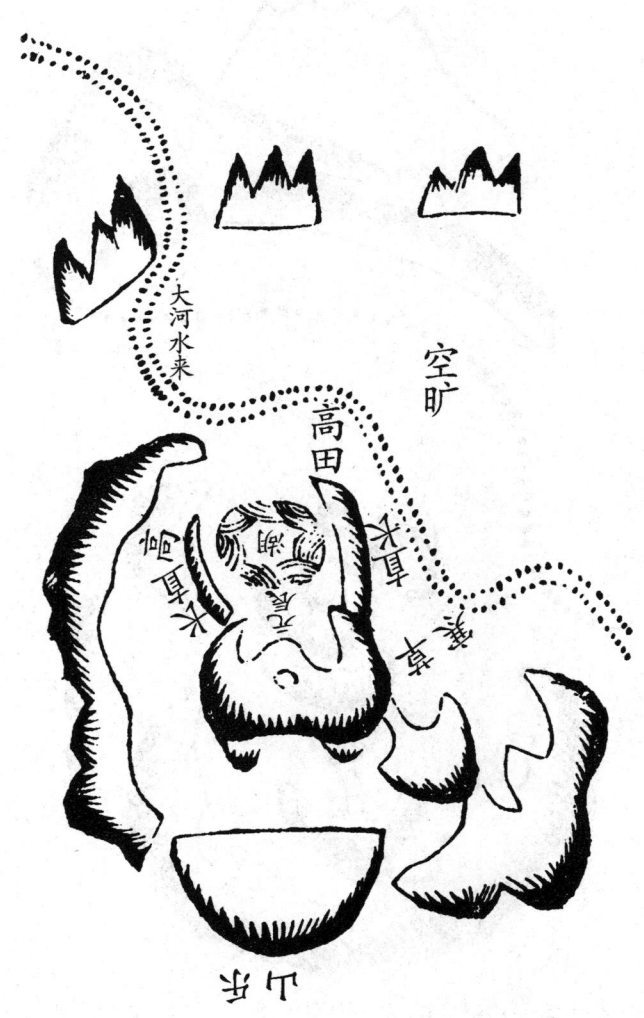

常山樊尚书祖地

秀远

皷

旷

按：此地未葬，尚书已生，乃催贵地也。在浙江常山县，地名三冈，龙势甚雄，入局复起廉贞少祖，中落一脉，脱下平冈，为眠体华盖，至一节结咽，成金星，开两掬弯抱，结突穴，四围圆晕太极甚巧，但左山低小，右畔高雄，水自右流左，下关反弱为异。然龙穴既贵，右山虽高，主威武之权；左山虽低，本身一臂贴近有力，兼以穴暖，且大河逆抱，水口拦截，虽低不忌。葬后出清简公莹，登进士，官至刑部尚书。

已上所论顺关及无下手砂等地，皆是逆局。有龙真穴的，方可斟酌，不然宁守长格为妙，戒之。

论砂水暗拱

或问：明拱不如暗拱，何也？答曰：真龙结作，其力量甚大者，虽数百里之外，犹为用神，《经》所谓"不贵其见，而贵其不见"是也。即如朱夫子论冀都地，谓江西五岭为第四五重案，其间相去数千里，安得而见？只是先要识龙，必须有百里龙，方有百里局势；有千里龙，方有千里照应。若小龙小穴，亦欲指远隔山水，以为朝拱，非也。尝见今人论地，不察龙穴力量，一概贪远秀，慕大局，或隔远有奇峰秀水，则指为暗拱；及见有凶山恶水，则又谓穴间不见无害。夫既谓吉者为暗拱，凶者岂非暗杀乎！此不识根本，徒论枝叶之谬耳。苟龙穴真贵，杀刀且化；龙穴不真，文笔亦变，况其不见者乎！须当先究龙穴，细察气脉，而后及砂水可耳。

论穴前小堆分方位配断

穴前堆，生在右，名曰印信随手就。穴前堆，生在左，此是药包面前裹。穴前堆，在前案，此是香炉山出现。穴前堆，在砂内，抱儿抚养螟蛉类。穴前堆，在山下，两脚两开双裹夹。堕胎之难此中生，妇人产育常惊怕。穴前堆，在池塘，出人痨疾眼无光。点破玉池名眼瞎，其人常在暗中藏。

赖布衣云："赤蛇绕印如圆平，金印腰悬如肘大。[①] 印笏居西是贵乡，

---

① 原注：巳方有堆，圆而且平，有水环绕，谓之"赤蛇绕印"，主贵。

枢旋丁丙公卿发。① 印居寅甲出师巫，里巷博奕声名大。② 阳光癸丑主堕胎，凶印中子眼为瞎。"③ 此二说，一以方位定吉凶，一分卦位分祸福，皆有至理。惟以龙穴为主，互相交察，无有不验。

砂法何知歌

何知人家富了富，下臂重重来抱顾。何知人家贫了贫，下关空缺不抱坟。何知人家自吊亡，白虎颈上路行长。④ 何知人家常啼哭，面前有个鬼神屋。⑤ 何知人家受孤凄，明堂下泻是簸箕。何知人家修善缘，面前有个香炉山。何知人家出猥獕，面前逼窄少宽围。何知人家出跏跛，前面金星带扫火。何知人家眼不开，明堂一见有石堆。何知人家尸颠倒，左右四风来冲扫。何知买尽世间田，下砂收尽水流源。

龙虎交互断⑥

玄武垂头，朱雀翔舞，青龙蜿蜒，白虎驯頫，四者咸备，龙真发福。

垂头者，自主峰渐渐而下，至受穴之处，浇水不流，置坐可安，如欲受人之葬也。如合垂头之格，若注水即倾，立足不住，即为陡泻之地，初年必退败招凶。《倒杖诀》云："断续续断，气受于坦；起伏伏起，气受于平"，李淳风曰："来不来，坦中裁。住不住，平中取"，朱仙桃亦曰："来来来，堆堆堆，慢中取，坦中裁"，皆垂头之义也。大凡结穴，妙在平坦，则气聚而发福速。翔舞者，前山耸拔，端峙活动，秀丽朝揖，有情也。蜿

---

① 原注：方而平者为印，秀而锐者为笏。若居西方庚酉辛，谓之金印，主贵，显耀。或居艮巽丁丙之方，亦发公卿之贵。枢者，艮也。璇者，巽也。
② 原注：此言印砂，若在东方寅甲卯乙，谓之木印。凡形方平而大者为印，主出僧道师巫；圆平而身小者为綦，圆尖而直者为陆，主出博奕之人，声闻里巷。
③ 原注：阳光，子也。此言印砂，若在子癸丑方，塞着水路，名"堕胎印"，主堕胎产难之厄。若居午方，掩着火光，名"瞖目印"，主中子瞖目之患，离应中男故已。
④ 原注：阳宅，白虎头与颈项上，不可行交叉路，主吊亡，要近宅眼见方准。
⑤ 原注：即神庙，近宅准。
⑥ 原注：理显释注，理晦呈图。

蜒者，左山活动湾软，情意婉顺也。若反□强硬，非蜿蜒矣。驯頫者，驯善而俯伏低头，不致有噬主之势。歌云："白虎不与凡虎同，头颅似虎身如龙。腰长俯伏为真体，踞足昂头总是凶。"有此四神吉备，龙真穴的，发福最快。如龙穴花假，纵有龙虎，亦难发耳。

龙昂头回观者，谓之"嫉主"；虎昂头视穴者，谓之"衔尸"；玄武壁立者，曰"拒尸"；朱雀湍激者，曰"悲泣"，四者咸备，法当减祀。

凡龙虎俱以驯頫俯伏为吉，若左山形踞，不肯降伏，昂头回视其穴，如有妒主之情；右山势蹲，昂回视其穴，如欲噬尸之象，此等龙虎，皆属凶形。《经》曰："半低半昂，头高尾藏；有缺有陷，折腰断粱；虎有此形，凶祸灾殃。""拒尸"者，主山高昂，头不垂伏，如壁立之状，若不肯受尸而拒之也。"悲泣"者，以水在明堂，位乎其前，亦名朱雀，若池湖渊潭，以澄净融注为可喜；江河溪涧，以之玄曲屈为有情，倘若帘劫箭割，湍激悲泣则凶。又有一般冬冬似铜鼓声者，得之反吉，又非激湍悲泣之比。四者俱全，败绝难免。

或龙强虎弱，或龙弱虎强。强弱不拘，龙虎两头，俱要伏降。或有龙无虎，或有虎无龙。有则不宜回媚，无则紧补为良。

有龙无补虎，少位没田土。有虎无补龙，长子受孤穷。① 龙低虎胜皆无害，只要山峰合吉形。若是昂头兼破碎，虎威一助便噬人。或龙去虎回，或龙回虎去，回者不宜逼穴，去者须要回头。荡然一无关拦，必是逃亡并败绝。② 龙虎两边直长，少无衣食。对面水去，长中子主离乡。龙虎臂上喜生峰，峰秀头伏妙化工。若是两砂投下手，争因女嘴闹重重。龙虎全是石，鬼神来入屋。半夜石头来，瘟鬼敲门速。左右齐到，忌当面之倾流。一穴居中，防两边之尖射。③ 东宫窜过西宫，长房败绝。右砂尖射左

---

① 原注：龙虎如两手，皆本身生出者为上吉，外砂凑补为次吉，无补则凶。
② 原注：回者吉，去者凶。若回太近则塞心，太逼则压穴，皆不吉。若去外又回头内顾者，谓之内直外勾，反吉。若两砂直去，前案近截，横拦内堂之水，谓之有关有拦，亦可。若两砂随水直出，必至逃绝。
③ 原注：凡左右两砂，皆欲到堂，但有前后内外之别。雍容照穴，谓之相让；今言齐到，不免相斗。石无尖射犹可，如两边有尖者，乃刑徒之象；射者，乃杀伤之象。《经》云："两宫齐到，人皆道好，必主杀伤，却生烦恼。"

臂，小子贫穷。① 左宫过右，小房发；右宫过左，长男兴。② 左砂先到先发长，右砂先到少先恩。③ 砂似人身双手足，倘或亏欠累真身。莫言砂是从夫女，好把砂形仔细评。

理疑者呈图易醒，词俚理真，并录。

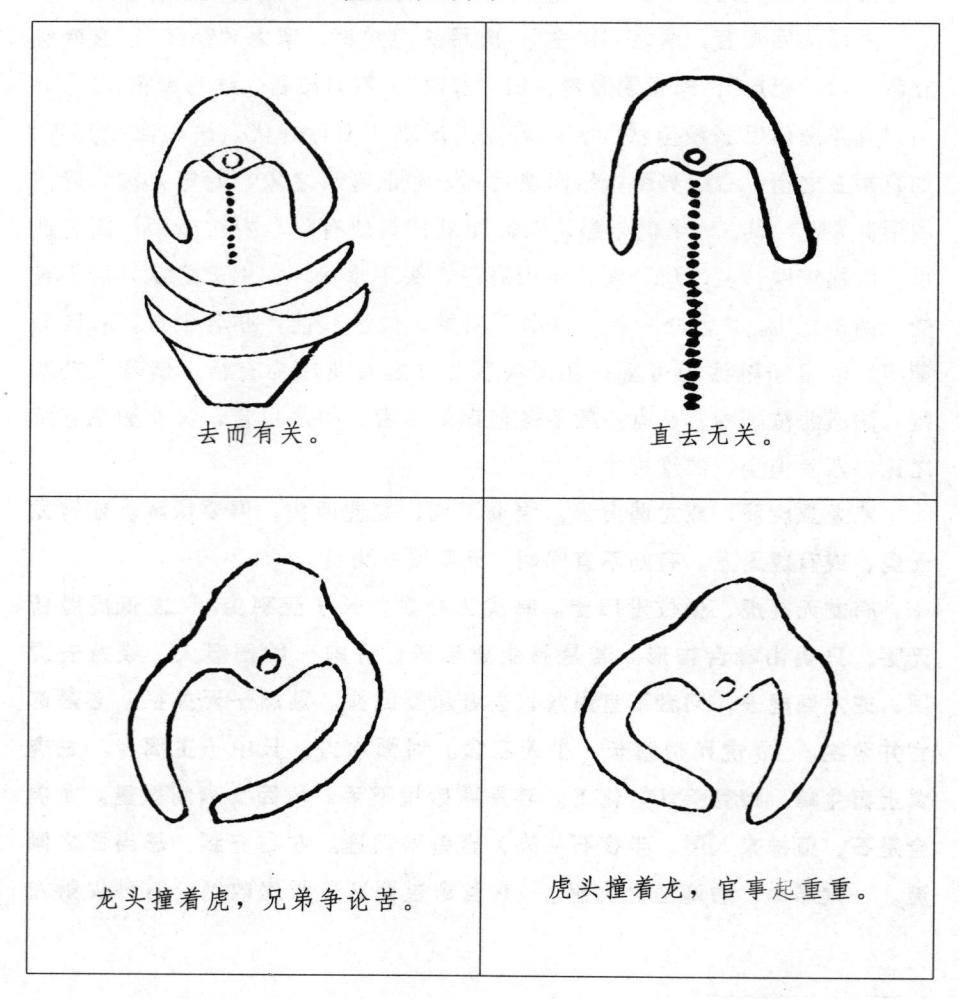

去而有关。

直去无关。

龙头撞着虎，兄弟争论苦。

虎头撞着龙，官事起重重。

---

① 原注：东宫，龙也；窜者，尖利随水走过西也，主长房败。西宫，虎也，尖利随水走过东者，主幼房败。□外者亦然，射臂者祸尤速。

② 原注：此曰过者，非随水窜也。乃龙包虎，则水尽收过右，故小房发；虎包龙，则水尽收过左，故长房兴也。

③ 原注：穴前小砂，短者为先到，先到水短；长者为后到，后到水宽，故发有先后。

龙赶虎，不抱夫。妇别离，常恼燥。男要弃妻贪外花，女爱抱夫别嫁妙。

虎有意，龙无情，药杀亲夫嫁后人。家内田园都卖尽，儿孙夫妇不和平。

龙虎如舞手，兄弟常颠酒。又如扦鼓弄蛇山，唱舞街头千万般。

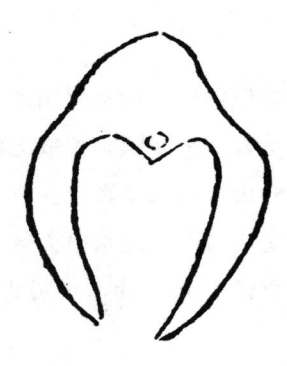

龙虎似尖刀，父子不和调。

一贯堪舆

龙虎两边死，父子各东西。又曰：龙虎齐摆出，填房换妻室。子随娘嫁爷，田地不留一。

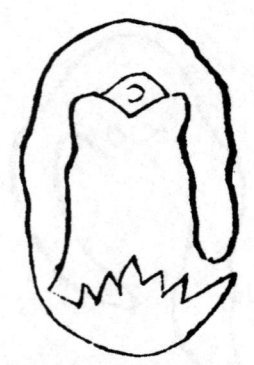

青龙不揖白虎飞，朱雀前山似顿旗。长少两房离乡土，中男必定挂绀衣。

青龙断①

青龙似倒枪，逆水置田庄。若然随水出，长子必离乡。

一重青龙来回顾，税钱无沙数。二重青龙向明堂，定是旺牛羊。三重青龙秀峰出，水田富贵全。

青龙包白虎，逆水财无数。孝顺好儿孙，龙真金满库。

青龙臂上起尖峰，长男世代逞英雄。青龙重叠起圆峰，长男世代结钱龙。

青龙生破碎，葬了家筵退。青龙生恶石，长子生灾疾。龙外一山随，新妇被人迷。②

---

① 原注：理显释注，理晦呈图。词野理真，删正并录。
② 原注：随者，随水去也。

图	文	图	文
（江去）	青龙尖利去投河，小事按刀杀大哥。更出投河并自缢，儿孙世代动干戈。		青龙如排衙，声价逼天涯。
	青龙似排枪，杀贼见刀伤。		青龙头，虎牙生，赊买人田实有名。忽又欹斜崩破碎，商量买得被人争。
	龙山案后三个杀，儿孙受刑罚。穴中不见杀犹消，若见祸难逃。		青龙开口笑吟吟，年年常进百余金。儿孙善讲论，富贵旺人丁。白虎开口不宜。
	青龙随水去，长子离乡住。外有山来襄，别州置庄所。		青龙如拳头，家里闹啾啾。高大分明好，富贵永无休。

一贯堪舆

 (图)	青龙如蛇身长倒，小郎倚大嫂。风流游荡过浮生，欠债不会停。士远曰：此纯是荡体，故有此害。	 (图)	青龙如勒马，富贵传天下。外有好峰围，骑马□禾归。
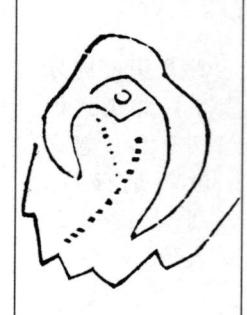 (图)	青龙似拖枪，长子定离乡。水口山重秀，外府置田庄。	 (图 路)	青龙头上路湾环，金银财宝聚如山。若是朝水来走入，外州财物进门添。

白虎断[①]

虎山随水出，小房退田笔。

虎山山重重，世代永兴隆。

白虎重重锁，媳妇发如火。虎案重重抱，婚妻得庄妙。

白虎头上起圆峰，定出老妻骂老公。内外主持皆听妇，丈夫无志作家风。

白虎山嵯峨，其家出寡妻婆。淫欲家中有，瘟火见干戈。

虎山高压坟，妻妾受灾屯。

虎山尖峰卷，养女似芙蓉。

白虎石昂藏，少子火瘟亡。

白虎抱龙头，淫欲不知羞。

---

① 原注：理显释义。

白虎担凹女人损，代代无贤阃。

白虎似蛾眉，其家大小有三妻。

白虎一山入水中，害死亲夫与外通。

白虎石牙生，狐狸咬牲畜牲。

白虎内外转头来，儿孙常得外家财。

白虎尖尖如梭剑，斩首割喉人不善。

白虎凶，如反手，又似蛾眉尾摆柳。妇人淫乱好贪花，颠狂不管家门丑。

白虎长似拖枪，儿孙做贼死他乡。

白虎背外起连峰，因亲随嫁得田丰。若见三峰重叠起，妻骂乌龟夫自荣。

白虎如仓库，[①] 家里财无数。

白虎如牙刀，因军有功劳。若然插上水，买田如见鬼。

白虎尖头下水走，官事重重有。

理晦者详图于左。

	虎山似穿珠，家中富有余。若大如覆碗，财物盈箱满。		虎山奉搥胸，挽罗乞食公。
	白虎似树叉，赌钱不归家。若以剪刀样，挖土贼心旺。		白虎似葫芦，室女贪花路。淫欲有财兴，家声全不顾。

---

① 原注：金星曰"仓"，土星曰"库"。

一贯堪舆

图	诗	图	诗
	白虎似鹅爪，出得女人好。八十婆婆夜不眠，纺布买良田。		白虎逆排枪，竹竿赶牛羊。
	白虎路交加，室女爱贪花。产难并自缢，长病不离家。		白虎软如绵，孝顺四方传。山峰重叠起，子息足牛田。
	白虎横来抱，一似初月到。尖尖如笋上头生，官职坐朝廷。		白虎凶，如反手，又如蛾眉尾摆柳，妇人淫乱贪花酒。
	白虎口开又忤逆，官事实堪嗟。		白虎以鹅头，淫乱不知羞。若然插下水，财物退无休。
	虎小似珠钻，人丁不见半。又被贼来偷，随水家消散。		虎山行一路，自吊扛尸哭。

白虎头插花，媳妇游行不在家。

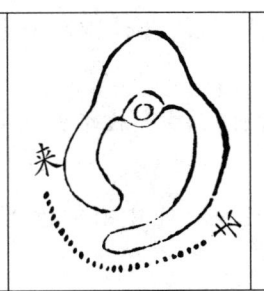

第一登山看下手，只要包裹砂无走。惟有下砂救得人，世代永无贫。

前朝横案堂砂断①

参拜之山似拜般，头低背曲若龙蟠。坟前若见相朝应，定出知州县令官。

双峰双荐插云端，双举双妻双子添。父子弟兄同应试，龙真一举榜头连。

士远曰：味"龙真"二字，则知龙为贵，峰次之。

笔架之山耸秀冈，其中独出一峰强。贵人贵荐山相应，龙好文章近帝王。

天马之山独出群，交牀形势起朝坟。那堪更有枪旗应，马上抽刀自出身。

租谷之山馒首样，儿孙家富重重旺。一个禾峰满十仓，禾谷遍村坊。

办钱之山如月样，②端正坟前向。若有石笋后头来，官职佐王才。

横才之山新月样，形如牛角前堂上。更兼厨库山应夹，多买牛田外庄旺。③

银器之山似覆钟，④三三五五似英雄。其家富贵多金宝，玉盏银瓶胜石崇。

---

① 原注：理显释义，理晦呈图，无图另详后图。
② 原注：半月金也。
③ 原注：即眠弓新月案也。
④ 原注：太阳金星。

一贯堪舆

朱雀随流似死蛇,① 儿孙懒惰不思业。祖父田园都卖尽,进离外死扑河灭。

天瘟形势起高冈,尖石棱嶒赤又黄。② 太岁加临须恶死,③ 藤席荐卷上茅冈。

案背有峰不出头,家中财物被人偷。龙真穴贵人偷我,龙贱生贼盗外牛。

一砂走出别明堂,买卖经商道路亡。更有投河并自缢,儿孙代代远离乡。

火焰之山尖利斜,锋芒五七石峨嵯。坟茔对着遭瘟火,九载六三分火破家。

前案山,带恶石,一半白兮一半赤。此是廉贞瘟火山,奉劝时师莫言吉。④

明堂 朝水	进笔之山无左右,只要堂前笔头秀。点水买庄田,致富享余年。		排衙势,笋排班,唱诺如人调百般。更遇金箱并玉印,儿孙世代入朝官。
	牢狱之山似网形,大石围倒小穴星。更兼绳索来临到,儿孙岁岁坐牢城。		席帽之山生两带,秀才举子文章快。

---

① 原注:如蛇随水流也。
② 原注:天瘟即是尖斜破碎石山。
③ 原注:太岁即寅午戌年,火局以助石火也。
④ 原注:尖焰、廉贞,俱尖石山也。

图	说	图	说
	厨库之山生四角，端正坟前卓。出人解典放钱多，富贵有余乐。		痨瘵之山形势弓，头低背曲似虾公。坟前若见遭痨病，任是卢医枉费功。
	蛾眉两脚长，寡母坐高堂。高大女无礼，贪花爱好郎。		顿旗之山势如旗，顿起微抱似柳飞。断定儿孙能武艺，四方八表尽皈依。
	案背有峰出一半，唤作文星断。形如连谷赦文星，因赦得官荣。		白吊之山似剪刀，其家主吊哭嘈嘈。头垂向入房中死，背曲头低奴婢遭。
	出臃肿前两脚开，向此淫乱献花魁。两脚开中有堆塞，堕胎之患此中来。		倒地笔，入池塘，名为文笔醮水光。顺水多生科甲上，逆尖入水富乡邦。贵龙笔焰宜收吉，龙贱师僧溺水亡。
	前面山，圆对尖，尖圆相对祸绵绵。断主杀伤情不小，告官灾患日相连。		但顺水要下关收住方妙

一贯堪舆

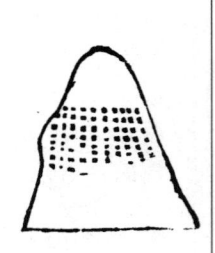	前面山，人立样，碎石尖丛刺面状。定主其家点配多，尖圆相对杀伤恙。〇有石附山，望之如人形，刺面药贴之状。		火焰之山尖利斜，锋铓飞焰石峨嵯。坟宅对着遭瘟火，九载三六火破家。
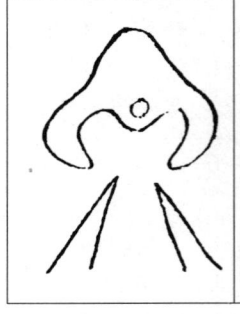	夜间做贼两张刀，凿壁缘墙不怕高。败作贼军遭恶死，法场生斩血流漕。左刀出来兄杀弟，右刀出弟杀同胞。若是两边俱带杀，阋墙兄弟祸难逃。① 此砂细尖火嘴倒地财，两胁如枪刀侧射之状，主盗乱军兵凶死。		

贵砂杂断删集

席帽中高簷微低，模糊杂职无张施。高大不明主岁首，为官判决事昏迷。

出贵须求笔架山，或三或五插云端。蹈炉御坐朝官列，玉几金炉学士班。

五凤楼台生极贵，三台县令牧民官。更有平天官出现，郡封奕世紫泥颁。

骂天笔出无科第，龙弱遭刑案莫攀。若见笔开三个焰，十遭赴举九空还。

---

① 原注：阋墙者，兄弟之难。

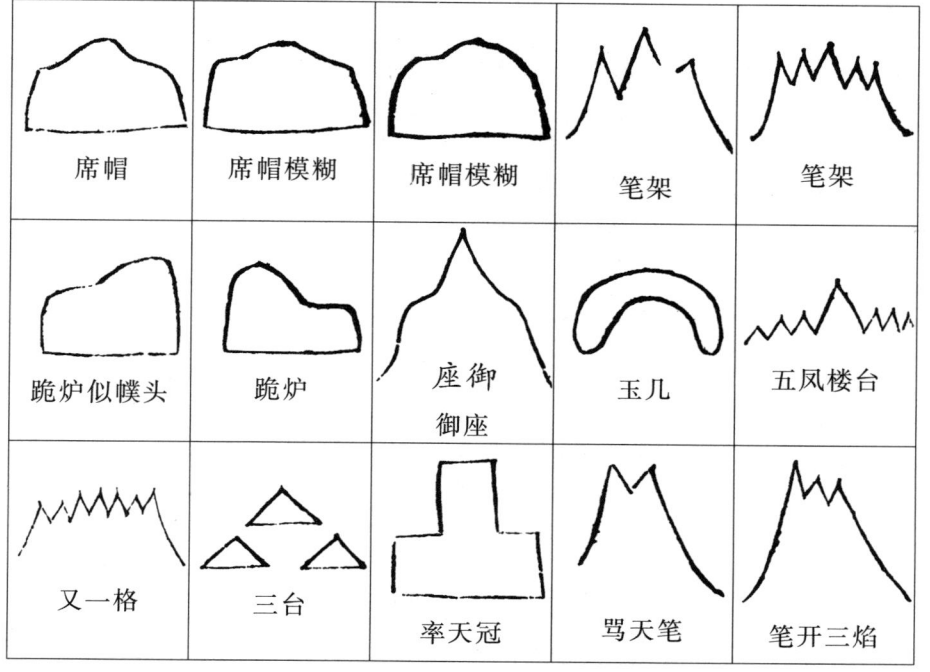

席帽	席帽模糊	席帽模糊	笔架	笔架
跪炉似幞头	跪炉	座御御座	玉几	五凤楼台
又一格	三台	率天冠	骂天笔	笔开三焰

贵人拖枪出文武，旗山作案分千户。满床牙笏世代官，屏风从节登宰辅。金鱼玉带出显官，连珠作案登魁五。横琴垂褥与明珠，三者宜官县印组。更有三台列尖峰，三个连名登台府。

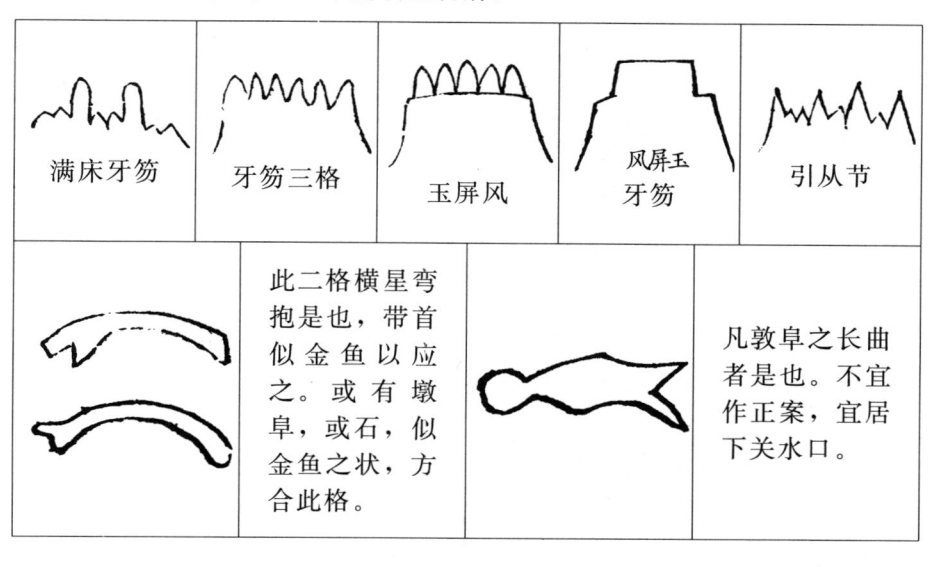

满床牙笏	牙笏三格	玉屏风	凤屏玉牙笏	引从节

（图）	此二格横星弯抱是也，带首似金鱼以应之。或有墩阜，或石，似金鱼之状，方合此格。	凡墩阜之长曲者是也。不宜作正案，宜居下关水口。

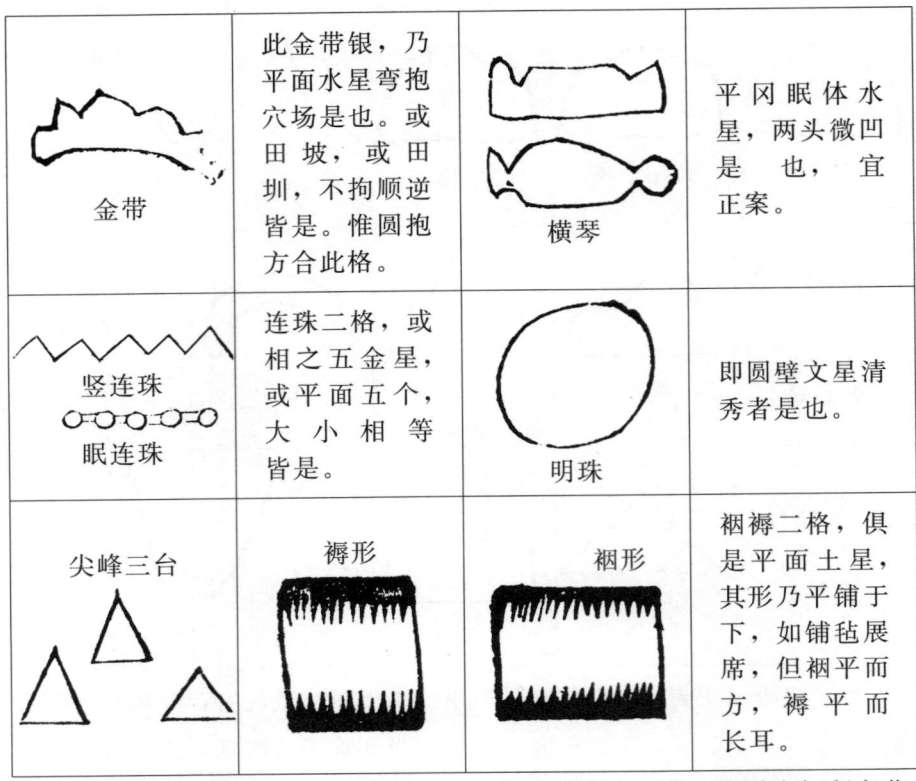

金带	此金带银，乃平面水星弯抱穴场是也。或田坡，或田圳，不拘顺逆皆是。惟圆抱方合此格。	横琴	平冈眠体水星，两头微凹是也，宜正案。
竖连珠 / 眠连珠	连珠二格，或相之五金星，或平面五个，大小相等皆是。	明珠	即圆壁文星清秀者是也。
尖峰三台		褥形 / 裀形	裀褥二格，俱是平面土星，其形乃平铺于下，如铺毡展席，但裀平而方，褥平而长耳。

双笔联科中两名，出阵马案类其名。笔山峰下小峰伴，僧道应知拜宠荣。若见金签为学士，玉签当面一般评。外有双峰双笔焰，尖斜歪架出丹青。

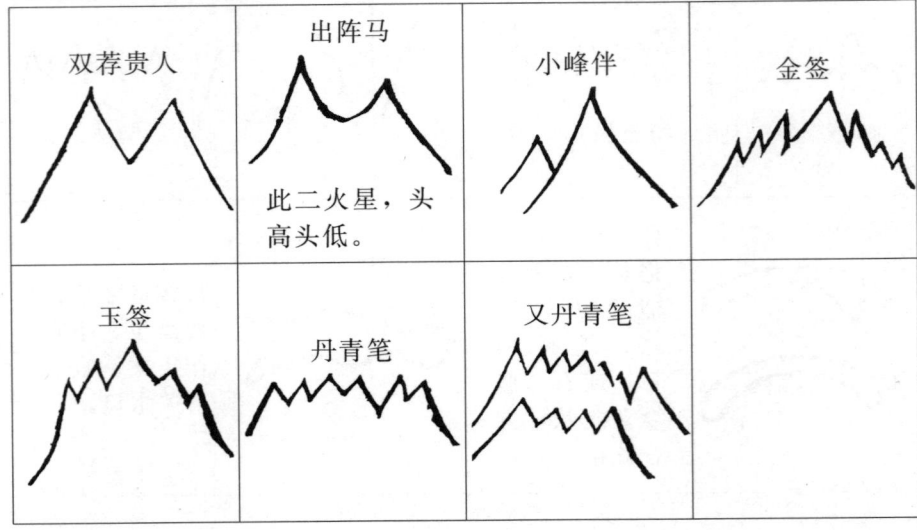

双荐贵人	出阵马	小峰伴	金签
	此二火星，头高头低。		
玉签	丹青笔	又丹青笔	

凶砂贱砂杂断

金拖火嘴动瘟癀，正出斜来眼不光。若是两头皆是火，定主外死扦官防。左火出来先杀长，右边火射小男当。中央火射中男败，并主穿窬残疾郎。① 火入金星金益火，眼胎军贼斩头亡。前金后火瘿风软，头火头金主少亡。抄估覆箕开口样，抢上估下不回乡。② 金高火下犯徒配，金头木嘴换妻房。再有形如茅叶样，便断其家主杀伤。

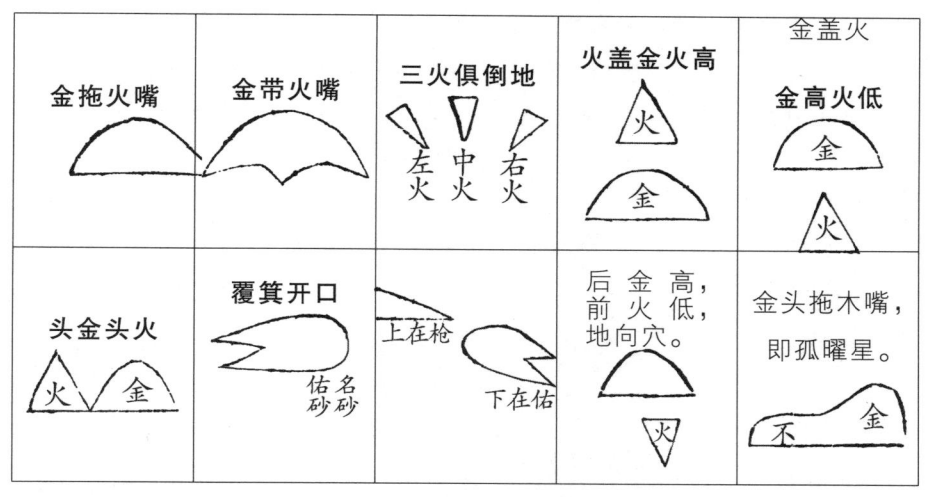

金拖火嘴	金带火嘴	三火俱倒地 左火 中火 右火	火盖金火高 火/金	金盖火 金高火低 金/火
头金头火 火/金	覆箕开口 估名砂砂	上在枪 下在估	后金高，前火低，地向穴。火	金头拖木嘴，即孤曜星。木 金

梭子蛾眉一样推，闺中养女似西施。正来对角或斜向，屋漏之中丑自知。正带水痕非贵相，私情暗地作佳期。顺流花貌随人走，纵有阑干惹蝶栖。兄妇第收何处见，大蛾眉盖小蛾眉。太阳星右太阴盖，大监官封沐宠归。太阴后有太阳照，一父九子惇雍熙。

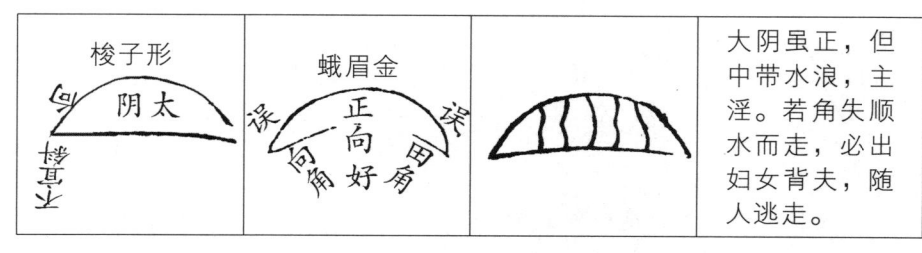

梭子形 太阴 梭其之	蛾眉金 误向角 正向好 误向角	大阴虽正，但中带水浪，主淫。若角失顺水而走，必出妇女背夫，随人逃走。

---

① 原注：要尖对穴射为佳。
② 原注：前抄估论龙，此论前面砂。

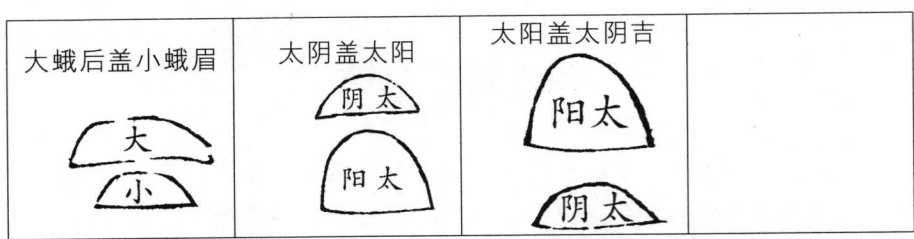

大蛾后盖小蛾眉	太阴盖太阳	太阳盖太阴吉	

藤棍之山木有节，跟官荣生逞豪杰。微活肥满如蚕形，妇人纺绩成家业。两木斜射在面前，他乡外死人丁绝。一木一火斜相冲，兄弟分居食又缺。木高火低更过身，为军阵上身亡灭。木低火高犯徒流，家财退败汤浇雪。一木中高两火齐，为官职位辅京国。独木巍然盖太阴，帷房暗室无贞洁。单木高带三水星，富贵双全人骇说。一火绝然盖一金，堕胎患眼常重叠。独火赶烧三金星，其家人多孤寡厄。一火后烧两木身，逊外一发随倾竭。

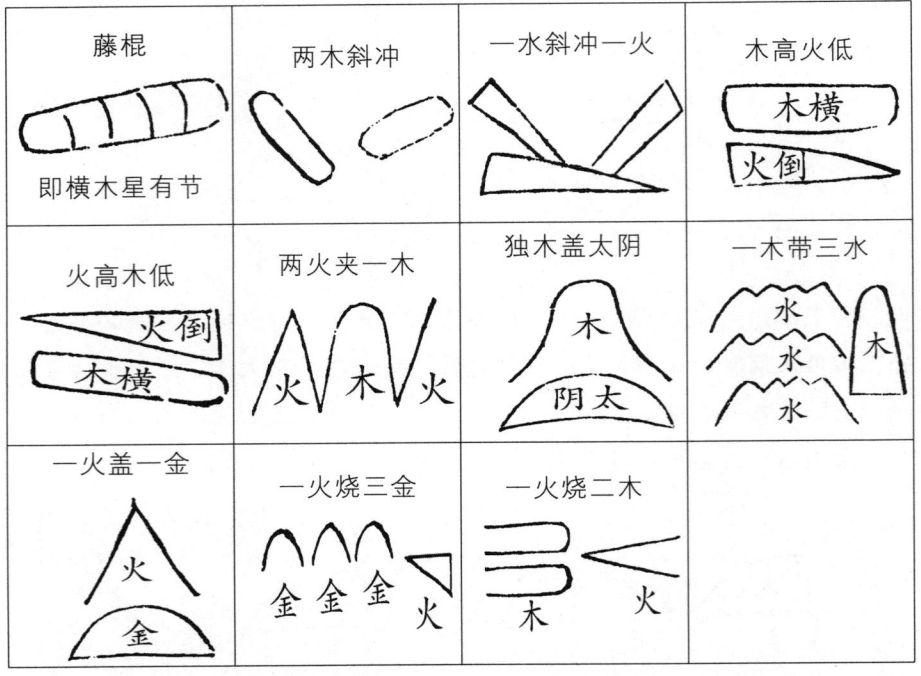

藤棍 即横木星有节	两木斜冲	一水斜冲一火	木高火低
火高木低	两火夹一木	独木盖太阴	一木带三水
一火盖一金	一火烧三金	一火烧二木	

一火赶上烧一土，徒配外死他州府。一火去烧二土星，出人痨瘵少亡魂。一火投入一水宫，离乡军贼死别宗。一水来克双火峰，出人跛跛皆贫穷。独水星赶三土星，田园卖尽离乡村。两水并来待一金，其家富贵有

名声。

砂形变态，无尽难以悉述，即图考记常格，于左以便蒙式。

一火烧一土	一火烧二土	一火投入水宫	一水克二火
土　火	土土　火	水　火	火火　水
一水赶三土	二水待一金		
土土土水	金　水水		

砂形变体无尽，难以悉述，聊图考正常格于左，以更蒙式。

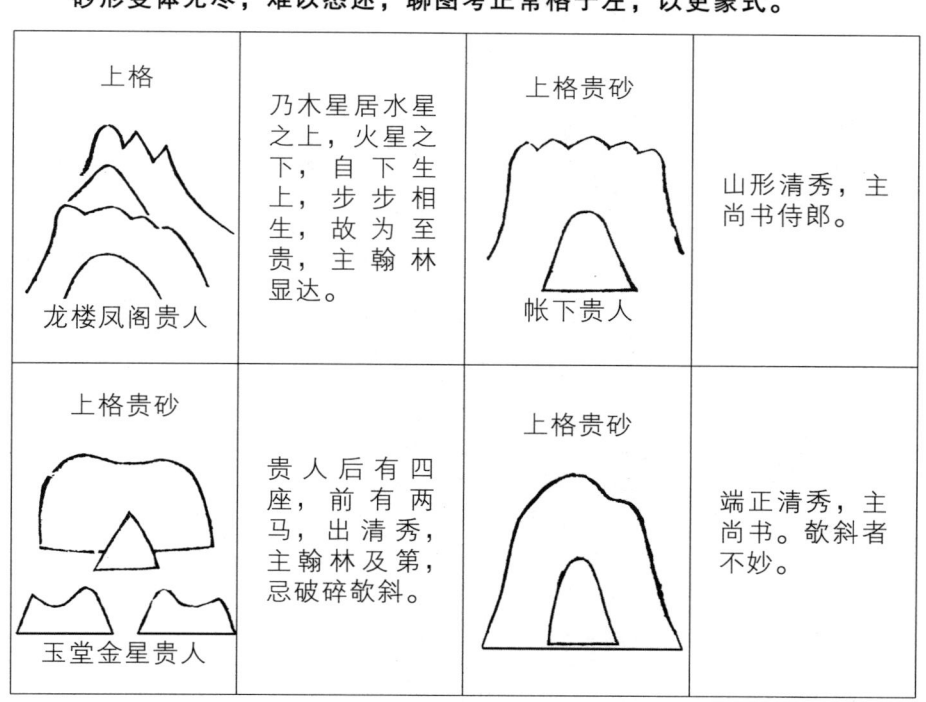

上格	乃木星居水星之上，火星之下，自下生上，步步相生，故为至贵，主翰林显达。	上格贵砂	山形清秀，主尚书侍郎。
龙楼凤阁贵人		帐下贵人	
上格贵砂	贵人后有四座，前有两马，出清秀，主翰林及第，忌破碎敧斜。	上格贵砂	端正清秀，主尚书。敧斜者不妙。
玉堂金星贵人			

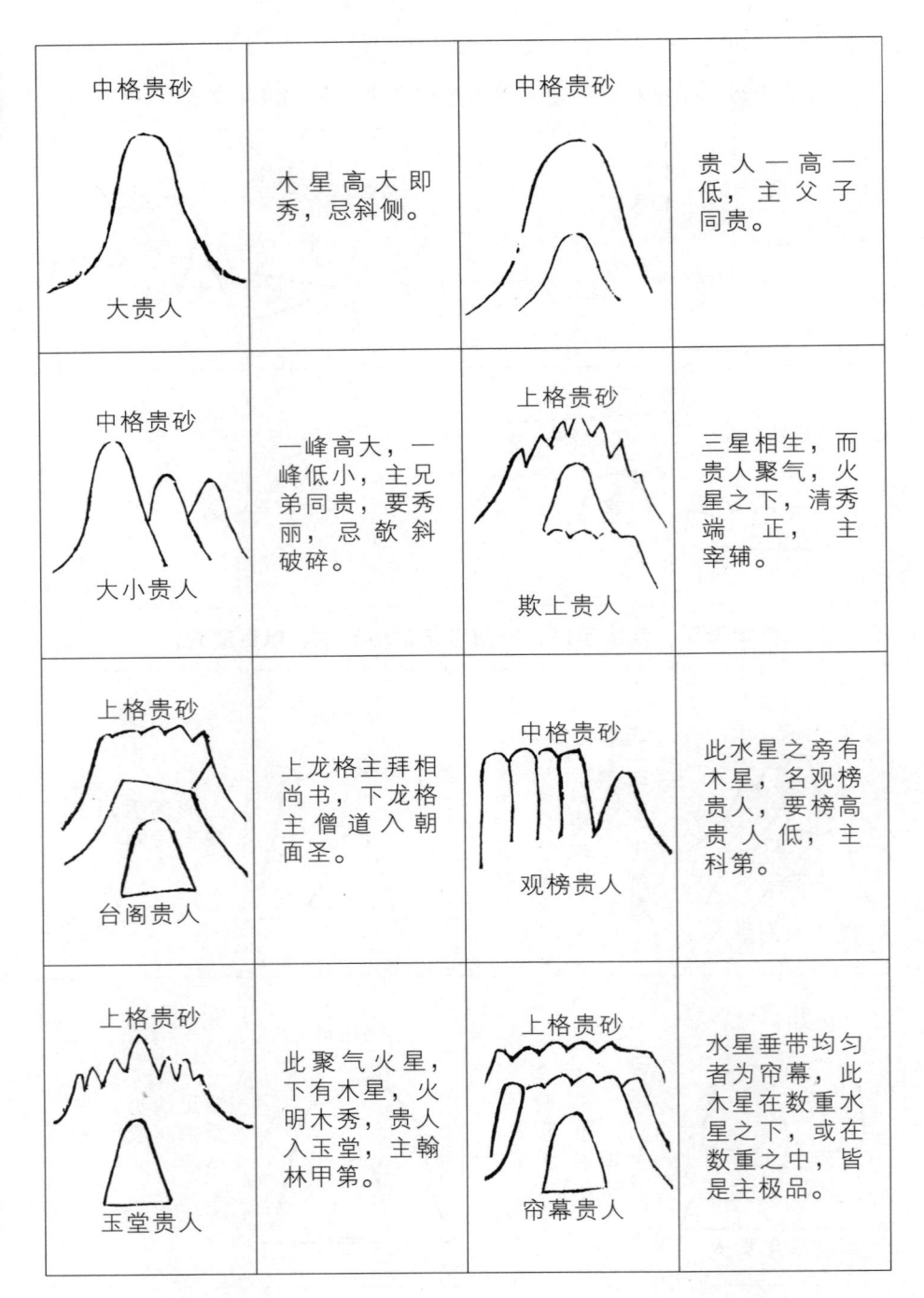

一贯堪舆

中格贵砂　　大贵人	木星高大即秀，忌斜侧。	中格贵砂	贵人一高一低，主父子同贵。
中格贵砂　　大小贵人	一峰高大，一峰低小，主兄弟同贵，要秀丽，忌欹斜破碎。	上格贵砂　　欺上贵人	三星相生，而贵人聚气，火星之下，清秀端正，主宰辅。
上格贵砂　　台阁贵人	上龙格主拜相尚书，下龙格主僧道入朝面圣。	中格贵砂　　观榜贵人	此水星之旁有木星，名观榜贵人，要榜高贵人低，主科第。
上格贵砂　　玉堂贵人	此聚气火星，下有木星，火明木秀，贵人入玉堂，主翰林甲第。	上格贵砂　　帘幕贵人	水星垂带均匀者为帘幕，此木星在数重水星之下，或在数重之中，皆是主极品。

上格贵砂 临轩贵人	乃木星在罩幕侍从之前，端正清秀，主白衣上殿，状元宰相。	上格贵砂 披发贵人	星似斜侧，及正木带火，不以为嫌，主文武双全。
上格贵砂 玉阶贵人	木星在叠级数重之外，要阶级平正，主出朝贵。	上格贵砂 仙桥贵人	仙桥中水星两角，又撑水星下，有木星相映，左右均匀，主少年科第。
上格贵砂 屏下贵人	土星方正而中尖，下有水星端耸，主师保秉政。	上格贵砂 节下贵人	凡木星一连五个以上为节，此名为踏节贵人，看木星高低相称，大小疏密均匀，贵人居下，主文武双全。
上格贵砂 御座贵人	要星体端正，左右均匀，玉楼宝殿，宫妃侍立，四将俱备，贵为王师，理学配享追谥。	上格贵砂 仙桥贵人	此与幕外贵人相似，但仙桥有角耸起，而贵人居上，主位极人臣。

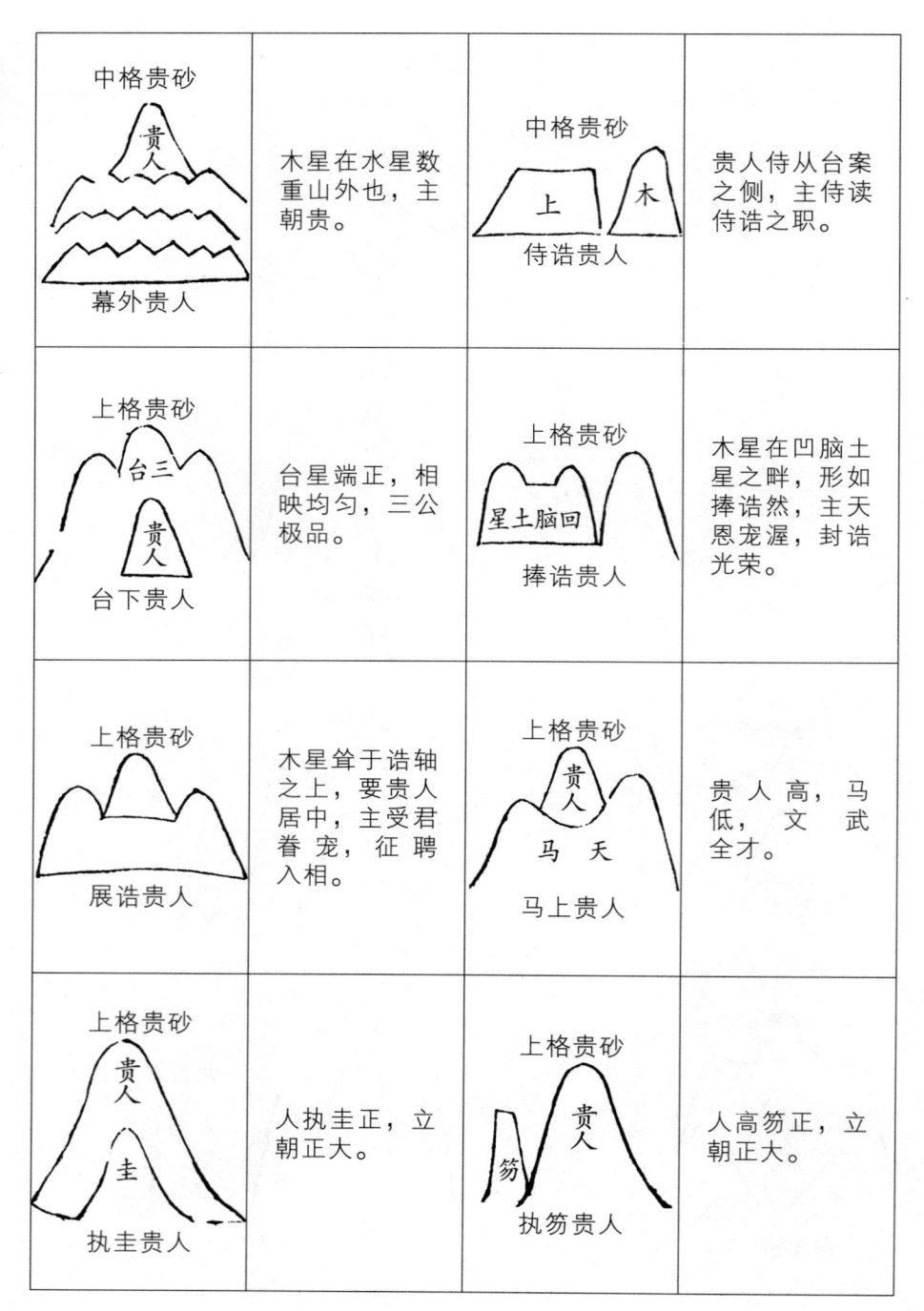

一贯堪舆

中格贵砂 幕外贵人	木星在水星数重山外也，主朝贵。	中格贵砂 侍诰贵人	贵人侍从台案之侧，主侍读侍诰之职。
上格贵砂 台下贵人	台星端正，相映均匀，三公极品。	上格贵砂 捧诰贵人	木星在凹脑土星之畔，形如捧诰然，主天恩宠渥，封诰光荣。
上格贵砂 展诰贵人	木星耸于诰轴之上，要贵人居中，主受君眷宠，征聘入相。	上格贵砂 马上贵人	贵人高，马低，文武全才。
上格贵砂 执圭贵人	人执圭正，立朝正大。	上格贵砂 执笏贵人	人高笏正，立朝正大。

上格贵砂 按剑贵人	贵人山下有尖利山倒地也，主威振四夷，要逆水为吉，顺水凶，剑忌射穴。	上格贵砂 龙门贵人	两旁俱是木星，皆有叶盖峰也，主少年及第，文武全材。
上格贵砂 五马贵人	贵人出居五马之中，龙贵主尚书侍臣，龙富主巨富多马，忌飞走乱窜。	上格贵砂 双童讲书	两木耸秀，土星方正，主兄弟入翰林。
上格贵砂 天葩文星	乃木之发秀而为葩，如花瓣焉，要清秀均匀。此格极贵，作龙身尤佳。在砂格要中有圆星，主文章冠世，状元宰相，须看龙断。	中格贵砂 双荐贵人	双峰皆持，一样相等，主兄弟同登，一高一下非也。
上格贵砂 文星贵人	木星之下有蛾眉也，忌走足带火，主文章显达，才兼文武，贱龙主淫乱。	上格贵砂 蛾眉文星	状如半月，要端正，忌欹斜，主男为状元神童，女为贵妃国后。

上格贵砂（水星 / 柱笏文星）	木星卓立，不欹不斜，亦名象简文星，主垂绅正笏。	上格贵砂（福寿文星）	中梢起顶，要左右均匀，主富贵福寿双全。
上格贵砂（清贵文星）	清瘦之山，嫩巧而细，主翰苑清贵，妇人清贵。	中格贵砂（驳杂文星）	亦名飞蛾文星，主博学有名，功名无意。
上格贵砂（带福文星）	即一字文星，但高大带土体方正，主文武全才，巨富。	上格贵砂（带曜文星）	木星两旁生火曜，亦似蛾眉文星，但圆平不同耳，主文章贵显。
上格贵砂（一字文星）	倒地木星，忌尖窜顺水，主神童状元宰相。四面皆方正者，名正一文星，龙贵，较此颇异。	上格贵砂（玉圭文星）	土星高耸，要顶平身直，主垂绅正笏之人。

一贯堪舆

410

上格贵砂 / 金箱文星	土星低平者，主科名高贵。	上格贵砂 / 玉印文星	圆小山埠石墩俱是。龙贵为文星，主状元宰辅，龙贱另看。正安为文星，水口为杂星。
上格贵砂 / 方印文星	乃小山埠石墩也，主才兼文武，出将入相。正案为文星，水中为罗星。	上格贵砂 / 圆璧文星	形薄而上平，有微起之坛，其圆如规，主王侯极品，宜正案。
中格贵砂 / 赦文星	若角方特立为御屏，此角垂圆而肥满耳，宜居水口，一方无凶祸。主出使外国，宜水口。	上格贵砂 / 折脚文星 宜傍出 亦宜正案，但要尖连水为吉。	乃一脚抱火也。此星若面平墩媚，亦作吉星，主文武全才。
上格贵砂 / 辅弼文星	此与下格同，但中星稍低耳，主男为驸马，女作宫妃。	上格贵砂 / 辅弼文星	文星中起左右，皆有小方夹从，如左辅右弼，端正均匀，主状元宰辅，父子同朝。宜正案，亦宜水口。

中格贵砂 大武星	即云中金、献天金，主大将征伐威权。	上格贵砂 特立武星宜正案，亦宜水口。	特立者，众山低小此独高，亦覆钟金星，主贵尤重。
中格贵砂 金钟	金星高大者曰"金钟"，主文章贵显。	中格贵砂 玉釜	金星低小者曰"玉釜"，忌偏斜带火，主文章贵显，敌国之富。
上格贵砂 诰轴	中凹狭小者为"诰轴"，主褒封恩宠。	上格贵砂 展诰	中凹长者为展诰，若水星两角微起，为仙桥，主贵封。
上格贵砂 诰轴开花	《赋》云：诰轴开花，男婚公主。	上格贵砂 御炉	金土相生，故贵。主自近天颜，身惹御炉香。

中格贵砂 金炉 宜正案或木口。	多是石山，有似于炉，主立朝班	上格贵砂 御屏风 宜正案或水口	土星特峙，主文臣宰辅，巨富全福。
上格贵砂 御书台	土星低小，主经筵讲官、东宫师保之贵。	中格贵砂 御伞 宜正案或水口	星辰带水，浪痕有似于伞，主登贵显，龙贱主皂隶执伞，奴仆随主。
上格贵砂 龙车	象天子居状也，以形言之，则龙头居前向穴为吉，主封侯，乘车出使，麾军安民。	上格贵砂 凤辇	凤辇虽有尖翼而不射穴，及穴中不见方吉，主文章名誉及女贵。
上格贵砂 三台	又名符头三台	一字三台	

| 品字三台 | 品字三台 | 参阶三台 | 泰阶三台 |

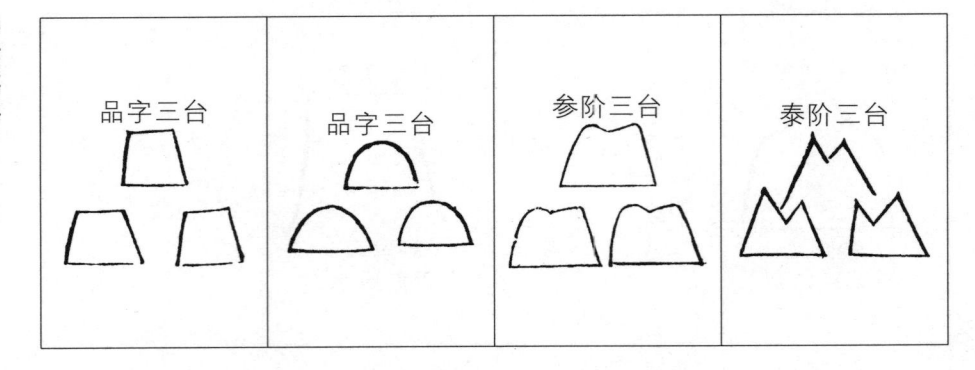

已上六个三台，俱主位极三公宰辅，状元鼎甲，翰林学士，父子兄弟，同登科第，同朝贵显，兄弟同喜，龙贱不应。

三台六星，太微轩辕之上，太阶平则治道昌，此正三台，乃三公星，然取应亦颇与三台不甚相远，第不如六符力量尤重。《经》云："力量又在三台上，六世儿孙袭封。"余六世者，主六星应也。主世代均恩荣。

中格贵砂 五雷	上格贵砂 祥云	上格贵砂 凤阁
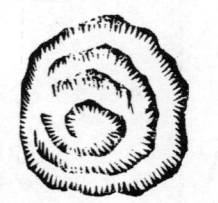 覆釜金五峰丛立者，亦有排列者，皆曰"五雷"，主兄弟同科。	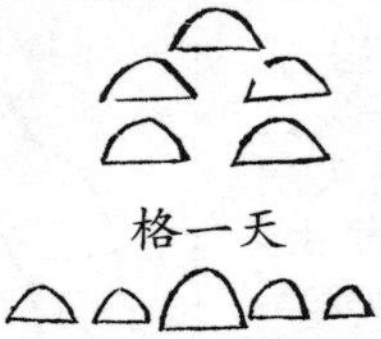 格一天 祥云，景云也，乃瑞物，主白衣登殿，超众升仙。	 尖为横，圆为阁。大贵之龙，方可当此，主封公侯。

中格贵砂 报捷		上格贵砂	
宜偏出	数峰叠起奔来，如出奏捷，主登科及第。	帘 帘幕	高山连峰如垂帘，如设▪，不缺不拆，不凹不断，方合此格，主富贵双全。

上格贵砂 帝座	一峰耸立，两肩均匀，要中峰秀侵云汉，两旁平出，旁山从拥为吉。主封王侯，男婚公主，女贵后妃。	上格贵砂 彩凤笔 宜正不宜旁出。	乃火星插天，下有从山飞扬之势，如彩凤腾霄也。要端正尖秀在天表，主登科状元。
上格贵砂 宰相 宜正不宜旁出。		中格贵砂 文笔	火星尖秀为笔，大凡笔宜远秀，诀云："状元笔，千里云霄出"，主文贵。
上格贵砂 公笔	三火卓立土星之上，要中尊旁卑，不失其序，须疏密均匀方妙，主公侯极品，位列三台，兄弟父子联科。	上格贵砂 状元笔	火星卓立土星之中，主神童状元，翰苑尊贵，文名冠世。
中格贵砂 笔阵	数火特立，有似笔阵，主兄弟父子同登科甲，要中高左右卑，不失次序，不然吉中有咎。	下格贱砂 斗讼笔	此笔乃穴前倒地火，两尖对射，兄弟争讼。

一贯堪舆

中格贱砂 法师笔	此笔若出自台盖下，因法得官，主法师灵，因以承恩。	下格贱砂 和尚笔	此笔乃尖峰之旁，有驼背之形也，金火相战，故贱。主高僧通慧，因张恩宠。
上格贵砂 状元旗	此旗乃木星排列，而身是水体，至出脚又开面，出蛾眉文星，主大魁天下。要头顶有文笔台盖相应。	中格贵砂 招军旗	旗形高大，众脚飞扬，一带缠绕，势如招动，主义兵开国，世享爵禄。
中格贵砂 战旗	旗形卓立而品字，有威武之象，主出将入相，节制诸军。	中格贵砂 得胜旗	旗形卓立，大势向内逆水，身头似文旗，山脚舒展，主辅国元勋恩宠。
上格贵砂 令旗	此两旗相向而中开榜高者是也，要高低大小相称，主镇抚将军。	下格贱砂 贼旗	尖射破碎，欹斜丑陋，又有黑石■岩，主专伐，不忠赤族。龙贼，主出强贼劫掠之人。若有水口处上不见者不忌，亦吉。

416

中格贵砂 顿旗	火星高耸而飞扬，主出大将征伐，功威掀扬。	下格贱砂 降旗	■地破碎，飞走焰动，顺水也，头脚大势向内，为败旗；头身向外，为降旗，主领兵降贼。
下格贱砂 败旗	此亦■地破碎，但不顺水，差胜于降旗。盖胜贼当也，降则弱国。此败旗，所以逆水也。	中格贵砂 顿鼓	星耸金体，高大雄猛，主出将军，藩臣节使。宜居水口。
下格贱砂 僧鞋	此鞋同一平阜，中有分开之级，似裹鞋之象，顺水凶，逆水主大富僧。	中格贵砂 唐帽 正出旁出皆宜。	与席帽相似，但席帽无脚，唐帽有神，又名唐侯，又名垂带，诀云：唐帽若垂带，举子文章快。
下格贱砂 铁帽	亦与席帽相似，但唐帽席帽供清秀，铁帽则肿石带石为异耳。主军官有功，贵贱又系龙穴上论。	中格贵砂 排衙唱喏	此与前形不同，前是倒地火星，排列堂前向外，此是倒地木星，横列均匀，主贵有权。

一贯堪舆

上格贵砂 宝盖	三金相连，得金之秀气，名曰"宝盖三台"，主立朝台辅之位。	上格贵砂 华盖	三木相连，得木之清气，名曰"华盖三台"，主状元宰相。
上格贵砂 冠盖	三土相连，得土之正气，名曰"冠盖三台"。《赋》云："三台应金马玉堂之贵"，主状元宰辅，极荣显。	中格贵砂 堆肉	山冈簇集如堆肉状，重重叠叠，大小不等。圆净主富。亦如堆甲，又主武贵，破碎则凶。
中格贵砂	一字文星，顺水而流，或泛水，皆名流笏，但顺水主离乡富贵，出使外国有功。	中格贵砂 晒袍	一山展扬，稍有飞动皱折者为晒袍，重重叠叠，皱折不一者为堆袍，主贵，但不显。
中格贵砂	二袍皆欲有情向穴，若反朝向外，加以尖利，不吉。袍领向穴，体势皆顺，故主贵，不显也。	上格贵砂 幞头	开肩土星，中高两肩低，似幞头状，主公侯极品之贵。盖幞头者，非臣面君不可戴也。

幞头二格	此土星二边开肩，亦谓之幞头，又为幞头匣，大贵之地多有之。宜正案。	下格贱砂	山脚飞扬，奔走长远，或一里许，如口是也。顺水凶，主出淫奔夭折。逆水吉。
下格贱砂　破伞	似稷棕榈叶，一峰端正，前砂见之亦不吉，况破碎乎？主好杀狠恶不洁之人。	中格贵砂　朝靴朝履	与幞头相似，但幞头上下方正均匀，此靴履头圆，低而且长，与上极不称，故曰"靴履"，主文臣侍从。士远曰：单而大者为幞头，双而小者为朝履。
中格贵砂	小山及平冈层叠重出如堆甲之状，要旗鼓山应，主兵权武贵，主汗马功劳之能。	中格贵砂　屯军	小阜或土或石杂列于外，与大山相间错杂，若屯军状，主大将统兵，生杀自由。
中格贵砂	皆乱石在平田或平野，大小不一，如猪羊牛马鸦鸟样，或似人立，主大将军专征伐，兵权立功。	下格贱砂　钵盂	圆山多寡不一，有似盂也。若出于台盖下，又唤作盘盏类，只一山圆而带脚，亦是钵盂，出僧道。

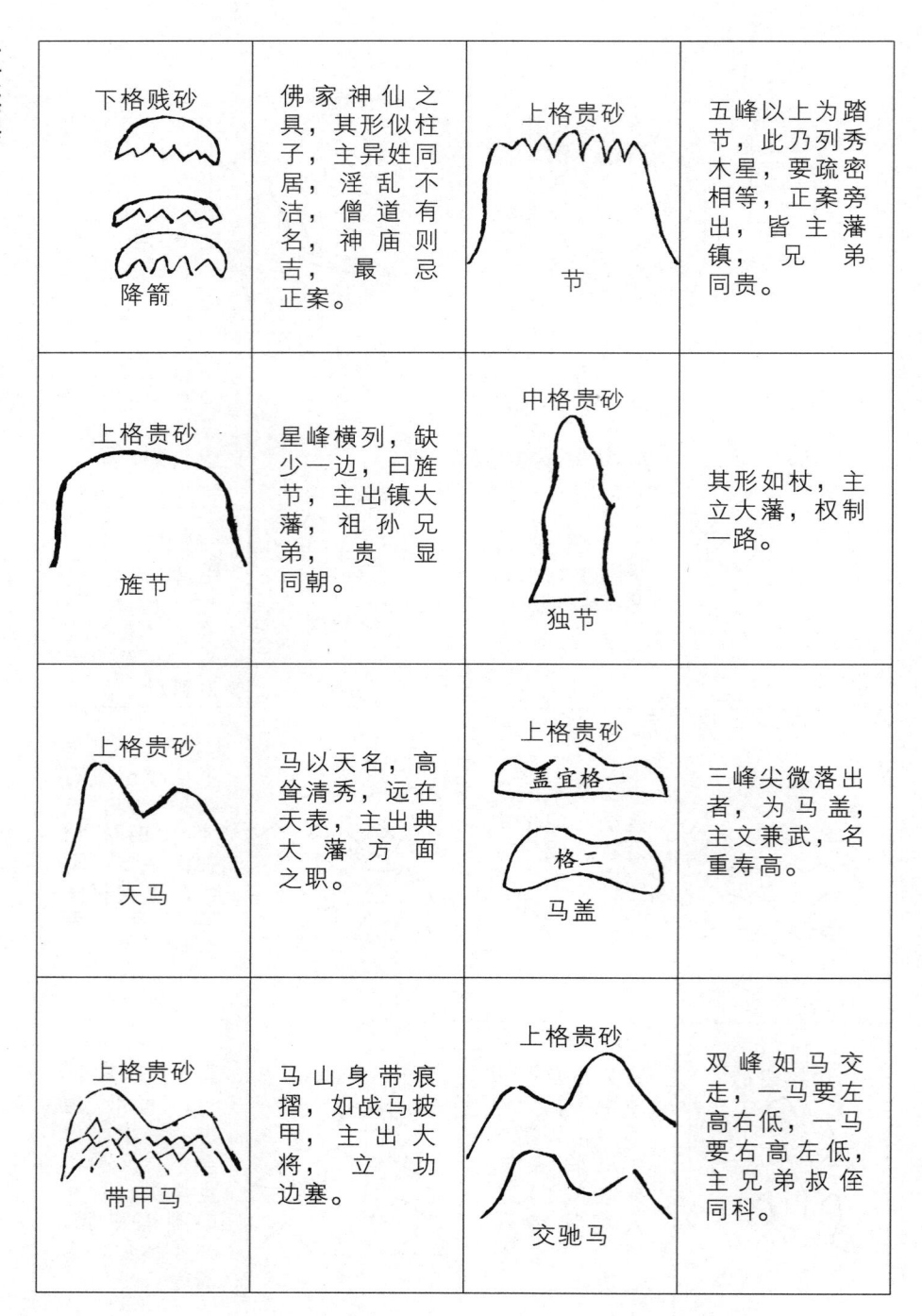

一贯堪舆

下格贱砂　降箭	佛家神仙之具，其形似柱子，主异姓同居，淫乱不洁，僧道不有名，神庙则吉，最忌正案。	上格贵砂　节	五峰以上为踏节，此乃列秀木星，要疏密相等，正案旁出，皆主藩镇，兄弟同贵。
上格贵砂　旌节	星峰横列，缺少一边，曰旌节，主出镇大藩，祖孙兄弟，贵显同朝。	中格贵砂　独节	其形如杖，主立大藩，权制一路。
上格贵砂　天马	马以天名，高耸清秀，远在天表，主出典大藩方面之职。	上格贵砂　盖宜格一　格二　马盖	三峰尖微落出者，为马盖，主文兼武，名重寿高。
上格贵砂　带甲马	马山身带痕摺，如战马披甲，主出大将，立功边塞。	上格贵砂　交驰马	双峰如马交走，一马要左高右低，一马要右高左低，主兄弟叔侄同科。

上格贵砂 勒马回头	天马山转脚也，要清秀，旗鼓相应，主出使边方，威武煊赫。	中格贵砂 出使马	马山下拖尖利之砂，故有远使之象，主出使外国有功。中龙主富，多仆马，奔走如乡。
中格贵砂 带旗马	马山下拖焰动之砂，如旗飞动。旗马，上下共一山也，主出总兵立武功。	中格贵砂 锦帐	乃水星横缠，有数格，富龙为帐，贵龙则为挂榜，忌破碎。山脚斜飞，主富贵。
下格贱砂 鹑衣百结	山头歪侧而粗，且破碎■岩，山脚飞斜散乱，乃水星带土耳，为鹑衣。若远亦不为害，主贫。	下格贱砂 破网	山底披摺，兴破杂出，主破家。若泉漏不干，主疽疮等疾，又主杖徒刑罪。
中格贵砂 金笋玉轴	方而直长为金笋，方而横长为玉轴，主文章科第。宜正案水口。	中格贵砂 ■盘	小山重叠，相似杯盘，主富受食养。

一贯堪舆

下格贱砂 奠■	奠■之形，横列者或有盘无盘，或开或合，皆为奠杯。若列品字，开阔展布则吉，主官贵双全。	下格贱砂 客棺	棺形横见者，主客亡擤棺而归。斜面顺水，主客亡在外灵不归。上水者亡而归。头高尾低为棺，首尾平均者非也。
中格贵砂 ■台	星峰叠拥似■台，主女子妃嫔大贵，龙贱则出淫奸之女。	中格贵砂 镜台	台外之出圆峰出头如镜之状，要星峰圆净相对，主女贵。
中格贵砂 银瓶	银瓶盏■，或有盏无瓶，则此可借为瓶山，亦自■口，主贵，上殿献觞。	下格富砂 斗	方正面卑，或石或土，有似于斗，不可拘泥，多是土星，方正不破碎，主廪膳纳粟。
下格贱砂 木杓	山有相似，今乞丐及化缘所带，不过微柄，为穿花条带之所而已，故柄短者主乞丐，龙贵主富贵淫欲。	下格贱砂 抱肩	大山欹侧，外有小山居其旁，如人相抱之状，又有后山转脚抱前山，其丑尤甚，主男女淫滥。

· 422 ·

下格贱砂 枷	一山两脚重叠，有似于枷，穴前见之，主死罪囚系。	下格贱砂 揪裙	一山两脚飞开，如人掀裙，及有浪痕摆摺，皆主不吉，主男女皆淫。
下格贱砂 破厨	禄存中之破碎而凶者。若居水口，则吉穴上见之，主退官罢职。	下格贱砂 合掌咀咒	咒咀砂者，二山相合如合掌，然主出人为事，不合天理，令人咒咀。若龙贵，势焰作成，合人咒咀。寺观则吉。
中格贵砂 兜鍪	顿起而倾倒之势，曳裙如带微殿，盖横视之，则为杀耳，主威武好男。	下格贱砂 杖	此于平处为杖，但须有■相似，主寿考堕胎患眼。
中格富砂 仰船	多是土星横叠，相似船形，要船头向上更吉，主大贵大富。	下格富砂 接钱	要下砂逆水方是。接钱主进财，龙贵主为厂官。若顺水有砂，反为送钱出外，主退败。

下格富砂 赌钱	此砂若旁出龙贵，亦因赌得财，至龙气尽时败，莫能救。龙好，主巧艺得钱。	下格富砂 锦被盖钱	锦被堆不与诸山相连接，或圆扁，或方长四环，皆有裙脚，如散被之状，主锦被盖钱，富贵双全。
下格富砂 堆钱	两头有辫索之状，因形定名，不必拘泥，主富贵双全。	中格富砂 卧牛	乃浊体土星似卧牛。若山无脚出，即为仓库，主富。
中格富砂 卧狮	狮形面方头大，腰狭尾阔，前重后轻，土星之浊者也，主出富，亦出贵。	中格富砂 伏虎	此土星之肥大者，要头脚圆正为吉，主大富大贵。
中格富砂 骆驼	星峰似马似驼，有峰颖异，尤贵似马，犹看旁出相应何如耳。此格可贵可富。	中格富砂 库楼	火土二星，火为禄，土为财，主大富贵，不假别星为助，主出财税之官，巨富，多积畜。

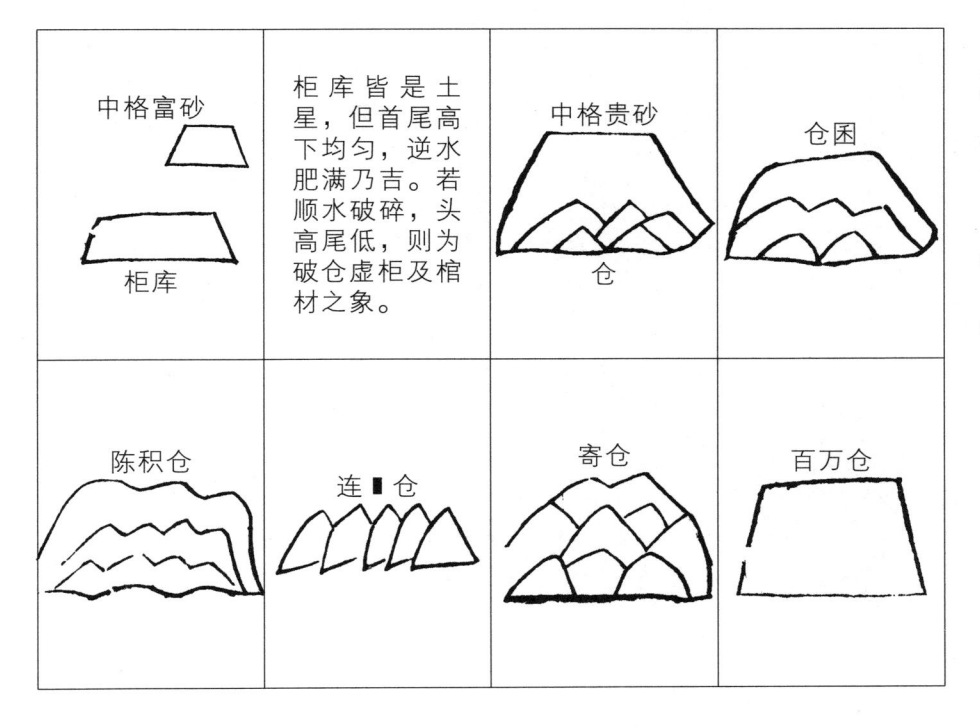

中格富砂 柜库	柜库皆是土星，但首尾高下均匀，逆水肥满乃吉。若顺水破碎，头高尾低，则为破仓虚柜及棺材之象。	中格贵砂 仓	仓囷
陈积仓	连■仓	寄仓	百万仓

仓囷多出于土星，亦有数金星者。凡金带土体，及土星不方正者，皆谓之仓。小者为库。凡仓库所应皆富龙，若连厰陈积百万仓，皆应藩镇屯驻去处。阴阳二宅见之，皆主大富大贵。其余止是富砂，以在外阳，故属外郡。百万仓似御屏，但不方正，差小者亦名万石仓。此系大星辰，主大富亦有贵，主出世享天禄，田连阡陌。

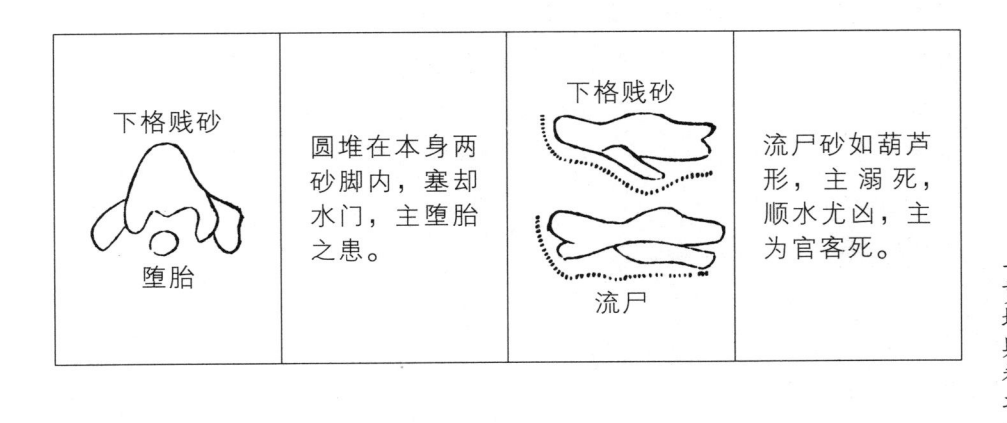

下格贱砂 堕胎	圆堆在本身两砂脚内，塞却水门，主堕胎之患。	下格贱砂 流尸	流尸砂如葫芦形，主溺死，顺水尤凶，主为官客死。

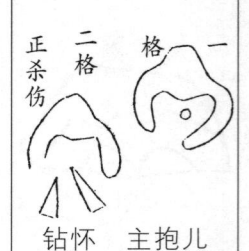

下格贱砂 二格 一格 正杀伤 钻怀　主抱儿	两砂内抱一小圆山，主抱养他人之子，或无子淫乱，如侧斜尖利，射入怀中，主杀伤徒配。穴上不见不忌。	上格贵砂 上天梯	连起星峰，一层高一层是也。要大小相等，高低有序，主兄弟一举同科。宜正案或水口。
上格贵砂 群仙簇阴	诸峰森森簇簇，重重叠叠，如蜂屯蚁聚，秀丽清奇，亦谓三千粉黛，八百烟花，富贵之象也。主公侯国戚驸马女妃为宜，主大藩镇守，巨富者多仆从。		

　　以上图注，砂法形象，不过录之为式，以辨贵贱名目，为启蒙便览。若夫吉凶胎胚，在龙而不在砂；作福作灾，龙可为砂，砂随龙转。大凡审辨砂形，不可据形妄断，必先参定龙穴气脉，贵贱分明，然后次论砂水，若龙贵则砂亦贵，龙贱则砂亦贱，龙为主而砂为宾也。有主有宾，固为全吉，《赋》云："主贵朝有情，定是为官秀实。"如宾贱主贵，则宾居城外不秀，能胎贵主之祸，宁轻宾而重主。"《玄微赋》云："坐下十分龙特起，纵少朝山也尊贵。"如主弱宾强，则宾属远照，不能救弱主之灾，不可舍主而从宾。《玄微赋》云："宾强主不对，终须作是虚花。"余故参酌轻重，洞晰本末，详为龙穴发形神，不为砂法悉皮毛也。先师口诀云："凡看吉砂，不论远近皆验。若凶砂恶水，近能为祸，远照不灵，则亦不必远避耳。"此亦看砂活动肯綮。

水法总论

管子曰："水者龙之血气，筋脉之流通者也，故《葬书》以水为外气，均有旨哉！"西山又云："两水之中必有龙，凡两水交则龙气止，水飞走则龙气散，水融注则龙气聚，且水深处民多富，水浅处民多贫，水聚处民多稠，水散处民多离，水之关系祸福，其重如此。然水有大小，有远近，有浅深，其吉凶取舍之要，不过来者欲其屈曲，横者欲其绕抱，去者欲其盘桓回顾，聚者欲其囊注澄凝，登穴见之，不直冲，不斜撒，不峻急，不湍激，不反跳翻弓，不倾泻陡跌，不射不牵，不穿不割，有情顾穴，环绕缠抱，恋恋不舍。《葬书》所谓'洋洋悠悠，顾我欲留，其来无源，其去无流'。"吴公又云："来去之玄横远带"，卜氏所谓"水本动，妙在静中"，又云："交锁织结之宜求，穿割箭射之宜避"，谢双湖又谓"水之吉者，聚而不散，见其来而不见其去"，傅伯通又谓"囊聚之水，深如锅底，圆如镜面，方如棋盘"，及诸源会合，九曲来朝，则尽其肯綮矣。至于方位吉凶之辨，左右去来之说，乃无形之吉凶，尽属卦例，不必拘泥，《经》云："水到之玄莫问方"是也。大抵相地之法，得水为上，故京师万水朝宗，金陵长江特朝而为帝都之大。又三吴有大湖震泽，东鲁大海巨洋，与夫三楚洞庭融注，江西彭蠡众汇，而越之绍宁杭台嘉湖，闽之福兴泉漳，广之广惠潮海等处，皆以得水而人财渊薮矣。余参此水法，凡审外水之大小深浅，识地之轻重；审内水之分合聚散，识地之正假，此一言尽之矣。

论水发源

发源水者，明堂中遡观来源之水也。水之发源，欲其深长，深长则龙气旺，发福悠久；水源短则龙气短，发福不远，又吴公云："来短去长，无大力量"是也。

论水到局

　　水到局者，来水入堂之谓也。水之到局，欲其入堂，更欲到口为吉。若水远来入局，将及到明堂，却便反跳撇去，谓之"不到堂水"，或到堂而无下关收水，或不肯流至下砂阑截之处，谓之不入口，总为无益。故水以到堂入口为贵，大小不必拘也。若水在逆砂之外，穴前虽不见，亦作到堂论。盖大地面前多有横砂，而外明堂水多不能见，此即"明拱不如暗拱"之说。如朱夫子论冀都地，前面黄河环远，自黄河至冀都数百里，岂穴前所能见？毋怪乎井蛙不识也。世俗又每执送龙两水俱要上堂，此亦大误。惟顺局去水地两水到堂前大会，名"前合襟"；若翻身逆跳之格，有后合襟、左合襟、右合襟，只一边到堂，更为吉穴。如两水合襟，俱要到穴前，惟界脉夹穴之微茫水则然；若龙虎外之水，自难拘泥。今以之论送龙水，岂不谬哉！然所谓到堂入口，惟富地为然，贵地亦多，有不如此者，又不必拘。但此水最能速富，江右陈九万祖地葬下即发财巨富，可为印证，图具于后。

论水出口

　　出口者，水既到堂，必有去处，谓之出口。水之出口，欲其弯环屈曲，迂迴深聚，《葬书》云："其去无流，顾我欲留"为妙；若直面急，浅而峻，则凶矣。大抵出口之处，宜有螺星游鱼，北辰华表，捍门关阑，重叠交锁，不见出去为美。诀云："水口不通舟，若荡然直去，决无真气内聚，纵贵亦不聚财。"

论朝水

　　穴前特来之水为"朝水"，诀云："朝水一勺能救贫"，此水至吉。卜氏云："求吾所大欲，无非逆水之龙。"余谓逆水龙固美，不如当朝之穴为尤美。盖逆水地多是枝龙，不如干龙两水夹送至将结作处，却翻身数节，逆当朝水结穴，力量极大。所以不贵逆水之龙，而贵逆水之穴。然水固以朝穴为吉，若或直急冲射，湍怒有声，则反为凶。凡朝来之水，须屈曲悠扬，深缓凝净，方为合格。陶公又谓"当面朝入，子息贫寒"，何也？正谓"冲射湍激，带杀成凶"。卜氏又云："九曲入明，当朝宰相，以其屈曲有情故耳。"大抵朝水之地要穴高，可以当此洋朝；若穴底小，朝水大，须要横案拦之则吉；如无案拦，恐低小穴不能当特大之朝耳。

论去水

穴前见水去，谓之"去水"，此水极凶。《天机》云："第一莫下去水地，立见退家计。"然古之名术，亦有下去水地者，未可概以为凶。如徽州府基、开化崇安二县基、西粤省基，皆顺水见其直去二十余里，然皆出势关截，交锁高固，民皆富盛贵显。举此为式，他可类推。要之，龙真穴的，砂又关阑锁抱，谓之不流泥，亦可酌用之；又或小势虽去，大势则逆，非一向真去方可。若小水既去，大势又顺，砂无回抱交锁，谓之流泥两全，决无融结，的主败绝。大抵去水地，发福必迟。如蔡西山祖地在建阳麻沙，九世方出贤贵；又杨文敏祖地在欧宁丰乐者，三百年后方出宰相，皆其征也。然又不可一概谓去水地无速发者，若穴前两砂紧夹，交牙锁抱，穴又低藏，穴上不见去水，亦自发速。如乐平明溪许学士祖地，却亦催贵速甚。先师诀云："去水地要穴低藏，两砂交锁为吉。无交锁之砂，切要近案横阑截断，以收其气，方为吉穴。"如无砂不收，与水同去，必主败绝。

建安杨文敏公祖地图

壬子山丙午向。地名白狸窝，俗呼金钗形。

地名俗呼曰金狸
钗窝形

右地来龙逆奔穿峡，顿起洪山，下殿数十节，复开帐起三台，正脉中落数节，结太阳金星，开钳穴，穴后正座洪山及三台帐，本身白虎一砂，遮却明堂；但午上秀峰，朝应而已。此地局势大顺，虎砂逼硬，下堂穴星粗大，右边送龙水百余里，前会浦城之溪亦百余里，先来逆奔，至此顺结，大势虽顺，而白虎一臂逆收过前，遮却顺去之水，四方奇峰罗列，锦帐御屏文笔天马天贵人等砂咸备，真大贵地也。此地形宽穴丑局顺，气缓三百年，始出文敏公荣拜相，曾孙旦吏部尚书，科第蝉联数十人，一门荣盛。

士远曰：葬三百年后始发台座，塚中之骨尚存不乎？此说似属迂远，但以为去水之地亦有贵应则可耳。人子得一避风消水之穴，即可藏亲之骸，贵应迟速，何必论哉！

乐平许学士祖地

乙山辛向，穴居石下。

龙脉穿田，来脉过板失踪。

此地自戌入未，复起山峰数节，作正艮入首，为将军大座形。扦乙山辛向，放元辰辛水九步，归乾，归癸，归庚，归坤，入中又归庚，合大溪巽水，又归庚兑长流，主三百年大旺，登科及第。此地穴前白虎一砂横阑，尽障外阳，一无所见，亦无明堂，亦无朝山，只是藏风，穴极煨煖，发福最快。再观廖金精赞记，真催贵之地，可为印证。赞曰："万斛千仓山势雄，前朝后拥从真龙。正龙华盖重重起，杀曜文星两势雄。武略文经从此出，紫袍牙笏掌边戎。大塘冈上乱纷纷，狗起羊来失却踪。山陂头水流来急，儿孙兴旺定光宗。军山面前来朝拜，虔州钟鼓响冬冬。他日贤郎来任彼，方知妙术有神功。"是时许宝文方数岁，廖曰："此子他日必为吾虔州太守。"宝文父谢曰："诚如是，敢忘所自！"后宝文果为虔州守，有《祭廖公文》。虔州，即今赣州也。此地在乐平十六都江家桥前，说系廖公课记。

陈九万祖父地

董德彰下，寅葬卯发。郭称九万，陈氏县前大小二桥，皆其所造。桥前说系廖公谏记。

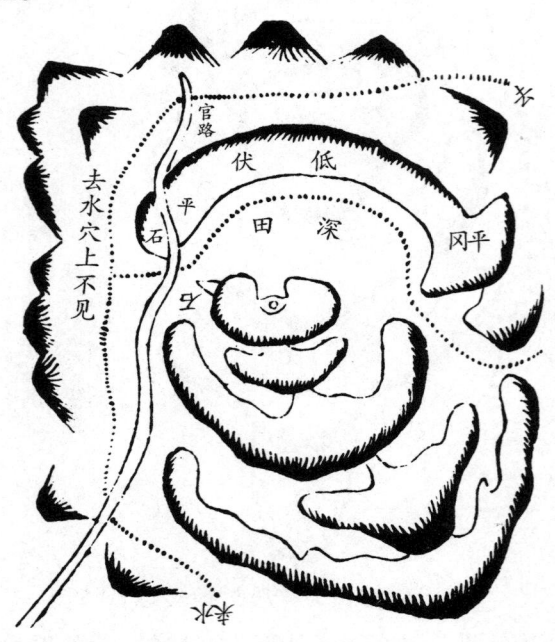

右地在德兴五都张村铺路侧。其龙乃顺势翻成逆势，气甚旺盛，入首

大断，起连气金星，微开钳口，结穴临田蘸水，穴前田源囊聚，近身一掬横砂为案，低伏如眠弓，绕抱以关堂气，使一源之水，既到堂，又入口，吴公口诀所谓"水要嗑得着，砂要摸得着"是也。卜氏云："紧夹者福不旋踵"，惟此地为然。董公德彰为陈氏扦之，许以速福，窀穸甫毕，天尚明明，孝子秉烛而归，路逢群贼分赃，见火光，人众疑捕者至，弃财走散，陈氏因得之，遂至骤富。今乡人传谓"寅葬卯发"云。又吴书源宽为池州府张氏下一地，亦是寅葬卯发，大略相同，兹不述。

论潮水

海为四渎所聚，水势既聚，则龙势大止。故凡大干龙多止于海渎，而其融结，或产王侯将相。至潮水之来，亦可验其吉凶。潮头高而色白者为吉，古歌云："海水逆潮人爱惜，两浙英雄从此出，十五不潮人叹惜"，又云："江左秀气在潮水，潮白时人多富贵"，如昆山县海潮抵其邑者，三状元，亦三应之。余姚孙志烈公地，穴前潮水交会，满门朱紫。又王阳明先生祖地在县西十里，结穴平洋穴，前水屈曲而去，海潮一起涌入朝穴。旧有记云："封山二地最难求，穴落平阳水远流。奇峰隐隐云霄见，文魁天下武封侯。"后阳明先生父海日公华丰，成化辛丑状元，官至南京吏部尚书；阳明登会魁，正德末官南赣都御史，以平宸濠，功封新建伯，南京兵部尚书，隆庆初追赠新建侯，果符其记。故潮水关地气盛衰，且阴地得潮最吉。以上所引诸吉，皆秀应在潮也。

黄河水

中国之水发源远者，惟黄河为最上，通天运，关系最大。但水势急峻，变态不常，其为色，四时皆浊，若一澄清，则为明圣之应。谚云："黄河清，圣人生"，古歌云："黄河在此四时浊，急翻风浪泥沙恶。五百年来一遍清，此是南朝圣帝生"。

江水

江为四渎之长，亦诸水之所注也。然其势既浩荡，而弯抱屈曲为吉。故金陵襟带长江，为天下都会，良有以也。

潮水

潮为诸水之聚注，汪汪洋洋，万顷一平，水之最吉者也。不拘潮之大小，阴阳二宅见之俱吉。

溪涧水

大凡干龙，多居江湖河海之旁。然入小干大枝，每结作于溪涧之内，其水必以屈曲环达，聚注深缓为佳。若直而太急，溜而有声，峻而跌潎，皆为不吉。

平田水

水散田中，平夷悠缓，不冲不射，不割不穿，不带凶杀，凡穴得之最吉。亦以有情朝穴，到堂融聚为佳。若无情而不到堂，纵有诸吉，亦无益也。

沟洫水

沟渠田洫之水，屈曲悠汇为美，若直急摆撤冲射，穿割无情者，皆为不吉。

池塘水

池塘之水，乃地势污下，会集诸水者也。若是生成原有者，亦储禄之类，穴前得之最吉，不得填塞。如误填塞，灾祸立应。若凿池开塘，亦须详审，不可妄开，伤残龙脉，发泄地气，立见凶祸。且池塘凶者，谓之照盆杀，主少亡。断法云："上塘连下塘，寡母守空房"，不可不慎。亦有方位不宜水照者，尤宜详审。杨公七十二龙水最验。

天池水

凡高山顶上有池水，曰"天池"，以其高在山巅云汉间也。《经》云："高山顶上有池水，两水夹卫真龙行。问君山顶何生水，此是真龙楼上气。"亦不拘高山平洋。龙身有湖池，亦是天池。凡在龙身带池者，皆谓之天池；如不在龙身上，则为池塘水。若峡上左右两池，脉从中出，谓之左侍右卫，名"养荫天池"。《天机》云："龙上如生两池水，养荫斯为美。"亦有一畔有池，一畔无池者，《经》云："也有单池在旁抱，单池不及两池妙"。夫天池又名天汉星，一名天潢，《经》云："池平两水夹又清，此处名为天汉星。天汉天潢入阁道，此星入相居天庭"。西山云："龙带天池，则有贵气而绵远。"大凡龙身有此池者，其结作力量甚大，须四时水注为美；若忽然干枯，败祸立至。诗云："平坡天池大且深，真龙脉盛故凝成。四时荣注极荣贵，一旦干枯即败倾。"故天池宜深注，四时不涸为佳；或平浅，乍有乍无，亦不为吉。

注脉水

注脉水者，湖水注于穴前也，亦名仰天湖。大龙形势甚强，及到尽处，无穴可下，必于未尽之间，结为天湖之穴。惟在龙行之时，必有主脉之水，四时不竭，此即真气融结，宜于此寻穴。其水注以后，去者或复起为案，或为官曜，皆贵也。朱文公葬母地合此格，可为印证。

朱文公葬母地

癸山丁向，不见外洋。

此地在建阳崇太里寒泉岭，龙自高山脱脉，穿田起为平冈，又逶迤数节为湖，曰"双脉"，合而为穴。穴据湖水，本身前去，成高埠，为太阴文星案，外阳暗拱，左右映带，大汉横绕，真得水藏风之美地。文公孙鉴，官侍郎；曾孙俊，尚理宗公主。至今徽州、建宁两地，世袭博士，家族富盛，科第不替也。

沮洳水

沮洳水者，非冷泉窟穴，而遍山遍地常湿，视之不见，有水践之鞋履皆湿，或是石出里，如死牛皮不问，四时常有湿汗，或掘凿坑，坎水即盈满，或春夏泉流，或秋冬枯涸皆是，子微云：沮洳水乃是内龙，气衰脉肢如人受病，气不通而血妄行是也，又云：若有石曜，湿如牛鼻，切勿用之，皆为确论。

臭秽水

臭秽水者，或牛泓猪涔，或腐臭成浆，黄浊浓滞，搅动腥秽气，不可闻者也，阴阳二宅皆臭。《经》云："血浓出泉，腐臭成浆，牛泓猪涔，污秽浊黄，主瘟招疫，家道不昌，瘘疽痔漏，子孙少亡"是也。涔音替。

泥浆水

泥浆水者，干湿地也。得雨则盈，雨霁则满，望之似可扬尘，践之或至没胫，滋滋浸渍，当有泥浆，此乃不潴之地，龙脉疏漏，最为不吉。

源头水

龙之发源处有水，谓之源头水，来短去长，真龙不住。《赋》云："穷源僻坞，岂有真龙"，吴公云："源头地，水尾山，时师到此不须观"。常见大龙结穴，多在山谷中，而内堂水源甚短，有似于源头者，尤宜详审，不可概论。如浮梁李侍郎祖地、建阳蔡文肃公祖地，是其式耳。

送龙水

送龙水者,龙之发足,两水界送,直至龙尽而合者也。干龙则论溪水、河水,枝龙则论山溪、田源,夹送龙神。然不可拘其两水会堂,只一边到堂,一边不上堂,亦不为害。若顺水行龙结穴,两水俱到穴前会合,若翻身逆跳,与回龙顾祖,或合于左,或合于右,或合于后,皆不可拘。但水源长则龙长,水源短则龙短,力量大小,于此可知。

干流水

干流水者,一合二合水也。高处是山,低处是水,雨下则有,雨止则无,故曰"干流"。此水界脉收气,最关利害,忌直长倾泻,宜乎缓融结聚,最关初年祸福,甚不可以无形之水而忽之。

合襟水

穴前界脉上分下合之水,如胸前衣襟之交合,故名"合襟"。盖脉来有分水以导之,脉止有合水以界之,故有"小分合"、"大分合"。其融结有三分三合:穴之前后,为一分一合;自起主至龙虎所交,为二分合;自少祖至山水大会,为三分合。小合处为小明堂,大合处为大明堂;合在龙虎内为内明堂,合在龙虎外为外明堂。以内界水分合审气脉,定穴之聚散;以外界水分合审明堂,定局势之聚散。内界水隐微难窥,外界水明显易见;内界水收得紧,合流不散,名曰"天聚",是自然雌雄会也;内界水出,与外界水关得住,合于明堂,曰"人聚",是隐然雌雄会也;明堂外龙虎包裹,下见水出,曰"地聚",是显然雌雄会也。此谓三分三合,名"合襟水"也。又名"合金"。

元辰水

龙虎之内，穴前合襟处水，是我本身亲血，不拘干流湿流，均谓之"元辰水"，切忌倾走，譬之人身元气，一滴不可泄也。《经》云："明堂惜水如惜血"，必须左右有砂，拦截交锁，使之曲折为美。卜氏云："元辰水当心直出，未可言凶"，乃权辞戒人勿执一耳；下文即复云："外向山转首横拦，得之反吉"。盖地固有龙真穴的，不幸而元辰长者，须局势紧巧乃可；若一向直去，局又旷阔，则精气不聚，必无融结。亦有大龙气盛，结穴已完，余气吐为毡褥，为曜气，一齐收敛不尽，而有元辰直出者也。初代不利，必须行到砂拦水截之处，方无财禄。此等地多清贵显耀，而家储终不富盈耳。

元辰水吉	元辰直出，复有外水横截反吉，但主初代不利。	元辰水吉	元辰直出，有外砂横拦，其气亦收，但主初代不利。
元辰水吉	元辰水属曲而出，初年即发。	元辰水凶	元辰直长，无砂拦截，名抽肠水，大凶。

天心水

天心者，至中之义，穴之晕心，借以为名。若界水淋穴之头，谓之"水破天心"，必主败绝。穴前明堂正处，亦谓之"天心水"，若有水融聚，谓之"水聚天心"，主巨富显贵。卜氏云："水聚天心，孰不知其富贵。"若此处水穿直射，亦谓之"外水破天心"，主财禄不聚，人丁稀少。

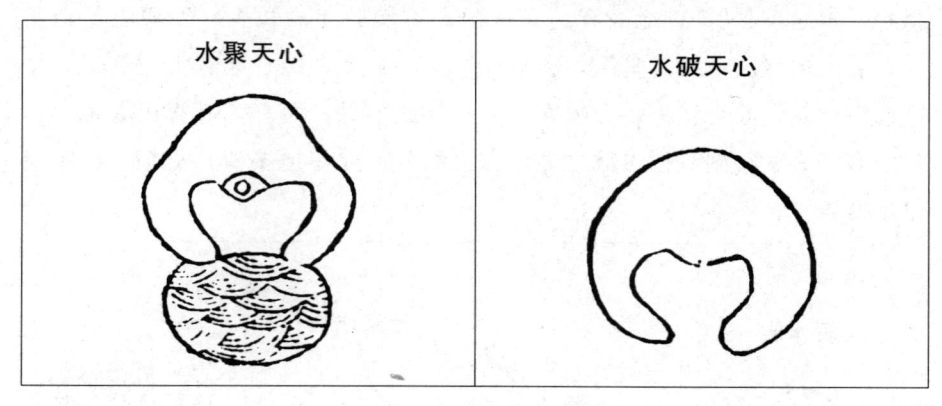

水聚天心	水破天心

真应水

真应水者，泉注穴前，以应真龙之结作者也。好龙旺盛，既结为穴，秀气不尽，溢发为泉，应我真穴，不拘大小，但要澄清甘美，春夏不溢，秋冬不涸，潴不而流，静而无声者为是。亦名"灵泉"。若有此水，必有大池，宜于此寻求。如楚夏忠靖公祖地，及广西吕文简公祖地，是其格也。夏公地格，到头开两掬，弯抱甚巧，钳抱中有应水，不涸不溢。吕公地格真应水，在穴前大龙虎田内注，不涸不溢，可证。

禄储水

穴之前后左右或水口间，有深潴融聚之潭湖窟塘，皆谓之禄储水，或诸水聚会，亦是要深大不涸竭为美。主厚禄储积，巨富悠久。

醴泉

味耳如醴,故名"醴泉"。圣人之德,上及太清,下及太宁,中及万灵,则醴泉出。盖圣王德感,神物之来,非偶尔也。固地龙气脉之所发泄,亦不必泥为气旺而求地。

嘉泉

嘉泉者,其味甘,其色莹,其气香,亦曰:甘泉,澄之愈清,混之难浊,春夏不盈,秋冬不竭,暑凉寒煖,四时莹彻,此泉至美,乃龙气之旺所溢也。阴阳二宅,近之皆吉。

已下诸泉俱凶。

冷浆泉

冷浆者,味淡色浑气腥,亦曰泥水,泉不可炊饮,得雨则盈,雨霁则涸,或春夏溢,或秋冬竭,皆为不吉。

汤泉

即温泉也,是硫黄、或矾石在下,故其水上出沸热。大抵龙之旺气,融而为泉,泉如发热气,即发散不能结穴,杨公云:"凡是温泉莫寻地,真阳温厚化为水"足也。

矿泉

矿泉者,其下有矿而上有泉迸者,其色红,亦谓之"红泉"。龙脉气钟于矿,其山泉流红色粘滞,他时矿利发泄,必致掘凿伤毁,纵有美穴,必致败坏。凡气钟于矿而为泄宝,岂能复结阴地?人子慎之!

铜泉

铜泉之水，可浸铁为铜色，类肝胆，又名胆泉。龙脉旺气，皆钟于泉，不能结穴。

涌泉

泉自地中涌出，起泡喷沸；或石崖拥出，乍起乍没，如潮水起泡者皆是。有此则地气发泄于泉，不可求地。

溅泉

溅泉者出窍如射，冷冽殊常，乃阴极肃杀之气所发，最为凶恶，不可求穴。

没泉[①]

没泉者，水从下漏也。下有虚窍，潜通他所，水滔其下，如没地中，不见其去，此乃虚空之地，气不融结，不必求穴。

黄泉

黄泉非论其色，乃水入于地，谓之"水落黄泉"。春夏雨乍起，其水骤涨，雨止即入浸地中，四时干竭，乃浮砂之地，龙气虚耗，不必求穴。

---

① 原注：与水落黄泉同。

漏泉

漏泉者，点滴渗漏，乃龙气之弱者，不可求穴。

冷泉

清流冷冽，极阴之气，决不融结，《玉峰宝传》云："漏泉冷泉，溅泉红泉，穴中明堂，皆不宜有。若或有之，痔漏病醉，发泄地气，家储无有"是也。

龙湫泉

凡孕育蛟龙之窟，或旱岁祈祷辄应者，皆是此泉，多出大山，元阴之所，鬼魅之都，不可求穴。

瀑布泉

凡山岩流泉飞奔，石壁之下如掷布帛之状，穴前见之，或如孝帘，如垂泪，如白刃等状，皆不为吉。又或有声，如轰雷搥鼓，如泣哭悲诉，尤为不祥。亦有幽奇岩洞，飞瀑如珍珠者，只主仙释清高，不可求穴。此泉宜居水口，名曰"挂剑水"，阴穴大者借为用神，亦主将相。

论水城法

水城者，以水为范我之城，所以界限龙气，不使荡然散逸者也。洪悟斋曰："水城为龙穴之门户"是也。其形不一，难以概陈。古人以五星配之，最为精当。郭璞以贪巨武九星配之，亦与五星相合。五星者，金木水火土是也，内惟水火二城为凶星。《九星诀》云："屈曲贪狼武抱身，巨门横远散为文。廉斜来去直名忧，倾泻悲号是禄存。"盖屈曲贪狼即水城也，武抱身即金城也，巨门横远即土城也，廉斜破真即木城也，倾泻碎散即火城也。五星所取金水土，即九星所取贪巨武也。五星不取水火，即九星不取廉破文禄也。名虽各殊，吉凶一理。的以五星城法，与形势融聚，倾泻散乱，眼中所见者，以定吉凶，不问江河溪涧，沟渠坑洫，皆同一理断之。至于诸般卦例，与宗庙水、夹竹梅花、旗鼓、抛马、连珠水、玄空水、八贵水、穴秀水，《倒水经》种种议论，皆彼是此非，旨无一定；尤以方位论水，贵重方位之吉凶，不重水城之善恶，是舍有形之体而务无形之用也。如必欲用与体合，将岐说纷纷，合者什一，悖者什九，吉凶无主，难决定衡。矧余屡试全无一验，其中可取效者，惟杨筠松七十二龙水法，十验八九。然亦可验于龙穴贱微之局，不可验于龙穴尊贵之堂，然亦不外弯钩兜转、库射解照之形体，与五星九星之水城适相符也。若玄空水分阴阳路，有生旺囚谢之理，余仅取为作坟放水，与天井折水住水之用，总亦不外屈折回远之旨。更参合杨公七十二龙水法，方尽其妙。其余无验水法，一均屏除，以免惑世。其为形，吉格十有四，凶格廿有三，备图详后，以为矜式。

水城吉凶各自总诗

诗曰：去水流泥不流格，曲直二字局中分。泥流下后人财退，流去砂交方可针。横平方直呼为土，腰带环身金出名。撇针直来俱是木，尖斜破碎火星明。九曲之玄弯是水，中准木火是凶神。箭断外城分暗拱，漏漕形杀不同评。裹头虎眼穿龙臂，割脚分流五背城。交剑漏腮帘卷泻，入怀反跳不回身。冲射心胁牵鼻去，数格逢之祸必生。仓板鸣珂融潴注，荡胸聚面冲身沉。迴流拱背兼入口，九格入局尽是亨。

五城总断诀

金城富贵水聪明，土主愚顽富武声。火主动瘟人夭折，木城枉死少年丁。

金星水城有三格，曰：正金、左金、右金。

抱身弯曲号金城，圆转浑如远带形。不但显荣及富盛，满门和义世康宁。

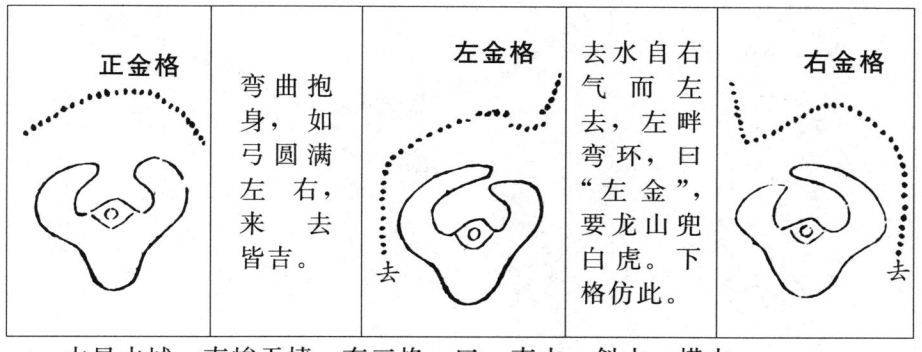

正金格	弯曲抱身，如弓圆满左右，来去皆吉。	左金格	去水自右气而左去，左畔弯环，曰"左金"，要龙山兜白虎。下格仿此。	右金格

木星水城，直峻无情。有三格，曰：直木，斜木，横木。

峻急直流号水城，势如冲射最无情。军贼流离及少死，贫穷困顿受伶仃。

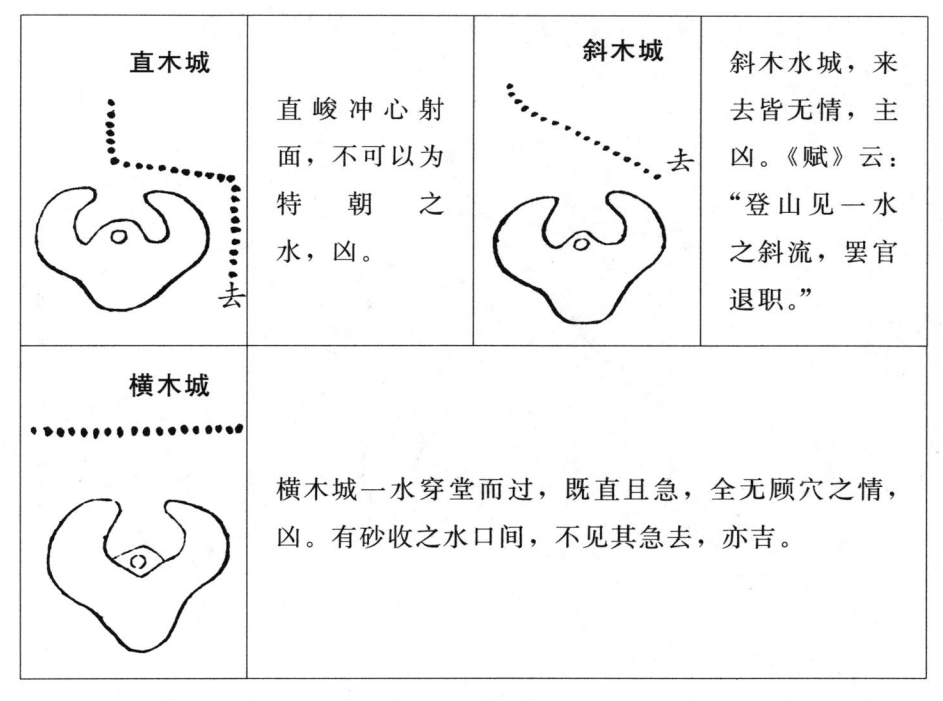

直木城	直峻冲心射面，不可以为特朝之水，凶。	斜木城	斜木水城，来去皆无情，主凶。《赋》云："登山见一水之斜流，罢官退职。"
横木城	横木城一水穿堂而过，既直且急，全无顾穴之情，凶。有砂收之水口间，不见其急去，亦吉。		

水星水城，之玄屈曲，最吉。有三格，曰：正水、左水、右水。

屈曲之玄号水城，盘桓顾穴似多情。朝堂多贵官极品，奕世簪缨富贵荣。

一贯堪舆

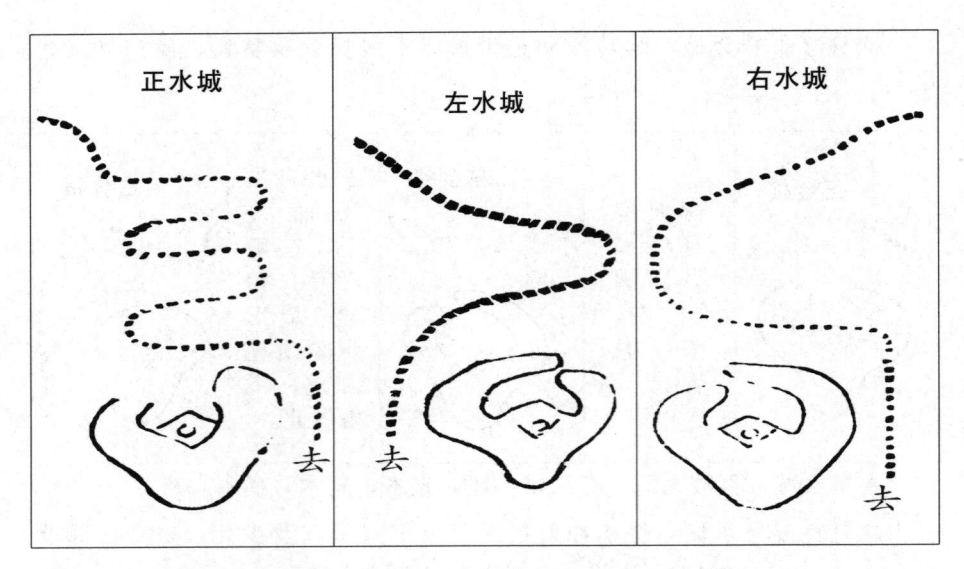

| 正水城 | 左水城 | 右水城 |

火星水城，尖斜破碎，极凶。有两格，曰双火，曰单火。

破碎尖斜号火城，或如交剑急流争。更兼湍激声凄惨，枉死伤残孤寡侵。

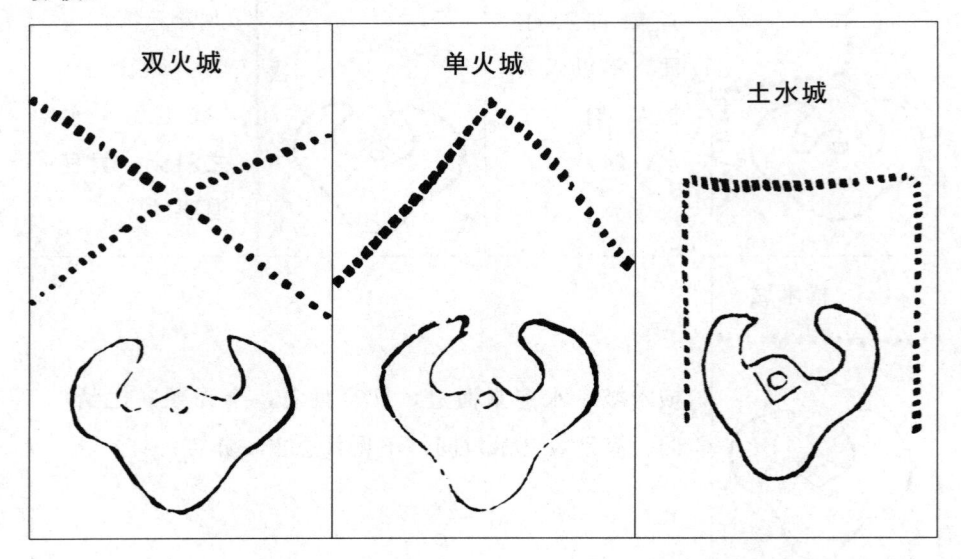

| 双火城 | 单火城 | 土水城 |

土星水城，横方而平，半吉，只一格。

方正横平号土城，有凶有吉要详明，悠洋深潴知为美，弯峻争流祸不轻。

五星背城论

背城者，水皆背我而去也。地理以向背定吉凶，水既背去，其凶可知。求其庶几者，惟水星半吉，须龙真穴正方可。背皆大凶，龙穴纵美，亦须弃之。卜氏云："撞城者破家荡产，背城者拘心强心"是也。

五星城水背皆凶，乃为反拘卷帘同。纵饶龙穴砂皆美，终主儿孙忤逆穷。

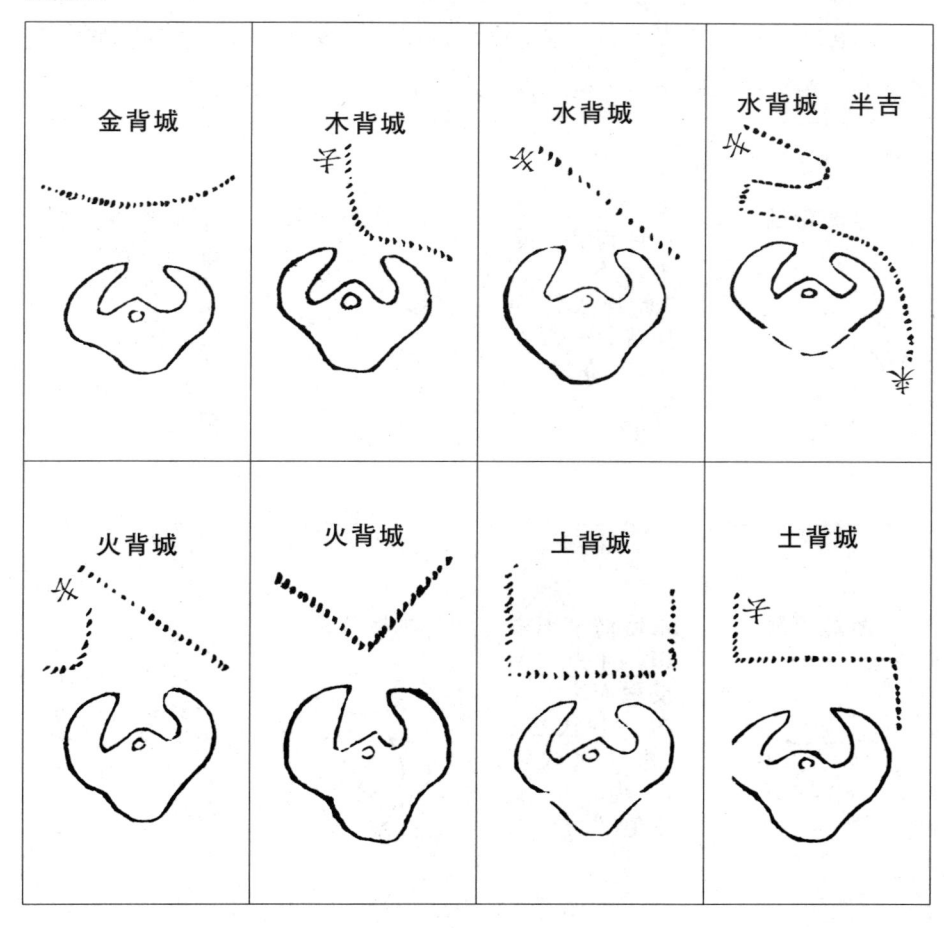

金背城	木背城	水背城	水背城　半吉
火背城	火背城	土背城	土背城

水城详辨[①]

水城之法，固以金城水城屈曲弯抱者为吉，水土火城直冲斜折横平尖撇者为凶。然其间吉凶，又须有辨。如金城弯曲抱身，或才过穴，即撇摆反去水城，屈曲朝入，或将到堂，又峻急有声，皆非全吉。其直冲朝入与斜来横于尖撇者，或穴前有低小案山遮蔽不见，而去势又盘旋环绕有情，未可遽以为全凶。龙真穴的，不可弃也，须细细辨之。若夫裹头割脚，反跳翻弓，箭城门，断城门等格，皆凶，决不可用。详格于左。

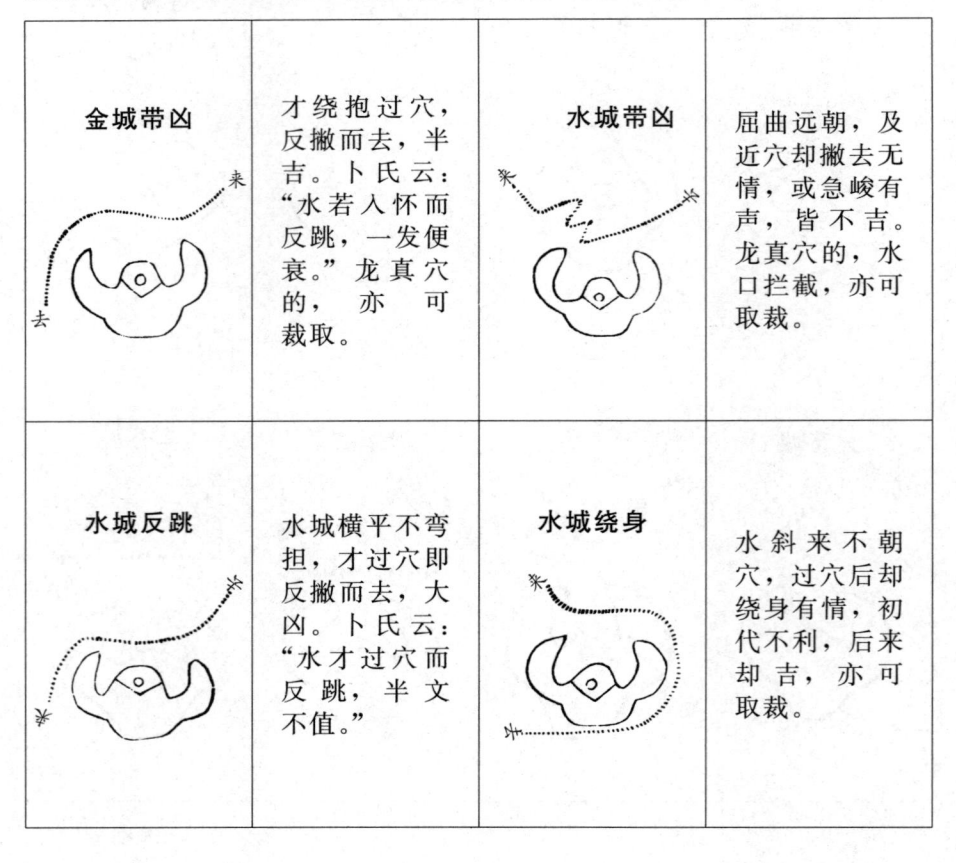

金城带凶	才绕抱过穴，反撇而去，半吉。卜氏云："水若入怀而反跳，一发便衰。"龙真穴的，亦可裁取。	水城带凶	屈曲远朝，及近穴却撇去无情，或急峻有声，皆不吉。龙真穴的，水口拦截，亦可取裁。
水城反跳	水城横平不弯担，才过穴即反撇而去，大凶。卜氏云："水才过穴而反跳，半文不值。"	水城绕身	水斜来不朝穴，过穴后却绕身有情，初代不利，后来却吉，亦可取裁。

---

① 原注：吉中带凶，凶中制吉论。

直冲有情	水直冲却有横掬一臂遮拦，不见直来，而复环绕有情，反吉。此水多结大富贵之穴。	直冲有救	此水直冲，至近穴有小墩埠，塘低，不见其来，而去又绕身有情，亦吉。
直冲有救	远虽直来，及到近穴，却潴聚深蓄，亦吉。	水尖有救	水城尖而无情，有深塘低，穴间不见，惟见外洋朝秀，穴后水却绕身，吉。
打断水凶	此水出局，被外水打断，水急，主刑杀官讼，左长右幼中中祸应，盖是门户不关是也。	流泥水格	空前水倾流而去，砂又随水而飞，杨公云："一水去，二水去，众山奔流一齐去。山山随水不回头，失井离乡无救助。"
水流泥格	水水虽去，砂回交锁，的作吉论。外边大水或去或来，穴上不见，俱不必忌。	箭断外城	此水外来直射，或一或二或三，内有一水横过以断之，左伤长，右三中二，主刑伤徒配少亡，凶。

名称	说明	名称	说明
御阶水（又名仓根水）	乃田水一级低一级朝入怀也。《经》云："惟有田朝胜海朝"，极吉。	融潴水	深水注聚不流，莫知其去来也。若真龙穴有此吉水，前砂或不静，亦无害。《赋》云："前案若乱杂，但求积水为奇。"主巨富悠久。
漏肌水	穴之两旁泉窦，清冷长流也。或一旁泉窦，亦是。乃漏气之龙，主退败痔漏。此与真应水融注，澄洁不流，其美而不冷冽有异。	冲心水	急流直冲入怀，亦谓之流破外天心，虽曰特朝，峻急直射，必主刑伤。陶公曰："当面朝入，子息贫寒"，正此水也。
牵鼻水	元辰斜牵而出，一往无拦，谓之"牵动土牛"，主退败不休，离乡外往。	射胁水	水射两胁也。直曰射，横曰穿，皆凶。吴公云："水贵湾环，最怕冲心。"射胁主枉死少亡刑伤，左应长，右应三。
荡胸来水	一水聚来，自小而大，如囊聚物，主极富。荡左长富，荡右三富。	聚面水	乃诸水融聚，即水聚天心之谓，上格也。

迴流水	旋转逆迴，扬扬悠悠，顾我欲留，潴而后泄，皆迴流水也。必有深潭或石山拦截，势必逆迴，大吉。	卫身水	龙至湖中，突起墩埠结穴，四面皆如孤月沉江然，最吉。故曰："四畔汪洋，得水为上；富冠州郡，贵为卿相。"
漏槽水格	穴下深槽直倾也。此干流之水，主退败。若真龙结钗钳，与漏槽相似，但真有唇毡兜起。	刑杀水格	乱水交流也。有一水必有一砂，水送砂失，或当面直射，或顺水斜飞，皆谓刑杀。主杀伤徒配，阵亡枉死。
裹头水	此穴无龙虎，而水城扣脚洗割，虽贫绝，若上聚之穴亦不拘。士远曰：穴既高，不论脚；龙已真，不论水也。	割脚水	穴无余气，而水城割脚。若真穴，有唇毡，安有水割脚？主贫绝。上聚仰迴之穴，不以此论。
穿龙臂虎眼水	穴之左右，被水穿洗也。坎坑路陷皆凶。左应长房，右应幼房，主孤寡自缢图赖。	反跳水	水到穴前，反跳而去，似于背城，其凶尤甚，主退败流离。

交剑水 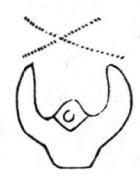	穴前二水相交也。凡龙大尽，多有交剑水以界绝之。此脉穷气尽之处，不可求地。	拱背水 	水缠穴后玄武是也，《赋》云："发福悠长，定是水缠玄武。"主富贵绵远。盖水能聚龙之气，水缠胜山缠穴耳。
九曲水 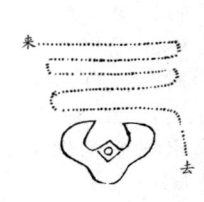	水势屈曲之玄有九也。亦名御阶水，主大富贵。卜氏云："九曲入明堂，当朝宰相"，又云："一岁九迁，定是水流九曲"。	分流水 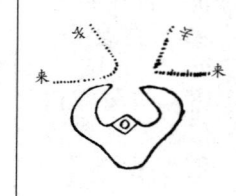	《赋》云："儿系杵逆，向前八字水流。"惟骑龙穴为吉。
骑龙分流吉格 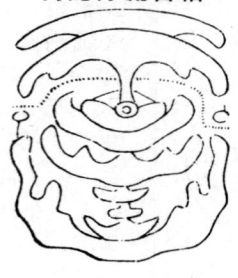	穴前水分八字而流出也。水既分流，龙行不住，无融结可知。此则龙气已住，穴场已定，余气前去，小水虽分，而重重拦截关锁，四山周密，不见水去，龙真穴的，故不忌耳。		
鸣珂水 	水入田窟，或入石窍，或石山两夹，中有泉水滴下，滴沥有声，如鸣珂也；或如铜壶滴漏，或如磴鼓声，皆吉。卜氏云："鏊鏊洞洞，响而亮者为吉"，子微云："别有一般名磕鼓，鏊鏊閗閗如擂鼓"，此水主贵。声如悲凄为凶，故又曰："有声不如无声"。		

卷帘水

穴前之水，倾跌而去也。卜氏云："卷帘水现，入赘填房。"此水主退败。又有一等，龙贵穴真，内水似卷帘水，却外山数里外包来，大水远远逆朝，此实逆而似顺，初葬不利，后代发福，大龙方依此论。

暗拱水格

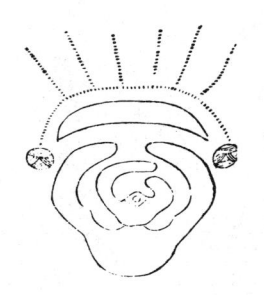

暗拱者，穴上不见，而水在砂外，或朝，或抱，或聚，皆谓之暗拱。《经》云："也有真龙无朝水，只看朝山为近侍。朝水案外暗循环，此穴亦非中下地。"谚云："明朝不如暗拱"，恐明朝带杀，而暗拱有情，故反为吉。

入口水

乃水上堂，而有拦截之逆砂收也。或水势纵美而不到堂，或到堂而不入口，皆未尽善，故必以入口为贵。此水发福最快，但下山既长出收水，水势至此，必水反而去，不可作反跳论，极吉。

永康徐侍郎祖地图

巳山亥向

右地在永康县西五里，其龙与县数十里外分脉，逆溪水上奔，复盘转逆田源朝北结穴，穴形奇怪，有突不葬于突，不穿龙势，不对明堂龙砂，

硬奔拦面，明堂倾斜，不入俗眼。不知十里田源暗朝，绕过明堂而缠玄武大溪水，会真龙尽气钟之，故吉。先一家葬，退败，迁去。明师刘永泰复点旧穴，徐氏曰："彼既不吉，乌乎可？"刘曰："深浅不同，乘气有异。且此地本主先凶后吉，今彼已退败一代，凶气已去，吉气将来。"徐如言葬之，刘课曰："一代二代伶仃贫，三代颇有读书生。四代为官常近帝，五代六代榜联登。"后果出侍郎，又科甲联名，太守公师夔、师皋诸贵，皆符其验。

乐平汪民祖地

坤申龙寅申向

一贯堪舆

　　右地在乐平十六都，名洋源，坤申龙，寅申向。前有寅申田水，特朝催富之地也。董德彰下，课云："夜敲门送契来。"扦后周年，汪氏有表叔，富而无子，因侄忤逆，至夜将契书田业尽付于汪，因以聚富，果验不爽。

　　富而无子，祖地弱乎！侄子忤逆，叔悭吝乎！二者均未可知。田业不与侄而与汪，心术狠毒极矣，此房应是当绝。

新编杨曾地理家传心法捷诀
一贯堪舆卷之七

论官鬼禽曜兽螺北辰星总说

　　官鬼禽曜兽螺北辰星者，乃真穴前后左右发出余气之山带秀者，名曰"六吉星"。杨公云："六吉动时地不远"。《经》云："问君何者谓之官？案山背后逆拖山。问君如何谓之鬼？主星背后撑者是。"官在前，鬼在后也。《经》云："问君何者谓之曜？龙虎背后石尖生。"又云："天曜星，贵无价，生在穴前形丑咤，王公卿相此中生，世俗庸流惊且怕。"曜星在龙虎肘后及明堂左右间也。《经》云："问君如何谓之禽？龟鱼生在水中心。问君如何谓之兽？古怪石山如诸兽。问君如何谓之螺？小石散乱在溪河。"又云："六个螺星水口安，半居潭内半居山。问君何谓北辰星？石山高耸千万寻。将军和尚侵云汉，狮象麒麟是正形。"此禽兽螺与北辰星，俱在水口间也。此六吉星，皆为富贵龙穴之证。《四灵歌》曰："禽星曜星与官鬼，都是好龙生秀气。穴前穴后龙虎傍，有此定为公相地。"卜氏云："要识前官后鬼，方知结实虚花。"又云："禽星兽星居水口，身处翰林。"又云："生曜生官，王谢之名可坚。"《太华经》云："真龙结穴生气旺，方生禽曜鬼官星。六吉之星齐出现，宰相金阶玉殿人。"图释于后。

　　案有三格，曜有两格，官有眠顿二格，鬼有眠顿二格。

官鬼曜罡之图

罗星略说

凡圆墩与石覆低而小者，或在外明堂下手间乾流水内，或居下手平田中，或乾流平地上，皆曰"罗星"，穴上不见为妙。若螺星在水口中，有分别。①

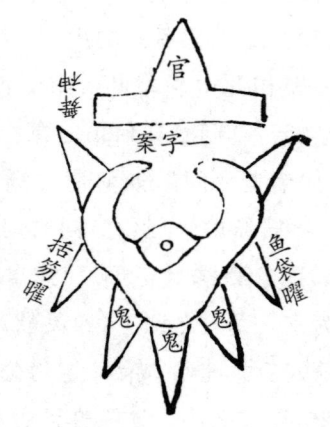

此玉带一字二案，或从龙虎偷脉过去而为案者，或从缠护而来作为近案者，皆是。

---

① 原注：乾音干，平声。

此格堂内尖砂俱是曜气，各象齿曜、鹿角曜、牛角曜，皆是也。

论官星

官星者，本身之山，结穴已完，复有余气旺甚，发为官星，走于龙虎案背后，或再起一山，或直拖尖利之砂，向前插去，皆是。又或缠护山近来作案，案背后直拖，尖砂亦是。或圆或方，或尖或长，或石或土，皆不可拘。子微云："试问如何是官星？本山山前更有山。"此乃龙气旺盛，秀气融结，包含不尽，故发泄注为官星也。大凡龙之贵气重大者，官星亦重大；尽小者，官星亦轻小。大小非论形体，乃气脉之力量也。杨公云："阳为曜星，阴为官星。"何也？凡生者阳也，阳主动，故曜星之形，如蛇如鳝，如旗脚，如幡带，如牛尾鼠尾，如绳索之摇拽飞去，或左或右，或后或前，连拖飞窜者，其星属阳，为生，可见。凡死者阴也，阴主静，故官星之形，如箭如枪，直尖而去者，其星属阴，为死，不可见。然亦不可执论，亦有顿起星峰者，《太华经》谓之现世官、现面官。《经》云："官星在前多不见，见者名为现世官。"《太华经》又云："官星之形少人知，对面尖峰枪笋奇。笔架楼台枪旗剑，便是官星仔细推。平洋横案来关抱，案后直去似枪锥。忽然生石直尖去，龟头鹤嘴是官机。"若龙真穴的，断主当代为官。大抵官星有吉无凶，但恐认龙点穴不真，纵有官星无益。亦不必拘其形势，以定贵之大小，须以龙穴为主，官为佐耳。若《龙髓经》以官星分四十格辨贵贱，究心末务，似属烦琐。不知龙穴为地理根宗，贵贱凶吉，从此胚胎，官星不过为辅佐。如龙尊穴贵，则官星为催贵之使；龙穴凶恶，细有官星，亦变为枪戟凶器耳。识者悟之。徽州汪经历父地有现面官，为催贵之格，可为印证。

现面官催贵格

董仙下

官星　现面

右地在婺源县，下坡坞，大金垂乳，扦乳头穴前。官面现，贵人峰下展旗山。葬后半纪，充军三年，为官经历，子孙皆小贵。玄孙天受，官都御史，盖葬后充军者，穴带杀旗山现也。催官者，官星现也，以军功得官者，旗上贵人峰秀也。玄孙贵显者，后龙格贵也。事实。其地将葬，董谓汪曰："汝欲子孙为官耶？抑自为耶？"汪曰："不若自为。"董曰："地本催官，但欲速，须向军门走一次，勿为疑。"汪曰："惟公是从。"下之如法。已而湖广邹巡司者卒于官，子为青衿，奔丧缺费，经婺邑。邑尹梓人也，乃求赒。汪时为椽，怜之，赠礼，青衿德之。数年登第，官河南清军御史，汪果戍其地，审名得详，乃阴厚之，为汪军功授经历焉。在戍仅三年。果符其课。

鬼星论

　　鬼星者，乃穴星后逆拖而去，或倒地拖尾，或顿起成星，或高过穴星，或低伏在下，凡撑住在后，枕托穴场者，皆是。杨公云："问君如何谓之鬼，主山背后撑者是。"若撞背龙结穴则无鬼，惟横龙结穴，与翻身逆跳之局，必要鬼星撑住穴后，枕托不空，方证得穴之真实。若无鬼气，则为卷空，或为仰瓦，乃空亡歇灭之地。故《天机》云："横龙出穴必要鬼，逆跳翻身穴后环。"然鬼乃真龙生旺之余气，宜短不宜长。长则盗泄穴之真气，故取义于窃，名之曰鬼。《经》云："鬼夺我气，不宜高大。"又曰："大地真龙，气盛而旺，故有鬼山，或去数里。"又曰："屏帐鬼星，高大使相。"又曰："鬼者诡也。凡诡异怪穴，须用鬼证。观鬼之脉，知穴之情。"纷说不一。要之至理，必以龙穴为主。横结偏斜之穴，以鬼为证耳，鬼亦何关地之大小重轻耶！如龙穴贵秀，则鬼为吉；龙穴花假，则鬼为凶。譬之人言，气盛兴隆，则鬼献祯祥，必为兆福；气衰萎薾，则鬼出妖怪，能为我祸，取义一同耳。张子房云：鬼，泄我气而为形者也。应作穴之处，而就为护卫。如龙势本吉，泄为鬼亦吉；龙气已弊，所泄之气亦凶。其吉其凶，以龙为转移，的以龙穴为主，而后论鬼。龙穴不真，生气散漫，则鬼为祸贼矣。若徒以鬼形决祸福，不论龙穴根本，失之远矣，且鬼星惟可以理推，不可以形尽总。欲其尖圆方正成吉体者为上，破碎奔窜丑恶为嫌。《太华经》云："贪巨鬼星为上贵，廉破终须作武臣。其外皆为朱紫客，若无官曜势须轻。"又云："鬼星偏要官星照，或方或圆成尖小。此星真龙旺气全，能令白屋出官员。"观此，太华真人亦取尖圆方为上鬼，二徐氏亦取方圆横直，或双或三，重重弯抱，贴卫本身为妙；窜奔，散漫，丑恶为嫌，更为简切。若《龙髓经》以百二十形状，穷鬼变态，似乎太烦；又以太阳、太阴、金水、紫气、天财、天罡、孤曜、燥火、扫荡论鬼，似乎简切。二者并用，若无定裁，以余酌之。的以二九星作主，以论鬼之形状，内仍取尖圆方为上吉。如廉破为武臣之应，亦宗太华真诠。况九星亦曲尽山形变态，即徐氏方圆横直，尽括于九星中矣。然以九星论鬼，尤取形势湾抱，贴卫本身，枕托穴场为妙。若散漫奔窜，丑恶破碎，与穴无情为嫌，斯尽其妙矣。再考《太华》，《鬼形论》云：要识鬼星长拖尾，飞枭如旗脚垂地。常居穴后是真形，名曰真龙有胎气。或然锯齿后头生，或作蛇牛鼠虎尾。后头逆拖带剑来，或作刀锯后头出。或然牛角春笋生，笔架峭峭云霄起。或然拖尾柳叶至，俱在后头龙上跳。后龙拖尾利尖针，此是鬼星形像真。主龙后带刀枪剑，重重叠叠是龙精。鬼崖烦用官星对，便是金牌榜上人。细味句义，皆不外九星，一理推之，聊图数格于左，触类而长之可也。《经》又云："官见则讼生，鬼见则盗生。"此一偏之说，不可凭信。如《玉髓经》有金钗、银簪、玉笏等名，因直鬼取之；曰玉几、玉枕等名，因横鬼取之；曰屏帐、楼台等名，因高鬼取之，俱宜活看。然又不可以鬼星与穴星论生克，盖鬼是本身余气，发为赘疣，吉凶皆从本身生出，岂可更以生克论哉！德兴孙尚书母地，横龙入首，太阴开口结穴，后起高鬼为印证，可以破疑。

鬼星图式

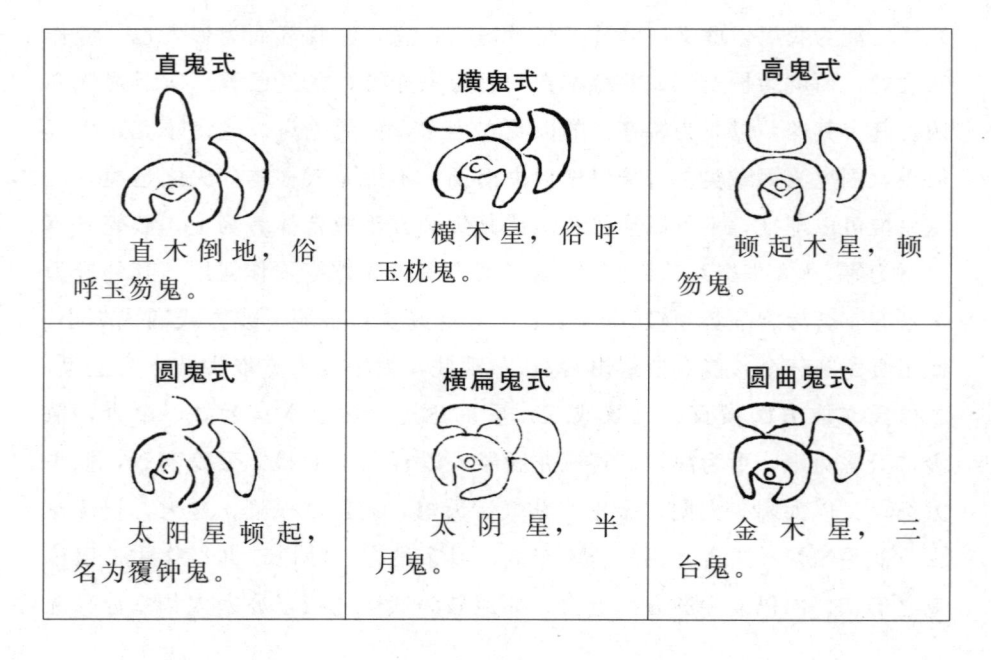

直鬼式	横鬼式	高鬼式
直木倒地，俗呼玉笏鬼。	横木星，俗呼玉枕鬼。	顿起木星，顿笏鬼。
圆鬼式	横扁鬼式	圆曲鬼式
太阳星顿起，名为覆钟鬼。	太阴星，半月鬼。	金木星，三台鬼。

方鬼式 天财星，玉屏鬼。	**尖鬼式** 燥火星，拖枪鬼。	**尖鬼式** 廉贞星，三台鬼。
横尖鬼式 破军星，破军鬼。	**横圆曲鬼式** 扫荡水星，扫荡鬼。	**横鬼式** 玉字木星，玉枕鬼。
双鬼式 水木星，木顺鬼。	**边鬼式** 文曲星，要一边包过穴方妙。	**直拖带弯鬼式** 文在水星，文曲鬼。
直拖三叉鬼式 廉贞星，雉尾鬼。		

以上鬼形，聊图九星中成格者以为式。山形变态无尽，皆不出九星外，是在达者变通，不必拘拘以形像名字泥之。

曜星总论

曜者，龙之贵气旺盛，发泄而为秀气也。凡龙虎肘外，与明堂左右，但有尖利之砂，与尖秀之石，皆为曜星。赖秀篇云："不尖不贵，不圆不富。"盖尖为秀曜，圆为仓库，曜必以尖为贵也。《龙髓经》云："显者为曜。"亦有不见之曜，如明堂左右皆可见，龙虎肘外者为不见之曜也。其名不一。凡在龙虎肘外，有余气横拖者，不论摆燥、摆荡，皆谓之官拦舞神。《经》云："龙虎背外有衣裙，此是官拦拜舞神。"凡在龙虎背后，有余气，直拖向后者，左曰插笏，右曰鱼袋。然又有立、眠二格，《龙髓经》云："凡曜星皆是石，无石不成曜。"石曜之立者，光滑如卓笔，端正庄严，无破碎龇恶之状，《经》云"石笋冲天，神童宰相"是也。若见破碎粗恶之石，便为破军凶杀，非真曜矣。石曜之眠者，如兵戈刀剑，针钻牙爪，不冲不射，不走不背，如将军出寨，万戈曜日，皆向外以卫内也。《经》云："或如刃，或如刀，双双尖利类鸿毛。儿孙代代登云路，房房位位总英豪。若见冲射背走，则凶。"杨公云："龙真穴的若无曜，空有星峰重叠照。纵饶积玉与堆金，儿孙终主登科少。"是言有曜方成贵气，又宜长而大者为上格。杨公云："曜星短少只些儿，簿尉丞参品位低。科第纵饶侥幸得，终须夭折少年时。"故知曜长大，则贵亦远大；曜短少，则贵亦卑小。《经》云"曜星愈尖愈秀，愈长愈旺"是也。又宜近穴为效速。杨公云："曜星若现石尖生，贴身横过面前迎。伸手若还拈得着，少年一举便成名。"盖言远则见效迟，近则催官速也。又须知顺水多贵，逆水多富。杨公云：或如刀，或如剑，随水顺飞俱冉冉。庸师只断主离乡，岂知内有真龙占。此言凡审官曜，必先以龙穴为主，而后可以定吉凶。盖来龙是祖宗父母，穴星主人，曜星乃辅佐之用人耳。如果龙真贵，如大贵人在此开藩建节，则军将兵卫，或左右，或出入，或去来，皆为奔走服役，故顺水飞扬，亦无所畏，亦不谓之离乡。若龙贱穴假，必为离乡退笔形杀之砂。第恐杨公之说，后人易错，不如子微云："若是全身有秀气，或尖或射或东西。上水下水有拦截，或作罗星在水中。此等似凶莫轻弃，定主科甲出英雄。"盖以顺水去者，须要外面有遮拦裹截，虽去无害。若无遮拦，又无裹截，一向荡然无收，则附之离乡之列。虽然子微之说，固为尽美，终不如以龙穴为主，而兼乎遮拦裹截之诀，庶几美善兼该。杨公又云："龙山双管进用笔，进契年年吉。右边尖射便为凶，千万莫相逢。"或疑其说，以为虎山带曜者不可用，殊不知前贤教人，各随意所寓。如虎尖诚有不可用者，若龙穴真贵，则彼为真曜，又与刑杀不同。若进田、退田二笔，又不可全在龙虎分别，只以上水下水取之，最为当理。如在龙而顺水过穴，亦为退笔；在虎而逆水藏杀，亦为进笔。此亦姑就进退二笔言之耳，若推其至，必以龙穴为主。苟龙穴真贵，如前所谓"随水顺飞俱冉冉"者，皆贵曜矣。《经》云："砂不离乡身不贵"，何分顺水逆水，何分青龙白虎哉！但刑杀有似于曜，须要细辨孰为曜，孰为刑杀，而后可占祸福。杨公云："或如钻，或如针，两边相指穴前寻。非惟子息多清贵，更须积玉与堆金。"又云："圆峰连堆堆又跌，射到穴前尖又劣。弟兄父子庆同年，紫绶黄麻朝玉阙。"又云："或斗射，或交锋，尖尖有石在其中。贤良科甲浑间事，三台八座及神童。"此杨公之说，自用其术则可，若以之教人，必有口诀，免致有误。不然尖尖相射，相指相斗，与交锋之砂，皆为刑杀，主兄弟相残，及军配杀戮凶祸，安得为贵？幸子微议论甚精，以两尖相射相指者，必有逊让回避则吉。（前后参差，两尖不对者，为逊让回避。）若无逊让回避，即为刑杀招凶。射到穴前者，以横直别之。若横射者为吉，如直射向穴，即为刑杀招凶。此子微之论，发杨公未尽之旨，千古不易之石画也。毫厘之间，吉凶分辨，苟无真见，未有不畏惧者，故杨公云："官曜星，贵无价，生在穴前形丑咤。（咤，惊也，即下文顺水斜飞，惊怕之意，非巉岩恶陋之凶形怕也。）尖尖顺水或斜飞，世俗庸师见即怕。"诚以曜星尖利，又顺水斜飞，自常格论之，形甚丑怪，为退田笔，为离乡砂，实有可畏。但高人见得龙穴真贵，以尖秀顺水之砂，反为可爱。苟认龙穴不真，则为刑杀而凶矣。《玉峰宝传》又云："不遇刑杀，大官不发。大杀大刑，高科魁名。"或疑其说，以为如此则刑杀，亦无所畏刑，是不然，下文即云："刑不刑，杀不杀，秀在尖拔"，是世俗所谓刑杀也，实非刑杀，其秀气全在于尖拔处，何世俗之人，见尖曜则畏之？听时师之言，斩尖削曜，是犹剪爪截发，以为赘疣，不知发爪截去，则体肤伤残，不成人体矣。月禅师云：虎有牙爪威始壮，龙无焰角物非神。焰角爪牙形体见，秀灵孕育不凡人。此言戒人不可斩除尖砂，伤残贵气。然山曜虽贵，不如水曜，其贵尤速。《赖秀篇》云："山之秀，水之秀，山水秀形俱出曜。山之曜，水之曜，不怕尖来及飞走。池湖生角岸如枪，沙嘴石牙水中宝。欲去还留往复回，全家食禄堆官诰。"此言水亦有曜也。又云："曜在山，不如水，山发迟迟水快利。水中更有石尖生，官不出门取高第。"言水曜之应，速于山曜也。《玉随经》云："如水火既济之地，池岸缺陷，池心拔笋，皆曜也。"大抵水速于山，以其混混长流，不舍昼夜，所以易发。杨公云："不怕山尖与水飞。"盖水飞者是水，左右屈折，尖岸交牙，如鸟翼飞扇，非言其飞水也，故曰："水之曜，其贵尤速，其贵无价也。"《太华经》又云："凡有巨石，高生于龙虎左右，如笏如牌如牙者，左右或生角嘴，三三五五而见者，是名火星变兽，只是大石是也。"《经》云：大石变兽，官至太守。牙笏成行，官职定大。亦以石为贵也。故前第四卷，集有石穴落头十二格，无非取石之秀气，胜于土秀也，只要光滑端正成吉体者为上，最忌歪斜破碎粗恶之状。故凡论曜者，的以石尖为第一。

再述先师所下古格数穴以为印证

吴国师下浮梁李侍郎祖地，白虎砂尖利，顺水窜入明堂，前有一砂尖利斜射，只是龙真穴的，是曜气为贵之证。刘诚意伯下湖州严尚书祖地，赵仙翁下乐平黄尚书祖地，并临海谢皇后、台州蔡尚书祖地、九子十尚书地、丰城黄尚书地，皆有曜可为印证。然皆非自然降伏之曜，皆现于明堂中，顺水尖飞，可异可骇之曜也。要之，曜星虽以尖利顺水为贵，尤以拦截收拾为要。若当穴顺窜而不能远收，虽主富贵，亦必离乡始发。此天地无全功，即古仙辈，亦莫如之何矣。聊图一二格，为启蒙便览。

浮梁李侍郎祖地

凤凰展翅形，冠上穴。

此地在浮梁县东乡义仓坞，乃大龙翻身，朝祖穴在僻坞穷源，且右砂窜生，明堂尖利顺水，前砂尖利，向穴局，又迫狭，无一可入俗眼。吴国师为李氏下，出贵。按此局系逆水，故顺砂不畏。

一贯堪舆

德兴董尚书祖地

董仙德彰下

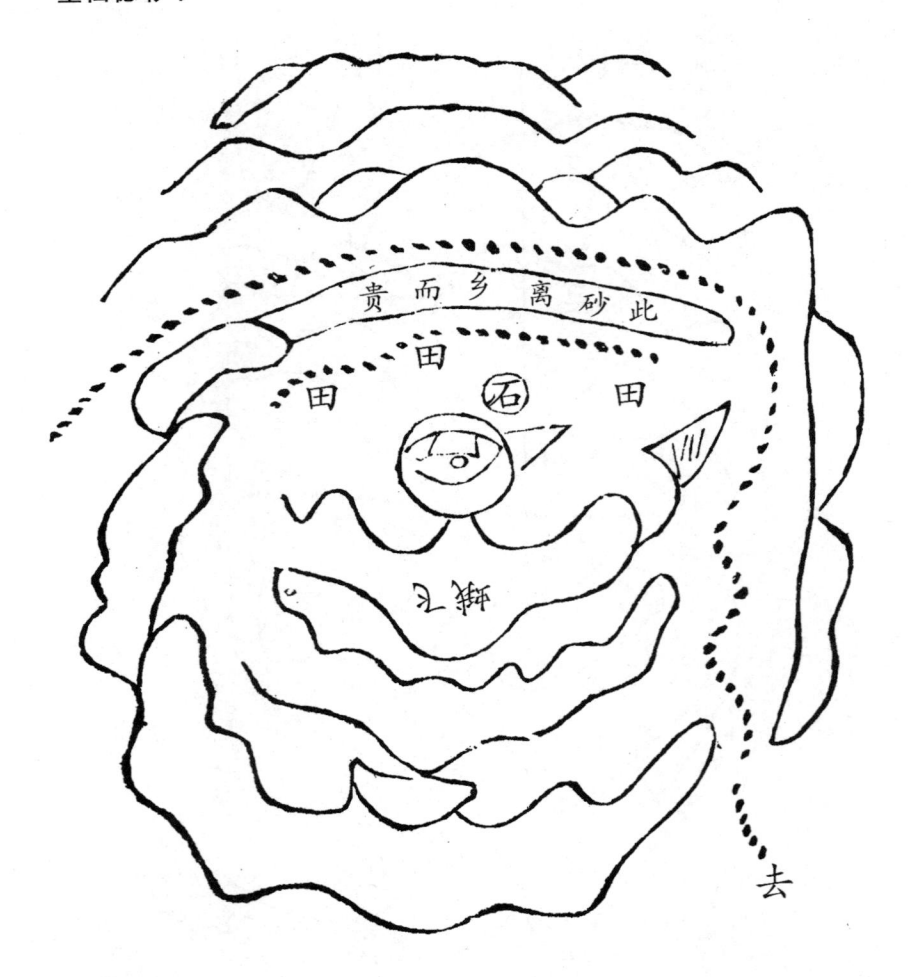

　　此地在德兴东门外二里分，县龙入局，自起祖星，开帐磊落，入首起飞蛾，中抽太阴，右拖曜气。穴后正顶嫩脉，而却坦夷。于坦夷间，垂落微乳，结穴左右，界水仅高尺寸，夹脉奇巧，唇铺毡褥。前对眠弓一案，外耸重峰，叠峦右畔，一石印证。堂气团聚，水中禽聚，葬后出曲肱公名轩，幼即离乡登科，南渡官至礼部尚书。

湖州严尚书祖地

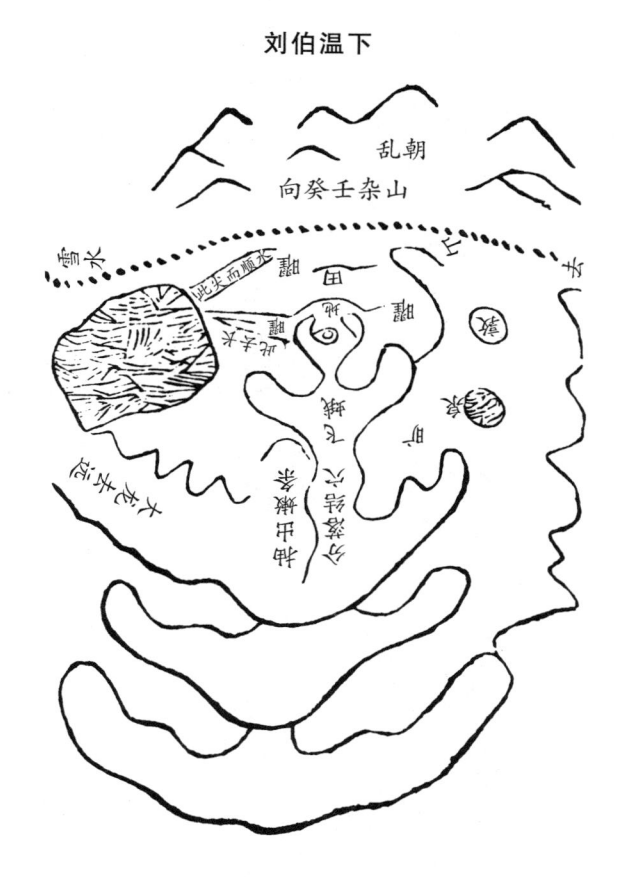

刘伯温下

右地在湖州府，名龟山，其龙自赤山闪过峡开帐，正龙逆水而去，右分此支，自起星，抽嫩条，活弄数节，复顿起飞蛾，个字中出一节，即结穴两掬，均以毡褥铺展，前朝叠叠，下关抱截，但大溪夹洲，顺流尖利，当前可畏，青龙肘曜，拖长无情。此明暗二曜，不入俗眼，不知贵地，正取此证。刘诚意所下，当代巨富，曰震直者，洪武间以税户陛见，授参议，官至工部尚书，子孙蕃富。弘嘉间，乡科者四，进士二。曰杰，官御史；曰文梁，官主政。

传奇：葬时，开穴系一僧塚，坚不能举。刘公命搜古寺，得老衲，求其卖契，焚之，一举而起，亦神异哉！

丰城黄尚书祖地

真三台格，九子十尚书。

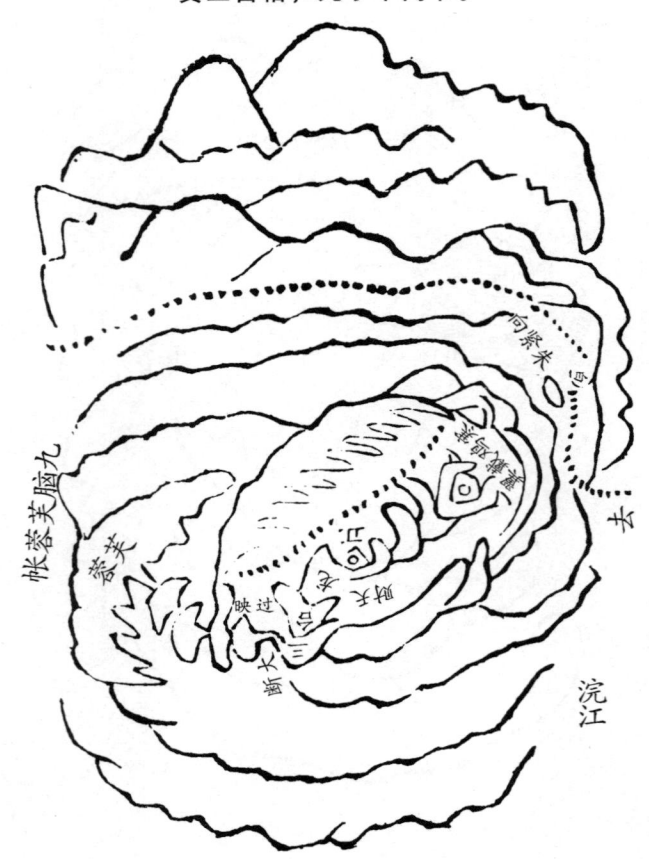

俗呼眠犬形。黄点脚下。

右地在丰城犬眠冈，其龙自两髻山作祖，远不及述。比入局，横列九曜，芙蓉阔帐，正脉中落，重穿九脑，转作工字，复大断过峡，顿起直三台入首为天财土星，担凹中结垂珠穴，穴情甚巧，气蘷于前，后宫仰瓦，而明堂紧巧，下手有力，复有帐幙，撑乐于后，群峰呈秀于前，水口近有狮象镇塞，远有日月捍门，真吉地也。葬后出焕猷、焕章二学士（名显若、得礼），掌铨曹（昭宗），历秋官（彦甲），及曰明，曰颖，曰彦辅，曰元之，曰子文，并列朝议，一时九贵。乃龙格九脑穿心，及砂法九曜之之应。又有婿登台座，故乡传"九子十尚书"云。

论禽兽螺北辰四星辩

禽兽与螺及北辰名，皆水口中之石也，又谓之落河火星，形象有大小高低，散乱不同，故随形命名，有此分别。杨公云："问君如何谓之禽？如龟如鱼水口生。"凡水口中，或山或石，如龟鱼，如秤斗，如覆舟，如钟釜，如笋如笏，如金箱玉印，如莲花笔架，或长或短，或尖或圆或方，形势低平者，皆禽是之类也。"问若如何谓之兽，如虎如狮归水口。"凡水口中，或山或石，如龙虎狮象，如牛马猪羊，如猫犬虺蛇，如将军判官，怪石奇异，有耳有角，有嘴有象，形势高大者，皆兽星之属也。"问君如何谓之螺，小石散乱在溪河。"《太华经》云："五个螺星水口安，半居潭内半居山。世代家豪开质库，更须积宝买高官。六个螺星在溪中，半山半水论一同。子孙定是多文秀，各题凤阁受皇封。"又云："大石北辰皆有名，小石散乱是螺星。"凡水口中有小石散乱在水中，如螺之象，皆是也。"问君何谓北辰星，怪石千丈水口生？"《太华仙诀》云："水口交罗生怪石，大小高低论重轻。高大名为北辰位，必产英雄不敢闻。千丈石出高耸起，此各大兽北辰星。水口若见北辰镇，昂然涌起胆寒惊。兽星北辰关水口，必出皇王镇国人。"凡水口中有巨石怪异，生耳角、有头面者，如麒麟，如海虾，如狮象，如龙虎，如将军，如和尚，如判官，如展旗，如猫犬，如鸡凤，如牛马，耸拔高峻，百千万丈，怪异者，皆北辰星之类也。又何以谓之落何火星？《太华仙诀》云："乱石尖斜高低见，此是落河大火星。"凡水口河溪之内，乱生怪石，高低尖利，或如莲花照水，或如排符之叠叠，或如春笋、笔架之森森，或如堆粿馒头，或如筹子之直横，高大拥耸，低小玲珑，或尖或齐，或破或圆，或散或聚，千形万状，难举难名，皆落河火星之类也。又或水口城门上，左右有石，牙嘴交锁，龙虎口露出者，谓之插地火星，亦主富贵。盖名虽有禽兽，与螺、北辰、火星之殊。总之，怪石居水口中，皆富贵之星也，但高大者，大富大贵；低小者，小富小贵，不必拘其形象也。《太华经》云："凡水口怪石，若见高昂二丈三丈五丈者，主为官人朝之贵。"《赋》云："禽星兽星居水口，身处翰林。"若见十丈五十丈百丈千丈者，主大富贵登天。《经》云："三个北辰障水边，或狮或象或牛眠。此星定出擎天将，斩砍封王护国臣。"若见小小石头，依山傍水，无形无影，或浮石无根者，谓之"称官不见禄，终是假官人"。必要有根，盘结于水口，耸起高昂者为贵。凡入乡村，水口中，或溪河中，见有此奇异之石，内必有大地。如福建瓯宁县李天官祖地，在建宁府七里街头，河中石曜，挺然奇异，皆贵应矣，可为印证。

禽罗辨疑

禽星之名一耳，而分居方位者有二说。《太华经》云：禽鬼二星，本来一体也，俱在穴后，俱看其尾齐者为禽，尾尖者为鬼。禽为浊，鬼为清；浊主富，清主贵。又诗云："禽兽本来同一体，尾尖尾齐两般名。鬼尖拖尾为秀气，尾若齐时只富人。"此皆以禽居穴后，与鬼同体而别名耳。若卜氏云："禽星兽星居水口，身处翰林。"又考《天机》论禽兽小注，以禽兽二星，皆要在水口内外，穴上不宜见，主富贵双全。且云"禽星有三十六格，外有二禽，则内有二穴"，所谓"禽逐禽而作穴"是也。参此三说，一居穴后，一居水口，隔若天渊。殊不知地理家星名，原无定在。譬如一土星耳，居于后龙，名曰"御屏"，居于前朝，亦名曰"御屏"，以屏风可前可后，故因以名之。其实星体之理则一，故古人即星命名，亦因山川变态与方位形象取义。惟其义通在后可也，在水口亦可也。但顾名思义，惟横结之局后，再拖一星，以障后空，不过分泄本身之余气耳。然鬼以盗气为义，故鬼宜居后，名实相当。若禽之为物，多以才为天，故禽宜水口中，从卜氏《天机》之说为是，达者勿泥。

罗星辩

罗星者，名与形亦同耳。分居方位，亦有二说。《经》云："大河之中有砥柱（即今陕县三门山是也，形如柱），四川之口生滟滪。大孤小孤彭蠹前，采石青山作门户。更有焦山罗刹石，虽是罗星门不顾。此是大寻罗星法，识者便知愚未悟。"又云："大关大锁数十种，定有罗星横截气。截住江河不许流，关内不知多少地。小罗小锁及小关，一州一县须有阑。十阑十锁百十里，定有王侯居此间。"此皆以罗星为水口山也。再考卜氏云："罗星切忌当门"，杨公又云："城郭弯环门户牢，切忌罗星当腰着。罗星要在罗城外，此与火星当作对"，《龙经》又云："欲识罗星真面目，一边枕水一边田。田中有骨脉相连，或为顽石焦土坚。此是罗星有余气，卓立为星在水边"，又云："罗星要在罗城外"，"若是罗星不在内，居内名为抱养瘵，又为患眼堕胎山。罗星若在罗城口，城口皆为玉笋班。罗星亦自有种类，浪说罗星在水边"。又考《泄天机》，解平面太阳注，"此突若在高山，有似龙格；若在平地，有似罗星"。参此数说，反覆考证，盖罗星者，不过或土或石，低水墩埠，乃平中一突耳。故《经》有堕胎患眼之嫌，卜氏有当门之忌，杨公有城外之宜，《天机》有半面太阳之似，则其真体面目，为低小墩埠无疑矣。再考罗星，在天为火星之余，又称曰"火罗"，所以《经》有顽石焦土之说，杨公有"罗与火星常作对"之言。又云："火星行龙，始有罗星。"盖此罗星，火龙之血气，因以命名，又可知矣。再味《经》云："一边枕水一边田，卓立为星在水边"，又云："罗星要在罗城外，若是罗星不在内"，又云："罗星亦自有种类，浪说罗星在水边"。参此数义，罗星所居之宫位，应在龙虎两砂之外，大明堂下手边，有低小墩埠，三三两两，或居平地之上，或居平田之中，或居临田醮水之处，罗列暗拱，为拦截内砂之用，为收拾乾流之神，或为障空补缺之助，方与水边田中城外之旨合符。若据《龙经》所论，以砥柱滟滪，大孤小孤等，俱为罗星，不惟与堕胎患眼之疑，平面太阳之似，枕田枕水之说，大不相侔，则所谓兽星北辰者，又将何者以名之耶！罗星与禽兽北辰，又将何形以辨之耶！总之，古人因象命名，凭心取义，原无定衡，辟如一木星耳，杨曰"贪狼"，《天机》曰"紫气"，一星而有三名之别，名虽不同，理则一也。余敢缪为是辩，以俟高明再订。但罗星吉凶，亦所当辨。盖罗星之形不一，当以九星砂形取之，要端圆方正，尖匾为美，忌破碎尖射，穴上不见为妙。《经》云："贪武罗星尖与圆，辅弼巨门方匾眠。禄文廉贞多破碎，破军尖碎最堪嫌。只有尖圆方匾星，此是罗星得正形"是也。

曰：《经》以砥柱、滟滪、大小孤、采石、金山作罗星，未为不是。盖大河、川口、彭蠡、长江，乃三干随龙之水，其亲砥柱、滟滪、大小孤、采石、金山，犹芥子耳。即论川口，若指北辰，当在巫峰，十二滟滪，非罗星而何？推而广之，洞庭君扁，咸此类也。故《经》云："此是大寻罗星法"，余一言以失之，龙小而水口小者有大山，则北辰星也。水口虽有大山，而龙大水口大者，大山亦罗星也。水口宜有拦截罗辰命名，不必拘泥。

论明堂

　　明堂者，天子之堂，向明而治，百官考绩，天下朝献之所归聚也。地理家以穴前之地，借名于此，亦以山聚水归象相似也。凡一穴有三堂，穴下小水合处，名曰"小明堂"，容人侧卧便可，最宜平坦，切忌倾泻。在龙虎砂内，乃二合水聚处，名曰"中明堂"，又为"内明堂"。在龙虎砂外，缠护罗城内，乃骑龙诸水聚处，名曰"大明堂"，又为"外明堂"。刘氏云：凡山势来，平平结穴，龙虎环抱，近案当前，则当论内明堂，此堂不可太阔，太阔则不能藏风。收气又不可太狭，太狭见以为气局逼促，要宽狭适中，方圆合格，不倾泻，不欹侧，无刑杀，无圆堆，内抱不生恶石，无泉流滴沥，斯为内堂之善。

　　凡山势来急，垂下结穴，龙虎与穴相登，前案俱远，则当论外明堂，必须两边宽展，不可窄狭。四山围绕，略无空缺，又见外水曲折，远远朝来，或诸水来聚，不见去来，无斜飞之砂，无倾跌之势，斯为外堂之善。余谓大富贵之地，必结内外明堂，内堂欲其团聚，外堂欲其开畅。若内堂宽则气不融聚，外当狭则局不开明。《龙子经》曰："伸手摸着案，税钱千万贯"，言内堂之宜紧也。《经》云："明堂方广，可容万马。王侯陵寝，雄霸天下。千骑簇立，回环禽聚。将相公辅，封侯传袭。其平如砥，或如锅底。客数百人，公相基址。"言外堂之宜宽也。《吴公秘诀》云："内外明堂分两般，内宜聚团外宜宽，二堂俱备三阳足，此地当知代有官。"何世人不识内外真诀之辨，多贪大堂局，惑于万马之说，一概以宽阔为贵，不知内堂空旷，真气不融，安有结作？

故凡美穴，必内堂团聚，收拾元辰，或有低小近案，或有横拦之砂，以关阑内气，然后有宽畅外堂，罗列远秀，乃为全美。至于局势大小，又当以龙格论之。如百里来龙结作，自有百里规模；千里来龙结作，自有千里气象。小龙结局必小，不可贪大局势，恐体用不当，反相悖戾。《天机》云："帝都山水必大聚，中聚为城市。坟宅宜居小聚中，消息夺神功。"然亦不可拘泥，如杨公云："出入短小气量狭，只为明堂有案山。"吴公又谓："明堂狭窄人愚顽。"《观物》祝公又云："数十里外远朝山，渺渺茫茫旷野间。近案又无堂气散，千重清秀也空闲。"梁简溪又云："左右周回似有情，来龙落穴亦分明。水长无案明堂旷，下后儿孙家计倾。"细参诸说，岂相悖戾？但各有所指。

如明堂旷阔，要近案以收其气；如明堂狭窄，添一近案，局太逼迫，岂云相宜。故凡宽阔处要明堂逼狭，逼狭处要明堂宽阔，须变通推之。又尝见名地，内局多紧固，而外阳宽畅；或穴中举无所见，远秀罗列，皆外面暗拱。如婺源倪御史闪乳地，青龙一臂弯抱，过穴如坐井面墙，不见明堂朝对。又如建安杨文敏祖地，本身白虎一臂，逆收过穴，遮却明堂，不见外阳，山水皆为穴地。故诀云："不贵其见，而贵其不见。"盖紧夹则风藏气聚，旷阔则风荡气微。诀云："好局多紧夹，不在宽大之明堂。好砂只拜伏，不在奇峰之重叠。"此造化隐秘之妙也。

况发越之间，亦有迟蚤。若穴低堂近，而又囊聚者，主初代便发。其或穴高堂远，纵是龙真穴的，亦难发越。惟是真结，亦不拘忌。《天机》云："若是穴高明堂远，只要有城转。莫因此样便疑心，龙在乃为真。"参此诸说，须要龙穴与明堂大小相称，宽狭适中为上。但内堂真结，不嫌太狭；外堂融聚，不嫌太阔。总之，格要方圆平直、开畅围聚、朝抱有情者为吉，陡泻欹侧、破碎窒塞、反背无情者为凶。诸家形象，初不必拘，惟以有情于我为贵耳。《明堂经》云："斜巧正拙，难可优劣。有情于我，是为真穴。"不易之论也。但诸书所载不一，如《搜水经》，明堂一百八十样，《泄天机》堂气八十一变格，皆锁碎支离，徒为繁文。今互参考订，取其切实者，分辨吉凶，各九格，触类而长之可也。

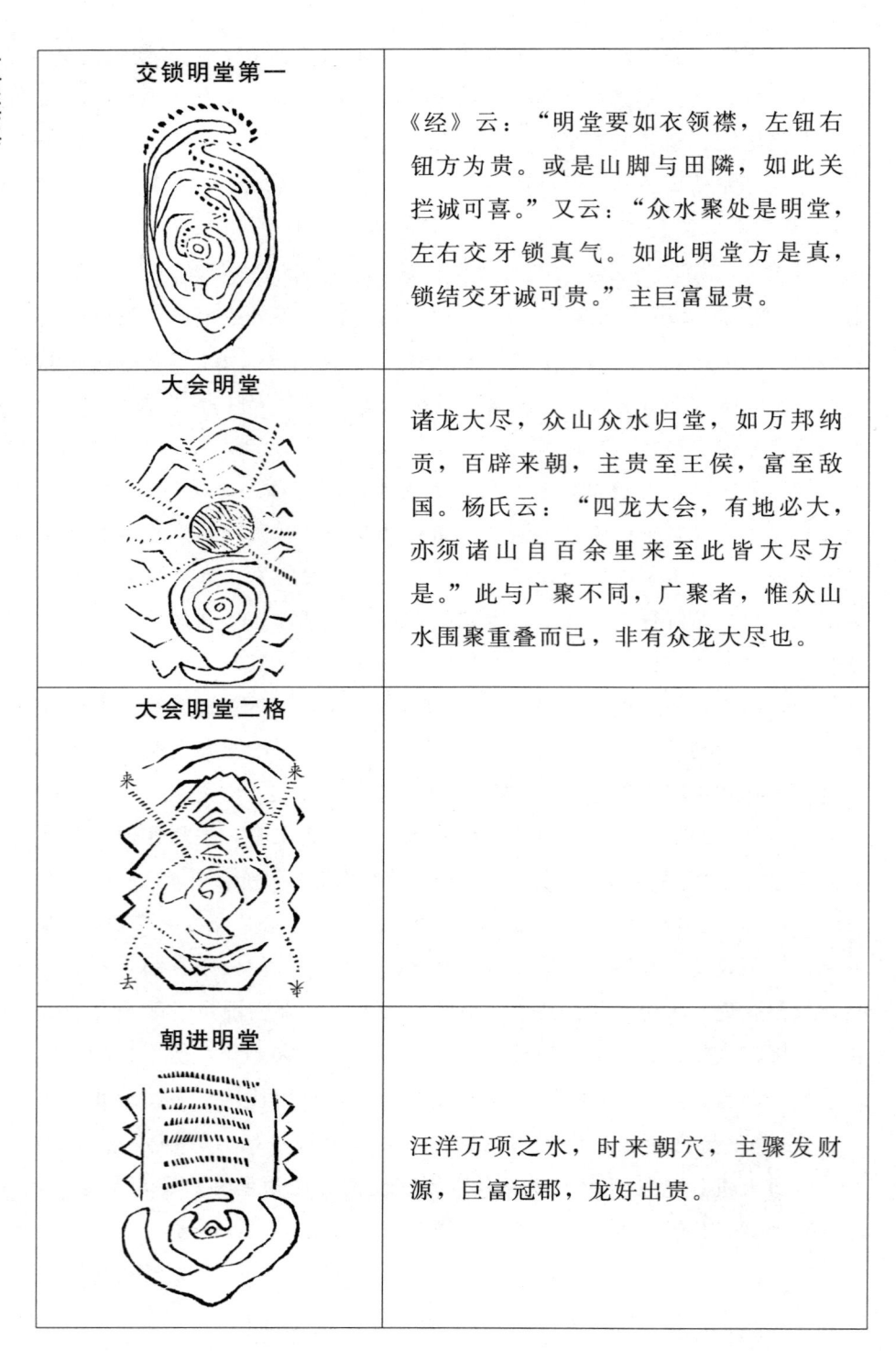

一贯堪舆

交锁明堂第一	《经》云："明堂要如衣领襟，左钮右钮方为贵。或是山脚与田隣，如此关拦诚可喜。"又云："众水聚处是明堂，左右交牙锁真气。如此明堂方是真，锁结交牙诚可贵。"主巨富显贵。
大会明堂	诸龙大尽，众山众水归堂，如万邦纳贡，百辟来朝，主贵至王侯，富至敌国。杨氏云："四龙大会，有地必大，亦须诸山自百余里来至此皆大尽方是。"此与广聚不同，广聚者，惟众山水围聚重叠而已，非有众龙大尽也。
大会明堂二格	
朝进明堂	汪洋万项之水，时来朝穴，主骤发财源，巨富冠郡，龙好出贵。

广聚明堂 	广聚者，众山众水团聚也。《葬书》云："若怀万宝而宴息，若其万膳而洁齐"，皆明堂内百物具备之意，至贵之格。
融聚明堂 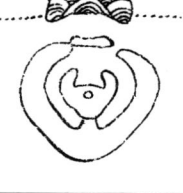 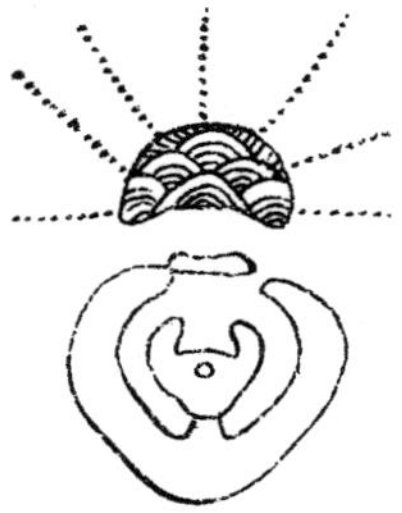	卜氏云："水聚天心，孰不知其富贵？"杨公云："明堂如掌心，家富斗量金；明堂如锅底，富贵人难比"，皆融聚之水也。
平坦明堂（纸如坦平／平坦如纸） 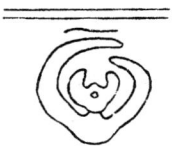	明堂开畅平正，而无一乱，高低之堂，杨公云："真气聚处看明堂，明堂里面要平阳"，《经》云："其平如砥，公相基址"，谓平坦之贵也。
宽畅明堂 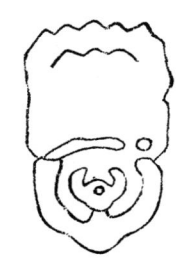	开广明畅，不狭窄，不逼塞，此堂至贵，非旷野空阔不周固者。大抵宽畅之堂，必须有低小近案以收内气，而案外开畅则吉。

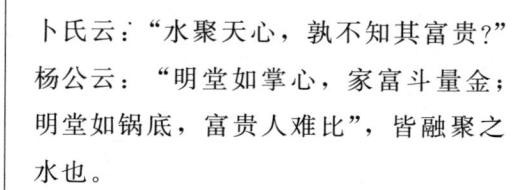

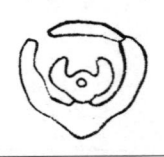

宽畅明堂二格	此宽畅无朝山者，盖无朝山，要有低小近案，外有江洋朝水，或聚水，或洋朝，或田源皆可，海湖尤贵。以水为朱雀，远水同高山，近水同低山论。

右图明堂吉格，非尽于此，编辑此数者为式耳。穴抵明堂之吉，举目之间，形势自然可爱，气象自然开畅，可以心悟，不可以形尽达者，触类贯通，斯尽其妙。已下诸格俱凶。

凶明堂十格

劫杀明堂  	明堂中有砂尖，顺水或射入穴中，至凶。盖明堂乃诸水聚处，欲其平正圆净，若有砂尖顺水，主退财离乡；尖而射穴，主形杀枉死。吴公云："劫杀照破全无地，顺水斜飞无躲避。若然尖射入穴来，忤逆刑戮须切忌。"	劫杀明堂二格 
逼窄明堂 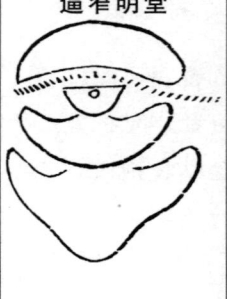	案逼者，穴前堂局促狭，若龙真穴的，仅可小康，亦出顽浊。杨公云："明堂逼窄人凶顽。"《天机》云："逼窄生人必蠢顽，猥琐更贪悭"是也。	倾倒明堂 	明堂水顺龙虎，顺随而去，此堂最有亏损。诀云："明堂倾倒，休夸穴好"，《天机》云："若是堂倾无落处，有穴终须弃"，董氏云："明堂第一嫌倾倒，倾倒有砂随水走。卖尽田园走他乡，更主儿孙多寿夭"。

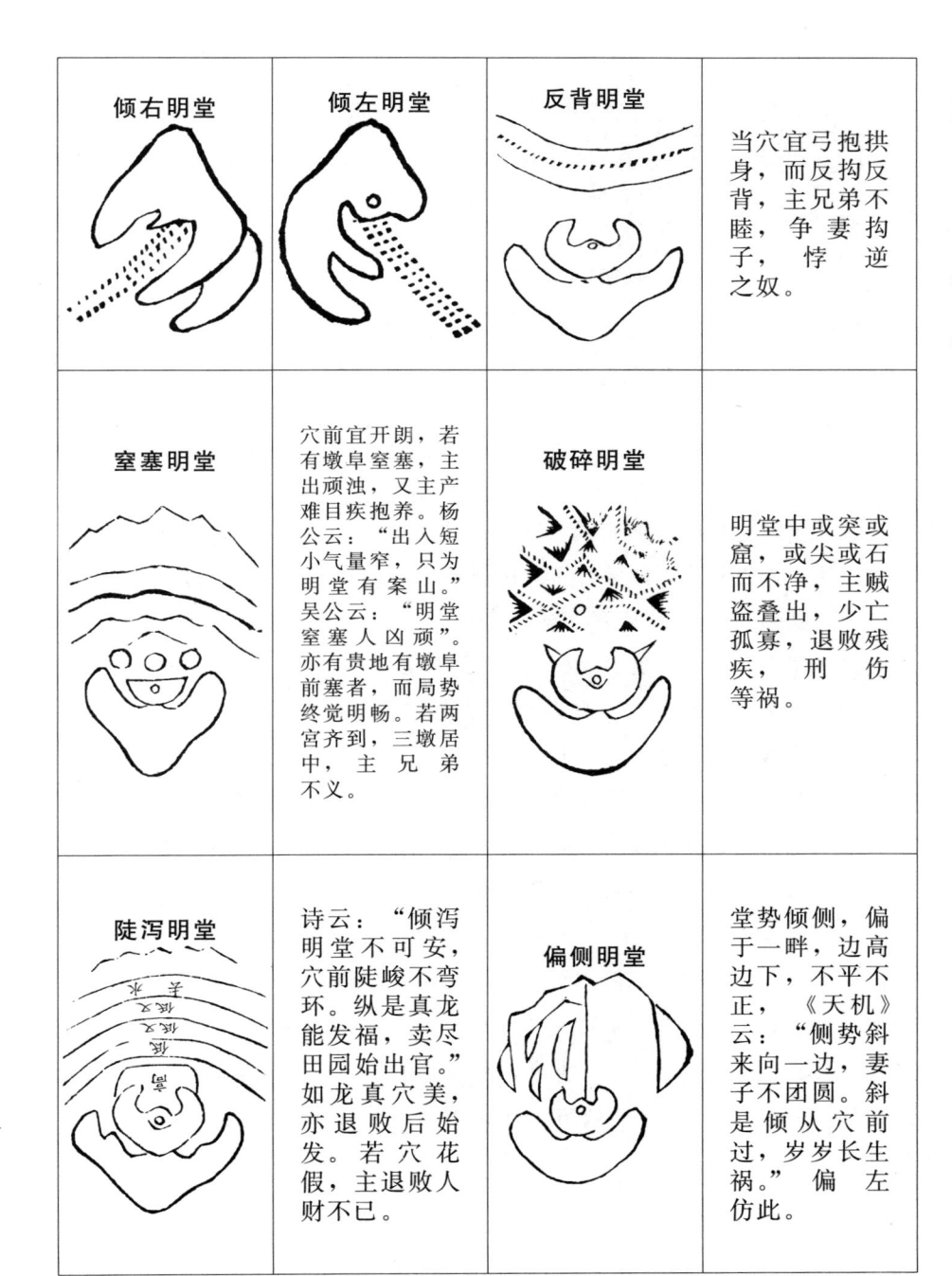

倾右明堂	倾左明堂	反背明堂	当穴宜弓抱拱身，而反拘反背，主兄弟不睦，争妻拘子，悖逆之奴。

窒塞明堂	穴前宜开朗，若有墩阜窒塞，主出顽浊，又主产难目疾抱养。杨公云："出入短小气量窄，只为明堂有案山。"吴公云："明堂窒塞人凶顽"。亦有贵地有墩阜前塞者，而局势终觉明畅。若两宫齐到，三墩居中，主兄弟不义。	破碎明堂	明堂中或突或窟，或尖或石而不净，主贼盗叠出，少亡孤寡，退败残疾，刑伤等祸。

陡泻明堂	诗云："倾泻明堂不可安，穴前陡峻不弯环。纵是真龙能发福，卖尽田园始出官。"如龙真穴美，亦退败后始发。若穴花假，主退败人财不已。	偏侧明堂	堂势倾侧，偏于一畔，边高边下，不平不正，《天机》云："侧势斜来向一边，妻子不团圆。斜是倾从穴前过，岁岁长生祸。"偏左仿此。

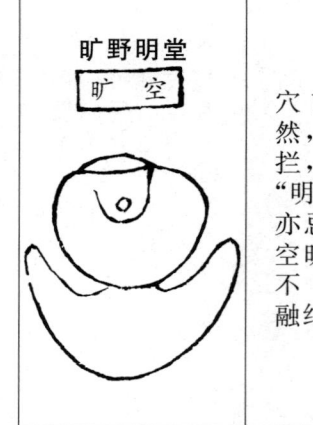

旷野明堂 旷空	穴前一望荡然，无复关拦，诀云："明堂容万马，亦忌旷而野。"空旷者，生气不聚，必无融结。		

按：黄妙应禅师《博山篇》云："堂之广狭，随龙长短。龙远堂宽，斯为正法。龙近堂小，形势乃宜。山谷宽好，平阳狭宜。宜狭而宽，便为旷野。当宽而狭，是为窒塞。宽狭失中，真气不发。宽不至旷，狭不至逼。这样明堂，斯名全吉。"又曰："小明堂，穴前是。中明堂，龙虎裹。大明堂，远朝内。此三堂，聚四水。水上堂，穴即是。低平洼，方向是。要藏风，要得水。二者全，气便聚。气聚穴，良可喜。气不聚，空坦夷。"又曰："其中最重，惟中明堂。锁结要备，纽会相全。山脚田岑，关插重重。气不走泄，福自兴隆。"又曰："堂内聚水，名蓄内气。洁净为佳，塞块为病。增高就卑，缪妄自喜。恣意穿凿，伤残真气。未见福生，反惹祸基。"又曰：或堂中窟坑，堂中壅塞，山摧岸落，四面不足，山脚射身，倾摧崩赤，皆堂病也。其势四平，高下分明，中低旁起，屈曲回环，横的为吉，直的也亨，圆的也秀，方的亦清，或长或匾，只要平匀。又曰："忌有凶山，忌有恶石。忌有土堆，忌长荆棘。忌作亭台，忌多种植。忌路冲射，忌水湍激。"味此数言，则明堂之吉凶祸福，细微曲折，悉囊括矣。考订备录之。

论水口砂

送龙结局之水，与众山随从缠护之水，大会于大明堂中，总归一派，而出其共出之处，名曰水口，此一局之水口也。甚至一乡一村，一市一镇之水，再大而一县一州，一府一郡之水，总归一处，而出名之，曰大水口。凡水口两岸之山，与水口中之山，皆名为水口砂。此砂不可空缺，令水荡然直出。卜氏云："五户不关何足取？必要山势稠叠，交结关锁，屈曲之玄，去而复回，狭而塞，高而拱。或两岸相结，如虎牙交错；或峙立高峰，有悬崖峭壁；或水中生异石，而砥柱中流；或似螺星散乱，排阵于水中；或似禽兽特立，镇塞其门户；或似北辰星高耸，关锁其下流；或似华表捍门，断截其地轴。磊磊把守，如武夫特戟，以捍城门；森森簇集，如将军执戈，以封要路。迢递迂迥，五重十重，至于数十重者，皆水口砂之至美也，内必融结大富贵之地。如大贵人潜居城内，则城门要路，必有兵将镇守，拱卫一人。"《经》云："到处先看水口山，水口交牙内局宽。便向宽容平处见，左右周回无空闲。"《经》又云："第一相地法，先看水口狭。"卜氏云："水口则爱其紧，如葫芦喉。"陶公云："水口无关，漫说当年富贵。天外有钥，乃知积代公侯。"《入式歌》曰："水口一山如虎卧，回头不许众山过。高昂截断水难流，此物名为神仙座。"又须察其情意何如。若其大情顺水下奔，无回头顾内之意，亦不足取。欲其情意顾内，横截逆转，而山脚只只向内逆插，或有头有尾者，皆要头向内，尾向外，则情意皆真。又若水口有深湖蛟潭鬼洞尤佳，《太华仙诀》云："或湖或潭或交剑，砂洲大石及圆墩。左右交牙生石嘴，此是内水关锁星。"又云："蛟潭龙窟居水口，精灵鬼洞荫乡村，千般怪石生于水，定有真龙里面藏。"然水口山又以高低分轻重，大而高、多而远者，主出大富贵；若低而小、薄而浅，必出小富贵；若全无关锁，必出贫贱。《太华仙诀》云："将相公侯并贵贱，皆在城门水口分。水口交罗生怪石，大小高低论重轻。高大多为北辰位，必产英雄不敢闻。低小石头生叠叠，定出发财积谷陈。"杨公云："捍门水口尖峰起，圆峰北辰位坐镇。城门不见流，富贵保千秋。"卜氏云："地辅天关阑水外，世代荣华。（水来处曰天辟，又曰天门。水去处曰地辅，又曰地户。）禽星兽星居水口，身处翰林。"又必以重叠关锁，为极贵之格。《坤鉴歌》云："水口不嫌关锁密，千重万叠总奇关。罗城铁阵并华表，宝殿龙楼总是强。"《经》云："关门若有千重锁，定有王侯居此间。"《太华仙诀》云："若见城门三五折，儿孙定与国王亲。水口深潭三五里，定为相国万民钦。"若其山不周密，或山势走窜，或一节低一节，一重远一重，一山小一山，即是水口旷阔无关，此方旺气，便随流水飘散，而龙神与之俱往，纵有龙穴，亦发福不久。非惟阴地不美，此方居民，亦必贫困。《太华诀》云：城门一重高一重，代代儿孙不解穷。太山拥起城门闭，世代荣华作相公。水口一重低一重，不生奇石定贫穷。纵饶父好儿须败，一代风光便见凶。或云："水口间有大桥林木，佛祠神庙，亦关祸福。"卜氏云：神庙宜居水口。或一时水冲，损坏桥梁；或伐木毁庙，则凶祸之来，不可救助。或水口星辰，被水冲破；或忽然崩裂，则此方凶败立应。如有怪石高洲，忽然露出，此方富贵骤至，有无照应，捷若桴鼓，知者见之，可以须卜休咎矣。《天机》云："若还水破关锁星，官败举无名。忽然小水洲滩出，士荐官迁秩。"水口所系甚重，如此入山观水口之言，不益信乎！

论华表捍门

水口两岸，间有奇峰高耸，挺然卓立，水从下过者，谓之华表。或两岸俱有奇峰，或一峰在前，一峰在后，参差不对者，而水从中出，亦谓之华表。又或横拦高锁，挺然卓立，窒塞水中者，皆华表星也。但要高耸天表，如冲天水星，方称华表之名。凡水口有此星，其内必有大地。捍门者，水口之间，两山对峙，如门户之护捍也。最喜成形，如左日为太阳，右月为太阴，名曰日月捍门。或如旗鼓，龟蛇狮象，两岸对峙，皆成大格。有九重十二重捍门者，必结禁穴。一重二重，亦至王侯后妃，宰相状元之贵。《赋》云："华表捍门居水口，楼台鼓角列罗城。若非立郡建都，定主为官近帝。"具图一二，以便启蒙。

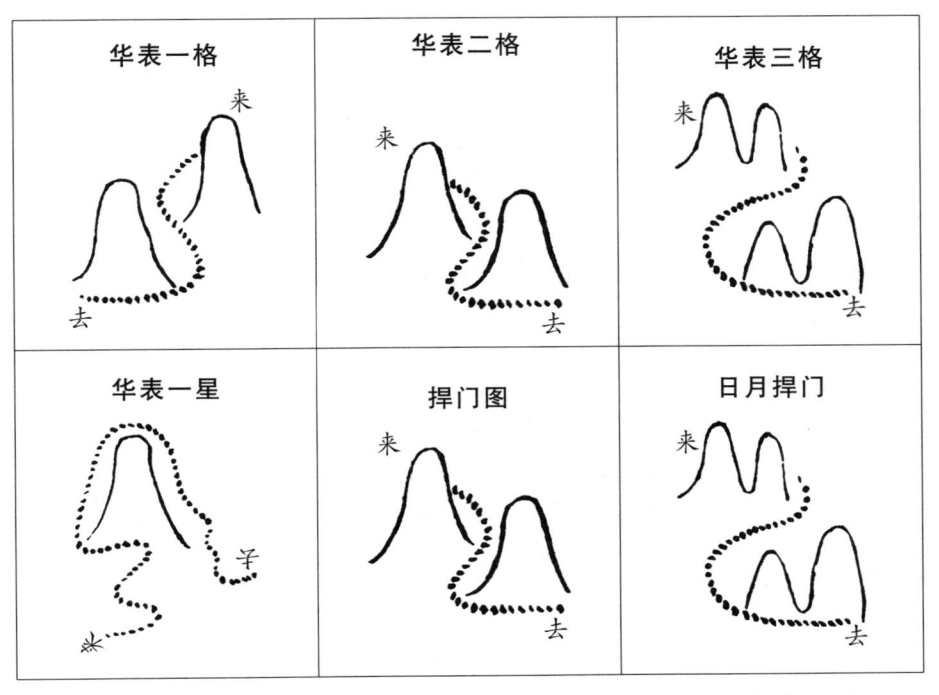

华表一格	华表二格	华表三格
华表一星	捍门图	日月捍门

右华表捍门，形象不一，姑图一二，以为入门之牖。其余龟蛇要相对，旗鼓要相对，狮象要相对，各以类配，方为捍门之妙。

杨公禁星论

筠松禁星禁何星，余星不禁禁北辰。至尊之星何须禁，恐君漏泄损君身。天生雌雄难得遇，五百年后生弧角。龙行万里垣局成，成局始见北辰星。上相下将相随集，玉女金娥背后立。来龙更合天地人，此地端的出圣人。天教流传大福人，五百年后一穴生。大地龙神朝暮守，不许凡人乱开口。劝君遇着北辰星，禁口禁眼不须陈。大凡圣人之地，后龙不可露骨，如露石，名曰龙露骨，只出草头人。后龙要合天地人卦，更要左右金娥玉女，金吾前朝，用蛟龙进贡。乾坤艮巽四维，要有四战旗山出现。余方无关系，如无此等，或有不全，非为大地。（乾为天卦，坤为地卦，巽为人卦，艮为鬼卦。）如许真君祖坟，艮山行龙，迢迢有峰，乃是鬼龙入穴也，出真君，上升天界。

论朝案二山

朝案皆穴前之山，近而小者称案，远而高者称朝。曰案者，如贵人据案，处分政令之义。曰朝者，即宾主相对，拱揖之义。故案宜近小，而朝宜高远也。有近案则穴前收拾周密，无元辰直长，明堂旷阔，气不融聚之患；有远朝，则有配对证应，且开豁光明，气局宏大，无逼窄促室之虞。远朝近案俱全，则内外堂局具备，三阳六建皆明，为至美地也。三阳者，文廸以小明堂为内阳，案山内为中阳，朝山内为外阳。（六建者，文廸云：水在左为天建，主官爵；在右为地建，主田宅；在前为人建，主子孙；财建用本山正五行取之，如癸山丙水类，主金玉；禄建用本山取，如甲山寅水类；马建亦本山取，如甲山寅水类；命建，造用宅长命，葬用亡命，如子命子水类。按：六建水皆要远抱穴场为全妙。）然亦有有案无朝结地者，亦有有朝无案结地者，各有要诀。去水地切要近案收气，穴宜低藏；朝水特大，切要近案拦当，穴宜高藏。或外砂外水带杀，亦要近案横截。其余横水据水局与穴高张朝者，则近案可有可无，不系紧要。朝山秀丽者，固为宾主有情，却有大贵地无朝山者，所谓"至尊无对"之义。《玄微赋》云："坐下十分龙特起，纵少朝山也尊贵。"《吴公又诀》云："尖不如圆，圆不如方，方不如浩荡苍茫。"盖浩荡苍茫，是以水为朝也，虽无朝山之尖圆方，适见其贵之异常耳。且案宜近，朝宜远，《龙子经》云："伸手摸着案，税钱千万贯"，言案贵近也。张国师云："或从百里数百里，忽起朝迎照邑城"，言朝贵远也。近案宜低，远朝宜高，范氏云："远朝不必插天，近案尤嫌过脑"，《经》又云："远山最忌露头，近山最怕露脚"。卜氏云："外耸千重，不如眠弓一案"，又云："多是爱远尖而嫌近小，谁知就近是而贪远非"，近案贵于有情也。赖氏云："远峰列笋天涯贵，文与韩柳争高名"，远朝贵十秀丽也。细辨之。

论案山吉凶

案山宜低小，或如玉几，如横琴，如眠弓，如横带，如倒笏、按剑、席帽、蛾眉、三台、官担，如天马、龟蛇、旌节、书台、金箱、玉印、笔架、书筒等形，横远穴前，外隔朝山之脚者是也。亦不必拘拘合形，但以端正圆巧，秀媚光华，平正齐整，回抱有情为吉。若顺末飞走，或向穴尖射及臃肿粗大、破碎巉岩、丑恶走窜、反背无情为凶。或是外来之山，或自本身发出，皆要逆水，谓之沂流案。（沂音齐）《经》云："吉地应有沂流案"。然虽贵有近案，却不可太近，而有逼窄之势，突兀当前，如窒胸塞心之状，横尸停棺之形，杨公云"案山追逼人凶顽"是也。远近之说，亦不必太拘，惟是穴前第一重，低小之山，或平冈出基，高洲小埠，皆是案砂，只要有情耳。若本身连出，的要运水为吉。《捷径》云："本身连臂一山，横在面前有情，不远不近，不高不低，不斜走丑恶反背，却于此外，又见外阳秀峰，或尖圆方正，而此山遮却外山筋脚，为吉地也。"若外山献秀，一重高一重，一层远一层，乃为全局。

论朝山吉凶

朝对之山，欲其有情于我，如宾之见主，臣之面君，登穴而望，端然特立，异于众山，天然朝拱，不待推择，乃真朝也。《经》云："惟有朝山真有情，将相公侯立可断。"又云："真龙藏幸穴难寻，惟有朝山识幸心。"盖既有生成之龙穴，必有自然之朝应。刘氏云："若有龙穴而无特秀之朝案，乃是鬼龙虚结，决非真穴。纵有十分融结，亦减福力。"朝山有数格，有特朝，有横朝，有伪朝。若迢递远来，两水夹送，拜伏而至者，谓之特朝，此格为上。《天机》云："当面推来名曰朝，不怕远迢迢。"杨公云："朝山与龙一般远，共祖同宗来作伴。"，又云："客山千里来作朝，朝到面向为近案。"横朝者，横开帐幞，有情面穴。吴公云："朝山本自爱特来，横案为朝亦可裁。首起应峰有拜伏，消详对面有龙回。"伪朝者，纵有尖峰秀丽，却观大势直去，无情而下，无拜伏之山，亦非正应。杨公云："朝山亦自有真假，若是真时真来也。若是假时山不来，徒爱尖图巧如画。若有真朝来入怀，不必尖圆如龙马。俱要低昂起伏来，不爱尖倾直去者。直去名曰坠朝山，纵有尖圆也是闲。譬如贵人侧面立，与我情意不相关。"又云："案山如正插天青，当面推来始是真。侧面成峰身直去，与我无情似有情。时师见此多求穴，下了那知误杀人。"故凡对视，须察朝山之真情，不可遽以尖圆秀丽之峰便为吉朝。然亦有无朝案而向水者，《八段锦》云："有案不须朝水，水朝无案贵多。"朱桃仙云："有案须端正，无山要水朝。"吴公云："有山向山，无山向水。虽要朝对有情，尤以龙穴为准。"卜氏云："坐下若无真气脉，朝迎空有万重山。"

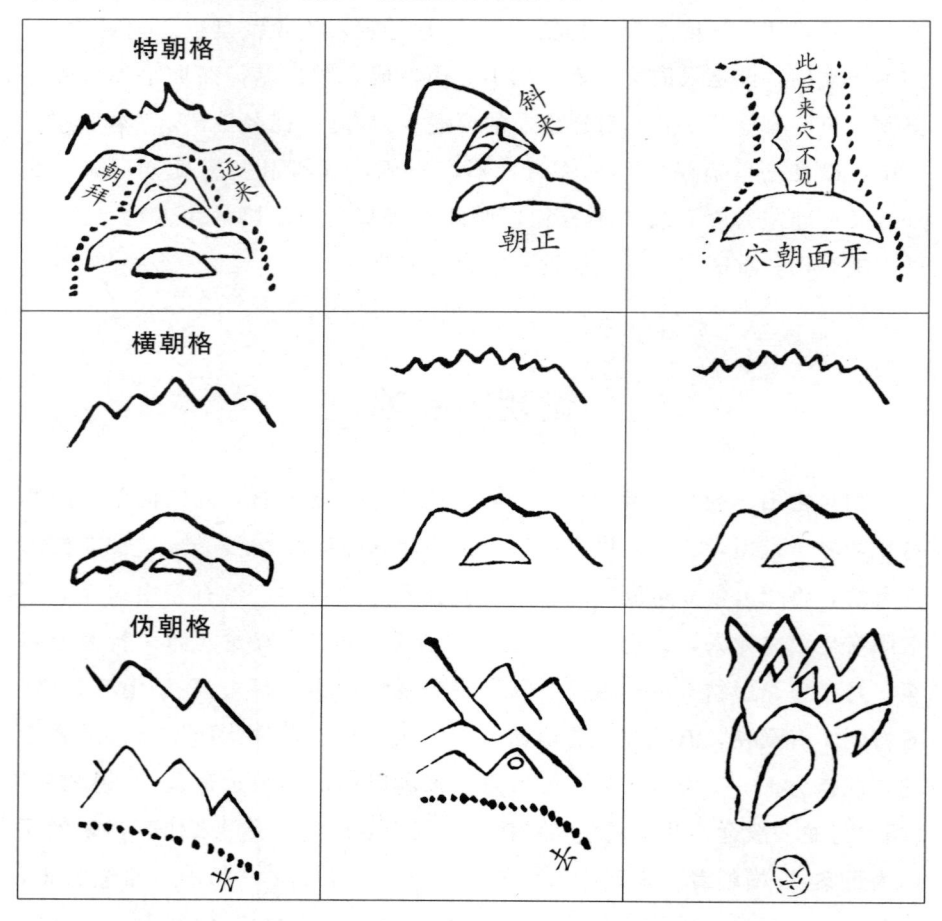

右特朝三格，以第一为至贵，第二次之，三又次之。横朝六格皆吉，言势虽横，皆有推出应山，左右回拱之象，皆吉。伪朝三格，皆凶。安福彭状元祖地，近案远则皆美，为上格。图具于左。

左地在安福县南乡大塘，入局开大帐，中落顿跌，走弄过峡，重重贵格，入首平冈，起玉枕土星，中垂夹送，脉下平坡，起金星结穴，左右展翅，掬抱有情，俗呼乌鸦伏地形。右臂低伏逆转，作一字文星，近案以关内堂。案外九曲特朝，远峰献秀。左右砂皆拜列森丽，，水口禽曜俱备。入穴原有古塚，正当星顶，斗煞已绝。塚前乃水窟，窟射尖利带杀，后彭氏遇异人教之，即窟是穴，葬后即出务咸（以孙贵赠尚书），曰毓义（以子贵封尚书）。文宪公曰：时解元，登戊辰状元，官至文渊阁学士，曰华会，元官尚书。又出五进士，官至佥事、副使、知府、都御史，布政四乡，荐官至佥事员外，即司务府，同其封荫，岁例登仕版者三十余人，衣冠秀士又数十人。按是地水窟为穴，非泉窟也，乃天然之窝，谓之仰天湖。天雨时有客水，旱则无水，故名仰天湖。贵穴多有此格。

一贯堪舆

莆田陈丞相王献公祖地

兄弟三元两相

莆田陈丞相王献公祖地

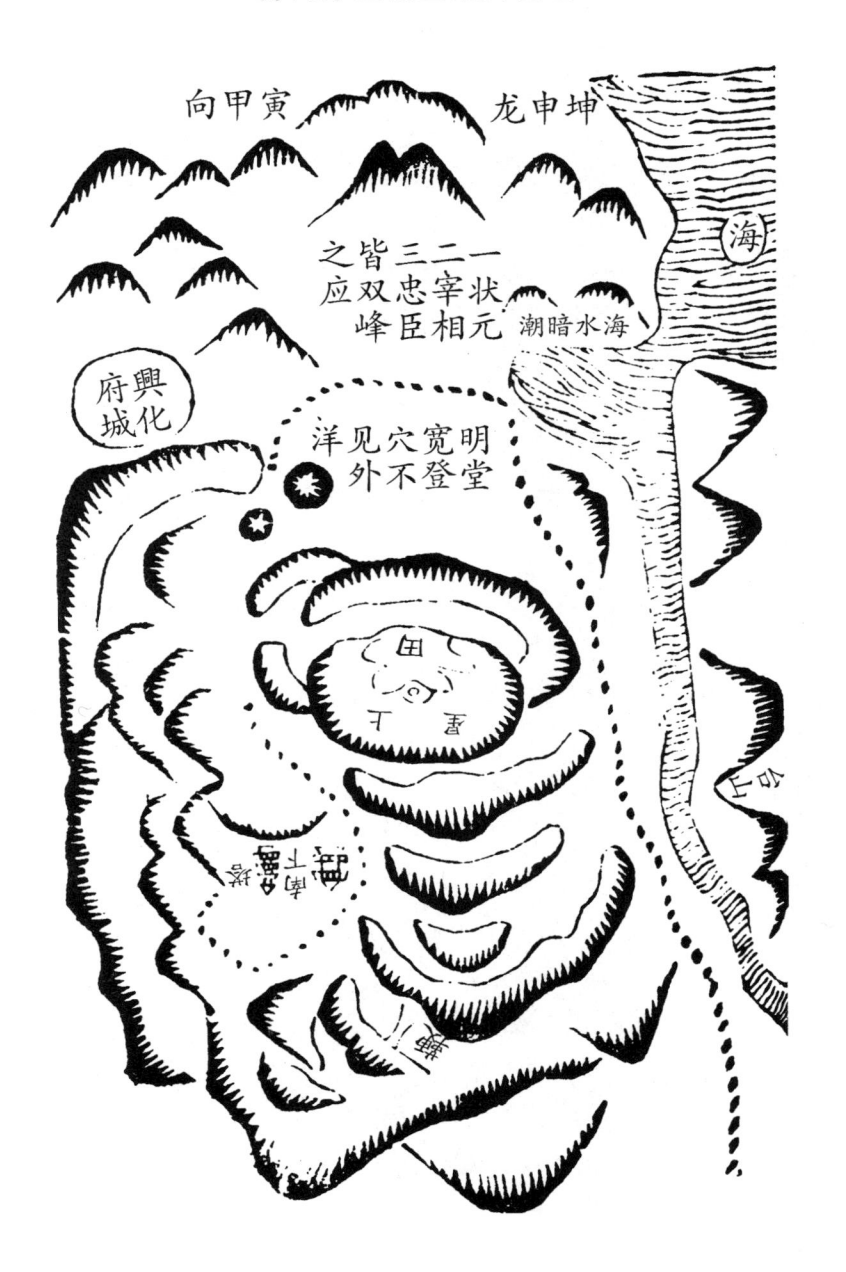

向甲寅　　龙申坤

一状元
二宰相
三忠臣
皆双峰
之应

海水暗潮

海

兴化府城

明堂宽不登
穴见洋外

陈田
丁香

右地在兴化府南寺前，其龙与府龙共祖，分脉后过峡，起凤凰高山下，至仙迹石复大断穿峡，自亥转兑，至理槃岭又断，再起星峰，卓拔数节，抽出芦鞭，入首乃开睁展翅，中垂嫩乳，结天然太极之穴，龙虎弯抱，左臂带一石曜，右臂发为眠弓，近案逆水，向穴有力。既为一字文星，以关内堂；又尽障外阳旷野，且低伏平坦，紧巧近身。此外献出远秀双峰，贴在云霄帐幕之下，此为近案远朝，皆合贵格。海水涌潮过穴，虽是顺局，却与迎同。前照后应之周密，左侍右卫之森严，（左有凤山，右有壶山夹耳。）罗城稠叠，四势团聚，登穴如坐闱中。临田醮水，得水藏风，真美地也。葬后出状元二，曰俊卿，曰文龙。二宰辅，二忠臣，正献公，忠武公，封荫重重，满门朱紫，乡称"七代八太师"云。

论朝山乱杂不可贪秀有误立向真诀

《葬书》云："若怀万宝而宴息，若具万膳而洁齐"，《青囊经》云："前砂欲其推了推"，《雪心赋》有"三千粉黛，八百烟扶"之说，是皆言前砂以重叠为贵。诚如所论，不几于乱杂乎？夫前朝之砂固贵，其重重叠叠，献奇列秀，然峰峦太多，乱杂混淆，可以向此，可以向彼，则情意不专，乌得为吉？《赋》云："尖峰秀出，只消一峰两峰"，乃确论也。《吴公口诀》云："三峰对中，两峰对空"，其慎重如此。如乐平徐附马祖地，及徽州刘震夫祖地，皆两峰并峙，不能向空，卒受其祸。莆田黄编修祖地，穴向拱诀，不能悠久。又如徐中山武宁王达之墓，太祖赐葬南京紫金山后，刘贵田定穴，前有双奶峰并秀，意欲扦向左一峰，太祖命向双峰之中空回处，刘曰："陛下赐徐双贵矣。"果徐有北京定国、南京魏国两公之贵。此"两峰向空，双贵之吉"验也。峰多之杂者，如龙虎山张真人，阳基前对琵琶山，旧名枪刀山，虽耸拔森立，如锯齿排列，然以太多，不为文笔，乃符笔矣。自两汉至今，富贵不替。乃其龙穴之美，非前砂之所能主也。然又不可拘执，若前峰环列，献秀逞奇，又多为大龙贵穴之应，只要中间有一二峰特异，取为正对。若金豁县吴状元，阳基在新田者，前朝七十二峰，果出七十二人科第。夫七十二峰，岂非多乎？只是中有双峰特异，以为正对，吴氏兄弟俱登一甲。又如兰谿县范氏祖地，前对九峰，有九子登科之应。故凡峰峦混杂者，必须中有一二峰，挺然独异，天然朝拱，不待推择，而余山排列，皆面面有情，拥从左右，乃为至贵。又不可以混杂论，惟欲其去穴稍远为吉。盖众峰罗列，若太近穴，终觉浊乱，稍远则自然秀丽。何也？秀峰近视亦丑，丑峰远视亦秀故尔。大抵朝曲虽欲献奇列秀，又不可徒贪其秀，致有失穴之患。故曰："全下若无真气脉，朝迎空有万重山"，又曰："坐下无龙，朝对成空"。尤当先察龙穴，不可徒爱朝秀耳。余常谓"世人都只爱尖峰，谁知地理重真龙，虎不真兮穴不的，朝如图画总成空"，此崇本抑末之意。然亦必本末相须，体用合法，乃为全吉，故天星亦不可废。左地在乐平县金山乡，宋末一明师，同徒见之，曰："此地当出国婚之贵。"其徒遂私为徐氏下之，误向一峰，师复过之，讶曰："误矣。"乃题课曰："好对空兮却对峰，他年莫道我无功。为官必定因妻贵，意正浓时却中风。"后徐氏于元初果两尚公主，骄横不法，廷臣劾之，取首级。然龙穴俱美，但立向少差，减福如此。盖立向既差，则内之乘气分金，外之砂水向背皆戾矣。毫厘千里，不益信乎！

徐驸马祖地

向

倒地笏

　　左地乃赖仙为徽州刘氏指一地，系辛山受穴，秀砂应辰及巳，法合弃峰迎空，向巽辛脉，贯右耳则吉。有仆私为刘营葬，正对辰位秀峰立向，不明舍峰就空之法，既葬，先生留记，叹曰："好向空兮即向峰，他年莫道我无功。为官必定因妻显，得意浓时便中风。"其后出刘震夫，因妻受尚书，即患中风疾卒。此误贪秀峰立向之错也。

刘震夫尚书祖地

左地在壶公山下,名宝溪,其龙自壶山作祖,中抽嫩枝一条,逶迤顿跌一十八节,星辰清秀,护从周密,人首开睁,垂大乳两掬,弯抱有情,穴下余气悠扬,近案环远,远列秀丽,内堂紧夹,外阳开畅,溪中石曜重重,真美地也。初名师陈轸为黄卜之,陈师以地大,且能催官,未可轻与。因察黄氏少诚,拂袖而去,其徒私下之,穴向俱误。后陈师后至,叹曰:"舍八代公卿不做,一代编修做不成,惜哉!"后果于永乐九年,黄赐登探花,官编修。未几即谪官而卒,后竟无显者。

莆田黄编修祖地

离龙入首，合扦丁山癸向，误作午山子向，而点穴复差。

徐中山武宁王墓

两峰朝堂，立向合法，并发双贵。

两峰对空
立向合法
并发双贵

双奶峰

平向左

中王墓

　　此地在南京紫金山后，乃两峰向空而发双贵，立向合矩之妙也。然此两峰对空之诀，一以峦头形势为体而立向，一以大星方位为用而立向，向法俱合，是为全美。如不得已，则内从天星之方位，外从峦头之形势，作内外两向可也。先辈所谓"内藏黄金斗，外掩时师口"，正此内外两向之诀也。法详后条。

兰豁范氏祖地

双奶峰

平向左

两峰对空
立向合法
并发双贵

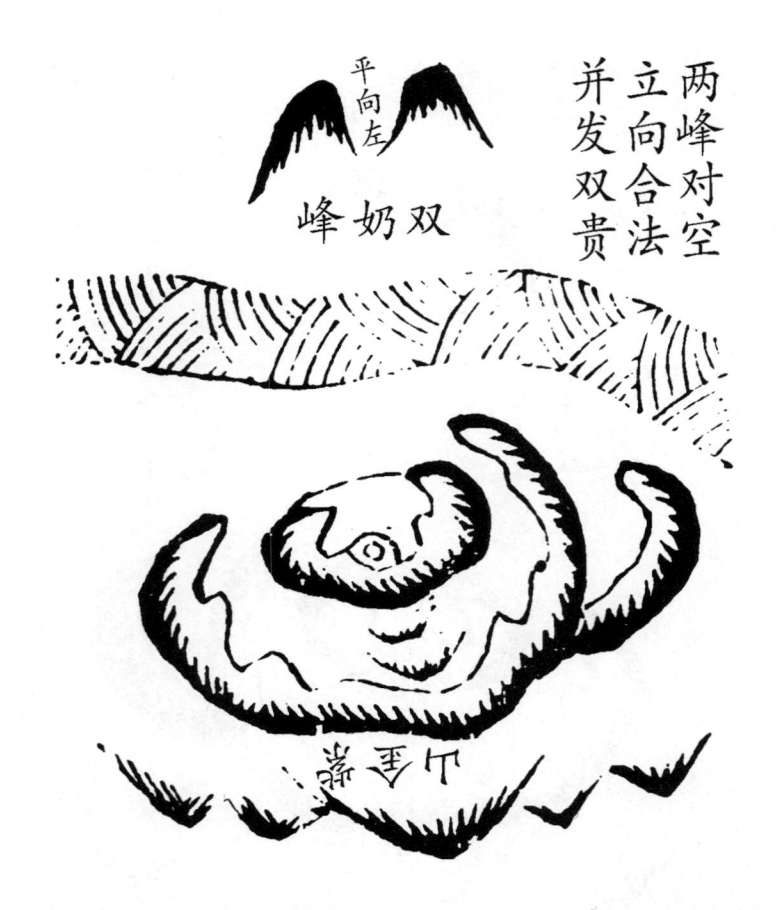

（下手砂）

此地在兰豁县东里许，乃县龙分结者，分后头起展诰土星为贴身帐，自帐中正脉抽出侧落，一边开口成窝格，内堂团聚，外阳开畅，金华府河水横抱绕带，左右龙虎均匀，奇巧近案，逆水弯抱有情，外面九峰插天特秀，葬后生十子，九登科。一子未第者，乃香溪先生（浚），笃志道学，世称大儒。

论孤峰独秀辩惑

或问："朝案乱杂之说，已闻命矣。然一山朝拱者，又有谓孤峰独秀而不吉，何也？"曰："此说是论龙身，非论朝山也。"

按：德兴元明师余宋益《堪舆轨范》有《空穴论》，曰：空者，穴向空也。夫砂水所以惠龙，有后龙关仰，混杂相兼，则钟气受穴，砂水亦混杂应之。亦有龙真穴的，砂或谲怪不居吉位者，若贪峰立向则误矣。诀云："莫把前峰作证，但求坐下为宗。"言不以朝砂取向，但以穴乘吉气为主。如有水迎水扞向者，无水对空立向，亦为合矩，不必泥好砂好水始吉也。

论平原无朝案

地固以有案山朝对为吉，但平原旷野弥望无山者，亦不可弃，何也？平原之穴，则取平原为案，高一寸为山；或田中草坪，或水界平崖，但微高者，即取为案。或第二重高者，即取为朝。如此皆是朝案，详观皆有吉凶，不必拘泥山峰也。

论山谷不见外阳

或问山谷之中，多有不能见外阳朝秀者，此地亦有大贵力量否？曰：预先审龙，若龙短者，多是山脚漏槽，局又窒塞，决无大贵力量。如大龙结穴在山谷中，却多有从山重叠抱裹，故不见外阳，只要龙真穴美耳。尝见蔡西山自卜寿藏，乃大龙结穴在山谷中，两畔包裹，左一臂当前为案，尽障外阳，却非是穷源僻坞，故不为嫌。断法中有"一重案外见青天，后代少人烟"之说，亦不足泥。如西山此地，一重案外，绝无所见，其孙拜相，后嗣蕃衍。又如倪御史祖地，左臂一砂，尽障外秀，如坐井面墙，亦皆贵显。名公之地，不见外阳者尚多，不能尽述，所谓"明朝不如暗拱"是也。聊具二图。

一贯堪舆

蔡西山先生自卜地

山西

中

乎

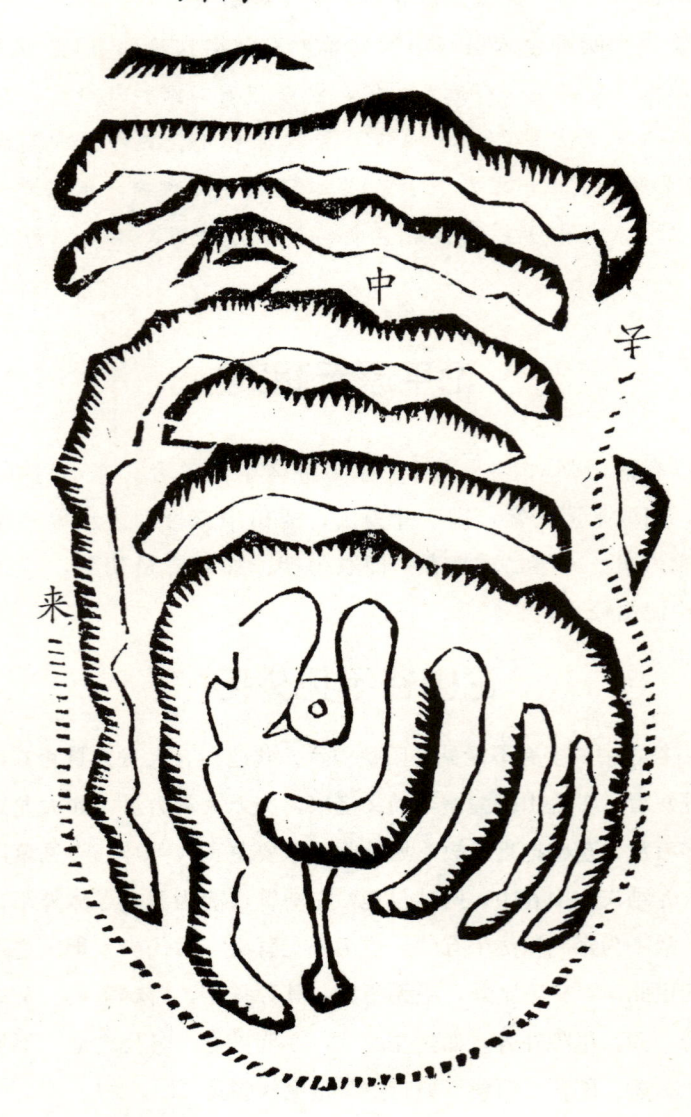

来

右地在建阳翠岚山，其龙自西山开帐，出身雄伟，重重渡峡，至翁田复大断，自青苗中过骨而起，又开帐成卷帘殿试格，复列三台帐，正脉中落，逶迤细嫩，势若生蛇。两畔重叠抱卫入首，成太阴金星结穴，穴挂左角，右畔拖曜，只是穴低而逆关。一臂大近且高，当前为案，无开畅明堂，不见外阳。内水斜流似倾泻，外重下手山又短缩，以俗眼论之，龙虎明堂朝对，无一可取，反似穷源僻坞。不知大龙奔行数十里，于此融结，正是尽龙。而溪水还绕，拦截包转，穴极周密，脉甚奇巧，虽不见外阳，而数十里间山水皆暗相朝拱，真贵地也。非西山之明，孰能知此！先生自卜寿藏，葬后其孙文肃公杭拜相，贤贵叠出，人丁大旺。按：此地所取者，妙在大溪水如腰带，环绕大，弯抱拦截，龙将焉往？此所以束聚完固而力量大也。

杭州胡尚书祖地

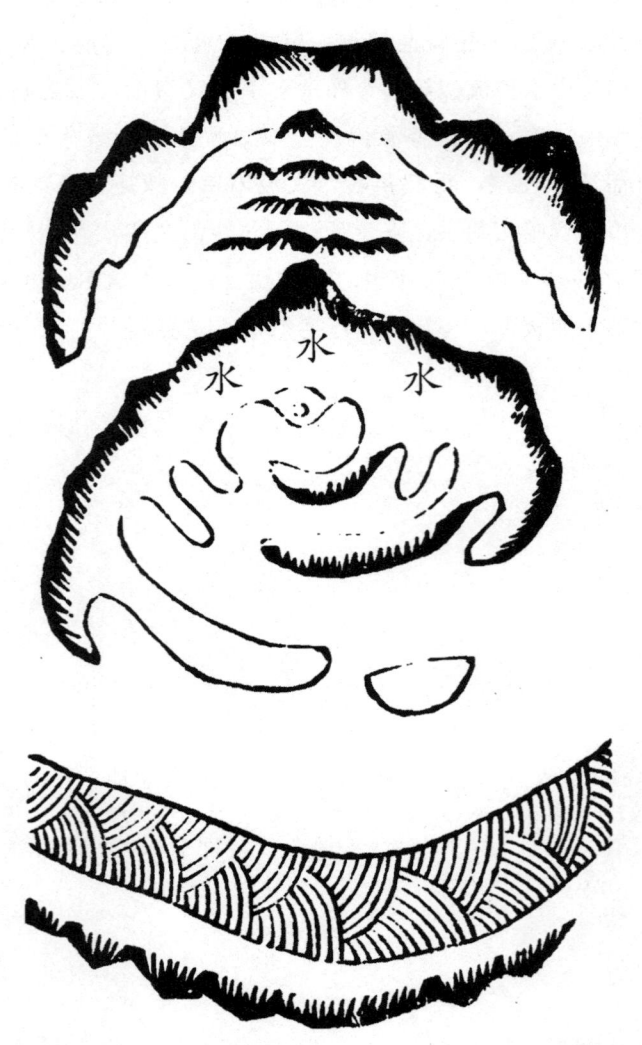

右地在杭州府东北,名皋亭山,其龙自平田顿起,高大峰峦开帐,帐中出脉,分枝迢递数里,而自相从聚,环抱双龙双虎,中垂一乳,水木之星结穴,倚过右边,乾龙入首,作戌山辰向,形如风吹罗带,内气藏聚,明堂内外交锁,不见外阳。葬后出端敏公世宁,登进士,官至太子太保、兵部尚书。子曰纯,官太守。

新编杨曾地理家传心法捷诀
一贯堪舆卷之八

开茔法

　　凡立茔形，以圆为上。阔狭之制，须相圆晕广狭为度，以玉尺量之，以规法圆之。要在晕内除坟堆，水沟之外，不可太宽，锄破晕弦，须要存实土。若锄破四圆，则伤残真气。至于墓门下，高山不过三级，平冈平阳不过一级两级，须相势高低裁之。阶级之下，做半月池，以收真水。高山则掘就，平地则拥成。收水之法，最关利害。凡茔沟之水，虽无形可见，至雨下方流，谓之元辰真水。如穴前陡峻，元辰水倾，初年必主退败。如穴前平坦，或有小明堂兜住，初年断主发福，此必验之诀也。但生成由于造化，而裁成辅相系于人工，故阶级之下，做一半月池，以收住元辰真水，聚于天心，不便飘散，《经》所谓"明堂惜水如惜血"者，正在此也。如水聚于月池之左，长房先发；水聚于月池之右，三房先发；水聚于池中，二房先发；月池平正，三位均匀。又须于池背开一放水孔，用玄空五行，参合杨公七十二龙放水法，"阴龙阴向水流阴，阳龙阳向水流阳"，又须寻衰病死墓绝方，并入于四维，向上手逆流放去为妙，不可流破生养官旺冠胎方，并地支十二位，与下手顺流放去为忌，《经》所谓"群龙生从地下来，万水放从天上去"是也。月池放水之下，不宜直流而出内明堂，谓之"元辰当心直出，牵动土牛为凶"，必须用折水法折之。折法要如生蛇屈曲之状，仍要合阴阳吉凶方位，不可如斗角曲尺，犯之杀人。细微曲折之妙，备详后条。茔形之图，具备于左。

高山茔宜深，穿圹宜浅，《经》云："深凿坟茔浅凿穴，此是杨公真口诀。"

诀云：茔形要圆，其堆相峦头星体，以五行相配堆之。后水沟要微高一二寸，如来气之脉，分水两边，会至堆前，如上分下合之状。墓门宽狭之制，以堆为式，三分中取一。如堆宽九尺，开三尺宽。其墓门阶级转角，俱要圆转，不可如斗角曲尺，谓之带杀凶。墓门下低数寸为一级，低之寸数，按一六八白星吉级之。两边仍填数寸砂，与墓门般平，拦水向前，不许散乱。一级横宽之制，与堆相等，不可太宽。一级之下，又低数寸，为第二级。二级横宽之制，与茔之内空相等。二级两边，仍填数寸砂拦水，与一级般平。二级之下，又低数寸为三级，以三级横宽之制，与茔之外弦相等，两边仍填数寸砂，拦水入池，与二级般平。三级之下，又低数寸，为半月池。池凡与三级，俱要平坦，不可倾侧，免令元辰水倾跌。池之凡聚水，如掌心方妙。然后半月池背开一放水孔，用放水法寻天干方位放出，曲折出堂，法详后条。

定玉尺

《书》曰："玉尺度其远迩"，蔡牧堂云："其数生于黄钟，较今之尺当八寸为则"。盖今尺者，即营造曲尺是也。以曲尺八寸为一尺，分为十寸，凡度茔阔狭，量堆大小，墓门宽窄，量圹深浅皆用，须按白星为吉。

度圆晕

穴内圆晕，乃生气凝聚，灵光现露之处。凡开茔，只在晕内，不可锄破晕弦，使生气泄漏，灵光销铄，名曰"伤穴"，主虫蚁入圹，水泉浸棺，子孙贫寒，惟阳基及四凶穴不忌。① 法用小绳从晕上弦，量至下弦，得玉尺几尺，量其广狭，规为茔体。此为定法，穴有饶减进退，茔皆不动，故曰："里面藏金斗，外掩众人口"者是也。

穿圹法

凡穿圹，仅容棺则止。若太宽阔，则泄漏生气。砖石太厚，隔断生气；开凿未久，散失生气。唐一行谓"宜三日之内"是也。凡生坟，只宜开茔，不可穿圹。如穴脉大，可作双坟，只以一穴为正。浅深之法，前卷悉之。

辨土色

《书》云："土欲细而坚，润而不泽，裁肪切玉，备其五色。夫干如穴粟，湿如刲肉，水泉砂砾，皆为凶宅。"又云："五土四备，阴阳冲和。"注又云："得势与形，而土色不佳，亦不贵也。"今按九州土壤不同，燥湿亦异，难以概论。形势土色，俱为全美，上吉也。多见形势不吉而土色俱备，用之者祸不旋踵；形势自吉而土色不备，用之者常臻富贵，不可执一论。但龙真穴的，色虽不备，亦自坚实不同。若水泉砂砾，则非真龙正穴明矣。又有验穴法，燃烛穴中，焰动而即灭者，有地风也，必有翻棺转尸之祸。然此外面必有风射穴，此自可见，何待于试验也。

作堆法

《记》曰："古者墓而不坟"，至周始立制度。冢人墓人，大夫掌之。天子坟高一丈，诸侯八尺，大夫六尺，士四尺，庶人不封。封谓筑土为垄，

---

① 原注：四凶穴宜阔开，成水不宜太过。

一贯堪舆

至汉增其制。列侯坟高四尺，关内侯至庶人各有差，自是庶人亦有坟矣。其形有五：有封之若堂者，① 有若坊者，② 有若覆厦屋者，③ 有若斧者，④ 有若马鬣者。⑤ 及后世诸家，推五行之相，求相生之义，增损其形为五象，名金木水火土五等之，推用之，至今的然有准矣。

定形体审高低

凡有形体，则有吉凶。顺理则吉，逆理则凶。其形圆者为金堆，直者为木堆，曲者为水堆，尖者为火堆，方者为土堆。太阴太阳孤曜穴属金，宜作水堆；金水扫荡穴属水，宜作木堆，取相生之义。其间或有不同者，详前穴星篇。形有高低，皆顺山势。高山宜低，平地宜高，藏风也。须相势裁度，各要合宜。堆之阔狭，居茔之半。如茔阔一丈，则堆阔五尺之类。

金堆三体

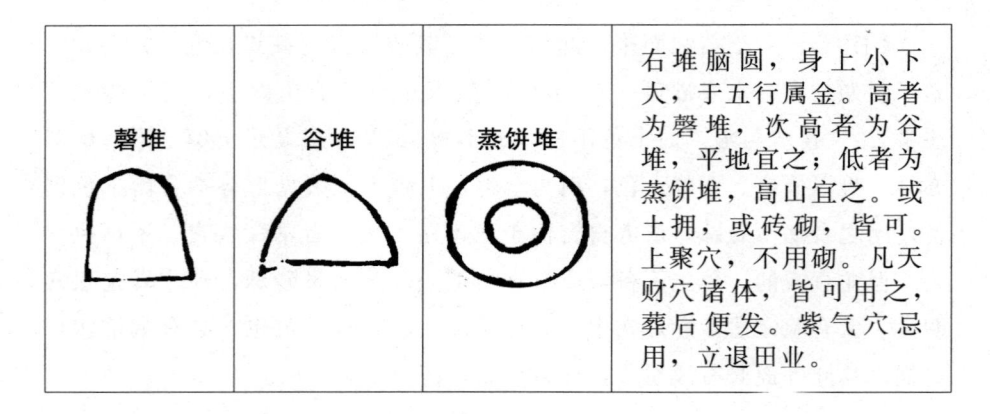

磬堆	谷堆	蒸饼堆	右堆脑圆，身上小下大，于五行属金。高者为磬堆，次高者为谷堆，平地宜之；低者为蒸饼堆，高山宜之。或土拥，或砖砌，皆可。上聚穴，不用砌。凡天财穴诸体，皆可用之，葬后便发。紫气穴忌用，立退田业。

---

① 原注：四方而高。
② 原注：上脊平，旁边杀，而南北长也。
③ 原注：方广而卑。
④ 原注：墓脊上狭旁杀，如其斧刀仰也。
⑤ 原注：马鬣鬣之处则其内薄，坟似之。

木堆 蚕茧堆 	此堆脑圆而长，前后圆而狭，左右直而广，形如蚕茧，本是金木合体，九星皆无所忌。高山平地吐穴及金水穴诸体尤宜，土拥砖砌皆可。上聚穴不用砌，主生贵子。	水堆 塔堆 帽堆	此堆脑圆身曲，叠为数级，五行属水，高者为塔堆，平地宜之；低者为席帽堆，高山宜之，砖砌土筑皆可。太阳太阴孤曜穴，用此便发。天罡燥火穴忌用，立退家业。
火堆 马鬣堆 	此堆脑尖面平，前高后低，而长上薄下广，属火形，若斧。即古云"马鬣封"也，须用砖石砌成。紫气穴体，用此便发；太阴太阳孤曜穴忌用，立退家业。	土堆 土台堆 龟背堆	此堆脑平身圆，上狭下广，属土，高者名土台，平地宜之；低者名龟背，高山宜之，土拥砖砌皆可，上聚穴不用砌。凡天罡燥火诸体穴宜用此，金水扫荡穴忌用。
偃月堆	此堆脑圆身正，后高前低，贴身茔内，贴茔一半，不开水沟，形如偃月，金土合形，九星皆无所忌。高山平地，吞穴必用此，以其能盖穴也。土拥砌砖皆可，上聚穴不用砖彻。		

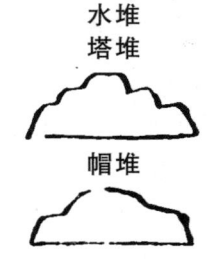

论裁补之法

上手作用之法，又当知裁成。裁成者，言人事也。自有宇宙，即有山川，数不加多，用不加少，如必天生自然而后定，则造化亦有限矣。是故山川之融结在天地，而山水之裁成在人工，过则裁之，使适于中；不及则益之，使适于中；截长补短，损高益下，莫不有当然之理。其始也，目力之巧，工力之具；其终也，夺神功，改天命，人与天无间矣。丰城李氏折角蜈蚣，祖地缺一左臂，加上培成，长房后亦发科第，其明验也。图见四缺类。

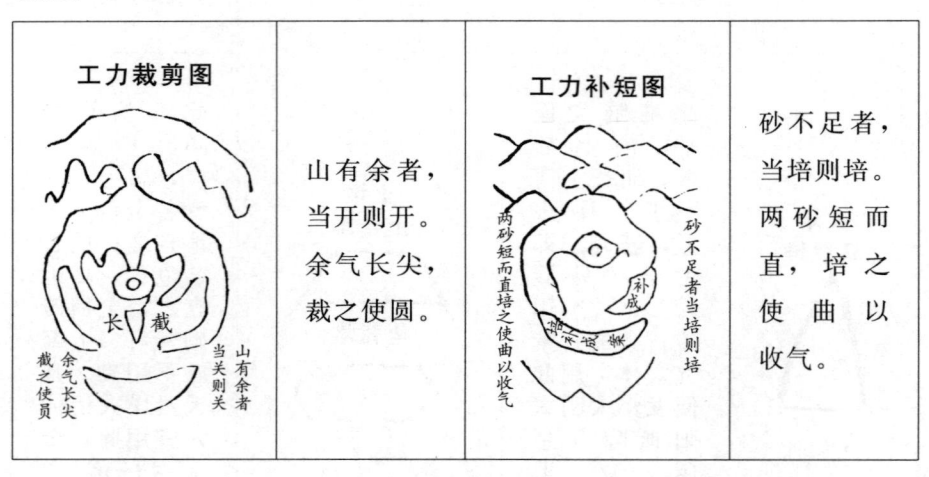

工力裁剪图

山有余者，当开则开。余气长尖，裁之使圆。

工力补短图

两砂短而直培之使曲以收气

砂不足者，当培则培。两砂短而直，培之使曲以收气。

放水法 居葬通用

凡宅墓前干流元辰水，最关祸福。或陡泻，或直出，或流入凶位，灾祸立见。术家有法折之，以玄空五行生旺休囚为主，参合杨公七十二龙水法，兼避木星局、燥火方。凡阴山放阴水，阳山放阳水，自小神流入中神，中神流入大神位，须从天干方位放出为妙。其法：凡审宅水，却于中堂前檐滴水处，用十字木星局，加坐向，定针盘，此阴阳二宅俱要避燥火方，尤紧。若元辰水倒左，则取天财位；或右，木位上折起。若水倒后，则取太阴位；或左，木位上折起。此三家水法，不能并用，须以玄空折水法为主，参合杨公水法，兼避水星局、燥火方，俱要协吉，便是折法。如天财、太阴等吉，势难逐一尽合，惟于三家水法中，合得吉多凶少，亦尽取舍之妙用矣。惟于最紧要者，须知趋避，方得折法。

量后山

以竹为二弓，以小绳为弦，一弓长五尺，准营造尺四尺，高山上用之；一弓长六尺，准营造尺四尺八寸，平地上用之。先从坐下逆量，从坟心起，量至转动处住，得几步，坐下若有十步阳山，则放十步阳水；有十步阴山，则放十步阴水。来山亦然，多少仿此。阴阳山水，见玄空五行例。

放沟水①

《经》云："穴放沟水出，乃祸福所系"，须要知避凶趋吉法。诀云："决沟折放有真机，须向天干忌四隅。②十二支神君莫犯，阳山依旧折阳渠。阴龙仍折阴干水，莫向阳干说是非。若是脱龙并就局，阴阳须混莫猜疑。"③又云："阳山阳向水流阳，富贵百年昌。阴山阴向水流阴，家富斗量金。"如到头来龙属阳，或后二节属阴，三节又阳，先宜放阳干，次折阴干，再复折阳干方流出大吉。如到头一二节俱阳，只宜放阳干，曲折而出，勿犯阴干。如阳山只放乾甲坤乙壬癸六阳水，阴山只放艮丙巽辛丁庚六阴水。至于放折流出方位，可从木星局吉位上，参合杨公水法，兼用玄空五行。折从生旺，注于将衰，出于死绝囚墓，俱要合符，方为全吉，不可冲犯流破凶方，亦不用十二支辰。所谓"一龙生从地下来，一水放从天上去"是也。至于天井开沟放水，亦同此诀。尤有注气之法，初开一小

---

① 原注：并天井沟水，一同此法。
② 原注：寅申巳亥。
③ 原注：如阴阳二宅，或有脱龙脉，以就前局，并不论阴阳来山，但从天干吉位上放出便罢。

沟，向吉方放去；流至吉位上折水处，作一小圆池，径宽一尺六寸，深比沟更低六寸，俱按白星为吉。若沟水，须从池中平流而过，又出小沟流去，至于吉位，又折，又作池注气，仍如前池宽深例。或三折三池，五折五池，多折多池更妙，不可一直流出。盖以水是财禄，作池注水，收聚财禄于吉地，不使流散为吉。凡水之折处，四尺五寸为一步，或三步一折，五步一折，折之折处，要如生蛇屈曲之状，不可如斗衡曲尺，犯之杀人，亦须绕抱宅基，圆转湾折，与后屋有情为妙；不可反背直出，与我无情为嫌，至于折尽。天井沟，须从上手边吉位上流出，至于宅前明流，仍要转折如法。如折遇田沟坑港即住，墓前水折至山沟坑港亦住之。凡平地三年行一步，高山一年行一步，若折得步数多，得福亦久远。《青囊经》云："三折出明堂"，即开三闭五九之法是也。墓前或陡泻，或直出，皆当作水城遮幛，① 使穴中不见其直出者方妙。若是高山穴前生觜长者，当于兜金弦作，水城外开路截断。若是平地穴出窝钳，当于左右堆土牛关锁，《书》云"目力之巧，工力之具，趋全避缺，增高益下"是也。

凡天井放水，于天井中心定针盘，重天井也。如宅前放水，于大门限上，或滴水簷中正处定针盘，所谓"水上放水"是也。

开门取路法[②]

凡宅墓前取路，与开门同法，俱以八宅第一重总门为主。如位在吉方，逐日行走，冲动吉神，则吉动而福自生；如位在凶方，逐日行走，冲动凶神，则凶动而祸自至。故凡居宅祸福，多由门路行动招之。古语所谓"千金门楼四两屋"者，诚然不爽。将从何诀，以便吉凶乎？盖凡阳宅开门，的以《八宅周书》为主，参合十字木星局，取五吉，避四凶，再避黄泉杀方，参此三诀，审择取用，此开门取路全局也。然路最嫌当面直来，谓之"冲破"，主宅不安，必须迂曲而入。若穴水倒左，直从右畔入；穴水倒右，直从左畔入，须要逆水屈曲，审择吉星方位，往来出入，斯为全

---

① 原注：墓水从兜金弦作起。
② 原注：居宅门路兼用，墓宅用取路法。

吉。例详后局。

论吉凶路宜忌诀

凡路宜绕青龙，谓之旋身，主财货积聚；忌绕白虎，谓之带索，官非连绵。四兽脊上有十字路，主枉死少年；明堂中有十字路，主贫穷疾病；两横一直路，名曰"枉尸"，主虎伤刑徒。乾山艮巽上路交者贫，坤上路交者淫，艮上路交者子死。① 四方有路围壬墓，主世出癫疯之人。以上吉凶路，须近宅墓为验；若远而不见者，不必忌也。

黄泉煞例②

例云：庚丁坤上是黄泉，乙丙须防巽水先。甲癸向中忧见艮，辛壬水路怕当乾。

其法止论八向。如庚丁向，忌安单坤向门路之类。犯之主枉死，少丁，杀家长，疾病，忤逆，官事，凶。

黄泉曜气③

例云：乾山看马震山猴，巽鸡艮虎兑蛇头。坤觅离猪坎龙位，宅墓逢之一切休。

此以正五行论生克，凡本卦浑天甲子，纳音来克本卦者，便是曜杀。如乾卦，壬午火克乾金便是。以山论忌水来，以向论忌水去，皆不可犯也。开门须以山论。

---

① 原注：艮乃鬼门也。
② 原注：忌开门行路放水。专论向。
③ 原注：又名八曜杀，忌开门放水。

反覆黄泉煞[①]

例云：庚丁坤上是黄泉，坤向庚丁行最嫌。巽向忌行乙丙上，乙丙须防巽水先。甲癸向中忧见艮，艮向须知甲发颠。乾向辛壬行不得，辛壬水路怕当乾。

此水来为黄泉，去为八煞，特潮者最忌。若来在生方，与横过者不忌。《玉尺经》云："八杀黄泉，虽云恶曜，若在生方，例难同断。若得生旺方来，死绝方去，亦不为害。"

地支黄泉[②]

卯辰巳午怕巽宫，午未申酉坤莫逢。酉戌亥子乾宫是，子丑寅卯艮遭凶。

如卯辰巳午四向，忌巽上开门放水是也。

白虎黄泉[③]

乾甲坎癸申辰山，白虎转在丁未间。更有离壬寅兼戌，亥宫流水主忧煎。震庚亥未四山奇，水若流申却不宜。更有兑丁巳兼丑，犯着乙辰白虎欺。坤乙二官丑莫犯，水来一定杀男儿。艮丙愁逢离上午，巽辛遇坎祸难移。

《八宅周书》开门活例断诀，在一掌决之，难以世悉。兹聊采作八宅开门定例，详注于左，以为启蒙便览。仿此而行，百无一失。

---

① 原注：专论向。忌开门放水。
② 原注：专论向为主，忌开门放水。
③ 原注：论山忌开门，论向忌放水。

坎管壬子癸三山同此局例	八宅吉凶门定图管壬子癸山（坎）	地势宜坎位高 宜丁方出水

命(坤)绝	年(离)延	气(巽)生
土来刑 克水 朝朝哭 小节	财禄多 兴旺 妇人落 水亡	人财盛 富贵满 旺盈箱
害(兑)祸	宅坎	医(震)天
疯疾及 声哑 财丁散绝 人	位正北 中阳喜水 木怕火土	水木相 生吉 和谐家 道昌
煞(乾)六	宅位福坎	鬼(艮)五
老翁多 不正阳 少阳欠亨人	纯阳发福虽 但恐多亡妇	投河死落小 鬼克艮 井亡

离管丙午丁三山同此局例	八宅吉凶门定局管丁午丙山（离）	地势宜离位高 宜癸方出水

煞(坤)六	宅位福离	医(震)天
纯阴阳 妇女伤 走狗火烧鬼	纯阳妇女旺 人阳降 财	木火本 相生后 才丰杰人
鬼(兑)五	宅离	气(震)生
火光伤 妇女两 金火熬煎	位正南 中阳喜火 木怕金	火木阳合福 富贵兴 禄
命(乾)绝	年(坎)延	害(艮)祸
财帛多 虚说魔宅 内邪缠	水火为既济有 钱财益寿	此门凶患又多 疯痰聋哑

震八宅吉凶门定局震管甲卯乙山			震宅管甲卯乙三山同此局例
延 巽 年	生 离 气	祸 坤 害	
此门震招富禄吉和谐两	生火木吉相旺人财兴	木克土为凶老阴逢有灾	
福 震 位 宅	震 宅	绝 兑 命	
多木财门水旺吉凶火灾	位正东怕伤火金长木喜	破军木克星长有伤灾屯	
六 艮 煞	天 坎 医	五 乾 鬼	
土凶克木长子伶仃见	相生进财广和谐二子欠	火到金遭克定伤老翁年	

巽八宅吉凶门定局巽管辰巳三山			巽管辰巽巳三宅同此局例
福 巽 位 宅	天 离 医	五 坤 鬼	
木门比吉和人旺兴财	生火木旺相益寿钱有财	木克土方坤有毋刑伤老	
延 震 年	巽 宅	六 兑 煞	
比和吉主比益寿丰财帛	位东南喜阳木怕少金水	金木来凶克长男受屯女	
绝 艮 命	生 坎 气	祸 乾 害	
巽艮克受刑矢火生风又	水木相吉生常常发横财	乾兑震巽逢克长男受殃女	

一卦管三山乾戌（亥）同

宅乾 八宅门吉凶定图

害㊑巽 祸	命㊑离 绝	年㊑坤 延
女长亡 风疾多 受克男长	重丧 少妇死 老翁多几	事亨 家和万 日进 财源不
鬼㊑寅 五	宅乾	气㊑兑 生
男亡 乾克长 病见瘟 家中	土怕火喜 老阳金 位西北	还凶 先吉后 财宝损 生旺
医㊑艮 天	煞㊑坎 六	宅位福乾
库盈满 金银富贵 开门家	焚房火 灾害伤 六畜 开门	安康 家道且 婚女伤 纯阳

地势乾位宜高宜丙方放水 再审阴阳龙向方妙

一卦三山坤管（未）坤（申）三山同

宅坤 八宅门吉凶定图

鬼㊑巽 五	煞㊑离 六	宅位福坤
凶灾 老母多 五鬼 门开有	殃发 损妇灾 六煞 离门为	毋逃 纯阳 见孙老 木门旺
害㊑震 祸	宅坤	医㊑兑 天
丁苦 凶 坤付人 震木克	喜金 怕木水 老阳土 值西南	百倍 田蚕财 生位 金土相
气㊑艮 生	命㊑坎 绝	年㊑乾 延
人多出 相和 富贵 坤艮土	远行 中男绝 相克 坤坎门	金银满足 富贵 合吉 阴阳配

地势坤位宜高水宜放甲 再配阴阳龙向方妙

卦管三山 艮管丑艮寅三山同　兑管庚酉辛三山同此例

艮宅八门吉凶定图丑艮寅山		
生 坤 气 开门六 家富兴 金银足	祸 离 害 开门 六畜伤 绝嗣常 啼哭常	绝 巽 命 小男伤老 常病 毋伤 离床不
延 兑 年 阴阳相配 富贵足 金银配	艮 宅 位东北 属土喜 怕木 金	六 震 煞 无医 木克土 常克 小鬼常
天 乾 医 资财人 口旺 但恐女 人伤	五 坎 鬼 小口有 刑伤 投河 井亡落	艮 福位宅 水门犯 重阳 伤阳小 口亡

兑宅八门吉凶定图庚酉辛三山		
天 坤 医 生金土相 阳生富 阴损	五 离 鬼 产女人 劳伤 嗽病老 人灾	六 巽 煞 长男有 刑克 盗贼 官灾
兑 福位宅 开门旺财 产但恐长 男伤	兑 宅 位正酉 阳金喜 怕水 土少	绝 震 命 刑克 金水相 长子有 凶殃
生 乾 气 开门多富贵 尝损老翁殃	祸 坎 害 此方六畜伤 祸官灾惹殃	延 艮 年 阴阳相配定 富贵全双两

地势艮位宜高宜放庚水宜配阴阳龙向

地势宜兑高宜放乙水再配阴阳龙向余山俱宜本位地高

新编杨曾地理家传心法捷诀
一贯堪舆卷之九

删正杨公筠松七十二龙水法口诀①

洪蒙未判蕴先天，轩辕玄女救凡间。秘藏移作满堂水，八字包藏祸福玄。直射横冲俱是恶，须分解照吉凶连。湾钩兜转俱宜吉，尤忌逆胎反背环。②高水最怕防冲解，低泄流来却喜湾。一个湾来发一纪，短湾丈尺九六年。长兜能发十八载，小兜十二福绵绵。大朝最喜砂遮躲，一水流来发纪年。三转三湾三十六，长朝再发一花年。③大凡朝来宜小小，小小一线妙难言。长管三十六年事，短管二十四年间。高水泊怀凶最怕，前遮不怕杀来钻。未坤寡母少亡死，乙辰若照出狂颠。乾加戌水多黄肿，丑艮朝来鬼打砖。甲庚壬丙天煞水，二五八房损少年。辰戌丑未地煞水，三六九房祸患连。乾坤艮巽飞枪水，一四七房大祸缠。乙辰未坤生蚁水，戌乾丑艮蚁生团。甲庚壬丙若有塘，二五八房损少亡。辰戌丑未若有塘，三六九房死绝殃。乾坤艮巽若有塘，孤公寡母伤长房。吉凶照见须灵验，林隔墙遮凶不妨。聊举数行为指示，细将七十二龙详。

湾钩兜转冲射解照八字诀

湾者，之玄九曲是也。有去有来，皆宜吉位；虽位凶方，亦无大害。

---

① 原注：墓宅并用，宅尤验。
② 原注：湾钩兜转，要向穴有情为吉。若背穴反钩反兜，名曰"逆胎"。
③ 原注：六十花甲。

诀云："水到之玄莫问方"是也，最忌反背无情。

钩者，或去，或横过，有砂钩回，曰"钩"，亦宜吉位，凶位亦有祸福。

兜者，元辰水去，而前砂兜之便住，多见发财；但属凶方，亦不灾祸房分之应，最忌逆胎，反兜不吉。

转者，水过去而复转回，或过去而成旋转者皆是也。有吉凶房位之应。转而有情，多吉少凶。最忌背穴逆胎。

冲者，来水横冲其穴是也。大冲小冲皆不吉，不论方位之吉凶，但以方位验灾祸之大小，房分之长少也。

射者，直来之水，向穴箭射之谓。大射小射皆不吉，须以方位之吉凶，分辨祸之大小，与房分所属之应。

解者，凡高大水来，盖着低小之水，曰"解"。有吉水解凶水者，则凶可化吉；凶水解吉水者，则吉亦成凶。或水高来，穴低见，亦谓之解，须辨吉凶方位。

照者，凡池塘坑坎水缸之类，常积水而不干者，皆可照之，有吉有凶。须要近宅照见方验，如有遮隔不验。假如水积于我乾位上，照了阳宅，则蚁从辰巽方生起，盖照从对宫生蚁也。百无一失。余仿此。

看水口诀

大凡入宅看水，须要眼见切近者为验。若有竹木密林与高墙遮隔者，多不见效。个中更要细分偏正，兼搭多寡方灵。如丑艮水，多生白蚁；若艮水多，寅则又少蚁矣。又如未坤水，亦多生白蚁；若坤水多，申则蚁又少生矣。余皆仿此，细辨得之。然又不可忽略细微之水，凡大水去来，或兼三龙四龙者，吉凶混杂，祸福难凭。惟一线之水，与宅内坑坎缸积沟放，常积有水而不干者，决不可轻忽，最关利害，尤宜细辨吉凶，以断祸福，庶无差谬。

筠松七十二龙水法神诀

乾老阳：主孤公寡母刀兵，长房出眼疾少亡，有蛇，八鬼打砖，假人命，缢死，缺唇六指之人。

坤老阴：主单传，因女得财，中有痨疾瞽眼，假人命，寡母管家，一四七房损少丁。

艮先好：后主鬼打砖，蛇入室，一四七房损少丁，孤公寡母，痨疾，屋向，人命，缢死，盗贼。

巽先好：后出寡母管家，逃散退败，屋向，蛇伤，一四七房损少丁。

戊辰地煞：主瘫痪孤寡，女子水死，手足眼疾，后出徒流，和尚，少亡，军斩，人命，横祸，三六九房应。

戊戌地煞：主少亡，痨疾，胎死，和尚，瞽目，缺唇，妖怪，仙娘。三六九年、三十六九年见火，初发后绝，假证人命，损一四七房。

己丑地煞：主妇淫，痢疾，瘟癀，横死，盗扳，产痨，人命，缺唇，六指，尼姑僧道，出贼，人口逃散，主牛羊公事，鬼打砖，损三六九房。

己未地煞：先好十二年，初吉后绝，主牛羊公事，疯瘫痨疾，发背产难，孤寡少亡，盗入贼扳，阵亡，火灾，眼疾。

甲水天煞：主人命，又七年假人命，主过房，父子不和，少亡疯疾，虎咬痨瘵，损二五八房应，兼卯小儿亡，官非起。

庚水天煞：初二年好，或三六九年见人命，主缢死，贼扳刀兵，又假人命，两个疯瘫，损二五八房。

丙水天煞：初吉，六年后主人命火灾，长房损子，少亡痨疾，或三十八年，四十五年，手足眼疾生蚁。

壬水天煞：主人命投河，疯瘫颠狂，盗扳缢死，产亡损妻，损二五八房。

七十二龙分金水

甲子宜流：主有财禄，但招少亡产难，孤公寡母，痨疾人命跌死。

丙子宜来：好六十三年后，一败人逃。

子戊子宜去：火家，主损妻，聋哑缺唇六指，打死产难，人命缢死，火灾。

庚子宜来：好十三年，一退又发。

壬子宜去：主死人逃外，损妻缺唇招非。

乙丑宜来：主少亡，死人，退财，牛羊公事，人命，损妻，招非，六指。

丁丑宜去：好主贼扳人命。

癸正己丑宜来：好主缢死投河。

辛丑宜来：好发六年。

癸丑宜去：主损妻缢死。二五八房。牛羊公事，盗扳。

甲寅宜去：主虎伤，遭外，打死，少亡，痨疾，产伤。

丙寅宜来：好发六十三年，又六十年火灾。

寅正戊寅宜去：主虎伤，疯瘫痨死。

庚寅宜来：好发一十六年，又二十四年。

壬寅宜放：不吉，主虎伤，少亡，疯瘫。

乙卯宜放：主死人，官非，人命，缢死。

丁卯宜流横：发大财，大吉。

卯正己卯宜流：六尺宽，直遭雷伤，官非人命，痨疾缢死，水伤少亡。

辛卯宜横流：发十年后，初损小儿。

癸卯宜放：主雷火僧道，少亡孤寡。

甲辰宜流：火家，主火灾，跌死，长一发消，因得火家。

丙辰半吉：蛇咬蛇人。

乙正戊辰宜放：主女人游外，随人耗财，二房发少子，塘泊左边，长一发消，因火家，出少亡，瞎跌聋疾，孤寡痨瘵，三子俊秀，二房诟谇，因奸，右角尝响，假人命，缢死。

庚辰宜去：半吉，发六年。

壬辰宜放横：主水死少亡，产痨颠狂，人命。

乙巳宜放：蛇伤女，又火灾官非，损畜。

丁巳宜朝：初发六年，一退，又发十二年。

巳正己巳宜流：蛇入屋木，打死，生灾，少亡，不宜兜。

辛巳宜大朝：发十二年，后三十六年。

癸巳宜去：主蛇入水死，少亡孤寡。

甲午宜去：主刀兵少亡，树死痨产。

丙午宜大朝：发六十年，又发三十六年。

午戌午宜大朝：主火灾，痨疾，死人，少亡。

庚午宜大朝：发二十四年，一退，又发三十六年。

壬午宜横转：发六年，损妻。

乙未宜放：主贼扳，少亡，孤寡，死人，牛羊公事。

丁未宜来：好六年，后退。

丁己未宜大朝横可：发百二十年，火烧。

辛未宜横：先发六年。

癸未宜流：生灾退财，死人树。

甲申宜放：主少亡投河，树死。

丙申宜朝：火家，富贵六十年。

申戌申宜朝：树跌死人命。

庚申宜朝：好六十年。

壬申宜去：主人命，树死疯痨，瘟癀少亡。

乙酉宜去：主人命，树死少亡，疯痨瘟癀。

丁酉宜朝：好六十二年退。

酉己酉宜流：主灾殃官非，死人，木死。

辛酉宜朝：大吉，发六十年。

癸酉宜横：主刀兵，少亡产难，孤公寡母。

甲戌宜流：主少亡，退财跌死，缢死投河，火灾人命。

丙戌宜钩：发六年。

辛戌戌大朝：大发富贵，科名不少。

庚戌宜放横：发六年。
壬戌宜流：死人命，退财孤寡，少亡。
乙亥宜流：先发六年。
丁亥宜来：发六年。
亥己亥宜来：水伤死人，少亡退财。
辛亥宜来：发六年。
癸亥宜流：孤公寡母，死人盗扳，产痨少亡，哑子痴子。

论生蚁水

或塘，或坑，或水缸，或沟，常积水不干，照了即生。
乙辰水生白蚁：从戌乾方生起。凡生蚁水，从对宫照生。
未坤水生白蚁：从丑艮方生起。若坤水多，申少蚁。
丑艮水生白蚁：从未坤方生起，若艮水多，寅少蚁。
戌乾水生白蚁：从辰巽方生起。
辰巽水生白蚁：从戌乾方生起，俱从对宫照生。

雷惊水[①]

凡亥卯未三水会局，合在震宫，震为雷，主有雷惊雷伤之患。

细参此七十二龙本末，莫非至理寓焉。盖蚁藏于土，乘水风便生，兹以辰戌丑未之墓库上，得水积聚，故蚁丛生，理相因也。至于丙丁庚辛之属，为旺相龙，故水来皆吉。若寅属虎，巳属蛇，震属雷，丑未有牛羊公事，皆各以类应。又若纳音属火者，有火灾之应；属金者，有刀兵之应；属水者，有投河水死之应。再若乾出孤公，坤寡母，艮鬼砖，巽蛇伤，皆五行中正理也，内惟蚁水多验其穴吉凶。惟无龙穴之地，与平洋得水者，则水胜于山，故水有权，而祸福随水应，多见效验。若有龙穴砂水，则山胜于水，山气盛而水气衰，则祸福随山应，《经》云："水到之玄莫问方"

---

① 原注：宅墓同诀。

是也。但宅内积水与放水，亦关利害，尤宜从此法审择，庶免灾咎。

天机木星局例①

天机木星廖禹传，曾杨文字云："天机四十八杀，断祸福有准。大折穴宜作干向水，不宜流放辰，以十字木星加临断之，尤验。"乃左五右三，② 开门折水取路，从吉方行之。假如正星子午兼癸丁向，以子山为主。用子加木星，将罗经于大门限上，格定午丁方，作午丁木星向门路，从屋左取横路出，作卯乙向木星门路出。又从左边折转取路，横过右未坤天财方，作午丁向木星门，或转左取辰巽太阴方作午丁门，为之转动木星门路出。或作一字短明堂，就右边未坤方作未坤向天财门。或从当中正出，作午丁向木星门路。略举此以为矜式，此子山一法。凡二十四山，俱用木星，加本山与向，而五吉四凶，随木星活转，而吉凶自辨。若讨吉星，只依本向，在左五右三间耳，术者详审而活用之。今具子山图一局于后，其他山皆仿此。

天机木星子山图为式。其余将本山加木星便是。

天机木星活局图

此图子山一局例。开门折水通用。

---

① 原注：开门折水取路，参酌兼用。
② 原注：以向为主。左五位是太阴，右三位是天财。

天罡主牛羊公事。

木星主横财田地。

燥火主换妻，欠债，长病，

太阳主进田地，百事昌，

孤曜主枉死孤寡。

太阴主进田蚕横财。

金水主进六畜田蚕财帛。

扫荡主家业退败淫荡。

天财主进蚕丝田产横财。

玄空五行例①

向论玄空分五行，知得荣枯死与生。丙丁乙酉原属火，乾坤卯午金同坐。亥癸甲艮是木神，戌庚丑未土为真。子寅辰巽辛兼巳申，与壬方俱水神。用此步水与量山，百里量山一饷间。山上龙神不下水，水里龙神不上山。

假如丙丁乙酉四火，向生在寅，临官在巳，旺于午，水宜朝来吉，流去凶；自申酉戌亥为休囚死绝，水来凶，宜水去吉，故曰"水宜生旺方来，宜休囚死绝方去"，其他仿此。但双山五行论龙之阴阳以立向，故云"山上龙神不下水"；玄空五行论立向之五行以放水，故云"水里龙神不上山"也。

论阴阳二山②

更有收山出杀法，前后丈尺不须离。坤乙坎癸申子辰，离壬寅戌乾甲临。此是阳山起顶来，收山出杀正宜裁。艮丙兑丁兼巳丑，巽辛震庚亥未酉。此是阴山入穴来，放水立向此中排。须收一二节为奇，三节四节不须

---

① 原注：收山出杀放水合向并用。
② 原注：以便收山出杀放水并用。

拘。只要龙神得生旺，阴阳却与穴中殊。阳山阳向水流阳，阴穴相配吉宜昌。阴山阴向水流酉，收山出杀妙无伦。十个退神如鬼灵，十四进神家业兴。

此阴阳水。先天八卦，乾南坤北，离东坎西，分位于洛书一九三七之奇数。且乾纳甲，坤纳乙，坎癸离壬，配卦三合申子辰、寅午戌，皆属奇数，故此十二山皆阳也。艮震兑巽，位于洛书二四六八之偶数，且艮纳丙，巽纳辛，震庚兑丁，配卦三合亥卯未、巳酉丑，皆属偶数，故此十二山皆阴也。名为净阴净阳。如阳山要立阳向，阴山要立阴向，谓之"阴阳不杂"，收得山起，出得鬼杀。至于放水有十步，阴山须放十步；阴水有几步，阳山须放几步，阳水前后丈尺不相离也。至于收山立向，须收一节二节，山脉与向，阴阳不杂；若三节四节，不必拘也。切忌下直山直向，谓之"双金杀"。全以玄空配双山两五行，兼论双金杀。如金库丑宫，有牛金癸丑艮，来龙须要避玄空五行之金，不可作乾坤卯午向，乃金库龙，又作金向，谓之"双金"，又谓之"直来直向"，辰戌未仿此。《天机·出杀篇》云："十二阳山怕直射，绝败长房也。十二阴山直射时，中子尽羸疲。若犯双金绝杀人，术士细推寻。"要收得山起，出得鬼杀，此谓"无形饶减"也。若论龙生旺休囚，须以双山五行论之。如乾甲丁亥卯未六山属木，自亥卯未方来乘生气也，自巳午申酉戌方来者犯休囚死绝克制也。若论放水，阴山阴向水流阴，须要阳穴配之；阳山阳向水流阳，须要阴穴配之，所谓"阴阳与穴殊"也。然亦有难强合者，二十四位中，惟甲庚壬丙，乙辛丁癸，乾巽艮坤，穴与向合；子午卯酉，辰戌丑未，寅申巳亥，穴与向背，又一定不易者也，安所谓阴阳而取舍哉！故阴阳相配之法，可论立向与放水，难论穴也。故禹云："龙坐支辰穴坐干，自可保平安"，正谓此也。然亦不可拘泥，岂天下尽无支向之地乎！须要通变酌用为妙。然向与水又有玄空生克之理，分进退两局。生入克出为进神，又要合生旺方，不论干支，宜朝来吉，流去凶，有十四局。生出克入者为退神，又合囚绝方，宜流八干四维吉，不宜流支神，宜水去吉，朝来凶，有十局。但比和者，不论进退，要合得生旺宜潮为进神，墓绝宜去为退神，并吉。假如进神例，丙丁乙酉四火向，宜亥癸艮甲四木水来潮，为生入吉；又宜乾坤卯午四金水来潮，为克出吉，其余水凶。凡进退皆仿此。

十个退神①

坤向水流丁，骑马去朝京。_{坤金丁火。}
午向水流丙，五马坐专城。_{午土丙火。}
酉向水流辛，富贵足金银。_{酉火辛水。}
寅向水流艮，家富屋自润。_{寅水艮土。}
戌向水流乾，金满足牛田。_{戌土乾金。}
乾向水流乾，富贵出双全。_{乾金比和病。}
丑向水流艮，富贵声名振。_{丑土艮水。}
卯向水流乙，财合盈箱歇。_{卯金乙火。}
辰向水流巽，富贵庄田进。_{比和巽绝。}
巽向水流巽，致富人钦敬。_{比和逢绝。}

十四进神②

丙向午水朝，富贵保坚牢。_{丙火午金。}
丁向午水朝，金积财富豪。_{丁火午金。}
未向申水朝，大富出官僚。_{未土申水。}
坤向庚水至，文章贵出世。_{坤金庚水。}
申向坤水来，富贵有梯媒。_{申水坤金。}
庚向申水至，百宝金银聚。_{庚水申水。}
亥向亥水朝，出贵又富豪。_{比和逢生。}
壬向子水朝，田地自足饶。_{比和逢旺。}
子向子水朝，登科官百僚。_{比和逢旺。}
癸向亥水来，田广足牛财。_{比和逢生。}
艮向甲水至，巨富多田地。_{比和逢旺。}

---

① 原注：宜水去吉，朝来凶。宜干维，不宜流支神。
② 原注：宜朝来吉，流去凶，但朝水不论干支俱吉。

辛向酉水朝，家富旺人豪。辛水酉火。
甲向寅水至，富贵真容易。甲木寅木。
乙向申水来，财谷积成堆。乙火甲木。
坐向须明生克化，进退水路要知踪。生入克出为进神，生出克入为退神。退神宜流千百步，进水须教入户庭。进退得位出公卿，大旺人丁家业兴。甲庚壬丙水来朝，其家大富出官僚。进神若退家资退，亥巳申寅皆一位。退神若进主官灾，艮巽乾坤一例裁。

玄空五行，论向与水，辨生克。若水生向，向克水，为生入克出，名"进神"；若向生水，水克向，为生出克入，名"退神"。退神宜流去吉，朝来凶；进神宜朝入户庭吉，流去凶。如进退各得其位，富贵双全；如遇进神方水反退流去，必主退败，宜从生旺方朝来，并吉。以玄空论向，金生在巳，旺于酉；木生在亥，旺于卯；水土生申，旺于子；火生寅，旺于午，并宜朝来。故曰"亥巳申寅同一位"。如遇退神方水，反进来朝入，必主官非。宜从绝方流去，并吉。以玄空论向，金终于艮，木绝于坤，水土绝于巽，火绝于乾，并宜流去吉，故曰艮巽坤乾同一例裁度也。

论小神中神大神御街水

沟壑明堂定方隅，便从品折审萦纡。四尺五寸为一步，折取须教向所宜。小神须要入中神，中神要入大神位。三折禄马上街去，一举登科名冠世。乾坤艮巽号御阶，其中亦要一去来。惟有巽宫来去可，乾坤艮位去宜裁。大神流入小神宫，定主其家灾祸逢。中神流入小神位，灾祸瘟癀遭冷退。小中神流大神位，管取荣华家富贵。乙辛丁癸神名小，辰戌丑未小神表。甲庚壬丙号中神，子午卯酉中神照。惟有乾坤艮巽方，寅申亥巳大神当。八干四维流皆吉，若放支辰起祸殃。四维八干赦文水，六秀上街为最贵。生入克出百口成，生出克入退人丁。有折有潴方生福，无折无潴直无情。水若直流牵动穴，家财消散祸灾生。①

凡穴前放水，从半月池中心定针盘，辨方位。若折水步数，从墓心量

---

① 原注：萦，横绕水。纡，屈曲水。

起，用工取吉方，之玄屈折，停潴放去。《经》云："三折出明堂"，即开三闭五之法，一步起建遇满，定成开吉。《经》云："法每一折，潴而后泄。折则水弯，潴则水停。不折不潴，直流无情。"至于屈折之法，以天机水星局，参酌玄空并用，内以杨公七十二龙水法细分之，务求赴吉避凶，方为全局。又须水与向合，阴龙阴自水流阴，阳龙阳自水流阳。又要自小神入中神，中神入大神吉；若大神入中神，中神入小神，并凶。至于三折处，若合得禄马上街出去，更妙。[①] 乾坤艮巽，名为御阶水，宜从此四维出去，谓之"水上御阶"，维巽宫可去可来，乾坤艮不可来也。甲庚壬丙，乙辛丁癸，名曰"八干"。子丑至亥，名曰"十二枝辰"；乾坤艮巽，名曰"四维"；辰丙巽辛兑丁，名曰"六秀"。故水宜放八干四维，不宜放枝辰。况八干四维之水，又名为赦文水，主贵。其六秀之水，并宜从八干上而归四维，谓之"水上御阶"。如阴阳不合，或地势不便，不必拘定四维而去，虽从小神入中神去可，或从中神入大神去亦可。亦要生入克出为吉，生出克入并凶，当细辨之。设例于此：假如甲山庚向，以木星局论，从右折至辛上，系天财吉位。以玄空论，庚向属土，辛上系冠带，且阴与向合，宜初折潴水吉。以七十二龙分金，宜折潴于辛酉位上，从辛横绕过左，至丁方折潴。以木星局系太阴，玄空系养位，分金宜辛未位，折而潴之。又从丁过右，至辛位上辛酉分金处，折而潴之；再从辛绕至穴前庚上，系木星吉位，又属玄空败地，从分金庚申位上放去，此三折出明堂，小神入中神局也。余仿此酌行。如或势限局促，难合全吉，不必过拘，酌取吉多凶少者用之，亦可消灾酿福矣。

[①] 原注：禄马详后例。

甲山庚向折水局例

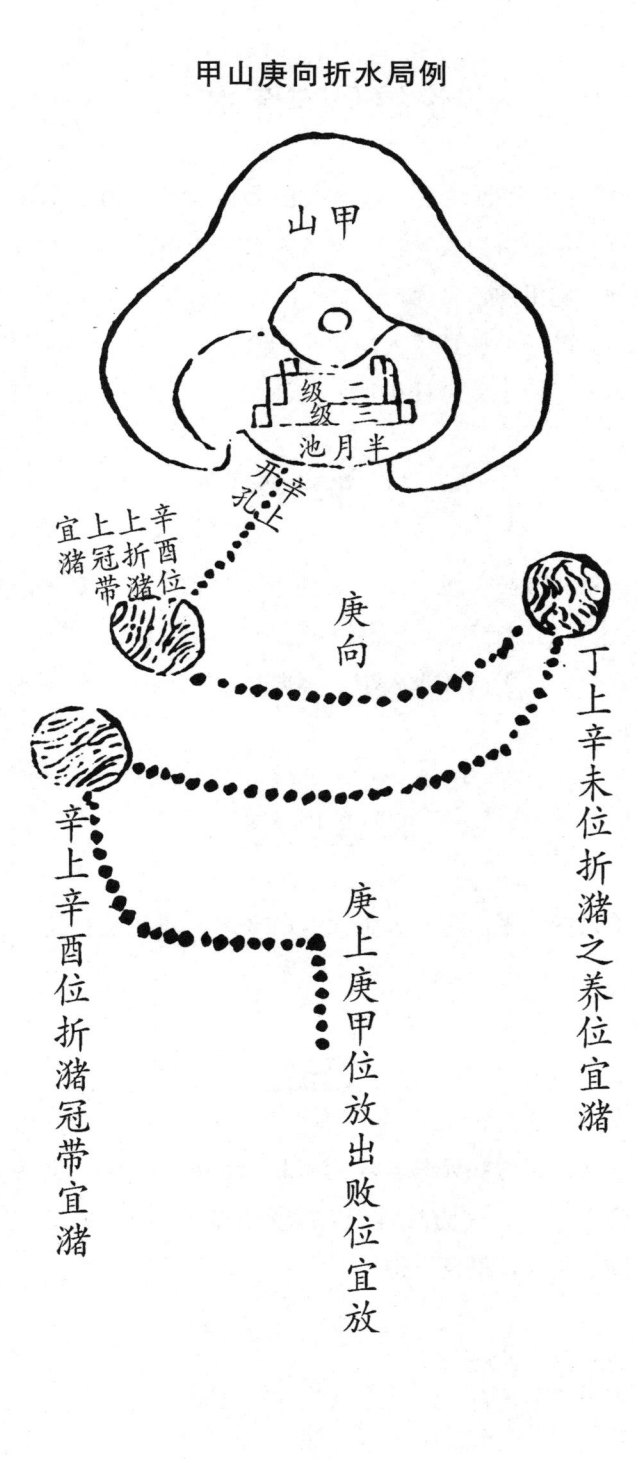

甲山

二級
三級
半月池

开孔上

辛上辛酉位上折渚冠带宜渚

庚向

丁上辛未位折渚之养位宜渚

辛上辛酉位折渚冠带宜渚

庚上庚甲位放出败位宜放

论禄马连珠水[1]

《经》云：富贵贫贱在水神，水是山家血脉精。内惟上街要禄马，三合连珠贵无价。小神流短大神长，富贵声名满天下。

正马格例：乾甲坤乙艮丙巽辛。

正禄格例：乾壬坤庚艮甲巽丙。

借马格例：丙巽壬乾甲艮庚坤。

正连珠格[2]

连珠者，以巽庚癸、乾甲丁、艮丙辛、坤乙壬三合顺序而言，曰"顺连珠"；以三合逆回而言，曰"逆连珠"。

庚向巽水入癸，甲向乾水入丁，丙向艮水入辛，乙向坤水入壬，此名"顺连珠"也。

反连珠格[3]

庚向癸水入巽，甲向丁水入乾，丙向辛水入艮，乙向壬水入坤，此名"逆连珠"也。

八马格

乾为御史马，艮为状元马，坤为宰相马，水并去吉。巽为安抚马，来去皆可。申为太守马，亥为县官马，寅为庶人马，水来吉。巳为将军马，来去皆吉。以上四水，俱要上街吉。

---

[1] 原注：折水取合一格更妙。
[2] 原注：又曰"顺连珠"。
[3] 原注：又曰"逆连珠"。

催官水例：乾甲辛，坤乙庚，艮丙癸，巽辛丙，震庚丁，兑丁壬。

双山五行起例 专论山

乾甲丁亥卯未六山俱属木，俱从亥上起长生。
巽庚癸巳酉丑六山俱属金，俱从巳上起长生。
艮丙辛寅午戌六山俱属火，从寅上起长生。
坤乙壬申子辰六山俱属水，从申上起长生。

俱顺行十二支辰，长生、沐浴、冠带、临官、帝旺、衰、病、死、墓、绝、胎、养十二位。

凡龙行度，从生旺官带方来吉，从衰病死墓绝方来凶。故《青囊经》云："癸坎腾腾入亥乾，丙向夹蛇扦"是也。

双山五行定局

双山五行专论山，谓双无土，何也？盖无两位，故曰"双"者，上居中央，以配天生物，故不入来龙。凡龙行度，要从生旺方起顶过峡行度为吉，及至入首一节二节，诀用收山，要山与向不冲不克，阴阳不杂，谓之

"收得山起"也；若山与向克，谓之"短命杀"；山与向冲破者，鬼杀不出也；山与向阴阳驳杂者，收山不起也，皆主不吉。犯鬼杀杂者，起讼生病少亡也。须要来龙行度配向，要相生相顺为上格。假如癸属金，生坎子水，水生乾亥木，木生丙向之火，乃右出队逆行，自癸子入亥为阴龙，宜作阴向，丙向夹蛇扦，要兼巳二三分为夹蛇也。盖巳上火之临官，丙禄在巳，马在亥，又马到巳，乃禄马交互之局，皆相生相顺也。举此一格，余可类推。

玄空五行定局 论向

此玄空五行，专论向，以向所属之五行，起长生、沐浴、冠带、临官、帝旺、衰、病、死、墓、绝、胎、养十二位，以分七曜，辨吉凶也。假如丙丁乙酉四火向，俱从寅上起长生，顺行十二支神，如向克龙，为公讼换妻杀。凡宅墓前之水，宜从长生位上来，主清秀富贵。若流出破了生方，主少亡。

玄空五行定局论向

沐浴水朝来，为多情杀，主淫乱，人旺。

冠带水来吉去凶。

临官水宜来吉去凶。

帝旺水宜来吉，若流出旺方，为退财杀。

衰位水可去可来。

墓库水来往，主冷退。

病死绝三位水，俱宜去吉。

胎位水去吉，来短略可。

养位水朝来吉，流去凶。

凡宅墓前折水，须依此折放，趋吉避凶，斯为全美。又要流入于四维，莫犯支神。

以玄空五行，起七星例，以辨吉凶，折放并用。①

大墓属破军，绝胎是禄存。生养贪狼位，沐浴冠带文。武曲临官旺，逢衰是巨门。廉贞兼病死，七曜一齐分。

贪狼水来吉去凶。

巨门水来去，皆可主大富贵。

禄存水来，主好淫是非，去水吉，来短略可。

文曲水来，主男荡女乱，在坎宫不妨。

廉贞水，本山克退略可，水来内，反主杀伤孤寡。

武曲水来大吉，水去主痴顽。若流入辰位，大富贵。

破军水来主瘟讼，短则少可，去水吉。

---

① 原注：又名九星水，左辅右弼，在巨门左右。

一贯堪舆

大神中神小神定局[①]

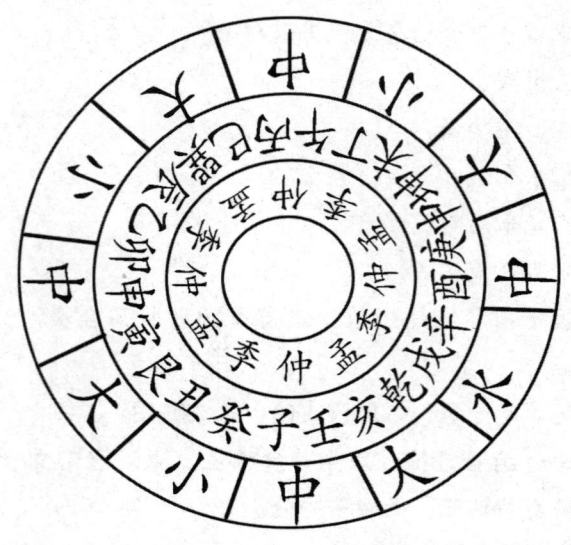

明堂有内有外，分为两明堂。凡折水从月池心量起，取吉方三折，出内明堂，即开三闭五之法。一步起建，遇满定成开吉。更有十字水星局，取合尤妙。内有七十二分金，尤宜酌取。须自小入中而入大，三折出乾坤艮巽，谓之上御街水。艮寅属孟为大神，甲卯属仲为中神，乙辰属季为小神，须辨取。

---

① 原注：折水之法酌用。

收山出杀立向定局

净阴净阳定局，以洛书奇偶数，配先天八卦纳甲，分阴阳。立向先明两节山，向山冲射杀相关。阴冲阳驳中先败，阳射阴兼长不安。维卦孟枝同长断，[①] 阳干四仲作中看。[②] 幼房兴败寻何处，尽在阴干四季观。[③] 穴后一二节顶脉，与向得纯阴或纯阳者，收得山起，反此谓之阴阳驳杂，主凶。又后山脉与向不冲者，谓之出得见杀，反此，则杀不得出也，主凶。此以收山出杀，孟仲季分宫位吉凶，不论支干，若审水去来，宜干不宜支，分宫位吉凶。

[①] 原注：乾坤艮巽为四维卦。
[②] 原注：甲庚壬丙阳干，子午卯酉四仲。
[③] 原注：乙辛丁癸阴干，辰戌丑未四季。

论向上宫位[1]

水明消息少知音,尽在玄空里内寻。乾坤艮巽须利长,寅申巳亥长伶仃。甲庚壬丙中男发,子午卯酉中男杀。乙辛丁癸小男强,辰戌丑未小男殃。

杨氏所云:"万水尽从天上去,流去人财利;群龙须向地中行,龙气宜从阴"是也。

凡放水去,宜流八干四维分属宫位,吉;不宜流支神分属宫位,凶也。

盖水属阳气,天干象天,从阳故也;若龙属阴气,十二支神象地,从阴故也。

赖氏云:"龙行地中,取地气也。水流地外,取天气也。故龙从阴而水从阳。"

然亦不必拘泥。左衿仙人独见杨公之意,秘之于书而发之,曰:"龙从地起,有吉有凶。水自天来,惟清惟浊。独以见龙从地支而未尽吉,水自天干而未尽清。"显然示人以寻龙之法,不当专取于地支,而水亦不宜尽从乎天干也。

《玉尺经》收放消纳水法[2]

《玉尺经》虽为平砂切用,然收放消纳之法,不出双山与玄空两诀趋避法。须审官禄鬼杀,然收入放出之妙,不越生旺与囚绝两方。

刘青田注云:穴无吉凶,以水神之出入为吉凶。假如乾亥行龙,木气入穴者,作丁卯二向,水自乾亥长生而来,从艮寅甲卯官旺方并入于堂,流归巽离丁未坤申而去,则气随水行,木龙之气方清,此得木局之全美也,必发富贵,旺人丁。若水神之出,反从艮震而去,则临官帝旺之气不

---

[1] 原注:审水去来,以见兴衰。
[2] 原注:以为折放平洋取用。

聚；若从乾亥而去，则长生之气分泄矣。又如寅艮行龙，火气入穴者，作丙辛二向，水自寅甲巽巳丙午而来，并入于堂，流归坤兑乾亥而出，则气随水行，火龙之气方清，此得火局之全美也，必发富贵，旺人丁。若水神之出，反从巽离而去，则帝旺之气不聚；从艮寅而去，则长生之气流泄矣。余金水龙，皆仿此收放，大抵以水为主，以向为尊，切忌死绝休囚之水照穴也。何也？气至而伸为神，气反而归为鬼；生旺之气神气也，死绝之气鬼气也；神属阳，鬼属阴，阳气进而生长，阴气反而收藏；此鬼神之气，流行于土脉之内，充周于天地间，运行不息，为春为夏，为秋为冬，所以化育万物者。是气也，若夫生旺死绝之气，是即阴阳鬼神之运，而为吉凶之主者也。故神气为吉而以长养，鬼气为凶而以收藏，此天地自然之运为，阴阳一定之玄机也。是故气至而神，为生为旺，而其方位之上，宜高而来；气反而归，为休为囚，而其方位之上，宜低而去。高而来者为神，从气至而伸也；低而去者为鬼，从气反而归也。以神感神则吉，吉以神生；以鬼摄鬼则凶，凶以鬼致。收鬼气入神方，收神气入鬼方，神鬼异情，阴阳反常；以收藏为生长，以春夏为秋冬，天地变而万物成矣，其为凶也，亦天地阴阳自然之应，而岂强于人为者哉！故杨公曰："生旺之位水宜来，死绝之位水宜去"，又云："生方高耸旺人丁，旺位起峰官神至"，其深知鬼神之情状，阴阳之妙用者欤！

是故贪对弃官，化官为鬼。

凡临官帝旺之砂水，本为龙穴之官禄，能以向收，归于本龙之局内，则发福旺人，必然之应也。若贪堂局，朝对立向，一失其法，反将官旺方砂水，拨出死绝之地，则本龙之富贵，化为鬼杀，以致退财杀人，不可胜言矣。

迎神皆煞，化煞生权。

赖公注云："趋吉避凶之法，不须易地改穴，而即于本龙穴上立向审定，收来水于生旺之方，拨去水于休囚之位，便为迎神背煞。"刘青田释云：假如甲卯亥龙，木气行龙，丁未墓水来入明堂，或坤申庚酉丙午水合流入局，从左倒寅卯生旺方流去，是木龙之水，来去皆凶；左右前后，满局带煞。若立向对甲卯丁未亦属木，来去亦同，主人财败绝。若立向对艮寅丙午辛戌属火，寅亦生方，则伤人丁。若从巽巳庚丙或癸丑金气作向，则坤申庚酉朝水反为临官帝旺之进神，而木气之煞反为迎神，旺方去水反为进神，而亥气木龙之煞出，进神至矣，煞化权生，人财不损。但从金气立向，亥卯龙气虽受病，亦无大害，犹能小发，而人丁尚得生息也。[①]

神存鬼没，而富贵速如转圆。

赖氏释云：假如木龙入首，坐癸甲艮，收木气入穴，是以木龙用木穴，若向未属土为财帛，若向甲巳巽属水为印绶，皆为留神去鬼。若坐向卯午坤方，则金气克木为鬼；若向丁乙酉，火泄木气，或克或泄，皆为鬼煞。鬼旺神休，有祸无福；神旺鬼没，富贵立至。至于六十龙坐下纳音神煞，亦宜忌之。此玄空五行，坐向之用也。

暗煞逼身，而贫贱易如反掌。

刘青田注云：水自来去，不合生旺休囚之位者，明煞也，易知。至旺方水来，虽为吉神，亦有暗杀存乎其中，即《经》云"旺方带煞流来"者此也。如水气入震方者，带煞至也，以玄空论，卯反属金，克木气为杀也，休囚位方去水，虽云"出煞"，然亦有暗煞隐于水口，所谓"休囚出煞不尽"者，此也。如木气，水出午坤属金，是水出杀在也，至六十分金纳音暗杀亦然，尤宜忌之。赖公曰："此玄空五行之法，即杨公十退神十四进神之诀，此煞最关利害，尤宜避之。"

休囚与生旺俱来，法宜趋避。

赖公云：休囚与帝旺二方水，俱来到堂，法何取裁权宜？以旺方作衰方，则衰方以为旺方矣。且如火局戌亥休囚，与午丁旺方二水俱来，穴难裁处，但立向须用坤乙壬、申子辰水局，则戌乾乃为官禄水，午丁乃为胎养水，是衰方以为旺方矣。又如金局巽巳生方，与辛戌衰方二水俱来，点穴尤难，法宜缩退数步，收庚酉旺气于辛戌之位，则辛戌衰方已移而为庚酉旺方矣。然裁收生旺之气，只在上前落后、挨左挨右之妙，此转移祸福之玄机，乃筠松救人之微术也。余参此。上前落后、挨左挨右之说，惟用于平洋大块则可，若高冈山陇之穴，妙在二分饶减，高一尺犯罡，低一尺脱气，讵能取而用乎！

吉秀与黄泉两水，诀慎取裁。

---

① 原注：木气龙，水从卯去为旺方，今以金向，水从卯去，易为旺方，反为进神矣。

刘青田云：凡六秀与三吉水，若从曲折特达朝会局内下本龙，但合得一吉一秀，有吉无凶。虽不合生旺，只将吉秀水收归局内，或合长生，或冠带，或临官，或帝旺，或养方皆可。若生旺方原有水来，虽不在六秀位，只收本方之水为上吉，不必勉强牵合六秀归堂，合得吉秀，则反失却本方生旺之水，拨归死绝之地，不惟不得六秀之吉，而反受生旺死绝之祸，失三吉六秀，详后解。

刘青田云：黄泉者，即黄泉八杀水，如庚丁忌坤之诀。此等水虽恶，若得在生旺方来，绝胎方去，虽是八杀，亦不为害，不可泥于黄泉，而反失生旺休囚五行之正气也。

可合双山作用，法联珠之妙。

刘青田注云：双山者，八干四维十二支，各以类合。亥卯未联以乾甲丁，如珠之联，而三合收之，情交意合，而生旺休囚之方位，与气化无间矣。此九天玄女立法之本意，郭景纯详注于前，杨筠松发明于后，地理家切要之玄机也。

酌从卦例推求，尊纳甲之宗。

刘青田云：九天玄女，以乾纳甲，坤纳乙，离纳壬，坎纳癸，艮纳丙，巽纳辛，震纳庚，兑纳丁，是犹夫妻相见，情交意契，不相违背者也，葬法用之以立向。若乾龙到头作甲向，艮龙到头作丙向者，一气相合，吉庆自生。用之以收山，艮宫水吉，以丙收之；乾宫水吉，以甲收之，则乾艮之水，乃为我用神，而吉庆自生。不然艮乾之水虽吉，而收掣不归如路人，与我不相亲爱，欲其从我为福，岂不难哉！至如乾甲丁、巽庚癸、坤乙壬、艮丙辛，卦例三合，法用纳甲而推，立向纳水，甚得其法。又如乙辛丁癸，即辰戌丑未四墓，天干也。四墓方水，宜去龙穴局面，人见向对去水，有所嫌忌，不知乙辛丁癸四向，宜对去水左右，自然有生旺水来受气，此出杀乘生之玄妙，凡俗可知乎！

细参此《玉尺经》水法，多以双山为主，而玄空次之。至于迁移上下而易衰旺，改立坐向而迎生旺，但可用于平洋大块，无龙穴砂对之星峰，则山气衰，而水气盛，则气随水行，故全凭水神之出入，以消纳祸福。若高冈山陇之穴，堂局朝对，有一定不易之理；倒杖乘气，有分寸不离之诀，安可用之？故《书》曰"平砂玉尺"，良有以也。兹细摘其要，援其尤，以为平洋扦葬者取法，慎勿执以为山龙者口实。

论雌雄交媾水水口①

天根呈众妙之门，月窟启玄机之户。牝牡相对，玄窍相通。乙丙交而趋戌，辛壬聚而会辰。斗牛纳庚丁之气，金羊收癸甲之灵。若或雌雄不交，则夫妇失偶，致令阴阳差错，则男女相伤。②

天根者，阳气所从出之门，即施生之窦，犹男子之牡；月窟者，阴气所发育之地，即禽受之户，犹女子之牝。牡牝相对，玄窍相通，男女交媾，而生息自盛矣。故邵子诗曰："乾遇巽时为月窟，③ 地逢雷出见天根。④ 天根月窟两来往，三十六宫都是春。"⑤ 乙用丙交者，丙火生于寅，顺行墓于戌，是戌者丙之墓，即阳火龙之天根，阴木向之月窟也。丙用乙交者，乙木生于午，逆行墓于戌，是戌者乙之墓，阴木龙之月窟，阳火向之天根也。乙丙相见，玄窍相通，为雌雄交媾者，此也。以四龙水法，皆在于戌上出路故耳。震离二龙同局，至于辛配壬者，巽巳兑酉之阴局也。壬配辛者，申子之阳局也，以四龙水法，皆在于辰上出路故耳。庚金生在巳，顺行墓在丑，丁火生在酉，逆行墓在丑，是丑也庚丁之墓，阳之天根，阴之月窟也，故以四龙水法，皆在于丑上出路故耳。癸配甲，申子之阴局也；⑥ 甲配癸，亥卯之阳局也。⑦ 以四龙水法，皆在于未上出路故耳。盖有乙辛丁癸之妇，宜配甲庚壬丙之夫，夫夫妇妇，雌雄牝牡，何也？乙辛丁癸阴也，甲庚壬丙阳也，阳用阴应，阴用阳朝，故乙得丙，丁得庚，辛得壬，癸得甲，为阴用阳朝；丙得乙，庚得丁，壬得辛，甲得癸，为阳用阴应。

---

① 原注：名四大水口。以直正行分阴阳顺逆论。
② 原注：斗牛丑也，金羊未也。
③ 原注：天风姤卦，一阴始生。
④ 原注：地雷复卦，一阳始生。
⑤ 原注：十一月地雷复卦，十二月临卦，正月泰卦，二月大壮卦，三月夬卦，四月乾卦，五月天风姤，六月遯卦，七月天地否，八月观卦，九月剥卦，十月坤卦。其十二卦内，有三十六阳贯于三十六阴之中，三十六阴贯于三十六阳之中，阴阳交媾，一往一来，以生成万物，故曰"都是春"也。
⑥ 原注：癸水属阴，甲子辰方水局，故曰阴局。
⑦ 原注：甲木属阳，亥卯未乃木局，故因甲木名木阳局。

阴阳相见，犹夫妇之交媾雌雄。若阴遇阳而非其类，号曰"阳差"；阳见阴而非其偶，名曰"阴错"。假如乙亥龙，用丙气相合，乃为阴阳正配，而戌上出水，得阴阳相见之义；若辰与丑上出水，是见庚壬水口，而非其偶，谓之"阳差"，则伤男。又如丙寅龙，用乙气来合，乃为阴阳正配，而戌上出水，为阴阳相见之义；若辰与丑上出水，是见庚壬水口，而非其偶，谓之"阳差"，则伤男。又如丙寅龙，用乙气来合，乃为阴阳正配，而戌上出水，为阴阳相见之义；若辰与丑上出水，是见丁辛水口，而非其类，谓之"阴错"，则伤女。又诀云：假如亥龙从坎癸来，右转为阴，亥属乙，木墓在戌，论来水，则当用丙火属阳，而墓戌者配之，此为阴阳交媾，玄窍相通，所谓"乙交丙而趋戌"者，此"山运收山，水运收水"法也。

此处尚有四十八局俟补。

夫妻路遇终，强合而不谐。眷属一家，纵轻微而有用。

此承上文而言，乙丙相见为夫妇，同情眷属，一家纵轻微而有用。若丙不逢乙而遇甲，庚壬水口出路者，是妻遇夫于路，盖亦发福不厚，谓之玄窍不通也。《赋》云："铜山西崩，灵钟东应"，以其同声相应，同气相求耳。余四十八格，俱本此出。

倒水经捷例①

亥卯未兮巳酉丑，辛壬八山宜右走。惟有巽宜左右来，余水例宜归左手。

亥卯未巳酉丑辛壬八山，俱宜左水倒右吉。其余十五山，俱宜右水倒左吉。内惟巽山，左右俱宜来吉，反此凶。但龙真穴贵，亦不必拘泥，当从局外大观。

---

① 原注：专论坐山为主。

朝水去水捷例[①]

十二地支俱宜潮，更兼壬巽亦潮高。乙辛丁癸皆宜放，庚甲乾坤艮丙消。

凡属子丑寅卯十二地支之山，兼巽与壬，共十四山，俱宜水潮来吉，流去凶。至于乙辛丁癸庚甲乾坤艮丙共十山，俱宜水放去吉，潮来凶，所谓"群水放从天上去"是也。然龙真穴贵，亦不必拘泥。就如寒家阳宅，子山午向，内堂去水半里，方有山塘收拦，倒左而去，但水去而不见其去，初代至五代，一发如雷，可为印证。

峦头天星合一论[②]

地之理，一贯而已，何学者之偏执也。学赖氏者主天星，而以形势为粗迹，往往龙势未审，辄挟罗经，逐节审辨，若将以方位定贵贱矣。宗杨廖刘卜诸仙者主形势，而鄙方位为渺茫，且举廖氏云："卦为宗者误人多，无龙无穴事如何。你尔装成天上卦，等闲家计落倾波。"又刘氏云："下地不装诸卦例，登山何用使罗经。"又卜氏云："既明倒杖之法，方知卦例之非。"俗术偏主，各持胜争鸣。余初入门时，亦谓"峦头有形，吉凶可见；星卦无象，祸福难凭"，然终自犹豫，从违未决。

嗣后远游方外，试验古格，见赖氏主天星者，取用未尝失形胜，如下德兴余氏深窝格，开帐过峡，扦穴倒杖，事事合法可验也。[③] 见廖氏鄙卦例者，取用亦未尝失方向，如下德兴张氏白牛坦地，自题课云："自乾亥高耸起顶，转艮入酉兑，又转艮屈曲入亥，作丙向，发元辰丙水五步归丁，转卯转巽长流"，件件合星卦，又可验也。[④] 此二仙者，各从其体用之例，而洞悉其默合之机，一以形势得方位，一以方位定形势，体用合符，

[①] 原注：专论坐山为主。
[②] 原注：曾师心法，证之群书。
[③] 原注：图载于下。
[④] 原注：图载边窝格。

头头是道，非若俗术之各立门户也。

余试提衡论之，形势非粗迹，富贵贫贱，于此攸分；方位亦非渺茫，阴阳五行，炉冶天地，说岂妄诞！尝见寸尺之内，移易之门，乘气乖舛，则福祉翻成祸星。如徽州刘震夫祖地，辛山受穴，法宜向巽，误贪辰峰之秀，因妻得贵，即中风疾而亡，可鉴也。[①]如尽泥方位，如台州王进士祖地，乾龙入首，作戌山辰向，龙与向俱不吉，而发五代进士，[②]又可鉴也。不佞历考诸古兼受之师，如梦乍觉，然后真知峦头与天星，有体用相须之妙，但个中形气，不无本来之分。大凡寻龙者，必先觅峦头，以立其体；天星之用，自然默合其符，非即用寻体之谓，亦非舍峦头之体，而专求天星之用也。夫地理之体，即吾道之中也；地理之用，即吾道之和也，知一中而后可以言峦头，知一和而后可以言天星。故凡龙脉行度，取中行为贵，偏行为凶，固以一中立其体矣。

至于放棺乘气之用，有一段自然中节之和，所以取左右挨加，阴阳交通，气以两合而化，即中节之和也。中和本自一理，安得岐体用而二之？但取裁之妙，必先重体，而次及用。如体用俱吉，谓之气形两得，全得全昌，的取无疑；如体用俱不吉，谓之形气两失，全失全亡，决弃无疑。第山川气化不齐，造物忌完有禁，或有形吉而气凶者，宁可舍用而从体。大本既立，而道自生，理固然也。或有气吉而形凶者，必不可舍体而从用，根本既亏，枝叶自槁，机相乘也。舍体从用之不可，古来无此格，固不必言矣；至于舍用从体之诀，非臆说也。

如杭州胡尚书祖地，乾龙入首，作戌山辰向，龙与向俱不合吉，后出一尚书一太守。又如荆州石首王都谏始祖地，子癸龙入首，作丁向，葬后即催贵，出江野，登进士，官都谏，诸子继登科甲，官州守，官通守，官翰林，皆可印证。然舍用从体之妙，藏有不传之秘，如或峦头协吉，而立向不合，若隔在尺寸，而可以迁就者，则内用天星理气，外用形势立墓门，而作内外两向，仙辈所谓"内藏黄金斗，外掩时师口"者此也。如或峦头协吉，而立向远隔天星，不可迁就者，即用本山来龙作本向，如亥

---

① 原注：图说见前。
② 原注：图见于下。

龙，细分有五：乙亥、丁亥、己亥、辛亥、癸亥。若丁亥龙入首布气，即用辛亥龙分金立向，一则合峦头内乘生气之诀，一则不犯天星气冲脑散之病，即《书》所云："本由来龙作本向，百子千孙旺"者此也。

然本龙本向，又必要阴龙作阴向，阳龙作阳向，如亥巳酉卯子午辰戌丑未寅申，皆净阴净阳，本龙可作本向；其余壬丙等，系天干十二龙，皆阴阳聚杂，本龙难作本向，若又不知分龙挨加之诀，一概直来直向，即《书》所谓"本山来龙作本向，气冲脑散"者此也，故曰"舍用从体，内有不传之诀"。此曾师授受心法，赖氏所未及发者。虽先辈卜扦甚多，亦未明示其指，余将公之天下，为崇本抑末之用；而且令智觉之士，毋以一眚而弃璧也。

德兴余氏祖地

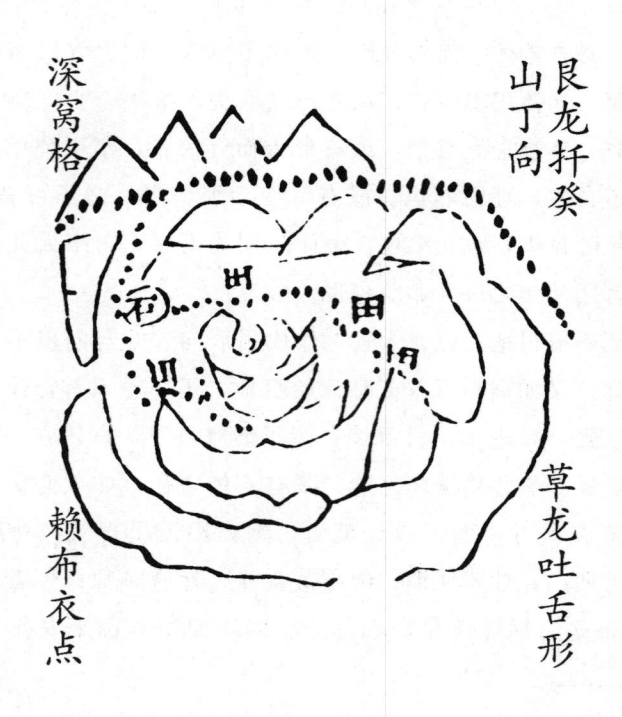

左地在德兴南，名长塘荷叶坡，龙与县龙分脉，五星聚讲。局开梅花

帐，磊落数节大断，穿甲起串珠金，四座又渐寺三金，结金星开口低窝穴格，中垂微乳，穴安乳头。赖公取草蛇吐舌形，艮龙折癸山丁向。葬后，余氏连登科甲，前朝一金，正案不见，外秀诸峰暗拱。按：此深窝内有微乳，乃太阳中生少阴，方有融结，不然纯阳无化气必绝。但此等微乳，非哲师莫辨。若以山势星辰取形，全不类蛇，赖公命形曰"草蛇吐舌"，盖全以穴情取之。哲师重穴寻龙如此，孰谓赖氏专天星不论龙穴哉！峦头天星，不可偏废，此一验矣。

论天星龙脉贵贱上下相映定局

在天成象，在地成形，故天星虽在上，下映二十四位。如天星亥也，上应紫微垣，艮应天市垣，巽应少微垣，兑应太微垣，此四垣为最贵。又天贵映丙，天一映辛，南极映丁，合艮巽兑为六秀。又天屏映巳，为紫微垣之对宫，称帝座之明堂，故亥巳合六秀为八贵。又离纳壬，而离居正南之位，诸星皆拱伏；壬近帝垣，亦为至贵，至于震纳庚，应廉贞，昔人谓之"奋武之地"，合震庚亥，又为三吉。坎纳癸，居正北，为天地之中。外此辰戌丑未及诸阳龙，皆下也。凡阴龙发福最久，阳龙福力不过二三代而已，然亦不可拘泥。如阳龙得局得真，亦发大福。盖阴有六秀，阳亦有六秀。如亥龙乾卦所管，兑丁震庚艮丙即六秀也。辰龙巽卦所管，坎癸坤乙离壬即六秀也。此诀一卦三山，以脉为主，从变曜对宫翻得贪巨武也。阳卦六秀属阴，阴卦六秀属阳，所谓"阴用阳朝，阳用阴应"亦是也。

释三吉

三吉者，亥震庚也。何以见其为吉？从天星中推出亥，应北极紫微垣，为一盘生物之主，收一盘生物之功，故甲子不始于子而始于亥，癸亥不终于乾而终于亥，为天帝司至成之具，乃二十四位之首吉也。震为阳君升殿，乃日之门，职主司生，《易》曰"帝出乎震"，实生气之所从出，故为吉也。庚为阴后坐墀，乃月之户，职主司成，《经》曰"三日出庚"，体配阳君，实佳气之所由凝，故亦为吉。二者为天帝之喉舌，代天帝而分司，如宰相之出纳王命也，合之总为三吉。故得此三龙，真者主宰辅元勋之贵，其次亦六卿之长也。

释六秀

六秀者，艮丙巽辛兑丁也。所谓秀者，龙以中和为美，星以得配为佳，此六位上应天星，如艮合天市之垣，丙以太微配之；巽合太乙之位，辛以少微配之；兑为少微紫府丁，以南极配之，皆上合天星之秀，故以为名。《玉尺经》云："精英诞于天门之上"，正此谓也。若得此六龙真气，形合上格，主出魁元，有文章冠世之才，翰苑宰辅之贵，其次司成学道，清贵之官也。又以六位所纳所依，从卦气推分，得阴阳冲和之美，夫妇相配之义。如艮卦三爻类推，除中爻为卦体，推上下二爻，上配下；则艮之一阳在上，二阴在下，今除中爻，则上下二爻，得阴阳相配之义于丙干也。故艮丙见，为夫妇配合。至于巽辛兑丁皆然。若乾坤坎离，非孤阳则虚阴，皆非中和之道，不得与艮兑巽震同功也。

理气解

理寓于气，气囿于形。理非气不明，气非形不见。故循形以辨气也。

论催官穴亥龙壬向诀

赖布衣云：催官第一天辅穴，[①]** 天皇**[②]**气从右耳接。穴宜挨左微加乾，天皇贯穴气无泄。**

顾注：此明亥龙穴，宜坐壬向丙，得辛亥正气，从右耳而入穴，宜挨左，慎入巳亥，略加乾位半分，以挨亥脉放棺，使辛亥正气无泄为吉。

---

① 原注：壬也。
② 原注：亥也。

亥龙丁向诀

布衣云：天皇气冲穴北道，挨左立穴为枢要。稍加乾位细推详，右耳乘气毋冲脑。①

顾注：此明亥龙穴，癸向丁，法宜挨左，微侵乾位半分，以挨亥脉放棺，多则有犯巳亥凶气，故曰"细推详"。必须右落乾顶，以使辛亥正气从右耳而入，无使巳亥冲棺为吉。

亥龙巽向诀

布衣云：天皇气射天厩星，微挨西兽加壬行。天厩穴空始为吉，耳受左气官资荣。②

顾注：此明亥龙穴，宜坐乾向巽，得辛亥射乾，以贯左耳，穴宜微挨白虎之右，略加壬位半分，扶亥放棺，以受癸亥七亥三壬之气贯穴，故曰"加壬行"，盖壬属水也。乃临官在亥，故宜加壬；乾属金也，乃病在亥，不宜加乾，故曰"穴空始为吉"。

以上亥龙，作丙丁巽三向，不过以净阴相配，易知也。至于左右挨加之法，或挨左加右，或挨右加左，棺倚两边，似难兼得，虽赖氏开端，竟未明示其旨；虽顾氏释注，亦未昭晰其机。如不为之详说，以剖疑关，则乘气挨加之法，终湮灭错乱，遗祸不小。余故备述曾师口诀，详释于后，如悬明镜于此，而待物自鉴也。知此一亥三向挨加之法，则凡二十四龙、五十八向挨加之法，皆可坐而推矣。

详释左右挨加放棺乘气秘诀 曾传

例如亥龙地支阴气诀：凡乘气挨加，以透地六十龙为主。假如辛亥

---

① 原注：天皇亥也，北道癸也。
② 原注：天皇亥也，天厩乾也，西兽右白虎也。

龙，系六十龙正亥，落脉布气不拘顺旋逆旋，任从左右扦穴，俱吉。如左穴辛亥龙入首，作丙向放棺乘气，将棺脚摆挨青龙之左，丙兼乎巳，将棺头兼亥二三分，其右耳乘气得矣。犹未加乾气，再将全棺微移过辛亥龙之右，略沾巳亥半分，便是加乾，盖以巳亥龙内有乾气故耳。又不可多加，犯巳亥凶气。如全不加亥，系纯阴不能生化，故注云"慎入巳亥半分"。如有穴辛亥龙扦巽向，放棺乘气，将棺脚摆挨白虎之右，仍兼亥巳二三分作向，再将全棺微移过辛亥龙之左，略带癸亥半分，以受癸亥三壬之气贯穴，俱要取支借干配，阴阳交通，所谓"气以两合而化"，要识左右挨加，品配之方者，此也。以外凡属支龙立穴，挨加之法，义并同此一诀。例又如巳亥龙，乃六十龙分金五亥五乾，行龙结顶，系是乾亥平分，统论其气，则右边五乾为伪气，左边五亥为真气，穴必有落为妙。放倒乾之伪气，扶取左之亥脉放棺，乘傍辛亥正气，以贯左耳方吉。若左落者不便收放，盖左落则右之乾脉推至左边，难以放倒，穴若错乘右乾之伪气，则全无亥脉，误之甚矣。故乾亥之取右落者，谓之制伪换真法，至于所以然之妙用，又别有一诀，只取傍辛亥之正气以贯穴，而不复用加乾加壬之诀。盖本来乾亥双行，阴阳已交，如再用挨加，则太杂矣。以外双行者，并同此一法例。又如癸亥龙，乃六十龙分金七亥三壬，结顶落脉者，此亥气居多在右，略杂壬气在左；则右为真气，左为伪气，穴宜放倒左边三壬之伪气，扶起七亥之脉放棺，乘傍辛亥正气，以贯右耳，谓之"抑伪扶真法"，又谓之"闪伪从真法"。其至所以然，只取癸亥右气，而不复用挨加者，义亦同前诀，余并仿此作用。

论辰戌丑未四金杀龙穴取用秘诀

四金者，辰戌丑未是也。辰有亢金，戌有娄金，丑有牛金，未有鬼金，名曰"四金杀"，凡乘气分金，必避此亢娄牛鬼之度，不可扦穴。但天度五行，个中又有微妙，尤有可裁者。如四金宿间，复有属土属水者，尤为吉度，不可执全度皆谓金气也。故丑未胜于辰戌，辰戌亦有大吉之度，必真传者，能知而用之耳。如辰宫亢宿九度，太一至四度属木，五至九度属土，但属木之度，亢金克之，固不可用矣。然土度林生，虽为吉度，而细分之，亢有吉凶，五度犯关煞，六度中平，七度凶，惟八度吉，九度犯大凶亡，盖亢土度有五，内惟六度、八度为可用也。又如丑宫牛宿属金，共七度，一、三属壬，四至七度属木，但属木之度，牛金克之，亦不可用矣。然土度虽吉，亦有细分之吉凶，一度凶，二度合女帝星吉，三度犯关煞，盖牛土度有三，内惟二度为可用也。又如戌宫娄宿属金，共十二度，太一二属火，三至八度属金，九至太度属水，但属金之度，谓之金杀，固不可用矣；然火度制金杀，水度俱相生，皆为吉度，内亦有细分之吉凶。太一度合天仓星吉，二三犯关煞，九十度中平，十一犯差错，十二犯黑道，太度合朝士执政吉。盖娄火度有二，水度有五，内惟太一度与太度为上吉，九度十度为次吉，方可用也。又如未宫鬼宿属金，共二度半，俱属火，然火制金杀，同为吉度，然亦有细分之吉凶。一度犯债负星凶，二度凶，半度犯小空亡，皆难取用，不可下也。但辰戌丑未之宫，不止亢牛娄鬼之四宿，如辰宫角宿十三度，始于己巳之六分，终于甲辰之六分；亢九度始于甲辰之六分，终于壬辰之一分，所以辰宫角多而亢少，不惟亢宿之金度当避，即角宿之金度尤当避也。角太一至四度属金，切不可用也。如丑宫斗牛俱半，不惟牛宿之金度当避，而斗宿之金度，亦当避也；斗二至七度属金，切不可用也。如戌宫娄宿度，始于壬戌之三分，终于戊戌之四分，而奎亦终于壬戌之三分，但奎无金度可避，十五度吉，十六度平，十七犯差错，十八度至终更吉，皆可择而用也。如未宫井宿度，始于戊申之七分，终于丁未之六分；鬼度始于丁未之六分，终于三分；柳度始于丁未之三分，终于辛未之八分正，惟鬼金可避，即井柳之金度在未者，亦当避也。井度二十至二十七度属金，柳度在未，无金可避，皆可择而用也。所谓"到头差一线，如隔万重山"，正此之谓也，谁谓辰戌丑未不可用乎！聊举一已验之佳城，并图形象，来龙系乾龙辰向，俱不合理气之吉，以释其疑，云系台州王进士祖地也。

一贯堪舆

台州王进士祖地图

乾龙辰向短钳格

　　左地在临海县西南五里，其龙发自星海峰左枝顿起大幛，中有冲天木星，翻身转换，抽出水木，连行数节，两畔送从齐来，中脉跌断过峡，有扛来，再起大帐落脉，结穴开钳分明，坐戌向辰，乘乾气入首，前案如屏

如几，逆水有情，大江横绕，隔江帻山陡然，临江双塔秀异，明堂平坦，又有小水交锁，诸峰逞异，虽俗眼亦知其吉。但龙属亢阳，穴乘金气，不合天星，不知阳龙阳向，结成阳局，形势雄勇，力量必大，孰谓辰戌而可弃乎！但要避金度为妙耳。此葬王车溪公墓，出五代连登进士，石梁公官太守，曰王宗，会魁，官知府；曰文，进士，参政；曰冕，乡魁；曰愿，员外；曰璘，进士；曰度，进士，知府；曰胤东，曰亮，进士，福祉未艾。①

论收放趋避立向法秘诀

凡立穴定向，若不识收放出杀之机诀，乘杂气侵棺，则吉穴葬凶矣。假如艮寅双行入首，若七艮三寅，当就艮局，立阴向，放虚寅气，收艮气入穴。又如辰巽双双行入首，若七辰三巽，当就辰局，立阳向，放虚巽气，收辰气入穴，不可贪巽之秀，弃辰之罡，而失山川融结之真气。此收山出杀之要，赖氏所谓"收放乘气为真机"是也。余可类推。

论审龙取气诀

《梅花院纂》云："亥无鳞甲用心安，隔山取气君须学。"盖以亥之两旁，为乾为壬，皆不可侵，所谓"无鳞甲"也。此乃审本脉，取真气，当如前挨加也。隔山取气者，如巽巳丙俱属阴，丙可借巳，巳可借巽，皆可隔山而借，此乃审隔山而取真气，不必挨放也。余可类推。

论审龙脉真伪法

初定穴时，开山立向工夫，要看入首脉。如入首是阴，却审后龙多阴，则阴龙为真落；如后龙多阳，则阴为伪落。《玉尺经》云："来龙不脱来龙气"，如亥脉初分起祖，至入穴仍复是亥也。又云"三峡三关元复

---

① 原注：帻音责，覆髻也。

元"，如亥脉过峡渡关，至入穴仍是亥，皆为真气，乃真龙也。如前后驳杂，不相照应，即为伪落，不可不辨。

论气中补泄之法并挂线趋避之机

凡定穴情，以脉之入首论；凡定坐山，以龙之入首论。如艮龙束气，入首六十龙戊寅，为正艮之气，且戊寅纳音属土，亦为本气，所谓"坐下自旺，无待补助"。若或丙寅七艮三丑之气则属火，火生艮土反为泄，乃失之弱，宜用分金生养穴。如作甲山庚向，宜用庚寅分金之木，生起丙寅之火为旺也，此于坐线之分金，可转移无定格也。若气线则不可有差者，以入首贯穴之气，天生已定，不可改移，及至穴中，挂线乘气，如稍侵癸丑，则居三丑之地，便非艮矣，岂可毫厘差哉！大凡气线既定，乃挂坐线；坐线既定，又当挂杂气线，如艮龙气，入首六十龙庚寅分金，有五分寅气，便当寅气一线；若作甲山庚向，则挂甲寅一线，至于气线坐线交界之所，便为右耳乘气之所，又当于交界受气处看寅气何如，如有寅气冲入，便当趋避脉路，来急当退下一分，以避寅气脉路；来缓当进上一分，以抵寅气，则艮之真气乃贯棺而无来杂矣。

至于生克制化消纳之法，乃气中补泄之玄机。如离龙入首，乾亥水朝来，正为杀曜，当坐丁向癸，收甲水，以合乾亥，而为乾甲丁之木局，使气合而离火旺，则乾亥不为煞曜，而反为生旺矣，此乘旺制煞之一法也。又如卯龙入首，丙水与艮水从辛而去，一派火局，泄木之气，亦即为杀，当作辛向，令杀水直出而去，不蓄于局中，则火气泄而水气不伤，此脱杀扶生之一法也。又如亥龙入首，后龙带子癸而来，以双山论属木，水从庚辛方来入堂，一派金局，则煞水满局矣，当立巽向，盖巽庚癸原为一家，今以巽与庚辛合，而又与亥子癸合，则党与合而煞化，是煞反为权，不为我之仇矣，此从煞化权之一法也。又如巽龙入首，辛水当面朝来，以正五行论，巽属木，辛属金，则辛为巽之杀，但以卦气论，则巽辛相配；以天星论，则天乙、太乙为星垣中两贵人，若可作巽向，则巽不为煞，而为官星，所谓"一条辛水向东流，文魁天下武封侯"，此又迎官就禄之一法也。

山有山煞，水有水煞，消纳工夫，全在生克制化上探讨耳。又要识山运收山，水运收水。如亥龙从坎癸来右，自为阴，亥属乙，木墓在戌，论来水则当相，丙火属阳，而墓戌有配之，此为阴阳交媾，玄窍相通，所谓"乙丙交而趋戌"者亦可也，是山水之运也。如作丙向午，丁上有高峰，则乙木生于午，主旺人丁；寅上有高峰，是其旺地，主发财禄，所谓"山管山"也。如寅上水来，是丙火之生地，亦主旺人丁；寅上水来，乃旺地，主发财禄，所谓"水管水"也。如冲破旺方，财禄必败；激破生方，人丁必绝，不可不慎。余细参此挂线乘气之法，乃理气中要诀，不可不从；至于消纳砂水之法，原系卦例，不可拘泥。《经》云："山如笔笏休装卦，水到之玄莫问方"，余之所以备述者，恐俗术因水法不合，遂弃大地，故详举制煞化煞之法，令人破常局而入化境，慎毋胶柱鼓瑟可也，岂卦例之足重云。

论审龙配向释义

壬龙，正五行水气，净阳，午坤乙三向，今推广甲申二向。

从化合取配

左旋者，作壬水论，丁与壬合，宜扦丁向为正配。然丁向净阴，配不得壬龙净阳，故弃丁而扦午向，故午为丁之禄，而弃正从借，取其净阳之相配，此《催官》之所以取午向也。

右旋者，作癸水论，癸与戊为正配，然二十四向中，无戊己二向，盖艮辰戌即戊土也。艮净阴，与壬龙净阳不相配。戌与右旋壬龙癸水，气虽可配合，而宫位相去不远，势不得合，两者不必言矣。惟辰与壬可相配，而辰壬之墓地，故弃辰而扦乙向，与辰同宫，亦弃正取借也，故《催官》取之。

从墓合取配

左旋者，作壬水论，壬与辛合，宜扦辛向为正配，然壬龙与辛向阴阳驳杂，且宫位相近，而势不得合。又为借配可取，故左旋壬龙于墓合无配也。

右旋者，作癸水论，癸与甲合，故右旋壬龙宜扦甲向，左腰受气，为之正配，《催官》不取甲向，以水气死于甲卯，故略之，其实右旋壬龙，甲向为可用也，故推广之。

从纳气论

壬纳离气，故壬龙宜扦午向，净阳相配，坎离借交，为正向也。但在左旋者更妙，而兼符于化合之法矣。

从三合论

壬与坤乙、申子辰，合会水局，但子与壬气虽合，而势不得合，于向无可取。辰为水之墓地，不当向之所可取者。坤申二向，右腰受气，乙向左腰受气，俱为净阳相配，一气合局，故并取之，《催官》所以取坤乙向也。然申与坤同宫，乃壬水长生之地，《催官》略之，其实可相配合，故又推广申向，以便乘气取用。举此一壬，配向之理，凡二十三龙皆可类推矣。

子龙，正五行水气，净阳，坤一向，推广申乙向。

癸龙，正五行水气，净阳，坤午二向，推广乙申二向。

丑龙，正五行土气，净阴，丙丁二向，推广巳一向。

艮龙，正五行土气，净阴，丙丁庚辛酉巽巳未，八向。

寅龙，正五行木气，净阳，坤申二向，推广午乾二向。

甲龙，正五行木气，净阳，坤乾二向，推广午一向。

卯龙，正五行木气，净阴，推广辛丁亥四向。

乙龙，正五行木气，净阳，坤一向，推广甲壬子癸四向。

辰龙，正五行土气，净阳，乾坤二向，推广申壬子癸四向。

巽龙，正五行木气，净阴，辛亥艮一向，推广五庚二向。

巳龙，正五行火气，净阴，亥一向兼用，推广辛庚丑酉四向。

丙龙，正五行火气，净阴，亥庚辛艮四向。

午龙，正五行火气，净阳，壬癸二向，推广寅一向。

丁龙，正五行火气，净阴，亥艮二向，推广辛丑卯三向。

未龙，正五行土气，净阴，艮一向，推广亥卯二向。

坤龙，正五行土气，净阳，癸一向，推广甲乙壬子四向。
申龙，正五行金气，净阳，癸甲二向，推广乙辰壬子四向。
庚龙，正五行金气，净阴，卯艮二向，推广巽巳一向。
酉龙，正五行金气，净阴，艮巽丁巳卯五向；丙丁巳向，势难得合。

从墓合取配

左旋庚金，庚与丁交，但丁与酉位逼近，而势不能倒向，恐难配用，《催官》以为丁向可用此，予所不解也。

辛龙，正五行金气，净阴，巽卯艮三向，推广丙一向。
戌龙，正五行土气，净阳，甲乙二向，推广寅午二向。
乾龙，正五行金气，净阳，乙一向，推广甲一向。
亥龙，正五行水气，净阴，丙巽丁三向，推广卯未二向。

从化合取配

左旋者，作壬水论，壬与丁合，故亥龙左旋者，宜扦丁向为正配也。右旋者，作癸水论，癸与戊合，盖艮辰戌即戊土也。辰戌阳向，与亥阴相驳杂，艮虽净阴可相配，而宫位逼近，势不得合，故弃艮而借向于丙，以丙纳艮气，而弃正求借也。此丙丁二向，《催官》所以并取也。

从墓合论

左旋壬水，壬与辛交，则亥龙左旋者，宜托辛向为正配，但辛与亥，隔宫不远，气虽配合，而势不得合，故弃辛而借向于巽，以巽纳辛，而弃正求借也，此《催官》所以取巽向也。

从纳气论

亥纳未，则未向为亥龙之正配，然未暗金之向，不可单用，宜兼丁三分为可用也。故推广未向，须避暗金之度，木水度并吉。详前例细分之吉凶，方全妙也。

从三合论

亥以卯未、乾甲丁会为木局，乾甲以亥阴阳驳杂，所不向也。其他丙丁巽向为上，次则卯向可用，再次未向，宜兼丁三分，避金度则吉，并为吉向，皆可用也，故又推广卯向也。

以上取向之法，或用化合，或用墓合，或用卦气，或用双山。

盖双山见前局例；卦气者，即艮纳丙、巽纳辛之类；化合者，天地间，孤阳不生，孤阴不育，以二而合，逢辰而化，故曰"化合"。如甲阳也，而己为阴，此甲与己起甲子，逢戊辰而化土，余仿此。此以正五行论龙，而与向取配，不容多辩。

墓合之法

即"乙丙交而起戌，辛壬聚而会辰，斗牛纳庚丁之气，金羊收癸甲之灵"是也。一顺一逆，生旺互用，逢墓交通，故曰"乙丙交而起戌"也，余仿此。但此法世俗多误，错用双山五行，论龙与向取配对，其所由来久矣。然详究其妙，不当用双山而当用正五行为是。今时俗所用，及《玉尺经》注释，皆以双山论，俱谬也。试即"辛壬会而聚辰"一句而破之，其谬自见矣。盖以双山而论，木火金局，其中犹有可合者，惟水局坤乙壬、申子辰六者，俱系净阳。倘如乙龙来自左旋者，作甲木论，甲与癸合，宜扦癸向为正配，然癸与乙净阳相配，尤为妥当，推之火金木局，无不相合，此可知墓合取向之法，当以正五行而论为是也。故此篇墓合取向之法，不用双山，而用正五行，以与时俗旧刻相背戾，其实改讹归正，愿与高明者共质之云。

外有二大格[①]

辰龙作乾向，谓之"龙朝天门"。辰属龙，乾为天门，故云"龙朝天门"，主贵。

戌龙作坤向，谓之"犬守地户"，戌属犬，坤为地户，故云"犬守地

---

① 原注：一合天星，一不合取配，亦不可弃也。

户"，主富。

针盘入用要诀

　　凡下针时，须用净水洗净天池，然后取活动清流水，故针必三换，针针针相对，始为准的。不然恐一针难定，错误多矣。针定然后架线，量山步水，与行注分布，须节节下针，必安架线，看得分明，以便乘气。宜向消纳架线后，辨二十四位阴阳。如阳龙坐阴山，立阳向；阴龙坐阳山，立阴向，为夫妇配合，又为净阴净阳。古人云："此法惟八干四维山向可用，若支神，则山与向阴阳一同，不便配合。"禹曰："龙坐支神穴坐干，自可保平安。八干四维同一理，穴与水同使。"收来山，放去水，俱见古法。双山三合，则以十二支神为主，生旺衰墓因之。①

　　二十四位分定，看其龙之行度，以七十二龙是何龙，起祖属何五行；传变是何龙，属何五行，以至入首，审其中生克，以判吉凶，何节遇克，断他何代凶；何节逢生，断他何代吉，每节下针，而细推之。然其中有单辰行者，有双辰行者，单行者依赖氏《催官》立向挨加法；如双辰行者，天星难拘，恐失真气。故如巽辰双行入首，七巽三辰，当就巽局，放虚辰气，收巽气入穴，立阴向作用以从巽。如七辰三巽，入首则当就辰局，放虚巽气，收辰气入穴，立阳向作用以从辰，但内避辰申之金度气为妙。此古人确论，不可贪巽之秀，弃辰之罡，而失山川融结真气。此收山出煞之要诀，赖氏所谓"收放乘气为真机"是也。

　　龙既审明，则是穿针挂线，以开金井，看百二十龙，用何分金，六十龙得何坐穴，若挨加合法，金卦俱全，斯为纯美。如得分金而不得坐穴者，谓之"得金不得卦"；得六十龙坐穴而不得分金者，谓之"得卦不得金"，皆非全吉。《青囊经》"九九九有气"等语，在此二盘上工夫。务使九六冲和，无相克战为吉。知分金不可克坐穴，坐穴不可克龙神，顺克则吉，逆克则凶；生旺则吉，休囚则凶。

　　坐穴既得，则看透地卦，子父财官，四吉三奇之山水，应与不应。如

---

① 原注：水宜流八干四维，不宜流支神。故曰"穴与水同使"。

壬山加亥，丙子坐穴，透地得困卦，遁得三奇，在坤二震三巽四宫，三方水至，则发财禄，子在中五，父在震三乾六，财在中五，官在坎一宫，此数方峰峦耸异，星辰秀拔，主旺人丁，大富贵。金水日月会在艮八宫，兼得艮峰高耸，或水来，主富敌国，贵极品也。此外卦收纳之法，余仿此。金卦俱得，然后察度，得何吉度，属何五行，度内五行，不可克龙，克穴，克分金，禽星亦不可犯吞啖。

论地盘天盘作用三七二八分金秘诀

厉伯韶诀云："先将子午定山冈，却把中针来较量。更加三七与二八，莫与时师说短长。"

内二十四山，名曰"正针"，又名曰"地盘"，盖以内盘之备，根于八方定位，应岁月节候之常，故号为"地盘"。今以地盘为正针，树臬影，较外盘子午之位，乃先内盘子午半位，号曰"天盘"，亦曰"缝针"，又曰"从针"。彼天气常从左转，而此盘之法因之，故天气当先到半月，然后地物始应之，故天盘之子，率地盘之子前半位，应天道运行之变，为加减之用者也。故伯韶诗云："先将子午定山冈，却把中针来较量"，此二句皆言审龙之用，更加二句，皆言坐穴之用。盖凡来龙，分水脊上，是为山冈；先将内盘子午正针定之，即虚危之间针路也。凡欲审龙，必将罗经安放于山冈之上，子午既定，便知其山冈来脉是何龙，宜作何向，然其气脉有清浊纯驳之分，生克吉凶之辨，非中针不足以知之。却要把天盘中针，较量是非。如亥龙从北方来，则气甚清。盖亥属水，而天盘之亥，又进地盘之亥半位，乃过于北方，则亥龙之气为甚清也。如从西方来，则不免带戌乾矣。

又把六十甲子看是何脉起祖，属何五行；传变是何龙，属何五行，以至入首，审其生克，判其吉凶。何节逢生，断他何代吉；何节逢克断，他何代凶，此古人之确论也。时师不知，反以"却把"二字，即属在"先将"二字上说，乃谓以子午正针格龙，取一脉之气，忌双宫之越，言此地盘为"龙从地下来"，以壬子丙午之缝针，定穴立向，察气候之浅深，乘生旺，避孤虚，如接木锹皮而不劈首之义，谓此天盘为"向从天上立"

者，此甚误矣。若然则赖氏"直来直向，为气冲脑散"者为何？必一盘审辨，则有直冲之气，若两盘参差则无矣。

　　故凡审龙配向，辨脉定穴，俱以内盘为主，取一脉之气，无驳杂也。至于外盘缝针，为正针之用，将以审气脉转折之清浊纯驳，又看百二十分金，以证内盘分金加减之用，若曰"龙从地下来"者，乃地支也；"向从天上立"者，乃天干也。禹曰："龙坐支辰穴坐干，自可保平安。八干四维同一理，穴与水共使。"乃取天干为轻清之气，可以消煞，故用以坐穴为吉；若地支则煞重，观之杨公云："子午卯酉中房煞，甲庚丙壬中房发，寅申巳亥长房灾，乾坤艮巽长房财，辰戌丑未小房殃，乙辛丁癸小房强"，此说了然明白。此乃天机四十八煞，惟地支最重，如作支辰坐向，须知趋避之法，不然误人甚矣。

　　龙既审定，则气从一脉透来，穿定在穴场圆晕内，又看百二十分金，宜作何分金，分金不可坐穴，坐穴不可克龙神；顺克则吉，逆克则凶；生旺则吉，休囚则凶；旺相则吉，孤虚龟甲则凶，不可不细辨之。盖百二十分金，乃重一六十甲子，凡遇甲壬者，为阳而孤；乙癸者，为阴而虚；遇丙庚者阳而旺，丁辛者阴而相，戊己者为龟甲空亡，内惟旺相分金可下，以乘旺相之气；若孤虚龟甲，皆不可用也。故必如伯韶之说，"更加三七与二八"，依此诀分金，方可避凶趋吉，得乘旺相气也。

　　盖"三七二八"说者，谓四少之数，阴阳生长之机。① 假如子山午向，加癸丁三分，在内盘正针，庚子庚午分金，为三七；加癸丁二分，外挨缝针，乃丙子丙午分金，便是二八也。丙庚俱为生旺之气，而上下孤虚龟甲，俱不相侵，必架线于三七二八之门，内外无参，两盘皆旺，方为美善兼该，始为全吉。宋何潜斋先生，作缝针百二十分金，以为加减偏正之用，不使少犯差错空亡、孤虚龟甲，其用心亦至密矣。

---

① 原注：四少者，三七为少阳，二八为少阴也，三为少阳之位，七为少阳之数；二为少阴之位，八为少阴之数，故曰"四少"。

针盘取用要诀

乘气之紧要处，当以秘传六十龙透地吉凶为准的；乘气之分金，宜用赖氏挨加，取支借干，配阴阳交通为妙；分经划度，纳秀迎官，则用《素书》之浑天。盖天盘盈缩，则六甲有多寡之差；穿山七十二，则六甲有断续之间，以之乘气，岂为当乎！

论六十透地龙取用要诀

六十龙者，葬乘生气之要诀也，故必定其来气，从何方来，属某龙，某纳音；一百二十分金属何金，分度属某度数，坐穴该某度中，以分金度数，辨其生克制化，而为趋吉避凶之法，是为得之；岂以山川若此之大关系，独在砂位与流神之一线以判吉凶而已哉！今考定以六十龙为乘气之主，以一百二十为坐穴之宗，其法于来龙入首处，在穴星后分水脊上定盘针，峡上定来脉，使分是何脉。假如六十龙之辛亥，则纳音属金，若从右来，以左耳乘气，则穴宜坐乾向巽，于乾上要得一百二十之庚戌金穴土度，使六十龙之辛亥正气从左耳而进以贯棺，其一百二十庚戌金穴之下，要分得壁七壁八之土度，在棺木上及圹底之中，为之坐穴，则土度生庚戌金，又生乘气之辛亥金，方为全吉。其行住布气之沟线缝当中，亦宜合已亥之壁七壁八；及沟头转折处，宜用所该宫分之土度及金水度吉；而土金水度中，又要不犯关煞、空亡错差，乃为全吉。若用火度则克龙矣，所谓"到头差一线，如隔万重山"，余仿此。但细观此说，与七十二龙并不相干，可见穿山透地，各自为用，非相为用者也。但用之各有诀法，七十二龙，乃论来龙，定山冈，在分水脊上定盘针；六十龙乃论入首，审气脉，入穴当于穴星降脉处定盘针。管见如此，识者审之。

论一百二十分金取用要诀

《瀛海经》中，有以正五行，为各宫之主；以分金之纳音五行，察其逢生旺之宫者为吉，休囚者为凶。凡乘气立穴，布气折水，审其撞命，皆于此消息生克，以定吉凶。然龙有势弱而气强者，穴宜从强；有势强而气弱者，穴宜从弱。如龙善穴弱者，宜用分金生旺穴；龙值生养者，宜用分金旺相穴；龙值旺相者，宜用分金生养穴；龙值休囚者，宜用分金生旺胎养穴。又谓阳龙行势雄强，煞气太露，宜用孤虚分金以制杀；阴龙气脉，不宜孤虚，若差毫厘，祸福千里，须慎之。

论浑天星度五行取用要诀

二十八宿，分为七曜，各有所属，而一宿之内，又有五行，金十二，木十三，水十二，火十二，土十二，共六十一位，与透地纳音相为体用，纳音为主，天度为宾。如丙子水龙坐火度，戊子火龙坐水度，为煞；又龙生度为泄，度生龙为恩，比和为得宜；又坐度克来水之度吉，来水之度克坐度凶。故曰："山克穴者人多发福，穴克山者其家少禄；穴而克水财源积聚，水而克穴必遭荼毒。"盖山克穴者，透地龙之纳音，克坐下度也；穴克山者，坐度克龙之纳音也；穴克水者，坐下度克水之度也；水克穴者，来水之度克坐度也。

论孤虚旺相金卦解

一百二十分金，重二六十甲子也。凡内遇申壬者，为阳而孤，出于乾卦之纳甲，以六爻俱系纯阳，孤而无配故也。凡遇乙癸者，为阴而虚，以于坤卦之纳甲，以六爻俱系纯阴，中虚而无阳媾故也。凡遇丙庚者，为阳而旺，出于艮震之纳甲，以二卦六爻，内除中爻，以为卦体，其余坐一阴爻，对一阳爻，为阴阳冲和，故为阳而旺也。凡遇丁辛者，为阴而相，出于巽兑之纳甲，以二卦六爻，内除中爻，以为卦体，其余坐一阴爻，媾一阳爻，为阴阳冲和，故为阴而相也。凡遇戊己者，为龟甲空亡，如龟甲之坚，而其气不入也，出于坎离之纳甲，除中爻以为卦体，其余皆纯一不交，故为龟甲空亡。若天地煞重，则用龟甲以制泄之可也。或用孤可以制煞，如用相则以迎生，其所取用也微矣。又云："得金不得卦，漫自空谈话。得卦不得金，空自苦劳心。"如百二十分金，逢宫生旺与相者为得金，先天卦遇九六冲和者为得卦，必求金卦两全，方为尽善。盖九六冲和者何卦也？专论上卦得艮震巽兑而成卦者，为九六冲和。盖凡上卦遇先天艮震巽兑而成卦者，则四卦六爻，为阴阳冲和；多配丙丁庚辛，又为旺相，故名为"九六冲和"。凡上卦遇先天乾坤坎离而成卦者，则四卦六爻，皆纯一不交，又配甲乙壬癸戊己，是为孤虚龟甲，名为"九六不冲和"，必主人财耗散，其取用亦至微矣。

穿山透地解并起例掌诀

陈彦绎赞曰：先识穿山虎，方行透地龙。浑天开宝照，金水月相逢。

穿山虎者，七十二龙接脉；先识者，须先察来脉是何龙；入首不言龙而言虎者，法用五虎元遁之义，所以应候也；方行者，既识入首之龙，然后方可坐穴乘气；透地龙者，即坐穴六十龙也，与七十二为表里；透者，如管透灰，导气入穴；穿者，如线穿针，串其所来也。浑天乃浑天之六甲，所以起遁而寻四吉三奇之砂水也；宝照如明镜照物，可见浑天转，而四吉之星备见；金水日局，即娄金箕水心月房日之类；相逢是会为一处，取收为本山用神。

三局起例

子午卯酉遇甲己，上局所管符头是。寅申巳亥为中局，亦遇甲己定无移。下局甲己无他所，辰戌丑未是归期。五日一换分三格，劝君加意细详之。

阴阳二遁总局例诗，自冬至到芒种，六节，阳局，顺遁；自夏至到大雪，阴遁，逆行。编一总例以便记忆。

处暑时逢一四七，立秋二五八春光。① 大寒春分三九六，立冬寒露反相当。反者即反退六九。大雪四七一惊蛰，② 降小③五八二寒露，④ 芒种六三加九数，夏至白露转还乡。⑤ 大暑秋分七一四，清明立夏易局场。⑥ 小暑八二五谷满，⑦ 雨水九六入三阳。

法以二十四向，分配六十甲子，每一向皆管二龙半，二十四山共六十龙也。除震兑坎离四卦为体，名曰"四正"，皆管八龙；乾坤艮巽，名曰"四隅"，皆管七龙；自甲子至丙戌庚壬五子，乙丁巳二丑之八龙，皆属于坎；辛癸二丑，丙戌庚壬甲五寅之七龙，皆属于艮；丁巳辛癸乙五卯，戊庚壬三辰之八龙，皆属于震；甲丙二辰，巳辛癸乙丁五巳之七龙，皆属于巽；庚壬甲丙戊五午，辛癸乙三未之八龙，皆属于离；丁巳二未，壬甲丙戊庚五申之七龙，皆属于坤；癸乙丁巳辛五酉，甲丙戊三戌之八龙，皆属于兑；庚壬戌三戌，丁巳辛癸四亥之七龙，皆属于乾。

又以六十龙，分配于二十四气。自甲子至戊子为大雪，庚子壬子为冬至，乙丑至己丑为小寒，而艮宫之辛丑癸丑为大寒，丙寅至庚寅为立春，壬寅甲寅雨水也。节气皆管三卦，而中气皆管一卦。震巽等之六卦，皆仿是焉。

---

① 原注：安一春字，即立春八五二。
② 原注：若惊蛰冬至，反上一七四也。
③ 原注：即霜降小雪也。
④ 原注：若小寒，退数二八五也。
⑤ 原注：转数九三六也。
⑥ 原注：易作四一七也。
⑦ 原注：若谷雨小满，退数五二八也。

一贯堪舆

以上六十龙，各有分属于八卦所管定位，如在所管之卦，即为内卦；凡遁来之卦，为外卦，合之共成二卦焉。譬如甲子至己丑八龙，原皆属于坎，此八龙内外皆坐定在坎宫。外遁例：加来者为外卦，而共成一卦焉。假如壬子龙，系巳酉局管，乃冬至上局，冬至一七四，合在一坎宫，起甲子入，以九宫掌顺行，甲戌在二宫，甲申在三宫，甲午在四宫，甲辰在五中宫，甲辰系壬子龙符头，但五中宫遇顺遁，须寄在坤宫；如逆遁，须寄艮宫，此常例也。盖符头既得，则零龙依宫次单数，则乙巳在六乾宫，丙午在七兑宫，丁未在八艮宫，戊申在九离宫，己酉在一坎宫，庚戌在二坤宫，辛亥在三震宫，是壬子龙泊在四巽宫矣。乃以九宫掌壬子之巽，移入八宫掌巽上，又寻壬子之符头名甲辰者，原在中宫寄坤上，今遂以符头坤卦，亦移入八宫掌巽上，不论阴阳，一样顺行，依八卦次序，顺遁而去，即以符头所寄之坤，加八宫掌巽上；则自坤而兑，加八宫掌离上；自兑而乾，加八宫掌坤上；自乾而坎，加八宫掌兑上；自坎而艮，加八宫掌乾上；自艮而震，加八宫掌坎上而止。盖壬子龙原属坎卦所管，今坐定，遁至坎上即住，故以坎为内卦，遁来之震为外卦，震为雷，坎为水，合之得雷水解也，此阳遁局例也。

九旬头起例：九宫掌一甲占一宫，至本旬符头外，又一龙轮一宫，数至本龙之宫而止，看属何卦，以便移用。于是观三奇之所在，以定水法。又以卦之世爻所属二十八宿，照日虚月鬼之法，于本宫之卦，以看金水日月四吉所在，以定其坐向与山水。例云："七曜禽星识者稀，日虚月鬼火从箕。水毕木氐金奎位，土宿还从翼上推。"以此法起例讨四吉也。且以四吉论之，假如解卦二爻，戊辰持世，自甲子起角木蛟，以二十八宿，如六十甲子，顺序轮去，例云："甲子角兮甲戌虚，甲申参位午逢氐。甲辰遇室寅逢鬼，此是六甲起宿诗。"自甲子起角，数至戊辰持世，乃心月狐也，月该起鬼，遂以鬼依；冬至上局，原在一坎上起甲子，仍以鬼宿加坎上遁起，柳在二坤，星在三震，张月鹿在四巽宫，翼在五中宫，再数至四巽上箕水豹，又数一旬，至四巽上娄金狗，又数一旬，至四巽上乃星日马，是金木日月皆泊在四巽宫矣。凡寻四吉，必须先得月，四吉俱全。如先得金水日，则四吉不全。此阳局顺遁九宫例，若阴局则逆行矣。

又论八门三奇，假如壬子龙，系冬至上局，入九宫掌，一坎上起甲

· 562 ·

子，甲戌在二坤上，甲申在三震，甲午在四巽上，甲辰在五中宫，系壬子龙符头。符头既得，每二龙轮一宫，依次数去，乙巳在六乾上，丙午在七兑上，丁未在八艮上，戊申在九离上，己酉又在一坎上，庚戌在二坤上，辛亥在三震上，壬子龙在四巽上即住，就将九宫掌壬子之巽，移入八宫掌巽上；又以五中宫符头，五死门，亦移入八宫掌巽上，以休生伤杜景死惊开八门，依将头起门，挨次顺轮八宫，一门递一宫，不论阴阳，一样顺遁。今符头五中宫既起死门在巽，顺次而遁，惊门在离，开门在坤，休门在兑上，是休门泊在七宫矣。

八门九星，起例何如？例云：一蓬坎上一蓬休，芮死推排第二流。更有冲伤并柱辅，不离三四故回头。禽星死五心开六，惊柱常从七兑求。任与生居八艮位，九寻英景逐方游。此坐定在九宫掌上，将符头卦所属之门，移入八宫掌卦上，又以休生伤杜景死惊开，将此八门接符头起门，递八宫顺遁，而还看休门泊在何宫。

又以九星论之，壬子龙仍在一宫起甲子戊，二宫甲戌己，三宫甲申庚，四宫甲午辛，五宫甲辰壬，得此壬字，系壬子龙干头，即住。五原寄坤，就将干头所寄之坤，移入八宫掌坤上；又将壬子龙符头，原是甲辰，亦在五中宫，便将符头禽星，亦移入八宫掌坤上；又以蓬任冲辅英芮禽任心，此九星之次序，依此序，接符头之星，不论阴阳，一样顺遁，次遁八宫而去，止看何星在一宫。既以禽星起坤上，柱星在兑上，心星在乾上，蓬星在坎上，是蓬星泊在一坎宫矣。

又以三奇论之，冬至以后，六节顺遁，乃顺布六仪，逆布三奇；夏至以后，六节逆遁，乃逆布六仪，顺布三奇。仍在一宫起甲子戊，二宫甲戌己，三宫甲申庚，四宫甲午辛，五宫甲辰壬，六宫甲寅癸，丁奇在七兑宫，丙奇在八艮宫，乙奇在九离宫，此顺布六仪，逆布三奇，阳遁法也。

又以子父财宫论之，假如壬子龙解卦，戊辰土系震宫之财，戊辰原在甲子旬管，仍以甲子加九宫掌一坎上，顺数至五中宫，是戊辰财爻落在五宫，五即寄于二坤也；庚戌财爻属甲辰旬管，甲辰原在五中宫，顺数至二坤上，是庚戌财爻泊在二宫；庚午子孙系甲子旬管，自一坎起甲子，顺数至七兑上，是庚午子孙泊在七宫矣；戊午子孙，系甲寅旬管，仍从一宫起甲子，至六宫是甲寅符头，顺数至一坎宫，是戊午子孙又泊在一宫矣。父无也，官即鬼也。庚申官爻，系甲寅旬管，原在六宫乾上，自甲寅顺数至三震上，是庚申官鬼，泊在三宫矣。余禄马贵人，俱依此例起。

假如壬子龙，以龙为主，壬禄到亥，禄则无矣。申子辰，马到寅，解卦戊寅木系，是为戊寅，在甲戌旬管，仍一宫起甲子，二宫甲戌，顺在六，六乾上戊寅，是马泊在六乾矣。壬癸兔蛇藏，是天乙贵人；若此无卯巳二字，贵人无矣。大抵内卦坐定，于八宫掌，在八卦所管之龙位上，外卦移于九宫掌八卦之飞来，日月轮于九宫演禽之顺逆。三奇坐定，在九宫掌之逆顺，子父财官，禄马贵人，起于易卦之演天，入九宫而遁取之。此阳遁之局例，尽于是矣。

又如丙午龙，属夏至之离，甲辰局管起，下局六宫也。遂以甲子入六乾土逆行，甲戌到中宫，甲申到巽，甲午到震，甲辰到坤，是丙午龙之符头在坤也。符头既得，则零甲又单位，移宫轮去，己巳到坎，丙午到九离，即住。即以九宫掌之离，移入八宫掌离土；又以符头之坤，亦移入八宫掌离土。盖丙午龙原属八宫掌离卦所管，故内卦坐定在离，盖离为火，加来之坤为地，得地火明夷卦。既得是卦，乃看持世爻值何辰，得何禽星。

明夷卦癸丑持世，自甲辰起室，数至癸丑，得井木犴之禽，木合起氐，遂以氐依丙午龙下局六乾上起氐逆行，是房日在中宫，心在巽，其既先得月，再数一会，而得壁水；又再数一会，而得鬼金；又再数一会，而得房日，俱在巽矣。

以八门论之，以甲子入六乾上起，逆行，甲戌在中宫，甲申在四巽，甲午在震三，甲辰在二坤上，乙巳在坎，丙午在九离，即住，乃得。就将九宫掌之离，移入八宫掌离上，甲辰符头在二坤上，又以符头坤上起死门，移入八宫掌离上，不论阴阳，一样顺遁，死在离，惊在坤，开在兑，是休门泊在六乾矣。

又以三奇论之，坐定在九宫掌上，不入八宫掌，丙午龙仍在六乾上起甲子戊，逆行，甲戌己在中宫，甲申庚在四巽，甲午辛在三震，甲辰壬在二坤，甲寅癸在一坎，丁奇在九离，丙奇在八艮，乙奇在七兑矣。夏至以后，逆布六仪，顺布三奇。例云："甲子戊，甲戌己，甲申庚，甲午辛，甲辰壬，甲寅癸，丁丙乙"，此数句，宜熟记，以便起遁。

以九星论之，仍以甲子戊入六乾上起，甲戌己在中宫，甲申庚在四巽，甲午辛在三震，甲辰壬在二坤，①甲寅癸在一坎，丁在九离，丙在八艮，即住得此丙字，乃丙午龙干头，龙干既得，就将丙字之艮，移入八宫掌艮上，又以符头在二坤，合起芮星；即将芮星，移入八宫掌艮上，不论阴阳，一样顺遁，柱在震，心在巽，蓬在离，任在坤，冲在兑，辅在乾，英星在一坎矣。奇门皆分顺逆二至，各遁俱依前例，其余六十龙，皆仿此而起局也。

但内有甲子、甲戌、甲申、甲午、甲辰、甲寅，惟此六龙，凡布六仪，并布三奇，无一甲子，将何以起九星也？但寻到本龙，符头也用他，龙也用他。譬如甲辰龙，谷雨下局，八艮上起甲子，甲戌在九离，甲申在一坎，甲午在二坤，甲辰在三震上，就将九宫之震，移入八宫掌震上；就将三震，合起冲星，亦移入八宫掌震上，冲在震，辅在巽，英在离，芮在坤，任在兑，心在乾，蓬星在坎，任在辰矣，余仿此。

至于子父财官，丙午龙明夷卦，己卯子孙，仍在六乾上起甲子，逆行，甲戌在中宫，乙亥在四巽，丙子在三震，丁丑在二坤，戊寅在一坎，己卯在九离，是子孙泊在九宫矣。癸酉父，自乾宫起甲子，逆数癸酉在六宫，逆数癸丑宫在二宫，又逆数己丑宫在八宫，父则无矣。自夏至以后六节，子父财官、禄马贵人，俱逆九宫位以寻之。丙午龙，禄在己午，马在申，夷卦禄马俱无。天乙贵人丙丁。亥酉二字今逆数，癸酉贵人在六宫。逆数，己亥贵人在七宫，癸亥贵人在一宫矣。俱依前壬子龙起甲子，顺逆不同耳。

贵人例云：甲戊庚牛羊，乙巳鼠猴乡。丙丁猪鸡位，壬癸兔蛇藏。六辛逢虎马，此是贵人方。今将订定六十龙遁卦列后，四吉三奇，八门九星，子父财官，禄马贵人，到方定局，以便考验。

---

① 原注：是丙午符头，切记之。

一贯堪舆

甲子	三亥七壬	大雪	上	坎卦休	一蓬	一乙	五丙	六丁	七子	八父	五才	四官	九六	四吉	三禄	八禄	六马	六贵				
丙子	正壬	大雪	下	困卦休	三冲	一乙	一丙	三丁	四子	五父	六三才	五官	一	四吉	八禄	无禄	五马	五贵				
戊子	五壬五子	大雪	中	师卦休	四心	一乙	八丙	九丁	一子	子父	七才	七官	三	四吉	二禄	禄	马	二贵				
庚子	正子	冬至		解卦休	七英	一乙	六丙	五丁	四子	七四无	才	二八官	九	四吉	一禄	九禄	马	三贵				
壬子	七子三癸	冬至	上	解卦休	七蓬	一乙	九丙	八丁	七子	一七无	才	二五官	三	四吉	四禄	无禄	马	八贵				
乙丑	三丑七癸	小寒	上	艮卦休	二芮	一乙	一丙	一丁	八子	七父	才	无官	一	四吉	三禄	二禄	马	无贵	无			
丁丑	正癸	小寒		涣卦休	二冲	一乙	四丙	三丁	二子	三父	一二才	无官		四吉	六禄	二禄	马	贵	无			
己丑	五癸五丑	小寒	下	未济休	九心	一乙	二丙	三丁	二子	九父	才	五无官		四吉	一禄	五禄	马	贵	无			
辛丑	正丑	大寒	中	渐卦休	七蓬	一乙	八丙	七丁	六子	子父	八六才	无官	九	四吉	三禄	无禄	马	贵	六			
癸丑	七丑三艮	大寒		艮卦休	一芮	一乙	二丙	一丁	九子	八父	九才	六官	五	四吉	九禄	六禄	马	贵				
丙寅	三寅七艮	立春	上	小过休	六冲	一乙	七丙	六丁	五子	无父	六九才	无官	官	四吉	八禄	无禄	四马	贵	无			
戊寅	正艮	立春		谦卦休	九芮	一乙	一丙	九丁	八子	七父	六无才	八官		四吉	三禄	禄	七马	贵	一			
庚寅	五艮五寅	立春		旅卦休	二蓬	一乙	一丙	九丁	八子	三父	无才	七官	无	四吉	三禄	七禄	七马	贵	三			
壬寅	正寅	雨水	中	旅卦休	一英	一乙	五丙	四丁	三子	四七无	才	三六九官	无	四吉	七禄	无禄	二马	贵	一			
甲寅	七寅三卯	雨水	中	艮卦休	二蓬	一乙	五丙	四丁	丁二子	二三父	三九才	官	八	四吉	二禄	八禄	一马	贵	无			
丁卯	三寅七申	惊蛰	上	无卦休	四冲	二乙	九丙	八丁	七子	父	才	五八官	九	四吉	四禄	一禄	马	贵	无			
己卯	正甲	惊蛰	上	颐卦休	八蓬	一乙	九丙	二丁	七子	无父	九四才	八五官	无	四吉	五禄	无禄	马	贵	一四			
辛卯	五甲五卯	惊蛰	下	随卦休	九任	一乙	三丙	一丁	一子	无父	九四才	二官	一	四吉	一禄	一禄	马	贵	三			
癸卯	正卯	春分		震卦休	九芮	一乙	八丙	七丁	六子	父	九才	七一二官		三	九禄	禄	九马	贵	无			
乙卯	七卯三乙	春分	中	屯卦休	二英	一乙	八丙	六丁	六子	八父	八无才	官	七	四吉	五禄	无禄	马	贵	八六			
戊辰	三卯七乙	清明		噬嗑休	七蓬	一乙	三丙	丁	子	九父	四才	二官	四	四吉	九禄	无禄	三马	贵	五			
庚辰	正乙	清明		震卦休	柱	一乙	三丙	丁	子	父	四才	二五官	六	四吉	七禄	六禄	七马	贵	无			
壬辰	五乙五辰	清明	下	复卦休	二心	一乙	六丙	五丁	四子	七父	无才	七三官	六	四吉	二禄	三禄	六马	贵	无			
甲辰	正辰	谷雨		巽卦休	一蓬	一乙	六丙	六丁	五子	父	一才	九六官	二	四吉	八禄	无禄	马	贵	九无			
丙辰	七辰三巽	谷雨	中	升卦休	七冲	一乙	九丙	八丁	无子	父	三六才	五二官	三	四吉	六禄	无禄	无马	贵	四二无			
己巳	三辰七巽	立夏	中	升卦休	六辅	一乙	八丙	七丁	二子	无父	才	四一官	二三	四吉	六禄	无禄	二马	贵	无			
辛巳	正巽	立夏	上	大过休	二心	一乙	三丙	二丁	丁子	无父	六九才	七一官	七	四吉	五禄	一禄	六九马	贵	无			
癸巳	五巽五巳	立夏	下	巽卦休	一冲	一乙	五丙	四丁	子	六父	九才	八五官		四吉	七禄	无禄	九马	贵	六七			
乙巳	正巳	小满	下	恒卦休	八英	一乙	七丙	六丁	五子	五父	一九才	官	二	四吉	三禄	无禄	一马	贵	一			
丁巳	七巳三丙	小满	中	蛊卦休	三芮	一乙	一丙	九丁	八子	父	四才	五官	五	四吉	六禄	无禄	四马	贵	四五			

566

庚午	二巳七丙	芒种	中	丰卦休	三芮	一乙	二丙	一丁	九子	九父	五才	九官	一无	四吉	五禄	五马	五贵	一
壬午	正丙	芒种	七	家人休	八任	一乙	五丙	四丁	三子	五父	五才	四官	无	四吉	九禄	五马	无贵	一
甲午	五丙五午	芒种	上	离卦休	一蓬	二乙	五丙	四丁	四七子	三父	六才	五官	无	四吉	二禄	无马	无贵	四七七六五
丙午	正午	夏至	下	明夷休	六英	一乙	五丙	八丁	九子	六父	无才	八二五官	一	四吉	四禄	无马	无贵	
戊午	七午二丁	夏至	中	既济休	九英	一乙	四丙	五丁	六子	四父	无才	一官	无	四吉	四禄	无马	四贵	
辛未	三午七丁	小暑		革卦休	七英	一乙	三丙	四丁	五子	五父	五才	四官	一	四吉	五禄	五马	无贵	
癸未	正丁	小暑	上	离卦休	一英	九乙	二丙	二丁	一七二子	二父	八才	九官	一	四吉	九禄	无马	无贵	二三无
乙未	五丁五未	小暑		革卦休	七任	二乙	九丙	一丁	五子	二父	二才	无官	一	四吉	二禄	无马	无贵	
丁未	正未	大暑		豫卦休	四柱	二乙	五丙	六丁	七子	七八无父	无才	九三官	二	四吉	三禄	七马	八贵	
己未	七未三坤	大暑	下	晋卦休	八心	一乙	五丙	六丁	七子	八无父	九三才	八官	二	四吉	三禄	无马	八贵	九八八五
壬申	七坤三未	立秋	中	观卦休	三禽	一乙	六丙	七丁	八子	无父	一七才	五八九官	六九	四吉	三禄	无马	无贵	
甲申	正坤	立秋		坤卦休	一蓬	二乙	六丙	七丁	八子	四五父	九才	八官		四吉	八禄	无马	无贵	一
丙申	五坤五申	立秋	上	否卦休	七柱	一乙	三丙	四丁	五子	父		五官	二六	四吉	五禄	六马	无贵	无
戊申	正申	处暑	下	萃卦休	六英	二乙	八丙	九丁	一子	二父	三九才	二官	二	四吉	七禄	二马	无贵	三九三
庚申	七申六庚	处暑		坤卦休	一蓬	二乙	六丙	九丁	一子	七父	二才	二官		四吉	一禄	无马	无贵	
癸酉	三申七庚	白露	中	兑卦体	一英	一乙	四丙	五丁	六子	八五父	九才	九官		四吉	八禄	无马	无贵	九四一
乙酉	正庚	白露		归妹休	七芮	一乙	四丙	五丁	六子	八二父	一才	九官	六四	四吉	三禄	九马	无贵	无
丁酉	五庚五西	白露	上	中孚休	四芮	二乙	一丙	二丁	三子	无父	一才	六九官	四	四吉	七禄	无马	无贵	无
己酉	正西	秋分		归妹休	九辅	一乙	五丙	九丁	一子	无父	三六四才	八二官		四吉	四禄	无马	无贵	五
辛酉	七西三辛	秋分		履卦休	六任	一乙	五丙	六丁	七子	父	四五才	无官	一	四吉	九禄	无马	无贵	四
甲戌	三西七辛	寒露		兑卦休	一蓬	二乙	四丙	五丁	六子	七父	八五才	九官	四	四吉	八禄	无马	无贵	五
丙戌	正辛	寒露	中	履卦休	六任	一乙	一丙	二丁	三子	一九父	无才	无官	六	四吉	五禄	一马	一贵	无
戊戌	五戌五辛	寒露	上	履卦休	六辅	一乙	七丙	八丁	一子	七六父	无才	五官	三	四吉	二禄	七马	七贵	二
庚戌	正戌	霜降		大有休	四柱	二乙	六丙	七丁	八子	五父	一四才	六官	六	四吉	九禄	无马	无贵	四
壬戌	七戌三乾	霜降	下	需卦休	六任	一乙	三丙	四丁	五子	无父	一五才	一官	六	四吉	五禄	无马	三贵	无
乙亥	三戌七乾	立冬		大有休	四冲	一乙	四丙	午丁	六子	父	八才	七官	二	四吉	七禄	无马	无贵	三
丁亥	正乾	立冬		大壮休	三英	二乙	一丙	二丁	三子	父	九才	九官	二	四吉	三禄	三马	无贵	无
丙午	正午	夏至	下	明夷休	八柱	二乙	一丙	二丁	三子	无父	九才	九官	二	四吉	四禄	无马	无贵	九
辛亥	正亥	小雪	上	泰卦休	三辅	一乙	六丙	七丁	八子	无父	五才	九官	二	四吉	五禄	五马	无贵	九
癸亥	七亥三壬	小雪		乾卦休	三蓬	一乙	三丙	四丁	五子	二父	七才	六官	二	四吉	五禄	二马	无贵	无

透地取用秘诀

观三奇之所在，以定水法；看子父财官禄马贵人之所在，以定吉砂；看金水日月之所在，以定坐向；又看子父财官，兄弟出于何地，用之以收砂。如子父财官位上有秀峰，吉；如兄弟位上有高峰照临，则为破财之害；或得官鬼峰高耸，亦能制之。故此五者高下得位，则为五福也。子孙宜在旺方，忌死绝方。如子父财官得位了，而金水日月之位，或为土星照破，必为灾矣。然土星或得木星制之，化凶为吉。或七元中有土星得穿山木星制，亦可。若穿山土星得七元木星制，亦可。或水木相到，得寅卯纳音木制之，亦可。若土星无木制，虽有金水日月，皆为土门，化为灰矣。若一甲子跨两星，一土一木相制，亦好。

论三奇，如丙奇临艮官为入庙，艮宫纳丙在丙寅，而丙复临之也。况先天《连山》明夷卦在艮，次爻己丑土克坎卦为鬼，若丑艮上有两奇相加，便为官，不以鬼论。若丑艮位上高耸，必主子孙聪俊，登科及第。如己丑爻位上有峰特照，更为亲切。故须用盘针格定，以七元九宫推排，看木爻官鬼、子孙印绶在何方。若是木山金鬼坐穴，宜分火星以制之；若是水山土鬼坐穴，宜分木星以制之，然后发福。如壬子分金，木山坐天星金度受克，得飞宫火星制则吉。如丙子分金，木山坐土度受克，得飞宫木星制之则吉。又一说：壬子木山受穴，坐乙丑金；丙子水山受穴，坐庚子土之类，亦皆是鬼，当以星制化之，又为官星带印。若遇官星到宫，得乙丙丁，或金水日月皆吉。盖带三奇为官，不带三奇为鬼，然卦中子父财官多，不能全备，或有缺者，则取伏爻，坎得飞爻，临生旺宫，方为有气可用。如既济卦无财，得伏爻戊午为财，临在艮宫有气；又如履卦无财，得伏爻甲子为财，临在坎宫，随在旺方，或在生方，皆吉。只恐死绝，及受克宫。若带得来宫临生旺，亦吉。

怪穴论

真龙藏幸，穴多异常，人难测识，故曰"怪穴"。须要行龙起祖传变穿落合恪，过峡开帐、结咽束气合法，迎送缠护、官鬼禽曜合局，件件俱全。独是结穴怪异，令人生疑，不敢下手，乃造化隐机，以俟有德。但有怪穴，无怪龙，惟明师识龙得真，自能识穴。《赋》云："好母多生奇丑女，名郎偏不配娇妻"，厉伯韶云："误葬多因求正面，不扦浑是弃偏陂。岂识真玄奇妙处，仙人多爱下偏陂"。故凡大地，多是怪穴，但常穴平易多安稳，怪穴奇异多侥幸，常穴虽时师可识，怪穴非法眼不能，察识不真，为害不浅。故凡一切怪穴，本欲置之不谈，第恐庸师嗜利，见穴不真，借口奇怪，而令蒙昧饮鸩，又惧自任聪明，奢贪富贵，行险好奇，而置亲于险地，是以将言复闲，欲罢不能，与其任误而遗祸，孰若直陈而指迷。歌列于左，统俟有缘。

怪穴歌

真龙藏幸穴奇怪，俗眼何曾爱天珍。地秘鬼神司，指点待明师。明师勘破玄机诀，秘密不敢说。恐君缘福或轻微，指出反惊疑。

地有奇巧有丑拙，总名为怪穴。巧是穴形美且奇，地位使人疑。拙是穴形矮且丑，狐疑难下手。高人造化蕴胸中，巧拙尽玄通。大凡怪穴有跷蹊，龙要十分奇。认得龙脉的的真，怪穴始堪针。

巧穴巧穴何巧穴，仔细与君说。或然高在万山巅，天巧穴堪扦。初落仰面穴。或然低在深田里，没泥穴奇取。或然孤露八风吹，登穴自隈聚。费状元地证。或然直出两水射，临穴有凭籍。杨公云："也曾见穴直如枪，射胁似难当"是也。然两水射胁，或有石曜冲出，或有山头夹身，护照穴间，不见水来，故曰"凭籍"。或然结穴水中央，四畔水汪洋。湖中穴双涡格证。或然结在顽石里，凿逢土脉取。或然有穴临泉窍，葬后水干燥。临泉者，在泉之上结。或然有穴逼水边，葬后水城环。如长乐陈尚书祖地，水不吉，葬后水自改吉。或然有穴居龙脊，骑龙贵无敌。或然有穴截龙脉，斩关古有格。或然有穴傍湖滨，秋冬始见真。穴结湖滨，秋冬水干，而形穴始见，惟龙真方可。或然有穴落田畴，春夏水交流。或然穴在土皮上，名曰培土葬。或然穴在石炉中，有土气斯通。石山土穴，气以上行，无土之顽石不可扦。也曾见穴水直流，下后出公侯。内水直流，外砂横拦关锁，反吉。也曾见穴砂斜飞，下后着绯衣。即曜气顺水飞扬，故主贵。也曾见穴没包藏，一突在平洋。平洋风散无风射，故不畏风。也曾见穴多余气，山去数十里。也曾见穴坐落空，得水不嫌风。"坐空转面去当朝，不怕八风摇"是也。也有巧穴名合气，来脉双龙至。合气力量极大，或二龙三龙，以至九龙，合者愈多愈胜，《经》所以云："更有两龙合一气，两水三山共一场"是也。也曾见穴名龙脱，来脉水中过。即崩洪脉也。也曾见穴乳直长，左右没包藏。砂短嘴长，从上折节泡穴吉。也曾见穴脑偏侧，借乐亦堪得。即没侧脑骨穴。也有穴下生尖嘴，枫叶三丫体。即骑刑坐杀穴。也有穴前嘴直长，凿作臂迴还。结穴已了，余气不住，当凿其去处为内堂，作一臂逆掬为妙。也有穴后是空槽，玉筯夹馒头。即合节穴。也有穴前是深沟，金枧与银檀。也有丑穴如鹤爪，中节无人晓。鹤爪两边短，中距长，长距中有节，吉。也有穴坦似牛皮，窟突使人疑。平坦之穴，似牛皮懒坦，但中间微有窟突，散中求聚，力量最大。也有丑穴少一臂，时师容易弃。即单提穴。也有丑穴体粗顽，细认太极安。粗中细也。也有丑穴无毡褥，穴前不容足。穴以余气为正格，却有怪穴，全无毡褥。若真龙贵格，穴上平坦，不必疑也。也有丑穴护短小，风从门外扫。左右砂短，仅可护穴，穴外咫尺，受风无害。也有怪穴是担凹，乐耸借高照。天财穴格。也有怪穴后仰瓦，气蹩前乳下。即天财格，后有孝顺鬼如仰瓦。也有怪穴似拖枪，有节不嫌长。即倒地木星，有节吉。也有怪穴如斗斧，后有鬼乐补。斗斧之穴如穿针，斗斧横来直受，直来横受。杨公云："亦有异穴如斗斧，不拘左右生龙虎。横龙却宜直中扦，直出却向横中取"是也。也有怪穴无龙虎，内砂微紧护。也有怪穴无朝山，诸水聚其间。水朝即是山朝。也有怪穴如仄掌，窝靥形微仰。也有怪穴要锹皮，苞节认玄微。木星之穴，来势直急，恐有杀气，故锹皮下之，必要立穴处有节苞芽荤，方为真结；不可于硬峻直急之所，勉强凿穴。有如壁上扑飞蛾，细看突无多。贴壁飞蛾，微有突形，粗中细也。要穴平坦，即鹅突格。有如壁上挂灯盏，但有窝微仰。杨公云："落在高山挂灯样"，急中缓也。要穴平坦。急山忽然一坦平，穴向此间停。急中有缓，多结仰高之穴。缓龙到头突忽起，穴向此中取。平中一突也。精神显露反非祥，隐拙乃为良。真龙藏幸穴神机，怪俟有缘知。

《碎金四刮》云：横门鸟窝煖，岩穴也。杭州张尚书祖地，入首山皆空洞如石壁，四门明朗，可容百余人；四边垂石柱，石纹与地不相联属，故号"飞来峰"。旧记云："天上飞来人不识，良珠万斛藏顽石。有人打得肉中穴，生者封侯死庙食。"张氏遇明师，点土墩穴，取螺壳吐肉形，以石洞山为螺壳，以土墩为螺肉，吐于外，故云"肉中穴"。葬后出解元、御史、尚书、进士，连登科第，人文济济。地在西湖边可证。**锅城蚕蛹肥**。即湖中穴也。余姚周都宪祖地，合此格，图载并窝中。**锁筒及钟眼**，即石中土穴也。泉山曾丞相祖地，莆田黄侍郎祖地，俱是秀石列于前后左右，中生土穴，合此格，图载石穴。**莲花开藕基**。即泥田中莲花穴是也。**这般诸怪异，料得少人知。**

细参此怪穴歌诀，形虽奇异，理却一同，但丑拙生疑，俗人难识。敢续一歌以结，云："怪穴怪形无怪理，万状难悉举。能乘生气是真机，取用不须疑。虽然穴怪龙不怪，只把龙脉分憎爱。龙真穴怪不须嫌，龙假最嫌称穴怪。怪穴奇异福非轻，朝暮鬼神钦。胡言妄指泄天机，反令世人疑。怪穴生疑是俗眼，缘薄与福浅。能培大地在心田，穴怪不生嫌。求地先须修阴德，奇地心地得。不修心德妄贪奇，缘木去求鱼。孝子宁求平易穴，居易俟福德。误扞怪穴异珍奇，求福夕生悲。"

右所言巧穴者，以其形穴完美，但所结之地异于常，故曰"巧"；拙穴者，以其穴形隐拙，而丑异之状出于常，故曰"拙"；兼巧与拙，总名曰"怪"。然山形变态万状，怪穴胡可数穷？略举一二，常变自分。《葬书》云"过山不葬"，乃正论也，而怪穴有骄龙斩关之法；"石山不葬"，正论也，而怪穴有扦于石间之法；"独山不葬"，正论也，而怪穴有扦于无包藏之法。《赋》云"脉略水正"，正论也，而怪穴有扦于龙脱之法；"穴后须防仰瓦"，正论也，而怪穴有扦于仰瓦之法；"所恶者，泥水地边寻穴"，正论也，而怪穴有扦于没泥之法。诀云"穴欲住而不欲吐"，正论也，而怪穴有扦于长枝中腰之法；《经》云"穴要有包裹，包长穴无破"，正论也，而怪穴有扦于无龙虎之法；金精云"第一莫下去水地"，正论也，而怪穴有扦于直流之法；董公云"枪头休下，鼠尾莫扦"，正论也，而怪穴有扦于拖枪之法。凡此之类，皆出常人怪，舍经从权，俗术无传，见以为怪；哲师得窍，虽怪亦常，何疑之有？然识此怪穴固难，得之却易；扦此怪穴虽难，信之者尤难，何也？常人以丑怪而不顾，故得之易；庸师以隐拙而难知，故扦之难。明师虽能识之，非有缘者必不信，或信之被诮而中止，岂非有造物者主之乎？噫！人子求地，上以宁父母，下以保子孙，关系非渺。余尝见居恒自叹者，每嗟明师难遇，及至一遇，而不知珍重信任；求地未得者，又每嗟大地难逢，及至遇逢，而不知审择决取，良可慨夫！

剪水裁局 删述旧文

平地水乡，不见微高微下，亦不见堆阜有情。若于其地脉求之，似不见融结之所，惟于其水之文理求之，则向背聚散，环秀成局，亦有可据。尝观居此地者，未尝无富贵之家，亦未尝乏俊伟之士。但生于斯者葬于斯，故前贤立法，就其地裁之，亦足以安体魄，而鬼福及人，与生成环局者无异。盖水之焕其文秀，必其开辟之高下相因，间有人为疏凿，亦因利其就下而通之。惟观水文，则始之向背聚散，可得而知矣。知其向背散聚，便取其环秀成局，斯亦天之所成，而人之善步天巧也。矧复于献秀于穴者，测之土圭，① 取其阴阳不杂，则一气所会，下魂所安，而子孙自得安矣。夫何庸术剪水者，徒执罗经以步水道，而不知观水之成文，故集古人作局之有应验者，一一图格，使之知水路之成局，而后测其阴阳，以资作法标准云。

---

① 原注：土圭针即罗经也。

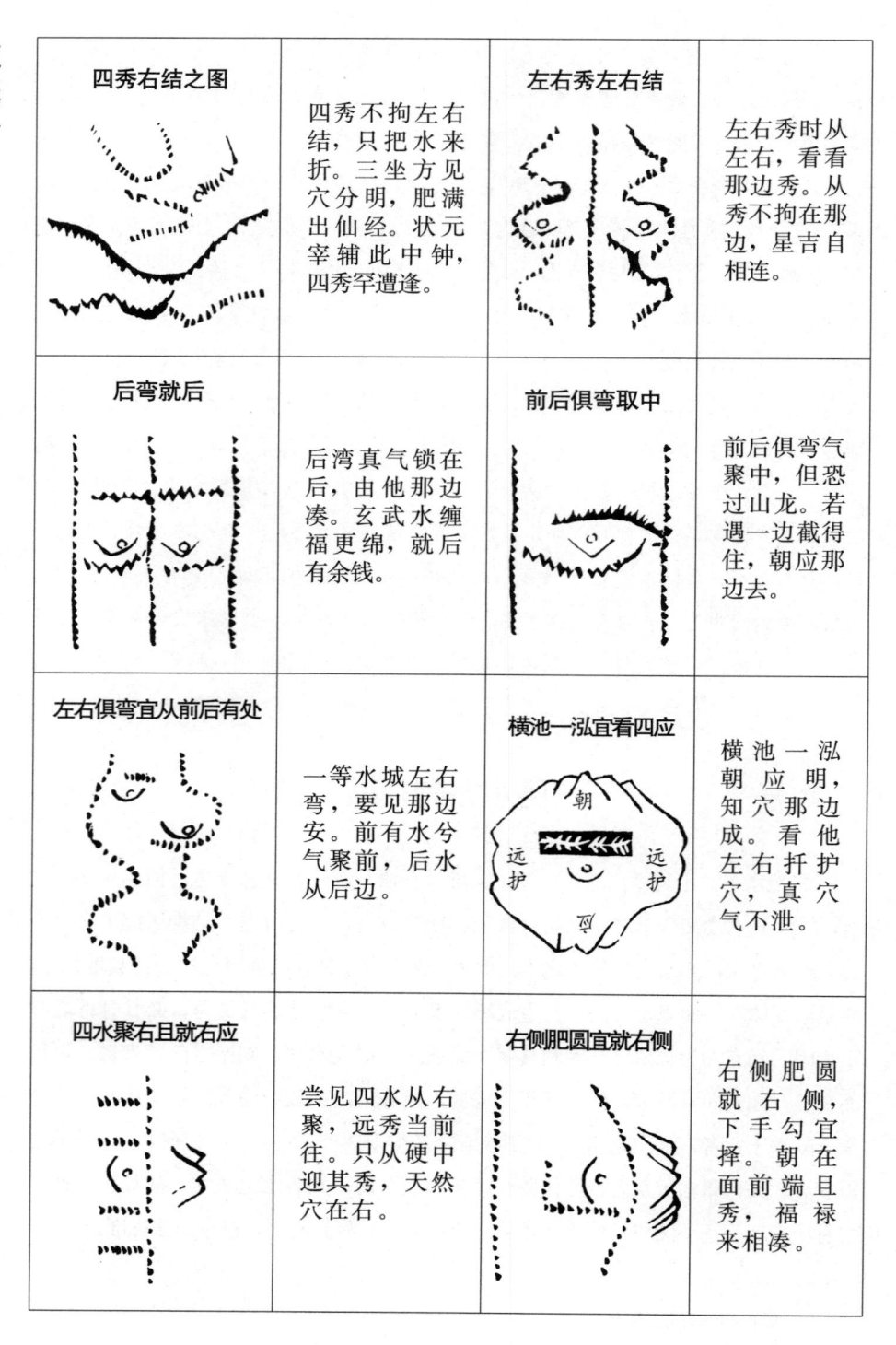

一贯堪舆

四秀右结之图	四秀不拘左右结，只把水来折。三坐方见穴分明，肥满出仙经。状元宰辅此中钟，四秀罕遭逢。	左右秀左右结	左右秀时从左右，看看那边秀。从秀不拘在那边，星吉自相连。
后弯就后	后湾真气锁在后，由他那边凑。玄武水缠福更绵，就后有余钱。	前后俱弯取中	前后俱弯气聚中，但恐过山龙。若遇一边截得住，朝应那边去。
左右俱弯宜从前后有处	一等水城左右弯，要见那边安。前有水兮气聚前，后水从后边。	横池一泓宜看四应	横池一泓朝应明，知穴那边成。看他左右扦护穴，真穴气不泄。
四水聚右且就右应	尝见四水从右聚，远秀当前往。只从硬中迎其秀，天然穴在右。	右侧肥圆宜就右侧	右侧肥圆就右侧，下手勾宜择。朝在面前端且秀，福禄来相凑。

四水后裏宜从后取	四直无所就者不取	
更有四水从后裏，就后是真所。远秀在前端且明，不管面前平。	无穴 无穴 无穴	四直横开不见湾，绝地不须看。气无动处难迎就，断续无门扣。气无动，即无高厚处也。

偏执天星解

前著《峦头天星合一论》，固谓有峦头自合天星，亦体用相须之说也。但曾考诸古，如杭州胡尚书端敏公祖地，乾龙入首作辰向，龙与向皆不合吉，葬后出端敏公，登进士，官至太保；子曰纯，官太守。又如台州府陈会元祖地，子龙入首扦卯向，亦阴阳不合，葬后一纪出会元，至今科第十数人。恭愍公为理学名臣，人丁大旺。再验诸今，如柳州府王翰林心乾公，乙酉乡试，十科不第；辛酉春十一，壬龙入首，扦丁向，龙与向背，壬戌科即催贵，登甲选馆；甲子科，一孙中乡试，一应戊辰恩选。又如广西吕相公葬父母祖地，子癸龙入首，扦丁向，龙与向左，男登进士乡科，孙中五科秋试，人财大旺，富贵绵绵。由此观之，可验地理家真诀，以峦头为主，天星为用，非弃峦头而专以天星为主也。是故无峦头有天星者无益，盖无形之幻妄，孰与有形之实理；有峦头不合天星者无妨，盖无体之虚用不见，有体之真气可凭。以龙言之，节节以亥为贵，然龙以走闪活动为贵，岂无戌乾之博换？此龙之天星不可拘也。以穴言之，亥龙固作丁丙巽向矣，然穴以乘生气为主，岂无亥龙而作亥山巳向乎？此穴之天星不可拘也。以砂水言之，某龙固以某砂某水为吉，无此则不葬耶？某龙以某砂某水为凶，有此则不葬耶？此砂水之天星不可拘也。凡人子者，考诸古今，疑关顿释，慎毋以天星不合，而弃诸有形之吉格也。

论方位阴阳审龙配向辨疑

　　方位家以甲庚壬丙为阳，乙辛丁癸为阴；乾艮子午寅申辰戌为阳，坤巽卯酉巳亥丑未为阴，此真阴真阳，取天干地支自然相纳而论之也。至于审龙配向，又以乾甲坤乙坎癸申辰离壬寅戌为阳，艮丙巽辛震庚亥未兑丁巳丑为阴，此净阴净阳，取纳干纳支配合而论之也。真阴真阳乃天地常经，以之论龙穴之孤虚旺相，方位之生旺休囚，不能外也。净阴净阳乃卦例之配合，以之论阴阳相见，卦气相顺，不可忽也。今之论龙穴水向，皆以净阴净阳为准，阳龙则取阴穴，而水与向皆从阳；阴龙则取阳穴，而水与向皆从阴。如乾龙坐庚向甲而水流离壬之类，艮龙坐壬向丙而水流庚震之类，斯阴阳不杂，谓之"纯"；若阳龙阴向水流阴，阴龙阳向水流阳，斯阴阳不纯，谓之"杂"。然细论之，亦有难以强合者。如坎龙决不穴丁而向癸，亥龙亦不能穴癸而向丁；亥龙只宜坐壬癸，艮龙只宜坐癸甲，则帝阙官衙俱不合子午，而紫微垣、天市垣为无用矣。丙龙舍巽巳午丁未之近，而远趋乎坤艮；兑龙舍申庚酉辛戌之近，而远趋癸乾，则逶迤屈曲，龙身之气已自不纯，又何取于向之合也？如此之类，多有矛盾。况二十四位中，惟甲庚壬丙乙辛丁癸乾巽艮坤，穴与向合；子午卯酉寅申巳亥辰戌丑未，穴与向皆有方位，一定不易者也，安所论阴阳而取舍哉！故地理真诀惟以龙穴砂水为本，若阴阳相合固可取，即不合亦不可弃也。

一辟卦例之谬

　　诸家装卦之例，其说甚繁，姑举近世最宗尚者，如《玉钥匙》，云其法取山坐某方，得某卦，本卦与变卦之子母，以为循环变化之妙。又法以山峙之方为贞卦，水去之方为悔卦，以断吉凶。又如卦之子母，母喜其来，儿不喜其去，如乾喜甲来，坤忌乙去之类。卦之三合，爱其入而不爱其出，如震爱亥未，坎不出申辰之类。又于先天圆图之对待，以横图乾一兑二之数而合以为九。如乾与坤相对，则以乾之一合坤之八，用成九数。又于后天圆图之对待，以洛书坎一坤二之数而合以为十。如乾与巽相对，则以乾之六合巽之四，用成十数。于是坐向放水，如乾放巽，艮放坤，以为用申五之数，共成十有五数。不知大易之作，必待揲者而后可定天地之吉凶，岂如此穿凿以为说？又如所谓天卦地卦，五鬼壶中横天，紫微魁星，斗杓玉函，挨星鸿鸾，及单于梅花三卷，火星飞宫吊替之类，大抵与宗庙九星相伯仲，彼吉此凶，不胜繁螗，于理无稽，祸福无验。初学之士，罔知真伪，一入其门，牢不可破。惟执其例，曰某山合某卦，某星下某向，宜某水来，某水去，某星某卦，深若干，浅若干，此其迷谬，非惟误人，且以自误。况穴乘生气，水自反开；一气不完，城必顺关，此造化一定理也，乌能如彼之牵合哉！廖氏曰："卦为宗者误人多，无龙无穴事如何。任尔装成天上卦，等闲家计落倾波。"刘氏云："下地不装诸卦例，登山何用照罗经。"杨公云："定卦翻来是梦中，只观来历有无踪。仍将两手钳龙脉，莫把三星乱指空。"又云："天宽地宽眼亦宽，真龙泊处是根源。不论五音诸卦例，但求主好对宾贤。"又曰："登山装卦泥星辰，下了误人贫。"曾氏云："但登财禄君须下，莫用山头卦。"又云："四平八国与天心，世代时师何处寻。不识天心并十道，谩将卦例吐怀襟。"廖氏曰："巧曰神机参造化，透彻玄微贵无价。古传龙法及砂图，谁见神仙专论卦。假如龙法不真奇，岂得偏将卦例推。但要真龙并正穴，阴阳二路自相居。"卜氏云："水若屈曲有情，不合星辰亦吉。山如欹斜破碎，从合卦例何为？"又云："既明倒杖之法，方知卦例之非。"《经》云："山如笔笏休装卦，水到之玄莫同方。"杨云："用卦不用卦，卦向穴中作。时师若用卦，用卦还是错。"按此诸贤谆谆辟卦者，珍重有形格局，深鄙无形方位，莫非惊惺邪术，尊崇正理，安见用卦者何以经世也？智者当恍然释矣。

论谶纬术数之断不可不辟
龙穴砂水之断不可不精

蔡西山云："世之君子，寻常以地理为鄙事，而莫之问，一旦临事，茫然不知，竟托之野师俗巫，此辈小人，能以诡谲小数，密探往事，幸中未来，彼君子不知本源，以为祸福之权，或出其手，委心而听命焉。使之立宅安坟，则生死皆不得其所。"《俯察》云：善断坟者，必谬于葬；以断坟下穴，则穴必败；以下穴断坟，则断下灵。如《浮砂断》、《覆坟经》、《入门断》、《八卦断》、《透山光》、《隔山照》、《望宅断》、《搜鬼经》、《都天断》、《望龙断》、《隔江断，与夫鬼灵经》、《烙屋》、《罗睺》、《关星》、《夹竹》之类，皆可以一时所见谈祸福，一言偶中，自神其术，而于龙穴之理，初无与焉。又尝见有能下穴克应者，虽奇验如神，而心窃疑其妄，因尝百计求之，及得其术，诡伪可鄙。又有一等煽惑之术，或用之验旧托新，立宅改路，开门放水，则必以左道为区处，言某日当进财纳庆，某年当受禄添丁，耸听之言，似若可信，凡贪富贵泥祸福者，争趋慕信用之，虽聪明之士，亦不免为其愚弄；惟智者以理绳之，谬妄自不可掩，益信西山所谓"憸雅诡谲"为不诬也。故凡一切断验术数，余皆执正理以辟之，无俟再计矣。岁丁未季夏，忽遇曾师枉顾，坐谈间，自谓"能定富贵贫贱于将来，知祸福吉凶于已往"，余正色不然曰："先生所言，正卜氏所谓'拟富贵于茫茫指掌之间，认祸福于局局星辰之内'，何足贵哉！"师曰："予非术数，乃龙穴砂水之精微神髓也。余不之信，请试之。"果断验异常，百不失一，余更兹疑，以为非《隔山照》，即《透地光》也。师执正理以觉曰："予之断验，非谶纬术数之技，乃太极中两仪四象、二气五行之精微也。予断某坟之绝嗣，乃四象中之老阴，纯阴故不生子；断某坟之多子孙，乃四象中之少阴，少阴故有生生化化之盛；断某坟之女多男少，乃阳盛而阴微也；断某坟发财不发人，乃得水不得山也；断某坟之贵，乃主星清而官曜秀也；断某坟之贱，乃主星欹而砂水飞也。吴兴景鸾下卢氏祖地，预知选妃发瘿之应；赖布衣见仆下刘氏地，预知得贵中风之患；异僧下李氏地，预知下棺杀身之祸；董德彰下汪氏地，预知从戎发贵之机。此皆遇龙穴砂水之玄微，而洞悉祸福之前几者也。"余领此教，疑关顿释，试执一诀，以验果否？只见百发百中，方知理中有至术，术中亦有神理矣。因竭一诚，执弟子礼，而拜受之；片纸真传，别无异怪，止"龙穴砂水气脉"六字，俱有入神入化之理，中机中窍之奇；非若术数家渺茫无据、僻怪不经之谈也。余不忍秘为家宝，若此一书，真诀尽载第五卷中，公之天下后世。凡孝子慈孙，细心体认，毋视为术数而鱼目之，固所愿也。

论风水要逆

吴草庐先生谓松侍制曰："世间二事，殊途同归。尝考《修真》云：'顺则成人道，逆则成仙道'。《雪心赋》云：'求吾所大欲，必寻逆水之龙。'故凡善养生者，逆凝元气于一窍之中；犹喜葬者，逆乘生气于一穴之内，可以一言蔽之，曰：'要逆'。大凡龙穴砂水，以逆气为真，顺气为伪，但'顺逆'二字，要眼界宽明，方能审察。蔡牧堂曰：'论顺逆者，要知山川大势默定于数里之外，而后能辨顺逆于咫尺微茫之间，否则黑白混淆，以逆为顺、以顺为逆者多矣。'故曰：顺逆二途，如盲如瞽目，非灼然有真见、有真传者，鲜不误也。"

论颠倒即逆

《丹经子书》云："五行颠倒，大地七宝。五行顺行，法界火坑。"神仙家所谓"颠倒"之说，乃出世间法，即"逆"是也；地理之所谓"逆"者，无往不然，不但逆水之龙局已也。如众大取小，众小取大；众高取低，众低取高；众长取短，众短取长；软来下硬，硬来下软；直则扦曲，曲则扦直；宽处要窄，窄处要宽；横来直受，直来横受；石山土穴，土山石穴；雄取其雌，雌取其雄；铁取其饱，饱取其饥；斜则扦正，正则扦斜；坦中取突，突中取窝；圆取其尖，尖取其圆；缓取急下，急取缓下；强来取弱，弱来取强；老处求嫩，嫩处求老；山多处要水，水多处要山；

舒旷处要紧夹，紧夹处要舒旷；阴来阳受，阳来阴受；有气要扦无气，无龙须下有龙；刚取其柔，柔取其刚；浮取其沉，沉取其浮；来者不宜太逼，去者须要回头；山本静势求动处，水本动妙在静中；龙从左来，穴居其右；龙从右来，穴居其左。凡此皆所谓"逆"，即仙家"颠倒"之说也，智者察之。

论风水无全美

蔡氏云："欠缺不齐，天地之奇。故天倾西北，地陷东南。"佛家所谓"缺陷世界"，儒家"孔孟不王，颜回不寿"，世无全福之人，安得有全美之地？或龙真而穴拙，或龙穴美而砂水有亏，或宫位不均，或先凶后吉。遍观名墓，蔑有十全，造物忌完，信不诬也。善乎！廖氏之言曰："成格龙神最难遇，审辨须从恕。按图索骥要求纯，误尽世闲人。"

论风水有夙缘

得地自有缘法，定数不可强求。尝观卫灵公沙丘之铭，滕公古圹之记，韦齐寂历之诗，季通乡谶之讖，可见自有夙缘。凡人子送终卜宅，当自尽其心，求一抔以安亲魄，求而得之，即缘也。但大地难求，默有主宰；小地易求，惟修德何如耳。

卫灵公薨，卜葬，故墓不吉，卜于沙丘而吉，掘之，得石椁，铭曰："不冯其子，灵公夺而里之"。

汉夏侯婴，以功封滕公，及死，将葬，未及墓，引车马，跪地穴前，掘之，得石室，铭曰："佳城郁郁，三千年来见白日。于嗟！滕公居此室。"因以葬焉。

宋韦齐先生诗，有"杯酒闲谈寂历中"之句，及文公改葬韦齐，屡迁，不吉，最后得崇安之寂历山。

蔡西山同友人刘文简公，闲步四顾，乡人嘲之曰："蔡季通，蔡季通，出门指西又指东。山中真有王侯地，何不归家葬祖宗。"季通愀然曰："山中真有王侯地，争奈不在我山中。"文简曰："我山若有，即便奉君。"季通曰："君山诚有美地。"刘遂以山与之，葬后季通以孙贵，赠大傅；子文正公沈，以子贵赠大师，进崇安伯；孙文肃公杭，拜相，果符王侯之识。鄱阳余少宰祐曰："地理之验，无如蔡氏者。牧堂父子好地，得地，贤贵叠出，海内莫之与伦，孰谓好地不获应乎？彼不得者，不省己德，贪大求全；不知大地鬼神所司，且多怪异，欠缺不齐，以贪高图大之心，求全责备，安可得乎！"

人不可不知地理

地理之学，非异术也。孔子曰："卜其宅兆，而安厝之。"程子曰："卜其宅兆者，卜其地之美恶也。地之美者，则神灵安，子孙藏。若培值其根，而枝叶茂；况父祖子孙同气，彼安则此安，彼危则此危。"朱子曰："葬之为言藏也，所以藏其遗体也。以子孙而藏祖考之遗体，则必致其谨，重诚敬之心，以为安固久远之计，使其形体全，而神灵得安则子孙盛，而祭祀永不绝。其或择之未精，地之不吉，则必有水泉蚂蚁，地风之属，以戕其内，使形神不安，而子孙亦有绝灭之忧，甚可畏也。"陆象山曰："通天地人曰儒。地理之学虽一艺，然上以尽送终之孝，下以贻启后之谋，事亦重矣。夫人于亲之生也，身体发肤，谁不保爱？况亲之没也，奉亲之体，厝诸九壤，固乃付之庸师，使父母体魄不安，孝安在哉！"由此圣贤切论观之，择地殡亲，慎终切务；如或平居，视地理为末务，而不之究，一旦大故，则不免为庸术所欺，幸获吉地，默受其福，固所愿矣；不幸置亲于水蚁中，与委而弃之于壑者何异！一时之误，祸及父母，灾及子孙，不孝孰甚焉！为人子者，须于平日讲明风水之理，究竟龙穴砂水之形，庶几他日临事不误，而亲魄得安，子孙受荫，俯仰宇宙，无遗恨矣。

论求地感应之理

慎终之孝，莫切于求地，以保父母之骸；求地之论，莫切于修德，以培得地之本。谚云："有天理即有地理，有心地即有阴地。"故陶侃孝而牛眠应，滕公贤而佳城现。一德之感，若影响出于形声，毫发不爽。如世之人，果修厥德，则积德所感，天必以吉地应。是所以福其子孙者，心也；地理之吉，亦将有以符之。如不修厥德，则恶贯所召，天必以凶地应，是所以祸其子孙者，亦心也。地理之凶，亦将有以符之。故《书》曰："福善祸淫"，天之道也。天未尝祸福斯人，惟人一心所造，感应自相符耳。如不修心地，以求阴地，纵自计幸获则山川，鬼神不效其灵。古有一人积恶，幸获十全美地，贤智者誓之曰："此地不灵，是无地理；此地若灵，是无天理。"果不踰期，洪水冲洗，败坏格局，不德之应，如此不爽，可见修德之家，不求地而福地自至；不德之人，纵得地而风水变换，故曰"祸福无不自己求之"者。人可不急于鉴戒，猛于修省，以为图地之根本乎！故不佞著述将成，叮咛告戒，愿天下人子，同作吉人，同护吉地，同登福贵之天也。勖哉自爱！勖哉自爱！